商人御法

上

法家领导智慧

曲龙◎著

浙江工商大学出版社
ZHEJIANG GONGSHANG UNIVERSITY PRESS

杭州

图书在版编目（CIP）数据

商人御法：法家领导智慧：全二册 / 曲龙著. —
杭州：浙江工商大学出版社，2021.6
ISBN 978-7-5178-4470-9

Ⅰ.①商… Ⅱ.①曲… Ⅲ.①企业管理－研究－中国
Ⅳ.①F279.23

中国版本图书馆 CIP 数据核字 (2021) 第 078781 号

商人御法：法家领导智慧：全二册
SHANGREN YUFA：FAJIA LINGDAO ZHIHUI：QUANERCE
曲龙 著

责任编辑 郑　建
封面设计 新艺书文化
责任印制 包建辉
出版发行 浙江工商大学出版社
（杭州市教工路 198 号　邮政编码 310012）
（E-mail:zjgsupress@163.com）
（网址 :http://www.zjgsupress.com）
电　话 0571-88904980　88831806（传真）
排　版 亢莹莹
印　刷 北京晨旭印刷厂
开　本 787mm×1092mm　1/16
印　张 47.75
字　数 654千字
版印次 2021 年 7 月第 1 版　2021 年 7 月第 1 次印刷
书　号 ISBN 978-7-5178-4470-9
定　价 158.00 元

当大争之世，而循揖让之轨，非圣人之治也

　　众所周知，乔布斯用他的苹果手机开启了智能手机时代，也开启了移动互联网时代。曾经在中国企业界最时鲜的话题就是：乔布斯研发产品的思维，是互联网＋，还是＋互联网？现在我们知道了：乔布斯在研发产品时的思维，并不是建立在市场调研基础上，能满足现有消费群体的某种喜好，而是自以为他的最爱就是消费者的最爱。所以，从这个先有产品的角度来说，那就是＋互联网喽。可是从乔布斯的 IT 业经历来看，他的"自以为是"，是移动互联网思维下的"自以为是"，又怎能说不是互联网＋呢？这个就好像是"鸡生蛋还是蛋生鸡"一样，难以说出头尾来。

　　也许，愚笨的人只能看到黑白，智慧的人从来不论是非。我们是不是不应该这么一分为二地看问题呢？

书店里关于企业经营的书籍琳琅满目，从东方的"道"到西方的"理"，从日本稻盛和夫的"敬天爱人"到美国德鲁克的"组织绩效"，从本土企业家柳传志、王健林的哲学到马云、雷军的理论等，还有一大堆真假学者的"后现代"或者"现代后"掺杂其间，各有各的道儿，各叫各的号儿。究竟哪个高哪个低，不好评判，只能说萝卜青菜各有所爱。不同的企业，可能这家秉持"品质"理念，更爱米家有品，那家秉持"市场"理念，更爱阿里天猫。其实，这一切不同，只是商业本质在"时、世、势、事"上的不同着力而已，如果各自都能成功，就没有必要非得分出个高下。

不同时代、不同市场环境，或者同一时代、同一市场环境下，各个企业都会因为自我认知的不同，导致存身于市场的经营方式也大有不同。我们来看《史记·商君列传》里的一段小故事：

卫鞅（商鞅）离开魏国去正在招贤纳士的秦国。第一次被秦孝公召见时他说了很长时间的国家大事，孝公却一边听一边打瞌睡。卫鞅跟介绍人景监解释说："我用尧、舜治国的方式劝说君上，这与他的心志不太相符。"过了几天，景监又请求孝公召见卫鞅。这次卫鞅又把治国之道说得头头是道，但还是不合孝公的心意。卫鞅对景监解释说："我用禹、汤、文、武的治国方式进说大王，他听不进去。请求再召见我一次。"卫鞅第三次见到孝公，交谈过程中孝公对他很友好，可还是没有任用他，不过召见后对景监说日后再和他谈谈。卫鞅得知后说："这次我用春秋五霸的治国方式去说服君上，看来是对上心思了。下次，我也知道该说些什么啦。"于是卫鞅第四次觐见孝公。双方谈得非常投机，聊到热切时孝公甚至在垫席上不知不觉地向前移动着膝盖，一连谈了好几天都不觉得厌倦。景监不解，卫鞅说："我开始劝君上采用帝王治国的方式，建立夏、商、周那样的盛世，可是君上说：'时间太长了，我不能等，何况贤明的国君，谁不希望自己在位的时候就名扬天下，怎么能叫我闷闷不乐地等上几十年、几百年才成就帝王大业呢？'所以，我用富国强兵的理念劝说他，他才特别高兴。然而，这样治国的方式，也就不能与殷、周的德行相媲美了。"

这个故事里，商鞅先后用了帝道、王道、霸道三种策略来进言秦孝公。孝公选择了霸道，也就是选择了能最快将策略变现的法家思想来富国强兵，是因为以法治国的耕战思想直指战国时期礼崩乐坏环境下的强国本质。那么，法家思想之于现在混乱的市场环境，还有现实意义吗？在我看来，不但有，而且意义很重大。法家思想是我们的企业想要"大而能强""强而能久"的苦口良药。相比较于儒家寄托于贤人政治的理想主义，法家崇尚变法和法制的政治更加具有现实主义，更加值得企业家来重新认识企业家的领导本质、企业经营的创新本质、企业运营的制度本质和员工管理的循查之术。

将两千多年前农耕时代的法家思想，拿到21世纪的互联网时代来捧着，对于已经读遍各种班的现代企业家而言，是不是太落伍了？非也。我认为，会落伍的从来都不是思想，而是我们对于思想的解读方式。思维固化的解读，或者不着边际的解读，会使思想落伍、落灰。

前些日子在读吴晓波先生的《激荡十年，水大鱼大》一书，书中提到了弗朗西斯·福山先生，认为"他修正了十多年前的'历史终结论'，提出一个国家的成功发展离不开三块基石：国家能力、法治与民主责任制"。我读到这段话时就在感叹，这与法家的治国理念何其相似！《商君书·修权》说："国之所以治者三：一曰法，二曰信，三曰权。"《韩非子·诡使》也说："圣人之所以为治道者三：一曰利，二曰威，三曰名。"当然，我不认为也不相信福山先生这么说是受了中国法家思想的影响，那有些想当然的自恋。我想，这应该是智者的不谋而合吧，毕竟伟大的思想大道从简、殊途同归。

法家思想放在今天仍然具有现实意义。法家思想是从乱世中总结出来的真正有用的强国思想，是百余年的法家治国实践集成的政治哲学，是从执政经验归纳而得"以吏为师"的治理学说，而不可以简单看作是学者们的纸上文章。实践，是马克思列宁主义哲学核心的观点。关于这一点，马克思曾经有一句非常经典的表述，并成为他的墓志铭："哲学家们只是用不同的方式解释世界，而问题在于改变世界。"法家思想之于中国历史的作用，不亚于儒家思想。

那么，法家思想的实践性具体表现在哪里呢？《韩非子·八经》中有总结："故明主之行制也天，其用人也鬼。天则不非，鬼则不困。势行教严，逆而不违，毁誉一行而不议。"所以，通常大家理解的"变法图强"的改革法家，或者是"苛法严刑"的制度法家等，都只是法家思想的一个侧面。完整的法家思想，由韩非子总结而成，包括四个方面的基础理念，我称之为"法家四御"，它们如同四匹骏马，架起了法家思想的完整体系：变法图强、君法集权、尚法非贤、吏法术微。我将用佛法"体、相、用"的哲学观，来梳理一下法家思想这四大理念之间的关系。

体：变法图强。法家认为国家要强大，不能生搬硬套自己过去的成功和别人的成功方式，而要随自己国家的国情和时代时事的变化而变化。我们可以将其理解为一种强国的模式，以法律措施完整地体现在组织、制度、教化、赏罚等治理要素上。所以，管仲的"法"重视商业，而商鞅的"法"则轻视商业，二者变法图强的理念是相同的，依法治国的理念也是相同的，只是在不同时期和不同国家施行法治的治国模式不同而已。

相：尚法非贤。法家之所以不认可儒家的人治，是因为他们认为贤人是稀缺的、不稳定的资源，而国家长治久安还是要靠更稳妥的法制，而且当世"人性已恶"，认为贤人在没有法律约束的情况下变坏的可能性更大。只有使用苛法严刑才能规范臣民的行为，才能使学者、侠士、贤德之士的能力为国家所用，才能使民众专注于国事根本，才能集合众人之力、众人之智实现富国强兵。

用：君法集权和吏法术微。法是要君臣共同遵守的，所以是相。用，则有两个要素：一个是"君法集权"，法家认为君主的利益是和国家的利益休戚相关的，君主不能掌握权力就会导致国灭身危，君权就是君主的护身符；

一个是"吏法术微",法家深知"鸡蛋不能放在一个篮子里"的道理,所以君主要完整地察知臣下的忠奸愚贤,察看臣下是否尽忠职守,需要在法制外再使用"八经、七微、六术"的权术。

这四御之间的关系,虽然有"体、相、用"之分,但是要互相作用才能形成整体的作用。比如君法集权主要体现在"用"上,但是也对"体""相"有决定性影响。

学术界公认韩非子是法家学说的集大成者,他把法家三个代表人物,商鞅、慎到、申不害,以及法、势、术与"道"的几种理念合而为一。谁是法家思想的鼻祖,在学术界是有分歧的,从管仲到子产到李悝,各家意见不一,而三者也都是各有著作、政绩闻名于世的。我对此却不以为然,我觉得追溯一种思想的起源,不能仅仅局限于著书立说者,就如大江大河的源头是无名小溪一样。即使是孔子,你可以说他开创了儒家学派、创立了儒家学说,但是也不能说他是儒家思想的鼻祖吧?

如同孔子认为儒家道统在鲁国,传承于周文王、周公旦,显世于孔子对于文章典籍的整理和教徒授众;那么法家思想的道统就在齐国,传承于姜子牙,显世于管仲对齐国的变法。有意思的是,齐鲁两国比邻而居,却是儒法两家思想各自的起源之地。

《韩非子·外储说右上》有这么一段故事,可见儒法二家思想起源的端倪:

姜太公被封在东方的齐国。东海边有个贤士叫狂矞,姜太公听说这个人就前去请他,三次在门前下马通报,但是狂矞都不出来相见,于是姜太公杀死了他。就在这个时候,周公旦在鲁国,驾车前去制止,等赶到时,姜太公已经杀了狂矞。周公旦说:"狂矞是天下有名的贤德之人,先生您为什么要杀他?"姜太公说:"狂矞主张不臣服天子,不结交诸侯,我恐怕他会扰乱法度改变教化,所以把他作为第一个诛杀的对象。假如有一匹马在这里,样子像是良马,但是赶它它不走动,拉它它不前进,即使是奴仆,也不会把脚力依托在它拉的车子上。"

由此可见，法家思想的鼻祖，是后来就一直有着法治传统的齐国第一任君主姜子牙。姜子牙是军事家，法治思想来源于他的治军思想，所以法家思想后来的代表人物，如管仲、商鞅、吴起等也都是军事家。可见法家思想绝不是简单的法治管理，而是有着"内治和外战"的统一性。所以，我们学习法家，不只是在运营管理、规章制度、绩效赏罚上学习法家，还要在商业模式的创新、市场资源的分析、营销策略的竞争性上学习法家，最重要的是要高度理解"经营和运营"的统一性。

如果说，儒法两家治国的理念，由周公旦和姜子牙的分歧而见端倪，那么孔子之断言"道之以政，齐之以刑，民免而无耻；道之以德，齐之以礼，有耻且格"一出，儒家和法家就已经有分道扬镳的味道了：一个是"以礼为教，以贤德为治"，另一个则是"以法为教，以法制为治"，二者开始将道德教化和法制治理对立了起来。从法家思想学说派代表韩非子、法家思想实践派代表李斯都是大儒荀子亲传弟子的角度，以及法家文章中对于儒家人物（孔子、孔子弟子们）的评说来看，法家对春秋战国的学者还有足够的尊重。《韩非子》中有对孔子的批评，但更多的是赞誉。《韩非子·外储说左下》中有段孔子弟子执法用刑的故事，孔子最后说："善为吏者树德，不能为吏者树怨。概者，平量者也；吏者，平法者也。治国者，不可失平也。"可见，孔子并不是反对使用刑罚，只是担心使用呆板法制的流弊，主张在礼乐教化后再使用刑罚。《韩非子·内储说上七术》也有一段孔子教鲁哀公使用刑罚救火的故事，可见孔子的事急从权，也是在用刑罚手段的：

鲁人烧积泽。天北风，火南倚，恐烧国。哀公惧，自将众趣救火。左右无人，尽逐兽而火不救，乃召问仲尼。仲尼曰："夫逐兽者乐而无罚，救火者苦而无赏，此火之所以无救也。"哀公曰："善。"仲尼曰："事急，不及以赏；救火者尽赏之，则国不足以赏于人，请徒行罚。"哀公曰："善。"于是仲尼乃下令曰："不救火者，比降北之罪；逐兽者，比入禁之罪。"令下未遍而火已救矣。

《论语·子路》中孔子说："苟有用我者，期月而已可也，三年有成""善人教民七年，亦可以即戎矣""善人为邦百年，亦可以胜残去杀矣"。可见孔子是自知仁义治国理念出效果的时间是漫长的，也许正是这种"知其不可为而为之"才彰显出孔子人格的伟大吧！

儒法两家的关系，可以借用《论语·子罕》中孔子的一句话来做描述："可与共学，未可与适道；可与适道，未可与立；可与立，未可与权。"儒法二家思想都是为君主服务的政治哲学，"共学"是基础，所以二者是表面上的"花开两朵"，其根茎枝干也有相连之处。以商鞅和孔子的相连之处为例，《商君书·赏刑》曰："夫明赏不费，明刑不戮，明教不变，而民知于民务，国无异俗。明赏之犹至于无赏也，明刑之犹至于无刑也，明教之犹至于无教也。"《论语·尧曰》曰："子张曰：'何谓五美？'子曰：'君子惠而不费，劳而不怨，欲而不贪，泰而不骄，威而不猛。'""子张曰：'何谓四恶？'子曰：'不教而杀谓之虐；不戒视成谓之暴；慢令致期谓之贼；犹之与人也，出纳之吝谓之有司。'"

那么，儒法两家治国的分歧，究竟在哪里？

简单地说，儒家治国讲究仁义，是从君主仁爱民众角度的应有所为出发，讲究贤德人士的作用，希望沿袭周初周公的政治体制；法家治国讲究道义，是从富国强兵顺应时事角度的应有所为出发，讲究法制赏罚的作用，希望改变传统的政治体制。从法家的角度来看，除了君法集权这一点外，其他三点（变法图强、尚法非贤、吏法术微）都是和儒家的观念对立的。这三点不同，是基于对人性"善恶"认识的分歧，表现在执政理念上就是"非古"和"返古"的不同。但是这三点不同，只是治国的理念和措施、手段的不同，不是根本目的性的不同。就我们这些后来者而言，应该从更多的维度和更高的高度来看待这个"阴阳之争"，没有必要搞得势不两立。势不两立，如何相克中又相生呢?!

这本《商人御法：法家领导智慧》，是我"国学四维"（儒、法、易、佛）写作计划的第三本。之前已经出版了《从〈易经〉学管理》（商人易经）、《读〈论语〉学管理》（商人论语）。之所以第三本写法家，是因为我认为法家思想是中国传统思想不可缺少的一部分，和儒家思想一起构成了中国传统政治哲学里的文武之道。由此构成的具有阴阳二元互动性的中国传统思想才是完整的，才不会再次覆辙于宋以来儒家思想独占政治舞台的弱国悲剧。而且我认为，法家思想是国学中真正的政治经济之学，相比较于儒家思想的"单纯"，法家思想的"功利"性更容易被具有法治意识和人情历练的现代人所接受。

在写作思路上，这本《商人御法：法家领导智慧》和之前出版的"商人易经""商人论语"是一样的，依然遵循着法家学说原有的哲理性，将法家学说的四大理念确定为四大章节——变法图强、君法集权、尚法非贤、吏法术微，将每一章的主题理念，分出"体、相、用"三个层次做章节，将每一层次的主题要点，又细分出"体、相、用"三个层次小节。然后，将《商君书》里的二十四篇文章、《韩非子》中的五十五篇文章，按照其文章主题和重要语义，分门别类地放置于不同的章节之中来做全文解读。这样，法家学说的哲学体系就建立了起来。因此，本书的架构，不同于以往任何一本法家思想研究的书籍。

本书的结构内容，之所以没有采用通常的以法家"妙语"来做主题解读的写作方式，是因为我发现以"妙语"做"主题"论点，以现代文、现代案例的"论证、论据"来阐释这些"妙语"，是漠视了法家文章里原本一体的"论点明确、论证严谨、论据充沛"，分裂了文章中法家学说的完整性体现，将法家思想简单化了、符号化了。同时，也不利于读者完整地阅读和理解法家文章的语义。

在写作语言上，这一本和前一本"商人论语"一样，由"原文、字面翻译、商人商语"三部分组成。商人商语，是以商人的思维和语言，简短阐述法家学说每一个章节、每一篇文章、每一个段落的重要语义。这种"商鞅、韩非子"的全部原文和翻译、阐述，在遵循法家思想哲理性的章节目录下，可以帮助读者完整地感受到法家思想的"博大精深"。

本书的古文部分，《商君书》是以张觉先生的《商君书校注》为准，《韩非子》是以周勋初先生的《韩非子校注》为准。两位先生的"训诂"，极其专业和严谨，厘清了那个时代名词的特有语义，也还原了文中语言文字的基本大义。我作为后学者，受益很大，也谨敢代表所有喜欢法家学说、法家文章的人，对两位老师说声谢谢。

本书的今文翻译部分，也就是文章中的字面翻译部分，是我思考再三后，独自翻译而成。我之所以重新翻译，是发现原本想要借用的一些翻译，在古文的解读和今文的翻译上，有着太多的不圆满。比如，将冷僻、难懂的字解读为"通假字"，翻译时颠倒古文字的应有次序，翻译的今文过于平白，失去了原文的精微之义等。这样一来，翻译出来的今文虽然看似通顺平白了，意思却与法家的义理差之甚远。而且以商鞅和韩非子作为法家人物的认真个性而言，文章里的语句一定是一丝不苟、一字千钧的严谨，不可能有那么多的通假字，说些似是而非的空话。所以，我也就必须穷根究底地把冷僻字的原始意思解读出来。而且，法家文章属于"政治论文"，其用词用句有着自己的标准性。我总结了本书中字面翻译的三个要点：

第一，翻译法家文章重要用词的准确性，是必须统一的。比如"法"字，在《商君书》里大多翻译为"法度""法治"，而在《韩非子》里则大多翻译为"法制""法律"。"法"的词意在不同作者、不同文章里，或者一篇文章的不同语境里，都有微妙的区别，不可不慎重对待其不同，也不可以滥用其相同。我略微解释一下三个名词的主要含义。法度：以法治国的模式；法治：以法治国的理念；法制：用法律、刑罚来辖制臣民的制度。

第二，尊重原文文章里短文、语句的对仗性。商鞅和韩非子都是才高八斗之人，其文章里很多语句是以对仗的格式，从不同角度层层递进来阐述一个观点的。而现在能够看到的一些翻译，虽然也能阐述其语句的大致意思，但是行文缺少了古文原有的对仗格式，读起来失去了原文的文字韵律之美，也失去了原文语义逻辑的严谨性。

第三，杜绝用通假字的理解来翻译，也尽量不加定语来定义语句的意思。流于字面语意的简单翻译，或者用自以为是的衍生意来翻译，虽然能够大致读出文章的平面性大意，却屡屡出现整段文字意思不透、整篇文章义理不明的现象，甚至出现与法家思想的基本原则相悖的地方。如此翻译，难以解读出法家思想的"博大精微"。

我希望，我的翻译能够解读出法家思想的深邃、法家语言的严谨、法家词句的要义。举例说"驾"字，我翻译的都是"驾御"而不是"驾驭"，区别在哪里呢？驾驭，是讲究个人技术，控制一匹马而已；而驾御，是讲究驾驶马车，控制几匹马。比较而言，哪个词组才能体现法家的治国思想呢？再比如"赏"字，之前都是翻译成"赏赐"，"赐"有君主施恩的感觉，违背了法家论功行赏的本意。而我大多处都会翻译成有奖则赏的"奖赏"，更加合理。

另外，《韩非子》文章的翻译，还有三大要点要掌握，否则就无法理解韩非子集法家学说之大成的"成"在哪里。

第一，要通晓韩非子对老子的解读，明确"道、义、法"之间的关系。

第二，要通晓商鞅法治思想的解读，这是韩非子法家学说的核心。

第三，要懂得法家思想四个理念之间的平衡性，平衡性才是韩非子的"大成"。

本书翻译部分的最大遗憾，是限于本书的主题及本书的篇幅，不能将本人的"训诂"附于文后，告诉读者，我之所以这么翻译，是因为这个字的出处在哪里，这句话的语句逻辑在哪里，不能再犯"字面理解、平面解读"的错误了。希望将来能有时间、能有机缘写出一本《商君书译注》或《韩非子译注》。

"不忘初心，方得始终"。"国学四维"写作计划写到第三本了，我的初心是什么？尽量以哲学的方式，发掘和整理出中国传统哲学学说体系的经世之用。我的始终是什么？抛砖引玉，希望更多有商业实践经验、有古文解读能力的朋友，和我一起来发现、发扬并且建设中国式经营管理理论的系统性和现实性。

曲龙

写于沈阳自家的纯萃咖啡工坊

目录

（下册）

第五章
尚法非贤，则民心不邪，则兵无敌矣

第六章
明主治吏不治民，吏法术微、守法责成

第一章

法家与儒家：本可"阴阳互补"，
却势不两立

先秦诸子灿若繁星，只有"君"是不一样的烟火

　　在所谓"不仁不义"的春秋战国时期，中国出现了创建不同学派学说的诸子百家并存的文化盛况。这些思想家及其继承者，在诸侯治国之道上"百家争鸣"，形成了中国国学中各个思想流派之间错综复杂的竞争与融合关系，在争鸣中互相借鉴，在进言中彼此攻讦。

　　值得注意的是，百家诸子之中有且只有一个思想家没有被尊以"子"的头衔，而是被称为"君"。这个人就是法家思想无可争议的代表人物商鞅。商鞅是卫国国君后裔，原名公孙鞅，又名卫鞅，其著作也被尊称为《商君书》。他这个"君"，不是道德君子意义上的那个"君"，而是因为他立下战功，秦孝公封给他於、商十五个城邑，才号称为"商君"的"君"，也叫"君人"，有封邑之主的意思。《说文解字》中说：君，尊也。从尹，发号，古文象君坐形。故从口。可见商鞅不仅有思想、有文章，更重要的是有着长期执政实践、尊贵政治地位的"子"。这一点，和孔子、老子、墨子、庄子、孟子等长期"在野"人士，是完全不一样的。

　　历史上对商鞅的评价很多，褒奖他的多是在其政治业绩上，贬损他的多是在其政治手段上，褒贬不一的是他的政治理论。秦朝后的人士，特别是儒家一脉的政治家（包括贾谊、司马光等有才华、有抱负却缺少政治历

练的文人）对于商鞅的口诛笔伐，到了谩骂的程度，如贾谊："商君违礼义，弃伦理，并心于进取，行之二岁，秦俗日败。"司马光："商君尤称刻薄。"不过历史上还是有些人能够理性认识商鞅和商鞅的历史地位的，比如班固："孝公用商君，制辕田，开仟伯，东雄诸侯。"诸葛亮："商鞅长于理法，不可以从教化。"王安石："自古驱民在诚信，一言为重百金轻。今人未可非商鞅，商鞅能令政必行。"

自清朝末年起，由于变法的社会需要，人们开始正视商鞅的历史地位和"商鞅变法"的社会作用。梁启超在《中国六大政治家》中，将商鞅列为中国历史上最伟大的政治家之一，与管仲、诸葛亮、李德裕、王安石和张居正同列；柏杨在《中国人史纲》中列出"中国六大丞相"为：管仲、商鞅、诸葛亮、王猛、王安石、张居正。有意思的是，这些人都是变法图强的政治家。到了现代，大多数人都承认商鞅是一个敢于触动旧势力、敢于改革政治体制，并且改革成功了的英雄式政治人物。商鞅是首屈一指的利国富民的伟大政治家，是一个具有宗教徒般笃诚和热情的理想主义者。商鞅之法惩奸宄以保人民之权利，务耕织以增进国民之福祉，尚军功以树国威，孥贪怠以绝消耗。此诚我国从来未有之大政策。商鞅可以称为中国历史上第一个真正彻底的改革家，他的改革不仅限于当时，更影响了中国数千年，百代皆行秦政。

那么，商鞅执政二十年来具体做了些什么呢？《韩非子·和氏》中是这样概括的：商君教秦孝公以连什伍，设告坐之过，燔诗书而明法令，塞私门之请而遂公家之劳，禁游宦之民而显耕战之士。孝公行之，主以尊安，国以富强。我们依照现代历史书的编年体方式（变法措施的推出时间，众说纷纭，我们以张觉老师归纳的一、二次为基准），来简略概述一下：

秦孝公三年（前359年）第一次变法：

1. 改变社会基层组织：把百姓编成五户为一"伍"、十户为一"什"的联保组织，实行连坐，加重刑罚，要求民众们彼此监视。

2. 改变社会阶层结构：废除国君嫡系外一切贵族的世袭特权，只对"内耕农、外作战"的有功之人实行重奖，并授予官职爵位；还取消了贵族不受刑律制裁的特权。

3.颁布实行魏国李悝的《法经》，焚烧儒家经典《诗经》《尚书》等。

4.改变税赋户籍制度：加重工商业者的赋税，推行户籍登记制度，限制人口流动，禁止游宦之民。

5.实行重农重战政策：奖励耕织和作战。规定生产粮食和布帛多的，可以免除奴隶身份，甚至可以用粮食捐官爵；实行全民兵役制度，重赏重罚。

变法后，秦国国力大增。孝公十年（前352年），商鞅率兵围攻占领魏国安邑。次年，再次率兵围攻占领魏国固阳。

孝公十二年（前350年），迁都，并第二次变法：

1.改变土地的所有权，废除井田制，决裂田埂地界，确认土地私有，听凭土地买卖。

2.统一按照田亩数，朝廷抽取土地产粮量的十分之一作为地税。

3.改变行政组织区划，集中城镇乡村为县，设置县令、县丞、县尉，以加强管理。

4.缩小家庭人口数字，不准父子、兄弟同居一室，必须分户。

5.统一度量衡制度，颁布度量衡的标准器。

6.设置独立的法令系统和独立的法令官。

孝公二十二年（前340年），商鞅率军攻打魏国，擒获公子卬，大破魏军。

从这些改革措施涉及国家政治、经济体制的深度和广度来看，这是一种"翻天覆地"的巨大变革，没有大智慧、大勇气、大毅力是无法做到的。就中国上下五千年的历史而言，涉及国家政治经济体制改革的彻底性，也许只有新中国的民主体制才可与之比拟。商鞅最后被"车裂"而死，算是"殉道"于变法。但是其变法的措施没有被败坏，沿用了下去，最终成就了秦始皇的天下归一，也成全了中国"天下归一"的信念。之后的中国历史，虽然几经分裂，终究一统，不得不说是"天下归一"的信念之功啊。

商鞅如此"刨坟掘墓"式的改革，是因为他通晓法家之法，就是要顺应时代社会的需求，就是要"三代不同礼而王，五霸不同法而霸"。而且，商鞅对于国家组织如何在诸侯争战中生存下来，有着深刻的认识："强者必治，治者必强；富者必治，治者必富；强者必富，富者必强。故曰：治强之道三，论其本也。"商鞅对于国家组织如何在诸侯争霸中发展起来，也有着深刻的认识："内行刀锯，外用甲兵。"如果我们把这"内外"两点比拟为企业组织如何在市场竞争中发展起来，不就是"内用运营管理，外用营销竞争"这最基本的两点要素吗?!

商鞅的法治，被后世的儒家一脉公评为"苛法严刑"，是因为这些人不愿意看、不敢看商鞅法度理念、法治思想的全部内容，不知道商鞅法治"轻罪重刑"的本质是为了"以刑去刑"，是为了爱民和利民，其"刑无等级"的理念和措施，在当时的革命性影响，远胜于稍晚些孟子的主张"民为贵，社稷次之，君为轻"。毕竟孟子只是说说而已，而商鞅是真的两次处罚了孝公的哥哥、太子的师傅公子虔。

按照现代人的理解方式，我们来总结一下商鞅的法治思想：

1. 法度理念："因世而为之治，度俗而为之法。"

翻译：不效法古代也不拘守现状，根据社会发展的具体情况来确定强国政策，考察社会风俗来制定治国法令。

2. 法度原则："法者所以爱民也，礼者所以便事也。是以圣人苟可以强国，不法其故，苟可以利民，不循其礼。"

翻译：法度是用来爱护百姓的，礼制是为了方便政事的。所以圣人治国，如果能够使国家富强，就不会沿袭旧有的法度。如果能够使百姓得到益处，就不必遵循旧有的礼制。

3. 法治依据："夫人情好爵禄而恶刑罚，人君设二者以御民之志，而立所欲焉。"

翻译：人之常情是喜好爵位俸禄而憎恶刑罚，所以君主设置赏赐和刑罚来控制民众的志向，确立民众的欲望。

4. 法治理想："夫明赏不费，明刑不戮，明教不变，而民知于民务，国无异俗。明赏之犹至于无赏也，明刑之犹至于无刑也，明教之犹至于无教也。"

翻译：修明的赏赐不费财物，修明的刑罚不用杀戮，修明的教化不变人情，而民众都知道自己的任务，国家也没有特殊的风俗。修明的赏赐到了一定高度就可以不用赏赐，修明的刑罚到一定高度就可以不用刑罚，修明的教化到了一定高度就可以不用教化。

5. 法令制定："故圣人为法，必使之明白易知，名正，愚知遍能知之；为置法官，置主法之吏，以为天下师，令万民无陷于险危。"

翻译：所以圣人制定法令，一定使法令明白易懂，名分确定，愚人智者都能懂得；为民众设置法官，设置主管法令的法吏，作为民众的老师，使万千民众不致陷入危险的境地。

6. 赏罚制度："所谓壹刑者，刑无等级，自卿相、将军以至大夫、庶人，有不从王令、犯国禁、乱上制者，罪死不赦。"

翻译：所说统一刑罚的，是指刑罚的施行没有等级之分别，从卿相、将军一直到大夫和平民百姓，有不听从君主命令的、触犯国家禁令的、破坏朝廷制度的，处以死罪，绝不赦免。

以上这六条，类比于现代法治的基本理念，也是有着很多的类同。至于"人权"的概念，也没必要苛责商鞅，毕竟当时的诸子百家都没有个体"人权"的概念，治理民众就是"牧民"而已。法家之所以主张"弱民"，是在那个残酷的"争于气力"的年代，国家统一意志和个人自由意志并不兼容。在个体人权的理解上，法家是以国家主权下的个体人权，或者说是以法制限制个体人权为主的政治学说。

商鞅认为儒家学说在"争于气力"的战国时代，只是说说而已的空话，没有实际效用。他在《商君书·开塞》中说："故效于古者，先德而治；效于今者，前刑而法。"他认为社会教化要有用，主张"不贵义而贵法"，以法治代替教化，以法制代替教育，使民众"不贵学"而民风朴实，使民众安心于国家指定的生活方式"国待农战而安"。现在看来，这就是文化专制和愚民政策，民众只是国家的基础"资源"。

在成都武侯祠有副对联：能攻心则反侧自消，从古知兵非好战；不审势即宽严皆误，后来治蜀要深思。下联说的是诸葛亮依据当时社会形势而重典治蜀的故事。刘备也在临终前遗书儿子刘禅："闲暇历观诸子及《六韬》《商君书》，益人意智。"同时期，北方曹操的为政举措，也颇具法家的特色："夫刑，百姓之命也""拨乱之政，以刑为先"。由此可见商鞅的法家思想在复杂激烈的社会环境中所具有的实用性价值。

法家思想的"四驾马车"，还能驰骋在信息时代吗

　　韩非又称韩非子，是战国时期韩国君主桓惠王的儿子，大儒荀子的亲传弟子。虽然拜在儒家学者门下，却最终没有成为儒家门徒，反而因爱好"刑名法术"之学，而整合老子的道、商鞅的法、慎到的权、申不害的术为一体，成就了法家思想的大成。韩非子有口吃，却思维缜密，文采斐然，擅长写作，他著述了 55 篇、10 余万字的《韩非子》一书。其中对于法家思想的系统阐述，集成为法家的政治经济学说，这其实也是两千年来中国君主专制体制下的政治经济学说。在书中，他描绘了一幅法家治下的理想国："使强不凌弱，众不暴寡，耆老得遂，幼孤得长，边境不侵，君臣相亲，父子相保，而无死亡系虏之患。"书中记载了很多以法家思想解读的历史故事，可以弥补正史之不足；理性分析故事中的因果关联，也算是一种理性思维的发端。

　　司马迁在《史记》中将韩非子和老子合编在《史记·老子韩非列传》，认为韩非子继承了老子的道家思想，指出"喜刑名法术之学，而其归本于黄老""韩子引绳墨，切事情，明是非，其极惨礉少恩。皆原于道德之意，而老子深远矣"。《韩非子》一书中的"解老"和"喻老"两篇文章，从君主治国的角度，深刻解读了《老子》里的若干语句，论述了道一义一法一脉相传的关系，认为治国的"道义"就是施行法治。毛泽东在读《史

记·老子韩非列传》时批注道："韩非子师从于荀子，战国时期法家的代表人物，他提出的法治、术治、势治三者合一的封建君王统治术，对后世影响很大。"

韩非子的大才，不仅在于其构建了完整的法家思想理论体系，还在于其文章对当时备受推崇的孔子、子产、管仲、师旷等人政言政事的评判分析。

评孔子的空谈误国："或曰：仲尼之对，亡国之言也。"

评管仲的出馊主意："或曰：管仲雪桓公之耻于小人，而生桓公之耻于君子矣。"

评子产的治国用智："老子曰：'以智治国，国之贼也。'其子产之谓矣。"

评师旷的书生意气："今师旷非平公之过，举琴而亲其体，虽严父不加于子，而师旷行之于君，此大逆之术也。"

评商鞅法治的不足："今治官者，智能也；今斩首者，勇力之所加也。以勇力之所加而治智能之官，是以斩首之功为医、匠也。"

评墨子的自欺欺人："今我为鸢，三年成，蜚一日而败。"

评慎到的君主集权："势之于治乱，本末有位也，而语专言势之足以治天下者，则其智之所至者浅矣。"

评申不害术治缺陷："故托万乘之劲韩，十七年而不至于霸王者，虽用术于上，法不勤饰于官之患也。"

最后还把自己给批了："惮乱主暗上之患祸，而避乎死亡之害，知明夫身而不见民萌之资利者，贪鄙之为也。臣不忍向贪鄙之为，不敢伤仁智之行。先生有幸臣之意，然有大伤臣之实。"

看来，韩非子是知道自己坚持真理会有生命危险的。

在《韩非子·存韩》中，讲到韩非子的老同学李斯将他批得体无完肤："非之来也，未必不以其能存韩也，为重于韩也。辩说属辞，饰非诈谋，以钓利于秦，而以韩利窥陛下。夫秦、韩之交亲，则非重矣，此自便之计也。"读罢这篇文章，只能为韩非子"弱国无外交"的自顾自话而感到可悲啊！

韩非子作为法家思想的集大成者，整合了法家思想的四大核心理念：

变法图强、君法集权、尚法非贤、吏法术微，使得法家学说成为一种体系完整的政治哲学。那么，这辆由四大核心理念驱动的马车，还能跑在我们现在这个信息时代吗？我认为是可以的。一种思想存在的价值，在于它的核心理念不会随着时事的变化而变化，在于核心理念的"存世之相"和"应世之用"，会随着时事的变化而变化。

就管理思想而言，我是向来反对所谓"落伍言说"的。反而是那些言必称"落伍"的学者，对于管理思想的认识，落伍在表象层次。我认为，任何一种管理学说的理念基础，都只是"管人理事"而已，使工作的事务如坎卦的象辞"习坎，重险也。水流而不盈"，使工作的人心情舒畅如离卦的象辞"日月丽乎天，百谷草木丽乎土"。就此二点，从古到今，有先进和落伍的区分吗？理念无所谓落伍，管理思想呢？

能称为管理思想的，一定是基于基础的理念，随着管理者、管理对象、管理事务这三者的变化，而最终呈现为一种有体、相、用层次的系统思考，其自成体系的特点对社会实践有着指导性的意义。从古至今、东南西北各家管理思想，莫不如此。所以，就算是以时代变化、时事不同的角度来看待，你也只能说这种思想此地适用彼地不适用，或者此时不适用彼时适用而已，并不能武断地称之为"先进"或者"落伍"。何况，所谓先进的就一定广泛适用吗？所谓落伍的就再也没有适用价值了吗？

所以管理思想，不应该以复杂的进化为乐事，什么"后现代"和"现代后"之类的，好像是一场一场目不暇接的上台游戏。其实，只是时代变化了，管理思想需要回到管理理念的原点来汲取营养，格式化"相、用"，再"重新出发"，推演出新的管理模式。所以我并不认为管理思想有什么进化性，也不需要进化得那么复杂和庞杂。为管理而管理的效率未必是高的，为复杂而系统的管理未必就是实用的。

我欣赏管理思想的演化，但不欣赏一味地进化。一味地进化，总给我一种"无源之水"之感。社会生产现代化了，管理方式也需要现代化了；所谓系统化、复杂化，也只是管理对象的系统化和复杂化而已。况且，如果把管理组织比喻成一种生物，过于庞杂和复杂的大体量生物，也不可能长久地在历史长河中生存下来，即使生存下来，也会为了适应环境而限制自身的体量。所以，力所能及的管理，才是最合适的。

就法家思想而言，这个凝聚了自姜子牙起，到管仲，到李悝，到商鞅，再到韩非子、李斯，将近800余年政治家、政治学者心血的政治经济学，对我们现在这个时代有什么指导意义呢？我们先从企业经营的角度来对照理解法家思想这四大理念：

变法图强：图强的是企业的经营实力。而企业管理上的"变法"，涉及品牌理念、商业模式、运营组织、营销方式、绩效考核等经营要素的重新设计。

君法集权：商业的江湖上，流传的大多是放权的成功故事。其实，这些故事里的权都是无关生死的"小权"而已。企业家本人对企业的经营管理应该有不容置疑的领导权和控制权。

尚法非贤：在建立健全企业的制度化运营管理基础之上，以赏罚的手段来规范员工的行为，不贪求员工的优秀行为，集合众人之智力。员工尽忠职守，才能成为企业的人力资源。

吏法术微：法家的"人治"，就是企业家在企业规章制度之外，对企业高管的管理之术，可以看作是对高管的调教。

我们再用韩非子的文章文字，来具体一些对应和解读企业经营管理的实际。

变法图强：是以圣人不期修古，不法常可，论世之事，因为之备。宋人有耕田者，田中有株，兔走触株，折颈而死，因释其耒而守株，冀复得兔，兔不可复得，而身为宋国笑。今欲以先王之政，治当世之民，皆守株之类也。

——《韩非子·五蠹》

商人商语：就现在而言，有哪个企业的商业模式是照搬了前人或者他人而成功的？在"适者生存"的市场竞争中，企业的"商道"，不只是面向消费者的"商业道德"，还有所处市场优胜劣汰的"商场法则"，以及所处商人群体的"商界规矩"，企业经营管理的"商业规则"。任何一个单一的理解，都会导致企业经营的失败。所以，不经大脑、不经消化的学习就如"守株待兔"般愚蠢。

君法集权：事在四方，要在中央。圣人执要，四方来效。虚而待之，彼自以之。四海既藏，道阴见阳。左右既立，开门而当。勿变勿易，与二俱行。行之不已，是谓履理也。

——《韩非子·扬权》

商人商语：企业家是企业组织的大脑。企业家的作用，在于对决定权、制定权和裁决权的把握，不在于具体做事的能力。换句话来说，权势是用来决定做正确的事情，制定正确的做事规则，裁决做事的好与坏，判定好与坏的赏罚。权势的善用，在于控制住权力的权柄，才能以小博大，号令四方；权力的使用，要遵循万事万物的规律，才能无为而无所不为，建立事功；掌权而不胡为，才不会因为反作用力而受到损害。

尚法非贤：力不敌众，智不尽物。与其用一人，不如用一国，故智力敌而群物胜。揣中则私劳，不中则任过。下君尽己之能，中君尽人之力，上君尽人之智。是以事至而结智，一听而公会。

——《韩非子·八经》

商人商语：在法家看来，人治和法治的区别在于，是用一个贤人超能者，还是一国的普通合格者。企业老板凡事都要靠自己猜度、自己出力的话，即使是正确了，也是要殚精竭虑、精疲力竭的，一旦错了，也要自己来承担全部责任。但是，一个会经营组织的企业家则全然不同，他不仅会使用集体的力量，还会使用集体的智慧。所以说，小老板竭尽自己的才能，企业老板竭尽众人的力量，企业家才能竭尽众人的智慧。

吏法术微：参伍之道：行参以谋多，揆伍以责失。行参必折，揆伍必怒。不折则渎上，不怒则相和。折之微足以知多寡，怒之前不及其众。

——《韩非子·八经》

商人商语：用制度管人如同给奔马套上缰绳，但马是否努力、是否另有心思，需要通过另一套考核方案来探查。韩非子所说的"权术"，不能简单理解为用人要疑的"帝王权术"。韩非子理智地认识到，团队意识不能变成团伙意识，员工的真实情况要由制度外的另一个系统反馈出来。所谓"兼听则明，偏听则暗"，企业的信息系统也是如此，不可单一采用一种信息渠道。

法家的理性思想，在中国企业家的身上有着自然而然的存在，列举如下：

在华为，我们不需要员工感恩，如果有员工觉得要感恩公司了，那一定是公司给他的东西多了，给予他的多过他所贡献的。

——任正非

为了实践我们协助增进客户竞争力的承诺，我们设计了一整套工作程序。走出实验室，就没有高科技，只有执行的纪律！任何违反程序的做法，都是错误的！

——郭台铭

用孔子的思想做事，用老子的思想做人，用韩非子的思想做企业管理。

——张瑞敏

王莽之后的历次变法，为何都"儒里法表"

我们先来看看几位名人对中国历史上的几次变法的评价。

关于王莽改制：

王莽是中国第一位社会主义者。王莽受了一千九百年的冤枉，至今还没有公平的论定，他的贵本家王安石虽受一时的唾骂，却早已有人替他申冤了。然而王莽却是一个大政治家，他的魄力和手腕远在王安石之上……可怜这样一个勤勤恳恳，生性"不能无为"，要"均众庶，抑并兼"的人，到末了竟死在斩台上，至今竟没有人替他说一句公平的话。

——胡适

关于王安石变法：

王安石的变法，旧史痛加诋毁，近来的史家，又有曲为辩护的，其实都未免有偏。王安石所行的政事，都是不错的。但行政有一要义，即所行之事，必须要达到目的，因此所引起的弊窦，必须减至极少。若弊窦在所不免，而目的仍不能达，就不免徒滋纷扰了。安石所行的政事，不能说他全无功效，然因此而引起的弊端极大，则亦不容为讳。

——吕思勉

关于张居正改革：

汉以后二千余年人物，真有公诚之心，刚大之气，而其前识远见，灼然于国覆种奴之祸，已深伏于举世昏偷，苟安无事之日。毅然以一身担当天下安危，任劳任怨，不疑不布，卒能扶危定倾，克成本愿者，余考之前史，江陵一人而已。

——熊十力

关于戊戌变法：

戊戌变法失败的基本缘由不在康梁维新派的变法内容和详细战略上，而在于当时没有呈现一个使变法胜利的整体的社会环境以及与此相联络的强大的促进变革的政治和经济力气。

——李喜所

中国历次朝代更替，放在历史长河中看，有的在前进，有的在维持，有的在后退。前文提到这四次变法，不只是因为这四次变法具有代表性，还因为这四次变法的主持者都是儒家门徒，其中的代表人物王莽被柏杨称为"儒家学派的巨子"，但他的政策也有法家思想的影子，因而"儒里法表"可作为本节的核心内容；我之所以在各方人士各个角度的评价中选用了这四位学者的，是因为他们的评价相对而言更全面和公正，更接近我自己的意见。

儒家学者主持的变法，脱离不了儒家思想的忠恕理念、儒家伦理的政治秩序、儒家规范的仁义礼智信，其变法不可能如商鞅变法一样破而后立，因而会做出"夹生饭"，生出"二皮脸"。先天有缺陷的变法，进行过程中小打小闹，小修小补，还有最终成功的可能；但涉及政权基础的革命式变法大概率会失败的——有自己革自己命的吗？君不见唯一一个勇于自我革命的王莽最终被逼自杀。王莽以后，这些主持变法的政治人物，从理念到思维再到作为，都不能再算是变革社会基础制度的变法图强。

如果把一次朝代更迭看成一种成功的变法，那么每次变法成功的关键，都在于政治权力的更迭、政权组织的变革。对比着商鞅的变法，分析着自秦以后历朝历代内部的变法，没有一次彻底成功的关键因素是否也是内部政治权力和政权组织的问题？我觉得这么理解的确是深刻的，但是太简单了，缺少技术性分析，也不足以为后人学习借鉴。现在能够看到的政治家、政治学者、历史学者对变法成功或失败的分析与评判，或寥寥数语或长篇巨著，大都缺乏一套公认的标准、公认的参数来做技术性的具体分析。

我不是历史学家，不会用历史的眼光来看待这些变法失败的必然规律；我也不是坐拥故纸堆的学者，没有冷门资料来佐证这些变法必然失败的那些偶然事件。我想另辟蹊径，集合我们从古至今具有代表性的名人分析评判，用法家思想的"变法图强、君法集权、尚法非贤、吏法术微"这四大理念来分别对照，综合分析一下历代变法失败的原因，如表 1 所示。

表 1 各家评点中国历史上四次变法

	变法图强	君法集权	尚法非贤	吏法术微
王莽改制	黄仁宇：他尽信中国古典，真的以为金字塔可以倒砌	杨慎：以乡愿窃相位胡广也，以乡愿窃天位王莽也	黄仁宇：从王莽登位后发出的一系列诏书中看到，王莽的政策根本脱离了当时的实际环境，亦缺乏适当的用人安排	傅乐成：王莽具有超人的智力、辩才和威严，但也有重大的缺点，诸如过度的自信，一味地复古以及猜疑部下等
王安石变法	毛泽东：此公可谓有专门之学者矣，而卒以败者，无通识，并不周知社会之故，而行不适之策也	余英时：神宗与王安石共定国是以后，皇帝事实上已与以宰相为首的执政派联成一党，不复具有超越的地位	黄仁宇：其方针乃是先用官僚资本刺激商品的生产与流通。如果经济的额量扩大，则税率不变，国库的总收入仍可以增加。这也是现代国家理财者所共信的原则，只是执行于 11 世纪的北宋，则不合实际	朱熹：安石汲汲以财利兵革为先务，引用奸邪，排摈忠直，躁迫强戾，使天下之人，嚣然丧其乐生之心。卒之群奸嗣虐，流毒四海，至于崇宁、宣和之际，而祸乱极矣

(续表)

	变法图强	君法集权	尚法非贤	吏法术微
张居正改革	黎东方：以施政的成绩而论，他不仅是明朝的唯一大政治家，也是汉朝以来所少有的。诸葛亮和王安石二人，勉强可以与他相比	唐甄：然则任相之道，岂难能哉？显帝之任居正也，畏之如严师，信之如筮龟，无言不从，无规不改，虽太甲成王有所不及。是以居正得以尽忠竭才，为所欲为，无不如意，可谓盛矣	潘博：自非有雷霆之力不足以集上下涣散之势，非有整齐严厉之法不足以纠正其积久疲顽之习。江陵知其然也，慨然出其身以任之。奋乾刚，行独断，宫府内外，一听于己。赏罚予夺，悉决于心。不以逼上为嫌，不以死权为讳，推其意岂不以为大丈夫	唐甄：张居正之为相也，拜命之日，百官凛凛，各率其职，纪纲就理，朝廷肃然，其效固旦夕立见者也。为政十年，海内安宁，国富兵强
戊戌变法	罗伯特·赫德：皇帝的方向是正确的，但是他的顾问康有为和其他人等都缺乏工作经验，他们简直是以好心肠扼杀了进步	雷家圣：这是欲将中国军事、财税、外交等国家大权，交于外人之手，所以慈禧太后惊觉事态严重，当机立断发动政变，重新训政，结束了戊戌变法	区仲桃：早在康有为跟光绪策划百日维新前，慈禧与光绪已逐步推行改革，康有为的出现某种程度上"破坏"了原本改革的进程。康有为跟日本关系密切，力邀日本前首相伊藤博文当光绪顾问	李喜所：戊戌变法失败的基本缘由不在康梁维新派的变法内容和详细战略上，而在于当时没有呈现一个使变法胜利的整体的社会环境以及与此相联络的强大的促进变革的政治和经济力气

由此看来，若要变法成功，法家这四大要素缺一不可。王莽改制，是四项全无；王安石变法，是四项缺二；张居正改革，是四项具足；戊戌变法，算是四项缺三。

为什么张居正能够成功呢？原因在于他大胆地施行了孔子所说的"道之以政，齐之以刑，民免而无耻"。后世儒家的弟子们，即使要变法图强，也很难或者不敢使用法家的"循名查实"和"刑罚手段"来整顿吏治，吏治不整顿，变法就无法执行下去。执行不下去的变法，即使是好的变法，停在中间也是劳民伤财八方责骂的，怎么可能成功呢？唯一的成功者张居正，是得益于整顿吏治的"考成法"的推行。

之所以会出现儒家门徒推行法家的政治经济思想以实现变法的现象，是因为这两家在本质上是相同的。其一，从思想的政治基础来说，法家和儒家都推崇圣王明君；其二，在对待治国对象——百姓这一点上，二者的"牧民之道"也基本一致。孔子的"放于利而行，多怨""民可使由之不可使知之"，韩非子的"圣人之治民，度于本，不从其欲，期于利民而已""故举士而求贤智，为政而期适民，皆乱之端，未可与为治也"，商鞅的"夫正民者，以其所恶，必终其所好；以其所好，必败其所恶"，都是在说明，百姓在君主治下的集体中"应得的权益"，并不是自主生命自由个体"应有的权益"；只是二者在君主集权的政治体制下表现出来的，一个是明君贤德的政治体系，一个是尚法非贤的政治体系。法家的思想是通过法制层面的遏制，达到思想意识的统一。而儒家则先倡导思想意识的统一，行为自然就会趋向于道德的统一。

再来比较儒法二家的执政手段：儒家崇尚礼制，强调两者的基本差异就在"礼"和"法"二字。而这二者的差异，也并不是完全割裂的各自独立延展开去的，而是或"礼"或"刑"的先后次序不同而已。孔子强调"仁爱教化"，并不一味反对苛法严刑，认为"礼乐不兴，则刑罚不中；刑罚不中，则民无所措手足"。在法家看来，现世则已经是世风日下："是故禁奸之法，太上禁其心，其次禁其言，其次禁其事。"所以要先实行苛法严刑，使百姓畏法而不敢犯错误。《韩非子·内储说上七术》有这么一段记载孔子的故事：

商朝的法律规定，对在街上倒灰的人处以刑罚。子贡认为这种刑律过重了，就向孔子请教。孔子说："这是懂得治理民众的原则啊。在街上倒灰一定会迷人眼睛，迷了人家的眼睛，人家一定会发怒，发怒就会发生争斗，两人之间的争斗一定会引起各自背后家族的相互残杀，这种在街上倒灰的行为是造成许多家族相互残杀的罪魁祸首，所以即使是处以刑罚也是应该的。再说，严厉的刑罚是人们所厌恶的；而不去街上倒灰，是人们容易做到的。让人们去做容易做到的事情，而避免遭受他们所厌恶的刑罚，这就是治理民众的原则啊。"（殷之法，刑弃灰于街者。子贡以为重，问之仲尼。仲尼曰："知治之道也。夫弃灰于街必掩人，掩人，人必怒，怒则斗，斗必三族相残也，此残三族之道也，虽刑之可也。且夫重罚者，人之所恶也；而无弃灰，人之所易也。使人行之所易，而无离所恶，此治之道。"）

于此，谁能说孔子不用法制刑罚呢？

由此可见，儒法二家的学说，并没有那么势不两立。因此我说，现如今儒法两家持续两千多年的争执可以休矣，两家可以在一个出发点、一个目的地的统一下，并肩而行，左右开弓，一个做教化，一个做规范，这一思路用在企业中，就是一个做企业文化，一个做企业管理。管理和文化是万万不可分割的！

不懂法家思想，就不懂中国经济

1978 年改革开放以来，虽有波折却一路腾飞的中国经济，曾数次被西方经济学家们集体看衰，后来他们又惊呼看不懂。经济学家看不懂中国经济，其实是看不懂中国经济模式中的法家经济思想。

那么，什么是法家的经济思想？简单地说，就是由政府主导的经济模式。这种经济思想首先在春秋时期的齐国获得成功，齐桓公成为春秋五霸之首；接着商鞅变法又在秦国获得成功，秦国也成了五霸之一，并在一百多年后统一天下；"文景之治"后的汉武帝，在"罢黜百家，独尊儒术"后，"开始推出一系列强硬的国营化经济政策，涉及产业、流通、金融、税收等多个领域，是一次真正意义上的、具有顶层设计意味的整体配套体制改革，具体的操盘人为桑弘羊"。（吴晓波《历代经济改革得失》）汉武帝改革的得失，可见于中国经济史上最著名的财经会议纪要《盐铁论》。不过，雄才大略的汉武帝也没能避免失败，他在晚年颁布的《罪己诏》中也反思了自己的失败："当今务在禁苛暴，止擅赋，力本农，修马复令，以补缺，毋乏武备而已。郡国二千石各上进畜马方略补边状，与计对。朕即位以来，所为狂悖，使天下愁苦，不可追悔。自今事有伤害百姓，靡费天下者，悉罢之……"

改革失败了，但法家的经济思想并未因此而泯灭，正如苏轼所言："自汉以来，学者耻言商鞅、桑弘羊，而世主独甘心焉，皆阳讳其名而阴用其实。"

20 世纪 60 年代，韩国、新加坡经济快速发展，有明显的政府力量的扶持；中国市场经济的发展也从起步开始就有政府力量的扶持。1979 年和 1988 年两次经济调整，为我国经济 20 世纪 90 年代开始的持续腾飞奠定了厚实的基础。近年来，美国将自己国家的经济问题归结为中国经济的威胁，并借此挑剔中国政府对中国经济的保护，同时强化美国政府对美国本土经济的支持。政府力量在中国经济改革开放的发展中，一直起着中流砥柱的作用，而放眼国际可以看到，实际上，哪个经济强国的国家政府不是如此作为呢？区别不在于大小，只在于或明或暗而已。

关于这一点，我们中国的一些近代学者早有预见。常燕生在《法家思想的复兴与中国的起死回生之道》一文的结尾得出结论说："中国的起死回生之道就是法家思想的复兴，就是一个新法家思想的出现，对于这个结论，我可以毫不犹疑地向全国民胞保证。"1973 年 8 月，毛泽东写下这样的评语："劝君少骂秦始皇，焚坑事业要商量；祖龙魂死秦犹在，孔学名高实秕糠；百代都行秦政法，十批不是好文章；熟读唐人封建论，莫从子厚返文王。"

那么，法家的经济思想就只是政府主导吗？当然不会如此简单。我将其思想概括为三点：以生存为基础的实用主义、强国弱民的国家经济政策、限制性地开放获取目的性资源。

以生存为基础的实用主义

自家人知自家事，我们不会盲从别人甚至是成功者的意见指导，而是会通过综合分析，摸索、实验、确定中国经济的发展道路。

《韩非子·显学》里说："今巫祝之祝人曰：'使若千秋万岁。'千秋万岁之聒声耳，而一日之寿无征于人，此人所以简巫祝也。今世儒者之说人主，不言今之所以为治，而语已治之功；不审官法之事，不察奸邪之情，而皆道上古之传誉、先王之成功。儒者饰辞曰：'听吾言，则可以霸王。'此说者之巫祝，有度之主不受也。故明主举实事，去无用，不道仁义者故，不听学者之言。"

我们国家 1978 年开始的改革开放政策，就是"举实事，去无用"的明显例证。改革开放总设计师邓小平所说的"不管白猫黑猫，捉住老鼠就是好猫"，也说明做实事的实用主义，比空谈意识形态更加重要。

强国弱民的国家经济政策

所谓的强国弱民，并不是指强大国有经济、削弱民营经济，更不是指损减个人利益，增加国家财富，而是指政府对于国家经济产业非计划性的指导性。《商君书·算地》说："故为国任地者：山林居什一，薮泽居什一，溪谷流水居什一，都邑蹊道居什四，此先王之正律也。故为国分田数：小亩五百，足待一役，此地不任也；方土百里，出战卒万人者，数小也。此其垦田足以食其民，都邑遂路足以处其民，山林、薮泽、溪谷足以供其利，薮泽堤防足以畜。故兵出，粮给而财有余；兵休，民作而畜长足。此所谓任地待役之律也。"

当下的中国是多种经济形态并存的市场经济模式，但依旧是政府在主导并进行宏观调控。这一主导有着最基本的目的性：在内，事关百姓衣食住行的民生产业；在外，事关国家经济安危的竞争产业。

限制性地开放获取目的性资源

国家经济的开放，是一种产业资源的互相置换，不想"饮鸩止渴"，想要"双赢合作"或者是"布局长远"，都需要政府的参与主导。

《商君书·徕民》曰:"今王发明惠,诸侯之士来归义者,今使复之三世,无知军事;秦四竟之内,陵阪丘隰,不起十年征。者于律也,足以造作夫百万。曩者臣言曰:'意民之情,其所欲者田宅也,晋之无有也信,秦之有余也必。若此而民不西者,秦士戚而民苦也。'今利其田宅,而复之三世,此必与其所欲而不使行其所恶也,然则山东之民无不西者矣。且直言之谓也,不然,夫实圹什虚,出天宝,而百万事本,其所益多也,岂徒不失其所以攻乎?"

我国一直坚持有方向性的优惠政策来招商引资,才使得我国迅速接轨国际,才使得我国的经济发展迅速腾飞。

中国经济的成功,是中国经济成为世界经济一部分的成功,也是中国经济自我完善成为一个整体的成功。这个整体性,涉及各个行业各个产业的分工与配套。这个分工与配套,哪怕是企业自己主动进行调节的市场行为,也是在政府主导的框架体系内进行的,不能否认其中政府调控的作用。傅高义在《邓小平时代》第16章中有这么一段话:"尤其令中国官员印象深刻的是日本通产省的一项重要职能:它分析如何才能使不同产业的日本企业获取在国际市场竞争中所需的资源和技术,然后让企业发挥其自身的主动性来开发创新新产品,以此推动整个国家的快速发展。"

法家经济思想中政府有意识主导的"国强"的理念,现在也被世界经济大国采用。中国有中国制造2025,美国有工业互联网,日本有社会5.0,德国有德国工业4.0。

中国经济的腾飞,离不开中国企业家群体的崛起。最近很多企业家和学者都在写文章,推崇晚清民国时期民营企业家的社会地位和社会作用,如致力于慈善公益事业的张謇、以一己之力搬运国家资源到重庆的卢作孚、倾家办学毁家救国的陈嘉庚等,并呼吁企业家阶层发挥自己的社会作用,倡导企业家在国家政治经济中发挥话语权力。对此,我是且喜且忧,喜的是企业家对于参与国家政治经济的要求,忧的是企业老板们的"重利轻义"。

那个时期的企业家和现在的企业家,就家教出身而言,有着很大的不同。那个时期的企业家基本都是儒家门徒，有的还是进士甚至状元，他们大部分人的启蒙阶段读的书都是四书五经，所以他们的世界观是儒生兼济天下的世界观；而现在的部分企业家，他们的世界观和价值观，有多少关于社会责任的部分呢？国家需要这些企业家发挥作用，但是会放心地把国家经济的主导权交给他们吗？你如果觉得我这么说，是瞧不起现在企业家群体的素质，我就借用咱们企业家群体都很尊重的联想集团柳传志先生的话来进行佐证，他曾经说："我可以谈谈我特别尊敬的人，比如民国时期的卢作孚，但我绝不敢跟他比。抗日时期，他让员工为国家运送物资，损失很大。之后他又一心做建设，后来蒙受不白之冤。我做事情之前会盘算半天，看对企业有利没利，之后我会尽力为社会做最大的贡献。而卢作孚完全是无私的。如果我处在战争年代会不会那样做，我不知道，但我很敬佩这样的人。"

商人的本能一直是逐利而不是道德，以道德来要求企业家，其实也是扼杀了企业家的商业精神的。所以我们不能一味地以儒家的道德仁义标准来要求企业家，他们身上本身就有着太多属于法家的道义利益标签。

各个企业的经营管理模式各不相同。简单地分类起来（没有高下之分，也没有褒贬之意，只是特征表象而已，这几家企业都是以西方现代管理制度为基础的），华为、万达算是法家的管理模式，阿里巴巴则算是儒家的文化模式，联想算是兵家的竞争模式。那么，谁算是道家呢，腾讯算是一家吧，守正居奇总是能出新招数的。

现在的中国是法治社会。但中国的这个法治社会，与西方的法治社会一样吗？肯定是不一样的。这里的不一样就是我们中国传统文化、传统思想在起作用，作用于我们走中国特色的国情道路，而其中就包括法家思想。

中国经济是个复杂的混合体，不能以单一经济模式来看待。如《老子》里说的"道生一，一生二，二生三，三生万物"一样，地域由东而西地发达、发展与落后，从产业的高端、中端与低端等的混合体，造就了三生万物的中国经济混合体。这是世界上任何一个单一形式的国家经济体所无法比拟的。当然，这个混合体生命力强盛的前提是不封闭、不自禁，继续取长补短地汲取外界的知识、技术和理念。哪怕是从中国数千年的历史经验看来，也只有保持开放，才能更好地发展。

第二章

法家的至理名言，只有心境通达的人才能听进去

人都愿意听符合自己心思的话。所以即使是极有说服力的道理，一旦与自己的喜好相违背，也只有心境通达的人才能听得进去。法家学说，是数百年来法家人士经国政事学说的总结，"真言"多有与我们认知思维背离之处；而且，法家学说不是由中正平和的语录体表达出来的，而是通过文字苛正、逻辑缜密、用例严谨的自成文章表达的，其思想更需要企业家们细细地研读和体会。

法家思想，少人情多事理；儒家思想，则多人情少事理。二者高下，不取决于我的判断，而是取决于相对于你的契合度。一种经营管理思想的取舍，取决于是否适合企业的商业模式，是否适合企业的运营方式，是否适合老板的性格特质等，适合的就是好的。法家的经营管理思想，适合用理性思维来"扎硬寨，打呆仗"的企业，要求企业经营各个要素具足、各个要素均衡。

本章开篇选取的是《韩非子·难言》，旨在说明法家思想，度量虽正，却深刻得近于尖刻，企业家们未必听得进去，义理虽全，却系统得过于庞杂，企业家们未必愿意费力采用。

《韩非子·难言》：正确的话，从来都不轻飘飘

原文：臣非非难言也，所以难言者：言顺比滑泽，洋洋纚纚然，则见以为华而不实；敦厚恭祗，鲠固慎完，则见以为拙而不伦；多言繁称，连类比物，则见以为虚而无用；总微说约，径省而不饰，则见以为刿而不辩；激急亲近，探知人情，则见以为僭而不让；闳大广博，妙远不测，则见以为夸而无用；家计小谈，以具数言，则见以为陋；言而近世，辞不悖逆，则见以为贪生而谀上；言而远俗，诡躁人间，则见以为诞；捷敏辩给，繁于文采，则见以为史；殊释文学，以质性言，则见以为鄙；时称诗书，道法往古，则见以为诵。此臣非之所以难言而重患也。

字面翻译：我韩非并不认为进言是困难的，之所以说进言困难，是因为：话说得流畅温和、圆润而有文采，洋洋洒洒且条理分明，就被认为是华而

不实；话说得朴实大气、态度恭敬而忠厚，耿直坚定且言辞谨慎说理周全，就被认为是笨拙而不懂人情世故；侃侃而谈，旁征博引，就被认为是说空话不实用；话语凝练总结，简洁明快而不加修饰，就被认为是锋芒太露而不擅长辩说；言辞激烈无所避讳，伤及他人的隐情，就被认为是说人坏话不懂谦让；境界宽宏知识广博，无所不知难以忖度，就被认为是说大话不实用；谈论身边日常的小事，如果表达得过于具体，就被认为是见识短浅；言语切近世俗，言论不违背人情世故，就被认为是贪生怕死而奉承君主；言语不同于世俗，奇谈怪论引起社会轰动，就被认为是荒诞不经；灵活机警，能言善辩，富于文采，就被认为是虚伪不实在；不引经据典，用平白的语言表述，就被认为是没有文化的粗俗之人；经常援引《诗经》《尚书》等古代典籍，称道效法古代圣贤，就被认为是只知道照搬照做的迂腐之人。这些就是我难于向君主进言并深感忧虑的原因。

商人商语：经管类的书籍，各类文风大抵是"诸如此类"；各人演讲或者与人交流，各类风格多种多样；企业管理没有程式要求时，员工汇报工作的方式也不尽相同。这些多样性可能是普遍如此，也可能是其个性使然。所以，不应该从自我喜好的角度去判断事物高低，而应该从事物认知规律的角度来评判和选择。

原文：故度量虽正，未必听也；义理虽全，未必用也。大王若以此不信，则小者以为毁訾诽谤，大者患祸灾害死亡及其身。故子胥善谋而吴戮之，仲尼善说而匡围之，管夷吾实贤而鲁囚之。故此三大夫岂不贤哉？而三君不明也。上古有汤，至圣也；伊尹，至智也。夫至智说至圣，然且七十说而不受，身执鼎俎为庖宰，昵近习亲，而汤乃仅知其贤而用之。故曰：以至智说至圣，未必至而见受，伊尹说汤是也；以智说愚必不听，文王说纣是也。故文王说纣而纣囚之；翼侯炙；鬼侯腊；比干剖心；梅伯醢；夷吾束缚；而曹羁奔陈；伯里子道乞；傅说转鬻；孙子膑脚于魏；吴起抆泣于岸门，痛西河之为秦，卒枝解于楚；公叔痤言国器反为悖，公孙鞅奔秦；关龙逢斩；苌弘分胣；尹子阱于棘；司马子期死而浮于江；田明辜射；宓子贱、西门豹不斗而死人手；董安于死而陈于市；宰予不免于田常；范雎折胁于魏。此十数人者，皆世之仁贤忠良有道术之士也，不幸而遇悖乱暗惑之主而死。然则虽贤圣不能逃死亡避戮辱者，何也？则愚者难说也，故君子难言也。且至言忤于耳而倒于心，非贤圣莫能听，愿大王熟察之也。

字面翻译：所以判断分析虽然正确，却未必会被听取；道义事理虽然完整，却未必会被采用。君王如果认为这些话不可信，轻则将进言看成是诋毁诽谤，重则进言者会遭到灾祸，甚至死亡。所以伍子胥善于谋划却被吴王逼迫自杀，孔子善于游说而被宋国匡人围攻，管仲是真正的贤能却被鲁国囚禁。这三个大夫难道不贤能吗？只是因为那三个君主不明智罢了。上古时代的商汤，极其圣明；伊尹，极具智慧。极具智慧的去进说极其圣明的，这样尚且多次不被采纳，还要亲自拿厨具做厨师，亲近熟悉以后，商汤才知道伊尹的贤能，并重用他。所以说：以极具智慧的去进说极其圣明的，未必一见面就被接受，伊尹进说商汤就是这种情况；用智慧的去进说愚蠢的不一定会被听从，周文王进说商纣王就是这种。所以文王进说纣王而纣王囚禁了他；翼侯进说纣王而被烤死；鬼侯进说纣王被做成肉干；比干进说纣王被剖心；梅伯进说纣王被剁成肉酱；管仲在鲁国被捆绑；曹羁进说曹伯不成，而逃奔陈国；百里奚沿路乞讨；傅说做奴隶被几次转卖；孙膑在魏国因庞涓的谗言，而遭受膑刑；吴起在岸门拭泪痛心西河将成为秦国土地，最后在楚国被射杀肢解；公叔痤病重时向魏惠王推荐栋梁人才公孙鞅，反被认作是神昏智乱，公孙鞅只得出奔到秦；关龙逄因向夏桀进谏而被斩杀；苌弘被周人开肠剖腹；尹子被抛尸在荆棘丛中；司马子期死后尸首浮在江水上；田明被分尸；宓子贱、西门豹不与人争斗而被人杀害；董安于被迫自杀后陈尸于市中；宰予不能免身于田常政变被杀害；范雎在魏国受人诬陷被打断肋骨。这十几个人，都是世间仁厚、贤能、忠贞而有本领的人，不幸遇到荒谬昏庸的君主而死。这样看来，即使是贤能圣明的人也不能逃脱死亡、刑罚欺辱，为什么呢？就是昏庸的君主难以劝谏，所以君子难以进言。况且至理之言既不中听还逆耳，不是贤君圣王是听不进去的，希望大王您能仔细考虑我说的这些话。

商人商语：贤才难得，明君何尝不是更少？不能奢求每个老板都如圣王般贤能，但老板们确实要有是非曲直的判断标准和行为准则，来帮助自己履行好最基本的职能。"难言"的关键，不在于进说者的智慧与否，也不在于听说者的贤圣程度，而在于双方是否在一个思维节奏、一个语言体系，是否有共同的利益。身为老板，广开言路才能"耳聪目明"，岗位不同、思路不同、利益不同，导致意见不同是正常的，一个企业内部，没有不同的声音，才是不正常的。

守君主之道，则国强身安

　　企业老板与企业的命运直接相连。企业老板如果没有自己的经营之道，不能善用自己的权力，结果要么就是企业的存在不会长久，要么就是老板的位置坐得不会长久。老板善用自己的权力，不仅是"权谋"之道，善于带领企业勾画企业的商业梦想，更是"权势"之道，勇于带领企业实现企业的商业理想。

　　企业老板如果放弃了经营管理的制度化，就相当于放弃了驾御马车的缰绳。这样的"无为而治"，手下员工再努力再能干，也会跑错方向，好的员工也无法发挥自己的作用，企业的经营管理，也会失去正常的治理轨道。就算是"人才济济"，也可能是各自为战，各自努力，却不在一个方向上。

　　本章节选用的是《韩非子·守道》，借用文中论述君主如何善用君权，来论证企业老板的管理原则。企业老板是企业经营管理的"根"。老板掌握的"法"，不只是企业经营的"办法"，还有企业运营的"方法"，以及教化员工的"教法"，奖励惩罚的"管法"。

《韩非子·守道》：要想马儿跑在正确的道路上，就要一手握鞭，一手持草

原文：圣王之立法也，其赏足以劝善，其威足以胜暴，其备足以必完法。治世之臣，功多者位尊，力极者赏厚，情尽者名立。善之生如春，恶之死如秋，故民劝极力而乐尽情，此之谓上下相得。上下相得，故能使用力者自极于权衡，而务至于任鄙；战士出死，而愿为贲、育；守道者皆怀金石之心，以死子胥之节。用力者为任鄙，战如贲、育，中为金石，则君人者高枕而守己完矣。

字面翻译：圣王建立的法制，它的赏赐足够用来鼓励善行，它的威严足够用来制服暴乱，它的措施足够用来保证法制的坚决贯彻。管治这世上的臣子，功劳多的地位尊贵，尽力做事的赏赐优厚，竭尽忠诚的名声显立。好事物就像春天的万物生长，坏事物就像秋天的枯萎凋谢，所以民众相互勉励而尽忠报国，这就叫君主和臣民相互得宜。君主和臣民相互得宜，能使出力的人自觉地服从法度竭尽全力，力求能像大力士任鄙那样；战士们拼死作战，情愿像勇士孟贲、夏育那样；维护法制的人都怀有金石般的忠贞之心，用死亡来仿效伍子胥的忠义气节。出力的人都像任鄙，战士们都像孟贲、夏育，维护法制的人都心如金石，做君主的就可以高枕无忧了，确保国家政权的原则也就完备了。

商人商语：企业家在企业运营管理中的首要作用，就是建立企业的规章制度，推出明确的赏罚措施，以此形成敬业爱岗的企业文化，来调动企业全体员工工作的积极性。这样，企业员工就会自动自发地进行自我管理，不需要企业家事无巨细，企业的组织与运营也就有了秩序。

原文：古之善守者，以其所重禁其所轻，以其所难止其所易，故君子与小人俱正，盗跖与曾、史俱廉。何以知之？夫贪盗不赴溪而掇金，赴溪而掇金则身不全。贲、育不量敌，则无勇名；盗跖不计可，则利不成。明主之守禁也，贲、育见侵于其所不能胜，盗跖见害于其所不能取，故能禁贲、育之所不能犯，守盗跖之所不能取，则暴者守愿，邪者反正。大勇愿，

巨盗贞，则天下公平，而齐民之情正矣。

字面翻译： 古代善于守道的君主，用很重的刑罚来禁止轻微的罪行，用人们不敢违反的法令制止人们容易犯下的罪行，这样君子和小人都会安分守法，盗跖和曾参、史鱼都会一样廉洁。为什么知道会这样呢？贪婪的盗贼不去深涧捡拾金子，去了身体就难以保全。孟贲、夏育不估计敌人的情况，就得不到勇武的名声；盗跖不考虑行动的可行性，就不能获取财利。明君掌握禁令，孟贲、夏育之所以被制裁是因为在不该取胜的地方取胜，盗跖之所以被惩罚是因为偷取不该偷的东西，所以能禁止住孟贲、夏育不能触犯的行为，防止盗跖窃取不该窃取的东西，那么暴躁的人就会保守谨慎，奸邪的人就会改邪归正。暴躁的人变得谨慎了，大盗贼变得正派了，天下就会公正太平，治理民众的状况也就归于正道了。

商人商语： 善于管理的企业家，非常强调员工行为细节的标准化，并会进行限制和处罚；在员工难做的事情上，会进行奖赏和鼓励，激发其热情。不管员工的品行如何，以这样严谨细致的行为标准来规范他，员工就都会是好的员工。企业员工的细节行为都标准化管理好了，企业经营的整体行为标准也就会形成。

原文： 人主离法失人，则危于伯夷不妄取，而不免于田成、盗跖之祸。何也？今天下无一伯夷，而奸人不绝世，故立法度量。度量信，则伯夷不失是，而盗跖不得非。法分明，则贤不得夺不肖，强不得侵弱，众不得暴寡。托天下于尧之法，则贞士不失分，奸人不侥幸。寄千金于羿之矢，则伯夷不得亡，而盗跖不敢取。尧明于不失奸，故天下无邪；羿巧于不失发，故千金不亡。邪人不寿而盗跖止。如此，故图不载宰予，不举六卿；书不著子胥，不明夫差。孙、吴之略废，盗跖之心伏。人主甘服于玉堂之中，而无瞋目切齿倾取之患；人臣垂拱于金城之内，而无扼腕聚唇嗟喑之祸。

字面翻译： 君主背离法治就会失去民众信任，即使遇上像伯夷那样清廉的人也都会有危险，更免不了田成、盗跖这类人的祸乱。为什么？如今天下没有一个像伯夷这样的人，奸人在社会上不断出现，所以要确立法治制定法律。按照法律标准办事，伯夷就不会改变他好的行为，盗跖也就不能为非作歹了。即使是贤人也不能夺取不贤的人的生命，强者不能侵犯弱者，人多的不能欺负人少的。把天下寄托在尧的法制下，正直的人就不会失去他的本分，奸邪的人就不能获得非分的好处。把千金放在羿的箭矢上发射出去，那么伯夷就不会弄丢它，盗跖也不敢获取。尧的圣明在于不放过坏人，所以天下没有奸邪；羿的技巧在于箭不虚发，所以千金不会丢失。奸邪之人不长命，而盗跖之人不再偷盗。这样一来，图书里就不会记载宰予，也不会提到六卿；文献里不会著录伍子胥，不会说明夫差的是是非非。孙武、吴起的谋略就会被废弃，盗跖的贼心也会被收服。君主在华美的宫殿里过着甘食美衣的生活，再不会结下怒目切齿的仇恨，遭到篡权颠覆的灾难；臣下在壮丽的都城中垂衣拱手履行着政事，再不会结下扼腕抿嘴的仇恨，引来悲哀叹息的灾祸。

商人商语：从法家的观念来看，员工的职业操守取决于企业管理的方向选择的是"人治"还是"法治"，取决于规章制度的制定是否涵盖了所有员工的行为。员工"贤德奸佞"的分别，都可以在实实在在的规章制度下消亡，如此，企业家和企业管理层，就可以守制度而自行事。

原文：服虎而不以柙，禁奸而不以法，塞伪而不以符，此贲、育之所患，尧、舜之所难也。故设柙，非所以备鼠也，所以使怯弱能服虎也；立法，非所以避曾、史也，所以使庸主能止盗跖也；为符，非所以豫尾生也，所以使众人不相谩也。不恃比干之死节，不幸乱臣之无诈也；恃怯之所能服，握庸主之所易守。当今之世，为人主忠计，为天下结德者，利莫长于此。故君人者无亡国之图，而忠臣无失身之画。明于尊位必赏，故能使人尽力于权衡，死节于官职。通贲、育之情，不以死易生；惑于盗跖之贪，不以财易身；则守国之道毕备矣。

字面翻译：制服老虎却不用笼子，禁止奸邪却不靠法律，杜绝诈伪却不用符契，这是孟贲、夏育类的勇士都感到忧虑的，尧、舜类的贤圣都感到困难的。所以设下笼子，不是用来防备老鼠，而是为了使怯懦的人也能制服老虎；立下法令，不是用来防备曾参、史鱼这样的孝廉之士，而是为了使庸君也能制止盗跖这样的盗贼；制作符契，不是用来防备尾生这样的守信之人，而是为了使大家不再互相欺诈。统治者不能只依靠比干那样的人靠誓死进谏效忠，也不要幻想乱臣不做欺诈行为；要依靠能使怯懦的人制服老虎的笼子，把握庸君也容易保住君位的法制。当下这个时代，为国君忠心谋划，为天下造福，好处没有什么比制定并施行法制更长远的了。施行法制，君主不会有亡国的忧虑，忠臣不会有杀身之祸。公开明令做好本职工作的一定赏赐，能使人们尽心尽力执行法制，誓死忠于职守。要让民众通晓孟贲、夏育的正直，不因不怕死而轻视生命；即使被盗跖的贪婪迷惑，民众也不会为了财物轻易送命。这样，君主守护国家的方法就算完备无缺了。

商人商语：守，不是动词的"守住"，而是名词的"职守"。守道，不是守住国家之道，而是君主的职守。企业家的守道是什么？不是像个守财奴一样套住企业，而是能以企业老板的权责，确定企业的经营理念，设计企业的商业模式和营销策略，制定企业的运营管理和规章制度，用企业文化教化员工的行为价值，并施行严格的绩效考核，公开奖励惩罚制度。

缘天下之道，则无事不成

什么是道？《老子》说"道可道，非常道"，又说"古之善为道者，微妙玄通，深不可识"。而在《史记·老子韩非列传》中和老子并列的韩非子，却认为"道者，万物之所然也，万理之所稽也"，认为"万物各异理，而道尽稽万物之理"。韩非子认为，道是有理可察、有章可循的，并非神秘而不可认识的。法家的这一点现实性认识，和儒家追溯文王之道、墨家追溯大禹之道完全不同，更有时事的契合性和时代的进步性。

商业也有商道，商道是自然而然形成的买卖之道，也有其规律性。商人按照商道来经商没有不成功的。大成功者，会成为行业的领导者，促进一个行业的发展；小成功者，也足以在细分市场中获得有价值的市场地位。那么，究竟什么是商道？商道就是商业道德，一买一卖，向上依顺天道和市场法则，向下德惠百姓需求利益。

韩非子的《解老》一文，借老子的"道"来更加具体地解释法家政治之道。韩非子的"道"，涉及法家学说的各个要义，可以类比为企业经营中的各个要素。

《韩非子·解老》：借着延伸解读老子的道，来解读法家的治国之道，是社会自然进步的必然

原文：德者，内也。得者，外也。"上德不德"，言其神不淫于外也。神不淫于外，则身全。身全之谓德。德者，得身也。凡德者，以无为集，以无欲成，以不思安，以不用固。为之欲之，则德无舍；德无舍，则不全。用之思之，则不固；不固，则无功；无功，则生有德。德则无德，不德则有德。故曰："上德不德，是以有德。"

字面翻译：所谓德，是内部具有的。所谓得，是外部得到的。"至高境界的德就是不执着于德"，是说德的精神不游荡于外部。精神不游荡于外部，身体就能保全，身体能够保全，就被称作德。所谓的德，是从自身取得的。凡是德，都以无为来积聚，以无欲来成就，以不思虑来得到安定，以不使用来得到巩固。有作为有欲念，德就无所归宿；德无所归宿，德就不能保全。使用德，思虑德，德就不能巩固；不巩固，德就没有功用；没有功用，是因为自以为有德。自以为有德，其实是没有德；不自以为有德，其实是有德。所以《老子》说："最高境界的德不执着于德，因此才保有德。"

商人商语：企业的商业道德来自企业自身的经营理念，表现在企业市场经营的日常营销活动之中。所以，企业的商业道德，不应该单一地表现为满足市场的需求，也不会在市场中过分张扬自己的道德标准，更不会刻意地追求所谓道德的市场价值。用《老子》的话来说，真正的商业道德，不是自以为是，而是自然而然，因此商道常在。

原文：所以贵无为无思为虚者，谓其意无所制也。夫无术者，故以无为无思为虚也。夫故以无为无思为虚者，其意常不忘虚，是制于为虚也。虚者，谓其意所无制也。今制于为虚，是不虚也。虚者之无为也，不以无为为有常。不以无为为有常，则虚；虚，则德盛；德盛之为上德。故曰："上德无为而无不为也。"

字面翻译：所以推崇无为无思而达到虚无境界的人，是说人的意识不受任何牵制。那些不懂道术的人，只是认为没有作为没有思虑就是虚无的

境界。只是认为没有作为没有思虑就是虚无的人，他的意识常常不忘记虚无，这是被虚无所牵制了。虚无的境界，是说他的意识不受牵制。现在意识被虚无所牵制，就不是虚无了。虚无境界的无为，不会把无为当作是有意识的行为。不把无为当作是有意识的行为，就虚无了；虚无，德就盛大了；德盛大了就叫作上德。所以《老子》说："上德没有作为，而又无所不作为。"

商人商语：许多企业，都会把"厚德载物"作为企业经营服务于消费者的理念，也就是通常所说的"品牌理念"。这个理念，既体现在"形而上"的商业模式价值的设计之中，也体现在"形而下"的营销活动之中，无所不在于企业的经营行为之中。所以，借用《老子》的话来说，上德企业的没有作为，是没有"英雄"般的张扬作为，也不局限在某些具体的自以为是有价值的作为，而是做了该做的事情而已。

原文：仁者，谓其中心欣然爱人也；其喜人之有福，而恶人之有祸也；生心之所不能已也，非求其报也。故曰："上仁为之而无以为也。"

字面翻译：所谓的仁，是说他发自内心地爱别人；有仁的人欢喜别人有福，而憎恶别人遭遇祸乱；这生发于内心无法抑制的情感，并不是为了求得别人的回报。所以《老子》说："上仁的仁行，是不以为自己有仁行的仁行。"

商人商语：企业在为消费者服务的过程中获取了品牌价值。企业不能以价值来裹挟消费者，自以为做了什么有价值、了不起的事情来挟恩图报。企业经营本来就应该是价值交换的市场行为。企业品牌的市场行为，是不能以仁义道德来自我标榜的。

原文：义者，君臣上下之事，父子贵贱之差也，知交朋友之接也，亲疏内外之分也。臣事君宜，下怀上宜，子事父宜，贱敬贵宜，知交友朋之相助也宜，亲者内而疏者外宜。义者，谓其宜也，宜而为之。故曰："上义为之而有以为也。"

字面翻译：所谓的义，是指君臣之间上下级的关系，父子之间等级贵贱的差异，知交朋友之间的交往，亲疏内外的分别。臣子服侍君主是适宜的，下属对上司的服从是适宜的，儿子对父亲的侍奉是适宜的，卑贱的对尊贵的尊敬是适宜的，知交朋友之间互相帮助是适宜的，对亲近的接纳，对疏远的保持距离是适宜的。所谓的义，是说各种关系的适宜，以适宜的方式来相处。所以《老子》说："最高境界的义行，是有主动意识的义行。"

商人商语：企业的经营行为和市场活动，应该有一个自觉意识的支配。这个介于理念和行为标准之间的东西，在企业思维里理解为企业文化。企业文化来自于品牌理念这个"母亲"，也来自于企业家精神这个"父亲"。好的企业文化，应让人具有为企业经营服务的主动意识。

原文：礼者，所以貌情也，群义之文章也，君臣父子之交也，贵贱贤不肖之所以别也。中心怀而不谕，故疾趋卑拜以明之；实心爱而不知，故好言繁辞以信之。礼者，外饰之所以谕内也。故曰：礼以貌情也。凡人之为外物动也，不知其为身之礼也。众人之为礼也，以尊他人也，故时劝时衰。君子之为礼，以为其身；以为其身，故神之为上礼；上礼神而众人贰，故不能相应；不能相应，故曰："上礼为之而莫之应。"众人虽贰，圣人之复恭敬尽手足之礼也不衰。故曰："攘臂而仍之。"

字面翻译：所谓的礼，是用来表现情感的，是各种"义"有形象与条理的表达，是君臣父子之间的伦理界限，是用来区别贵与贱、贤与不贤之间的差异。内心仰慕而不能口头表达，所以用小步疾趋低头跪拜的动作来加以表明；真心爱慕而不知道如何表现，所以用美好动听的言辞反复加以申述。所谓的礼，是用来表达内心感情的外部言行的修饰。所以说：礼是用来表现内心情感的。一般人的行为是受到外在事物影响的有所行动，并不懂得这种动作就是他自身的礼。大多数人行礼，是表示尊重他人，所以有时认真有时敷衍。君子行礼，是为了他自身的表达，所以一心一意的对待才是最高境界的礼；最高境界的礼需要一心一意，而大多数人是三心二意，所以二者之间不能互相应和；不能互相应和，所以《老子》说："最高境界的礼就是行礼了而没有人能与之相应。"大多人虽然是三心二意，圣人仍然恭敬地遵循礼仪来举手投足而不懈怠。所以《老子》说圣人"即使高举手臂也依然恭行礼仪"。

商人商语：企业的礼，即企业市场服务的理念，形成了企业运营行为的组织化、制度化和标准化。这些规章制度，不是为了彰显管理，不是静态存在，而是为了规范运营行为的动态存在。所以，落在实处的运营管理是有主动意识和服务态度的"攘臂而仍之"，而且不会在意消费者的"上礼为之而莫之应"。

原文：道有积而积有功；德者，道之功。功有实而实有光；仁者，德之光。光有泽而泽有事；义者，仁之事也。事有礼而礼有文；礼者，义之文也。故曰："失道而后失德，失德而后失仁，失仁而后失义，失义而后失礼。"

字面翻译：道有所积聚，积聚就会有所功用；所谓德，就是道的功用。功用会有实际表观，有实际表观就有光辉；所谓仁，就是德的显示。显示会有泽被，有泽被就要有行为；所谓义，就是仁的行为。行为要有礼，有礼就有形象；所谓礼，就是义的形象。所以《老子》说："失去道之后，就失掉了德；失去德之后，就失掉了仁；失去仁之后，就失掉了义；失去义之后，就失掉了礼。"

商人商语："道"是指企业家精神，那么"德"就是企业家经营企业的理念。"仁"是仁爱，是我们用来表达企业服务于消费者的品牌理念，表现为社会为消费者提供有价值的产品和服务；"仁"也可以表现为企业家之于企业员工，以及企业员工之间的关爱之心。"义"是"仁爱"理念对于员工举止行为及价值观的教化，我们通常也会将之称为企业文化。员工的动机即使一致，行为也是有所不同的。所以要有更加具体的"礼"来规范员工在企业经营行为中的言行举止，即企业的规章制度。从企业家精神到品牌理念、企业文化，再到规章制度，这些企业经营的要素之间存在次第相生的关系。我们在企业经营中发现某一方面的问题时，可以用逆推的方式来发现问题的源头在哪里。

原文：礼为情貌者也，文为质饰者也。夫君子取情而去貌，好质而恶饰。夫恃貌而论情者，其情恶也；须饰而论质者，其质衰也。何以论之？和氏之璧，不饰以五采；隋侯之珠，不饰以银黄。其质至美，物不足以饰之。

夫物之待饰而后行者，其质不美也。是以父子之间，其礼朴而不明，故曰礼薄也。凡物不并盛，阴阳是也；理相夺予，威德是也；实厚者貌薄，父子之礼是也。由是观之，礼繁者，实心衰也。然则为礼者，事通人之朴心者也。众人之为礼也，人应则轻欢，不应则责怨。今为礼者事通人之朴心而资之以相责之分，能毋争乎？有争则乱，故曰："夫礼者，忠信之薄也，而乱之首乎。"

字面翻译：礼是情感的表现，文采是本质的修饰。君子注重情感而舍弃做作的表现，喜欢本质而厌恶装饰。依靠做作的表现来表达情感，这种情感是丑恶的；依靠花哨的修饰来表现本质，这种本质是衰败的。为什么这么说呢？和氏璧，不用五彩修饰；隋侯珠，不用金银修饰。它们的本质极其美好，外物不足以修饰它们。要先修饰然后才流行的事物，它的本质不会美好。因此父子之间的礼纯朴自然而不需要拘泥于形式，礼的表现是淡薄的。一切事物的构成要素不能同时旺盛，阴阳的消长就是这个道理；事物的道理是正反相对的，威和德就是这样；实情深厚，表现就淡薄，父子之间的礼就是这样。由此看来，烦琐的礼仪，是内心情感衰竭的表现。行礼的目的，是为了充分表达人们朴实的心意。一般人行礼，别人有回礼就会感到欢乐，不回礼就会责怪怨恨。现在行礼，是为了充分表达人与人之间的朴实心意，却也给别人提供了指责自己的借口，能不发生争执吗？有争执就会产生混乱，所以《老子》说："人世间的礼，是忠诚、诚信淡薄的表现，是混乱的祸首。"

商人商语：企业的正常化经营活动需要运营管理来保证，运营管理需要规章制度来保障，由此会制定对于每个项目、每件工作、每种岗位、每个员工的行为标准。所以说，制度的建立是为了保障经营活动能够正常进行，而不是为管理而管理的繁文缛节。企业的规章制度，是工作中人与人之间信任度差的表现，过于烦琐的规章制度会造成企业运营管理的混乱。

原文：先物行先理动之谓前识。前识者，无缘而妄意度也。何以论之？詹何坐，弟子侍，有牛鸣于门外。弟子曰："是黑牛也而白在其题。"詹何曰："然，是黑牛也，而白在其角。"使人视之，果黑牛而以布裹其角。以詹子之术，婴众人之心，华焉殆矣！故曰："道之华也。"尝试释詹子之察，而使五尺之愚童子视之，亦知其黑牛而以布裹其角也。故以詹子之察，苦心伤神，而后与五尺之愚童子同功，是以曰："愚之首也。"故曰："前识者，道之华也，而愚之首也。"

字面翻译：先于事物出现之前、先于事理表现之前而行动的，叫作前识。所谓的前识，是没有依据而妄用心意的猜度。为什么这么说呢？詹何坐着，弟子在旁边侍候，牛在门外叫。弟子说："这是头黑牛，而且有白色的额头。"詹何说："是的，这是头黑牛，只是白色在它角上。"派人去查看，果然是用布包着角的黑牛。凭借詹何的道术，来扰乱众人的心，虚华之处是危险所在啊！所以《老子》说："前识是道的虚华。"如果不用詹何的明察，而叫五尺高的愚童去察看，也会知道是黑牛而用白布包着它的角。用詹何的方式，劳心伤神，也才与五尺愚童得出同样的结果，因此《老子》说："前识是愚笨的开端。"综上《老子》说："所谓前识，是道的虚华，是愚笨的开端。"

商人商语：在故事里，企业的成长是依靠企业家的远见卓识，做对了所有的战略题和战术题；而在现实中，企业都是在企业家不断的尝试、纠错的过程中成长起来的，靠的是企业家"反应快，敢尝试，打不倒，站得起"的"铜豌豆"精神。那些自以为是、算无遗策的老板们，只领会了一点企业家之道的虚华，这是愚笨的开始。

原文：所谓"大丈夫"者，谓其智之大也。所谓"处其厚不处其薄"者，行情实而去礼貌也。所谓"处其实不处其华"者，必缘理不径绝也。所谓"去彼取此"者，去貌、径绝而取缘理、好情实也。故曰："去彼取此。"

字面翻译：《老子》中所说的"大丈夫"，是说他智慧的宏大。所说的"立身厚重而不立身轻薄"，是说表达真情实感而去掉做作礼仪的表现。所说的"立身实质而不立身虚华"，是说必须遵循事理而不是胡乱行事。所说的"去掉那个，采取这个"，是指去掉做作的礼仪和胡乱的行事，而采取遵循事理、喜好真情实感。所以《老子》说："去掉那个，采取这个。"

商人商语：有智慧的企业家，会选择更广大、更有发展的市场，经营企业是为消费者提供实质利益的服务，而不是依靠营销手段编织虚假的利益。这就是"处其厚而不处其薄"。企业运营的组织结构和规章制度，是依据市场服务的便利原则而设计制定的，是为了更好地服务于企业的商业模式和营销活动。这就是"处其实不处其华"，也如《老子》所说，去掉虚浮的制度，采取实际的制度。

原文：人有祸，则心畏恐；心畏恐，则行端直；行端直，则思虑熟；思虑熟，则得事理。行端直，则无祸害；无祸害，则尽天年。得事理，则必成功。尽天年，则全而寿。必成功，则富与贵。全寿富贵之谓福。而福本于有祸。故曰："祸兮福之所倚。"以成其功也。

字面翻译：人有了灾祸，内心就会畏惧；内心有畏惧，行为就会端正；行为端正，思虑就会成熟；思虑成熟，就能了解事物的规则。行为端正，就没有灾祸的损害；没有灾祸的损害，就能尽享自然的寿命。了解事物的规则，就一定能成就功业。尽享自然的寿命，就会平安而长寿。一定能成就功业，就会富有而尊贵。平安而长寿、富有而尊贵叫作幸福。而幸福发源于灾祸。所以《老子》说："灾祸，是幸福所依存的地方。"就是说由于灾祸，成就了人们的功业。

商人商语：企业经营，从商业模式的规划，到营销策略的设计、运营管理的拟制，再到销售计划的编写，都不能只考虑有利因素，还要考虑那些不好的因素，做好各种不好的因素出现的应对准备，预期的成功才更有可能实现。所以说"祸兮福之所倚"。

原文：人有福，则富贵至；富贵至，则衣食美；衣食美，则骄心生；骄心生，则行邪僻而动弃理。行邪僻，则身死夭；动弃理，则无成功。夫内有死夭之难而外无成功之名者，大祸也。而祸本生于有福。故曰："福兮祸之所伏。"

字面翻译：人有了福德，富贵就会来到；富贵来到，衣食就会美好；衣食美好，骄傲的心态就会产生；骄傲的心态产生，就会行为邪恶乖僻而举动违背常理；行为邪恶乖僻，自身就会早死；举动违背常理，就不会成就功业。内有早死的灾难而外无成就功业的名分，这是严重的灾祸啊。而灾祸本来产生于有了福德。所以《老子》说："福德啊，是灾祸所潜伏的地方。"

商人商语：企业经营的所有因素，都具有成功和失败的两面性，企业家不可不谨慎看待。如果以为业已成功的商业模式、营销策略、商业资源就是继续成功的方式，甚至是永远成功的方式，那么就如老子所说，"福兮祸之所伏"。

原文：夫缘道理以从事者，无不能成。无不能成者，大能成天子之势尊，而小易得卿相将军之赏禄。夫弃道理而妄举动者，虽上有天子诸侯之势尊，而下有猗顿、陶朱、卜祝之富，犹失其民人而亡其财资也。众人之轻弃道理而易妄举动者，不知其祸福之深大而道阔远若是也，故谕人曰："孰知其极？"

字面翻译：按照事物的法则做事的人，没有不成功的。做事没有不成功的人，往大的成功说能够成就天子的权势尊位，往小的成功说容易取得卿相将军的赏赐俸禄。违背事物的法则而轻举妄动的，即使上有天子诸侯的权势尊位，下有猗顿、陶朱、卜祝的富有，还是会失去他的民众拥戴，丧失他的财产。大家之所以会轻易地背弃事物的法则而容易轻举妄动，是因为不知道祸福相互转化的事情非常普遍，而且事情背后的法则是那样的广阔深远，所以《老子》提醒人们说："谁能知道它的究竟？"

商人商语：市场的发展变化有其基本的规律。只有不认识这一规律，并且被规律惩罚的人才会说"孰知其极"。不过，一时不知道老子所说的"孰知其极"不可怕，商海遨游落后一个身位也不可怕，可怕的是你没有知错就改的勇气和爬起猛追的行动。

原文：人莫不欲富贵全寿，而未有能免于贫贱死夭之祸也。心欲富贵全寿，而今贫贱死夭，是不能至于其所欲至也。凡失其所欲之路而妄行者之谓迷，迷则不能至于其所欲至矣。今众人之不能至于其所欲至，故曰：

"迷"。众人之所不能至于其所欲至也，自天地之剖判以至于今。故曰："人之迷也，其日故以久矣。"

字面翻译： 没有人不想拥有财富、权贵、平安、长寿，但不能免于贫贱、早死的灾祸。心里想要富贵全寿，而现在却贫贱早死，这是没能达到想达到的目的。凡是离开想达到目的的正路而乱走的，叫作迷，迷就不能达到想达到的目的。现在大家不能达到想要达到的目的，所以《老子》说"迷"。大家不能达到想要达到目的的状况，是从开天辟地一直延续到现在的。所以《老子》说："人们陷入迷途，这种日子确是很长久了。"

商人商语： 运营好企业，简单说来有两个基本点：商业模式的经营、组织管理的运营。这二者看似简单，但是要做好，需要意志力和执行力。老子说的"人之迷也，其日故以久矣"，指的是企业老板容易被花哨的商业概念所迷惑，忽视了最深处的商业本质。

原文： 所谓方者，内外相应也，言行相称也。所谓廉者，必生死之命也，轻恬资财也。所谓直者，义必公正，公心不偏党也。所谓光者，官爵尊贵，衣裘壮丽也。今有道之士，虽中外信顺，不以诽谤穷堕；虽死节轻财，不以侮罢羞贪；虽义端不党，不以去邪罪私；虽势尊衣美，不以夸贱欺贫。其故何也？使失路者而肯听习问知，即不成迷也。今众人之所以欲成功而反为败者，生于不知道理而不肯问知而听能。众人不肯问知听能，而圣人强以其祸败适之，则怨。众人多而圣人寡，寡之不胜众，数也。今举动而与天下为仇，非全身长生之道也，是以行轨节而举之也。故曰："方而不割，廉而不刿，直而不肆，光而不耀。"

字面翻译：《老子》所说的"方"，是指表里一致、言行一致。《老子》所说的"廉"，是指坚持生死有命的人生观，看轻物质财富的享受。《老子》所说的"直"，是指义理必须公正，有公平心而不偏私情。《老子》所说的"光"，是指官职显要爵位尊贵，衣裘奢华美丽。现在有道（具有方、廉、直、光四种德行）之人，虽然内心和外表都真诚谦和，但并不因此而背地议论或公开指责穷困堕落的人；虽然以死守节轻视财富，但并不因此侮辱软弱的人、耻笑贪心的人；虽然品行端正不拉帮结伙，但并不因此嫌弃行为不正的人、责怪自私的人；虽然地位尊贵衣着华美，但并不因此藐视卑贱的人、欺侮贫穷的人。其中的原因是什么？假如走错路的人肯听从熟悉路的人，请教知道路的人，就不会迷路了。现在大家之所以希望成功却反而失败，是由于不知晓事物的法则而又不肯去向懂得的人请教，不肯听从能人的意见。大家不肯请教懂得的人、听从能干的人，而圣人因为他们的祸殃和失败来修正他们，就会生出怨恨来了。普通人多而圣人少，少数人不能压过多数人，是定理。现在一举一动都和天下的人作对，那就不是保全自身延长寿命的办法了，因此圣人应该用遵循法度节制行为来引导人们。所以《老子》说："性格方正，但不批评他人；操守清廉，但不诋毁他人；为人正直，但不自以为是；名高位尊，但不虚荣炫耀。"

商人商语：方、廉、直、光，这四点德行是企业经营四个要素的特性：方而不割，即营销活动的行为原则；廉而不刿，即商业模式的价值观；直而不肆，即运营管理的制度化；光而不耀，即企业品牌的社会形象。

原文：聪明睿智，天也；动静思虑，人也。人也者，乘于天明以视，寄于天聪以听，托于天智以思虑。故视强，则目不明；听甚，则耳不聪；思虑过度，则智识乱。目不明，则不能决黑白之分；耳不聪，则不能别清浊之声；智识乱，则不能审得失之地。目不能决黑白之色则谓之盲，耳不能别清浊之声则谓之聋，心不能审得失之地则谓之狂。盲则不能避昼日之险，聋则不能知雷霆之害，狂则不能免人间法令之祸。书之所谓"治人"者，适动静之节，省思虑之费也。所谓"事天"者，不极聪明之力，不尽智识之任。苟极尽，则费神多；费神多，则盲聋悖狂之祸至，是以啬之。啬之者，爱其精神，啬其智识也。故曰："治人事天莫如啬。"

字面翻译：听力好、视力好、睿智聪明，是天生的；行动、安静、思考忧虑，是人为的。人为的，是指要依靠天生的视力去看，依靠天生的听力去听，依靠天生的智力去思考。所以观察用力过度，眼睛就会不明；听得用力过度，耳朵就会不灵；思考忧虑用力过度，智力意识就会昏乱。眼睛不明，就不能判断黑与白；耳朵不灵，就不能区别清与浊的声音；智力意识昏乱，就不能审查得与失的根据。眼睛不能判断黑白的颜色就叫盲，耳朵不能区别清浊的声音就叫聋，心智不能审查得失的根据就叫狂。盲就不能避开白天明显的危险，聋就不能知道雷霆震耳的危害，狂就不能避免法律刑罚的灾祸。《老子》书中所说的"治人"，是说调适举止动静的节奏，节省智力思考忧虑的消耗。书中所说的"事天"，是说不要过度使用听力和视力，不要竭尽智力意识的限度。如果使用到极点尽处，就会劳神过度；劳神过度，盲聋狂乱的灾祸就会到来，因此使用它们要节省。所谓的节省，是指爱惜精神，节省智力意识。所以《老子》说："治人事天没有比得上节省更重要的。"

商人商语：就企业经营而言，有几个成功的商业模式、几项研发产品，是依据市场调研的科学数据而设计出来的呢？企业的运营管理如果细致到每一个行为都要标准化，就一定能够提升企业的服务质量吗？企业的商道是由内而发的，所以说，管理员工、服务市场，不能完全站在对方的角度来思考。

原文：众人之用神也躁，躁则多费，多费之谓侈。圣人之用神也静，静则少费，少费之谓啬。啬之谓术也，生于道理。夫能啬也，是从于道而服于理者也。众人离于患，陷于祸，犹未知退，而不服从道理。圣人虽未见祸患之形，虚无服从于道理，以称蚤服。故曰："夫谓啬，是以蚤服。"

字面翻译：一般人思考时精神会浮躁，浮躁就会过多消耗，过多消耗就叫作浪费。圣人思考时精神则会沉静，沉静就减少消耗，减少消耗就叫作节省。节省作为一种方法，产生于对事物法则的认识。之所以能够节省，是因为遵循于天地的普遍规律、服从于万事万物的具体法则。一般人遭受患难，陷入祸乱时，仍然不知道退却，还不服从天地规律，不遵循万物法则。圣人虽然还没有看见祸患的征兆，就虚静无为地服从遵循于天地万物的规律法则，这叫"早服"。所以《老子》说："正是因为节省，所以能够早服。"

商人商语：一般企业的营销策略，大多是急功近利地想方设法让消费者实现消费，或者拼命赢得与竞争对手的商战，而较少关注企业品牌理念的输出、商业模式价值观的传递、消费者的利益需求等。这样做的企业，可能短时间内会崛起，但不可能长时间兴盛。企业应多做一些有利于市场也有利于自身的经营行为。

原文：知治人者，其思虑静；知事天者，其孔窍虚。思虑静，故德不去；孔窍虚，则和气日入。故曰："重积德。"夫能令故德不去，新和气日至者，蚤服者也。故曰："蚤服，是谓重积德。"积德而后神静，神静而后和多，和多而后计得，计得而后能御万物，能御万物则战易胜敌，战易胜敌而论必盖世，论必盖世，故曰"无不克。"无不克本于重积德，故曰："重积德，则无不克。"战易胜敌，则兼有天下；论必盖世，则民人从。进兼天下而退从民人，其术远，则众人莫见其端末。莫见其端末，是以莫知其极。故曰："无不克，则莫知其极。"

字面翻译：懂得"治人"的人，他的思虑会很沉静；懂得"事天"的人，他眼耳鼻舌身孔窍的功用会很空虚。思虑沉静，本身的德就不会丧失；孔窍畅通，和气就会每天不断地进入。所以《老子》说"不断地积累德"。能使本身的德不失，新的和气每天不断到来的人，就是"早服"的人。所以《老子》说："早服，就是不断地积累德。"积累德然后精神才能沉静，精神沉静，和气才能增多；和气增多，筹划才能得当；筹划得当，才能驾御万物；能够驾御万物去征战就容易战胜敌人；征战容易战胜敌人，那么其判断分析事物的能力必然称雄于世；判断分析的能力必然称雄于世，所以说"无往不胜"。无往不胜根源于重叠地积累德，所以《老子》说："重叠地积累德，就会无往不胜。"征战容易战胜敌人，就会拥有天下；判断分析能力必然称雄于世，民众就会服从。进可以拥有天下，退可以使民众服从，这种道术非常深远，一般人是看不见它的开端和结尾的。看不见它的开端和结尾，因此不能知道它的根由底细，所以《老子》说："无往不胜，就没有人知道他道术的根由底细。"

商人商语：只有心思沉静的企业家，才能坚持住自己的创业初心，虚心接受市场的新变化和市场的新信息，既有"外得"，也有"内德"。企业经营的"内德"，只有来自于企业家精神如乾卦卦辞的"元亨利贞"，才能生生不息地创造和创新。企业的创新，如《老子》说的"无不克，则莫知其极"。

原文：凡有国而后亡之，有身而后殃之，不可谓能有其国、能保其身。夫能有其国，必能安其社稷；能保其身，必能终其天年；而后可谓能有其国、能保其身矣。夫能有其国、保其身者，必且体道。体道，则其智深；其智深，则其会远；其会远，众人莫能见其所极。唯夫能令人不见其事极，不见其事极者为保其身、有其国。故曰："莫知其极。""莫知其极，则可以有国。"

字面翻译：凡是拥有国家然后使它消亡的，拥有身体然后使它受伤害的，都不可以说是有拥有国家、保全自身的能力。凡是能够拥有国家的人，一定能够安定国家的江山社稷，能够保全自身的人，一定能够享尽自己的天年；然后才可以说是有拥有国家的能力、有保全自身的能力。有拥有国家、保全自身能力的人，一定是体察了天地万物的基本规律。体察到事物的规律，他的智慧就一定很深；智慧很深，他的计谋就一定很深远；计谋很深远，一般人就不能看到他的究竟。只有让人看不到事情的究竟，让人看不到事情的究竟的人才有能力保全自身、拥有国家。所以《老子》说："没有人知道他的究竟。""没有人知道他的究竟，才可以拥有国家。"

商人商语：如果我们把国家当成企业来看待，那么经营商业模式的体道，就是遵循商道。商道既然是"莫知其极"，那么就很难用具体的文字来严格界定。商业模式可以理解为八卦中震卦的象辞"洊雷，震。君子以恐惧修省"。

原文：所谓"有国之母"：母者，道也；道也者，生于所以有国之术；所以有国之术，故谓之"有国之母"。夫道以与世周旋者，其建生也长，持禄也久。故曰："有国之母，可以长久。"树木有曼根，有直根。根者，书之所谓"柢"也。柢也者，木之所以建生也；曼根者，木之所以持生也。德也者，人之所以建生也；禄也者，人之所以持生也。今建于理者，其持禄也久，故曰："深其根。"体其道者，其生日长，故曰："固其柢。"柢固，则生长；根深，则视久，故曰："深其根，固其柢，长生久视之道也。"

字面翻译：《老子》中所说的"保有国家的母亲"：母，是指孕育天地万物基本规律的道；天地万物的那些基本规律，产生了如何保有国家的方法；孕育了保有国家的方法，所以叫作"保有国家的母亲"。遵循道的规律来处理世间事情的，他颐养的生命就会长久，掌持的禄位就能长久。所以《老子》说："保有国家的母亲，可以令一切长久。"树木有枝干，有主干。树干的主干，就是《老子》所说的"柢"。作为主干的柢，是树木赖以生存的根本；蔓生的枝干，是树木赖以生长的保证。德，是人们赖以生存的根本；禄，是人们赖以生活的保证。立身于遵循事理的人，他掌持禄位的时间也就久长，所以《老子》说："加深它的根茎。"体察到天地万物基本规律的人，他颐养的寿命就会长久，所以《老子》说："巩固它的主干。"主干巩固了，就会生长；根茎加深了，就会长久，所以《老子》说："加深它的根茎，巩固它的主干，是延长生命长久存在的规律。"

商人商语：把企业品牌比喻为坤卦象辞"厚德载物"的理念，可以理解为企业的"有国之母"，如根茎一样深深扎根于为消费者服务的市场之中，树立企业的商业模式，长成参天大树的"主干"，教化企业运营管理、营销服务的"枝干"，好比是"听妈妈的话会健康长大"一样。当然，也有很多的企业家认为，企业家精神才是企业发展壮大的基础，好比是"听爸爸的话做个男子汉"一样。

原文：工人数变业则失其功，作者数摇徙则亡其功。一人之作，日亡半日，十日则亡五人之功矣；万人之作，日亡半日，十日则亡五万人之功矣。然则数变业者，其人弥众，其亏弥大矣。凡法令更则利害易，利害易则民务变，民务变谓之变业。故以理观之：事大众而数摇之，则少成功；藏大器而数徙之，则多败伤；烹小鲜而数挠之，则贼其泽；治大国而数变法，则民苦之。是以有道之君贵静，不重变法。故曰："治大国者若烹小鲜。"

字面翻译：手艺人屡次改变职业就会丧失他的功力，劳作者屡次动迁就会丧失劳作的功力。一个人的工作，一天中少掉半天，十天就会少五个人的功效；一万人的工作，一天丢失半天，十天就丢失五万人的功效了。这样屡次改变职业的人，人数越多，造成的损失就越大。一般说来，法令变更了，利害也会跟着改变；利和害改变了，民众从事的事情也跟着变化；从事的事情的变化，称为改变职业。所以按照这个事理来看：役使大众而屡次改变他们的工作，功效就会很少；收藏贵重器物而屡次挪动它们，就会造成很多损毁；烹制小鱼而屡次翻动它们，就会影响它们的色泽；治理大国而屡次改变法律，百姓就会受苦。因此懂得治国原则的君主很注重稳定，不崇尚改变法律。所以《老子》说："治理大国的原则，就像烹制小鱼。"

商人商语：市场变化越来越快，企业的商业模式应不应该随市场变化而及时改变？答案是肯定的！只是如何变化？何时变化？变化局部还是全部？解决这些问题，就要先懂得"持中而行"的道理，要在变和不变之间把握好平衡，不能因为不变而失去发展的机遇，也不能因为求变而失去企业立身之本。战略一旦决定，剩下的就是战术层面的细节了。细节执行到位，战略才有意义，所以说"治大国者若烹小鲜"。

原文：人处疾则贵医，有祸则畏鬼。圣人在上，则民少欲；民少欲，则血气治而举动理；举动理则少祸害。夫内无痤疽瘅痔之害，而外无刑罚法诛之祸者，其轻恬鬼也甚。故曰："以道莅天下，其鬼不神。"治世之民，不与鬼神相害也。故曰："非其鬼不神也，其神不伤人也。"鬼祟也疾人之谓鬼伤人，人逐除之之谓人伤鬼也。民犯法令之谓民伤上，上刑戮民之谓上伤民。民不犯法，则上亦不行刑；上不行刑之谓上不伤人。故曰："圣人亦不伤民。"上不与民相害，而人不与鬼相伤，故曰："两不相伤。"民不敢犯法，则上内不用刑罚，而外不事利其产业。上内不用刑罚，而外不事利其产业，则民蕃息。民蕃息而畜积盛。民蕃息而畜积盛之谓有德。凡所谓祟者，魂魄去而精神乱，精神乱则无德。鬼不祟人则魂魄不去，魂魄不去而精神不乱，精神不乱之谓有德。上盛畜积而鬼不乱其精神，则德尽在于民矣。故曰："两不相伤，则德交归焉。"言其德上下交盛而俱归于民也。

字面翻译：人在生病时就会看重医生，遇有灾祸时就会害怕鬼神。圣人在上教化，民众就会减少贪欲；民众减少贪欲，血气就会调和，举动就会合理；举动合理，就会减少灾祸的伤害。身内没有毒疮、黄疸、痔疮等疾病的危害，身外没有刑罚诛戮祸患的人，就会把鬼神看得很轻淡。所以《老子》说："按照天地万物的规律来治理天下，鬼也就不神奇了。"社会安定的民众，不会和鬼的神奇作用相互伤害。所以《老子》说："不是说鬼不神奇了，而是说鬼的神奇不伤害人。"鬼作怪使人生病叫作鬼伤人，人驱逐鬼神叫作人伤鬼，民众违犯法令叫作民伤君，君主刑戮民众叫作君伤民。民众不触犯法律，君主就不会行刑；君主不行刑叫作君不伤民众。所以《老子》说："圣人不伤害民众。"君主与民众不相互伤害，而人们与鬼神不互相伤害，所以说"两两之间互不伤害"。民众不敢犯法，那么君主内事不用刑罚，外事不贪民众的利益。君主内事不用刑罚，外事不贪占民众的利益，民众就会休养生息。民众休养生息，积蓄就会丰富。民众休养生息而积蓄丰富，被称作有德。凡是所谓鬼怪作祟的，都是自己丧魂落魄而精神错乱。精神错乱便属于无德。鬼不作怪则魂魄不丧，魂魄不丧则精神不乱，精神不乱便称作有德。君主使民众积蓄丰富，鬼也不来扰乱民众精神，那么德就都在民众中了。所以《老子》说"两两之间互不伤害，那么德就交汇归属"，是指上下两方面的德一起交汇一齐兴盛而全部归属于民众。

商人商语：运营管理是严谨而理性的，规章制度是清楚而可以执行的，工作流程是顺畅而紧密配合的，员工工作是积极而各负其责的，企业领导者是抓大放小而不会没事儿挑刺的——这样的企业，不会迷信飞来的机遇和鬼神的佑护，也不会有人情作祟的内耗。外部市场和内部运营两不相伤，企业高层和企业基层两不相伤，那么企业就能很好地服务于市场了。

原文：有道之君，外无怨仇于邻敌，而内有德泽于人民。夫外无怨仇于邻敌者，其遇诸侯也外有礼义。内有德泽于人民者，其治人事也务本。遇诸侯有礼义，则役希起；治民事务本，则淫奢止。凡马之所以大用者，外供甲兵而内给淫奢也。今有道之君，外希用甲兵，而内禁淫奢。上不事马于战斗逐北，而民不以马远淫通物，所积力唯田畴。积力于田畴，必且粪灌。故曰："天下有道，却走马以粪也。"

字面翻译：有道的君主，在国外和邻国没有怨仇，在国内有恩德泽被于民众。如果在国外和邻国没有怨仇，他和诸侯相处就会表现出应有的礼节。在国内有恩德泽被于民众，他治理民众生计的事务就会致力于根本。与诸侯相处有礼节，战争就很少发生；治理民生事务致力于根本，过度的奢侈就会被制止。大凡马匹被使用得最厉害，原因都是供给作战的士兵，对内满足人们过度奢侈的需要。现在有道的君主，对外很少动用士兵作战，对内禁止过度的奢侈。君主不需要把马匹用在战争中的追击败敌，民众也不凭借马匹到处游荡和运输货物，所积蓄起来的力量只用于农田耕种。积聚的力量用于农田耕种，必将要用粪肥灌溉。所以《老子》说："天下有道，就把奔走的马歇下来积攒粪肥了。"

商人商语：企业经营，对外把注意力主要放在消费者身上，而不是一味放在竞争对手那里，就会节约出大量的营销资源；对内不苛刻对待员工，管理的精力就会集中在事务而不是人事上，企业的运营就会更加顺畅，企业的财务资源和人力资源就会集中在本该作用的地方，更好地孕育企业的核心竞争力，就能如《老子》所说："天下有道，却走马以粪也。"

原文：人君无道，则内暴虐其民，而外侵欺其邻国。内暴虐，则民产绝；外侵欺，则兵数起。民产绝，则畜生少；兵数起，则士卒尽。畜生少，则戎马乏；士卒尽，则军危殆。戎马乏，则牸马出；军危殆，则近臣役。马者，军之大用；郊者，言其近也。今所以给军之具于牸马近臣。故曰："天下无道，戎马生于郊矣。"

字面翻译：君主无道，对内就残暴虐待他的民众，对外就侵略欺凌邻国。对内暴虐，民众的生产就会中止；对外侵凌，征战就会屡屡发生。民众的生产中止了，蓄养的牲畜就会减少；征战屡屡发生，士卒就会耗尽。蓄养的牲畜减少，战马就会缺乏；士卒耗尽，军事就会危险。战马缺乏，快生小驹的母马也要出征；军队危险，君主的近臣也要服役。马，在军事上有重要的作用；郊，是距离城市近的地方。现在用来满足军事需要的是孕马和近臣。所以《老子》说："天下无道，战马在郊外生马驹。"

商人商语：对内苛刻压榨员工，企业员工数量再多也不能形成能动的人力资源；对外竞争太有侵略性，积累的客户、顾客数量再多，也不会是忠诚的市场资源。企业缺少稳定的资源，核心竞争力就孕育不出来，市场竞争就会变得混乱繁杂；企业经营无道，积攒下来的资源都只能投放到市场竞争里了。

原文：人有欲，则计会乱；计会乱，而有欲甚；有欲甚，则邪心胜；邪心胜，则事经绝；事经绝，则祸难生。由是观之，祸难生于邪心，邪心诱于可欲。可欲之类，进则教良民为奸，退则令善人有祸。奸起，则上侵弱君；祸至，则民人多伤。然则可欲之类，上侵弱君而下伤人民。夫上侵弱君而下伤人民者，大罪也。故曰："祸莫大于可欲。"是以圣人不引五色，不淫于声乐；明君贱玩好而去淫丽。

字面翻译：人有欲望，计划谋略就会错乱；计划谋略错乱，欲望就会更盛；欲望更盛，邪念就占上风；邪念占了上风，做事就不会遵循事理；做事不遵循事理，祸乱灾难就会发生。由此看来，祸乱灾难产生于邪念，邪念受到会引起欲望的东西的引诱。会引起欲望的那些东西，提倡它就会教唆民众变得奸邪，禁止它就可以使好人遭遇祸乱。奸邪兴起，就会向上侵害削弱君主；祸乱到来，民众就会多受伤害。这样看来，引起欲望的那些东西，是向上侵害削弱君主而向下伤害百姓。能向上侵害削弱君主而向下伤害百姓的，是大的罪过。所以《老子》说："祸害，没有比引起欲望更大的了。"因此圣人不受五彩缤纷颜色的引诱，不沉溺于声色犬马的享乐；明君轻视玩物爱好，抛弃过分华丽的东西。

商人商语：欲望是人之常情。人类的欲望推动着人类文明的进步，商业的欲望推动着商业文明的进步，企业家的欲望推动着企业经营的扩大发展。但过度的欲望会使人丧失正常的心智，容易行偏激之举，社会快速发展的同时也埋下了快速崩塌的隐患。所以，企业在设计商业模式、营销策略、运营管理等时，都要根据自己的资源量力而行，否则，就会反受其害，"罪莫大于可欲"。

原文：人无毛羽，不衣则不犯寒；上不属天而下不著地，以肠胃为根本，不食则不能活；是以不免于欲利之心。欲利之心不除，其身之忧也。故圣人衣足以犯寒，食足以充虚，则不忧矣。众人则不然，大为诸侯，小余千金之资，其欲得之忧不除也。胥靡有免，死罪时活，今不知足者之忧终身不解。故曰："祸莫大于不知足。"

字面翻译：人天生没有羽毛，不穿衣服就不能战胜寒冷；人上不依附于天，下不扎根于地，把肠胃作为生命的根本，不吃饭就不能存活；因此人就不能免除贪图利益的欲念。贪图利益的欲念不能免除，是人自身的忧患。所以圣人穿衣足够防寒，吃饭足够充饥，就不再忧虑了。一般人却不是这样，大到做了诸侯，小到积存千金资财，其贪图获取的忧虑仍然不能免除。犯轻罪罚作苦役的会得到赦免，犯死罪的也有机会活命，因此现在不知足者的忧患终身不能解脱。所以《老子》说："祸害没有比不知足更大的。"

商人商语：企业经营的各个有利要素聚合在一起要能实现平衡，但某个突出的有利要素会带动企业快速发展。企业发展起来以后，这些过去的有利要素反而会制约企业的进一步发展，即"孤阳不长"。这一点，《老子》说的"祸莫大于不知足"解释得非常清楚。

原文：故欲利甚于忧，忧则疾生；疾生而智慧衰；智慧衰，则失度量；失度量，则妄举动；妄举动，则祸害至；祸害至而疾婴内；疾婴内，则痛祸薄外；痛祸薄外，则苦痛杂于肠胃之间；苦痛杂于肠胃之间，则伤人也憯。憯则退而自咎，退而自咎也生于欲利。故曰："咎莫憯于欲利。"

字面翻译：所以人得利的欲望更甚于忧虑，忧虑就会生病；人生病，智慧就会减退；智慧减退，人就会丧失判断分析的能力；丧失判断分析的能力，人就会轻举妄动；人轻举妄动，就会招致祸害；祸害到来，人的内心就会被疾病缠绕；疾病缠绕在内，病痛就会侵扰于外；病痛从外侵扰，苦痛就聚集在人的肠胃之间；苦痛聚集在肠胃之间，对人的伤害就会惨痛。受到惨痛伤害后人就会引咎自责，引咎自责发现这一切是由于贪图利益。所以《老子》说："引咎自责，没有比贪图利益更惨痛的。"

商人商语：企业经营，不可避免地会产生某一方面过大的欲望，从而心态失衡，孤注一掷，进而导致整体运营失控。企业家不能有赌徒的心态，让企业发展的脚步因企业要素的不平衡而影响到自己。这就是《老子》所说的"咎莫憯于欲利"。

原文：道者，万物之所然也，万理之所稽也。理者，成物之文也；道者，万物之所以成也。故曰：道，理之者也。物有理，不可以相薄；物有理不可以相薄，故理之为物之制。万物各异理，而道尽稽万物之理，故不得不化；不得不化，故无常操。无常操，是以死生气禀焉，万智斟酌焉，万事废兴焉。天得之以高，地得之以藏，维斗得之以成其威，日月得之以恒其光，五常得之以常其位，列星得之以端其行，四时得之以御其变气，轩辕得之以擅四方，赤松得之与天地统，圣人得之以成文章。道，与尧、舜俱智，与接舆俱狂，与桀、纣俱灭，与汤、武俱昌。以为近乎，游于四极；以为远乎，常在吾侧；以为暗乎，其光昭昭；以为明乎，其物冥冥；而功成天地，和化雷霆，宇内之物，恃之以成。凡道之情，不制不形，柔弱随时，与理相应。万物得之以死，得之以生；万事得之以败，得之以成。道譬诸若水，溺者多饮之即死，渴者适饮之即生；譬之若剑戟，愚人以行忿则祸生，圣人以诛暴则福成。故得之以死，得之以生，得之以败，得之以成。

字面翻译：所谓"道"，是万物之所以成为万物的原因，是万理的归宿。所谓"理"，是构成物体成形的具体法则；所谓"道"，是万千物体之所以生成的根本起源。所以说：道，以理的形式体现出来。万物各有其理，彼此不会互相侵扰；万物各有其理而且彼此不会互相侵扰，所以理也是万物的限制力量。天地万物的理各自不同，而道完全归纳了万物的理，所以道不能不随万物的变化而演化；因为不得不演化，所以没有永恒不变的规则。没有永恒不变的规则，因而或死或生之气由道而生成，万种智慧的高低由道而吸取，万千事物的衰败兴盛由道而决定。天得道而高升，地得道而蕴藏，北斗星得道而形成其维系众星的威势，太阳、月亮得道而永放光芒，金、木、水、土、火这五大要素得道而成为物质构成的基本要素，罗列的星斗得道而正确地运行，春、夏、秋、冬这四季得道而控制节气的变化，黄帝轩辕氏得道而统治四方，赤松子得道与天地同寿，圣人得道形成了文明、制成了礼乐制度。道，与唐尧、虞舜同在便表现为智慧，与狂人接舆同在便表现为狂放，与夏桀、殷纣同在便表现为灭亡，与商汤、周武王同在便表现为昌盛。认为道离我们近吧，它运行于四方极处；认为道离我们远吧，它常常出现在我们身边；认为道昏暗吧，它的光芒昭昭于天地；认为道明亮吧，它的存在又是看不见摸不着的。道的功用形成天地，同化为雷霆，宇宙内的万事万物都要依靠它而生成。一般说来道的情况，不制造不化形，柔和文弱随时间运行，与事物的具体法则相适应。万物得到道可以因此而死亡，也可以因得到道而生长；万事得到道可以因此而失败，也可以因得到道而成功。道可以比喻为水，溺水者多喝了就会死亡，干渴的人适量饮用就能生存。再把道比喻为剑戟，愚蠢的人拿来行凶泄愤就会惹祸，圣贤的人拿来诛杀暴徒就会造福。所以说，因得道而死，因得道而生，因得道而失败，因得道而成功。

商人商语：企业的商道，最大的影响力来自于企业家。企业家精神，我归纳为八卦中乾卦的卦辞"元亨利贞"四个字，并分别从原创力、领导力、商人本质、价值观四个角度来理解。这四点作用于企业经营要素的各个方面。需要强调的是，不受限制的企业家精神，对于企业正常经营的破坏性也是巨大的。

原文：人希见生象也，而得死象之骨，案其图以想其生也，故诸人之所以意想者皆谓之"象"也。今道虽不可得闻见，圣人执其见功以处见其形，故曰："无状之状，无物之象。"

字面翻译：人们很少能见到活象，却能得到死象的骨骼，按照死象骨骼的模样来想象活象的样子，所以人们用主观意识想象出来的东西都叫作"象"。现在，道虽然听不到看不见，但圣人根据它所显现的功用来推理出它的形象，所以《老子》说："道是没有形状的形状，是没有实体的物象。"

商人商语：商道指的可以是具体的商业行为，也可以是大的商业方向。具体如何走，如何到达，各人的脑力不同、眼界不同、价值观不同，最终走下来的"道"也是不同的。

原文：凡理者，方圆、短长、粗靡、坚脆之分也，故理定而后可得道也。故定理有存亡，有死生，有盛衰。夫物之一存一亡，乍死乍生，初盛而后衰者，不可谓常。唯夫与天地之剖判也俱生，至天地之消散也不死不衰者谓"常"。而常者，无攸易，无定理。无定理，非在于常所，是以不可道也。圣人观其玄虚，用其周行，强字之曰"道"，然而可论。故曰："道之可道，非常道也。"

字面翻译：一般所说的理，是指物体的方与圆、短与长、粗与细、坚与脆的区别，理作为事物的具体法则得到确知以后，就了解了道的基本规律。因此，确定的法则有存在和消亡、生长和死亡、繁盛和衰败。世间万物的一次存在一次消亡，一会儿死亡一会儿生长，开始时繁盛后来时衰败的法则，不能叫永恒。只有那种和开天辟地时一起产生，到天地消散仍然不会死亡不会衰败的规律，才能叫永恒。所说的常，是没有变化，没有定理。没有定理，不处在固定的状态，因此无法说明。圣人观察到它的玄妙虚无，依据它普遍的作用，勉强把它命名为"道"，才能对其加以描述。所以《老子》说："道，如果能够说清楚的，就不是永恒的道了。"

商人商语：凡是有形的，都是因为各种条件支持而聚合存在的，自然也会因为支持条件的变化而变化或消亡。企业经营的八个要素：企业家精神、品牌理念、企业文化、企业管理、商业模式、营销活动、产品服务、企业资源，各自的变化历程莫不如此。没有永恒不变的经营之道，但是企业家精神的"元亨利贞"，在现有的商业概念下，确实是很少变化的。

原文：人始于生而卒于死。始之谓出，卒之谓入。故曰："出生入死。"人之身三百六十节，四肢、九窍，其大具也。四肢与九窍十有三者，十有三者之动静尽属于生焉。属之谓徒也，故曰：生之徒也，十有三者。至死也，十有三具者皆还而属之于死，死之徒亦有十三。故曰："生之徒十有三，死之徒十有三。"凡民之生生，而生者固动，动尽则损也；而动不止，是损而不止也。损而不止，则生尽；生尽之谓死，则十有三具者皆为死死地也。故曰："民之生，生而动，动皆之死地，亦十有三。"

字面翻译：人的生命，从出生开始到死亡结束，开始叫作"出"，结束叫作"入"。所以《老子》说："出生入死。"人的身体上有三百六十个关节，四肢和九窍是其中的重要部件。四肢和九窍合计有十三个，这十三个部件的一动一静都属于生命的迹象。属也叫类，所以《老子》说"生存的部件有十三个"。等到人死以后，这十三个器官都反过来归属于死亡，死亡的迹象也有十三个。所以《老子》说："生命的部件有十三个，死亡的部件有十三个。"大凡百姓要延续生命，器官就一定要活动，过度活动生命就会受到损害；所以运动的不停止，就是损害的不停止。损害不停止，生命就会被耗尽；生命耗尽了就叫作死亡，那么这十三个器官都会作为死亡的因素而走向死亡。所以《老子》说："百姓为延续生命而活动，活动都要走向死亡，走向死亡的途径有十三个。"

商人商语：企业是作为一个经营组织存在的。订单流、信息流、货物流、现金流、员工流、设备等构成了企业存在的形式。这些表象的形式，同时蕴藏着企业走向成功和失败的迹象。进一步说，企业一切有形的因素，如老板、客户、产品、厂房、高管、利润、核心资源等，都有"生老病死"的规律，如老子说："民之生，生而动，动皆之死地，亦十有三。"

原文：是以圣人爱精神而贵处静。此甚大于兕虎之害。夫兕虎有域，动静有时。避其域，省其时，则免其兕虎之害矣。民独知兕虎之有爪角也，而莫知万物之尽有爪角也，不免于万物之害。何以论之？时雨降集，旷野闲静，而以昏晨犯山川，则风露之爪角害之。事上不忠，轻犯禁令，则刑法之爪角害之。处乡不节，憎爱无度，则争斗之爪角害之。嗜欲无限，动静不节，则痤疽之爪角害之。好用其私智而弃道理，则网罗之爪角害之。兕虎有域，而万害有原，避其域，塞其原，则免于诸害矣。凡兵革者，所以备害也。重生者，虽入军无忿争之心；无忿争之心，则无所用救害之备。此非独谓野处之军也。圣人之游世也，无害人之心，则必无人害；无人害，则不备人。故曰："陆行不遇兕虎。"入山不恃备以救害，故曰："入军不备甲兵。"远诸害，故曰："兕无所投其角，虎无所错其爪，兵无所容其刃。"不设备而必无害，天地之道理也。体天地之道，故曰："无死地焉。"动无死地，而谓之"善摄生"矣。

字面翻译：因此圣人爱惜精神而重视置身于虚静状态的保养。不爱惜精神，不重视置身虚静，会比遭遇犀牛猛虎的危害还要大。那犀牛和猛虎有固定的活动区域，出没有固定的时间。避开它们的活动区域，观察它们的活动时间，就可以免受犀牛和老虎的危害了。民众只知道犀牛和猛虎有坚爪利角，却不知道天下万物都有坚爪利角，不能免身于万物的侵害。凭什么来证明呢？阵雨的降落时而密集，空旷的田野闲时安静，如果在黄昏和清晨时跋山涉水，山风水露的爪角就会侵害他。侍奉君主不诚心，轻率违犯禁令，刑法的爪角就会侵害他。处身乡邻不节制自己，爱憎没有尺度，争斗的爪角就会侵害他。嗜好欲望没有限度，生活作息没有节制，毒疮的爪角就会侵害他。喜欢用个人的智巧而背弃事物的规律法则，法网恢恢的爪角就会侵害他。犀牛和猛虎有它们的活动区域，各种祸害也都有它们的根源，如果避开猛兽的活动区域，堵塞祸害的根源，就可以免遭各种祸害了。所有兵器盔甲，都是用来防备侵害的。重视生命安全的人，纵然进入军队也没有忿怒争斗的心思；没有忿怒争斗的心思，就无处使用防备侵害的兵器盔甲。这不是单指军队中的粗野行为。圣人生活在人间，没有害人的心思，必然也就没人害他；没有人害他，就不用防备人。所以《老子》说："在陆地上行走，不会碰到犀牛和猛虎。"进入山林不依仗防护设备来避免祸害，所以《老子》说："进入军队，不需要防备的武器。"远离各种祸害，所以《老子》说："犀牛没有地方用它的利角，猛虎没有地方用它的坚爪，兵器没有地方需要它的锋刃。"不设置防备措施就必然没有什么祸害，是遵循了天地间自然的规律法则。遵循自然的规律法则，所以《老子》说："不陷身于死亡的境地。"举止行为不陷身于死亡的境地，就叫作"善于保养生命"。

商人商语：企业的"养生"秘诀是什么呢？是不做违法的生意，不做背离市场法则的商业模式，不做伤害消费者利益的营销策略，不做以管理人为唯一目的的运营管理等。不做这些偏离了经营规律的事情，企业经营就会如老子所说那般，不会主动踏入破产境地。

原文：爱子者慈于子，重生者慈于身，贵功者慈于事。慈母之于弱子也，务致其福；务致其福，则事除其祸；事除其祸，则思虑熟；思虑熟，则得事理；得事理，则必成功；必成功，则其行之也不疑；不疑之谓勇。圣人之于万事也，尽如慈母之为弱子虑也，故见必行之道。见必行之道则明，其从事亦不疑；不疑之谓勇。不疑生于慈，故曰："慈，故能勇。"

字面翻译：喜欢子女的人就会疼爱子女，重视生命的就会爱惜身体，看重功名的就会热爱事业。慈母对于弱小的子女，会努力为他们创造幸福；努力为他们创造幸福，做事就要免除可能的祸害；做事要免除可能的祸害，就要深思熟虑；深思熟虑，就会去了解事物的法则；了解了事物的法则，做事就必定成功；必定成功，做事的行为就不会犹豫；不会犹豫就叫勇敢。圣人处理各种事情，都像慈母为弱小的子女考虑一般，要察看到一定可行的规律。看到了一定可行的规律就会看清事物，他做事就不会犹豫；不会犹豫叫勇敢。不会犹豫产生于慈爱，所以《老子》说："因为慈爱，所以能够勇敢。"

商人商语：市场竞争，不仅仅是对手之间彼此有针对性的竞争，还是面对目标市场时对手之间卡位抢先的竞争，勇于为目标市场提供更有价值服务的当仁不让的竞争。这就是《老子》说的"慈，故能勇"的道理。

原文：周公曰："冬日之闭冻也不固，则春夏之长草木也不茂。"天地不能常侈常费，而况于人乎？故万物必有盛衰，万事必有弛张，国家必有文武，官治必有赏罚。是以智士俭用其财则家富，圣人爱宝其神则精盛，人君重战其卒则民众，民众则国广。是以举之曰："俭，故能广。"

字面翻译：周公姬旦说："冬天的冰封地冻如果不够坚固，春夏时分的草木生长就不会茂盛。"天地尚且不能经常浪费和消耗，何况人呢？所以万千物种必然要有兴盛和衰微，万千事务必然要松弛有度，国家延续必然要有文治和武功，官府治理必然要有赏有罚。因此聪明的人节俭地使用钱财，家境就会富裕；圣明的人珍惜他的精神，精力就会旺盛；君主慎重使用他的士卒征战，国民的人口就会众多；人口众多了，国土就会广大。因此《老子》称道说："因为节俭，所以能够广大。"

商人商语：从人力资源到产品资源，从财务资源再到客户资源，企业的种种资源都是相对有限的。所以如何使用资源，在重点的地方起到重要的作用，就是《老子》说的"俭，故能广"。企业资源虽然有限，但是若能节约使用、集中使用、重点使用，就会有巨大的用处。

原文：凡物之有形者，易裁也，易割也。何以论之？有形，则有短长；有短长，则有小大；有小大，则有方圆；有方圆，则有坚脆；有坚脆，则有轻重；有轻重，则有白黑。短长、大小、方圆、坚脆、轻重、白黑之谓理。理定而物易割也。故议于大庭而后言则立，权议之士知之矣。故欲成方圆而随其规矩，则万事之功形矣。而万物莫不有规矩，议言之士，计会规矩也。圣人尽随于万物之规矩，故曰："不敢为天下先。"不敢为天下先，则事无不事，功无不功，而议必盖世，欲无处大官，其可得乎？处大官之谓为成事长。是以故曰："不敢为天下先，故能为成事长。"

字面翻译：大凡物体有了形状就容易剪裁，也容易分割。为什么下这个结论呢？有形状，就会有尺度的长短；有长短，就会有面积的大小；有了大小，就会有外表的方圆；有了方圆，就有质地的坚脆；有了坚脆，就有质量的轻重；有了轻重，就有颜色的黑白。长短、大小、方圆、坚脆、轻重、黑白就叫作事物的法则。法则明确之后，物体就容易分割了。所以在朝廷里议事，后发言的主张就能够站住脚，善于权衡议论的人是知道这个规则的。所以要想成方圆，就要遵循规矩，那么一切事情的规则就显示出来了。天地万物没有不具备自己法则的，所以出言献策的人，要考虑事物的法则。圣人的一切行为都遵循万事万物的规矩，所以说"不敢做天下人没做过的事情"。不敢做天下人没做过的事情，做事情就没有做不成的，功名就没有建立不了的，而意见必定超越同世之人，想要不处在重要的官职上，这可能吗？处在重要的官职上，被称作是做事的首领。因此《老子》说："不敢做天下人没做过的事情，就能成为首领。"

商人商语：企业做市场调研、案例分析，只要数据足够、事例可信，都是可以分析出背后规律的。有智慧的老板，不会只在事情还没有苗头时靠"掐指一算"，而是在有苗头时，通过对现有条件的分析，实现对规律的掌握，这就是"不敢为天下先，故能为成事长"。敢为天下先，从无到有，培养出一个新市场，是很冒风险的事情；不敢为天下先，从小到大，催生出一个新市场，是件值得冒风险的事情。

原文：慈于子者不敢绝衣食，慈于身者不敢离法度，慈于方圆者不敢舍规矩。故临兵而慈于士吏则战胜敌，慈于器械则城坚固。故曰："慈，于战则胜，以守则固。"夫能自全也而尽随于万物之理者，必且有天生。天生也者，生心也，故天下之道尽之生也。若以慈卫之也，事必万全，而举无不当，则谓之宝矣。故曰："吾有三宝，持而宝之。"

字面翻译：对子女疼爱的人不敢断绝衣食；对身体爱惜的人，不敢背离法律法规；对方圆热爱的人，不敢舍弃规矩。所以面临战事而对士兵和士官爱护的，就能战胜敌人；对战备器械热爱的，城防就能坚固。所以《老子》说："慈爱，用于征战就能取胜，用于防守就能坚固。"能保全自己也能遵循天下万千事物法则的人，必然会有"天生"。所谓天生，就是遵循天然法则的思想，天下的规律都容纳在这种自然而然的思想之中。假如用慈爱来护卫它，事情必定万无一失，措施就没有不妥当的，也就可以称之为宝了。所以《老子》说："我有三件宝，持有并珍视它。"

商人商语：企业员工不是凭空就能成为企业的人力资源，而是要在企业文化、企业管理的影响下，培养出员工的价值。这种培养与其说是对员工的爱护，不如说是对员工工作行为的管理修正。所以老子说的"天生"，是依据于企业经营管理的"天生"。另外，法家思想的"慈"是有目的的，不是佛家的"我皆令入无余涅槃而灭度之，而实无众生得灭度者"。

原文：书之所谓"大道"也者，端道也。所谓貌"施"也者，邪道也。所谓"径"大也者，佳丽也。佳丽也者，邪道之分也。"朝甚除"也者，狱讼繁也。狱讼繁则田荒，田荒则府仓虚，府仓虚则国贫，国贫而民俗淫侈，民俗淫侈则衣食之业绝，衣食之业绝则民不得无饰巧诈，饰巧诈则知采文，知采文之谓"服文采"。狱讼繁，仓廪虚，而有以淫侈为俗，则国之伤也若以利剑刺之。故曰："带利剑。"诸夫饰智故以至于伤国者，其私家必富；私家必富，故曰："资货有馀。"国有若是者，则愚民不得无术而效之；效之则小盗生。由是观之，大奸作则小盗随，大奸唱则小盗和。竽也者，五声之长者也，故竽先则钟瑟皆随，竽唱则诸乐皆和。今大奸作则俗之民唱，俗之民唱则小盗必和。故"服文采，带利剑，厌饮食，而货资有馀者，是之谓盗竽矣"。

字面翻译：《老子》书中所说的"大道"，即端正之道。所说的外形"加工"，即奸邪之道。所说的"小路"当作大路，是认为小路精美华丽。所谓的精美华丽，是奸邪之道的一部分。《老子》中所说的"官府杂事很多"，是指的诉讼案件繁多。诉讼案件繁多，田地就会荒芜，田地荒芜，府库粮仓就会空虚，府库粮仓空虚，国家就会贫困，国家贫困而民俗却淫逸奢侈，民俗淫逸奢侈那么穿衣吃饭的基本产业就会荒废，穿衣吃饭的产业荒废了，民众就不得不乔装打扮坑蒙拐骗，要乔装打扮坑蒙拐骗就得有知识有漂亮的外表；有知识有漂亮的外表，也就是《老子》说的"吃漂亮外表饭的"。诉讼案件繁多，府库粮仓空虚，淫逸奢侈形成风俗，国家受到的伤害就像是用利剑刺伤一样。所以《老子》说"佩带锋利的宝剑"。以上那些乔装打扮卖弄智巧所以伤害到国家的人，他们的私人家境必定富有；私人家境富有，所以《老子》说"资产财货有积余"。国家中有这样的人存在，愚昧的民众就不得不想办法来仿效他；仿效他，小盗就会产生出来。由此看来，大奸兴起，小盗就跟着产生；大奸倡导，小盗就跟着附和。竽作为乐器，是宫、商、角、徵、羽这五声中的首领，要竽先演奏，钟鼓琴瑟才跟着演奏，要竽唱主调而各种乐器一起来附和它。现在大奸兴起了，媚俗的民众就跟着来唱和；媚俗的民众唱和了，小盗们必然来附和。所以《老子》说："吃漂亮外表饭，带着锋利的剑，饮食奢侈如宴席，资产财货有积余，这样的人被称为盗取竽首领位置的人。"

商人商语：韩非子试图用逻辑关系来解释国计民生和风俗民治，姑且不论其因果定义的逻辑关系是否准确，重要的是韩非子要表达的"端道"和"邪道"概念。"邪道"也就是小道，其流弊是"服文采，带利剑，厌饮食，而货资有馀者，是之谓盗竽矣"。企业要养人才，但是不能白养人才、空养伪人才，这样会抬高管理成本、扰乱运营管理、败坏企业文化，却没有产生实际的利益价值。

原文：人无愚智，莫不有趋舍。恬淡平安，莫不知祸福之所由来。得于好恶，怵于淫物，而后变乱。所以然者，引于外物，乱于玩好也。恬淡有趋舍之义，平安知祸福之计。而今也玩好变之，外物引之；引之而往，故曰"拔"。至圣人不然：一建其趋舍，虽见所好之物不能引，不能引之谓"不拔"；一于其情，虽有可欲之类神不为动，神不为动之谓"不脱"。为人子孙者，体此道以守宗庙，宗庙不灭之谓"祭祀不绝"。身以积精为德，家以资财为德，乡国天下皆以民为德。今治身而外物不能乱其精神，故曰："修之身，其德乃真。"真者，慎之固也。治家，无用之物不能动其计，则资有余，故曰："修之家，其德有余。"治乡者行此节，则家之有余者益众，故曰："修之乡，其德乃长。"治邦者行此节，则乡之有德者益众，故曰："修之邦，其德乃丰。"莅天下者行此节，则民之生莫不受其泽，故曰："修之天下，其德乃普。"修身者以此别君子小人，治乡治邦莅天下者各以此科适观息耗，则万不失一。故曰："以身观身，以家观家，以乡观乡，以邦观邦，以天下观天下。吾奚以知天下之然也？以此。"

字面翻译：人不论是愚蠢还是聪明，没有谁不会追求或者抛弃什么东西。在清心寡欲和平静安闲的时候，没有人会不知道祸福从何而来。受到喜好憎恶支配，心动来自于淫行贵物，思想变化就会混乱。之所以如此，是因为思想被身外之物引诱，被玩物喜好扰乱。清心寡欲方能设立取舍的准则，平静安闲才会懂得对祸福的评估。而现在玩物喜好改变他，身外之物引诱他；引诱他就会行动，所以《老子》称之为"拔出"。圣人就不会这样：始终如一地遵循自己的取舍标准，即使是看到喜好的东西也不会被引诱，不能被引诱就叫作"不被拔出"；始终如一地坚持自己的情感，即使有引起欲望的东西，精神也不为此而动摇，精神不为所动就叫作"不能脱落"。做人家子孙的人，体察这一"不被拔出""不能脱落"的道理来守护宗庙，宗庙香火不灭，就叫作"祭祀不绝"。身心以积累精神为德，家庭以积蓄钱财为德，乡里、邦国、天下都以保有民众为德。现在调治自身而身外之物不能扰乱他的精神，所以《老子》说："修养自己的身心，他的德才能真。"真，就是守护得很牢固。治理家庭，没有实用的物品不能改变他积蓄的计划，就会钱财有余，所以《老子》说："用道来治理自己的家庭，德就会有盈余。"治理乡里的人奉行这一积蓄原则，那么德有盈余的家庭就会更多，所以《老子》说："用道来治理乡里，德就会增长。"治理邦国的人奉行了这积蓄原则，那么有德的乡里就会更多，所以《老子》说："用道来治理国家，德就会丰厚。"统治天下的人奉行这积蓄原则，民众的生活没有不受到他的恩惠，所以《老子》说："用道来治理天下，德就能普度众生。"修身的人用这一原则来区别君子和小人，治乡里、治邦国、治天下的人分别用这一原则来对比着审察善恶，就万无一失了。所以《老子》说："用自德来观察自身，用家德来观察家庭，用乡德来观察乡里，用国德来观察邦国，用天下德来观察天下。我凭什么知道天下是这样的呢？就用的这个办法。"

商人商语：企业和企业家参与社会公益已经成为一种符号，这是一件利国利民利己的好事情。但企业家在参与公益的同时，也要为自己的消费者、自己的员工、自己的合作伙伴的利益考虑。这样的利益心，才是真实的、生生不息利天下的公益，而不是营销自己的所谓公益。

固生存之道，则霸业可期

世间万事万物都有其规律，市场变化如此，行业变革如此，企业经营如此，企业管理也如此。通晓其中变化，把握其中规律，才能够在商海中确定企业的位置、确立企业的价值。但是在商海中遨游有一个前提，就是要先学会"游泳"。这个本领，是要不断亲身实践、亲身学习才能学会的。换句话说，想要让企业发展壮大的前提，是先学会经营企业生存立足的本领。

企业作为一个经营组织，由不同的经营要素构成，商业要素都有实有虚：看得见的老板，看不见的企业家精神；看得见的广告和logo，看不见的品牌理念；看得见的员工，看不见的企业文化；看得见的规章制度，看不见的行为意识；看得见的产品服务，看不见的商业模式……这些要素自身有其法则，互相之间也有其规则。这些法则，可以认知、把握和描述的，我们都称之为经营哲学，以此作为企业经营实践的指导。

本节选取《韩非子·喻老》，文中用了各种具体的事例来比喻、解读抽象的道理，我们可以升华为通过企业经营实践中的各种案例来解读企业的经营哲学。

《韩非子·喻老》：用现实中的现象和案例故事，来解读道的"惟恍惟惚"

原文：天下有道，无急患，则曰静，遽传不用。故曰："却走马以粪。"天下无道，攻击不休，相守数年不已，甲胄生虮虱，燕雀处帷幄，而兵不归，故曰："戎马生于郊。"

字面翻译：国家政治清明，没有天灾战乱的急患，就叫作静，连传递紧急公文的车马都不用了。所以《老子》说："奔走的马歇下来施肥。"国家政治混乱，征战攻伐没有停止过，军事相持几年没有解决问题，驻守将士的盔甲上长出了虱子，燕子和麻雀在军帐上筑起了窝，士兵却仍然不能返回。所以《老子》说："战马在郊外产马驹。"

商人商语：企业参与市场竞争，不可能是没有目的的。如果只是为了竞争而竞争，没有战略目的地寻找目标，没有战术手段地获取利益，那么企业的资源就无法积累，都会被耗费在无谓的商业竞争中。

原文：翟人有献丰狐、玄豹之皮于晋文公，文公受客皮而叹曰："此以皮之美自为罪。"夫治国者以名号为罪，徐偃王是也；以城与地为罪，虞、虢是也。故曰："罪莫大于可欲。"

字面翻译：翟族中有人将大狐狸、黑豹的毛皮献给晋文公。晋文公收下客人进献的毛皮后感叹道："这是因为毛皮的美丽而给自己带来的祸害。"国君因为名位称号而带来祸害的，徐偃王就属于这种情况；因为城邑位置和地理方便而带来祸害的，虞国、虢国就属于这种情况。所以《老子》说："罪过，没有比引起欲望更大的了。"

商人商语：众所周知，品牌战略会给企业带来极大好处，所以一般企业对品牌的营销宣传都不遗余力。也正因为如此，品牌经营的每一个措施、每一个细节，都会被市场放大关注。这种关注，既有利益的聚焦，也有损害的攒射。祸害，没有比过度营销吹嘘品牌更大的了。

原文：智伯兼范、中行而攻赵不已，韩、魏反之，军败晋阳，身死高梁之东，遂卒被分，漆其首以为溲器。故曰："祸莫大于不知足。"

字面翻译：智伯兼并范氏、中行氏后，又攻打赵氏不肯罢休，韩氏、魏氏临阵反叛了他，智伯的军队在晋阳战败，智伯自己死在高梁的东边，封地被瓜分，他的头盖骨被涂漆后用作饮器。所以《老子》说："祸害，没有比不知足更大的了。"

商人商语：智伯失败的主要原因，不在于他的不知足，而在于他为了不知足而拼凑的联军出现了倒戈。当企业资源无法稳定地支持企业的经营战略时，往往会出现"不知足"的情形。

原文：虞君欲屈产之乘与垂棘之璧，不听宫之奇，故邦亡身死。故曰："咎莫憯于欲得。"

字面翻译：虞国君主贪图屈地的良马和垂棘的宝玉，不听宫之奇的劝谏，所以国家灭亡自己身死。所以《老子》说："没有什么比贪图利益招致的灾祸更惨痛的。"

商人商语：这个故事可以说是"见小利而忘大义"的典型，让我们明白"天下没有免费的午餐"。

原文：邦以存为常，霸王其可也；身以生为常，富贵其可也。不以欲自害，则邦不亡，身不死。故曰："知足之为足矣。"

字面翻译：国家的根本是求得生存，生存下来称王称霸也就有了可能；身体的根本是活着，活着，荣华富贵也就有了可能。不让贪欲残害自身，国家就不会灭亡，自身就不会死亡。所以《老子》说："知道满足，才是真正的满足。"

商人商语：企业的生存能力，必须通过实践才能获得。生存能力是企业发展壮大的地基，是企业无论遇到什么挫折都能重生的基因。挺过了发展初期的企业要好好制定发展规划，不要有空中楼阁的幻想，而要脚踏实地。

原文：楚庄王既胜，狩于河雍，归而赏孙叔敖。孙叔敖请汉间之地，沙石之处。楚邦之法，禄臣再世而收地，唯孙叔敖独在。此不以其邦为收者，瘠也，故九世而祀不绝。故曰："善建不拔，善抱不脱，子孙以其祭祀世世不辍。"孙叔敖之谓也。

字面翻译：楚庄王出兵救郑国战胜晋军后，在黄河河雍打猎，回来后赏赐孙叔敖。孙叔敖请求分封给他汉水附近的一块沙石土地。根据楚国的法律，受封土地者到其第二代就要收回封地，可是只有孙叔敖的封地没有被收回。不把他的封地收回的原因，是因为那里的土地太贫瘠，因此孙叔敖的子孙后代都延续享有这块封地，而家族的祭祀绵延不绝。所以《老子》说："善于树立的就不会被拔除，善于抱持的就不会脱落，子孙因此世代祭祀不绝。"说的就是孙叔敖啊。

商人商语：选择企业商业模式，最重要的目的是在消费者那里获得存身之地。如何获得存身之地呢？这就要求既要脑袋灵活，又要肯出苦力，在某种产品质量、某种服务质量上，做出竞争对手无法模仿的差异化。

原文：制在己曰重，不离位曰静。重则能使轻，静则能使躁。故曰："重为轻根，静为躁君。"故曰："君子终日行，不离辎重也。"邦者，人君之辎重也。主父生传其邦，此离其辎重者也，故虽有代、云中之乐，超然已无赵矣。主父，万乘之主，而以身轻于天下。无势之谓轻，离位之谓躁，是以生幽而死。故曰："轻则失臣，躁则失君。"主父之谓也。

字面翻译：权力控制在君主自己手中叫重，行权不离开君位叫静。君权重就能役使没有权力的轻，君静就能驾御浮躁。所以《老子》说："重是轻的根本，静是躁的主宰。"所以《老子》说："君子终日行走，不离身自己的辎重。"国家，就是君主的辎重。赵武灵王还活着就传位给儿子，这就是离开了他的辎重，所以虽然享有代郡和云中之地的乐事，却已失去赵国了。赵武灵王，是大国的君主，却使自己被天下人轻视。没有权势叫轻，离开君位叫躁，因此被囚禁饿死了。所以《老子》说："没有权势，就会失去臣下的拥戴；离开君位，就会失去主宰的权力。"说的就是赵武灵王啊。

商人商语：在企业的经营实践中，有权重也有权限的授权是必要的。但是，企业家无论何时何地，都不能放手企业重大经营事项的主宰权。在绝对的权力面前，没有绝对的信任。

原文：势重者，人君之渊也。君人者，势重于人臣之间，失则不可复得也。简公失之于田成，晋公失之于六卿，而邦亡身死。故曰："鱼不可脱于深渊。"

赏罚者，邦之利器也，在君则制臣，在臣则胜君。君见赏，臣则损之以为德；君见罚，臣则益之以为威。人君见赏，则人臣用其势；人君见罚，而人臣乘其威。故曰："邦之利器，不可以示人。"

字面翻译：君主掌控权势，就像鱼到了渊潭。做君主的人，权势落到臣下的手里，就不可能再得到了。齐简公的权力落到田成子手里，晋国国君的权力被六卿控制，结局是国亡身死。所以《老子》说："鱼不可以脱离深渊。"赏罚措施是国家统治的锐利武器，掌握在君主手中就能控制臣下，掌握在臣下手中就能制约君主。君主表示要行赏，臣子就扣减出一部分作为自己的私人恩惠；君主表示要行罚，臣子就加重刑罚来显示自己的个人威权。君主表示要行赏，臣子就会利用他的权势；君主表示要行罚，而臣子就会利用他的权威。所以《老子》说："国家统治的锐利武器，不可以显给他人。"

商人商语：企业家拥有企业主人权力的标志就是掌握赏罚的权力。赏罚的权力是绝对不能出让给他人的，而应该托付给企业制度，正如老子所说，赏罚作为管理的利器，不应该有人为的痕迹。

原文：越王入宦于吴，而观之伐齐以弊吴。吴兵既胜齐人于艾陵，张之于江、济，强之于黄池，故可制于五湖。故曰："将欲翕之，必固张之；将欲弱之，必固强之。"晋献公将欲袭虞，遗之以璧马。知伯将袭仇由，遗之以广车。故曰："将欲取之，必固与之。"起事于无形，而要大功于天下，"是谓微明"。处小弱而重自卑，谓"损弱胜强"也。

字面翻译：越王到吴国做了吴王的奴仆，示意吴王北上伐齐，来借机削弱吴国。吴军在艾陵战胜齐军后，势力扩张到长江、济水流域，又在黄池盟会上炫耀武力，所以才会被越国在太湖地区打败制服。所以《老子》说："想要缩小它，必须暂时扩张它；想要削弱它，必须暂时加强它。"晋献公想偷袭虞国，就把垂棘宝玉、屈郡良马赠送给虞君；智伯要袭击仇由，就赠送给他们特制的大钟用特制的大车载送。所以《老子》说："想要获取它，必须暂时给予它。"谋划事情在无形之中，才能求取大功名于天下，"谋划于微，功明于世"。处在弱小的地位而能注重自己的谦卑退让，说的就是"弱能胜强"的道理。

商人商语：大企业经营，最怕的是实力分散的大而无当，所以才有韦尔奇对通用、王石对万科的多元化经营的整顿。而小企业经营，最怕的是找不到自己的生存位置，要走出大路，找到自己的小路，慢慢地走多了，小路也会变成大路，这是小企业应走的道路。

原文：有形之类，大必起于小；行久之物，族必起于少。故曰："天下之难事必作于易，天下之大事必作于细。"是以欲制物者于其细也。故曰："图难于其易也，为大于其细也。"千丈之堤，以蝼蚁之穴溃；百尺之室，以突隙之烟焚。故曰：白圭之行堤也塞其穴，丈人之慎火也涂其隙，是以白圭无水难，丈人无火患。此皆慎易以避难，敬细以远大者也。扁鹊见蔡桓公，立有间。扁鹊曰："君有疾在腠理，不治将恐深。"桓侯曰："寡人无疾。"扁鹊出。桓侯曰："医之好治不病以为功。"居十日，扁鹊复见曰："君之病在肌肤，不治将益深。"桓侯不应。扁鹊出。桓侯又不悦。居十日，扁鹊复见曰："君之病在肠胃，不治将益深。"桓侯又不应。扁鹊出。桓侯又不悦。居十日，扁鹊望桓侯而还走，桓侯故使人问之。扁鹊曰："病在腠理，汤熨之所及也；在肌肤，针石之所及也；在肠胃，火齐之所及也；在骨髓，司命之所属，无奈何也。今在骨髓，臣是以无请也。"居五日，桓侯体痛，使人索扁鹊，已逃秦矣。桓侯遂死。故良医之治病也，攻之于腠理。此皆争之于小者也。夫事之祸福亦有腠理之地，故圣人蚤从事焉。

字面翻译：有形状的东西，大的必定从小的发展起来；行时经久的事物，集群的必定从稀少的积累起来。所以《老子》说："天下的难事必定开始于容易，天下的大事必定开始于微小。"因此要想控制事物，就要从微细处着手。所以《老子》说："解决难题要从容易处着手，想干大事要从微小处着手。"千丈长的堤坝，因为蝼蚁的巢穴而溃决；百尺高的屋室，因为烟囱缝隙的漏火而烧毁。所以说：白圭巡视长堤时堵塞蝼蚁的洞穴，老人谨防失火而泥涂烟囱的缝隙，因此白圭治理的地方没有洪水的灾难，老人居住的房室没有失火的忧患。这些都是谨慎做好容易的事情，郑重处理细小的漏洞来远离大的祸患。扁鹊拜见蔡桓公，站了一会儿，扁鹊说："您有病，征兆在表皮上，不治怕会加深。"桓公说："我没有病。"扁鹊走了出去。蔡桓公说："医生喜欢诊治没病的人来炫耀自己的能耐。"过了十天，扁鹊又拜见桓公说："您的病现在显露在肌肤了，不治将会进一步加深。"蔡桓公没有回应。扁鹊只好又走了。桓公更不高兴了。过了十天，扁鹊又拜见桓公说："您的病现在在肠胃了，不治将会进一步加深。"桓公再次没有回应。扁鹊只好又回去。桓公又不太高兴。过了十天，扁鹊望见桓公便转身走开，桓公因此派人问他。扁鹊说："病在表皮，药汤熏洗、药物热敷可以治疗；病在肌肤，针灸砭石可以治疗；病在肠胃，服用火煎的汤药可以治疗；病在骨髓，这是主管生命的神明所管辖，我没有办法了。现在君主病入骨髓，因此我就不再求见了。"过了五天，桓公身体疼痛，派人搜寻扁鹊，他已逃往秦国。桓公很快就病死了。所以良医治病，要趁病情还在表皮的时候就加以治疗。这都是为了争取在细小阶段解决问题。事情的祸福也有刚显露苗头的时候，所以圣人都是及早加以处理。

商人商语：任何大的或者困难的问题，都可以分成多个小问题来看，都可以找到问题的根源和解决问题的办法，所以《老子》说"图难于其易也，为大于其细也"。但不是所有的细节问题都会导致企业经营的"溃堤"，毕竟企业经营是"求之于势"的。有些细节问题，会最终摧垮企业，是因为这些细节涉及形而上的问题，如企业家精神、品牌理念等。而形而下的如商业模式、营销策略、运营管理等，哪怕它们问题重重，只要形而上的要素是健康的，就都是可以解决的。

原文：昔晋公子重耳出亡，过郑，郑君不礼。叔瞻谏曰："此贤公子也，君厚待之，可以积德。"郑君不听。叔瞻又谏曰："不厚待之，不若杀之，无令有后患。"郑君又不听。及公子返晋邦，举兵伐郑，大破之，取八城焉。晋献公以垂棘之璧假道于虞而伐虢，大夫宫之奇谏曰："不可。唇亡而齿寒，虞、虢相救，非相德也。今日晋灭虢，明日虞必随之亡。"虞君不听，受其璧而假之道。晋已取虢，还反灭虞。此二臣者皆争于腠理者也，而二君不用也。然则叔瞻、宫之奇亦虞、郑之扁鹊也，而二君不听，故郑以破，虞以亡。故曰："其安易持也，其未兆易谋也。"

字面翻译： 晋公子重耳出国流亡，路过郑国时，郑国君主没有礼貌相待。叔瞻劝说道："这是个贤明的公子，您好好款待他，可以积攒恩德。"郑国国君没有听从。叔瞻又劝说道："不好好对待他，还不如杀了他，不要让他给我们带来后患。"郑国国君又没有听从。等到重耳返回晋国做了国君，起兵征伐郑国，大败郑军，攻取了郑国八座城池。晋献公用垂棘的宝玉相赠给虞国借路去征伐虢国，虞国大夫宫之奇劝说道："不可以借路。嘴唇没有了，牙齿就会受寒，虞、虢是互相救援同生共死的关系，不是互相施恩独善其身的关系。今天晋国灭掉虢国，明天虞国必定会跟着灭亡。"虞国国君不听，接受晋国赠予的宝玉并借路给晋军。晋军攻取虢国后，回国路上灭亡了虞国。这两位臣子都争取将问题解决在祸害出现征兆之时，但两位君主没有采纳。这样看来，叔瞻、宫之奇就是郑国、虞国的扁鹊啊，可惜的是两位君主没有听从，所以郑国因此战败了，虞国因此灭亡了。所以《老子》说："事情安定时，容易把持；问题还未显露征兆时，容易想出办法处理。"

商人商语： 一个有趣的商业现象：凡是对日后成大势的商业模式，在其新生期极力打压的企业，最终都走了下坡路。它们不是被大势反噬，而是它们没有借助联合其他企业一起采用新生的商业模式。就商业发展的态势而言，一家企业对商业模式的创新是不足以成势的，需要同类模式的企业共同努力才能造就新的发展态势。

原文： 昔者纣为象箸而箕子怖，以为象箸必不加于土铏，必将犀玉之杯；象箸玉杯必不羹菽藿，必旄、象、豹胎；旄、象、豹胎必不衣短褐而食于茅屋之下，则锦衣九重，广室高台。吾畏其卒，故怖其始。居五年，纣为肉圃，设炮烙，登糟丘，临酒池，纣遂以亡。故箕子见象箸以知天下之祸，故曰："见小曰明。"

字面翻译： 从前商纣王用象牙做筷子，箕子便感到担忧，认为象牙筷子一定不会用在陶土烧制的器皿里，一定会用犀牛角和玉石的杯子；象牙筷子、玉石杯子一定不用来吃豆类叶子熬煮的浓汤，一定会用来吃牦牛、大象、豹子的胎儿；人吃牦牛、大象、豹子的胎儿一定不会穿着粗布短衣在茅草屋子里食用，而会穿多件织锦衣服在宽敞房屋和高台之上食用。我（箕子）害怕它将来的结果，所以担忧它现在的开始。这种状态过了五年，纣王修建了摆满肉的肉圃，设置了烤肉用的铜格，登临用酒糟堆积的山丘，面对着盛满酒水的酒池酣饮，纣王终于因此而身亡。因此箕子看见象牙筷子就预感到了天下的祸害苗头。所以《老子》说："能够看出事物微小的苗头，就叫作明。"

商人商语：春天种下种子，理论上秋天是有收获的，这是因果关系。如果缺失了雨水阳光粪肥等生长因素，秋天就很难有收获，这是因缘条件。对于消费市场的分析，看见其未来的可能性，只能算是看明白；真正用商业模式来实现这种可能性，才可以叫作实用的智慧。

原文：勾践入宦于吴，身执干戈为吴王洗马，故能杀夫差于姑苏。文王见詈于王门，颜色不变，而武王擒纣于牧野。故曰："守柔曰强。"越王之霸也不病宦，武王之王也不病詈，故曰："圣人之不病也，以其不病，是以无病也。"

字面翻译：越王到吴国做了吴王奴仆，亲自拿着兵器做吴王的马前卒，所以才能在姑苏迫使夫差自杀。周文王在镶玉的宫门下受到辱骂，面不改色，所以周武王才能在牧野擒获纣王。所以《老子》说："守持柔弱之道，就叫强。"越王的称霸，并不以曾经战败称臣而苦恼；武王的称王，并不以曾经遭受辱骂而苦恼。所以《老子》说："圣人之所以没有苦恼，是因为他不把这些事情看作是苦恼，因此没有苦恼。"

商人商语：成功的企业家，从来都是把企业经营过程中遇到的挫折，看成企业成长的必然经历；不成功的企业老板，会认为这都是偶然原因，所以容易自生烦恼。

原文：宋之鄙人得璞玉而献之子罕，子罕不受。鄙人曰："此宝也，宜为君子器，不宜为细人用。"子罕曰："尔以玉为宝，我以不受子玉为宝。"是鄙人欲玉，而子罕不欲玉。故曰："欲不欲，而不贵难得之货。"

字面翻译：宋国有个乡下人得到一块天然美玉，然后把它进献给子罕，子罕不接受。乡下人说："这可是宝玉，应该作为像您这样君子的器物，不应被平民百姓使用。"子罕说："你把美玉当成珍宝，我把不接受你的美玉看成珍宝。"这是乡下人对美玉有欲望，而子罕对美玉没有欲望。所以《老子》说："想要达到没有欲望的境地，就不要看重难得的金银珠宝。"

商人商语：就企业经营而言，是把拥有忠诚消费群体持续购买获取的利润作为宝贝，还是把为忠诚消费群体持续提供有价值的服务作为宝贝，二者高下一如《老子》所言："欲不欲，而不贵难得之货。"

原文：王寿负书而行，见徐冯于周涂。冯曰："事者，为也；为生于时，知者无常事。书者，言也；言生于知，知者不藏书。今子何独负之而行？"于是王寿因焚其书而舞之。故知者不以言谈教，而慧者不以藏书箧。此世之所过也，而王寿复之，是学不学也。故曰："学不学，复归众人之所过也。"

字面翻译：王寿背着书简走路，在十字路口碰到了徐冯。徐冯说："事业，是做出来的；要做的事情产生于当时的具体情况，聪明的人不会有固定不变的做事方法。书简，是记载言论的；言论产生于对事理的了解，了解事理的人不需要依靠收藏的书简。现在你为什么偏要背着书简走路呢？"于是王寿就烧了他的书简并挥洒扬弃灰烬。所以了解事理的人不使用书简里的言论来说教，有智慧的人不依靠收藏书简的箱子。不用书简里的言论说教、不依靠藏书是世人所认为的过错，而王寿恢复了这样的做法，这是把不学习书本知识作为学习。所以《老子》说："把不学习书本知识作为学习，是修复了众人所犯的过错。"

商人商语：孔子说"学而不思则罔，思而不学则殆"，是说书本学习和实践思考结合起来才是最好的。所以单纯学习或者一味依赖实践经验都是

"学不学，复归众人之所过也"。

原文：夫物有常容，因乘以导之。因随物之容，故静则建乎德，动则顺乎道。宋人有为其君以象为楮叶者，三年而成。丰杀茎柯，毫芒繁泽，乱之楮叶之中而不可别也。此人遂以功食禄于宋邦。列子闻之曰："使天地三年而成一叶，则物之有叶者寡矣。"故不乘天地之资而载一人之身，不随道理之数而学一人之智，此皆一叶之行也。故冬耕之稼，后稷不能美也；丰年大禾，臧获不能恶也。以一人之力，则后稷不足；随自然，则臧获有余。故曰："恃万物之自然而不敢为也。"

字面翻译：事物都有其固定的存在形式，应该遵循事物的这一特性来善加利用。因为顺应了事物的存在形式，事物静止的时候就能够立足于它的本性，事物运动的时候能够顺应它的规律。有个宋国人为他的君主用象牙雕刻楮叶，历时三年而成。它的形状宽窄、叶片脉络、毫毛细芒、丰富色泽，即使混杂在真的楮叶中也不能辨别出来。这个人因为这一功劳而在宋国有了俸禄。列子听到后说："假使自然界要历时三年才长成一片叶子，那么植物中有叶子的也就很少了。"所以不遵循自然条件而指望一个人的本事，不顺应自然法则而表现一个人的智巧，这都是用三年雕刻一片叶子的行为了。所以冬天耕种的庄稼，后稷也不能使它多产；丰收年景庄稼的壮大，贱奴也不能使它枯败。只凭借个人的力量，就是后稷也将难以成事；顺应自然的规律，就是奴仆也会成事有余。所以《老子》说："依仗万物的自然生长，而不敢妄自作为。"

商人商语：英雄推动时势，时势才能造就英雄。所以我们看到中国一些优秀的企业家不仅一直在思考行业业态的未来发展趋势，还将这些思考转化为自己对企业业态发展趋势的演讲，意义就在于老子说的"恃万物之自然而不敢为也"。

原文：空窍者，神明之户牖也。耳目竭于声色，精神竭于外貌，故中无主。中无主，则祸福虽如丘山，无从识之。故曰："不出于户，可以知天下；不窥于牖，可以知天道。"此言神明之不离其实也。

字面翻译：眼耳口鼻等孔窍器官，是精神的门户。听力和视力全都用在身外的声音、颜色上，精神全都用在向外的表达上，内心就会没有主宰。内心没有主宰，祸福即使像山丘那么明显，也无从识别它。所以《老子》说："不走出门户，就可以知道天下的事情；不向窗外张望，就可以知道自然的规律。"这是说精神不能离开自己的身体。

商人商语：企业的身体就是通过运营管理而形成的商业模式，企业精力的外用就是营销活动。营销活动如果不能依从于企业的商业模式，即使再热闹的活动，再密集的广告，又能给企业经营带来什么利益呢？如果营销活动依据商业模式的策略展开，即使没有市场终端的数据，也可以从内部运营的数据中看到得失所在。

原文：赵襄主学御于王子于期，俄而与于期逐，三易马而三后。襄主曰："子之教我御，术未尽也？"对曰："术已尽，用之则过也。凡御之所贵：马体安于车，人心调于马，而后可以进速致远。今君后则欲逮臣，先则恐逮于臣。夫诱道争远，非先则后也，而先后心皆在于臣，上何以调于马？此君之所以后也。"白公胜虑乱，罢朝，倒杖而策锐贯颐，血流至于地而不知。郑人闻之曰："颐之忘，将何不忘哉！"故曰："其出弥远者，其智弥少。"此言智周乎远，则所遗在近也。是以圣人无常行也。能并智，故曰："不行而知。"能并视，故曰："不见而明。"随时以举事，因资而立功，用万物之能而获利其上，故曰："不为而成。"

字面翻译：赵襄子向王子于期学习驾御马车，不久和王子于期竞赛，换了三次马三次都落后于王子于期。赵襄子说："您教我驾车，技术没有全部传授给我吧？"王子于期回答说："技术是全部传授了，您在使用上还有错误。大凡驾御马车要重视的是：马身要安稳在马车身上，驾车人的心思要和马的奔跑协调一致，这样才能够跑得快，跑得远。现在您落在后面就想着追赶我，跑在前面又怕被我追赶上。引导马匹远程赛跑，不是领先就是落后，而您无论在前还是在后的心思都在我身上，还怎么和马匹协调一致呢？这就是您落后的原因。"白公胜策划政变，朝会结束后，他倒拿着马鞭，鞭杆上的尖针刺穿了脸颊，血流到地上他都没有觉察。郑人听到后说："脸颊都忘记了，还有什么让他念念不忘呢！"所以《老子》说："人的心思越远，人的心智反而越少。"这是说心智围绕在远处的事情上，就会忽视眼前的事情。因此圣人没有固定思维的行为方式。能够综合考虑远近的事务，所以《老子》说"不需要走就知道"。能够综合看到远近的事物，所以说"不需要察看就明白"。根据时机来办事，依靠条件而事成，利用万事万物的特性就能在此特性的基础上获得利益，所以说"不需要做就成功"。

商人商语：骑手对于马的控制作用，一如企业家对企业、企业品牌对企业文化、商业模式对营销策略、营销策略对运营管理的作用，适配性是最重要的，千万不能以外在的参照物为标准来轻易改变自己的行为，努力配合做到最好就是最好。企业家如何能够做到"不见而明"？就是通过企业运营的规章制度来看企业和市场的运行状况的。

原文：楚庄王莅政三年，无令发，无政为也。右司马御座而与王隐曰："有鸟止南方之阜，三年不翅，不飞不鸣，嘿然无声，此为何名？"王曰："三年不翅，将以长羽翼；不飞不鸣，将以观民则。虽无飞，飞必冲天；虽无鸣，鸣必惊人。子释之，不榖知之矣。"处半年，乃自听政。所废者十，所起者九，诛大臣五，举处士六，而邦大治。举兵诛齐，败之徐州，胜晋于河雍，合诸侯于宋，遂霸天下。庄王不为小害善，故有大名；不蚤见示，故有大功。故曰："大器晚成，大音希声。"

字面翻译：楚庄王执政三年，没有发布过政令，没有处理过政事。陪坐的右司马用隐语暗示楚庄王说："有一只鸟栖息在南方的土丘上，三年不展翅，不飞翔不鸣叫。默然无声，这是什么名堂？"楚庄王说："三年不展翅，将因此而生长羽翼；不飞翔不鸣叫，将因此而观察民众的习俗。虽然没有起飞，一飞必定冲破天空；虽然没有鸣叫，一鸣必定惊动世人。您放心吧，我知道你的心意。"过了半年，楚庄王开始亲自处理政事。废掉的政令有十件，起用的政令有九件，诛杀的大臣有五个，任用了六个没有做过官的读书人，结果把国家治理得非常好。起兵征伐齐国，在徐州打败了齐军，在河雍之地战胜了晋军，会合诸侯在宋地，于是称霸天下。庄王不让小节影响到自己的大计，因而能有大名；不过早表露意图，因而能有大功。所以《老子》说："高大器具的制成时间较长，宏大声音的声调少于变化。"

商人商语：楚庄王的不作为，是为了把自己放到最低处来观察大臣的忠奸和政事的走向。我们的企业家不会也不能这么做，企业的运营管理是一刻不能停滞的。但可以借鉴的是，在行业风向不定时，少些市场作为多些行业观察，谋定而后动，看准了再奋发有为。而老子说的"大器晚成，大音希声"可以理解为，一个行业的领导企业，一定有一个历经沧桑的发展过程，一个行业的成功企业，一定有一个相对稳定的发展起来的商业模式。

原文：楚庄王欲伐越，杜子谏曰："王之伐越，何也？"曰："政乱兵弱。"杜子曰："臣愚患之。智如目也，能见百步之外而不能自见其睫。王之兵自败于秦、晋，丧地数百里，此兵之弱也。庄蹻为盗于境内而吏不能禁，此政之乱也。王之弱乱，非越之下也，而欲伐越，此智之如目也。"王乃止。故知之难，不在见人，在自见，故曰："自见之谓明。"

字面翻译：楚庄王想要攻打越国，杜子劝谏说："大王要征伐越国，为什么呢？"楚王说："因为越国政治混乱，兵力弱小。"杜子说："我愚昧地为大王忧虑这件事情。智慧好比眼睛，能看见百步之外的东西，却不能看见自己的眼睫毛。大王您的军队自从被秦国、晋国打败后，丧失了数百里的土地，这说明军队的软弱；庄蹻在国内做强盗祸乱，官吏不能禁止，这说明政治的混乱。大王的军队软弱、政治混乱的程度，并不在越国之下，这样反而想去攻打越国，这是智慧如同眼睛的见远不见近啊。"楚王因此打消了念头。所以了解事务的困难，不在于认识别人，而在于自我认识。所以《老子》说："能够自我认识的叫明察。"

商人商语：老子说的"自见之谓明"，这个"见"的语意很深，至少是含有看见—看清—看懂三层寓意，而这个"明"，之所以没有翻译，也是因为其语意很深，至少包含了明察—明智—明达三层寓意。

原文：子夏见曾子。曾子曰："何肥也？"对曰："战胜，故肥也。"曾子曰："何谓也？"子夏曰："吾入见先王之义则荣之，出见富贵之乐又荣之，两者战于胸中，未知胜负，故臞。今先王之义胜，故肥。"是以志之难也，不在胜人，在自胜也。故曰："自胜之谓强。"

字面翻译：子夏拜见曾子。曾子说："你怎么胖了？"子夏回答说："打了胜仗，所以胖了。"曾子说："这话是什么意思？"子夏说："我在家深入体察从前贤王圣君的思想，就会非常敬仰，出来看见荣华富贵的快乐又会十分羡慕，这两种想法在心里斗争，不分胜负，所以瘦了。现在先王的思想终于取胜，所以我胖了。"因此意志的困难，不在于外面的超越别人，而在于内心的战胜自我。所以《老子》说："能够战胜自我的，叫作强。"

商人商语：当商业理念和商业利益发生斗争时，企业家的内心是否也会如此纠葛而试图"减肥"呢？老子的"自胜之谓强"，说的就是对内心不良欲望的克制，不让不良欲望操控自己的思想行为。商业利益的欲望固然有驱动力，甚至可以说是无所谓好与坏的，但若是背离了企业的价值观、远离了企业运营的实际能力，就一定是不好的。

原文：周有玉版，纣令胶鬲索之，文王不予；费仲来求，因予之。是胶鬲贤而费仲无道也。周恶贤者之得志也，故予费仲。文王举太公于渭滨者，贵之也；而资费仲玉版者，是爱之也。故曰："不贵其师，不爱其资，虽知大迷，是谓要妙。"

字面翻译：周人拥有一块玉版，商纣王派胶鬲前去索取，周文王没有给他；纣王派费仲前来索求，文王就给他了。这是因为胶鬲贤德而费仲没有德行。周人不喜欢贤德的人在朝中得志，所以玉版给了费仲。文王在渭水边提拔了太公，是因为看重他；而费仲拿到玉版的原因，是他受到宠爱。所以《老子》说："不尊重自己的老师指引，不爱惜可以利用的资源，即使有聪明也是大糊涂，这是奥妙之中的精要。"

商人商语： 用商业思维来解读此段，"其师"不只是指给老板们上课的老师，更大的意义是指以市场法则为师，以消费者需求为师；"其资"，也不只是指企业资金，更大的意义是指企业的资源，如人力资源、人脉资源、市场资源、客户资源等。

第三章

智者变法图强，愚者因循守旧

韩非子断言的"上古竞于道德，中世逐于智谋，当今争于气力"，放到当前的商业环境中看，道理却并没有那么清楚。海尔、富士康、万达、阿里的商业模式不同，却都能称王于天下；摩托罗拉、诺基亚、苹果、华为、小米的运营管理不同，却也能先后称雄于同行业。一世智慧的人能持续创新商业模式，一时聪慧的人则会受到已有商业模式的限制；有创新魄力的老板会随着市场变化而变革运营制度，而因循守旧的老板则只能困守已有体制的束缚；有才能的人会推陈出新各种各样的营销方式来贴近消费者，持续获取消费者的信赖，没有才能的人只会沿袭旧有的方式，与消费者的距离越来越远。

时代不同了，市场变化了，企业经营的内容和企业经营的方式也要做出变化，要有内有外地演变，才能更好地服务市场和消费者，才能延续乃至壮大企业的经营实力。只是"变法图强"的道理，未必是企业利益相关者的共识，这时候就需要企业家"高人之行"和"独知之虑"的领导。这个变法的"法"，也不只是商业模式，还包括营销活动、文化理念、运营管理、规章制度等，涵盖了企业经营的全部要素。

本章开篇选取了《商君书·更法》和《韩非子·亡征》《韩非子·大体》三篇文章，来论述企业经营之道。选择《更法》，是因为商鞅（文中的公孙鞅）的朝堂之辩，简略而清晰地说明了变法的实质；选择《亡征》，是因为韩非子列举了国家即将消亡的种种征兆，说明变法的迫在眉睫；选择《大体》，是因为只有认清国家存亡的根本，认识存身世界的变化，才能把握国家强盛的法则。

一

《商君书·更法》：若要图强，必须变法，变法需要企业家的高瞻远瞩和乾纲独断

原文：孝公平画，公孙鞅、甘龙、杜挚三大夫御于君。虑世事之变，讨正法之本，求使民之道。君曰："代立不忘社稷，君之道也；错法务明主长，臣之行也。今吾欲变法以治，更礼以教百姓，恐天下之议我也。"

字面翻译：秦孝公筹谋强国大计，有公孙鞅、甘龙、杜挚三位大夫侍奉在前。他们分析形势、时事的变化，商讨整饬法度的根本，探求统治百姓的方法。秦孝公说："承继先人做了君主，不忘治国重负，这是君主应有的职责。建立法度努力彰明国君的主张，这是臣子们的行为准则。现在我想要通过变法来治理国家，改变礼制来教化百姓，天下人要非议我啊！"

商人商语：这个故事放在当代，就是一次战略级别的高管会议，重大议题有三项：市场环境分析、商业模式变革、运营管理再造。秦孝公定了会议的基调：我很忧虑企业的现状，很希望企业发展壮大。如何创新商业模式，如何经营管理企业，这是高管们的责任。商业模式的变革涉及运营管理方式的变革，规章制度的变化需要教化员工们的行为意识。

原文：公孙鞅曰："臣闻之：'疑行无名，疑事无功。'君亟定变法之虑，殆无顾天下之议之也。且夫有高人之行者，固见负于世；有独知之虑者，必见骜于民。语曰：'愚者暗于成事，知者见于未萌。''民不可与虑始，而可与乐成。'郭偃之法曰：'论至德者不和于俗，成大功者不谋于众。'法者所以爱民也，礼者所以便事也。是以圣人苟可以强国，不法其故；苟可以利民，不循其礼。"孝公曰："善！"

字面翻译：公孙鞅说："我听过这么一句话：'行动犹豫不决就不会有什么成就，办事犹豫不定就不会有什么功效。'君上请尽快下定变法的决心，不要顾忌天下人怎么议论您。何况超出常人的行为，本来就会被世人所非议；独具远见的思虑，也必然会遭到平常人的嘲笑。俗语说：'愚笨的人在事情已经做成之后还不明白，智慧的人在事情还没有萌芽之前就明察到了。''平常之人，不可以和他们讨论事业的开端，只可以同他们一起欢庆事业的成功。'郭偃的法书上说：'讨论至高道德的人不会附和普通人的意见，成就大事的人不会同大多数人商量。'法度是用来爱护百姓的，礼制是为了方便政事的。所以圣人治国，如果能够使国家富强，就不会沿袭旧有的法度；如果能够使百姓得到益处，就不必遵循旧有的礼制。"孝公说："好！"

商人商语：这里的话有三个意思：涉及企业战略层面的变革，企业家必须要有决断力和魄力；商业模式和组织结构，也必然随着企业战略的变化而变化；商业模式变化了，运营管理、规章制度是必然随之变化的。

原文：甘龙曰："不然。臣闻之：'圣人不易民而教，知者不变法而治。'因民而教者，不劳而功成；据法而治者，吏习而民安。今若变法，不循秦国之故，更礼以教民，臣恐天下之议君，愿孰察之。"

字面翻译：甘龙说："不是这样的。我听过这么一句话：'圣人不改变百姓旧有的礼制风俗来施行教化，智者不变革旧有的法度来治理国家。'顺应百姓旧有的礼制风俗去实施教化，不用费什么辛苦就能成功；依据旧有的法度去治理国家，官吏熟悉法度，也会使百姓安定。现在如果要变更法度，不遵循秦国的旧制，而是通过改革礼制来教化百姓，我担心天下人就要非议君上了，希望您仔细考虑这件事情。"

商人商语：很多企业家也是甘龙这样的，既想要图强，又不想变法。高薪外请一个经理人过来，却不想改变商业模式的结构和运营管理的制度，仅仅寄希望于这个职业经理人用他的人格魅力和先进的理念把企业盘活，这无异于痴人说梦。

原文：公孙鞅曰："子之所言，世俗之言也。夫常人安于故习，学者溺于所闻。此两者，所以居官而守法，非所与论于法之外也。三代不同礼而王，五霸不同法而霸。故知者作法，而愚者制焉；贤者更礼，而不肖者拘焉。拘礼之人不足与言事，制法之人不足与论变。君无疑矣。"

字面翻译：公孙鞅说："您说的这些话，都是社会上俗套的言论。平常之人总是安守于旧的习俗，学究们亦局限于所见所闻。这两种人，为官可以尽职守法，却不能同他们讨论法度以外的事情。夏、商、周三个朝代的礼制不同，却都能称王天下；春秋五霸各自的法度不同，却都能成就霸业。所以智慧的人创建法度，而愚笨之人只能固守法度；贤能的人改革礼制，而没有才能的人只能拘守于礼制。不需要同拘泥于旧礼制的人商讨政事，没必要和固守旧法度的人讨论变法。君上您不要迟疑不定了。"

商人商语：公孙鞅真是个耿直的人啊！他所举的三朝五霸的事例告诉我们，企业若是要强大，就必须变革，走出一条自己的道路。这个变革，一定要由有创造式思维的智者来主持，守旧的人负责执行就可以了。企业争强的方式虽然不尽相同，但争强的方法，却永远是属于智慧贤能者的。

原文：杜挚曰："臣闻之：'利不百，不变法；功不十，不易器。'臣闻：'法古无过，循礼无邪。'君其图之！"

字面翻译：杜挚说："我听过这么一句话：'没有百倍的利益，就不要变革法度；没有十倍的功效，就不要更换器具。'我听说：'效法古制就不会有过错，遵循旧礼就不会走邪路。'君上您要三思而后行啊！"

商人商语：杜挚从利益的角度来考虑变法，也有其合理之处。如果没有迫切的利益变现意愿，现有的政体和礼制也没有大的偏差，为什么要变法呢？所以变法是一个战略层面的问题，事关企业生死攸关的利益问题是要说清楚、辩明白的。

原文：公孙鞅曰："前世不同教，何古之法？帝王不相复，何礼之循？伏羲、神农教而不诛，黄帝、尧、舜诛而不怒，及至文、武，各当时而立法，因事而制礼。礼、法以时而定；制、令各顺其宜；兵甲器备，各便其用。臣故曰：治世不一道，便国不必法古。汤、武之王也，不修古而兴；殷、夏之灭也，不易礼而亡。然则反古者未必可非，循礼者未足多是也。君无疑矣。"

字面翻译：公孙鞅说："之前的朝代政教各不相同，应该效法哪个朝代的古法呢？帝王们的法度不相互因袭，我们又该遵循谁的礼制呢？伏羲、神农施行教化不加诛杀，黄帝、尧、舜施行诛杀但不株连妻子，等到了周文王和周武王时代，他们各自顺应时势而建立法度，根据政事而制定礼制。礼制和法度要根据时势来制定，法制和法令要顺应政事的需要，兵器、铠甲、器具、装备都是为了方便使用。所以我说：社会治理并非固守一种方式，国家发展不必效法古代。商汤、周武王称王于天下，正是因为他们不遵循古代法度才兴旺的；殷纣、夏桀的灭亡，也不是因为他们改革旧礼导致的。既然这样，反对旧法度的人不应该遭受责难，遵循旧礼制的人不一定值得肯定。君上就不要再迟疑了。"

商人商语：每个成功企业的组织结构和运营体系，都是根据自己的商业模式制定的；而每个成功企业的商业模式，都是按照自己如何服务消费市场的理解而建立的。成功者之间一定会互相学习，成功的企业从来不仅仅是遵循，还有创新。

原文：孝公曰："善！吾闻穷巷多怪，曲学多辩。愚者之笑，智者哀焉；狂夫之乐，贤者丧焉。拘世以议，寡人不之疑矣。"于是遂出垦草令。

字面翻译：孝公说："好！我听说偏僻小巷的人少见多怪，学识偏颇的人喜欢诡辩。愚笨的人所讥笑的事，正是智慧的人所悲哀的事；狂妄的人所兴奋的事，正是有贤能的人所担忧的事。那些拘泥于世俗的说辞，我不再因它们而疑惑了。"于是，孝公颁布了开垦荒地的命令。

商人商语：秦孝公直接批评和否定了那些根据已有现实的言论是"穷巷多怪"，可见真正的变法，不是基于现实情况的"小打小闹"，而是要超脱于现实，实现"翻天覆地"的改变。

二

《韩非子·亡征》：看似平常或者习以为常的四十七种征兆，或明或暗地预示着企业的衰亡

原文：凡人主之国小而家大，权轻而臣重者，可亡也。简法禁而务谋虑，荒封内而恃交援者，可亡也。群臣为学，门子好辩，商贾外积，小民内困者，可亡也。好宫室台榭陂池，事车服器玩，好罢露百姓，煎靡货财者，可亡也。用时日，事鬼神，信卜筮，而好祭祀者，可亡也。听以爵，不以众言参验，用一人为门户者，可亡也。官职可以重求，爵禄可以货得者，可亡也。

字面翻译：君主的国家弱小而卿大夫的封地强大，君主的权势轻而臣下的权势重，可能会亡国。轻视法律禁令而致力于计谋智巧，荒废境内治理而依赖外交援助的，可能会亡国。群臣从事私学，贵族子弟喜欢辩术，商人财货积存在国外，百姓崇尚私斗，可能会亡国。喜好兴建宫殿高台楼

阁池塘，讲究车马华服雅器玩物，喜欢搞得百姓疲劳困顿，压榨与挥霍百姓们的货物钱财，可能会亡国。办事挑选吉日良辰，敬奉鬼神，迷信卜筮，喜欢祭神祀祖的，可能会亡国。听取意见只凭爵位的高低，而不去用事实来验证，只听信一个人来了解情况的，可能会亡国。官职可以依靠权贵求得，爵禄可以用钱财买到，可能会亡国。

商人商语：企业经营的成败，取决于八个基本要素：企业家精神、企业品牌理念、企业文化、企业资源、运营管理、商业模式、市场营销、产品服务。这八个基本要素，各有其基本要义，可以用八卦的卦辞来解读，详见拙作《从〈易经〉学管理》。

原文：缓心而无成，柔茹而寡断，好恶无决而无所定立者，可亡也。饕贪而无餍，近利而好得者，可亡也。喜淫刑而不周于法，好辩说而不求其用，滥于文丽而不顾其功者，可亡也。浅薄而易见，漏泄而无藏，不能周密而通群臣之语者，可亡也。很刚而不和，愎谏而好胜，不顾社稷而轻为自信者，可亡也。

字面翻译：处理政事拖沓而没有成效，软弱怯懦而优柔寡断，好坏不分而无定见原则，可能会亡国。极度贪婪而没有满足，追求财利而爱占便宜，可能会亡国。喜欢滥施刑罚而不顾及法度，爱好巧妙的辩说而不求实用，迷恋文采的华丽而不顾功效，可能会亡国。性格浮躁而感情外露，泄露机密而藏不住话，不能思维周密而泄漏传播群臣的进言，可能会亡国。凶狠强硬而不包容，固执己见而好大喜功，不顾国家安危而率性而为、自以为是，可能会亡国。

商人商语：这一段话，是从君主的角度，来讲述一国之君应有的操守。企业家的职业操守修炼，也可以借鉴。

原文：恃交援而简近邻，怙强大之救而侮所迫之国者，可亡也。羁旅侨士，重帑在外，上间谋计，下与民事者，可亡也。民信其相，下不能其上，主爱信之而弗能废者，可亡也。境内之杰不事，而求封外之士，不以功伐课试，而好以名问举错，羁旅起贵以陵故常者，可亡也。

字面翻译：依仗外交援助而怠慢邻国，倚仗强国支持而轻侮邻近国家，可能会亡国。寄居的客人与侨居的游士，其大量钱财留在国外，却上能参与国家机密，下能干预民众事务，可能会亡国。民众都相信他们的相国，不认可自己君上的能力，君主依旧宠信相国而不肯弃用，可能会亡国。国内的杰出人才不任用，反而去追求国外的士人，不按照功劳考核政绩，而喜欢凭借声誉名望来任免官员，起用寄居的客人到尊贵的位置上，超越了本国之前的体制，可能会亡国。

商人商语：我们可以从企业之间的合作、企业人才的提拔和使用的角度，来考虑企业资源的建设问题。

原文：轻其适正，庶子称衡，太子未定而主即世者，可亡也。大心而无悔，国乱而自多，不料境内之资而易其邻敌者，可亡也。国小而不处卑，力少而不畏强，无礼而侮大邻，贪愎而拙交者，可亡也。太子已置，而娶于强敌以为后妻，则太子危。如是则群臣易虑者，可亡也。怯慑而弱守，蚤见而心柔懦，知有谓可，断而弗敢行者，可亡也。出君在外而国更置，质太子未反而君易子，如是则国携；国携者，可亡也。

字面翻译：轻视嫡长子，庶子和嫡长子抗衡，太子还未确定而君主就去世了，可能会亡国。狂妄自大而不思悔改，国家混乱还自我夸耀，不估计本国实力而挑衅邻近敌国，可能会亡国。国小而不处卑位，力弱而不畏强国，没有礼仪而侮辱邻近大国，贪婪固执而不善于外交事务，可能会亡国。太子已经确立，君主却又娶强大敌国的女子作为正妻，那么太子就会危险。这样一来，群臣就会变心，可能会亡国。胆小怕事而没有主见，预见到了问题却没有决心去解决，知道了事情的缘由也清楚该怎样做，但决定了又不敢去做的，可能会亡国。君主出国在外而国内另立新君主，做人质的太子没有回国而君主又另立太子，这样国人就有了二心。国人有了二心，可能会亡国。

商人商语：这一段主要讲了接班人的问题。如果企业在接任者问题上处理不慎，必然会造成企业的内耗。从中我们还可以学习对市场中行业关系的处理，若无实力不要轻易发动营销战。

原文：挫辱大臣而狎其身，刑戮小民而逆其使，怀怒思耻而专习则贼生；贼生者，可亡也。大臣两重，父兄众强，内党外援以争事势者，可亡也。婢妾之言听，爱玩之智用，外内悲惋而数行不法者，可亡也。简侮大臣，无礼父兄，劳苦百姓，杀戮不辜者，可亡也。好以智矫法，时以行杂公，法禁变易，号令数下者，可亡也。无地固，城郭恶，无畜积，财物寡，无守战之备而轻攻伐者，可亡也。种类不寿，主数即世，婴儿为君，大臣专制，树羁旅以为党，数割地以待交者，可亡也。太子尊显，徒属众强，多大国之交，而威势蚤具者，可亡也。

字面翻译：君主侮辱了大臣而又亲近戏弄他，惩罚了平民而又违背其意志役使他们，这些人心怀不满不忘耻辱，而君主又和他们特别亲近，那么劫杀事件就会产生；发生劫杀的事情，可能会亡国。大臣中有两个同时得到重用，君主的叔伯、兄弟都很强大，他们在国内拉帮结伙，在国外结交援助来争权夺势，可能会亡国。听信婢妾的逸言，采用弄臣的计谋，朝廷内外悲愤惋惜却还是屡次干着不合法制的事情，可能会亡国。轻视凌侮大臣，对叔伯和兄弟无礼，使百姓劳累困苦，杀戮无罪之人，可能会亡国。好用智巧改动法制，常用私行扰乱公事，法律禁令经常改变，号令数次却前后矛盾，可能会亡国。没有险要易守的地形，内城外郭又都崩坏，国家无积蓄，财物贫乏，没有防守作战的准备却轻易去进攻别国，可能会亡国。王族短命，君主接连去世，婴孩当国君，大臣独揽朝纲，扶植外来游士作为党羽，数次割地求得他国友好，可能会亡国。太子尊贵显赫，党羽人多势众，与许多大国交往密切，过早具备了威势，可能会亡国。

商人商语：企业家和企业高管之间应该用制度来规范彼此的工作关系，若是掺杂了太多工作之外的关系，易生事端。

原文：变褊而心急，轻疾而易动发，心悁忿而不訾前后者，可亡也。主多怒而好用兵，简本教而轻战攻者，可亡也。贵臣相妒，大臣隆盛，外藉敌国，内困百姓，以攻怨仇，而人主弗诛者，可亡也。君不肖而侧室贤，太子轻而庶子伉，官吏弱而人民桀，如此则国躁；国躁者，可亡也。藏怒而弗发，悬罪而弗诛，使群臣阴憎而愈忧惧，而久未可知者，可亡也。

字面翻译：心胸狭窄而性格偏激，轻率浮躁而容易冲动，积忿易怒而不考虑前因后果，可能会亡国。君主容易发怒而喜欢用兵打仗，忽视农耕练兵而又轻易发动战争，可能会亡国。权贵互相嫉妒，大臣权重势盛，他们对外借助敌国势力，对内困扰百姓，攻击和自己有私怨的仇人，而君主不惩除他们，可能会亡国。君主没有才德而他的旁支兄弟很贤能，太子势轻而庶子势强，官吏软弱而百姓凶悍，这种情况下国家就会动荡不安；国家动荡不安，可能会亡国。怀恨而不发作，搁置罪臣而迟迟不惩除，使群臣暗中憎恨而更加忧心恐惧，以致长期都不知道结果会如何，可能会亡国。

商人商语：企业家要学会控制自己的情绪，可以将情绪的表达作为一种权术，但是不能任凭情绪的好恶而行事。另外要谨防高管凭借外联企业的合作关系而拥兵自重的情况发生。

原文：出军命将太重，边地任守太尊，专制擅命，径为而无所请者，可亡也。后妻淫乱，主母畜秽，外内混通，男女无别，是谓两主；两主者，可亡也。后妻贱而婢妾贵，太子卑而庶子尊，相室轻而典谒重，如此则内外乖；内外乖者，可亡也。大臣甚贵，偏党众强，雍塞主断而重擅国者，可亡也。私门之官用，马府之世绌，乡曲之善举，官职之劳废，贵私行而贱公功者，可亡也。公家虚而大臣实，正户贫而寄寓富，耕战之士困，末作之民利者，可亡也。

字面翻译：带兵出征的将军权势太重，驻守边疆的郡守地位太高，他们独揽政事擅自施令，可以直接处理一切事情而不需要请示报告，可能会亡国。君主的正室淫乱，母亲蓄养姘夫，宫廷内外胡乱私通，男女没有礼防分别，这样就形成了两个权力中心，可能会亡国。皇后正妻地位低下而婢女姬妾地位高贵，太子卑下而庶子尊宠，执政的大臣权势轻而通报传达的近侍权势重。这样的话，宫廷内外的礼仪法规被违背了可能会亡国。大臣非常显贵，私党人多势重，限制君主做决定的权力而又独揽国政，可能会亡国。豪门贵族的家臣被任用，战场功臣的继承人却被排斥，在偏僻乡村里有善名的人得到选拔，在官衙里辛苦工作的官吏却被罢免，看重谋私利的行为而轻视为国家做事的人，可能会亡国。国库空虚而大臣富足，本地常住人口贫穷而外来客人富裕，种田打仗的人穷苦，从事工商业的人得利，可能会亡国。

商人商语：这段话用在企业的运营管理上，就是企业对各个岗位职责的严谨设定，凡是涉及岗位待遇、绩效考核、提拔罢黜、奖励处罚等问题都要有公开透明的制度和标准。

原文：见大利而不趋，闻祸端而不备，浅薄于争守之事，而务以仁义自饰者，可亡也。不为人主之孝，而慕匹夫之孝，不顾社稷之利，而听主母之令，女子用国，刑余用事者，可亡也。辞辩而不法，心智而无术，主多能而不以法度从事者，可亡也。亲臣进而故人退，不肖用事而贤良伏，无功贵而劳苦贱，如是则下怨；下怨者，可亡也。父兄大臣禄秩过功，章服侵等，宫室供养太侈，而人主弗禁，则臣心无穷；臣心无穷者，可亡也。公婿公孙与民同门，暴傲其邻者，可亡也。

字面翻译：看到重大的利益不去追求，得知祸乱的苗头不加戒备，战争攻守的事情懂得很少，却致力于用仁义来粉饰自己，可能会亡国。不遵照作为君主的孝道，而去仰慕平常百姓的孝顺，不顾国家的利益，而听从母后的命令，女人当国，宦官掌权，可能会亡国。夸夸其谈却不合法度，头脑聪明却缺乏权术，君主很有才华却不按法度办事，可能会亡国。宠信的臣子得到进用，原来的臣子却被辞退，无德的人得以重用，贤良却被埋没，没有功劳的人地位显贵而辛苦劳作的人地位卑下，这样臣民们就会怨恨；臣民怨恨的，可能会亡国。叔伯、兄长、大臣的俸禄等级超过他们的功劳，旗章车服逾越了规定的等级，宫室的供养太过奢侈，而君主不加禁止，那么臣下的欲望就没有止境；臣下的欲望没有止境，可能会亡国。王亲国戚和普通百姓同里居住，横行霸道欺压邻居，可能会亡国。

商人商语：韩非子详细列举了四十七种可能会导致国家灭亡、君主身亡的征兆，涉及君主个人、家族、用人、奖惩、外交、制度等方方面面。我们可以将这些征兆对照在企业经营的各个方面，如家族问题、人力资源、权重权限、制度管理、绩效考核、文化风气、营销策略、商业模式等。那么，导致出现这四十七种征兆的最深层次原因是什么呢？在于企业家自身。

原文：亡征者，非曰必亡，言其可亡也。夫两尧不能相王，两桀不能相亡；亡、王之机，必其治乱、其强弱相踦者也。木之折也必通蠹，墙之坏也必通隙。然木虽蠹，无疾风不折；墙虽隙，无大雨不坏。万乘之主，有能服术行法以为亡征之君风雨者，其兼天下不难矣！

字面翻译：有了亡国的征兆，不是说一定会亡国，而是说可能会亡国。两个像尧一样的贤明君主不能相互统治对方，两个像桀一样的暴君不能相互消灭对方。消灭对方或统治对方的关键，必定在于双方的安定与混乱、强大与弱小的不平衡状态。木头的折断一定是由于蛀蚀，墙壁的倒塌一定是由于裂缝。然而木头即使被蛀蚀了，没有狂风也不会被折断；墙壁即使有了裂缝，没有暴雨也不会倒塌。拥有万辆兵车的大国君主，如果能运用权术实行法制，使自己成为摧毁已有亡国征兆君主的狂风暴雨，那么他兼并天下就不难了！

商人商语：企业经营不是运行在一个内向封闭的环境里，其胜败是在市场竞争中体现出来的。韩非子说的"强弱相踦"，要么是相较于竞争对手而言，要么是相较于市场需求而言，不是被竞争对手打败就是被市场淘汰。

三

《韩非子·大体》：企业变法不是变戏法，要认识市场变化，更要认识企业经营的本质

原文：古之全大体者：望天地，观江海，因山谷，日月所照，四时所行，云布风动；不以智累心，不以私累己；寄治乱于法术，托是非于赏罚，属轻重于权衡；不逆天理，不伤情性；不吹毛而求小疵，不洗垢而察难知；不引绳之外，不推绳之内；不急法之外，不缓法之内；守成理，因自然；祸福生乎道法，而不出乎爱恶；荣辱之责在乎己，而不在乎人。故至安之世，法如朝露，纯朴不散，心无结怨，口无烦言。故车马不疲弊于远路，旌旗不乱于大泽，万民不失命于寇戎，雄骏不创寿于旗幢；豪杰不著名于图书，不录功于盘盂，记年之牒空虚。故曰：利莫长于简，福莫久于安。

字面翻译：古代能够全面把握事物整体的人，可以瞭望天地的变化，观察江海的水流，顺应山谷的高低，遵循日月照耀、四季运行、云层分布、风向变动的自然法则；不让智巧烦扰心境，不让私利拖累自身；把国家的治乱寄托在法制权术上，把事情的是非寄托在赏罚上，把物体的轻重寄托在秤杆权衡上；不违背自然常规，不伤害人的性情；不吹毛求疵，不洗去污垢来考察内部的隐秘问题；严格按照法律准绳办事，做事不引到法律之外，也不超过法律限定的范围；对法律禁令以外的事情不苛刻要求，对法律禁令以内的事情不宽容；遵守既定不变的法则，顺应自然的规律；灾祸幸福产生于是否遵守天道规律和国家法律，而不是产生于主观上的喜爱和厌恶；荣誉和耻辱的责任在于自己，而不在于他人。治理得最好的社会，法律制度就如早晨的露水那样纯洁质朴而不杂乱，人们的心里没有郁积的怨恨，人们的口中没有愤懑的言论。车马没有远途奔跑的劳累，旌旗没有兵败大泽的纷乱，民众不会因为外敌侵犯而丧命，勇士不夭折在战旗之下；豪杰的名字不会记录在典籍上，战功不会铭刻在盘盂上，以至于国家编年的史册无事可记。所以说，没有什么利益比政治简朴的好处更长久的了，没有什么幸福比天下太平更安稳的了。

商人商语：所谓的"上知天文"是知道国家政策法规、市场环境等，有规则可以遵循；"下知地理"是指行业习俗、竞争状况、经营特性等，有规律可以遵守；"中知人事"是指要了解自身"人和事"的资源状况。所以，变法图强不是简单地换个管理方法，而是要在通晓内外之事后整体创新。整体的创新，也是有市场规则、经营规律和管理法则可以遵循的。

原文：使匠石以千岁之寿操钩，视规矩，举绳墨，而正太山；使贲、育带干将而齐万民；虽尽力于巧，极盛于寿，太山不正，民不能齐。故曰：古之牧天下者，不使匠石极巧以败太山之体，不使贲、育尽威以伤万民之性。因道全法，君子乐而大奸止。澹然闲静，因天命，持大体。故使人无离法之罪，鱼无失水之祸。如此，故天下少不可。

字面翻译：让匠石长寿千年，拿着登山的钩子，凭借圆规角尺，弹画墨线，而修整泰山，让孟贲、夏育带着干将那样的利剑，去整治民众，即使他们能在技巧上用尽力气，又特别长寿，泰山也仍然得不到修整，民众也仍然得不到治理。所以说，古代统治天下的人，不会让匠石一类的工匠用尽技巧妄图毁坏泰山山体，不会让孟贲、夏育用尽威力试图伤害百姓的天性。遵循基本规律全面把握法度，君子就能享受安乐，而大奸就会停止作恶。淡泊闲静，顺应自然法则，就能把握事物的整体和根本，所以能让人没有触犯法律的罪过，能使鱼没有离开水面的祸害。能做到这样，天下就很少有不可行的事情。

商人商语：万事万物都有可以认识和把握的规律。企业家作为企业经营的专家，要对市场动态、企业运营，以及市场动态之间的关系有深刻的认识；对于企业经营各个要素的"法"，要有自己的认知和理解。比如用人方面要用人不疑，不要用一个不合适的人却"不疑"，也不要起用一个合适的人后就放手不管，而要在合理的范围内"不疑"。

原文：上不天则下不遍覆，心不地则物不毕载。太山不立好恶，故能成其高；江海不择小助，故能成其富。故大人寄形于天地而万物备，历心于山海而国家富。上无忿怒之毒，下无伏怨之患，上下交朴，以道为舍。故长利积，大功立，名成于前，德垂于后，治之至也。

字面翻译：上面的天空若不辽阔，就不能覆盖整个世界；心胸如果没有大地那样宽广，就不能负载万事万物。泰山对土石没有好恶之心，所以能够包容所有，成就它的高大；江海对细流不加选择，所以能够汇集所有，形成它的浩瀚。成大事之人要像天地那样遍覆毕载而使万物齐备，要像山海那样不立好恶不择小助而使国家富强。君主不因愤怒而毒害臣民，臣民不因积怨而产生祸患，君臣上下纯真质朴，把遵循规律、遵纪守法作为归宿。

长远的利益积聚了，伟大的功业建立了，名声形成在生前，德泽流传于后世，这是治国的最高境界。

　　商人商语：企业家是企业经营的决定性因素。所以在"变法图强"时，企业家的心胸有多大，企业的商业模式就会有多包容，有多富有想象力；企业家有多仁厚，企业商业模式之于消费者就有多仁厚。企业家能够摆正自己在企业里的位置，也就能摆正高管在企业里的位置，大家才能各司其职，努力工作。

商业模式，不法古，不循今，不迷信圣贤

企业的商业模式从来就不应当是选择之后便一劳永逸的。商业模式的建立，有市场因素的客观影响，也有企业家因素的主观影响。这一点，跟春秋战国时期百家争鸣是一样的，大家各有不同，各有优胜之处。所以，经营理念不同，对市场环境的认知不同，企业调动的资源和能力不同，所确认的商业模式也应当是不一样的。

一种成功的商业模式，要有开放的包容性，否则会落后于时代，不能照搬照抄同行业的成功者，否则将失去自我成长的生命力，最重要的是，不能自我局限于当前的市场环境，否则会受到环境的束缚，缺少足够的成长空间。商业模式的设计，要有预见性，要有独创性，要有发展性。为消费者服务的若干价值要素，既要由商业模式约束成形，也要由运营管理凝聚成力，还要由营销活动传递到位。

本节选取了《商君书·开塞第七》和《韩非子·问田》两篇，作为对企业商业模式的理念探讨。《开塞》顾名思义，就是要打开闭塞的"螺蛳壳里做道场"的思维；《问田》则揭示了变革创新的艰险和作用。

一

《商君书·开塞第七》：商业模式没有高下之分，随时随世变化演变，依管理而成型

原文：天地设而民生之。当此之时也，民知其母而不知其父，其道亲亲而爱私。亲亲则别，爱私则险。民众，而以别、险为务，则民乱。当此时也，民务胜而力征。务胜则争，力征则讼，讼而无正，则莫得其性也。故贤者立中正，设无私，而民说仁。当此时也，亲亲废，上贤立矣。凡仁者以爱利为务，而贤者以相出为道。民众而无制，久而相出为道，则有乱。故圣人承之，作为土地、货财、男女之分。分定而无制，不可，故立禁；禁立而莫之司，不可，故立官。官设而莫之一，不可，故立君。既立君，则上贤废而贵贵立矣。然则上世亲亲而爱私，中世上贤而说仁，下世贵贵而尊官。上贤者以道相出也，而立君者使贤无用也。亲亲者以私为道也，而中正者使私无行也。此三者非事相反也，民道弊而所重易也，世事变而行道异也。故曰：王道有绳。

字面翻译：天地形成时，人类就产生了。在这个时期，人们只知道自己的母亲而不知道自己的父亲，他们处世的原则是爱自己的亲人，贪图私有的利益。爱自己的亲人，就会分别亲疏；贪图私有的利益，就会心存阴险。人数众多，又都趋向于分别亲疏和心存阴险，就会混乱起来。这个时期，人们尽力制服对方而努力争夺财物。尽力制服对方，就会争斗；努力争夺财物，就会争吵，争吵没有是非的标准，那么人们就没有一个会满意。所以贤人确立了中正的标准，主张无私，因此人们乐于彼此相爱共处。这个时期，只爱自己亲人的思想被废弃了，树立了尊崇贤人的政治思想。凡是仁爱的人，都把爱护和便利别人当作职责，而贤德的人把推举贤人当作原则。人口众多而没有制度，长期把推举贤人作为政治原则，就会发生混乱。所以，圣人顺应形势的需要，制定了土地、财货、男女的名分归属权。名分确定了而没有制度是不行的，因此设立了法令；法令确立了而没有人来管理是不行的，因此又设立了官吏；官吏设立了，没有人统一领导是不行的，

所以设立了君主。既然设立了君主，尊崇贤人的思想就废除了，所以尊崇权贵的思想树立了起来。如此看来，上古时代人们爱自己的亲人而贪图私利，中古时代人们尊崇贤人而乐于相爱，近古时代人们尊崇权贵而尊重官吏。崇尚贤人政治的人所遵循的原则是推举贤人，而设立君主政治后，贤人便没有用了。亲近亲人以自私为原则，而奉行公正之道就使自私行不通了。这三个时代，并不是故意在做彼此相反的事情，而是人们原来遵循的规则有了问题，所以人们原来重视的东西就有了改变，社会形势变化了，人们的行为原则也就不一样了。所以说：统治天下的原则是有规律的。

商人商语：商鞅对"远古、中古、近古"的描述，我们可以看成是商业模式从原始到现代的演化，也可以看成是一家企业在发展过程中出现的不同运营模式：小企业时的"相亲相爱"、中企业的"能人体制"、大企业的"规矩第一"……商业模式是适应市场法则和运营法则的要求而形成的，有自己的规律。

原文：夫王道一端，而臣道亦一端，所道则异，而所绳则一也。故曰：民愚，则知可以王；世知，则力可以王。民愚，则力有余而知不足；世知，则巧有余而力不足。民之生，不知则学，力尽而服。故神农教耕而王天下，师其知也；汤、武致强而征诸侯，服其力也。夫民愚，不怀知而问；世知，无余力而服。故以知王天下者并刑，力征诸侯者退德。

字面翻译：统治天下的原则在一端，而被统治的原则在另一端，他们的原则方向不同，但他们所遵行的标准却是一样的。所以说：民众愚笨，那么有智慧的人可以统治他们；世人聪明，那么有力量的人可以统治他们。民众愚笨，就会力量有余而智慧不足；世人聪明，就会智巧有余而力量不足。人们的本性，是不懂就想学习，没力气了就会服输。所以神农教化人们农耕而称王天下，人们要学习他的智慧；商汤和周武王依靠军力强大而征服诸侯，这是人民屈服于他们的力量。人们愚笨，不懂的就要向别人请教；世人聪明，但没有力气了就会屈服。所以用智慧称王天下的就会摒弃刑罚，依靠力量征服诸侯的就不用德政教化。

商人商语：企业的利益点和消费者的利益是不同的。商品供不应求时，标准制定权在于企业；商品供大于求时，标准制定权在于消费者。商品的标准是这样变化的，商品背后的营销方式和商业模式也会针对消费者需求特性的变化而变化。

原文：圣人不法古，不脩今。法古则后于时，脩今则塞于势。周不法商，夏不法虞，三代异势，而皆可以王。故兴王有道，而持之异理。武王逆取而贵顺；争天下而上让；其取之以力，持之以义。今世强国事兼并，弱国务力守，上不及虞、夏之时，而下不脩汤、武。汤、武之道塞，故万乘莫不战，千乘莫不守。此道之塞久矣，而世主莫之能废也，故三代不四。非明主莫有能听也，今日愿启之以效。

字面翻译：圣人不效法古代，不拘守现状。效法古代就会落后于时代，拘守现状就会与发展的形势隔绝。周朝不效法商朝，夏朝不效法虞舜，三个朝代的形势不同，却都能够称王天下。所以建立王朝有一定原则，而治理王朝的法则却不相同。周武王反叛夺取政权后提倡顺从政权，夺取天下后又崇尚谦让，他夺取政权靠的是武力，治理靠的却是仁义。现在，强国致力于兼并他国，弱国努力防止被兼并，上不能继承虞、夏那个时代，下不能遵循商汤、周武王的原则。商汤、周武王那样统一天下的原则行不通了，所以有一万辆兵车的国家没有不征战的，有一千辆兵车的国家没有不防守的。商汤、周武王统一天下的道路塞堵不通很久了，可现在的君主没有谁能废弃它开辟新路，因此，三代后没有出现第四个朝代能与夏、商、周相比。不是英明的君主不能听进去我的这番话，今天我愿意从功效角度来说明这个道理。

商人商语：一种商业模式有其存在的理由，一种商业模式可以代表一个时代的合理性，时事的变化决定了商业模式的迭代。每次迭代的方式都是不同的，有继承也有发展，有突破也有舍弃，这一切都是通过商战来完成的。

原文：古之民朴以厚，今之民巧以伪。故效于古者，先德而治；效于今者，前刑而法。此俗之所惑也。今世之所谓义者，将立民之所好，而废其所恶；此其所谓不义者，将立民之所恶，而废其所乐也。二者名贸实易，不可不察也。立民之所乐，则民伤其所恶；立民之所恶，则民安其所乐。何以知其然也？夫民忧则思，思则出度；乐则淫，淫则生佚。故以刑治则民威，民威则无奸，无奸则民安其所乐。以义教则民纵，民纵则乱，乱则民伤其所恶。吾所谓利者，义之本也；而世所谓义者，暴之道也。夫正民者，以其所恶，必终其所好；以其所好，必败其所恶。

字面翻译： 古代的人朴实而忠厚，现在的人智巧而虚伪。所以想在古代有效果的话，先用道德教化来治理民众；想在现在有效果的话，先用刑罚来建立法治。这一点不同，世俗之人是不能理解的。现在所说的"仁义"，是确立人们喜欢的，废弃人们厌恶的；他们所说的"不仁义"，是确立人们厌恶的，废弃人们喜欢的。这二者，名称颠倒了，内容也颠倒了，不可不考察。确立人们所喜欢的，人们就会被他们厌恶的东西伤害；确立人们厌恶的，人们就会享受他喜欢的东西。为什么知道会这样呢？人们忧虑就会思考，思考了行为就会合乎法度；人们享乐就会放荡，放荡了就会出现过失行为。因此用刑罚治理，人们就会畏惧，人们畏惧就不会做奸邪之事。没有奸邪的事情，人们才可以享受他们喜欢的事情；用仁义来教化，人们就会放纵，人们放纵就会使社会动乱。社会动乱，人们就会被厌恶的事情伤害。可见，我所说的"刑罚"，其实是"仁义"的根本；而现在世上说的"仁义"，是暴乱的缘由。所以，治理民众用他们厌恶的去治理，就一定能得到他们喜欢的；用他们喜欢的来治理，就一定会受害于他们厌恶的。

商人商语： 企业的商业模式必须通过企业组织的运营管理成型。儒家倡导组织领导者和参与者的仁义动机和礼仪行为，即企业文化的教化之用。法家认为时代变了，人心不古，儒家动口不动手的说教不靠谱，必须要靠规章制度和赏罚手段才能进行高效率的管理。现在的企业家都应该意识到，企业文化和企业制度，对于企业的运营管理是同等重要的。

原文：治国刑多而赏少，故王者刑九而赏一，削国赏九而刑一。夫过有厚薄，则刑有轻重；善有大小，则赏有多少。此二者，世之常用也。刑加于罪所终，则奸不去；赏施于民所义，则过不止。刑不能去奸而赏不能止过者，必乱。故王者刑用于将过，则大邪不生；赏施于告奸，则细过不失。治民能使大邪不生、细过不失，则国治。国治必强。一国行之，境内独治。二国行之，兵则少寝。天下行之，至德复立。此吾以杀刑之反于德而义合于暴也。

字面翻译：政治昌明的国家，刑罚多而赏赐少。成就王业的国家，刑罚有九分，而赏赐只有一分；政治混乱的国家，赏赐有九分，而刑罚才有一分。人们的罪过有大有小，所以朝廷的刑罚有重有轻；人们的善行有大有小，所以朝廷的赏赐有多有少。这两项是治世常用的法则。刑罚加在已经犯罪的时候，奸邪的行为就不会断绝；这时候赏赐施与人们认为的"仁义"，犯罪的事情也不会停止。刑罚不能除去奸邪，赏赐不能遏止罪过，国家必然混乱。成就王业的国家，把刑罚用在人们将要犯罪的时候，所以大的奸邪不会产生；把赏赐用在告发奸行方面，所以小的罪过也不致漏网。治理民众，能够使大的奸邪不产生、小的罪过不漏网，国家就治理好了。国家治理好了，就必定强盛。一个国家这样做了，该国境内就可以治安良好。两个国家这样做，两国间的战争就可以减少或停止。天下都这样做，最高的道德就会重新建立起来。所以我认为杀戮、刑罚能够让道德之政回归，而"仁义"反而是合于残暴之政的。

商人商语：企业如何进行高效率的运营管理？法家给的答案是"法制的笼头＋刑罚的鞭子"。用法家的观点看，做好本职工作不应该发奖金，因为那是应该的，有特殊贡献了，才应该发奖金。奖金发多了，员工就会追求更高级的生活，就会想着跳槽。法家的这种管理思想，在古代那样的环境里是可行的，在员工来去自由的现在是不可行的。

原文：古者，民藂生而群处，乱，故求有上也。然则天下之乐有上也，将以为治也。今有主而无法，其害与无主同；有法不胜其乱，与无法同。

天下不安无君，而乐胜其法，则举世以为惑也。夫利天下之民者莫大于治，而治莫康于立君，立君之道莫广于胜法，胜法之务莫急于去奸，去奸之本莫深于严刑。故王者以赏禁，以刑劝；求过不求善，藉刑以去刑。

字面翻译：古代时，人们如杂草一样群居在一起，秩序混乱，所以希望有首领。如此看来，天下人之所以愿意有首领，是为了追求良好的治安。现在有君主而没有法规，它的危害与没有君主是一样的；有了法规而不能制止混乱，和没有法规是一样的。天下人都不希望没有君主，却喜欢破坏君主的法规，天下人都对此感到困惑。可以说，对天下民众有利的事情，没有比治理天下更大的，而治理国家没有比确立君主的统治地位更安宁的，确立君主的原则，没有比施行法治意义更大的，施行法治没有比去除奸邪更迫切的，去除奸邪的本源没有比严厉刑罚更彻底的。所以称王天下的人用赏赐来禁止民众做某些事情，用刑罚来规劝民众做某些事情；追究民众的过错，不追求民众的善举，凭借刑罚的恐吓去除犯罪之事。

商人商语：企业要运行得有效率，需要规范的管理；规范的管理，需要老板参与制定；老板的作用，就是制定规章制度，使企业的组织运营有秩序；若要规章制度有作用，必须去除那些不遵守制度的行为；去除不遵守制度的行为，必须用惩罚来规劝员工，规劝员工不要受到惩罚。总而言之，不要追求员工的优秀行为来自自发，而应追求员工遵守规章制度。

二

《韩非子·问田》：商业模式的创新，是企业原有价值模式和利益链的打破、重建和重生

原文：徐渠问田鸠曰："臣闻智士不袭下而遇君，圣人不见功而接上。今阳城义渠，明将也，而措于屯伯；公孙亶回，圣相也，而关于州部，何哉？"田鸠曰："此无他故异物，主有度、上有术之故也。且足下独不闻楚将宋觚而失其政，魏相冯离而亡其国？二君者驱于声词，眩乎辩说，不试于屯伯，不关乎州部，故有失政亡国之患。由是观之，夫无屯伯之试，州部之关，岂明主之备哉！"

字面翻译： 徐渠问田鸠："我听说智士不用层层历练就能被君主赏识，圣人不用做出成绩就能被君主接纳。现在的阳城义渠，是个英明的将领，他曾经在屯长那样低级的职位上历练；公孙亶回，是德才兼备的相国，也曾经在州部的基层机构磨炼，为什么呢？"田鸠说："这没有其他特殊的因素，而是统治有法制、君主有权术的原因。况且，难道您没听说，楚国用宋觚为将而败坏了政事，魏国用冯离为相而断送了国家？两国的君主都被花言巧语驱使，被诡辩利说迷惑，没经过低级职务的历练，不经过基层工作的磨炼，就会有败坏政事和断送国家的祸患。由此看来，不在低级职务历练和基层工作中磨炼过，怎能成为明君的备选人才啊！"

商人商语： 历经磨炼自我成长起来的商业模式，是最好的。那种嫁接过来的商业模式，缺少生存阶段的磨炼，很大可能会有"失政亡国之患"。在企业商业模式的创新中，最忌讳的也是"空降兵"，看似拿来就好用，其实可能是程咬金的"三板斧"，基层配合度很差。

原文： 堂谿公谓韩子曰："臣闻服礼辞让，全之术也；修行退智，遂之道也。今先生立法术，设度数，臣窃以为危于身而殆于躯。何以效之？所闻先生术曰：'楚不用吴起而削乱，秦行商君而富强。二子之言已当矣，然而吴起支解而商君车裂者，不逢世遇主之患也。'逢遇不可必也，患祸不可斥也。夫舍乎全遂之道而肆乎危殆之行，窃为先生无取焉。"韩子曰："臣明先生之言矣。夫治天下之柄，齐民萌之度，甚未易处也。然所以废先王之教，而行贱臣之所取者，窃以为立法术，设度数，所以利民萌便众庶之道也。故不惮乱主暗上之患祸，而必思以齐民萌之资利者，仁智之行也。惮乱主暗上之患祸，而避乎死亡之害，知明夫身而不见民萌之资利者，贪鄙之为也。臣不忍向贪鄙之为，不敢伤仁智之行。先生有幸臣之意，然有大伤臣之实。"

字面翻译： 堂谿公对韩非子说："我听说遵循古礼、讲究谦让，是保全自己的方法；修养品行、隐藏才智，是让人顺心如意的途径。现在您倡导法制权术，设立法律法规，我私下认为您会有生命危险。用什么来验证呢？
我听说过您的论述：'楚国不任用吴起，而国力削弱社会混乱，秦国实行商
鞅法制，而国富兵强。这两位先生的主张已被证明是正确的，可是吴起被
肢解，而商鞅也被车裂，这是没碰上好世道、没遇到贤明君主遭受的祸患
啊。'一个人的遭遇是不可能任主观意念加以确定的，祸患也是不可能凭主
观意念加以排除的。放弃保全自己顺心如意的道路而不顾一切地去做有生
命危险的事，我私下认为这是不可取的。"韩非子说："我明白您的话。治
理天下的权柄，整治民众的法规，的确很不容易施行。但之所以废除先王
的礼制，而实行我的法制，是因为我认为建立法制权术、设立法律法规，
是有利民众、方便百姓的做法。所以我不怕昏君乱主带来的祸患，坚持用
法制来保证民众的钱财利益，因为这是仁爱明智的行为。害怕昏君乱主带
来的祸患，逃避死亡的灾难、只知道明哲保身而不顾及民众的钱财利益，
那是贪生而卑鄙的行为。我不愿选择贪生而卑鄙的做法，不敢毁坏仁爱明
智的行为。先生您有爱护我的心意，但是又大大伤害了我的一腔真诚。"

商人商语： 商业模式的创新会使原有商业模式下的得利者受到冲击甚
至伤害。这一点，若是处理得好，那就是"将咱两个，一齐打破，用水调和。
再捻一个你，再塑一个我。我泥中有你，你泥中有我"。再好的商业模式，
遇到问题时若处理不好，也会在管理和营销上遇到阻挠。

没有永远的强和弱，强弱缘由在法度

企业没有永远的强盛，也没有永远的赢弱；企业的商业模式没有永远
的先进，也没有永远的落后，一直处于变化之中。如果明白了市场法则的
变和不变，通晓了经营法则的变和不变，掌握了商业模式运营规则的变和
不变，企业就会持续强大，而不会出现跌落谷底的窘境。

企业运营管理的法则制度，会随着企业商业模式的变化而变化，而管

理理念应该是不变的，如"使法责人（根据职务名头限定责权利）""使法量功（根据规章制度来考核奖惩）""法不阿贵，绳不挠曲（强调制度的公平公开公正）"等。这些法则虽然不是企业强弱的决定要素，却是企业强弱的基础要素，是事业万丈高楼的地基。

这一节要探讨的是商业模式的本质，选取了《韩非子·有度》和《韩非子·饰邪》中的文章。《有度》讲述了韩非子的法度治国之道，强调了法律的尺度标准和法制的实际应用；《饰邪》则描述了治理国家，要依法整饬"怪力乱神"和"天命佑护"的乱象，不能依靠贤人能士的意见，提出了"明法者强，慢法者弱"的论点。

一

《韩非子·有度》：以法度强国，以法制治国，就能避免明君去世后的衰微

原文： 国无常强，无常弱。奉法者强，则国强；奉法者弱，则国弱。荆庄王并国二十六，开地三千里；庄王之泯社稷也，而荆以亡。齐桓公并国三十，启地三千里；桓公之泯社稷也，而齐以亡。燕襄王以河为境，以蓟为国，袭涿、方城，残齐，平中山，有燕者重，无燕者轻；襄王之泯社稷也，而燕以亡。魏安釐王攻燕救赵，取地河东；攻尽陶、魏之地；加兵于齐，私平陆之都；攻韩拔管，胜于淇下；睢阳之事，荆军老而走；蔡、召陵之事，荆军破；兵四布于天下，威行于冠带之国；安釐王死而魏以亡。故有荆庄、齐桓，则荆、齐可以霸；有燕襄、魏安釐，则燕、魏可以强。今皆亡国者，其群臣官吏皆务所以乱而不务所以治也。其国乱弱矣，又皆释国法而私其外，则是负薪而救火也，乱弱甚矣！

字面翻译： 国家没有永久的强大，也没有永久的衰弱。奉行法制力度强的，国家就强大；奉行法治力度弱的，国家就衰弱。楚庄王吞并的国家有二十六个，开拓疆土三千里；楚庄王去世，楚国由此衰弱。齐桓公吞并的国家有三十个，开辟疆土三千里；齐桓公去世，齐国由此衰微。燕昭襄

· 110 ·

王把黄河作为国界，把蓟城作为国都，外围有涿和方城，攻破齐国，平定中山国，与燕国交好的国家就被人重视，没有与燕国交好的国家就被人轻视；燕昭襄王去世，燕国由此衰微。魏安釐王攻打燕国，救援赵国，夺取河东之地；攻占了定陶、卫国的全部领土；对齐国用兵，占有齐国五都之一的平陆；攻打韩国，占领管地，在淇水边大获全胜；睢阳战役，楚军力尽败走；上蔡、召陵之战，楚军一败涂地；四处用兵于天下，威震于中原礼仪之邦；魏安釐王去世，魏国由此衰微。所以有楚庄王、齐桓公在世，楚国、齐国就可以称霸；有燕昭襄王、魏安釐王在世，燕国、魏国就可以强盛。如今这些国家都衰微了，是因为它们的群臣官吏都在做使国家混乱的事情，不做使国家大治的事情。这些国家已经混乱衰弱了，又都放弃国家法制、违背法律追求个人利益，这是背着柴草去救火，混乱衰弱只会加剧。

商人商语：企业的命运，经常是成也由老板，败也由老板。老板英明睿智、兢兢业业，企业就会壮大强盛；当这个老板没有实权、刚愎自用，企业的运营管理就会失去效率，市场营销策略也会变得日趋保守，精明能干的企业高管们也会开始打各自利益的小算盘。那么，有没有一种通用的法则，可以摆脱兴盛衰败都系于一人的无常命运呢？法家认为，法制化的商业模式可以解决这一问题。

原文：故当今之时，能去私曲就公法者，民安而国治；能去私行行公法者，则兵强而敌弱。故审得失有法度之制者，加以群臣之上，则主不可欺以诈伪；审得失有权衡之称者，以听远事，则主不可欺以天下之轻重。今若以誉进能，则臣离上而下比周；若以党举官，则民务交而不求用于法。故官之失能者其国乱。以誉为赏，以毁为罚也，则好赏恶罚之人，释公行，行私术，比周以相为也。忘主外交，以进其与，则其下所以为上者薄也。交众与多，外内朋党，虽有大过，其蔽多矣。故忠臣危死于非罪，奸邪之臣安利于无功。忠臣危死而不以其罪，则良臣伏矣；奸邪之臣安利不以功，则奸臣进矣。此亡之本也。若是，则群臣废法而行私重，轻公法矣。数至能人之门，不一至主之廷；百虑私家之便，不一图主之国。属数虽多，非所以尊君也；百官虽具，非所以任国也。然则主有人主之名，而实托于群臣之家也。故臣曰：亡国之廷无人焉。廷无人者，非朝廷之衰也。家务相益，不务厚国；大臣务相尊，而不务尊君；小臣奉禄养交，不以官为事。此其所以然者，由主之不上断于法，而信下为之也。故明主使法择人，不自举也；使法量功，不自度也。能者不可弊，败者不可饰，誉者不能进，非者弗能退，则君臣之间明辩而易治，故主仇法则可也。

字面翻译： 所以当今能去除谋私的歪门邪道而维护国家法制，民众就会安定，国家就会得到治理；能去除个人的任意妄行而遵守国家法制，国家就会兵力强大，敌人就会被削弱。所以依照法律法规的制约审查得失，以此作为驾御群臣的方法，君主就不会被狡诈虚伪所欺骗；审查得失依照考量规则的评判，用来监察远方的政事，君主就不会被天下轻重不一的理由所欺骗。现在如果按照声誉选用人才，臣下就会背离君主而在下面拉帮结伙；如果凭借朋党关系任用官吏，民众就会努力交好朋党而不再努力遵守法制以期被任用。所以官吏失职无能的国家就会混乱。凭借声誉进行赏赐，根据恶名进行处罚，那么喜好赏赐憎恶刑罚的人，就会放弃公职行为，玩弄个人手段，拉帮结伙互相利用。忘记对君主的忠诚而在外面个人交往、引进他的同党，那么这些人在下面为朝廷做的事情就少了。交情广，党羽多，外有朋友内有同党，即使犯了大罪，掩护他的人也是很多的。所以忠臣无罪却遇难而死，奸臣无功却安享利益。忠臣本来无罪却遭难而死，忠良臣子们就会隐退；奸臣不凭借功劳却能安享利益，奸佞臣子们就会钻营；这是国家衰亡的根本原因。像这样下去，群臣就会废弃法制而注重私行私利、轻视国家法律了。他们多次奔走于"能人"的门下，却一次也不去朝见君主；他们千方百计考虑私人的利益，却一次也不为君主的国家着想。属下臣子的数目虽然多，却不是用来尊崇君主的；百种官职虽然齐备，却不能用来担当国事。这样，君主徒有一国之君的虚名，实际上依附的是群臣的私家势力。所以我说：衰亡国家的朝廷里没有人。朝廷没有人，是指朝廷里尊君任事的臣子衰微。人人互相勾结，谋取私利，不致力于建设国家积累财富；大臣们互相推崇，却不尽力尊崇君主；小臣则拿着俸禄供养私友，不履行官职做事。造成这种情况的原因，是君主在君位不按照法制决断事情，而听凭臣下的所作所为。因此，明君应该依照法制选拔人才，而不是凭自己的心意任用；依照法制考量功绩，而不是凭自己的心思推测。能干的人才不会被埋没，做坏事的人不被掩饰，徒有虚名的人不予提拔，饱受非议的人不被罢免，那么君主对臣下的功过是非就会分辨清楚而且容易辖制了，所以君主依法治国就可以富国强兵。

商人商语：依法治国的本质要点有四个，我们可以看成企业商业模式的运营要点。

1. 能去私曲就公法者，民安而国治：以商业模式的经营好坏为企业运营管理的唯一面向，去除个人、部门的私欲，员工就会各安其职，企业就会得到治理。

2. 能去私行行公法者，则兵强而敌弱：以企业运营管理的制度化来规范企业、企业家、企业员工的一切行为，企业管理的能力就会变强，参与市场竞争也会有优势。

3. 故审得失有法度之制者，加以群臣之上，则主不可欺以诈伪：员工的工作行为、工作标准如果都有规章制度可以遵循，老板就不会被各种狡辩所欺骗。

4. 审得失有权衡之称者，以听远事，则主不可欺以天下之轻重：工作业绩的好坏有客观的考核标准，管理距离无论远近都适用于同样的一个标准，老板就不会被各种理由欺骗。

原文：贤者之为人臣，北面委质，无有二心。朝廷不敢辞贱，军旅不敢辞难；顺上之为，从主之法，虚心以待令，而无是非也。故有口不以私言，有目不以私视，而上尽制之。为人臣者，譬之若手，上以修头，下以修足；清暖寒热，不得不救；镆铘傅体，不敢弗搏。无私贤哲之臣，无私事能之士。故民不越乡而交，无百里之戚。贵贱不相逾，愚智提衡而立，治之至也。今夫轻爵禄，易去亡，以择其主，臣不谓廉。诈说逆法，倍主强谏，臣不谓忠。行惠施利，收下为名，臣不谓仁。离俗隐居，而以非上，臣不谓义。外使诸侯，内耗其国，伺其危险之陂，以恐其主曰："交非我不亲，怨非我不解。"而主乃信之，以国听之，卑主之名以显其身，毁国之厚以利其家，臣不谓智。此数物者，险世之说也，而先王之法所简也。先王之法曰："臣毋或作威，毋或作利，从王之指；无或作恶，从王之路。"古者世治之民，奉公法，废私术，专意一行，具以待任。

字面翻译：贤德的人做臣子，面北献礼，效忠君主没有二心。在朝廷不敢推辞卑贱的工作，在军队不敢拒绝危险的战事；会顺从上司的指令，遵从君主的法令，排除私心等待命令，没有个人的是非之念。他们的嘴巴不会因为私事而开口，眼睛不会因为私事而睁开，言行举止全部被君主辖制。做臣子的好比是人的手，向上用来修饰头，向下用来料理脚；凉了保暖、冷了加热，不能不救护；刀剑近身，不敢不搏杀。不私爱贤德明事理的臣子，不私用干练有才能的士子。所以民众不会到他乡交往，没有百里之外的亲戚。贵贱有名分不互相逾越，愚智有标签各自立身做事，这是治国的最高境界。如今那种轻视爵禄、轻易地流亡游仕选择君主的行为，我不认为是廉洁。说谎抗法，强迫君主强行谏说的行为，我不认为是忠诚。施行恩惠财利，收买人心来抬高声望的行为，我不认为是仁德。避开世俗隐居，指责君主的行为，我不认为是节义。外交出使诸侯国，消耗国家资源，窥伺国家陷入危险境地时，便恐吓君主说："没有我就不能亲近结交诸侯，没有我就不能解除国家积怨。"而君主也相信他，把国家安危托付给他，贬低君主的名声来彰显自己的身份，损害国家的财富来利益自己的家庭，这样的行为我不认为是智慧。廉洁、忠诚、仁德、节义、智慧几种行为，是乱世之时广受欢迎的，却是被先王的法令所摒弃的。先王的法令说："臣下不要逞自己的私威，不要牟取自己的私利，顺从君主的指引；不要违法做恶事，跟随君主的方向。"古代太平社会的民众，奉行国家法制，废止个人手段，一心一意做事，修养才具等待被任用。

商人商语：人的作用必须顺从于制度的导向作用，以此形成组织的合力，才能形成商业模式的生命力。所以，俗世所说的"廉洁、忠诚、仁德、节义、智慧"这样的个人行为，反而对企业的正常运营不利。由此可以看出法家的人力资源理念，即人力要听话好用才是企业的实用资源。

原文：夫为人主而身察百官，则日不足，力不给。且上用目，则下饰观；上用耳，则下饰声；上用虑，则下繁辞。先王以三者为不足，故舍己能而因法数，审赏罚。先王之所守要，故法省而不侵。独制四海之内，聪智不得用其诈，险躁不得关其佞，奸邪无所依。远在千里外，不敢易其辞；势在郎中，不敢蔽善饰非；朝廷群下，直凑单微，不敢相逾越。故治不足而日有馀，上之任势使然也。

字面翻译：做君主的亲自监察百官，就会时间不够，精力不足。君主用眼睛察看，臣下就会修饰外表；君主用耳朵聆听，臣子就会粉饰言辞；君主用大脑思考，臣子就会言辞繁复。先王认为用这三种方式还是不够，所以放弃自己的才能而使用法律措施，严明赏罚。先王掌握着施行权责的要领，所以法律简明而不侵害君权。独自统治四海内的一切，聪明智慧的人不能使用他的欺诈，阴险浮躁的人不能施展他的谄媚，奸邪的人就没有什么可依赖的。臣子远在千里之外，不敢更改他的汇报说辞；身处在郎中近臣的位置上，不敢隐瞒好事掩饰坏事；朝廷中的众多臣子，把微小的力量用于向君王效力，不敢相互逾越职责。所以政事不费力而时间有余，是君主运用权势权术才能做到的。

商人商语：在法家观点看来，以企业家的个人能力来运营企业，管理考核企业员工，既不现实，自己也容易被欺骗。若以规章制度、绩效考核、奖励惩罚来管理员工的行为，就能减轻企业家的精力耗费，并把节省出来的精力，用在企业的发展大计规划上。

原文：夫人臣之侵其主也，如地形焉，即渐以往，使人主失端，东西易面而不自知。故先王立司南以端朝夕。故明主使其群臣不游意于法之外，不为惠于法之内，动无非法。峻法，所以遏灭外私也；严刑，所以遂令惩下也。威不贰错，制不共门。威、制共，则众邪彰矣；法不信，则君行危矣；刑不断，则邪不胜矣。故曰：巧匠目意中绳，然必先以规矩为度；上智捷举中事，必以先王之法为比。故绳直而枉木研，准夷而高科削，权衡县而重益轻，斗石设而多益少。故以法治国，举措而已矣。法不阿贵，绳不挠曲。法之所加，智者弗能辞，勇者弗敢争。刑过不避大臣，赏善不遗匹夫。故矫上之失，诘下之邪，治乱决缪，绌羡齐非，一民之轨，莫如法。厉官威民，退淫殆，止诈伪，莫如刑。刑重，则不敢以贵易贱；法审，则上尊而不侵。上尊而不侵，则主强而守要，故先王贵之而传之。人主释法用私，则上下不别矣。

字面翻译：臣下侵害自己的君主，就像在地上走路一样，地形逐渐改变，使君主失去方向，东西方位改变了君主也不知道。所以先王设置指南仪器来判断朝阳东升夕阳西落。所以明君不允许他的群臣乱打法律之外的主意，不允许在法律范围之内私相贿受，一举一动没有不符合法制的。严峻的法令，是用来遏制违法行为排除私行的；严厉的刑罚，是用来贯彻法令惩办臣下的。权威不能由两个方面树立，权力不能和他人分享。权威、权力与别人同享，众多的奸邪行为就会公开活动；法令不被信任，君主的行动就会导致危险；刑罚不坚决，就不能战胜奸邪。所以说：能工巧匠虽然目测合乎墨线，但必定先用圆规尺矩作标准；聪慧之人做事敏捷也合乎事理，必定先用先王的法律作为依据。所以墨线取直，曲木就要砍削；水平仪测平，凸出的部分就会削平；秤杆悬挂起来，就要减重补轻来平衡；量具设好了，就要减多补少来平满。所以用法制治国，不过是推行法律措施罢了。法律不偏袒权贵，墨绳不迁就弯曲。法律该制裁的，智者不能逃避，勇者不敢抗争。惩罚罪过不回避大臣，奖赏善行不漏掉平民。所以矫正朝廷的过失，追究下面的奸邪，治理纷乱裁决谬误，削减多余整治错误，统一民众的行为规范，没有比得上法制的。整顿官吏威慑民众，清除淫乱怠惰，制止欺诈虚伪，没有比得上刑罚的。刑罚重了，就不敢因地位高轻视地位低的；法制严明，朝廷就有尊严不受侵害。朝廷有尊严不受侵害，君主就强势而能施行权责。所以先王重视法制并传授下来。君主放弃法制而凭借私人心意，君臣之间就没有区别了。

商人商语：人与人之间相处时是会互相影响的。企业家要避免被私人意识所影响，把自己隔绝于人群之外。要做到这点，最好的办法就是用原则来限制自己。本段落历数了权力、权威、制度、法令、赏罚、行为标准的原则，最后归结为三点：君主集权、法制严明、赏罚分明。

二

《韩非子·饰邪》：整饬邪恶，要"大忠"，不要"小忠"；要"公义"，不要"私义"

原文：凿龟数策，兆曰"大吉"，而以攻燕者，赵也。凿龟数策，兆曰"大吉"，而以攻赵者，燕也。剧辛之事燕，无功而社稷危；邹衍之事燕，无功而国道绝。赵代先得意于燕，后得意于齐，国乱节高，自以为与秦提衡，非赵龟神而燕龟欺也。赵又尝凿龟数策而北伐燕，将劫燕以逆秦，兆曰"大吉"。始攻大梁而秦出上党矣，兵至釐而六城拔矣；至阳城，秦拔邺矣；庞援揄兵而南，则鄣尽矣。臣故曰：赵龟虽无远见于燕，且宜近见于秦。秦以其"大吉"，辟地有实，救燕有有名。赵以其"大吉"，地削兵辱，主不得意而死。又非秦龟神而赵龟欺也。初时者，魏数年东乡攻尽陶、卫，数年西乡以失其国，此非丰隆、五行、太一、王相、摄提、六神、五括、天河、殷抢、岁星数年在西也，又非天缺、弧逆、刑星、荧惑、奎台数年在东也。故曰：龟策鬼神不足举胜，左右背乡不足以专战。然而恃之，愚莫大焉。

字面翻译：钻烧龟甲、计数蓍草来卜筮吉凶，兆象显示"大吉"，凭借这个而攻打燕国的是赵国。钻烧龟甲、计数蓍草来卜筮吉凶，兆象显示"大吉"，凭借这个而攻打赵国的是燕国。剧辛效力于燕国，没有功劳却导致国家境况危险；邹衍效力于燕国，没有功劳却导致国家命脉断绝。赵国先是得意于战胜燕国，后又得意于战胜齐国，虽然国内政治混乱还趾高气扬，自以为可以和秦国势均力敌了，这并不是赵国的龟甲灵验而燕国的龟甲骗人。赵国后来又钻烧龟甲、计数蓍草来卜筮向北征伐燕国，打算挟持燕国来抗衡秦国，兆象显示"大吉"。结果赵军刚开始进攻大梁，秦国就从上党出兵了；赵军攻打到釐城，自己的六个城池已经被秦国攻克了；赵军攻打到阳城，秦军已经攻克了邺城；等到庞援带兵向南救援时，鄗河流域已经全部被秦军占领了。我说：赵国的龟甲即使对攻打燕国缺乏远见，也应对秦国出兵赵国有所预见。秦国根据自己卜筮的"大吉"，开辟疆土获得实惠，救援燕国又拥有美名。赵国根据自己卜筮的"大吉"，领土被削军队受辱，赵王因为事不如意而去世。这也不是秦国的龟甲灵验而赵国的龟甲骗人。开始的时候，魏国几年之间向东进军，全部攻占了陶邑、卫国，又有几年之间向西攻打秦国却丧失了国土，这不是丰隆、五行、太一、王相、摄提、六神、五括、天河、殷抢、岁星等吉星这几年都处在西方保佑秦国，也不是天缺、弧逆、刑星、荧惑、奎台等凶星这几年都处在东方祸害魏国。所以说：钻烧龟甲、计数蓍草卜筮于鬼怪神灵不足以推断战争胜负，星体方位的变化不足以决定战争的结果。既然如此，人们却还要依仗它们，没有比这更大的愚蠢了。

商人商语：企业经营不能靠烧香拜佛图保佑，也不能靠鬼神显灵求指点。企业经营，就是要靠经营好企业组织而获得市场信任和市场利益。要想获得市场信任，企业要通过持续的市场营销行为来进行消费市场的建设。

原文：古者先王尽力于亲民，加事于明法。彼法明，则忠臣劝；罚必，则邪臣止。忠劝邪止而地广主尊者，秦是也；群臣朋党比周以隐正道行私曲而地削主卑者，山东是也。乱弱者亡，人之性也；治强者王，古之道也。越王勾践恃大朋之龟与吴战而不胜，身臣入宦于吴；反国弃龟，明法亲民以报吴，则夫差为擒。故恃鬼神者慢于法，恃诸侯者危其国。曹恃齐而不听宋，齐攻荆而宋灭曹。荆恃吴而不听齐，越伐吴而齐灭荆。许恃荆而不听魏，荆攻宋而魏灭许。郑恃魏而不听韩，魏攻荆而韩灭郑。今者韩国小而恃大国，主慢而听秦、魏，恃齐、荆为用，而小国愈亡。故恃人不足以广壤，而韩不见也。荆为攻魏而加兵许、鄢，齐攻任、扈而削魏，不足以存郑，而韩弗知也。此皆不明其法禁以治其国，恃外以灭其社稷者也。

字面翻译：古代先王尽力爱惜民众，积极从事彰明法制的工作。法治昌明了，忠于职守的臣子就会受到鼓励；刑罚坚决执行，奸佞的臣子就会停止作恶。忠于职守的受到鼓励，奸佞的行为就会停止，国土会得到扩张，君主地位会变得尊贵，秦国正是这样；群臣拉帮结伙互相勾结，蒙蔽君主来营私舞弊，使国土被割削，君主地位卑下，崤山以东的齐、楚、燕、韩、赵、魏六国就是这样。混乱弱小的国家衰亡，这是人类社会的特性；安定强盛的称王天下，这是自古以来的规律。越王勾践依仗贵重龟甲显示的吉兆同吴国作战，结果没有胜利，自己和臣子去了吴国做奴仆；回国后抛弃了龟甲，彰明法制爱惜百姓以求报复吴国，结果吴王夫差被擒获。所以依仗鬼神的指引佑护就会忽视法制，依仗别国诸侯的援助就会危害自己的国家。曹国依仗齐国撑腰而不听从于宋国，结果齐国攻打楚国时宋国乘机灭亡了曹国。邢国依仗吴国撑腰而不听从齐国，越国征伐吴国时齐国乘机灭亡了邢国。许国依仗楚国撑腰而不听从魏国，楚国攻打宋国时魏国乘机灭亡了许国。郑国依仗魏国撑腰而不听从韩国，魏国攻打楚国时韩国乘机灭亡了郑国。现在韩国弱小而依仗大国的援助，君主懈怠于治国却听从于秦国、魏国，依仗齐国、楚国来维系国家存亡。结果使本就弱小的韩国越发趋于消亡。所以依仗别人不足以开拓疆土，而韩国却看不见这一点。楚国为了攻打魏国而用兵于许、鄢，齐国攻打任、扈来削弱魏国，这两个国家没有能力保护韩国的存亡，而韩国却不清楚这一点。这些都是不依靠法制来治理自己的国家，却依仗外国援助而导致自己国家灭亡的例子。

商人商语：经营企业，不能靠鬼神菩萨不靠谱的佑护，也不能靠堆积人才没有谱的造就，更不能指望强大友邦顾不上的庇护。只有踏踏实实地做好自己企业的经营，实实在在地管理好自己，在制度的约束下发挥企业的能动性，企业才有生命力，才可以获得市场地位。

原文：臣故曰：明于治之数，则国虽小，富；赏罚敬信，民虽寡，强。赏罚无度，国虽大，兵弱者，地非其地，民非其民也。无地无民，尧、舜不能以王，三代不能以强。人主又以过予，人臣又以徒取。舍法律而言先王明君之功者，上任之以国。臣故曰：是愿古之功，以古之赏赏今之人也。主以是过予，而臣以此徒取矣。主过予，则臣偷幸；臣徒取，则功不尊。

无功者受赏，则财匮而民望；财匮而民望，则民不尽力矣。故用赏过者失民，用刑过者民不畏。有赏不足以劝，有刑不足以禁，则国虽大，必危。

字面翻译：所以我说：明白治理国家的措施，那么国家虽然小，也可以富有；赏罚严谨守信用，民众数量虽少，也可以强盛。赏罚没有标准，国家虽然大，兵力也会羸弱，因为土地不是自己能利用的土地，民众不是自己能役使的民众。没有土地和民众，尧舜也不能称王天下，夏、商、周三代也不能强盛。君主把土地和民众错误地拿来行赏，臣子没有功劳却白白得到赏赐。对那些舍弃法律制度而只是宣扬先王明君功绩的人，君主却把整个国家托付给他们。所以我说：这是指望有古代圣王明君的功绩，却拿古代的赏赐方式来赏赐现在的空谈家。君主错误地行赏，臣子白白地得赏。君主错误地行赏，臣下就会养成苟且侥幸的心态；臣下白白地得赏，功劳就不再尊贵了。无功的人受赏，那么国家财力就会匮乏而民众就会抱怨；财力匮乏民众抱怨，民众就不会为君主尽心竭力了。所以行赏失当的君主就会失去民众的信任，错误施行刑罚的君主就不再被民众畏惧。有赏赐却不足以用来鼓励，有刑罚却不足以用来规范，那么国家即使很大，也一定很危险。

商人商语：土地好比市场，可以利用的土地就是企业可以开发的目标市场；民众好比员工，可以役使的民众就是可以履行职责的员工。这两点是企业的基础性资源，企业家不管如何信任他人，都必须在遵照公司商业模式、企业运营制度的前提下，发挥能动作用。管理有序的企业，其成长是可以预见的；管理无序的企业，其经营是散乱的，不可能成为强大的力量。

原文：故曰：小知不可使谋事，小忠不可使主法。荆恭王与晋厉公战于鄢陵，荆师败，恭王伤。酣战，而司马子反渴而求饮，其友竖谷阳奉卮酒而进之。子反曰："去之，此酒也。"竖谷阳曰："非也。"子反受而饮之。子反为人嗜酒，甘之，不能绝之于口，醉而卧。恭王欲复战而谋事，使人召子反，子反辞以心疾。恭王驾而往视之，入幄中，闻酒臭而还，曰："今日之战，寡人目亲伤。所恃者司马，司马又如此，是亡荆国之社稷而不恤吾众也。寡人无与复战矣。"罢师而去之，斩子反以为大戮。故曰：竖谷阳之进酒也，非以端恶子反也，实心以忠爱之，而适足以杀之而已矣。此行小忠而贼大忠者也。故曰：小忠，大忠之贼也。若使小忠主法，则必将赦罪以相爱，是与下安矣，然而妨害于治民者也。

字面翻译：所以说：擅长小聪明的人不能让他谋划事情，只对私人效忠的人不能让他掌管法制。楚恭王和晋厉王在鄢陵交战，楚军失利，恭王受伤。战斗激烈之时，楚军司马子反口渴要水喝，他亲近的年轻侍仆谷阳捧了一卮酒给他。子反说："拿走，这是酒。"侍仆谷阳说："这不是酒。"子反接过来把它喝了。子反这个人生性喜欢喝酒，觉得这酒味道甘甜，不能停下不喝，结果喝醉睡着了。恭王想要再战而谋划战事，派人召见子反，子反借口心病加以推辞。恭王乘车前去探望他，进入帐中，闻到酒气就返回去了，说："今天的战斗，我自个的眼睛受了伤。现在所依赖的是司马，司马又这般模样，这是不顾及楚国的江山社稷而且不体谅我们这帮人啊。我没有可能再战了。"于是罢战退兵离开鄢陵，斩杀子反并陈尸示众。所以说：年轻侍仆谷阳的献酒，并不是因为他故意憎恶子反，而是真心地忠爱子反，但恰好是这个原因害死了子反。这就是行小忠而害大忠，所以说：小忠，是对大忠的祸害。如果让行小忠的人掌管法制，那就必然会赦免与他关系亲近的罪犯来表达关爱，这样他同他下面的人是相安无事了，但却妨害了国家治理民众。

商人商语：企业老板不能依靠某个人来谋划企业的发展，也不能因信任某个人来让他掌管企业的运营管理。做市场分析和战略策划时，需要的不仅是聪慧，还要有能支持聪慧的数据和数据分析；负责运营管理时，需要的是对于企业规章制度的遵守，而不仅仅是对于企业家私人的忠诚。在企业组织里，要更看重员工面向集体的行为，而不是面向老板个人的行为。

原文：当魏之方明《立辟》、从宪令之时，有功者必赏，有罪者必诛，强匡天下，威行四邻；及法慢，妄予，而国日削矣。当赵之方明《国律》、从大军之时，人众兵强，辟地齐、燕；及《国律》慢，用者弱，而国日削矣。当燕之方明《奉法》、审官断之时，东县齐国，南尽中山之地；及《奉法》已亡，官断不用，左右交争，论从其下，则兵弱而地削，国制于邻敌矣。故曰：明法者强，慢法者弱。强弱如是其明矣，而世主弗为，国亡宜矣。语曰："家有常业，虽饥不饿；国有常法，虽危不亡。"夫舍常法而从私意，则臣下饰于智能；臣下饰于智能，则法禁不立矣。是妄意之道行，治国之道废也。治国之道，去害法者，则不惑于智能，不矫于名誉矣。昔者舜使吏决鸿水，先令有功而舜杀之；禹朝诸侯之君会稽之上，防风之君后至而禹斩之。以此观之，先令者杀，后令者斩，则古者先贵如令矣。故镜执清而无事，美恶从而比焉；衡执正而无事，轻重从而载焉。夫摇镜则不得为明，摇衡则不得为正，法之谓也。故先王以道为常，以法为本。本治者名尊，本乱者名绝。凡智能明通，有以则行，无以则止。故智能单道，不可传于人。而道法万全，智能多失。夫悬衡而知平，设规而知圆，万全之道也。明主使民饰于道之故，故佚而有功。释规而任巧，释法而任智，惑乱之道也。乱主使民饰于智，不知道之故，故劳而无功。释法禁而听请谒，群臣卖官于上，取赏于下，是以利在私家而威在群臣。故民无尽力事主之心，而务为交于上。民好上交，则货财上流而巧说者用。若是，则有功者愈少。奸臣愈进而材臣退，则主惑而不知所行，民聚而不知所道。此废法禁、后功劳、举名誉、听请谒之失也。凡败法之人，必设诈托物以来亲，又好言天下之所希有，此暴君乱主之所以惑也，人臣贤佐之所以侵也。故人臣称伊尹、管仲之功，则背法饰智有资；称比干、子胥之忠而见杀，则疾强谏有辞。夫上称贤明，下称暴乱，不可以取类，若是者禁。君之立法，以为是也，今人臣多立其私智以法为非者，是邪以智，过法立智。如是者禁，主之道也。

字面翻译： 当魏国正在彰明刑书《立辟》、从事律法法令建设的时候，有功者必赏，有罪者必罚，国家强大匡正天下，兵强威势压迫四邻诸侯；等到法令懈怠，赏赐混乱，国家就日益削弱了。当赵国正在彰明刑书《国律》、从事军事扩张的时候，人口众多，兵力强大，能攻占齐国、燕国的土地；等到《国律》施行懈怠，执政者懦弱，国家就日益削弱了。当燕国正在彰明刑书《奉法》、重视政府决策的时候，东向把齐国的土地作为自己的郡县，南向完全占领中山国的国土；等到《奉法》消亡，政府决策没有作用，左右亲信相互争斗，政事听从臣下论断，于是兵力削弱、土地削减，国家也就受制于邻国了。所以说：彰明法制的国家就会强大，轻慢法制的国家就会弱小。强弱的对比是如此的分明，而君主却不施行法制，国家危亡也是应该的了。俗语说："家庭有固定的产业，即使是荒年也不会挨饿；国家有固定的法制，即使危难也不会衰亡。"舍弃固定的法制而听从个人的意愿治理国家，臣下就会用智巧来粉饰自己；臣下用智巧来粉饰自己，法律禁令就不能建立了。随心所欲的做法通行，治理国家的原则就被废弃了。治理国家的原则，是要去除那些危害法制的做法，不会再受智巧能人的迷惑，不会再被虚名假誉所欺骗。从前舜派遣官吏排洪治水，先于命令前就擅自抢先立功的，被舜杀死；禹在会稽山上接受各个诸侯国君主的朝见，防风部落的君主迟到了，被禹杀死。由此看来，先于命令行动的要杀，后于命令行动的也要杀，说明古代明君首先重视的就是遵照法令办事。所以镜子保持洁净而不受干扰，美丑就会因此比对出来；秤杆保持平正而不受干扰，轻重就会因此称量出来。晃动镜子就不能保持明照，摇动衡器就不能保持公正，说的就是"法"的作用。所以先王把天地的规律作为治国的常规，把法律作为治国的根本。国家治理得好，君主的名位就会尊贵；国家治理得乱，君主的名位就会丧失。凡是有智慧有才能而明理通达的人，有可以把握的规律就行动，没有可以把握的规律就停止。因为智慧才能是个人所有的，不能传授给他人。而且，遵循规律和法律来做事是万无一失的，依靠智慧和才能做事失误就多。悬起秤杆才能知道平衡，立下圆规才会知道方圆，这是万无一失的办法。明君能驱使民众用天地规律来端正自己，所以自身安逸而且有功绩。放弃规矩而任凭技巧，放弃法规而任凭智慧，这是使人迷惑混乱的做法。昏乱的君主使民众用智巧来粉饰自己，这是不明白治国道理的缘故，所以即使劳累也没有功绩。放弃法律禁令而听从私下的请求，群臣在朝廷上出卖官爵，私下里取得报酬，财利归于私家而权势落在群臣手里。因此民众没有尽力侍奉君主的心思，而致力于结交朝廷上的群臣。民众喜欢向上交好大臣，货物钱财就向上流到大臣私家，而花言巧语的人就被任用。像这样，有功绩的人就越来越少。奸臣越来越得到进用而有才干的臣子被斥退，君主就会被迷惑而不知道施政的方向，民众聚集起来了也不知道如何引导。这是废弃法律禁令、不重视实绩功劳、根据虚假的名誉用人、听从私下请求的过失啊。凡是败坏法制的人，一定会设下骗局，假托有事来亲近君主，又喜欢谈论天下少见的东西，这就是残暴昏庸的君主被迷惑的原因，也是贤德的辅佐大臣被侵害的缘故。臣子如果称颂伊尹、管仲的功绩，他们违背法制卖弄智巧就有了根据；称颂比干、伍子胥的忠贞被杀，他们激烈强硬的进谏就有了借口。所以这些臣子们上说商汤任用伊尹、齐桓公任用管仲的贤德英明，下说商纣杀比干、夫差杀伍子胥的残暴昏乱，这是不可以拿来做类比的，像这样的行为要禁止。君主设立法律，以此作为标准，现在臣子们大多标榜个人的智巧来否定国法的作用，这就是用智巧来做奸邪的行为，以标榜智巧来诋毁法律。像这样的行为要禁止，这是做君主的原则。

商人商语：只有制度的客观性，才能保证员工行为的规矩；只有制度的标准性，才能检测员工行为的好与坏；只有制度的限制性，才能防备员工行为的自主性；只有制度的唯一性，才能防止员工行为的任意性。运营状况良好的企业，如同运转良好的机器设备。个别部件甚至是核心部件的优越不能代表整体性能的优越，企业需要的是整体的协调和行为的标准。

原文：明主之道，必明于公私之分，明法制，去私恩。夫令必行，禁必止，人主之公义也；必行其私，信于朋友，不可为赏劝，不可为罚沮，人臣之私义也。私义行则乱，公义行则治，故公私有分。人臣有私心，有公义。修身洁白而行公行正，居官无私，人臣之公义也；污行从欲，安身利家，人臣之私心也。明主在上，则人臣去私心行公义；乱主在上，则人臣去公义行私心。故君臣异心，君以计畜臣，臣以计事君，君臣之交，计也。害身而利国，臣弗为也；害国而利臣，君不为也。臣之情，害身无利；君之情，害国无亲。君臣也者，以计合者也。至夫临难必死，尽智竭力，为法为之。故先王明赏以劝之，严刑以威之。赏刑明，则民尽死；民尽死，则兵强主尊。刑赏不察，则民无功而求得，有罪而幸免，则兵弱主卑。故先王贤佐尽力竭智。故曰：公私不可不明，法禁不可不审，先王知之矣。

字面翻译：明君的原则，是要明白公与私的分别，彰明国家的法制，舍弃私下的恩惠。有令必行，有禁必止，是君主主张的公义；要执行个人的意图，对朋友守信用，不被赏赐鼓励，不被刑罚阻止，这是臣子信奉的私义。私义风行，国家就会混乱，公义风行，国家就会平安，所以公与私是有分别的。臣子有私心，也有公义。提高自身修养、保持廉洁清白，办事公正、做官正直，是臣子的公义；言行举止放荡、放纵个人欲望，使自身安全、让家庭得利，这是臣子的私心。明君在上，臣子就放下私心行公义；昏君在上，臣子就放下公义行私心。所以君主和臣子心思不同，君主蓄养臣子有自己的算计，臣子侍奉君主也有自己的算计，君主与臣子的交往都是算计。危害自身而有利于国家的事，臣子是不做的；危害国家而有利于臣子的事，君主是不干的。臣子的本心，危害自身就谈不上利益；君主的本心，危害国家就谈不上亲近。君主和臣子的关系，是凭借算计结合起来的。至于那种遇到危难而宁死不屈，竭尽自己的智慧和力量的情况，是法制造成的。所以先王彰明赏赐来勉励他们，严肃刑罚来威慑他们。奖赏刑罚分明，民众就敢于拼死；民众敢于拼命，兵力就会强大，君主就会尊贵。刑罚奖赏不分明，民众没有功劳也会谋取赏赐，有了罪行就想侥幸得到免罚，兵力就会弱小，君主就会地位卑下。所以先王和贤臣都用尽力量竭尽心智来推行法制。所以说，公义与私义不可以不明确，法律和禁令不可以不严明，先王是懂得这个道理的。

商人商语：韩非子一语道破了企业老板和企业员工之间有利益也有算计的合作关系。因此，老板不能指望员工自发的"公义"行为，就算有一个或者几个人因为其个人的道德品质而有自发的"公义"行为，也不能代表企业全部员工都能这样做。所以，企业的规章制度、奖励惩罚是保证企业全部员工"公义"行为的唯一手段。每个单位组织、每个岗位员工的"公义"行为，要有制度的约束才能形成合力。

资源都是有限的，善用诀窍在算数

构思企业的商业模式时，尽可以脑洞大开，设想各个消费者面向的价值点。但是就如同这个世界没有完美的人一样，商业模式的设计也是做不到各个价值要素具足的，不仅要与竞争对手体现出差异性，更要找到适合自己存身的立足点。消费群的分别如同大海不同深度的鱼类，有不同的消费层次，企业的商业模式、营销方式也有区别。只是，这种区别如果是在实体零售时代，每个品牌都是被动的，要等待消费者去选择。而在移动互联网时代，这种区别表现在每个品牌都在主动追求做第一个，甚至是唯一的一个。手机的容量、各类手机应用的选择性屏蔽，其实反而削弱了我们的选择空间。

这一节探讨商业模式的构成，选取了《商君书·算地》，来解读各种资源如何巧算善用，才能转化为企业的实力。

《商君书·算地》：资源要细算巧算善加利用，才能转化为企业商业模式的实力

原文：凡世主之患，用兵者不量力，治草莱者不度地。故有地狭而民众者，民胜其地；地广而民少者，地胜其民。民胜其地，务开；地胜其民者，事徕。开，则行倍。民过地，则国功寡而兵力少；地过民，则山泽财物不为用。夫弃天物、遂民淫者，世主之务过也，而上下事之，故民众而兵弱，地大而力小。

字面翻译：现在国君的弊病在于，使用军队不衡量实力，开垦荒地不度量土地。因此有的国家地方狭小而人口众多，人口数超过了土地的供给；有的国家土地宽广而人口稀少，土地的供给超过了人口数。人口数超过土地的供给，就一定要开疆辟土；土地供给超过人口数，就要想办法招来人口开垦荒地。要开疆辟土，就要成倍地扩充军队。人口数超过了土地的供给，（若不征战开疆辟土）国家的功绩就会变少且兵力会变得不足。土地面积超过人口数，那么国家的山林、湖泽、财力、物力就不能得到充分利用。放弃自然资源，放任民众放荡，这是君主政事的过失，可是现在从上到下都这么做，所以人口虽多而军队的实力却很弱，土地虽广而国家的实力却很小。

商人商语：企业要能满足目标市场、目标消费者的需求，企业的资源要能够整合成为企业的实力。否则就只是纸上谈兵、空中楼阁而已。企业的资源再多，如果不能管理成可以用的资源，反而会造成内耗，干扰企业正常的运营管理，削弱企业实力。

原文：故为国任地者：山林居什一，薮泽居什一，谿谷流水居什一，都邑蹊道居什四，此先王之正律也。故为国分田数：小亩五百，足待一役，此地不任也；方土百里，出战卒万人者，数小也。此其垦田足以食其民，都邑遂路足以处其民，山林、薮泽、谿谷足以供其利，薮泽堤防足以畜。故兵出，粮给而财有余；兵休，民作而畜长足。此所谓任地待役之律也。

字面翻译：所以治理国家、管理土地的做法是：山地森林占十分之一，湖泊沼泽占十分之一，山涧河流占十分之一，城市、村庄和道路占十分之四（此处有轶文，缺了十分之三的占比），这是古代帝王的明文规定。所以治理国家分配田地的贡献数字是：五百小亩，赋税才足以支持一次战役，这是田地的开发不够啊；方圆百里，才出一万名战士，数目还是小啊。总之，耕种的土地要足以养活那里的民众，城市、村庄和道路要足以使民众安居，山地森林、湖泊沼泽、山涧河流要供应足够的生活材料，湖泊沼泽的堤坝要足以积蓄水源。因此，军队出征作战，粮食的供应充足而且财力有余；军队驻扎休息，民众从事农耕而且积蓄总是富足。这就是利用土地支持作战的原则。

商人商语：从运营管理的角度来看，企业是由若干业务板块相互配合而构成的；从财务管理的角度来看，企业是由若干个或固定或不固定比例的成本单元构成的。每个成本单元都要有合理占比的销售额，才会使企业的利润实现稳定。而从消费者的角度来看，他们所感受的就是一个服务的点，以及每个点后面的一个一个服务链条，这些链条穿插于业务板块之中。

原文：今世主有地方数千里，食不足以待役实仓，而兵为邻敌，臣故为世主患之。夫地大而不垦者，与无地同；民众而不用者，与无民同。故为国之数，务在垦草；用兵之道，务在壹赏。私利塞于外，则民务属于农；属于农，则朴；朴，则畏令。私赏禁于下，则民力抟于敌；抟于敌，则胜。奚以知其然也？夫民之情，朴则生劳而易力，穷则生知而权利。易力则轻死而乐用，权利则畏罚而易苦。易苦则地力尽，乐用则兵力尽。夫治国者，能尽地力而致民死者，名与利交至。

字面翻译：现在的君主拥有方圆几千里的土地，粮食却还不够用来支持战争的粮仓储备，可军队已经与邻国对峙为敌，所以我为君主担忧这件事。土地广阔却不去开垦，这就如同没有土地一样；民众虽多却不肯出力，这就如同没有民众一样。所以治理国家的原则，是努力开垦荒地；用兵的方法，是实行统一的奖赏。堵塞民众从耕战之外获得私利的途径，那么民众就一定会专心在农耕上；民众专心在农耕上，民风就会淳朴；民风淳朴，就一定害怕法令。禁止朝廷之外还有私下的奖赏给民众，那么民众的力量就会集中在对敌作战上；集中力量在对敌作战上，就能获胜。从哪里知道会这样呢？这是人之常情，人朴实就会勤劳，不吝惜自己的力气；人穷苦就会动脑去权衡利弊。不吝惜力气的就会轻视死亡而乐意为朝廷工作，会权衡利弊的就会害怕刑罚而愿意吃苦。愿意吃苦则土地资源就会被完全开发出来，乐于服役则军队的力量就会被完全发挥出来。那些会治国的人，能够完全开发土地资源，而且能使民众肯为朝廷殉死效力，名和利便一起得到了。

商人商语：同一类型的企业因为各自经营理念的不同，商业资源的组合方式也各不相同。即使是理念相近的企业，也会因为运营管理的方式不同，造成组织结构的不同，进一步导致市场的表现也各不相同。最有生命力的商业模式一定是面向市场的，并由此进行资源的整合和建设，实行严格的运营管理和绩效考核。

原文：民之性：饥而求食，劳而求佚，苦则索乐，辱则求荣，此民之情也。民之求利，失礼之法；求名，失性之常。奚以论其然也？今夫盗贼上犯君上之所禁，而下失臣民之礼，故名辱而身危，犹不止者，利也。其上世之士，衣不暖肤，食不满肠，苦其志意，劳其四肢，伤其五脏，而益裕广耳，非性之常也，而为之者，名也。故曰：名利之所凑，则民道之。

字面翻译：民众的天性是：饿了就寻求食物，劳动累了就要求休息，痛苦了就索求欢乐，受屈辱了就追求荣耀。这是人之常情。人追求个人私利时，会违背礼制的规定；追求名誉时，会丧失人性的常态。根据什么断定他们这样呢？现在那些盗贼，上而触犯君主的禁令，下而失去臣民应有的礼仪，哪怕名声受辱、生命有危险，他们也不想停止，就是为了利益。那些古代的士人，衣服不能保暖，食物不饱肠胃，内心困苦，四肢疲劳，五脏六腑病伤，然而他们的心胸却愈加宽广。这不是人性的常态啊，他们这样做的原因，就是为了名声。所以说，名和利聚在哪里，民众就会奔向哪里。

商人商语：企业经营的能动性一般表现为员工的能动性。而员工能动性得以自发，在法家观点看来，是靠名利驱动的。因此企业的运营，既要有与其配套的管理模式，还要有与管理制度配套的考核和奖惩。名利，是员工接受奖惩的动力，对名利的追求也要求员工行为正确。

原文：主操名利之柄而能致功名者，数也。圣人审权以操柄，审数以使民。数者，臣主之术，而国之要也。故万乘失数而不危、臣主失术而不乱者，未之有也。今世主欲辟地治民而不审数，臣欲尽其事而不立术，故国有不服之民，主有不令之臣。故圣人之为国也，入令民以属农，出令民以计战。夫农，民之所苦；而战，民之所危也。犯其所苦、行其所危者，计也。故民生则计利，死则虑名。名利之所出，不可不审也。利出于地，则民尽力；名出于战，则民致死。入使民尽力，则草不荒；出使民致死，则胜敌。胜敌而草不荒，富强之功可坐而致也。

字面翻译：君主掌握着给予名声和利益的权力，而能使民众致力于功名业绩，是因为他依靠法治。圣人考察权责来掌握权力，考察法治来役使民众。法治，是君主制臣的手段，也是治国的关键。所以，拥有一万辆兵车的大国不遵守法治而国家不危险，君主没有控制臣下的手段而政事不混乱，那是从来没有的事。现在的君主想要开辟疆土、统治民众却不遵守法治，想让大臣尽职尽责却不确立手段，所以国家才有不服从的民众，君主才有不听令的大臣。圣人治理国家，对内让民众来从事农业，对外让民众追求作战。农耕，是民众认为劳苦的事情；而战争，是民众认为危险的事情。民众甘心做着自己认为劳苦的农事，干着自己认为危险的军事，这是经过利益计算的。所以民众活着要考虑自己的利益，死了也会考虑自己身后的名望。因此，对于民众追求名利的来源途径，是不能不考察的。利益的来源是土地，那么民众就会竭力耕地；名誉来源于战争，那么民众就会拼死作战。对内让民众竭力种地，那么土地就不会荒芜；对外让民众拼死作战，那就能战胜敌国。能战胜敌国而土地又不荒芜，国家富强的功名业绩是可以安坐而获得的。

商人商语：企业家掌握着经营企业的权力，但是只有学会善用权力，才能经营管理好企业。权力的体现，是有规律的；权力的运用，是有手段的。权力运用的手段，在于三个方面："审权操柄"，确立企业家的权势权术；"臣主之术"，设计企业高管团队的管理法则；"审数使民"，制定企业的规章制度和员工的绩效考核。

原文：今则不然。世主之所以加务者，皆非国之急也。身有尧、舜之行，而功不及汤、武之略者，此执柄之罪也。臣请语其过。夫治国舍势而任谈说，则身脩而功寡。故事《诗》、《书》谈说之士，则民游而轻其君；事处士，则民远而非其上；事勇士，则民竞而轻其禁；技艺之士用，则民剽而易徙；商贾之士佚且利，则民缘而议其上。故五民加于国用，则田荒而兵弱。谈说之士资在于口，处士资在于意，勇士资在于气，技艺之士资在于手，商贾之士资在于身。故天下一宅，而圜身资。民资重于身，而偏托势于外。挟重资，归偏家，尧、舜之所难也。故汤、武禁之，则功立而名成。圣人非能以世之所易胜其所难也，必以其所难胜其所易。故民愚，则知可以胜之；世知，则力可以胜之。臣愚，则易力而难巧；世巧，则易知而难力。故神农教耕而王天下，师其知也；汤、武致强而征诸侯，服其力也。今世巧而民淫，方效汤、武之时，而行神农之事，以随世禁。故千乘惑乱，此其所加务者过也。

字面翻译： 现在却不是这样。君主特别努力做的事情，都不是国家的当务之急。他们身上有尧、舜一样的德行，功绩却赶不上商汤和周武王，这是权力行使不当的罪过啊。请让我来说说这些过错。治理国家不依据国家实际而任用空谈的人，自身品德再好可治国功绩也还是很少。因为任用了那些读《诗经》《尚书》的善于言谈的士人，民众就会出游求学而轻视君主；任用隐士，民众就会疏远国家而非议朝廷；任用勇士，民众就会争强好胜而轻视国法禁令；技艺者们被重用，民众就会不服从管教而喜欢迁移；坐商行贾们生活安逸而且容易赚钱，那么民众就会依附他们而议论朝廷。如果这五种人被国家重用，那田地就会荒芜，兵力就会削弱。空谈游说之人的资本在于嘴巴，隐士的资本在于他的思想，勇士的资本在于气力，手工艺人的资本在于双手，商人的资本在于他自身。所以，这些人以天下为家宅，资本随身携带。就国家而言，国家的民众资本是比自家身体重要的，安身立命处却在民众资本之外。挟带着国家的民众资本这一重要本钱，却归附于私家门下，就是尧、舜这样的贤明君主也难以将国家治理好。因此商汤和周武王禁止这样的行为，才能功成而名就。圣人不能用大家认为容易的方式来战胜他们认为困难的事情，必须用他们认为困难的方式来战胜他们认为容易的事情。所以，人们愚朴，便可以用智慧战胜他们；人们智慧，便可以用力量战胜他们。人们愚朴，他们就容易出力却难于有技巧；人们有技巧，就容易用智慧而不愿出力气。所以，神农教化人们农耕而成为天下帝王，这是因为人们要学习他的智慧；商汤和周武王依靠军力强大而征服天下诸侯，这是因为诸侯们屈服于他们的力量。现在世人多机巧而放荡，正是仿效商汤和周武王的时候，可是君主们却实行神农的政策，来顺从世俗废弃法律禁令。拥有一千辆兵车的国家之所以迷惑混乱，是因为他们特别努力去做的事情是个错误啊！

商人商语： 商业模式的运行不靠各行其是，而要靠企业运营的束成有序。企业的管理，关键就在于将分散的人才通过管理的方式集合成"并心一力"的整体人力资源。这不是说不尊重个体的个性，而是要让个体的个性凝聚成企业运营的一致性力量。

原文：民之生：度而取长，称而取重，权而索利。明君慎观三者，则国治可立，而民能可得。国之所以求民者少，而民之所以避求者多。入使民属于农，出使民壹于战。故圣人之治也，多禁以止能，任力以穷诈。两者偏用，则境内之民壹；民壹，则农；农，则朴；朴，则安居而恶出。故圣人之为国也，民资藏于地，而偏托危于外。资藏于地则朴，托危于外则惑。民入则朴，出则惑，故其农勉而战戢也。民之农勉则资重，战戢则邻危。资重则不可负而逃，邻危则不归。于无资、归危外托，狂夫之所不为也。故圣人之为国也，观俗立法则治，察国事本则宜。不观时俗，不察国本，则其法立而民乱，事剧而功寡。此臣之所谓过也。

字面翻译：人之常情是：尺量以后就会捡取长的，称量以后就会获取重的，权衡以后就会索取有利的。英明的君主慎重观察这三种人之常情，那么国家治理的法度就能确立，民众的力量就可以获得。国家对民众的要求不多，可民众躲避国家要求的办法很多。国家对内使民众从事农业，对外使民众专心作战，所以圣人的治国之道，是多设立禁令来防止民众的奸巧才能，用实际出力的贡献来断绝民众的欺诈行为。这两个办法如果普遍施行，国内的民众就会有相同的心思；民众心思相同，就会专心务农；专心务农，就会变得朴实；民众朴实，就会安居故土而讨厌出游。所以圣人治理国家，民众财产都投放在土地上，而很少冒险地托付于土地之外。民众将财产投放在土地上就会变得朴实，冒险托付于土地之外就会迷惑。民众在家务农就会变得朴实，出门做其他事就会迷惑，所以他们努力做农事而尽力作战。民众努力做农事那么财产就会增加，尽力作战那么邻国就会危险。民众财产增加了（土地财产）却不可能带着出逃，邻国有危险就不会去投靠。至于说带着财产的情况下冒险投身国外，就是疯子也不会这么做。所以圣人治理国家，观察风俗、确立法度就能把国家治理好，考察国家政事的根本就能制定适当的政策。不观察当时的风俗，不考察国家的根本，那么国家即使确立法度，民众也会迷乱，君主政事繁忙而功绩却少，这就是我所说的过失啊。

商人商语：企业的规章制度，无论是旨在服务消费者，还是管理企业员工，都不能违背人之常情。只有明了人之常情，才能依据企业的现实状况，制定有价值、有意义，能被接受和执行的制度，才能使企业员工认真执行企业的规章制度，履行自己的岗位职责。

原文：夫刑者，所以禁邪也；而赏者，所以助禁也。羞辱劳苦者，民之所恶也；显荣佚乐者，民之所务也。故其国刑不可恶而爵禄不足务也，此亡国之兆也。刑人复漏，则小人辟淫而不苦刑，则徼倖于民、上；徼于民、上以利。求显荣之门不一，则君子事势以成名。小人不避其禁，故刑烦。君子不设其令，则罚行。刑烦而罚行者，国多奸，则富者不能守其财，而贫者不能事其业，田荒而国贫。田荒，则民诈生；国贫，则上匮赏。故圣人之为治也，刑人无国位，戮人无官任。刑人有列，则君子下其位；衣锦食肉，则小人冀其利。君子下其位，则羞功；小人冀其利，则伐奸。故刑戮者，所以止奸也；而官爵者，所以劝功也。今国立爵而民羞之，设刑而民乐之，此盖法术之患也。故君子操权一正以立术，立官贵爵以称之，论荣举功以任之，则是上下之称平。上下之称平，则臣得尽其力，而主得专其柄。

字面翻译：所谓刑罚，是用来禁止奸邪的；而奖赏，是辅助令行禁止的。羞耻、侮辱、疲劳、痛苦这些，是民众所憎恶的；显贵、荣华、安逸、快乐这些，是民众所追求的。国家的刑罚不被憎恶、官爵俸禄不值得人们追求，这就是亡国的征兆。如果该受刑罚的人被赦免或脱漏于法网之外，百姓就会邪僻游荡不再恐惧刑罚，对举报和赦免也将存侥幸心理；对举报和赦免存侥幸心理，就会追求私利。如果求取荣华富贵有不止一个门路，君子就会通过侍奉权势来成名。百姓不怕触犯法律禁令，刑罚的制定就要烦琐；君子不陈列公示法令，刑罚的施行就要频繁。如果刑罚制度烦琐而施行又频繁，国家的奸人就会多起来，那么富人不能守住他们的财产，而穷人也不能从事他们的职业，土地就会荒废，国家也会变得贫穷。土地荒废，民众就会以欺诈谋生；国家贫穷，朝廷就会缺少财物进行赏赐。所以圣人治国的法则，是让受过刑的人在社会上没有地位，犯过罪的人在朝廷上没有官做。如果受过刑的人还有地位，君子就会看不起自己的地位；犯过罪的人还穿着锦衣吃着肉，百姓就会贪图非分的利益。君子看不起自己的职位，就会以自己的功绩为可耻；百姓贪图非分的利益，就会夸耀奸巧的行为。本来，刑罚惩戒是用来禁止人们作奸的，官位爵禄是用来鼓励人们立功的，现在国家设置官爵，而人们认为可耻，制定刑罚，而人们认为可笑，这就是法律和权术上的错误了。因此，国君必须通过掌握君权来统一政策制定权术。设置官职、授予爵位，要有一个衡量的标准；讨论劳苦、推荐功劳，要根据其自身的职责。这样的话，衡量上级下级的职责标准就会公平了。衡量上级下级的职责标准公平了，臣民就能用尽他们的力量，国君也就能掌握自己的权柄了。

商人商语：从法家对于奖赏从属于惩罚的论断可以看出，法家奖赏的理念，不是鼓励积极另类的创新行为，而是鼓励遵纪守法原则下的积极行为。而且这个奖赏只能是在规章制度框架内，用具有公平性的标准奖励一类工作行为。要做到这一点，需要企业家运用自己的权力去实现。

民心动向如流水，取用关键在利益

　　企业的商业模式是否具有生命力，是要通过市场消费者的选择购买来验证的，也是在与竞争对手的差异化比较中获得证明的。企业的市场营销，就是想方设法地使自己区别于竞争对手，使自己获得消费者的关注、信赖，以实现购买。这个营销的过程，与其说是产品服务或者说是品牌价值观的传递过程，倒不如说是消费者选择自身利益的过程。

　　利益的输出，是赢得消费者信赖的关键。因此企业营销活动的制定，往往看重利益输出的大小，但这容易让他们忽视一个明显的问题，就是赢得消费者信赖的目的为何。企业是个利益体，企业经营是利益体的经营，企业获得消费者信赖的目的是为了获取消费者的利益资源。所以企业的商业模式和营销策略制定，应该"风物长宜放眼量"，着眼于长期而稳定地从消费者那里获得利益，并以此利益来壮大自己企业的实力，再进一步地去获取消费者的信赖和利益。

本节选取了《商君书·徕民》，旨在说明商业模式的竞争性，以及在赢得消费者认可信赖的同时，还要不断提升自己的实力，实现对对手的超越。

《商君书·徕民》：商战的本意，是赢得消费者的资源，不能满足于胜负的表象

原文：地方百里者，山陵处什一，薮泽处什一，谿谷流水处什一，都邑蹊道处什一，恶田处什二，良田处什四，以此食作夫五万，其山陵、薮泽、谿谷可以给其材，都邑蹊道足以处其民，先王制土分民之律也。

字面翻译：方圆百里的地方，山地、丘陵占十分之一，湖泊、沼泽占十分之一，山涧、河流占十分之一，城市、村庄、道路占十分之一，薄田占十分之二，良田占十分之四，用这些资源可以养活约五万劳作民众，其中的山地、丘陵、湖泊、沼泽、山涧、河流可以供给人们各种生活资料，城市、村庄和道路足够使人们安居，这是先古帝王制定的以土地面积分配民众人口的定律。

商人商语：分布在企业各个部门的资源，不是各自独立存在的，而是要相互配合产生化合反应的。考虑涉及组织结构的设计问题时，一定要先考虑资源的配置性，以此配置管理资源。以资源配置问题为第一顺位考虑的组织结构才能汇集整体力量。

原文：今秦之地，方千里者五，而谷土不能处二，田数不满百万，其薮泽、谿谷、名山、大川之材物货宝，又不尽为用，此人不称土也。秦之所与邻者，三晋也；所欲用兵者，韩、魏也。彼土狭而民众，其宅参居而并处；其寡萌贾息民，上无通名，下无田宅，而恃奸务末作以处；人之复阴阳泽水者过半。此其土之不足以生其民也，似有过秦民之不足以实其土也，意民之情，其所欲者田宅也，而晋之无有也信，秦之有余也必。如此而民不西者，秦士戚而民苦也。臣窃以王吏之明为过见。此其所以弱不夺三晋民者，爱爵而重复也，其说曰："三晋之所以弱者，其民务乐而复爵轻也。秦之所以强者，其民务苦而复爵重也。今多爵而久复，是释秦之所以强，而为三晋之所以弱也。"此王吏重爵爱复之说也，而臣窃以为不然。夫所以为苦民而强兵者，将以攻敌而成所欲也。兵法曰："敌弱而兵强。"此言不失吾所以攻，而敌失其所守也。今三晋不胜秦，四世矣。自魏襄以来，野战不胜，守城必拔，小大之战，三晋之所亡于秦者，不可胜数也。若此而不服，秦能取其地，而不能夺其民也。

字面翻译：现在秦国的土地，方圆一千里的地方有五个，可是种庄稼的田地不到十分之二，井田数不到一百万，其中湖泊、沼泽、山涧、溪流、大山、大河中的资源物产货物财宝，又不能全部被利用，这是人口数与土地面积不相称啊。秦国的邻国是三家分晋后的韩、赵、魏；秦国想要用兵攻打的是韩、魏两国。这两个国家国土面积狭小而人口众多，他们的房屋杂乱地交错在一起；那些外来的客民和租房住的贫民，在朝廷没有等级户口，在名下没有土地和住宅，却靠着作奸犯科的下流职业营生；人们在山北山南和湖泽低洼处挖洞居住的超过半数。这些国家的土地不够供养它的民众生存，其程度还超过了秦国民众不够住满秦国土地。我猜想一下民众的心理，他们想要的东西无非是田地和房屋，可三晋实在是没有，秦国的田地却很富足。像这种情况，韩、赵、魏三国的民众也不向西进入秦国，原因是秦国的士阶层愁苦而民众辛苦。我个人认为大王的官员虽然聪明，见解却是错误的。他们之所以能力弱争取不到三晋的民众迁徙，是因为他们吝惜爵位和舍不得免除赋税徭役。他们说："三晋之所以弱，是由于三晋人民贪图享乐，朝廷又轻易准免赋税徭役，轻易给人爵位。秦国之所以强，是由于秦国民众吃苦耐劳，朝廷又不轻易准免赋税徭役，不轻易给爵位。

如果我们也多给爵位，延长准免赋税徭役的时间，就是放弃让秦国强大起来的国策，去奉行让三晋衰落下去的政策了。"这就是大王的官员重视爵位舍不得免除赋税徭役的说法。我个人认为这种话不对。我们现在之所以让民众吃苦来加强兵力，是为了攻打敌国，实现自己强国的愿望。兵法说："敌国兵力弱了，我们兵力就强了。"这是说我们没有失掉进攻的条件，敌人却失掉自卫的条件。现在三晋战不胜秦国，已经四代了。自魏襄王以来，他们野战打不过秦国，守城必定被秦国攻取，大小战争，三晋割给秦国的土地及其他损失，是数不过来的。但是他们之所以还不屈服，是因为秦国仅能取得他们的土地，却不能夺取他们的民众。

商人商语：企业能强大并持续强大，一定是从竞争对手那里抢夺了更多的资源来支持它的强大，这是"敌弱而兵强"。因此，企业之间真正的战场是在消费者这里，谁赢得消费者的信赖谁才是赢家。

原文：今王发明惠，诸侯之士来归义者，今使复之三世，无知军事；秦四竟之内，陵阪丘隰，不起十年征。著于律也，足以造作夫百万。曩者臣言曰："意民之情，其所欲者田宅也，晋之无有也信，秦之有余也必。若此而民不西者，秦士戚而民苦也。"今利其田宅，而复之三世，此必与其所欲而不使行其所恶也，然则山东之民无不西者矣。且直言之谓也，不然，夫实圹什虚，出天宝，而百万事本，其所益多也，岂徒不失其所以攻乎？

字面翻译：现在大王可以发布公开的优惠政策，比如各诸侯国来归附的民众，立刻免除他们三代的徭役赋税，可以不参与兵役；秦国四界之内，山岗、岭坡、土山、洼湿的土地，十年不收赋税，并把这些都写在法律中，就会招来上百万的劳动民众。之前我说："我猜想一下民众的心理，他们想要的东西无非是田地和房屋，可三晋实在是没有，秦国的田地却很富足。像这种情况，韩、赵、魏三国的民众也不向西进入秦国，原因是秦国的士阶层愁苦而民众们辛苦。"现在赐给他们田地住宅，又免除他们三代的徭役赋税，这就是给他们想要的，又不让他们去做他们讨厌做的事。这样一来，秦以外六国的民众没有不向秦来的。而且实话实说，利益不只是这些，因为从各国来的民众开垦了荒芜的土地，开发了那里的天然宝物，使一百万人从事国家根本的农业，他们所创造的好处很多，难道仅仅是为了不丧失进攻的力量吗？

商人商语：一家好的企业对消费者的意义在于，它能给予竞争对手无法给予的利益。这种利益，不只是某个业务人员的特殊举止，也不只是某个特殊的促销活动，它还是一个体系、一种模式，能为消费者持续提供稳定的利益。企业的价值要在运营制度的系统化和服务的持续化上体现出来。

原文：夫秦之所患者，兴兵而伐，则国家贫；安居而农，则敌得休息。此王所不能两成也，故三世战胜，而天下不服。今以故秦事敌，而使新民作本，兵虽百宿于外，竟内不失须臾之时，此富强两成之效也。臣之所谓兵者，非谓悉兴尽起也，论竟内所能给军卒车骑，令故秦兵，新民给刍食。天下有不服之国，则王以此春围其农，夏食其食，秋取其刈，冬陈其宝；以大武摇其本，以广文安其嗣。王行此，十年之内，诸侯将无异民，而王何为爱爵而重复乎？

字面翻译：秦国苦恼的是，如果发兵征伐敌国，国家就会贫穷；如果安定下来专注农耕，敌人就会得到休息。这是大王不能同时实现的事，所以过去三代国君都打了胜仗，可天下诸侯国却不服气。现在用秦国原有的民众对付敌国，让新招来的民众从事农业生产，军队虽然驻扎在国外上百天，国境内也不会耽误一点农时，可以实现富国强兵的效用。我所说的用兵，不是要全部发动、尽数使用民众，而是要调查清楚国内所能供给的兵卒马车，让秦国旧有的民众当兵作战，让新来的民众务农来供给军队粮草。天下有不服从的国家，那大王就用军队在春天去围占他们的土地，在夏天去吃他们的粮食，在秋天夺取他们的收获，在冬天掠夺他们的城堡；用强大的武力动摇他们的国本，用宽厚的文德招安他们的后代。大王如果这么做，十年以内诸侯国中的民众就没有不是我国民众的了，大王为什么还要吝啬爵位，舍不得免除役赋呢？

商人商语：谁能获得消费者的信赖，谁就能获得消费者的消费，企业就会强大。企业用于商战的武器是什么？如果我们把产品比喻为秦国的原住民，负责市场营销，把正在研发的产品比喻为新移民，提供市场营销的持续资源，答案就清楚多了。

原文：周军之胜，华军之胜，秦斩首而东之。东之无益亦明矣，而吏犹以为大功，为其损敌也。今以草茅之地徕三晋之民而使之事本，此其损敌也与战胜同实，而秦得之以为粟，此反行两登之计也。且周军之胜、华军之胜、长平之胜，秦所亡民者几何？民客之兵不得事本者几何？臣窃以为不可数矣。假使王之群臣，有能用之、费此之半、弱晋强秦、若三战之胜者，王必加大赏焉。今臣之所言，民无一日之繇，官无数钱之费，其弱晋强秦，有过三战之胜，而王犹以为不可，则臣愚不能知已。

字面翻译：秦国军队在伊阙战胜周联军、在华阳战胜魏联军，大获全胜后又向东进攻。向东进攻没有好处是很明显的，大王的官吏却认为能建立大功勋，因为这样能损害敌国。现在我们用荒草之地招来韩、赵、魏三国的民众从事农业生产，这样对敌国的损害，同战胜敌国给它的损害有同样的效果，而秦国又能获得原三国民众耕种的粮食，这个徕民的政策是战争和生产两全其美的妙计啊。况且在伊阙之胜、华阳之胜、长平之胜中，秦国阵亡了多少人？秦国的原住民和新移民，当兵后不能从事农业生产的又有多少人？我认为是数不过来的。假如大王的臣子当中，有人能够运用当时的兵力而胜，或者消耗只占当时的一半而胜，或者削弱韩、赵、魏三国使秦国强大而胜，如同三次战役都取得一样的胜利，大王一定会重重赏赐。现在我所说的方法，让民众不增加一天的徭役，官府没有重大的财力损耗，并且在削弱韩、赵、魏三国实力并使秦国强大的效用远胜过那三次战役，大王如果还是认为不可行，我就真的会觉得愚昧到了连自己都不明白的程度了。

商人商语：商鞅的这个"徕民"建议，配合战争手段，宛如抽水机一样，能抽干敌对国家的人力资源。在现代商战中，除了抢竞争对手的消费者，直接招揽竞争对手的人力资源，也是常用的招数。招揽竞争对手的人力资源，还可以获取竞争对手的客户、技术等资源，也算是"因敌于粮"吧。

原文：齐人有东郭敞者，犹多愿，愿有万金。其徒请饷焉，不与，曰："吾将以求封也。"其徒怒而去之宋。曰："此爱于无也，故不如以先与之有也。"今晋有民，而秦爱其复，此爱非其有以失其有也，岂异东郭敞之爱非其有以亡其徒乎？且古有尧、舜，当时而见称；中世有汤、武，在位而民服。此三王者，万世之所称也，以为圣王也，然其道犹不能取用于后。今复之三世，而三晋之民可尽也。是非王贤立今时，而使后世为王用乎？然则非圣别说，而听圣人难也。

字面翻译：齐国有个叫东郭敞的人，特别有梦想，希望拥有万金财富。他的徒弟向他请求救济，他分文不给，说："我打算捐钱求取一个爵位。"徒弟气愤地离开他到宋国去了。有人说："这是爱惜没有获得的东西，因此还不如将钱先送给他现有的徒弟。"现在韩、赵、魏三国有民众，而秦国还吝惜免除这些民众的徭役和赋税，这也是爱惜自己没有的东西，从而失去已拥有的东西啊，和东郭敞爱惜没有得到的封爵以至于失去他徒弟，有什么不同呢？上古的时候有尧、舜，当时被人称颂；中古时候有商汤、周武王，他们在君主的位置上时，民众都很顺服。这四位帝王，世世代代受到人们的称赞，认为他们是圣王，但他们治理国家的方法还不能被后人照搬照用。现在如果免除三代的徭役和赋税，那么韩、赵、魏三国民众就能全被招来了。这个政策以大王您的贤明不是现在就确定，还要让后世的人替大王您采用吗？这样看来不是圣人的说法特别，而是听从圣人的教导很难啊。

商人商语：企业若能让渡一部分从消费者购买中获得的利益回馈消费者或合作伙伴，那么企业就更容易获得消费者的注意和信赖。这种让渡若是在消费者购买时就实现，就能实现消费者和企业之间的双赢。这种营销对于消费者而言，是最具有实质利益的吸引力。对于竞争对手而言，是自己的对手无成本拿走了他们的既得利益，是企业营销"攻防一体"的优秀策略。

营销治内三要事：措法、俗成、用具

企业要学会"润物细无声"，与目标消费者不断进行沟通，不断为其服务，才能有"吹皱一池春水"的作用。风力若是过小，消费者根本感受不到，营销也就没有了意义；风力若是过大，引起了消费者的反感，就会有"覆船"的危险。我们要经常思考：我的营销之风起于何处，如何持续，风力多大？

现代商战，打的既是抢滩登陆，也是"阵地战""持久战"。所以，企业的营销策略，可以试图谋奇计出奇兵，迅速引起消费者的关注，引导一批流量。但是如何赢得消费者长久的信赖，满足消费者"持续性、成长性、全面性"的消费需求，才是最考验企业实力的问题。所以，企业的营销策略不能急功冒进，更不能一时冲动，要"夫君子之所取者远，则必有所待；所就者大，则必有所忍"。作为后人，要冷静地认识到，"多智近妖"的诸葛亮六出祁山却壮志难酬，不是他个人能力的问题，也不是"天时不予"的问题，而是蜀国自身实力的问题。

本章节选取了《商君书·立本》，讲述了营销策略的三个基础原则：商业模式的支持、运营管理的支持、企业文化的支持。

《商君书·立本》：营销策略不是独立存在的，需要企业经营三大要素的直接支持

原文：凡用兵，胜有三等：若兵未起则错法，错法而俗成，而用具。此三者必行于境内，而后兵可出也。行三者有二势：一曰辅法而法行，二曰举必得而法立。故恃其众者谓之葺，恃其备饰者谓之巧，恃誉目者谓之诈。此三者，恃一，因其兵可禽也。故曰：强者必刚斗其意，斗则力尽，力尽则备，是故无敌于海内。治行则货积，货积则赏能重矣。赏壹则爵尊，爵尊则赏能利矣。故曰：兵生于治而异，俗生于法而万转，过势本于心而饰于备势。三者有论，故强可立也。是以强者必治，治者必强；富者必治，治者必富；强者必富，富者必强。故曰：治强之道三，论其本也。

字面翻译：在用兵交战中获胜，需要三种必要的要素：第一种是军队还未出征前，就要建立法度（错，通"措"。错法，设立法度，推行法制）；第二种是推行法度，树立"以法为教"的风俗；第三种是战争所需要的兵力、粮草、器具等。这三种要素必须先在国内推行，军队才能出征。实现这三种要素有两个条件：一是君主辅助法度，法度才能推行；二是君主言行合乎法度，法度才能确立。如果依仗自己人多势众，那就像用茅草盖房子；依仗武器装备华美，那叫浮华取巧；依仗有声誉的谋臣，那叫欺诈虚伪。以上的这三个方面，君主中了其中一条，他的士兵就会被敌方俘虏了。所以说：强大的国家一定要有战斗意志坚强的军队，有了斗志就能尽力作战，尽力作战才能成为战争的工具，才能无敌于天下。国家治理有道，财富就会积累起来；财富积累起来，奖赏才能加大。奖赏出于一个途径，爵位才显得尊贵；爵位尊贵，奖赏才能产生有利的效果。所以说：兵力产生于治理，而有强弱的差异；风俗形成于法度，而有万种的变化；胜过敌人的力量在于民心，却被武器谋略掩盖了。这三个方面考察清楚了，国家的强大就可以实现了。因此，国家要强大必须要治理，治理有道就一定会强大；国家要富裕就必须要治理，治理有道就一定会富裕；国家要强大就一定要富裕，富裕的国家一定会强大。所以说，要国家强大的治理之道有三个方面，一定要考察清楚它的根本。

商人商语：营销策略的成功实施，需要企业经营三大要素的支持：商业模式、运营管理、企业文化。商业模式与营销策略二者的契合会让企业真正获益；营销策略依赖于运营管理，或被支持或被束缚，效果也是千差万别；营销策略与企业文化的化合反应，或者积极主动，或者消极被动。这三大要素的支持与否，需要企业家的力量为后盾。

战术依随于战略，个人勇力不足取

企业的营销策略不是为了营销而营销，其本质是实现企业的商业目的，获取目标消费者的青睐与信任。企业的营销活动不应该是孤立进行的，而应是有计划、有组织地进行的。所以，企业营销活动的一时之胜，并不重要；能够实现商业模式的胜利，才算得上是一世之胜。

在企业的市场竞争中，营销策略总会不可避免地涉及夺取竞争对手的利益问题，这是商业竞争的必然。但制定营销策略的最终目的不是打倒对手，而是要先于对手站在消费者面前实现和消费者的充分交流。

本节选取了《商君书·战法》，本篇的解读将告诉我们，企业自身的实力才是营销策略制胜的决定因素。因此，商战前的"庙算"至关重要。

《商君书·战法》：营销策略可以有很多种，决定商战结局的因素只有一种

原文：凡战法必本于政胜，则其民不争，不争则无以私意，以上为意。故王者之政，使民怯于邑斗，而勇于寇战。民习以力攻难，故轻死。

字面翻译：一般说来，战争的策略必须以政治上的胜利为根本，所以民众不会盲目争强好胜，不盲目争强好胜就不会凸显个人的意志，会以君主的意志为意志。所以成就王业的执政措施，是使民众胆怯于乡里械斗，而勇于和敌人作战。民众习惯用勇力攻打凶险的地方和强悍的敌军，就会轻视死亡。

商人商语：营销策略必须服从企业大战略的安排，而不只为争夺一次、一时、一事的胜利。

原文：见敌如溃，溃而不止，则免。故兵法："大战胜，逐北无过十里。小战胜，逐北无过五里。"

字面翻译：看见敌兵的溃败，如决堤之水一般难以阻止，那就放他们逃跑吧。兵法曾说："大战打胜了，追赶败兵，不要超过十里。小战打胜了，追赶败兵，不要超过五里。"

商人商语：营销策略的胜利在于达成战略目标，而不在于细节的胜利，不必要在细节上浪费过多的资源。

原文：兵起而程敌，政不若者勿与战；食不若者勿与久；敌众勿为客；敌尽不如，击之勿疑。故曰：兵大律在谨，论敌察众，则胜负可先知也。

字面翻译：发动战争，先要衡量敌国的情况，政治状况赶不上敌国，就不要和它作战；粮食储备赶不上敌国，就不要和它相持；兵力赶不上敌国，就不要跑到敌国去作战；敌国一切都赶不上自己的时候，就向它进攻不要犹豫。所以说：战争的重大原则在于谨慎筹划，讨论敌情、考察众多因素，胜负是可以预先知道的。

商人商语：针对竞争对手的营销策略，要从双方商业模式的差异、运营管理的强弱、产品服务的优劣、后续资源的支持等多个方面细致地分析思考，来确定是否进攻，如何进攻，用什么进攻，在哪里进攻，进攻点是什么。就如孙子兵法所言"夫未战而庙算胜者，得算多"。

原文：王者之兵，胜而不骄，败而不怨。胜而不骄者，术明也；败而不怨者，知所失也。

字面翻译：称王天下的军队，打了胜仗不骄傲，打了败仗不抱怨。打了胜仗不骄傲，是因为战术高明；打了败仗不抱怨，是因为能认清自己错误在哪里。

商人商语：经营实践中，每次营销策略的胜利或者失败的结果并不是很重要。最重要的是胜利或失败的过程对于企业的启示。胜利了要知道商业模式的优点在哪里，失败了要知道商业模式的不足点在哪里，胜利和失败都很重要。

原文：若兵敌强弱，将贤则胜，将不如则败。若其政出庙算者，将贤亦胜，将不如亦胜。政久持胜术者，必强至王。若民服而听上，则国富而兵胜，行是，必久王。

字面翻译：如果双方兵力强弱相当，将领更贤能的就能获胜，将领不如对方的就会失败。假如战略决策出于朝廷的谋划，将领更贤能的会取胜，将领不如对方的也能取胜。在战略决策上长期坚持获胜的战术，国家一定会强大到称王天下。如果民众服从并听信朝廷，那么国家就会富强，军队就会打胜仗，执行这一原则，就一定能长期称王天下。

商人商语：《孙子兵法》中所谓"善战者，求之于势，不责于人"就是这个道理。企业作为经营主体要参与的是长期的市场竞争，不能将胜败单纯归于一人能力，或者一时得失。

原文：其过失，无敌深入，偕险绝塞，民倦且饥渴，而复遇疾，此其道也。故将使民者乘良马者，不可不齐也。

字面翻译：错误的用兵，是轻敌冒进，以至于退路艰险、前路断绝，士兵疲倦而饥渴交加，再加上遇到疾病流行。所以将领带兵，就像驾御良马，不可以瞎追猛冲。

商人商语：营销的大忌，是一味为了击败竞争对手而营销，如孔子所说"虽小道，必有可观者焉，致远恐泥"，不要因为贪图小目标而陷入战术的泥潭，失去了战略的方向。

四面受敌当防守，防守要义拼死力

商战和拳击比赛一样，有攻击也有防守，攻防一体。无论攻击还是防守，使用的招式都是自己平时常常演习的标准套路，不存在"乱拳打死老师傅"的可能。在竞争对手环伺的时候，企业必须要有能够倚靠的核心阵地和核心资源，并以此制定自己具体的营销策略。

原始的商业活动，就是地摊生意，画一块地摆上自己的产品，然后开始与客人商量交换。现在的营销策略无论如何发展，也保留了抢占"存身之地"来实现利益交换的原始商业基因。要守住自己这一亩三分地，在商鞅看来，招数有四：人员的积极性、有余的资源储备、运营的市场面向和信息的管理。

本节选取的是《商君书·兵守》，主要讲述的是战争中的防御战，可以借鉴为商战中的防守策略。

《商君书·兵守》：商业模式不同，市场面向不同，营销策略也应不同

原文：四战之国贵守战，负海之国贵攻战。四战之国，好举兴兵以距四邻者，国危。四邻之国一兴事，而己四兴军，故曰国危。四战之国，不能以万室之邑舍钜万之军者，其国危。故曰：四战之国务在守战。

字面翻译：四面受敌的国家重视防御战，背靠大海的国家注重进攻战。四面受敌的国家，喜欢发兵攻占四面邻国，国家就危险了。四面的邻国一齐发起战争，自己就要四处派兵迎战，国家也就危险了。四面受敌的国家，不能在上万户居民的城邑驻守数以万计的军队，这样的国家也是危险的。所以说，四面受敌的国家务必重视自己的防御战。

商人商语：市场环境、市场地位不同，企业的商业模式也就不同，营销策略自然也就不同。商战中必须学会攻防一体，如果只有一种防御策略，就是等死。

原文：守有城之邑，不如以死人之力与客生力战。其城拔者，死人之力也，客不尽夷城，客无从入，此谓以死人之力与客生力战。城尽夷，客若有从入，则客必罢，中人必佚矣。以佚力与罢力战，此谓以生人力与客死力战。皆曰："围城之患，患无不尽死而邑。"此二者，非患不足，将之过也。

字面翻译：守卫有城防的城邑，最重要的是依靠民众决死作战的力量与敌军硬碰硬。这样，城防的攻守，双方必定会拼死作战，入侵的敌军不能将城防的守军全部杀死，就无法进入城内，这就叫用拼死作战的力量与敌人硬碰硬；城防的守军被全部杀死后，入侵的敌军假如要接着进城，那么这时候他们应该很疲劳了，而城中的守军已经在以逸待劳。用以逸待劳的兵力同疲劳的敌军作战，这就叫用有生的力量同疲死的力量作战。因此都说："围攻城邑的忧虑，在于忧虑这个城邑中没有一个不拼死作战的。"这两种情况，如果思考得不够，那就是将领的错误。

商人商语：企业产品的防守策略，不是单指一个专利或者一个产品标准，而是一整套的专利和产品标准，从核心技术专利到周边技术专利，从部件的行业标准到成品的行业标准。

原文：守城之道，盛力也。故曰客，治簿檄；三军之多，分以客之候车之数。三军：壮男为一军，壮女为一军，男女之老弱者为一军，此之谓三军也。壮男之军，使盛食、厉兵，陈而待敌。壮女之军，使盛食、负垒，陈而待令；客至而作土以为险阻及耕格阱；发梁撤屋，给从从之，不洽而燔之，使客无得以助攻备。老弱之军，使牧牛马羊彘，草木之可食者，收而食之，以获其壮男女之食。而慎使三军无相过。壮男过壮女之军，则男贵女，而奸民有从谋，而国亡；喜与，其恐有蚤闻，勇民不战。壮男壮女过老弱之军，则老使壮悲，弱使强怜；悲怜在心，则使勇民更虑，而怯民不战。故曰：慎使三军无相过。此盛力之道。

字面翻译：守卫城防的方法，在于防守力量的强大。假如有敌军来犯，马上整理户籍簿册发出征兵文告；征募足够多的三军人数，根据敌军斥候兵车的股数分别安排。三军是：壮年男子组成一支军队，壮年女子组成一支军队，男女中年老体弱的组成一支军队。这就是所说的三军。壮年男子的军队，让他们吃饱饭，磨好兵器，编列成队等待敌军的到来。壮年女子的军队，让她们吃饱饭，背上土笼，编列成队等待命令；敌军到了，就让她们去堆土障碍、挖土陷阱；取下房梁，拆除房屋，来得及就运到城里，来不及就烧掉，使敌军不能用来制作辅助攻城的设备。年老体弱的军队，让他们去放牧牛马羊猪，将草木中能吃的收集起来吃，用他们的收获补充壮年男女军队的食物。要严格管理不让三支军队互相往来。壮年男子到壮年女子的军队中，那男子就会爱上女子，奸民就会想出放纵淫荡的坏主意，而国家就会灭亡；壮年男女喜欢在一起，他们害怕早一些听到战斗的命令，勇敢的民众也会不愿意作战。壮年男子到年老体弱的军中去，衰老会让壮者感到悲伤，柔弱会让强者怜悯；心里有了悲伤、怜悯之情绪，就会让勇敢的民众改变意志，使胆小的民众不敢作战。所以说，严格管理三支军队不让其互相往来，这是使防守力量增强的方法。

商人商语：企业的生意不是市场或者销售部门的单独业务，而是整个企业的整体业务。企业各个部门各级员工，虽然有着不同的职责和分工，但无一例外都是为实现对消费者的服务而工作的。所谓现代企业的"全民皆兵"并不是指每个员工都去做营销，而是指每个员工都要有服务于营销的意识。

外事凶险内事苦，大事临前赏罚重

企业营销，简单看来就是需求信息由外而内来、需求提供由内而外往的"循环往复"的过程。这个外和内，并非是截然分开的两个个体，而是一条线上的两端。就人员工作难度的比较而言，外事营销人员的工作难度更大，不仅要有主动服务的意识和应对竞争的意识，更要有"屡败屡战"的坚持精神。这个坚持精神，只靠品牌理念的教化和企业文化的熏陶，是不够充"满格"的，还要有"千金在前，猛虎在后"的赏罚机制来鞭策。

法家认为"人性本恶"，更信奉使用"鞭子"的牧民之道，所以才有了"苛法严刑"的恶名。这个"鞭子"在一个封闭的环境里，在保障了生存权益和生活希望的前提下，压迫着群体意志，这时候它是有效的；在相对开放的环境下，这个"鞭子"作用于拥有选择权的民众，效果是会适得其反的。

本节选取的是《商君书·外内》，论述了外事之难点和内事之难点的重法治理。

《商君书·外内》：企业经营，不过是外事营销、内事运营二事也

原文： 民之外事，莫难于战，故轻法不可以使之。奚谓轻法？其赏少而威薄、淫道不塞之谓也。奚谓淫道？为辩知者贵、游宦者任、文学私名显之谓也。三者不塞，则民不战而事失矣。故其赏少，则听者无利也；威薄，则犯者无害也。故开淫道以诱之，而以轻法战之，是谓设鼠而饵以狸也，亦不几乎！故欲战其民者，必以重法。赏则必多，威则必严，淫道必塞，为辩知者不贵，游宦者不任，文学私名不显。赏多威严，民见战赏之多则忘死，见不战之辱则苦生。赏使之忘死，而威使之苦生，而淫道又塞，以此遇敌，是以百石之弩射飘叶也，何不陷之有哉？

字面翻译： 民众对于境外之事，没有比参战更困难的了，所以用轻法不能驱使他们去参战。什么叫轻法呢？就是奖赏不多刑罚不重，旁门左道没有被堵住。什么是旁门左道呢？是指善辩论、有才智的人得到尊贵，游说求官的人得到任用，私家学说的名声得到显扬。这三种途径若是不堵住，那么民众就不肯参战，战事就会失败。因为赏赐少，听从法令的人就得不到利益；刑罚轻，违反法令的人没有受到伤害。所以开旁门左道来引诱百姓，用轻法驱使百姓去参战，这就好像诱捕老鼠而用狸猫作饵一样，几乎是不可能的。因此要想让民众参战，必须用重法。赏赐必须多，刑罚必须严，旁门左道必须堵住。让善辩论、有才智的人得不到尊贵地位，游说求官的人得不到任用，私家学说的名声得不到显扬。赏赐多而刑罚严，民众见到战争的赏赐多就忘了死亡的危险，见到不参战的人的屈辱，就认为耻辱的生活是痛苦的。赏赐会使他们忘记死亡的危险，而重法的威势会使他们痛苦地活着，旁门左道又被堵塞，在这样的政策下，民众遇到敌人，好比用百石的强弩射飘摇的树叶，还有射不透的吗？

商人商语：营销人员面对纷繁复杂的市场环境，很难像内部运营人员一样照本宣科，这时候他们应有强烈的主动意识。这个主动的意识和行为，需要企业的"赏多威严"来培养。

原文：民之内事，莫苦于农，故轻治不可以使之。奚谓轻治？其农贫而商富——故其食贱者钱重，食贱则农贫，钱重则商富；末事不禁，则技巧之人利，而游食者众之谓也。故农之用力最苦，而赢利少，不如商贾、技巧之人。苟能令商贾、技巧之人无繁，则欲国之无富，不可得也。故曰：欲农富其国者，境内之食必贵，而不农之征必多，市利之租必重。则民不得无田，无田不得不易其食。食贵则田者利，田者利则事者众。食贵，籴食不利，而又加重征，则民不得无去其商贾、技巧而事地利矣。故民之力尽在于地利矣。

字面翻译：民众对于境内之事，没有比农耕更辛苦的了，所以轻松的政策不能役使他们。什么叫轻松的政策？就是农民穷而商人富。之所以这么叫，是由于粮价贱钱币贵，粮价贱农民就穷，钱币贵商人就富；不禁止末事（农业外的商业、手工业等），那么手工艺人就会获利，游荡混饭吃的人也就增多了。因此，农民用力最为辛苦，而获利最少，不如商人和手工艺人。假设能使商人和手工艺人没那么多，那么国家想要不富都是不可能的。所以说，想发展农业来富国，国内的粮价一定要贵，而不从事农业的赋税必须增多，市场内买卖的租税必须加重。这样，民众不能不去种田，不去种田就不得不去买粮食。粮价高农民就能获利，种田获利的话，种田的人就会多。粮价贵，买粮就没有好处，而且又加重了（不从事农业的）赋税，那么民众就不得不放弃经商、手工技艺，而从事种地获取利益。所以民众的力量就会都集中到农业上了。

商人商语：产品是企业进行市场营销的核心武器，是企业市场经营中最坚实的基础。产品的研发是企业中最费心劳神的工作之一。产品与营销在企业资源的分配上，是要画一个等号的。

原文：故为国者，边利尽归于兵，市利尽归于农。边利归于兵者强，市利归于农者富。故出战而强、入休而富者，王也。

字面翻译：所以治国的人，要把边境战事的利益都给予士兵，市场买卖的利益都给予农民。边境战事的利益都给予士兵，兵力就会强大；市场买卖的好处都给予农民，国家就会富庶。出兵作战兵力强大，休兵无战国家会富足，这样就能成就王业了。

商人商语：现在很多企业的薪酬，都偏向于管理层和管理者。企业的运营管理看似很有条理了，但实际的经营实力反而下降了。因为，支持实际干活儿的资源少了，实际干出来的活儿也就少了。

企业文化的教化，要统一方向

企业文化就是对企业的人力资源进行企业价值观的输出，让他们形成工作的价值观来帮助企业运营管理顺利实施。高层脱离不开企业家的影响，基层脱离不开企业商业模式和运营管理的实际。企业文化也会随着企业的营销行为，向外部消费者和合作者输送自己的"温度"。

法家和儒家一样，都很重视民心教化。只不过儒家是多动口、少动手，教育人要有仁爱之心，规矩要合乎礼仪伦理；法家是少动口、多动手，教导人要有敬畏之心，万事有法和万行依法。与其塑造企业文化来教育员工做一个社会性质的好人，不如教育员工做一个企业性质的好人更有实际意义。配合教化的手段也很直接有力，或赏或罚完全依照这个教化的方向和其行为的标准来实施。

本章节选取了《商君书·农战》全篇和《商君书·赏刑》部分段落，来对企业文化进行论述，以此强调企业文化教化的目的性和务实性。需要强调的是，"教"必须辅之以"赏罚"手段。

一

《商君书·农战》：企业文化的教化，要有实效，要围绕运营管理进行

原文：凡人主之所以劝民者，官爵也。国之所以兴者，农战也。今民求官爵，皆不以农战，而以巧言虚道，此谓劳民。劳民者，其国必无力。无力者，其国必削。

字面翻译：平常国君用来勉励民众的，是官职和爵禄。国家之所以能够强盛，靠的是农耕和作战。现在，民众用来求得官职和爵禄的方法，都不是农耕和作战，而是巧妙的言谈和空虚的理论，这就是让民众去学习奸巧。民众奸巧，国家就会没有力量。国家没有力量，国土必然会被他国侵削。

商人商语：企业用来教化员工最有效的手段，不是说教，而是奖励和惩罚。员工受到的奖励和惩罚，一定要围绕企业商业模式的运营管理来设计。

原文：善为国者，其教民也，皆作壹而得官爵。是故不官无爵。国去言，则民朴，民朴，则不淫。民见上利之从壹空出也，则作壹；作壹，则民不偷营；民不偷营，则多力；多力，则国强。今境内之民皆曰："农战可避，而官爵可得也。"是故豪杰皆可变业，务学《诗》《书》，随从外权，上可以得显，下可以求官爵；要靡事商贾，为技艺，皆以避农战。具备，国之危也。民以此为教者，其国必削。

字面翻译：善于治国的人，会教化民众专心从事农耕和作战来获得官职和爵禄，不从事农战的人就无法获得官职爵禄。国家禁止空谈，民众就会朴实，民众朴实就不会行为浮荡。民众看见朝廷给的奖赏都是从农战这一途径获得，就会专心从事农战；民众专心从事农战，就不会私下想着其他事。民众不私下想着其他事，用于农战的气力就最大；用于农战的气力大，国家就会强大。现在国中的民众都说："农耕和作战可以逃避，而官职和爵禄同样可以得到。"所以那些才俊之士都要改变自己的本业，努力学习《诗经》《尚书》，追随他国的权势，上可以得到声望名禄，下也能追求官爵；平常普通的人就去经商，从事手工业。他们在用这些方式来逃避农耕和作战。出现以上这些情况，国家就危险了。民众们接受的都是这种教化，这个国

家的国土一定会被侵削。

商人商语：教化的形成是和利益直接关联的。所以，企业文化的教化也要和企业员工行为的绩效考核直接关联。教化不应该是被动形成，而应该是有目的的，有实际利益来鼓励的主动造就。

原文：善为国者，仓廪虽满，不偷于农；国大、民众，不淫于言；则民朴壹。民朴壹，则官爵不可巧而取也。不可巧取，则奸不生。奸不生，则主不惑。今境内之民及处官爵者，见朝廷之可以巧言辩说取官爵也，故官爵不可得而常也。是故进则曲主，退则虑私、所以实其私，然则下卖权矣。夫曲主虑私，非国利也，而为之者，以其爵禄也；下卖权，非忠臣也，而为之者，以末货也。然则下官之冀迁者皆曰："多货，则上官可得而欲也。"曰："我不以货事上而求迁者，则如以狸饵鼠尔，必不冀矣。若以情事上而求迁者，则如引诸绝绳而求乘枉木也，愈不冀矣。二者不可以得迁，则我焉得无下动众取货以事上而以求迁乎？"百姓曰："我疾农，先实公仓，收余以食亲；为上忘生而战，以尊主安国也。仓虚，主卑，家贫。然则不如索官。"亲戚交游合，则更虑矣。豪杰务学《诗》《书》，随从外权；要靡事商贾，为技艺，皆以避农战。民以此为教，则粟焉得无少，而兵焉得无弱也！

字面翻译：善于治国的人，粮仓即使很充实，也不放弃农耕；国土即使广大，人口众多，也不放纵空谈巧言。这样民众就会朴实专一。民众朴实专一，那么官爵就不会用奸巧的手段获取。不会用奸巧的手段获取，那么奸猾的人就不会产生。奸民不产生，君主就不会受迷惑。现在国内的民众以及有官爵的人，看见朝廷可以靠巧语空言、诡辩强词来获得官爵，以往的官爵不能再靠常规的官法获取。因此这些人上朝便曲意逢迎君主，下朝便图谋自己的私利，考虑怎样满足自己的私利。曲意逢迎君主图谋自己的私利，就不会对国家有利，然而他们这样做，就是为了得到爵位和厚禄；私下里以权谋私，不是忠臣，然而他们这样做，就是为了追求金钱和财利。所以下级官吏中希望升迁的都说："只要钱财多，就有做大官的可能。"还说："我不用钱财侍奉上级而想要升迁，那么就会像用猫做饵引老鼠，一定不会有希望。假如用忠诚侍奉上级而想要升迁，那么就像牵着断了的墨线来校正弯曲的木材，更加没有希望了。这两种办法都不能得到升迁，那我怎能不到下面去劳役民众搜刮钱财来侍奉上级，以谋求升官呢？"百姓说："我积极耕种，先装满公家的粮仓，收取剩余的粮食供养父母；为了君上拼命作战，来使君主尊贵国家安定。结果却是国家的粮仓空虚，国君的地位降低，自己的家庭也贫穷。这样还不如谋求做官。"亲戚朋友交流意见一致，就会改变以往的思维。才干杰出的努力学习《诗经》《尚书》，追随他国的权势；平常普通的人会去经商，做手工，大家都靠这些来逃避农耕和作战。民众们受着这种思想的教化，那么国库的粮食怎能不减少，兵力怎能不薄弱呢？

商人商语：越是在企业走向强盛的时候，越是要教化员工踏实工作，越是要严格运营管理，越是要严谨对待职位升迁的考核，越是要杜绝批量地引进外来高管。思想的浮夸，必然会带来管理的懈怠。企业运营管理的能力削弱了，企业的经营实力也势必会遭到削弱。

原文：善为国者，官法明，故不任知虑。上作壹，故民不偷营，则国力抟。国力抟者强，国好言谈者削。故曰：农战之民千人，而有《诗》《书》辩慧者一人焉，千人者皆怠于农战矣。农战之民百人，而有技艺者一人焉，百人者皆怠于农战矣。国待农战而安，主待农战而尊。夫民之不农战也，上好言而官失常也。常官则国治，壹务则国富。国富而治，王之道也。故曰：王道作外，身作壹而已矣。

字面翻译：善于治国的人，制定的法律制度严明，所以不会任用那些所谓智慧者、计深者。朝廷实行农战这个政策，民众就不会偷奸耍滑另有心思，那么国家的力量就会集中。国家力量集中就会强盛，国家崇尚空谈就会削弱。假如从事农战的民众有一千人，而其中只要有一个学《诗经》《尚书》且巧言善辩的人，那么这一千人都会懈怠农战了。假如从事农战的民众有一百人，而其中只要有一个人搞手工业，那么这一百人都会懈怠农战了。国家依赖农耕和作战才能安全，君主依靠农耕和作战才能尊贵。民众不从事农战，那是因为君上喜欢空谈而使官吏制度失去了法规。官吏制度法规化，国家就能治理。专心农战，国家就会富强。国家富强而又政治清明，这是称王天下的道路。所以说，成就王业的道路不从外来，而在于本身实行农战一个政策罢了。

商人商语：有一个员工的行为及其利益游离于企业之外，企业教化员工的严谨性就会受到破坏，教化的力量就会大打折扣。教化和管理一样，都要一个方向、一条标准，才有实际作用。

原文：今上论材能知慧而任之，则知慧之人希主好恶使官制物以适主心。是以官无常，国乱而不壹，辩说之人而无法也。如此，则民务焉得无多？而地焉得无荒？《诗》《书》、礼、乐、善、修、仁、廉、辩、慧，国有十者，上无使守战。国以十者治，敌至必削，不至必贫。国去此十者，敌不敢至，虽至必却；兴兵而伐，必取；按兵不伐，必富。国好力者以难攻，以难攻者必兴；好辩者以易攻，以易攻者必危。故圣人明君者，非能尽其万物也，知万物之要也。故其治国也，察要而已矣。

字面翻译：现在君上您仅凭人们表面上的才能和智慧来任用他们，那么机灵聪明的人就会根据君主的好恶来处理政务迎合君主的心意，因此国家官吏制度没有了法规，国家政事混乱而民众不专心从事耕战，巧言强辞的人目无法度。像这样的话，民众想从事的其他职业怎么会不多？土地又怎么能不荒芜呢？国家有学习《诗经》《尚书》、礼仪、音乐、行善、好学、仁爱、廉洁、善辩、巧慧这十种人，君上就无法让民众守土作战。国家用这十种人治民，敌人到了，国土一定会被割削；敌人不来，国家也一定会贫穷。国家去掉这十种人，敌人就不敢来侵犯，就是来了也一定会退却；兴兵讨伐他国，一定能获取土地；按兵不动，国家也必定富足。国家注重实力，就要用艰苦的农战方式来攻伐，用艰苦的农战方式攻伐，国家就一定会强盛；国家喜好空谈，就会用容易的智巧方式去攻伐，国家轻率地去攻打别国就一定会危险。所以那些有威望的人和英明的君主并不是能运用万物，而是掌握了运用世上万事万物的规律和要领。因此他们治理国家的办法就是辩明要领罢了。

商人商语：企业的人力资源建设，在于有教化且并心一用，不在于堆积学历、资历、能力和名气。所以，人才是不是企业的人力资源，要看其是否适应企业文化，是否踏实可用。

原文：今为国者多无要。朝廷之言治也，纷纷焉务相易也。是以其君潜于说，其官乱于言，其民惰而不农。故其境内之民，皆化而好辩，乐学，事商贾，为技艺，避农战。如此，则不远矣。国有事，则学民恶法，商民善化，技艺之民不用，故其国易破也。夫农者寡而游食者众，故其国贫危。今夫螟、螣、蚼蠋春生秋死，一出而民数年不食。今一人耕而百人食之，此其为螟、螣、蚼蠋亦大矣。虽有《诗》《书》，乡一束，家一员，犹无益于治也，非所以反之之术也。故先王反之于农战。故曰：百人农、一人居者王；十人农、一人居者强，半农半居者危。故治国者欲民之农也。国不农，则与诸侯争权不能自持也，则众力不足也。故诸侯挠其弱，乘其衰，土地侵削而不振，则无及已。

字面翻译：现在治理国家的人，大多没有掌握要领。在朝廷讨论治国的法度时，说客七嘴八舌众论不一，都想改变对方的观点。因此，国君被不同的说法弄得糊里糊涂，而官吏被这些言谈弄得头昏脑涨，国中的民众也不愿意从事农耕。所以那些国家的民众都变得喜欢空谈和巧辩了，更喜欢从事经商、搞手工业，逃避农耕和作战，如果这样，那国家离灭亡就不远了。国家动荡，而那些有知识的人讨厌法规，商人善于变化，手工业者无所用，所以这个国家就容易被攻破。从事农耕的人少而靠巧言游说吃饭的人众多，所以这个国家就会贫穷危险。那些危害农作物的螟虫等害虫春天生出，秋天死掉，寿命很短，但只要它们出现一次，民众就会因虫害歉收，几年没有饭吃。一个人种地却供一百人吃饭，那么这些人比螟虫等害虫对国家的危害更大。《诗经》《尚书》，每个乡一捆，每家一卷，对治理国家一点用处也没有，也不会是将贫穷变富有、将弱国变强国的办法。以前那些有作为的君主抛弃空谈，依靠农耕和作战来变贫为富，变弱为强。因此说：如果一百人从事耕作，一个人闲着，这个国家就能称王天下；十个人从事农耕，一个人闲着，这个国家就会强大；有一半人从事农耕，有一半人闲着，这个国家就危险了。所以治理国家的人都想让民众务农，国家不重视农耕，就会在诸侯争霸时不能自保，这是因为民众的力量不足。因此，其他诸侯国就来削弱它，侵犯它，使它衰败。这个国家的土地就会被侵占，从此一蹶不振，到那时就来不及想办法了。

商人商语：那些说着轻巧的话、干着轻巧的事的人，在企业面临危难之时也是会轻易离开的。所以，企业文化的教化也要有"劣汰"的作用，排除这类不做实事的员工，不允许出现这一类员工。做到这一点，需要规章制度来保证教化的实施。

原文：圣人知治国之要，故令民归心于农。归心于农，则民朴而可正也，纷纷则易使也，信可以守战也。壹则少诈而重居，壹则可以赏罚进也，壹则可以外用也。夫民之亲上死制也，以其旦暮从事于农。夫民之不可用也，见言谈游士事君之可以尊身也、商贾之可以富家也、技艺之足以饩口也。民见此三者之便且利也，则必避农。避农，则民轻其居。轻其居，则必不为上守战也。凡治国者，患民之散而不可抟也，是以圣人作壹，抟之也。国作壹一岁者，十岁强；作壹十岁者，百岁强；作壹百岁者，千岁强；千岁强者王。君脩赏罚以辅壹教，是以其教有所常，而政有成也。

字面翻译：圣贤的君主懂得治理国家的要领。因此命令民众都把心放在农业上。民众专心务农，那么就朴实好管理，有诚信就容易役使，民众诚实便可以用来守城作战。民众专心耕种，那么就很少有奸诈之事，而且看重自己的故土不愿迁移。民众专心于农耕作战，那么就能用奖赏和惩罚的办法来鼓励其上进；民众专心于农耕作战，就可以用他们来对外作战。民众亲附君主，就会为了法制牺牲自己，那么他们早晚都会去从事农耕作战。民众如果不可以被使用，是因为他们看见靠空谈游说的人侍奉君主也可以使自己得到尊贵的地位，商人也可以发财致富，手工业者也能以此养家糊口。民众看到这三种人职业安适，又可以得财利，就一定会逃避农耕和作战；逃避农耕，那么民众就会轻视自己的居住地；轻视自己的居住地，那么就一定不会替君主守土作战。凡是治理国家的人都害怕民众散漫而不能集中，所以英明的君主都希望民众能将心思集中在农耕上。如果民众专心于农耕和作战一年，国家就能强大十年；如果民众专心于农耕和作战十年，国家就能强大一百年；如果民众专心于农耕和作战一百年，国家就能强大一千年，强大一千年才能称王于天下。君主制定赏罚作为教化民众的辅助手段，对民众的教化有法规，治理国家也就会有成绩。

商人商语：当员工一门心思扑在工作上时，工作不可能做不好。教化如同教育，不仅需要常规的教育手段，还需要常规的教育制度。

原文：王者得治民之至要，故不待赏赐而民亲上，不待爵禄而民从事，不待刑罚而民致死。国危主忧，说者成伍，无益于安危也。夫国危主忧也者，强敌大国也。人君不能服强敌、破大国也，则修守备，便地形，抟民力，以待外事，然后患可以去，而王可致也。是以明君修政作壹，去无用，止浮学事淫之民，壹之农，然后国家可富，而民力可抟也。

字面翻译：称王天下的君主掌握了统治民众的办法，不等君主实行赏罚，民众便会亲附于君主；不等君主封爵加禄，民众便从事农战；不等君主使用刑罚，民众就会拼死效命。在国家危亡、君主忧虑的时候，巧言善辩的空谈之士成群，对国家的安危没有任何益处。国家面临危亡，君主忧虑是因为遇上了强大的敌国。君主不能战胜强敌，攻破大国，那么就要修整用于防御的设施，考察地形，集中民众力量来应付外来的战事，这样灾难就可以消除，而称王天下的目的也就达到了。因此英明的君主治理国家应专心于农耕和作战，清除那些无用的东西，禁止民众学习那些空洞浮华的学问和从事游说等不正当职业，让他们专心于农耕，这样国家就能富强，民众的力量也可以集中了。

商人商语：教化和管理的终极目的，都是为了民心、民力、民智的集中使用。

原文：今世主皆忧其国之危而兵之弱也，而强听说者。说者成伍，烦言饰辞，而无实用。主好其辩，不求其实。说者得意，道路曲辩，辈辈成群。民见其可以取王公大人也，而皆学之。夫人聚党与，说议于国，纷纷焉。小民乐之，大人说之。故其民农者寡而游食者众。众，则农者殆；农者殆，则土地荒。学者成俗，则民舍农从事于谈说，高言伪议。舍农游食而以言相高也，故民离上而不臣者成群。此贫国弱兵之教也。夫国庸民以言，则民不畜于农。故惟明君知好言之不可以强兵辟土也，惟圣人之治国作壹、抟之于农而已矣。

字面翻译：现在各国国君都担心自己的国家危亡而且军事力量薄弱，却愿意听游说之客空洞的议论，说客们成群结队，繁复的议论和华丽的语言没有什么实际用处。君主爱听他们的辩说，也不去探求这些言谈的实用价值，因此说客们非常得意，无论走到什么地方都巧言诡辩，一伙又一伙成群结队。民众看这些人能用这种本领取悦王公大臣，便都学习他们。于是这些人结成党羽，在国内高谈阔论，夸夸其谈，普通人喜欢这么做，王公大臣也高兴他们这样做。因此国家中民众务农的少，而靠游说吃饭的人多。游说的人多，那么从事农耕的人便会懈怠，务农的人懈怠了，那么田地就会荒芜。学习花言巧语空谈成风，民众就会放弃农耕而高谈阔论。民众放弃农耕，改为靠高谈阔论吃饭，并且凭花言巧语获取尊崇。所以民众远离君主，而不臣服的人成群结队。这就是使国家贫穷、军队薄弱的原因。如果国家凭空谈使用民众，那么民众就不喜欢从事农耕。因此只有英明的君主知道，喜欢空谈不能用来增强军队的战斗力、开疆辟土，也只有圣明的人治理国家靠专心于农耕和作战，集中民众的力量罢了。

商人商语：经营企业没有智慧不行，企业的商业模式、营销策略，以及运营体系的设计，都需要智慧。但是，经营企业不能只靠智慧，还需要运营管理的笨功夫，把企业的产品做好，把企业的管理做到位，把企业的营销做到消费者的需要，把产品的服务做到消费者满意。

二

《商君书·赏刑》：教化不是请客吃饭，赏罚是"教鞭"，要能"打手板"

原文：圣人之为国也，壹赏，壹刑，壹教。壹赏则兵无敌，壹刑则令行，壹教则下听上。夫明赏不费，明刑不戮，明教不变，而民知于民务，国无异俗。明赏之犹至于无赏也，明刑之犹至于无刑也，明教之犹至于无教也。

字面翻译：圣人治理国家的办法，是统一奖赏，统一刑罚，统一教化。统一奖赏，那么兵力就会无敌于天下；统一刑罚，那么法令就能推行；统一教化，那么民众就会听从朝廷的役使。修明的赏赐不费财物，修明的刑罚不用杀戮，修明的教化不改变人情，而民众都知道自己的任务，国家也没有特殊的风俗。修明的赏赐到了一定高度就可以不用赏赐，修明的刑罚到一定高度就可以不用刑罚，修明的教化到了一定高度就可以不用教化。

商人商语：法家治理国家的方法出自治军之道，施行简洁有效的"一赏、一刑、一教"政策。教化的目的，在于统一行为的价值观和行为标准，以便易于驱使。即使是有"风俗"的存在，只要不违背"教化"的统一性即可。所以，在企业里可以有部门文化，但是要以公司文化为根本。

原文：所谓壹教者，博闻、辩慧、信廉、礼乐、修行、群党、任誉、清浊，不可以富贵，不可以评刑，不可独立私议以陈其上。坚者被，锐者挫。虽曰圣知、巧佞、厚朴，则不能以非功罔上利。然富贵之门，要存战而已矣。彼能战者践富贵之门。强梗焉，有常刑而不赦。是父兄、昆弟、知识、婚姻、合同者，皆曰："务之所加，存战而已矣。"夫故当壮者务于战，老弱者务于守，死者不悔，生者务劝，此臣之所谓壹教也。民之欲富贵也，共阖棺而后止，而富贵之门必出于兵，是故民闻战而相贺也，起居饮食所歌谣者，战也。此臣之所谓明教之犹至于无教也。

字面翻译：所谓统一教化，是指那些见闻广博、善辩聪慧、诚信廉洁、通礼明乐、修德好义、结群成党、名声显赫、自矜清高的人，朝廷不准许他们因为这些而获得富贵，不准许他们因为这些而批评刑罚政策，不准许他们凭借独特的私人意见向君上陈述。让顽固不化的人被摧垮，锋芒毕露的人被挫败。即使是所谓圣人智者、机巧善变、忠厚朴实的人，也不能在没有功劳的前提下迷惑君上得到利益。所以，获得富贵的门户，唯有在战场上而已。那些能够打仗的人，才能踏进富贵的大门。那些骄横跋扈的人，会依法惩处而不赦免。于是父亲叔伯、兄弟、朋友、亲戚、同乡的人都说："我们要加倍努力的地方，只有在战场上而已。"因此，那些年轻力壮的人努力出战，年老体弱的人努力防守，死在战场上的人不后悔，活着的人互相鼓励，这就是我说的统一教化。民众想要得到富贵的心思，都是到死后盖上棺材才停止的，可得到富贵的办法一定是从军，所以民众听说要打仗便互相庆贺，起居饮食时所唱的歌谣也是打仗的事儿。这就是我所说的修明教化到一定高度可以不用教化。

商人商语：法家的统一教化，其实是一种执行文化。其行为原则，也是行为利益的唯一标准，可以理解为"愚民"政策。但是孔子也说过"民可使由之，不可使知之"。可见那个时代的治民，在那个时代的执政者眼中，就是可以保护和使用的资源而已。现在一些企业的人力资源建设，又何尝不是如此？

忠孝容易被利用，唯有法制靠得住

评价一个员工的标准，就是他企业属性的本职工作的标准。这个标准，与他的社会属性，如宗教信仰、学历背景、品性操守、家庭状况等并没有直接的关系。所以，企业文化应该更多地倡导员工企业属性的职务行为，倡导一心一意做好本职工作的标准行为，要求在集体组织中"尽力守法"。

这个标准的建立，需要企业文化对员工行为动机进行教化。但是教化也不是鼓着腮帮子没有方向地鼓吹，而是要有企业品牌理念的方向性、目的性。而且这个方向的路途和尽处，还有利益的赏罚勉励。在法家的认识里，要有利益获得，要有"颜如玉"和"黄金屋"的鼓励，才符合人性，才有实际作用。

本节选取《韩非子·忠孝》，从管理者的角度来看待集体组织中个人的社会属性，认识到教化是来配合企业的运营管理的，而不是来影响和改变企业运营管理的正常状态的。

《韩非子·忠孝》：个人行为的价值标准，要符合组织行为的价值标准

原文：天下皆以孝悌忠顺之道为是也，而莫知察孝悌忠顺之道而审行之，是以天下乱。皆以尧舜之道为是而法之，是以有弑君，有曲父。尧、舜、汤、武或反君臣之义，乱后世之教者也。尧为人君而君其臣，舜为人臣而臣其君，汤、武为人臣而弑其主、刑其尸，而天下誉之，此天下所以至今不治者也。夫所谓明君者，能畜其臣者也；所谓贤臣者，能明法辟、治官职以戴其君者也。今尧自以为明而不能以畜舜，舜自以为贤而不能以戴尧，汤、武自以为义而弑其君长，此明君且常与而贤臣且常取也。故至今为人子者有取其父之家，为人臣者有取其君之国者矣。父而让子，君而让臣，此非所以定位一教之道也。臣之所闻曰："臣事君，子事父，妻事夫。三者顺则天下治，三者逆则天下乱，此天下之常道也。"明王贤臣而弗易也，则人主虽不肖，臣不敢侵也。今夫上贤任智无常，逆道也，而天下常以为治。是故田氏夺吕氏于齐，戴氏夺子氏于宋。此皆贤且智也，岂愚且不肖乎？是废常上贤则乱，舍法任智则危。故曰：上法而不上贤。

字面翻译：天下的人都认为"孝、悌、忠、顺"的道德准则是正确的，却没有人对"孝、悌、忠、顺"的道德准则加以了解考察后，再去慎重地实行，因此天下混乱。大家都认为尧、舜治理天下的政治准则是正确的而加以效法，因此才发生杀死君主、悖逆父亲的事情。唐尧、夏舜、商汤、周武王或许正是违反君臣之间的应有政治准则、扰乱后世道德准则的罪魁祸首。尧本来是君主，却把自己的臣子舜当作君主；舜本来是臣子，却把自己的君主尧当作臣子；商汤、周武王作为臣子却杀死自己的君主，刑惩君主的尸体，而天下的人也都称赞他们，这就是天下之所以至今不太平的原因啊。世上所谓明君，是能够驯服臣子的人；所谓贤臣，是能够彰明法律、履行职责来拥戴君主的人。现在是尧自以为圣明却不能以此圣明来驯服舜，舜自以为贤德却不能以此圣明来拥戴尧，商汤、周武王自以为仁义却杀死了自己的君主，这就是自认为明君的却常常失去君位，自称为贤臣的却常常篡取君权的情况。所以直到现在，还有做儿子的夺取父亲家业、做臣子的夺取君主政权的事情发生。父亲把家业让给儿子，君主把王位让给臣下，这绝对不应该成为确定名分地位、统一教化的原则啊。我所听到的说法是："臣子服侍君主，儿子服侍父亲，妻子侍奉丈夫。这三种伦理理顺以后，天下就能得到治理；违背了这三种伦理，天下就会陷入混乱。"这是治理天下的永恒法则，就是明君、贤臣也不能变更它。这样的话，如果君主不够贤德，臣子也不敢侵犯它。现在尊尚贤人、任用智者没有一定之规，这就是没有遵循治理天下的永恒法则，而天下人却常常认为这是正确的治国方法。正因为如此，在齐国，田氏夺取了吕氏的政权，在宋国，戴氏夺取了子氏的政权。这些被夺取政权的君主都是贤德又有智慧的人，哪里是既愚蠢又无才无德的人呢？由此看来，废弃永恒法则而尊尚贤人就会发生混乱，舍弃法制却任用智者就会产生危险。所以说：要尊尚法制而不是尊尚贤人。

商人商语：儒家认为，人是对的，那么他做什么都是对的。贤德之人有仁德动机的作为不会有差错。而法家认为，人即使是对的，如果他坏了规矩，那么他也是错的，况且还会有坏人效仿贤德之人做破坏规矩的行为。贤德之人破坏规矩的行为，如果被效仿而流行成为风俗，就是社会混乱的根源。企业在经营中，不应该提倡员工坏规矩的创新精神，那是不可控的。员工个人的才德，不能破坏组织伦理，要在组织管理的框架中起作用。

原文：记曰："舜见瞽瞍，其容造焉。孔子曰：'当是时也，危哉，天下岌岌！有道者，父固不得而子，君固不得而臣也。'"臣曰：孔子本未知孝悌忠顺之道也。然则有道者，进不为主臣，退不为父子耶？父之所以欲有贤子者，家贫则富之，父苦则乐之；君之所以欲有贤臣者，国乱则治之，主卑则尊之。今有贤子而不为父，则父之处家也苦；有贤臣而不为君，则君之处位也危。然则父有贤子，君有贤臣，适足以为害耳，岂得利焉哉？所谓忠臣，不危其君；孝子，不非其亲。今舜以贤取君之国，而汤、武以义放弑其君，此皆以贤而危主者也，而天下贤之。古之烈士，进不臣君，退不为家，是进则非其君，退则非其亲者也。且夫进不臣君，退不为家，乱世绝嗣之道也。是故贤尧、舜、汤、武而是烈士，天下之乱术也。瞽瞍为舜父而舜放之，象为舜弟而杀之。放父杀弟，不可谓仁；妻帝二女而取天下，不可谓义。仁义无有，不可谓明。《诗》云："普天之下，莫非王土；率土之滨，莫非王臣。"信若《诗》之言也，是舜出则臣其君，入则臣其父，妾其母，妻其主女也。故烈士内不为家，乱世绝嗣；而外矫于君，朽骨烂肉，施于土地，流于川谷，不避蹈水火。使天下从而效之，是天下遍死而愿天也。此皆释世而不治是也。世之所为烈士者，离众独行，取异于人，为恬淡之学而理恍惚之言。臣以为恬淡，无用之教也；恍惚，无法之言也。言出于无法，教出于无用者，天下谓之察。臣以为人生必事君养亲，事君养亲不可以恬淡；治人必以言论忠信法术，言论忠信法术不可以恍惚。恍惚之言，恬淡之学，天下之惑术也。孝子之事父也，非竞取父之家也；忠臣之事君也，非竞取君之国也。夫为人子而常誉他人之亲曰："某子之亲，夜寝早起，强力生财以养子孙臣妾。"是诽谤其亲者也。为人臣常誉先王之德厚而愿之，是诽谤其君者也。非其亲者知谓之不孝，而非其君者天下皆贤之，此所以乱也。故人臣毋称尧舜之贤，毋誉汤、武之伐，毋言烈士之高，尽力守法，专心于事主者为忠臣。

字面翻译：古代典籍记载说："舜面对父亲瞽瞍的朝见，表现得局促不安。孔子说：'这个时候，危险啊，天下岌岌可危啊！像舜这样道德高尚的人，他的父亲本来就不能把舜当儿子看待，作为君主的舜也本来不能把瞽瞍当臣子看待。'"我说：孔子根本就不懂"孝、悌、忠、顺"的道德准则。照他的说法来看，难道道德高尚的人，在朝廷就不能做君主的臣子，在家里就不能做父亲的儿子吗？做父亲的之所以希望有贤德的儿子，是因为家人贫穷时他能使家人富有，父亲愁苦时他能使父亲高兴；做君主的之所以希望有贤德的臣下，是因为国家混乱时他能够对其治理，君主卑下时他能够使其尊贵。现在有了贤德的儿子却不照顾父亲，那么父亲住在家里也是痛苦的；有了贤德的臣子却不辅佐君主，那么君主处在君位也是危险的。既然如此，那么父亲有贤德的儿子、君主有贤德的臣子，却恰好成为祸害罢了，哪里还能从中得到什么好处呢？所谓忠臣，应该不危害他的君主；所谓孝子，应该不违逆他的父母。现在的情形是，舜因为贤德获取了君主的国家，商汤、周武因为仁义放逐杀害了自己的君主，这都是因为贤德而危害君主的人，天下的人却认可他们的贤德。古代所谓的"刚烈之士"，上朝不臣服于君主，回家不治家养亲，这是在朝廷里违逆自己的君主，在家里忤逆自己的父母。进一步说，上朝不臣服于君主，回家不治家养亲，就是扰乱社会、断绝传承的做法。因此，称颂尧、舜、汤、武的贤德，肯定刚烈之士，是祸乱天下的做法。瞽瞍是舜的父亲，而舜流放了他；象是舜的弟弟，而舜杀死了他。舜流放父亲、杀害弟弟，不能称为仁；娶了尧帝的两个女儿还获取了他的天下，不能称为义。没有仁也没有义，不能称为圣明。《诗经》上说："普天之下，没有不是君王的土地；四海之内，没有不是君王的臣民。"果真像《诗经》上说的，舜出世就把君主当臣子，回家就把父亲当臣子，把母亲当奴婢，把君主的女儿娶做妻子。所以，刚烈之士回家不治家养亲，扰乱社会断绝传承；上朝违背君主，即使尸骨腐烂或抛洒荒野，或浮沉于山川河谷，也不躲避死难。如果让天下的人都仿效他们，这就会造成天下到处都是尸体而且人们都不怕早死。他们都是置社会于不顾而且不想治理社会的人。社会上的那些做"刚烈之士"的人，虽然身处众人之中，也要自行其是，取舍标准与众不同，从事清心寡欲的学说，研究飘忽不定难以把捉的言辞。我认为，清心寡欲是毫无用处的说教，飘忽不定是没有方法的学说。没有方法的学说、毫无用处的说教，天下的人却认为是明察。我认为，人生在世一定要侍奉君主、赡养父母，而侍奉君主、赡养父母就不可以清心寡欲；与人交往一定会谈论涉及忠诚、信誉、原则、方法，谈论忠诚、信誉、原则、方法，就不能使用飘忽不定难以把握的言辞。飘忽不定的言辞、清心寡欲的学说，是蛊惑天下的学术。孝子侍奉父亲，不是为了争夺父亲的家产；忠臣侍奉君主，不是为了篡夺君主的君权。如果做儿子的常常称赞别人的父亲，说什么："某人的父亲，起早晚睡，努力赚钱来养活子孙奴婢。"这相当于是诽谤自己的父亲。做臣子的常常赞誉先王的德行深厚并表示倾慕，这相当于是诽谤自己的君主。非议自己的父亲的人，人们知道称之为不孝，非议自己的君主的人，天下人却认为他们贤德，这就是天下混乱的根源。所以，臣子中那些不称颂尧舜的贤德，不赞美商汤周武的功绩，不宣扬刚烈人士的清高，而是努力维护法制，一心一意地侍奉君主的才是忠臣。

商人商语：对舜"容造焉"的评价，孔子和韩非子，一个是赞扬，一个是否定，两人都没有就事论事。难道舜就不能在上朝时摆出君主的威严，回家时再拿出孝子的温和吗？企业伦理和家庭伦理的"忠臣孝子"，是要在企业和家庭中，表现出符合名分的行为，而不是名分不清、互相混淆。

原文：古者黔首悗密蠢愚，故可以虚名取也。今民儇诇智慧，欲自用，不听上。上必且劝之以赏，然后可进；又且畏之以罚，然后不敢退。而世皆曰："许由让天下，赏不足以劝；盗跖犯刑赴难，罚不足以禁。"臣曰：未有天下而无以天下为者，许由是也；已有天下而无以天下为者，尧、舜是也。毁廉求财，犯刑趋利，忘身之死者，盗跖是也。此二者，殆物也。治国用民之道也，不以此二者为量。治也者，治常者也；道也者，道常者也。殆物妙言，治之害也。天下太上之士，不可以赏劝也；天下太下之士，不可以刑禁也。然为太上士不设赏，为太下士不设刑，则治国用民之道失矣。

字面翻译：古代劳作的民众勤恳愚笨，因此可以用虚名来骗取。现在的民众狡诈聪颖，想要有自己的作为，不肯听从朝廷。朝廷一定得用奖赏的办法去鼓励，然后才能使他们进取；同时又要用刑罚的办法来恫吓，然后才能使他们不敢后退。而社会上的人却都说："许由推让天下，说明奖赏不足以勉励；盗跖触犯刑律不避危难，说明惩罚不足以禁止。"我认为：没有持有天下，也不把持有天下当作一回事的，许由是这种人；已经持有天下，而不把持有天下当作一回事的，尧舜是这种人。败坏廉洁操守去追求钱财，触犯刑罚法律去追求私利，忘记自身生死的，盗跖是这种人。许由、盗跖这两种人，是危险的人物。治理国家役使民众时，是不能把这两种人作为考量的。治理民众的措施，是针对民众的日常行为；导引民众的教化，是导引民众的通常思想。危险的人物和玄妙的言论，都是国家治理的祸害。天下那些极其清高的人士，是不可以用奖赏来鼓励的；天下那些极端贪婪的人，是不可以用刑罚来禁止的。但是，如果因为极其清高人士就不设立奖赏，因为极端贪婪人士就不设立刑罚，那就失去了治理国家和役使民众的基本原则。

商人商语：企业的运营管理是针对企业的日常业务流程的，规章制度是来规范员工的日常工作行为的。教化之风、赏罚之用，也是在这个"日常"范围之内的。企业教化员工的行为，应该是在企业运营管理的框架之内，在企业经营的理念之内。自行其是、标新立异都不符合组织里个人的行为标准。

原文：故世人多不言国法而言从横。诸侯言从者曰："从成必霸。"而言横者曰："横成必王。"山东之言从横未尝一日而止也，然而功名不成，霸王不立者，虚言非所以成治也。王者独行谓之王，是以三王不务离合而正，五霸不待从横而察，治内以裁外而已矣。

字面翻译：现在社会上的人大多不谈论治国策略而是谈论国家外交的合纵连横。诸侯国中，讲合纵的人说："合纵成功，就一定可以称霸。"讲连横的人说："连横成功，就一定可以称王。"山东六国谈论合纵连横不曾有一天停下来过，然而并没有成就功名和称王称霸的原因，在于空话不可能成就国家的大治。所谓王，是要独断专行才称得上的，所以夏、商、周三代开国君王不需要致力于纵横捭阖的策略就能匡正天下，春秋五霸不需要依靠纵横捭阖的策略就能明察天下，他们只是在治理好本国的基础上再来制定外交政策罢了。

商人商语：当今社会没有哪个企业有能力独自建起一个封闭的经营生

态链，各家企业之间都需要沟通与合作。但是开放合作的前提是企业要在这段关系中有自己不可或缺的价值和地位。否则企业经营没有自主权，只能被动选择，也就没有持续发展壮大的可能。

公私从来相对立，礼敬五蠹自招患

在韩非子看来，有五种人是社会风气的破坏者：学者（儒家）、言谈者（纵横家）、带剑者（游侠）、患御者（逃避兵役的人）、商工之民（经营工商业的人）。对照起来，企业中也会有这五种扰乱经营管理的浮华者。所以，企业家要注意观察员工个人的价值观和言谈举止与企业经营理念和规章制度的契合程度，要警惕这五种人，并以此为戒，来教化企业员工踏实做事、朴实做人。

一般来说，有文化的员工，会利用自己的知识和见解，来指正公司的规章制度，从而扰乱公司制度的严肃性；有能力的员工，喜欢越过规章制度来显示自己的创造性和独特性，从而扰乱公司制度的执行性。这一文一武的错误，却通常都会得到老板的赏识和礼遇，岂不知这就是企业文化混乱的根源。人心不古、贤圣不在，这两种人做的大都只是表面文章，其破坏性远远大于建设性。

本节选取的是《韩非子·五蠹》。韩非子深刻地认识到国家治理中存在的一些浮华现象，其实这些现象的本质就是自私自利，它们与国家利益背道而驰。

《韩非子·五蠹》：五个与法制理念不符合的浮华现象，犹如国家粮仓里的五个蠹虫

原文：上古之世，人民少而禽兽众，人民不胜禽兽虫蛇。有圣人作，构木为巢以避群害，而民悦之，使王天下，号曰有巢氏。民食果蓏蚌蛤，腥臊恶臭而伤害腹胃，民多疾病。有圣人作，钻燧取火以化腥臊，而民说之，使王天下，号之曰燧人氏。中古之世，天下大水，而鲧、禹决渎。近古之世，桀、纣暴乱，而汤、武征伐。今有构木钻燧于夏后氏之世者，必为鲧、禹笑矣；有决渎于殷、周之世者，必为汤、武笑矣。然则今有美尧、舜、汤、武、禹之道于当今之世者，必为新圣笑矣。是以圣人不期修古，不法常可，论世之事，因为之备。宋人有耕者，田中有株，兔走触株，折颈而死，因释其耒而守株，冀复得兔，兔不可复得，而身为宋国笑。今欲以先王之政，治当世之民，皆守株之类也。

字面翻译：上古时代，人口稀少，飞鸟野兽众多，人们无法忍受飞鸟、野兽、蠹虫、毒蛇的侵害。有圣人现世，他教导大家架起木头搭建鸟巢一样的住处，来避免遭到各种侵害，因而民众爱戴他，推举他为君王来治理天下，称他为有巢氏。当时民众吃野生的瓜果和河蚌蛤蜊，这些东西腥臊腐臭而且伤害肠胃，许多人得了疾病。又有圣人现世，他教导大家钻燧取火来烧烤食物除去腥臊，因而民众爱戴他，推举他为君王来治理天下，称他为燧人氏。中古时代，天下洪水泛滥，鲧和禹带领大家疏通河道导流入海。近古时代，夏桀、商纣残暴昏乱，于是商汤和周武王起兵讨伐。假如在夏王朝时代，有人在树上搭建房屋和用钻木燧石取火，那一定会被鲧、禹耻笑的；在商王朝、周王朝时代，有人疏通河道导流入海，那一定会被商汤、周武王耻笑的。既然如此，假若有人推崇尧、舜、商汤、周武王、夏禹治理天下的原则并在当今时代加以实施，定然要被新时代的圣人耻笑的。因此，圣人不期望远古的方法，不墨守成规，而是根据时代的实际情况，制定相应的措施。宋国有一个耕田的人，田里有一个树桩，一只兔子奔跑时撞在这个树桩上，撞断了脖子而死去，因此宋人放下手中的木锹守候在树桩旁边，希望再次捡到死兔子。撞死的兔子不可能再次得到，他自己却被宋国人所耻笑。现在假若还要用先王的执政措施来治理当代的民众，都是属于守株待兔的一类人了。

商人商语：企业文化的先进与落后，不在于和社会或和其他同类企业

• 170 •

相比较的先进与落后，而在于和企业本身的商业模式、运营方式相匹配的先进与落后。时代在变，商业模式在变，运营管理在变，企业文化也在变。

原文：古者丈夫不耕，草木之实足食也；妇人不织，禽兽之皮足衣也。不事力而养足，人民少而财有余，故民不争。是以厚赏不行，重罚不用，而民自治。今人有五子不为多，子又有五子，大父未死而有二十五孙。是以人民众而货财寡，事力劳而供养薄，故民争，虽倍赏累罚而不免于乱。

字面翻译：古代的男人不用耕种，野生草木的果实就足够吃了；妇女不用纺织，飞鸟野兽的皮子就足够穿了。不用耕织出力而供养充足，人口稀少而财物有余，所以民众不用争夺。因而不用实行厚赏，不用实行重罚，民众也安定无事。现在人们有五个儿子也不算多，每个儿子又会有五个儿子，祖父还未去世就会有二十五个孙子。因此，人口众多而货物财利缺少，费力劳作而供给物养微薄。所以民众争夺，即使加倍地奖赏和重复地惩罚，也不能避免祸乱的发生。

商人商语：获取基本的生存条件和更好的生活资源，是员工们努力工作的动能。因此不能简单地用“忠于企业”的理念来教化信奉“争者生存”的员工，并且用“胜者优先”的绩效考核原则来评判员工。那样的话，老实听话的员工就吃了哑巴亏，不老实不听话自私自利的员工不仅得了便宜，还会轻视企业文化的作用。

原文：尧之王天下也，茅茨不剪，采椽不斫；粝粢之食，藜藿之羹；冬日麑裘，夏日葛衣；虽监门之服养，不亏于此矣。禹之王天下也，身执耒臿以为民先，股无胈，胫不生毛，虽臣虏之劳，不苦于此矣。以是言之，夫古之让天子者，是去监门之养，而离臣虏之劳也，古传天下而不足多也。今之县令，一日身死，子孙累世絜驾，故人重之。是以人之于让也，轻辞古之天子，难去今之县令者，薄厚之实异也。夫山居而谷汲者，膢腊而相遗以水；泽居苦水者，买庸而决窦。故饥岁之春，幼弟不饷；穰岁之秋，疏客必食。非疏骨肉爱过客也，多少之实异也。是以古之易财，非仁也，财多也；今之争夺，非鄙也，财寡也。轻辞天子，非高也，势薄也；争士橐，非下也，权重也。故圣人议多少、论薄厚为之政。故罚薄不为慈，诛严不为戾，称俗而行也。故事因于世，而备适于事。

字面翻译：尧统治天下的时候，茅草盖的屋顶不再修剪，栎木做的橡子不再砍削；吃的是糙米稻饼类的粗粮，喝的是野菜豆叶类的清汤；冬天穿粗糙的小鹿皮，夏天穿简陋的葛布衣；即使是现在看门奴仆的衣服食物，也不会比尧少。禹统治天下的时候，亲自拿着锹锄劳作来带领民众，累得大腿上没有肥肉，小腿上不生汗毛，即使是奴隶们的劳役，也不会比禹劳苦。根据这种情况，古代推让天子的职位，不过是躲避看门奴仆般的给养，而且逃避奴隶般的劳苦罢了，所以古代把天下传位给别人也并不值得赞美。如今的县令，即使自己去世，他的子孙接连几代也会享受着车马的待遇，所以人们都看重官职。因此人们对于推让这件事情，可以轻易地辞掉古代的天子王位，却难以舍弃现在的县令职位，就在于或微薄或优厚的实际待遇不同啊。那些在山上居住而到谷底取水的人家，每逢祭祀的节日会用水作为礼物互相馈赠；在洼地居住饱受水涝苦害的人，却要雇人来开沟排水。所以在荒年青黄不接的春天，幼小的弟弟来了也不给他食物；在丰年庄稼成熟的秋天，疏远的过路客人一定要请他吃饭。不是疏远自己的亲人而偏爱过路的客人，原因在于存粮或多或少的实际情况不同啊。因此，古代人轻视财物，并不是因为心地仁爱，而是因为财物富裕；现在人争取抢夺，并不是因为品性卑鄙，而是因为财物缺少。轻易辞让天子的王位，并不是因为品格高尚，而是因为权势很小；争抢官位依附权势，并不是因为人品低下，而是因为权势很大。圣人要计议社会财物的多少、考虑权势的轻重来制定政策。处罚轻微并不是因为仁慈，惩办严厉并不是因为残暴，而是适应社会状况来制定政策罢了。因此，政事要适应时代的需要，而措施要依据具体的事情。

商人商语：不盲目相信圣人的道德品质，只看重普通人自私自利的本性，这是法家对人性的深刻认识。企业经营根据市场的变化而变化，规章制度根据运营的变化而变化，企业文化也要尊重员工的本性而变化，不能脱离人性的实际。

原文：古者文王处丰、镐之间，地方百里，行仁义而怀西戎，遂王天下。徐偃王处汉东，地方五百里，行仁义，割地而朝者三十有六国。荆文王恐其害己也，举兵伐徐，遂灭之。故文王行仁义而王天下，偃王行仁义而丧其国，是仁义用于古不用于今也。故曰：世异则事异。当舜之时，有苗不服，禹将伐之。舜曰："不可。上德不厚而行武，非道也。"乃修教三年，执干戚舞，有苗乃服。共工之战，铁铦短者及乎敌，铠甲不坚者伤乎体。是干戚用于古不用于今也。故曰：事异则备变。上古竞于道德，中世逐于智谋，当今争于气力。齐将攻鲁，鲁使子贡说之。齐人曰："子言非不辩也，吾所欲者土地也，非斯言所谓也。"遂举兵伐鲁，去门十里以为界。故偃王仁义而徐亡，子贡辩智而鲁削。以是言之，夫仁义辩智，非所以持国也。去偃王之仁，息子贡之智，循徐、鲁之力使敌万乘，则齐、荆之欲不得行于二国矣。

字面翻译：古时候的周文王地处丰、镐之间，领地方圆不过百里，推行仁义之道感化了西戎，进而称王天下。徐偃王身处在汉水东面，领地方圆有五百里，推行仁义之道，割让土地给徐国并向其朝拜称臣的邦国有三十六个。楚文王害怕徐国危害自己，便出兵攻打徐国，于是徐国被灭亡了。周文王推行仁义之道称王天下，徐偃王推行仁义之道却丧失自己的国家，这说明仁义之道适用于古代不适用于现在。所以说：时代不同了，政事就会随之不同。舜当政的时候，有三苗族不肯归顺，禹准备征伐三苗。舜说："不要这样。仁德教化不够深厚就动用武力，不是正确的办法。"于是修治仁德教化三年，期间拿着盾牌大斧演示跳舞，有苗三族于是归顺了。到了共工时期的作战，武器短的就会被敌人击中，不坚固的铠甲就会伤及身体。这说明拿着盾牌和大斧演示的方法适用于古代不适用于现在。所以说：事情不同了，措施也要随之改变。上古时代，人们在道德上竞争高下；中古时期，人们在智谋上角逐优劣；当今社会，人们在力量上较量输赢。齐国准备攻打鲁国，鲁国派子贡去游说齐人。齐人说："您说的不是没有道理，但我想要的是土地，不是您说的仁义道德。"齐国出兵征伐鲁国，把距离鲁国都城城门十里的地方作为齐国国界。徐偃王推行仁义之道而徐国灭亡，子贡善辩机灵而鲁国国土削减。由此说来，那种仁义之道、善辩机灵之智，都不是可以用来保全国家的。如果当初抛弃徐偃王的仁义，不用子贡的机智，而是依照徐国、鲁国的实力，来设法抵抗万辆兵车的强敌，那么齐国、楚国的欲望就不会在这两个国家里得逞了。

商人商语：韩非子描述的上古、中古、当今的竞争方式，以现在商业理念来进行理解，就是竞争不再是割裂的单一方式，而是集合的复合方式。在"适者生存"的市场竞争中，企业的"商道"，不只是面向消费者的"商业道德"，还是所处市场优胜劣汰的"商场法则"，以及所处商人群体的"商界规矩"，企业经营管理的"商务规则"。任何单一片面的理解，都会导致企业经营的失败。

原文：夫古今异俗，新故异备。如欲以宽缓之政，治急世之民，犹无辔策而御駻马，此不知之患也。今儒、墨皆称先王兼爱天下，则视民如父母。何以明其然也？曰："司寇行刑，君为之不举乐；闻死刑之报，君为流涕。"此所举先王也。夫以君臣为如父子则必治，推是言之，是无乱父子也。人之情性莫先于父母，皆见爱而未必治也，虽厚爱矣，奚遽不乱？今先王之爱民，不过父母之爱子，子未必不乱也，则民奚遽治哉？且夫以法行刑，而君为之流涕，此以效仁，非以为治也。夫垂泣不欲刑者，仁也；然而不可不刑者，法也。先王胜其法，不听其泣，则仁之不可以为治亦明矣。

字面翻译：古代和现代的社会风俗不同，新旧时代的政治措施也不一样。如果想用宽容和缓的政治措施治理急剧变动时代的民众，就好比没有缰绳和鞭子却想要驾御凶悍烈马来拉车一样，这是不明智引发的过错。现在，儒家和墨家都称颂先王博爱天下，如同父母爱护子女一样。用什么证明先王如此呢？他们说："司法大臣执行刑罚的时候，君主为此停止奏乐；听到刑罚处决的判决，君主为此流下眼泪。"这就是他们所崇拜的先王。如果认为君臣关系像父子关系一样的天下就一定能治理得好，就不会存在父子之间的忤逆了。人的天生情感没有什么能超过父母对于子女的情感的，然而都表现在疼爱上未必就能教育好子女。即使是再深厚的疼爱，怎么可能没有忤逆呢？现在看先王的仁爱民众，其程度不会超过父母对子女的疼爱，子女都不一定不忤逆父母，那么民众怎么可能就能治理好呢？再说按照法律执行刑罚，而君主为此流下的眼泪，这不过是用来表现仁爱，不是用来治理国家的。低头流泪不想用刑罚，这是君主的仁爱；然而不能不用刑罚，这是国家的法律。先王要首先执行法律，不会听从自己的同情心而改变，那么仁爱不可以用来治理国家的道理也就清楚了。

商人商语：韩非子代表的法家，提出了治国之道是"驾御之道"的理念。法家认可对民众要有仁爱之心，但是不认可用单一的仁爱教化就能够治理国家。企业组织的经营与管理，也不可能靠品牌理念、企业文化和企业家以身作则的教化来完成，不以规矩，不能成方圆。

原文：且民者固服于势，寡能怀于义。仲尼，天下圣人也，修行明道以游海内，海内说其仁、美其义而为服役者七十人。盖贵仁者寡，能义者难也。故以天下之大，而为服役者七十人，而仁义者一人。鲁哀公，下主也，南面君国，境内之民莫敢不臣。民者固服于势，势诚易以服人，故仲尼反为臣而哀公顾为君。仲尼非怀其义，服其势也。故以义则仲尼不服于哀公，乘势则哀公臣仲尼。今学者之说人主也，不乘必胜之势，而务行仁义则可以王，是求人主之必及仲尼，而以世之凡民皆如列徒，此必不得之数也。

字面翻译：况且民众的心理本来就是屈服于威势，很少能被仁义感化。孔子，是天下的圣人，他修养德行宣扬仁道而周游列国，四海之内欣赏他的仁爱、倾慕他的仁义而且愿意服侍役使的有七十余人。可见重视仁爱的人很稀少，能够奉行仁义行为的人实在难得。所以天下这么大，为孔子役使的只有七十余人，而且真正仁心义行的只有孔子一个人。鲁哀公，是个贤德低下的君主，面南而坐统治鲁国，国内的民众没有敢于不臣服的。民众的心理本来就是屈服于威势，威势也确实容易使人服从，所以仁义的孔子反而做了臣子，而低下的鲁哀公却成了君主。孔子不是感化于鲁哀公的仁义，而是屈服于他的威势。因此根据仁义孔子就不会屈服于鲁哀公，凭借威势鲁哀公却可以使孔子臣服。现在儒家学者游说君主，不依仗一定成功的威势，而是致力于推行仁义治国就可以称王天下，这是希望君主的品德一定达到孔子的高度，要求天下的普通民众都像孔子的门徒一样，这是一定不可能做到的啊。

商人商语：仁才难得，圣人难再。所以，法家教化的实质，不是要教化出圣人，而是要教化出服从法制的臣民。法家的这一思想，看似粗鄙，实则实用。当然这个实用，在倡导人才创造性的某些行业、某些企业、某些岗位是不足取的。创造性也得在有用的框框里，不是吗？

原文：今有不才之子，父母怒之弗为改，乡人谯之弗为动，师长教之弗为变。夫以父母之爱、乡人之行、师长之智，三美加焉，而终不动，其胫毛不改。州部之吏，操官兵，推公法，而求索奸人，然后恐惧，变其节，易其行矣。故父母之爱不足以教子，必待州部之严刑者，民固骄于爱、听于威矣。故十仞之城，楼季弗能逾者，峭也；千仞之山，跛牂易牧者，夷也。故明王峭其法而严其刑也。布帛寻常，庸人不释；铄金百溢，盗跖不掇。不必害，则不释寻常；必害手，则不掇百溢。故明主必其诛也。是以赏莫如厚而信，使民利之；罚莫如重而必，使民畏之；法莫如一而固，使民知之。故主施赏不迁，行诛无赦，誉辅其赏，毁随其罚，则贤、不肖俱尽其力矣。

字面翻译：现在假定有这么一个不成器的儿子，父母的愤怒不能使他悔改，乡邻的责备不能使他心动，师长的教训不能使他转变。综合父母的慈爱、乡邻的帮助、师长的智慧，这三个方面好的作用施加给他，他却始终没有变化，连他小腿上的汗毛都没有丝毫改变。然而，当地方官府的衙役，拿着官府的兵器，执行国家的法律，而搜查抓捕坏人的时候，他这才害怕起来，改变他的品行，变化他的举止言谈。所以父母的慈爱不足以教育好子女，必须依靠官府的严厉刑罚，这是因为民众本性就是受到慈爱就骄纵、见到威势就屈服的缘故。因此，十仞高的城墙，善于攀爬跳跃的楼季也不能超越，因为地势陡峭；千仞高的大山，就是瘸腿的母羊也容易放牧，因为山势平缓。所以明君会严峻立法并且严格用刑。一寻两寻的布帛，普通人也舍不得放手；熔化的黄金即使有百镒，盗跖也不会拾取。不一定有害，一寻两寻的布帛也不肯放弃；肯定会伤害到手，就是百镒黄金也不敢去拾取。所以明君一定要严格他的刑罚。因此，施行奖赏最好是丰厚而且坚守信用，使民众认为它有利；施行刑罚最好是严厉而且一定执行，使民众有所畏惧；法令最好统一而且固定，使民众都能够明白。所以君主施行奖赏不会改变，执行刑罚没有赦免，用赞美辅助他的奖赏，用诋毁伴随他的惩罚，那么无论是贤德还是无才无德的人，都会竭尽自己的力量了。

商人商语：这段话，既是韩非子深受荀子"人性本恶"理论影响的生动体现，也是法家奉行依法治民的理论基础。教化不行，就得教育；教育不行，就得教导；教导不行，就得惩戒。法家的教化没有那么多的步骤，没有那么多的预热，上来讲的就是制度和赏罚。

原文：今则不然。以其有功也爵之，而卑其士官也；以其耕作也赏之，而少其家业也；以其不收也外之，而高其轻世也；以其犯禁也罪之，而多其有勇也。毁誉、赏罚之所加者，相与悖缪也，故法禁坏而民愈乱。今兄弟被侵，必攻者，廉也；知友被辱，随仇者，贞也。廉贞之行成，而君上之法犯矣。人主尊贞廉之行，而忘犯禁之罪，故民程于勇，而吏不能胜也。不事力而衣食，则谓之能；不战功而尊，则谓之贤。贤能之行成，而兵弱而地荒矣。人主说贤能之行，而忘兵弱地荒之祸，则私行立而公利灭矣。

字面翻译：现在却不是这样。因为他有功劳而授予他官爵，却又鄙视他出仕做官；因为他从事耕种而奖赏他，却又看不起他的家业；因为他不被收服而疏远他，却又推崇他轻视世俗名利；因为他违犯禁令而处罚他，却又称赞他勇敢。诋毁或者赞誉、奖赏或者惩罚的执行情况，竟是如此的自相矛盾，所以法律的禁令被破坏而民众更加混乱。现在兄弟受到侵犯，就一定报复的人，被认为是正直；知心的朋友被侮辱，就随即报仇的人，被认为是忠贞。这种正直和忠贞的品行被认可了，而君主的法律却被违犯了。君主推崇这种忠贞正直的品行，却忽视了他们违犯法律的罪责，所以民众敢于逞勇犯禁，而官吏却不能够制止他们。不出力劳动就有吃有穿的人，说他有能力；没有战功就地位尊贵的人，说他有贤德。这种贤德和能力的认识形成了，就会导致国家兵力衰弱而且土地荒芜。君主赞赏这种贤德和能力，却忘记了兵力削弱和土地荒芜的祸害，那么谋取私利的行为就会得逞，而国家的利益就要丧失了。

商人商语：教化员工的行为应该和企业规章制度规定的行为准则保持一致。即使是团队意识，也是工作团队的意识，不能是违背了企业规章制度而私相授受的"团伙意识"。"小爱之泛"是企业文化之患，"小利之滥"是企业管理之忧。

原文：儒以文乱法，侠以武犯禁，而人主兼礼之，此所以乱也。夫离法者罪，而诸先生以文学取；犯禁者诛，而群侠以私剑养。故法之所非，君之所取；吏之所诛，上之所养也。法、趣、上、下，四相反也，而无所定，虽有十黄帝不能治也。故行仁义者非所誉，誉之则害功；工文学者非所用，用之则乱法。楚之有直躬，其父窃羊，而谒之吏。令尹曰："杀之！"以为直于君而曲于父，报而罪之。以是观之，夫君之直臣，父之暴子也。鲁人从君战，三战三北。仲尼问其故，对曰："吾有老父，身死莫之养也。"仲尼以为孝，举而上之。以是观之，夫父之孝子，君之背臣也。故令尹诛而楚奸不上闻，仲尼赏而鲁民易降北。上下之利，若是其异也，而人主兼举匹夫之行，而求致社稷之福，必不几矣。

字面翻译：儒生利用文献扰乱法纪，游侠使用武力违犯禁令，而君主却都以礼相待，这是国家混乱的根源。背离法律的本该治罪，而那些儒生却靠着文章学说得到任用；违犯禁令的本该惩罚，而那些游侠却靠着私人武力得到供养。所以，法律否定的，成了君主任用的；官吏惩罚的，成了朝廷供养的。法律否定和君主任用，官吏惩罚和朝廷供养，四者互相矛盾，而没有一个确定的标准，即使有十个黄帝，也不能治理好国家。所以宣扬仁义之道的人不应当表扬，表扬了就会妨害国家的事功；从事文章学术的人不应当任用，任用了就会破坏国家的法律。楚国有个人叫直躬，他的父亲偷羊，他便告发到官吏那儿。令尹说："杀了他！"认为他对君主正直而对父亲理亏，判处且惩罚了他。由此看来，君主的忠臣，是父亲的逆子呀。鲁国有个人跟随君主征战，三次交战三次败逃。孔子问他原因，他说："我有年老的父亲，我死了就没人赡养他了。"孔子认为这是孝子，推举他升了官职。由此看来，父亲的孝子，是君主的叛臣呀。所以令尹杀了直躬，楚国的坏人坏事就不再有人告发了；孔子奖赏逃兵，鲁国民众作战就会轻易投降败逃。国家和个人的利益是如此不同，而君主既赞成追求个人利益的行为，又想求得国家的国富兵强，这是不可能的。

商人商语：个人的才智武勇，要在企业运营管理的体系中起正面作用。企业文化对于员工行为价值的教化，企业家对于个人行为操守的提倡，都应围绕企业内的行为规范来进行。有时候，企业公德和个人私德是互相背离的。

原文：古者仓颉之作书也，自环者谓之私，背私谓之公，公私之相背也，乃仓颉固以知之矣。今以为同利者，不察之患也，然则为匹夫计者，莫如修行义而习文学。行义修则见信，见信则受事；文学习则为明师，为明师则显荣：此匹夫之美也。然则无功而受事，无爵而显荣，有政如此，则国必乱，主必危矣。故不相容之事，不两立也。斩敌者受赏，而高慈惠之行；拔城者受爵禄，而信廉爱之说；坚甲厉兵以备难，而美荐绅之饰；富国以农，距敌恃卒，而贵文学之士；废敬上畏法之民，而养游侠私剑之属。举行如此，治强不可得也。国平养儒侠，难至用介士，所利非所用，所用非所利。是故服事者简其业，而游学者日众，是世之所以乱也。

字面翻译：古代时仓颉创造文字，把为自己打算的叫作"私"，与"私"字形相悖的叫作"公"，公和私的相互对立，是仓颉本来就知道的。现在还有认为公和私是相同利益的，这是不加考察的错误。然而若是为个人利益者打算的话，没有什么比修行仁义之道并且学习文献典籍更好的办法了。修行了仁义之道就会得到君主的信任，得到君主信任就可以担任官职；学习了文献典籍就可以成为知名的老师，成了知名的老师就会显赫荣耀；这是个人利益者的美事呀。然而没有功劳却担任官职，没有爵位却显赫荣耀，这样的执政措施，一定会使国家陷入混乱，使君主面临危险。所以互不相容的事情，是不能共存的。斩杀敌人的人授予奖赏，却又抬高仁爱施惠的行为；攻占城池的人授予官爵俸禄，却又信奉"兼爱""非攻"的学说；坚固铠甲、磨砺兵器来预备战事，却又赞美宽袍大带的服饰；国家富裕靠农民，抗衡敌人靠士兵，却又尊敬那些研读文献典籍的书生；不用那些尊重朝廷、谨慎守法的人，却去收养游侠刺客之类的人。实行这样的政策，想把国家治理得强盛是不可能的。国家太平的时候供奉儒生和游侠，国难来临的时候使用披坚执锐的战士，得到利益的人不是国家要使用的人．国家要使用的人不是得到利益的人。结果从事耕战的人荒废了自己的本职，而游侠和儒生却一天天多了起来，这就是社会陷于混乱的原因所在。

商人商语：普通员工的私利欲望不会超出常规，可以通过努力工作和企业的公利达成双赢。但是有才能之人自我实现的欲望很强，如果不能和企业的公利达成双赢，其潜在的破坏力将会造成很大影响。所以，企业文化也好，企业管理也好，都需要强调对员工行为的控制和利用。

原文：且世之所谓贤者，贞信之行也；所谓智者，微妙之言也。微妙之言，上智之所难知也。今为众人法，而以上智之所难知，则民无从识之矣。故糟糠不饱者不务粱肉，短褐不完者不待文绣。夫治世之事，急者不得，则缓者非所务也。今所治之政，民间之事，夫妇所明知者不用，而慕上知之论，则其于治反矣。故微妙之言，非民务也。若夫贤良贞信之行者，必将贵不欺之士；贵不欺之士者，亦无不欺之术也。布衣相与交，无富厚以相利，无威势以相惧也，故求不欺之士。今人主处制人之势，有一国之厚，重赏严诛，得操其柄，以修明术之所烛，虽有田常、子罕之臣，不敢欺也，奚待于不欺之士？今贞信之士不盈于十，而境内之官以百数，必任贞信之士，则人不足官。人不足官，则治者寡而乱者众矣。故明主之道，一法而不求智，固术而不慕信，故法不败，而群官无奸诈矣。

字面翻译：况且社会上所说贤德的人，是指有着忠贞诚信的品行的人；所说智慧的人，是指会说深奥玄妙的言辞的人。那些深奥玄妙的言辞，上等智慧的人也难以理解。现在制定民众所遵守的法律，却采用上等智慧的人也难以理解的言辞，那么民众就没有办法明白。所以，连糟糠都吃不饱的人，是不会追求精美饭菜的；连粗布短衣都穿不上的人，是不会期待绣有花纹的华丽衣衫的。同样，治理社会事务，紧急的还没办好，那么不紧急的就不要着急办理。现在用来治理国家的措施，凡属民众之间的常事，普通男女都会明白的方法不用，却追求上等智慧也难以理解的说教，其用在治理上的效果自然是相反了。所以那些深奥玄妙的言辞，并不是民众所需要的。至于推崇忠贞诚信的品行，必然会尊重那些诚实不欺的人；诚实不欺的人，也不会让人有不欺诈的方法。平民之间彼此交往，没有丰厚的财物可以互相利益，没有威严的权势可以互相威胁，所以才要求诚实不欺。如今君主有统治臣民的权势，拥有一个国家的财富，掌握重赏严罚的权力，可以运用公开明确的制度措施来管控官吏，即使有田常、子罕一类的臣子，也不敢有欺诈的行为，何必要等待那些诚实不欺的人呢？现在忠贞诚信的人不满十个，而国家的官职却数以百计，如果一定要任用忠贞诚信的人，那么这类人的人数不能满足官职的需要。合格的人数不能满足官职的需要，那么处理好政事的官员就少，而搞混乱政事的官员就多了。所以明君的治国方法，是专心依法治国而不去寻求智慧的人才，固守管控官吏的权术，而不去期望忠信的人才。这样法制不被败坏，而官吏们也不敢有奸邪欺诈的行为了。

商人商语：企业文化的教化，并不奢望培育出才德之士，而是希望教育出"奉公守法"之人。其教化，是用最浅显的语言，讲述最基本的行为规范，要求达到最基本的行为标准。所以，企业家若是图省事，可以外聘高管，但是风险很大；若是不辞辛苦，就自己培养高管，起码好用又实用。

原文：今人主之于言也，说其辩而不求其当焉；其用于行也，美其声而不责其功焉。是以天下之众，其谈言者务为辩而不周于用，故举先王言仁义者盈廷，而政不免于乱；行身者竞于为高而不合于功，故智士退处岩穴，归禄不受，而兵不免于弱，政不免于乱，此其故何也？民之所誉，上之所礼，乱国之术也。今境内之民皆言治，藏商、管之法者家有之，而国愈贫，言耕者众，执耒者寡也；境内皆言兵，藏孙、吴之书者家有之，而兵愈弱，言战者多，被甲者少也。故明主用其力，不听其言；赏其功，必禁无用。故民尽死力以从其上。夫耕之用力也劳，而民为之者，曰：可得以富也。战之为事也危，而民为之者，曰：可得以贵也。今修文学，习言谈，则无耕之劳而有富之实，无战之危而有贵之尊，则人孰不为也？是以百人事智而一人用力。事智者众，则法败；用力者寡，则国贫：此世之所以乱也。

字面翻译：现在的君主，对于臣下的言论，喜欢他的口才而不责求言语内容的适当；对于臣下的行为，欣赏他的声誉而不责求行为办事的功绩。因此天下的众人，说话交谈都在追求口才的表现，却根本不重实用的表达，所以朝廷里满是推崇先王、高谈仁义的人，而政事仍然不免于混乱；修身养性的人竞相标榜清高，不做有功名利禄的事情，所以智慧的人隐居山林，归还俸禄不受官职，因而国家兵力不能免于削弱，政事不能免于混乱。这其中的原因是什么呢？民众所赞誉的，朝廷所尊敬的，都是扰乱国家政事的做法。现在，国内的民众都在谈论如何治国，家家都收藏有商鞅和管仲的法典，而国家却越来越贫穷，原因就在于谈论耕作的人多，而拿起农具耕作的人少；国内的民众都在谈论如何作战，家家都收藏有孙子和吴起的兵书，而国家的兵力却越来越削弱，原因就在于谈论作战的人多，而穿起铠甲作战的人少。所以明君只使用民众的力量，不听从民众的言论；奖赏民众的功劳，坚决禁止无用的言行。所以民众就会拼命尽力跟随他们的朝廷。耕作是很辛苦的，而民众之所以去做，是认为可以依靠耕种使自己富裕起来。征战的过程是很危险的，而民众之所以去做，是认为可以依靠征战使自己显贵起来。现在研究文献学说，学习言语空谈，即使没有耕作的辛苦却能获得富裕的实惠，没有征战的危险却能得到显贵的爵禄，那么哪个人会不这样做呢？结果是一百个人动脑思考却只有一个人出力做事。动脑思考的人多了，法制就要遭到破坏；出力做事的人少了，国家就会变得贫穷：这就是社会混乱的原因。

商人商语：人浮于事，空谈误国；心抟于事，实干兴邦。所以，倡导企业文化的实用性，要有实用性的标准来界定"实用性"。否则，就会出现一百个人用心思考，却朝着一百个方向各自发力，而不能齐心协力。所以，企业家的驾御，不是信马由缰，而应是驾其志向，御其力量。

原文：故明主之国，无书简之文，以法为教；无先王之语，以吏为师；无私剑之捍，以斩首为勇。是境内之民，其言谈者必轨于法，动作者归之于功，为勇者尽之于军。是故无事则国富，有事则兵强，此之谓王资。既畜王资而承敌国之衅，超五帝侔三王者，必此法也。

字面翻译：所以明君治国，不依靠文献典籍的文化教育，而是用法制的法律法规作为民众的教化；不需要先王的语录指导，而是以吏员的熟谙民情作为政事的老师；不赞许私下冲突的逞强斗狠，而是以战场的斩杀敌首作为勇敢的标准。这样，国内民众的一切言论都必然会遵循于国家法制，一切行为都必然会趋向于朝廷功业，一切勇力都必然会尽力于行军作战。因此，没有战事时国家就富足，有战事时兵力就强盛，这就叫称王天下的资本。已经拥有了称王天下的资本，又善于利用敌国的弱点，建立超过五帝、等同三王的功业，一定是采用了这种办法的。

商人商语：法家的依法治国，起始于姜子牙的军法治国，所以其实用性是必然的。但是，一味强调执行层面的用力不用智，在当今更加强调能动和互动性的商业环境中，还是有些不合时宜的。

原文：今则不然，士民纵恣于内，言谈者为势于外，外内称恶，以待强敌，不亦殆乎！故群臣之言外事者，非有分于从衡之党，则有仇雠之忠，而借力于国也。从者，合众弱以攻一强也；而衡者，事一强以攻众弱也：皆非所以持国也。今人臣之言衡者，皆曰："不事大，则遇敌受祸矣。"事大未必有实，则举图而委，效玺而请兵矣。献图则地削，效玺则名卑，地削则国削，名卑则政乱矣。事大为衡，未见其利也，而亡地乱政矣。人臣之言从者，皆曰："不救小而伐大，则失天下，失天下则国危，国危而主卑。"救小未必有实，则起兵而敌大矣。救小未必能存，而伐大未必不有疏，有疏则为强国制矣。出兵则军败，退守则城拔。救小为从，未见其利，而亡地败军矣。是故事强，则以外权士官于内；救小，则以内重求利于外。国利未立，封土厚禄至矣；主上虽卑，人臣尊矣；国地虽削，私家富矣。事成，则以权长重；事败，则以富退处。人主之听说于其臣，事未成则爵禄已尊矣；事败而弗诛，则游说之士孰不为用矰缴之说而侥幸其后？故破国亡主以听言谈者之浮说。此其故何也？是人君不明乎公私之利，不察当否之言，而诛罚不必其后也。皆曰："外事，大可以王，小可以安。"夫王者，能攻人者也；而安，则不可攻也。强，则能攻人者也；治，则不可攻也。治强不可责于外，内政之有也。今不行法术于内，而事智于外，则不至于治强矣。

字面翻译：现在却不是这样，儒生、游侠在国内恣意妄为，游说、空谈的人在国外大造声势，内部和外部的情形都称得上恶劣，要对付强大的敌人，不是很危险吗！所以那些谈论外交问题的群臣，不是属于合纵或连横中的哪个党派，就是怀有私仇的隐衷而借用国家的力量。所谓合纵，就是联合众多弱小国家去攻打一个强大国家；所谓连横，就是依附于一个强大的国家去攻打众多弱小的国家。这都不是用来保全国家的方法。现在那些主张连横的臣子都说："不依附大国，遇到强敌就会遭受祸殃。"侍奉大国不一定有实际利益，却要首先献出本国地图，再呈上君主玺印才能请求出兵援助。献出地图本国的地域就缩小了，呈上玺印君主的名分就卑下了，地域削减国家就会削弱，名分卑下政治就会混乱。侍奉大国实行连横，还未看到其中的利益，却已丧失了国土、搞乱了国政。那些主张合纵的臣子都说："不救助弱小的国家而去征伐大国，就会失去天下各国的信任，失去天下各国的信任，国家就会面临危险，国家面临危险，君主地位就会卑下。"救助弱小的国家不一定有实际利益，却要起兵和大国为敌。救助弱小的国家未必能够保存它，而征伐大国却未必不会有失误，有了失误就会被强大的国家控制。出兵军队就会被打败，退守城池就会被攻克。救助弱小国家实行合纵，还未看到其中的利益，却已丧失了国土、打败了军队。所以，依附强大的国家，会使主张连横的人凭借国外的权势在国内捞取官职；救助弱小的国家，会使主张合纵的人凭借国内的权重在国外谋求私利。国家的利益还没有确立，主张合纵连横的却先得到了封地和厚禄；君主的地位虽然卑下了，臣子们的地位反而尊贵了；国家土地虽然削减了，权门豪族却更加富裕了。合纵连横的事情如能成功，纵横家们就会依仗猎取的权势长期受到重用；合纵连横的事情如果失败，纵横家们就会凭借获取的财富引退回家隐居。君主如果听信臣下游说的纵横政策，事情还没成功先给了尊贵的爵位俸禄；事情失败了也不给予惩处，那些游说的人谁不愿意用这种有得无失的言论来猎取功名富贵的机会呢？所以国家破灭、君主败亡都是因为听信了纵横家的夸夸其谈。这是什么缘故呢？这是因为君主分不清国家和私人的利益区别，不审查游说者言论是否适当，事败之后也没有坚决地惩处责任者。纵横家们都会说："外交之事，收效大的可以称王天下，收效小的也可以保全自身。"所谓称王天下，是有能力攻取别的国家；所谓保全自身，是有办法使得本国不被攻取。兵力强盛，就能有能力攻取别的国家；国家治理，就有办法使得本国不被攻取。国治兵强，不能指望从外交活动取得，只能从搞好国内的政事取得。现在不在国内推行法律制度，却在外交上费心劳神，那就不可能达到国治兵强的目的了。

商人商语：凡是把本企业的核心利益寄托于企业之间的合作来生利的，终将失去自己的核心利益。所以，企业的核心利益，还是要本企业踏踏实实地去自己经营得来。由此可以想见，企业经营中那些"以小就大"的负责人和"以大就小"的负责人，都是掌握企业核心资源的人，企业管理对此不可不慎。

原文：鄙谚曰："长袖善舞，多钱善贾。"此言多资之易为工也。故治强易为谋，弱乱难为计。故用于秦者，十变而谋希失；用于燕者，一变而计希得。非用于秦者必智，用于燕者必愚也，盖治乱之资异也。故周去秦为从，期年而举；卫离魏为衡，半岁而亡。是周灭于从，卫亡于衡也。使周、卫缓其从衡之计，而严其境内之治，明其法禁，必其赏罚，尽其地力以多其积，致其民死以坚其城守，天下得其地则其利少，攻其国则其伤大，万乘之国莫敢自顿于坚城之下，而使强敌裁其弊也，此必不亡之术也。舍必不亡之术而道必灭之事，治国者之过也。智困于外而政乱于内，则亡不可振也。

字面翻译：乡间谚语说："袖子长便于舞蹈，本钱多好做买卖。"这是说，资源条件越多越容易取得功效。所以国治兵强就容易想出办法，国衰兵弱就难以筹谋划策。因此，用于秦国的计谋，情况变化了十次也很少失败；用于燕国的计谋，情况变化了一次就很难成功。这不是为秦国计谋的人智慧，为燕国筹划的人愚笨，而是因为这两个国家或者治理或者混乱的内政资源条件大不相同啊。所以西周（公元前770年，周国分裂为西周、东周）背弃秦国参与合纵，一年时间就被吞并了；卫国背离魏国参与连横，半年时间就被消亡了。这样看来，西周被灭是因为参与了合纵，卫国被亡是因为参与了连横。假使西周和卫国不急于参与合纵连横的外交计谋，而严格国内的治理，明确法律的禁令，信守赏罚的制度，努力开发土地来增加粮食储备，约束民众拼死去坚守城池，天下诸侯夺取他们的土地但是利益稀少，进攻他们的国家可是伤亡很大，拥有万乘兵车的大国也不敢使自己困顿在他们的坚固城防之下，而使得强敌利用这个困顿的机会实施制裁，这是保证本国必然不会灭亡的方法。放弃这种必然不会亡国的方法，却去做势必会导致亡国的事情，这是治理国家的人的过错。智谋在外交上受困，而且国家政事的混乱是在内政上，那么国家的灭亡就无法挽救了。

商人商语：现在的商业竞争，讲究的是企业生态链的整体竞争。但是，决定最终胜负的还是带头企业的核心资源和商业模式。中小企业要做强，就要做细分市场里的"铜豌豆"，让大企业"蒸不烂、煮不熟、捶不扁、炒不爆"。

原文：民之政计，皆就安利如辟危穷。今为之攻战，进则死于敌，退则死于诛，则危矣。弃私家之事而必汗马之劳，家困而上弗论，则穷矣。穷危之所在也，民安得勿避？故事私门而完解舍，解舍完则远战，远战则安。行货赂而袭当涂者则求得，求得则私安，私安则利之所在，安得勿就？

是以公民少而私人众矣。

字面翻译：民众的通常想法，都是追求安全和利益而避开危险和穷困。现在驱使他们去攻伐战斗，前进会被敌人杀死，后退会被军法处死，就处身于危险了。放弃私人的家业，必然承受作战的劳苦，家里贫困而朝廷不予过问，就置身于穷困了。穷困和危险所在的地方，民众怎能不避开呢？所以他们依附权贵去做其门下的仆役，做权贵门下的仆役就能免除兵役，免除兵役就可以保人身安全。用钱财贿赂当权者就可以满足要求，要求得到满足则私人利益、人身安全得到了保障，私人利益、人身安全就是民众利益的所在，怎能不去追求呢？这样一来，为国家出力的人就少了，而为权贵出力的人就多了。

商人商语：企业里一直会有依靠关系或后门而获得轻松工作的"小白领"，这些人越多，企业的生产成本、管理成本，在看不见的地方就会越来越高，干活的人看着一样多，而实际上真正干活的人越来越少。最终企业将深受其害。

原文：夫明王治国之政，使其商工游食之民少而名卑，以寡趣本务而趋末作。今世近习之请行，则官爵可买；官爵可买，则商工不卑也矣。奸财货贾得用于市，则商人不少矣。聚敛倍农而致尊过耕战之士，则耿介之士寡而商贾之民多矣。

字面翻译：明君治理国家，要使国家中商人、工匠和不定居到处混饭吃的人尽量减少，而且使其名位卑下，免得民众中有兴趣从事农耕的人少而都愿意去从事国家经济的末业——商业、手工业。现在社会上向君主亲近的侍臣行贿托情的风气很流行，这样官爵就可以买得到；官爵可以买到，那么能够赚到钱的商业、手工业就不会低贱了。投机取巧的生意买卖在市场上通行，那么商人的数量就不会少了。他们搜刮到的财富超过了农民收入的几倍，他们获得的尊贵地位也超过了从事耕战的人，结果光明磊落刚直不阿的人就越来越少，而经商做买卖的人就越来越多。

商人商语：企业的一切资源都应围绕企业的核心资源而生养企业的商

业模式。企业的运营管理，也应围绕此商业模式设计和组织。否则就不只是资源浪费的问题，还会是自我限制的问题，即自己的运营管理限制了自己的商业模式。

原文：是故乱国之俗：其学者，则称先王之道以籍仁义，盛容服而饰辩说，以疑当世之法，而贰人主之心。其言谈者，为设诈称，借于外力，以成其私，而遗社稷之利。其带剑者，聚徒属，立节操，以显其名，而犯五官之禁。其患御者，积于私门，尽货赂，而用重人之谒，退汗马之劳。其商工之民，修治苦窳之器，聚弗靡之财，蓄积待时，而侔农夫之利。此五者，邦之蠹也。人主不除此五蠹之民，不养耿介之士，则海内虽有破亡之国，削灭之朝，亦勿怪矣。

字面翻译：因此，扰乱国家的风俗是：那些某家学派的人，称颂先王之道来宣扬贤人治国的仁心义行，讲究仪容服饰而修饰言辞游说来质疑现在施行的法制，从而动摇君主的心思。那些游说空谈的人，捏造事实编造谎言，借助于国外的势力，来达到私人目的，从而丢弃国家的利益。那些做游侠刺客的人，聚集党徒部属，标榜气节操守，来彰显自身的名声，从而触犯国家的禁令。那些逃避兵役的人，聚集在权贵的门下，用尽财货来行贿，依仗权臣的说请，逃避参军征战的劳苦。那些商人工匠，制造粗劣的器具，积累奢侈的钱财，囤积居奇等待时机，从农民身上牟取暴利。上述这五种人，都是国家的蛀虫。君主如果不除掉这五种像蛀虫一样的民众，不收容光明磊落刚直不阿的士人，天下间出现残破沦亡的国家，出现地削国灭的朝廷，也就不奇怪了。

商人商语：如果用五蠹来比拟企业经营中五种浮华之人，可以是这样的：喜欢给企业做经营管理顾问的学者，主张商业合作并借此营私舞弊的人，喜好卖弄个人才能来彰显个人价值的人，没有独立做事的才能却擅长阿谀附和之人，不重视产品品质和为消费者服务之人。韩非子之所以极力反对这五蠹，不仅是他看到了表面上的危害，更重要的是他看到了五蠹本质的自私自利。

小事情上讲信用，大事情上有信誉

熙熙攘攘为名利，是人之常情。利益所在，是普普通通生存生活的人们的人心所向；名声所在，是渴望自我实现的人们的人心所向。因此，教化员工应该依此名利之常情，辅之以企业文化的教化。

文化的文，与文宣言辞的动听与否没有关系；文化的化，更应该摒弃空谈空话，也不必刻意追求志同道合。务实的企业文化，并不意味着老板就是要"事必躬亲"地做事情。老板的职责，体现在企业商业模式的制定、企业运营制度的设定、选择任命合适的高管等战略层面上的事情。务实的企业文化，意味着人人要为自己的言行负责。老板不是听了你说什么就信你，而是看你做出了什么才信你；老板不指望你有多么优秀，只是希望你能尽职尽责。

本节选取的是《韩非子·外储说左上》，从六个方面说明企业文化应该具备的实际功用。

《韩非子·外储说左上》：企业文化的教化，是教化平常人在平凡岗位做好平常事

原文：经一：明主之道，如有若之应密子也。人主之听言也，美其辩；其观行也，贤其远。故群臣士民之道言者迂弘，其行身也离世。其说在田鸠对荆王也。故墨子为木鸢，讴癸筑武宫。夫药酒忠言，明君圣主之以独知也。

字面翻译：经一：明君的治国原则，像有若回答密子说的治国要有方法。做君主的，听取臣子言论时，欣赏他们的能说会道；观察行为时，赞赏他们的好高骛远。那么臣子和民众说起话来就会高谈阔论，做起事来就会远离实际。这一论点的解说反映在田鸠回答楚王的问题上。所以有墨子自认为用木头做的木鸢巧而无用，歌手癸自认为唱歌鼓舞修筑武宫也有所不足。药酒苦口利于病，忠言逆耳利于行，只有明君圣主才能理解。

商人商语：企业管理是管理大多数普通人，所以企业家与员工讲话、做事就要用普通人可以理解的方式，也要倡导坦白说话、踏实做事的作风。

原文：说一：宓子贱治单父。有若见之曰："子何臞也？"宓子曰："君不知贱不肖，使治单父，官事急，心忧之，故臞也。"有若曰："昔者舜鼓五弦、歌《南风》之诗而天下治。今以单父之细也，治之而忧，治天下将奈何乎？故有术而御之，身坐于庙堂之上，有处女子之色，无害于治；无术而御之，身虽瘁臞，犹未有益。"

字面翻译：说一：宓子贱治理单父之地。有若看见他说："您为什么瘦了？"宓子贱说："君主不知道我没有德才，派我治理单父，公事紧急，心里忧愁，所以瘦了。"有若说："从前舜弹着五弦琴，唱着《南风》诗歌，天下就太平了。现在像单父这么个小地方，治理起来这么发愁，那么治理天下该怎么办呢？所以通晓方法来管理，即使是安闲地坐在朝廷里，脸上有如少女般红润的气色，对治理民众也没有什么妨害，没有方法来管理，即便是劳累得又累又瘦，也还是没有什么好处。"

商人商语：看来中国传统的伟人，皆擅长亲手写文章做教化，而且是从舜开始的。其实，企业家对企业员工亲自施行教化，也是最有效率的。

原文：楚王谓田鸠曰："墨子者，显学也。其身体则可，其言多而不辩，何也？"曰："昔秦伯嫁其女于晋公子，令晋为之饰装，从文衣之媵七十人。至晋，晋人爱其妾而贱公女。此可谓善嫁妾，而未可谓善嫁女也。楚人有卖其珠于郑者，为木兰之椟，薰以桂椒，缀以珠玉，饰以玫瑰，辑以翡翠。郑人买其椟而还其珠。此可谓善卖椟矣，未可谓善鬻珠也。今世之谈也，皆道辩说文辞之言，人主览其文而忘有用。墨子之说，传先王之道，论圣人之言，以宣告人。若辩其辞，则恐人怀其文忘其直，以文害用也。此与楚人鬻珠、秦伯嫁女同类，故其言多不辩。"

字面翻译：楚王对田鸠说："墨子，是个声名显赫的学者。他做事身体力行还是不错的，他的言论虽然很多却不动听，为什么？"田鸠说："过去秦国君主把女儿嫁给晋国公子，叫晋国为他女儿准备饰品服装，衣着华丽的陪嫁婢妾有七十人。到了晋国，晋国的公子喜欢上陪嫁的婢妾而看不上秦国国君的女儿。这可以叫作善于嫁婢妾，不能叫作善于嫁女儿。楚国有个人在郑国出售自己的宝珠，他做了木兰木的匣子，匣子用肉桂、花椒熏过，用珠玉点缀，用玫瑰装饰，用翡翠做开关。郑国人买了他的匣子，退还了他的宝珠。这可以叫作善于卖木匣，不能叫作善于卖宝珠。现在社会上的言论，都是在用辞藻华丽优美动听的语言来表达，君主只看到华丽而忘记了是否实用。墨子的学说，传扬先王（夏禹）思想，阐明圣人学说，来广泛地告知世人。如果告知的言辞动听，就会担心人们留意于言辞的华丽而忘记了言辞的本质，会因为外表的华丽而损害本质的实用。这和楚人卖宝珠、秦君嫁女儿是同一类的事，所以墨子的言论大多不动听。"

商人商语：擅长营销的企业，需要警惕自己因为擅长营销而失去了企业经营的本意和商业模式的本质。

原文：墨子为木鸢，三年而成，蜚一日而败。弟子曰："先生之巧，至能使木鸢飞。"墨子曰："吾不如为车輗者巧也。用咫尺之木，不费一朝之事，而引三十石之任，致远力多，久于岁数。今我为鸢，三年成，蜚一日而败。"惠子闻之曰："墨子大巧，巧为輗，拙为鸢。"

字面翻译：墨子做一只木制的鸢，用了三年时间才制成，飞了一天后损坏了。弟子说："先生手艺真巧，竟然能够让木鸢飞翔。"墨子说："我不如制造大车销钉的人手艺高超。他们用尺把长的木头，不费一个早晨的工夫，就能牵引三十石的负重，走得很远承受很大的力量，还可以使用很多年。现在我制作的木鸢，三年时间才做成，飞了一天就损坏了。"惠子听到后说："墨子是伟大的巧匠，他知道做大车销钉因为有实用而精巧，做木鸢因为无实用而笨拙。"

商人商语：巧与不巧，在于是否实用。企业人才，无论是聪明还是笨拙、贤德还是奸佞，其才能能够为企业做出实际的贡献，就是"巧"。

原文：宋王与齐仇也，筑武宫。讴癸倡，行者止观，筑者不倦。王闻，召而赐之。对曰："臣师射稽之讴又贤于癸。"王召射稽使之讴，行者不止，筑者知倦。王曰："行者不止，筑者知倦，其讴不胜如癸美，何也？"对曰："王试度其功。"癸四板，射稽八板；擿其坚，癸五寸，射稽二寸。

字面翻译：宋王和齐国国君是敌对关系，于是修建习练武力的学堂。擅长唱歌的癸领唱时，走路的人停下来观看，修建的工人不感到疲劳。宋王听说后，召见癸并给以赏赐。癸回答说："我老师射稽的歌唱，比我还好。"宋王召来射稽让他唱歌，走路的人没有停下脚步，修建的工人感到疲倦。宋王说："走路的人没有停下来，工人感到疲劳，射稽的歌唱不如你癸的美妙，这是为什么？"癸回答说："大王可以检查一下工人修建的功效。"癸唱歌时工人只修建了四板的土墙，射稽唱歌时却筑了八板；戳捣土墙的坚固程度，癸唱歌时修建的墙能戳进去五寸，射稽唱歌时只能戳进去两寸。

商人商语：企业文化，不是使企业员工更加快乐而放松地工作，而应该使企业员工更加努力而踏实地工作。

原文：夫良药苦于口，而智者劝而饮之，知其入而已己疾也。忠言拂于耳，而明主听之，知其可以致功也。

字面翻译：良药苦口，但是智慧的人会努力喝下去，知道喝药能使自己的疾病痊愈。忠言逆耳，但是圣明的君主会愿意听取，知道忠言能够帮助自己获得功绩。

商人商语：越是朴实直接的言行，越具有实际的价值。反之，过于张扬的言行，就如孔子所言"文胜质则史"。

原文：经二：人主之听言也，不以功用为的，则说者多"棘刺""白马"之说；不以仪的为关，则射者皆如羿也。人主于说也，皆如燕王学道也；而长说者，皆如郑人争年也。是以言有纤察微难而非务也，故季、惠、宋、墨皆画策也；论有迂深闳大，非用也，故魏、长、瞻、陈、庄皆鬼魅也；行有拂难坚确，非功也，故务、卞、鲍、介、田仲皆坚瓠也。且虞庆诎匠也而屋坏，范且穷工而弓折。是故求其诚者，非归饷也不可。

字面翻译：经二：君主听取言论，不把功效实用作为衡量的标准，进说的人多半会说些在棘刺尖上刻猴子、白马不是马之类的空话；不把箭靶作为射术的目标，射箭的人都是像后羿一样的射箭能手了。君主对待进说，都像燕王学习不死之道一样的，会被欺骗；而擅长辩说的人，都像郑国人争论年龄长短一样的，是荒唐可笑的。因此，言论虽然细致、洞察、微妙、艰深，但却不务实际，所以像季良、惠施、宋钘、墨翟这些人的学问，都像精绘竹简一样，精巧微妙却不实用；议论虽然深远阔大，但却没有作用，所以像魏牟、长卢子、詹何、陈骈、庄周这些人的学说，都是像画臆想的鬼怪一样，惟妙惟肖却不真实；行动也有排除万难坚定不移，但却没有功效，所以像务光、卞随、鲍焦、介子推、陈仲子这些人的作为，都是像坚硬的实心葫芦一样，看着厚重却没有用处。再说虞庆虽然让匠人无话可说，匠人照他的话造出来的房屋却坍塌了；范且虽能把工人说得无言可对，可是工人照他的话造出来的弓折断了。因此想要得到真实的东西，不能像小孩做游戏那样把泥巴当成饭，最终还是要回家吃饭的。

商人商语：听取意见，是要听取有建设性的意见，听取可以解决问题的建议，听取可以解决具体问题的具体措施，而不是听取那些空泛无用的十分正确的废话。

原文：说二：宋人有请为燕王以棘刺之端为母猴者，必三月斋然后能观之。燕王因以三乘养之。右御冶工言王曰："臣闻人主无十日不燕之斋。今知王不能久斋以观无用之器也，故以三月为期。凡刻削者，以其所以削必小。今臣冶人也，无以为之削，此不然物也。王必察之。"王因囚而问之，果妄，乃杀之。冶人又谓王曰："计无度量，言谈之士多'棘刺'之说也。"

一曰：燕王好微巧。卫人曰："能以棘刺之端为母猴。"燕王说之，养之以五乘之奉。王曰："吾试观客为棘刺之母猴。"客曰："人主欲观之，必半岁不入宫，不饮酒食肉。雨霁日出，视之晏阴之间，而棘刺之母猴乃可见也。"燕王因养卫人，不能观其母猴。郑有台下之冶者谓燕王曰："臣，为削者也。诸微物必以削削之，而所削必大于削。今棘刺之端不容削锋，难以治棘刺之端。王试观客之削，能与不能可知也。"王曰："善。"谓卫人曰："客为棘刺之母猴也，何以理之？"曰："以削。"王曰："吾欲观见之。"客曰：

"臣请之舍取之。"因逃。

字面翻译：说二：宋国有个请求为燕王在棘刺尖上雕刻猕猴的人，请燕王一定要斋戒三个月以后才能观看。燕王因此用可以供养三辆兵车的土地赋税来供养他。右御属下的冶铁工匠对燕王说："我听说君主没有十天不宴饮的斋戒。现在他知道大王您不可能长时间斋戒去观看那个没有用处的器物，所以定了三个月的斋戒期限。凡是刻削出来的器物，用来刻削它的工具一定比器物更小。我是个冶铁的工人，没有办法做出这种刻削的工具，所以不可能有在棘刺尖上雕刻出的猕猴。大王一定要认真核查。"燕王于是拘禁了宋国人并加以盘问，果然是在弄虚作假，便杀了他。冶铁工人又对燕王说："筹谋，没有一定的规矩尺度和衡量标准，进说献计的人士多半会说这种在棘刺尖上刻削猕猴之类的空话。"

另一种说法：燕王喜欢小巧玲珑的东西。有个卫国人说："我能在棘刺的尖端上雕刻猕猴。"燕王很高兴，用可以供养五辆兵车的土地赋税来供养他。燕王说："我想看看你雕刻在棘刺尖上的猕猴。"卫国人说："君主您要想观赏它，必须半年内不到内宫住宿，不饮酒吃肉。在雨停云散日出，趁着阴晴交错的时候来看，才能看见棘刺尖上雕刻的猕猴。"燕王于是供养着这个卫人，却不能看见他雕刻的猕猴。郑国官署辖下的冶铁工匠对燕王说："我是制作刻削工具的工匠。各种微小的器物一定要用刻削工具来雕刻，被雕刻的器物一定会比刻削工具大。现在棘刺的尖端都容纳不下刻削工具的锋刃，所以很难在棘刺的尖端上雕刻。大王您不妨看看他刻削的工具，就知道能不能雕刻出猕猴了。"燕王说："好。"对那个卫国人说："你在棘刺上雕刻猕猴，用什么来制作？"卫国人说："用刻削的工具。"燕王说："我想看看你的工具。"卫国人说："请允许我回我的住处取工具。"便趁机逃跑了。

商人商语：知其然，也要知其所以然。所以论证一件事情是否可行，要有支持其可行的条件；评价一件事物的好坏，也要有分辨其好坏的标准。

原文：兒说，宋人，善辩者也，持"白马非马也"服齐稷下之辩者。乘白马而过关，则顾白马之赋。故籍之虚辞，则能胜一国；考实按形，不能谩于一人。

字面翻译：兒说，宋国人，善于辩论的人，提出"白马不是马"的观点并说服了齐国稷下的辩论家们。但他有一次骑着白马过关卡，还是缴纳了白马的关税。所以说，凭借虚夸的言辞，可以胜出一个国家的人；考核实际情况对照具体事物，他连一个人也欺骗不了。

商人商语：很多的工作都是说起来容易做起来难。所以思想可以放飞无限，思路和行动必须脚踏实地。

原文：夫新砥砺杀矢，毂弩而射，虽冥而妄发，其端未尝不中秋毫也，然而莫能复其处，不可谓善射，无常仪的也。设五寸之的，引十步之远，非羿、逢蒙不能必全者，有常仪的也。有度难而无度易也。有常仪的，则羿、逢蒙以五寸为巧；无常仪的，则以妄发而中秋毫为拙。故无度而应之，则辩士繁说；设度而持之，虽知者犹畏失也，不敢妄言。今人主听说，不应之以度而说其辩；不度以功，誉其行而不入关。此人主所以长欺，而说者所以长养也。

字面翻译：刚刚磨好的利箭，张满弓弩来发射，即使是闭着眼睛胡乱射出去，箭头不是没有可能射中细小的东西，然而不能再次射中原来的位置，就不能说是善于射箭，因为没有把固定的箭靶作目标。设置一个直径五寸的箭靶，在十步之外引弓来射，不是后羿、逢蒙这样善于射箭的人，不一定能全部射中，因为是把固定的箭靶作为目标。有衡量标准的做事是困难的，而没有衡量标准的做事是容易的。有固定的箭靶作为目标，人们会把后羿、逢蒙射中五寸直径的箭靶认作是射术高超；没有固定的箭靶作为目标，人们会把胡乱发射而射中细小的东西认作是射术笨拙。所以，没有衡量标准的对应，辩论的人就会繁言絮语；设置衡量标准来要求，即便是智慧的人也怕言多必失，不敢胡言乱语。现在君主听取言论，不用有衡量的标准来思考，而是喜欢他们动听的言辞；不用有功用的标准来衡量，而是赞赏他们的行为，而且不考虑是否合乎规则。这是君主长期受欺骗，而游说的人长期被供养的原因。

商人商语：衡量一件事情的事功，不仅要看实际的功绩，而且衡量事情的标准本身也是要被大家公认的。

原文：客有教燕王为不死之道者，王使人学之，所使学者未及学而客死。王大怒，诛之。王不知客之欺己，而诛学者之晚也。夫信不然之物而诛无罪之臣，不察之患也。且人所急无如其身，不能自使其无死，安能使王长生哉？

字面翻译：宾客中有教燕王修行不死之道的人，燕王派人去向他学习。派去学习的人还没来得及学成，那个宾客去世了。燕王非常恼怒，杀了派去学习的人。燕王不明白宾客在欺骗自己，却惩罚派去学习的人学习迟延了。相信不可能存在的事物，而杀掉没有罪过的臣子，这就是不能明察的忧患啊。况且人们最看重的无过于自己的生命，那个宾客不能使自己不死，又怎能使燕王长生呢？

商人商语：顾问所做的战略规划，如果不能搭上自己的一部分利益，基本都是空中楼阁：成功了，大赚一笔；如果不成功，与他利益何干？打水漂的终归是老板的钱财。

原文：郑人有相与争年者。一人曰："吾与尧同年。"其一人曰："我与黄帝之兄同年。"讼此而不决，以后息者为胜耳。

字面翻译：郑国有两个相互争论年龄大小的人。一个说："我和唐尧同岁。"另一个说："我和黄帝的哥哥同岁。"为此争执不下，只好把最后停止争辩的人作为胜利者。

商人商语：没有规则约束的会议，大多是不了了之的"容后再议"；没有规则约束的论辩，不仅当事人不知道胜负，旁观者也是莫名其妙的。

原文：客有为周君画策者，三年而成。君观之，与髹策者同状。周君大怒。画策者曰："筑十版之墙，凿八尺之牖，而以日始出时加之其上而观。"周君为之，望见其状，尽成龙蛇禽兽车马，万物之状备具。周君大悦。此策之功非不微难也，然其用与素髹策同。

字面翻译：宾客中有为周君画竹简的人，画了三年才完成。周君观看它，和漆过的竹简一样。周君非常气愤。画竹简的人说："建造一堵十块模板的墙，在墙上凿一个八尺大的窗口，然后等到太阳刚出来时把画的竹简放在窗口上对着阳光观看。"周君按照宾客的话去做了，看见竹简上的图形，都成了龙、蛇、飞禽、走兽、车马等，各种物体的形状完全具备。周君非常高兴。画这个竹简的功夫并非不精妙和难能，然而它的用途和漆过未画画的竹简是一样的。

商人商语：消费之风淫靡，则商品过于花巧；消费之风朴实，则商品过于实用。二者，都算是偏执一端的。

原文：客有为齐王画者，齐王问曰："画孰最难者？"曰："犬马最难。""孰易者？"曰："鬼魅最易。"夫犬马，人所知也，旦暮罄于前，不可类之，故难。鬼魅，无形者，不罄于前，故易之也。

字面翻译：宾客中有为齐王画画的人，齐王问道："画什么最难？"宾客说："画狗画马最难。""画什么容易？"宾客说："画鬼怪最容易。"狗和马，是人们所知道的，天天在人们的面前出现，不可能画得很像，所以难；鬼怪，是无形的东西，不在人们的面前显现，所以画起来很容易。

商人商语：企业的战略规划看似容易设计，其实里面还包含了很多琐碎的实施细则，需要专业人士的参与。就如同指挥官看似简单的一个命令，背后是参谋的数据分析支撑。

原文：齐有居士田仲者，宋人屈谷见之，曰："谷闻先生之义，不恃人而食，今谷有巨瓠，坚如石，厚而无窍，献之。"仲曰："夫瓠所贵者，谓其可以盛也。今厚而无窍，则不可剖以盛物；而任重如坚石，则不可以剖而以斟。吾无以瓠为也。"曰："然，谷将弃之。"今田仲不恃人而食，亦无益人之国，亦坚瓠之类也。

字面翻译：齐国有个隐士叫田仲，宋人屈谷拜访他，说："我听说先生的主张，不靠别人而生活。现在我有一个大葫芦，坚硬得像块石头，厚实得没有孔窍，把它献给您。"田仲说："这个葫芦可贵的地方，在于可以盛放东西。现在它厚实得没有孔窍，就不能剖空来盛放东西；它沉重得像坚硬的石头，就不能剖解来斟酒水了。我拿这个葫芦是没有用处的。"屈谷说："说得对，我去把它扔了。"现在田仲不靠别人而生活，也不能给国家带来什么好处，和坚硬的葫芦一样没用。

商人商语：企业里的一些"伪人才"，既然使（食）之无用，弃之就不要为尔可惜了。

原文：虞庆为屋，谓匠人曰："屋太尊。"匠人对曰："此新屋也，涂濡而椽生。"虞庆曰："不然。夫濡涂重而生椽挠，以挠椽任重涂，此宜卑。更日久，则涂干而椽燥。涂干则轻，椽燥则直，以直椽任轻涂，此益尊。"匠人诎，为之而屋坏。

一曰：虞庆将为屋，匠人曰："材生而涂濡。夫材生则挠，涂濡则重，以挠任重，今虽成，久必坏。"虞庆曰："材干则直，涂干则轻。今诚得干，日以轻直，虽久，必不坏。"匠人诎，作之成，有间，屋果坏。

范且曰："弓之折，必于其尽也，不于其始也。夫工人张弓也，伏檠三旬而蹈弦，一日犯机，是节之其始而暴之其尽也，焉得无折？且张弓不然。伏檠一日而蹈弦，三旬而犯机，是暴之其始而节之其尽也。"工人穷也，为之，弓折。

范且、虞庆之言，皆文辩辞胜而反事之情。人主说而不禁，此所以败也。夫不谋治强之功，而艳乎辩说文丽之声，是却有术之士而任"坏屋""折弓"也。故人主之于国事也，皆不达乎工匠之构屋张弓也。然而士穷乎范且、虞庆者：为虚辞，其无用而胜；实事，其无易而穷也。人主多无用之辩，而少无易之言，此所以乱也。今世之为范且、虞庆者不辍，而人主说之不止，是贵"败""折"之类而以知术之人为工匠也。工匠不得施其技巧，故屋坏弓折；知治之人不得行其方术，故国乱而主危。

字面翻译：虞庆建造房屋，对工匠说："屋顶的角度太陡了。"工匠回答说："这是新建的屋顶，泥巴潮湿而椽木没有干透。"虞庆说："不是这个道理。潮湿的泥巴沉重而不干的椽木会弯曲，用弯曲的椽木来承受沉重的泥巴，房顶的角度应当低平一些。经过一段长的时间，泥巴会变干而椽木也会干燥。

泥巴变干了就会变轻,橡木干燥了就会变直,用变直的橡木承受变轻的泥巴,屋顶的角度就会慢慢变陡了。"工匠说不出话来,按照虞庆的说法建造,房子坍塌了。

另一种说法是:虞庆打算建造屋顶,工匠说:"木材没有干透而且泥巴是潮湿的。木材没干透,在压力下就会弯曲,泥巴潮湿本身重量就大,用会变弯曲的木材来承受重量大的泥巴,现在即使造成了,时间一长,必然坍塌。"虞庆说:"木材干了就会变直,泥巴干了就会变轻。现在果真能够干燥起来的话,它们就会一天比一天变直变轻,即使时间长了,也一定不会坍塌。"工匠无话可说,就建造了屋顶,建成后,过了一段时间,房子果然坍塌了。

范且说:"弓弩折断的时候,一定是在拉满弓的最后阶段,不会是在拉开弓的开始阶段。工匠张弓,把弓弩放在校正器具上校正三十天,然后才装上弓弦,却在一天内就把箭发射出去了,这是开弓时候有节制而拉满弓时急促,怎么能不折断呢?我范且张弓时就不是这样。把弓弩放在校正器具上校正一天就装上弓弦,上弦三十天后才把箭发射出去,这是开弓时候急促,而拉满弓时有节制。"工匠无言可对,按照范且的话去做,结果弓弩折断了。

范且、虞庆的言论,都文辞动听,但却违背了事物的实际情况。君主对这一类的言论喜爱而不禁止,这就是政事败坏的根源。不去谋求治国强兵的实际功效,却仰慕那种华丽动听的诡辩,这就是排斥有实才的人士,而去采纳导致"坏屋""折弓"之类的胡说。所以君主处理国家政事,都不会达到工匠那种通晓造屋和张弓道理的程度。然而有实才的人之所以被范且、虞庆那样的人物所淹没,是因为讲空话的人,就算自己的主张没有实际效用,也能靠善辩获胜;干实事的人,就算是合乎不可改变的实际情况,也会被说空话的人指责而困窘。君主看重没有实际功用的诡辩,看轻符合不可改变事实的言论,这就是国家混乱的原因。当今社会,像范且、虞庆那样的人物还在不断出现,而君主对他们欣赏不止,这是尊重"败屋""折弓"之类的人，而把有治国经验和办法的人当作造屋张弓的工匠。工匠不能施展他的专业技巧，所以会出现屋塌弓折的结果；懂得治理国家的人不能实行自己的策略和方法，那么国家就混乱，君主就会处于险境。

商人商语：工作中有太多的方案看似有理，却不切合实际。要么是说得看似实际，却不符合执行的实际；要么是看似可执行，却没有合适的条件资源去执行。总而言之，都是看似有理实际无理的空话。

原文：夫婴儿相与戏也，以尘为饭，以涂为羹，以木为戬，然至日晚必归饷者，尘饭涂羹可以戏而不可食也。夫称上古之传颂，辩而不悫，道先王仁义而不能正国者，此亦可以戏而不可以为治也。夫慕仁义而弱乱者，三晋也；不慕而治强者，秦也，然而未帝者，治未毕也。

字面翻译：小孩子在一起做游戏时，把尘土当饭食，把烂泥当肉汁，把木头当肉块，然而到了晚上他们是一定要回家吃饭的，因为尘土泥巴做的饭菜可以玩耍，却不能真的当饭菜来吃。称道上古的传说和传颂，动听却不真实，称道先王的仁义治国之道，却不能用来整治国家，这也是因为仁义可以嘴上说说而不能真的用来治理国家。因仰慕仁义治国而使国家衰弱混乱的，韩、赵、魏三国就是例子；不仰慕仁义治国而把国家治理得强盛的，秦国就是例子。秦国至今没有称帝，是因为治理的措施还不够完善。

商人商语：在消费者拥有决定权的交易关系下，对消费者行"仁义"之道不只是营销之术，还体现了企业的价值所在，与此同时，也不要忘记企业作为经营体的逐利本质。

原文：经三：挟夫相为则责望，自为则事行。故父子或怨谯，取庸作者进美羹。说在文公之先宣言与勾践之称如皇也。故桓公藏蔡怒而攻楚，吴起怀瘳实而吮伤。且先王之赋颂，钟鼎之铭，皆播吾之迹，华山之博也。然先王所期者利也，所用者力也。筑社之谚，自辞说也。请许学者而行宛曼于先王，或者不宜今乎？如是，不能更也。郑县人得车厄也，卫人佐弋也，卜子妻写弊裤也，而其少者侍长者饮也。先王之言，有其所为小而世意之大者，有其所为大而世意之小者，未可必知也。说在宋人之解书与梁之读记也。故先王有郢书，而后世多燕说。夫不适国事而谋先王，皆归取度者也。

字面翻译：经三：怀着依赖对方的心理就会责备和埋怨，怀着凡事靠自己的心态事情就能办成。所以父子之间有时也会埋怨和责怪，为了争取雇工认真干活会给他们丰美的饭菜。有关论点的解说在文公伐宋前先宣布宋君的罪状、越王勾践伐吴前先宣称吴王修筑如皇之台的罪行中。所以齐桓公隐藏着对蔡国的恼怒，而以攻打楚国为幌子去灭掉蔡国；吴起怀着使士兵拼命作战的实际目的而为他们吮吸伤口。再说颂扬先王的歌赋，铸刻在钟鼎上的铭文，都是和赵武灵王凿刻在播吾山上的大脚印、秦昭襄王削刻在华山上的大棋子一样，是作假的。然而先王所期求的是自己的利益，所使用的是他人的气力。为土地神修筑社坛的谚语，就是晋文公为自己辩解的说辞。赞许读书人宣扬效法渺茫迂阔的先王之道，恐怕不适用于当今形势吧？像这样，一点也不懂得变通的学习，是愚蠢的。这就像郑县人明明得到的是车轭却指责他人骗他，卫国掌管射飞禽的官吏射鸟前先惊扰了鸟，卜子的妻子机械理解卜子的话而把新裤子做成了旧裤子，以及少年人全盘模仿年长的人喝酒，是一样愚蠢的思维。先王的言论，有的是涉及小事，当今社会上却把意义理解得很重大，有的是涉及大事，当今社会上却把意义理解得很细小，不可以这样想当然地理解啊。有关论点的解说在宋国人误解书意做蠢事及魏国人读书读成书呆子中。所以先王的言论有时就像郢都人写的书信，而后世之人多半像燕相那样来解说。不切合国家政事的实际，却要谋求先王之道，全是如同郑人买鞋不相信自己的脚一定要回家拿尺码一样的。

商人商语：仁义有时只是行动的一个借口。学习行业先进经验，知其然也要知其所以然，不能生搬硬套他人的理念，更不能盲目神化他人的成功，而是要立足自己的实际资源和能力做规划。

原文：说三：人为婴儿也，父母养之简，子长而怨；子盛壮成人，其供养薄，父母怒而诮之。子、父，至亲也，而或谯或怨者，皆挟相为而不周于为己也。夫买庸而播耕者，主人费家而美食，调布而求易钱者，非爱庸客也，曰：如是，耕者且深，耨者熟耘也。庸客致力而疾耘耕者，尽巧而正畦陌者，非爱主人也，曰：如是，羹且美，钱布且易云也。此其养功力，有父子之泽矣，而心调于用者，皆挟自为心也。故人行事施予，以利之为心，则越人易和；以害之为心，则父子离且怨。

字面翻译：人在还是小孩子的时候，父母教养得马虎，儿子长大了就会埋怨父母；儿子长大成人，对父母的供养微薄，父母就会恼怒而责备儿子。儿子和父亲，是血脉至亲，但是有时责骂有时埋怨，都是因为怀有依赖对方的心理而又认为对方不能周到地照顾自己。花钱雇佣雇工来播种耕地，主人花费家财给他们吃美好的饭菜，挑选布币去交换成色好的钱币给他们发报酬，并不是爱护雇工，而是认为这样对待，雇工才会耕田更深，锄草更净。雇工卖力地耘地耕田，使尽技巧来修整畦亩田埂，并不是爱戴雇主，而是认为这样干活，饭菜才会丰美，得到的钱币才会成色足。主人这样供养雇工的做工出力，简直有父子间的恩惠了，雇工一心一意地工作，都是怀着依靠自己努力的心态。所以人们办事给人好处，如果从利益互惠的角度来着想，那么疏远的人也容易和好；如果从害人利己的角度来着想，那么父子间也会分离并相互埋怨。

商人商语：在法家观点看来，企业和企业员工的关系基础，不是仁义的伦理关系，而是基于利益的合作关系。

原文：文公伐宋，乃先宣言曰："吾闻宋君无道，蔑侮长老，分财不中，教令不信，余来为民诛之。"

越伐吴，乃先宣言曰："我闻吴王筑如皇之台，掘深池，罢苦百姓，煎靡财货，以尽民力，余来为民诛之。"

字面翻译：晋文公讨伐宋国。事前就公开宣布说："我听说宋国国君没有道义，轻视侮辱德高望重的老人，分配财物不适当，教化不诚信、法令没信用，我来为宋国民众除害。"越王勾践讨伐吴国，事先就公开宣称说："我听说吴王夫差修筑如皇观台，挖掘深河水池，榨取钱财浪费货物，耗尽民众气力，我来为吴国民众除害。"

商人商语：欲加之罪，何患无辞？在打击竞争对手时，都会打着普世价值观的外衣，来彰显自己道德的属性，实现企业自身的利益。

原文：蔡女为桓公妻，桓公与之乘舟，夫人荡舟，桓公大惧，禁之不止，怒而出之。乃且复召之，因复更嫁之。桓公大怒，将伐蔡。仲父谏曰："夫以寝席之戏，不足以伐人之国，功业不可冀也，请无以此为稽也。"桓公不听。仲父曰："必不得已，楚之菁茅不贡于天子三年矣，君不如举兵为天子伐楚。楚服，因还袭蔡，曰：'余为天子伐楚，而蔡不以兵听从'，遂灭之。此义于名而利于实，故必有为天子诛之名，而有报仇之实。"

字面翻译：蔡侯的女儿做了齐桓公的妻子，桓公和她一起乘船，她摇晃船身，桓公非常害怕，不让她摇晃她还是不停下来，桓公一时忿怒就休掉了她。后来桓公想再召回她，蔡侯却因而把她改嫁了。桓公非常气愤，准备讨伐蔡国。管仲劝谏说："为了男女之间的琐事，不值得讨伐人家的国家，也不能指望因此建立功业，就请不要计较这件事了。"桓公不肯听从。管仲说："一定要做不罢休的话，楚国的菁茅不向周天子进贡已经有三年了，您不如起兵替周天子讨伐楚国。楚国屈服了，再趁势回兵袭击蔡国，就说'我替周天子讨伐楚国，而蔡国不派出军队来听命跟随'，于是灭亡蔡国。这是打着道义的名号而获取实际的利益，所以一定要有替天子讨伐的名号，然后才有报仇的实效。"

商人商语：只有打着为消费者的利益服务的"道义"幌子，才能使企业的市场行为名正言顺，实现企业自身的利益。

原文：吴起为魏将而攻中山。军人有病疽者，吴起跪而自吮其脓。伤者之母立泣，人问曰："将军于若子如是，尚何为而泣？"对曰："吴起吮其父之创而父死，今是子又将死也，今吾是以泣。"

字面翻译：吴起担任魏军将领去攻打中山国。士兵中有人患了毒疮，吴起跪着亲自为他吸掉脓血。受伤士兵的母亲马上哭了，有人问道："将军如此对待你的儿子，为什么还要哭泣呢？"母亲回答说："吴起吸吮他父亲的伤口，他父亲奋战而死，现在这个孩子又会奋战而死了，现在我就是为此哭泣的。"

商人商语：以仁爱的付出来换取利益的得到，看似冷酷，其实就是商业法则下的交换本质。

原文：赵主父令工施钩梯而缘播吾，刻疏人迹其上，广三尺，长五尺，而勒之曰："主父常游于此。"秦昭王令工施钩梯而上华山，以松柏之心为博，箭长八尺，棋长八寸，而勒之曰："昭王尝与天神博于此矣。"

字面翻译：赵武灵王命令工匠用钩梯攀爬播吾山，在山上凿刻脚印，宽三尺，长五尺，并刻上字说："主父曾经游玩到此地。"秦昭王命令工匠用钩梯攀登上华山，用松柏树的树心做成一副棋，骰子长八尺，棋子长八寸，并刻上字说："昭王曾经和天神在这里下过棋。"

商人商语：两位君王的自我神话，不是无聊的游戏，而是有树立自我形象的得利行为。

原文：文公反国，至河，令笾豆捐之，席蓐捐之，手足胼胝面目黧黑者后之。咎犯闻之而夜哭。公曰："寡人出亡二十年，乃今得反国。咎犯闻之不喜而哭，意不欲寡人反国耶？"犯对曰："笾豆，所以食也，席蓐，所以卧也，而君捐之；手足胼胝，面目黧黑，劳有功者也，而君后之。今臣有与在后，中不胜其哀，故哭。且臣为君行诈伪以反国者众矣，臣尚自恶也，而况于君。"再拜而辞。文公止之曰："谚曰：'筑社者，攘掘而置之，端冕而祀之。'今子与我取之，而不与我治之；与我置之，而不与我祀之；焉可？"解左骖而盟于河。

字面翻译：晋文公返回晋国，到黄河边时，命令把用过的竹笾木盘丢掉，把用过的席子草垫子丢掉，让手脚磨出老茧的人和脸色黝黑的人退到后面去。狐偃听说后就在晚上哭了起来，文公说："我在外流亡二十年，现在才得以回国。舅父你听说后不去高兴反而号哭，你的意思是不愿意我回国吗？"狐偃回答说："竹笾木盘是用来盛放食物的，席子草垫子是用来休息睡觉的，您却把它们丢掉了；手脚上磨出老茧的人，脸色黝黑的人，都是劳而有功的人，您却让他们退到后面。现在我也和他们一起被退在后面，心中经受不住被贬退的哀痛，所以号哭。况且我为您返国曾经多次施行欺诈虚伪的手段，我自己都厌恶自己，何况是您呢？"连拜两次就要辞别。文公阻止他说："谚语说：'修筑土地神坛的人，撩起衣服干活来树立社神，又穿上礼服礼帽来祭祀它。'现在你帮助我取得了国家，而不和我一起去治理它；好比是为我树立了社神，却不和我一起去祭祀一样；这怎么可以呢？"文公解下车边驾车的马沉到河里，对着河神发誓。

商人商语：所谓的忠心耿耿，背后何尝没有对名利的期盼？企业家的一言一行，都是一种教化的显示。

原文：郑县人卜子使其妻为裤，其妻问曰："今裤何如？"夫曰："象吾故裤。"妻因毁新，令如故裤。

字面翻译：郑县人卜子，让他的妻子做裤子，他妻子问："现在要的这条裤子做成什么样子？"卜子说："像我的旧裤子。"他的妻子因而做旧新裤子，使它像旧裤子一样。

商人商语：是卜子表达得不清楚，还是他的妻子理解有问题？看来二者平时沟通得少啊。企业家一定要跟下属经常沟通才行。

原文：郑县人有得车轭者，而不知其名，问人曰："此何种也？"对曰："此车轭也。"俄又复得一，问人曰："此是何种也？"对曰："此车轭也。"问者大怒曰："曩者曰车轭，今又曰车轭，是何众也？此女欺我也！"遂与之斗。

字面翻译：郑县有人得到一个架在拉车牛马脖子上的曲木，但不知它的名称，就问别人说："这是什么东西？"别人回答说："这是车轭。"不久他又得到一个，又问那个人说："这是什么？"那人回答说："这是车轭。"问话的人非常愤怒地说："刚才说是车扼，现在又说是车轭，这个东西怎么会这样多呢？你这是在欺骗我啊！"于是和那人争斗了起来。

商人商语：狭隘的心眼，只会以利益之心看待别人，却不去思考利益得失的多少。

原文：卫人有佐弋者，鸟至，因先以其裙麾之，鸟惊而不射也。

郑县人卜子妻之市，买鳖以归。过颍水，以为渴也，因纵而饮之，遂亡其鳖。

字面翻译：卫国有个掌管射飞禽的官吏，鸟飞来时，他便先用头巾向鸟挥动，鸟受惊飞走而无法射到。

郑县人卜子的妻子来到集市，买了只鳖回家。过颍河时，以为鳖渴了，就放它到河里去喝水，结果弄丢了她买的鳖。

商人商语：想要获得利益，想要滋养利益，使用的手段却总是会失去利益。

原文：夫少者侍长者饮，长者饮，亦自饮也。

一曰：鲁人有自喜者，见长年饮酒不能釂则唾之，亦效唾之。

一曰：宋人有少者亦欲效善，见长者饮无余，非斟酒饮也而欲尽之。

字面翻译：有个年少的人侍候年老的人喝酒，年纪大的人喝，他自己也跟着喝。

另一种说法：鲁国有个自作聪明的人，看见年纪大的人没能把杯中酒一饮而尽就吐了出来，也仿效着吐了出来。

还有一种说法：宋国有个年少的人也想仿效高雅的风度，看见年纪大的人喝酒一饮而尽，自己不胜酒力也想要一饮而尽。

商人商语：不能只看见一件事的表象，还要学会看透其本质。否则不仅无功，还会受害。

原文：书曰："绅之束之。"宋人有治者，因重带自绅束也。人曰："是何也？"对曰："书言之，固然。"

书曰："既雕既琢，还归其朴。"梁人有治者，动作言学，举事于文，曰："难之。"顾失其实。人曰："是何也？"对曰："书言之，固然。"

字面翻译：书上说："绅之束之。"宋国有个研究这部书的人，就用重叠的带子把衣服约束住把自己也束缚起来。别人问他："这是做什么？"他回答说："书上是这样说的，当然要这样做。"书上说："既雕既琢，还归其朴。"魏国有个研究这部书的人，言行举止都学习这句话，做任何事都装模作样讲究细节的雕琢，说道："学习很难啊。"结果反而失去了他原来的样子。别人说："这是做什么？"他回答说："书上是这样说的，当然要这样做。"

商人商语：学习书本上的案例，不能过于机械地理解文字表面上的语义。做企业也一样，不能看了别的企业的制度、流程好，就全部照搬。

原文：郢人有遗燕相国书者，夜书，火不明，因谓持烛者曰："举烛。"云而过书"举烛"。举烛，非书意也。燕相受书而说之，曰："举烛者，尚明也；尚明也者，举贤而任之。"燕相白王，王大悦，国以治。治则治矣，非书意也。今世学者多似此类。

字面翻译：楚国郢地有个给燕相写信的人，晚上写信的时候，烛火不够明亮，就对拿着蜡烛的人说："举烛。"嘴里说着信里也错误地写上了"举烛"。举烛，并不是书信中的本意。燕相收到书信后非常高兴，说："举烛的意思，是崇尚明照；崇尚明照的意思，是要选拔贤德的人加以任用。"燕相禀告燕王，燕王非常高兴，国家因此得到治理。治理倒是因此而治理好了，但这个治理并不是书信的本意。当代的学者大多类似燕相这类人。

商人商语：相信一个人时，哪怕是无意的话，我们也会去做有意的理解。

原文：郑人有且置履者，先自度其足而置之其坐，至之市而忘操之。已得履，乃曰："吾忘持度。"反归取之。及反，市罢，遂不得履。人曰："何不试之以足？"曰："宁信度，无自信也。"

字面翻译：郑国有个打算买鞋的人，先亲自量好自己脚的尺码并把它放在座位上，去集市的时候却忘记带上了。他挑好鞋子后突然说："我忘记带尺码了。"于是返回家里去取。等到返回时，集市已经散了，最终他没有买到鞋。有人说："为什么不用自己的脚来试鞋？"他说："我宁愿相信尺码，也不相信自己的脚。"

商人商语：固守企业文化，大谈特谈企业文化的无上作用，却忘记了企业文化只是企业品牌理念的表达方式而已，会随着市场环境、商业模式、营销方式、管理方法的变化而发生表达乃至内核的变化。

原文：经四：利之所在，民归之；名之所彰，士死之。是以功外于法而赏加焉，则上不能得所利于下；名外于法而誉加焉，则士劝名而不畜之于君。故中章、胥己仕，而中牟之民弃田圃而随文学者邑之半；平公腓痛足痹而不敢坏坐，晋国之辞仕托者国之锤。此三士者，言袭法，则官府之籍也；行中事，则如令之民也；二君之礼太甚。若言离法而行远功，则绳外民也，二君又何礼之？礼之当亡。且居学之士，国无事不用力，有难不被甲。礼之，则惰修耕战之功；不礼，则害主上之法。国安则尊显，危则为屈公之威，人主奚得于居学之士哉？故明主论李疵视中山也。

字面翻译：经四：可以得到利益的地方，民心就归向它；可以显扬名声的事情，士人就拼死争取。因此对不符合法制的功劳给予赏赐，朝廷就不能从基层民众那里得到利益；对不符合法制的名声给予赞誉，士人就会追求名誉而不归顺君主。所以，中章、胥己做了高官，中牟的民众放弃田地菜园的耕种而追随学习文章学问的人，占了城邑的一半；晋平公敬重叔向，腿痛脚麻也不敢坐得不端正，晋国辞去官职托请于叔向门下的人，占了全国的三分之一。这三个人，言论遵循法制，那也是按照官府的法典制度；行为合乎事理，那也是遵守法令的良民；赵、晋两国的君主对他们的礼遇太过分了。如果他们的言论背离法制而行为没有什么功劳，那就是违背法律的人了，两个君主又为什么要敬重他们呢？敬重这种人国家必定要灭亡。况且那些或者隐居不出仕或者宣扬私家学说的人，国家没有战事的时候不出力，国家遇到危难的时候不披甲。敬重这种人，就会怠慢那些遵纪守法耕战民众的功劳；不敬重这种人，他们就会危害君主的法令和朝廷的法制。国家安定，他们就尊贵显赫，国家危难，他们就像屈公一样贪生怕死，君主从这些隐居不出仕或者宣扬私家学说的人那里能得到什么呢？所以明主肯定了李疵对中山国国情的判断。

商人商语：民心思名思利，是人之常情，此种心思不可违，只可善加导引。所以，有智慧的企业家会对企业的经营管理有实际用处的行为给予引导。

原文：说四：王登为中牟令，上言于襄主曰："中牟有士曰中章、胥己者，其身甚修，其学甚博，君何不举之？"主曰："子见之，我将为中大夫。"相室谏曰："中大夫，晋重列也，今无功而受，非晋臣之意。君其耳而未之目邪！"襄主曰："我取登，既耳而目之矣；登之所取，又耳而目之。是耳目人绝无已也。"王登一日而见二中大夫，予之田宅。中牟之人弃其田耘、卖宅圃而随文学者，邑之半。

字面翻译：说四：王登任中牟县县令时，向赵襄子进言说："中牟有中章和胥己两位士人，他们的品行很好，学识很渊博，您何不提拔他们呢？"赵襄子说："您安排他们来见我，我将任命他们为中大夫。"赵襄子的家臣头目劝谏他说："中大夫，是晋国的重要官职，现在他们没有功劳就授予，不符合晋国提拔大臣的原意。您也只是耳闻他们的名声，没有亲眼看到他们的实际吧！"赵襄子说："我取用王登，就是既用耳听又用眼看的；王登所要取用的人，又要我用耳听和用眼看。这样子的亲自考察，永远没完没了。"王登一天内就安排他们见到赵襄子，二人马上被任命为中大夫，赏赐给他们土地和房屋。中牟县里的人放下耕田除草的农活，卖掉住宅和菜园而追随学习文章学问的人，占了城邑人口的一半。

商人商语：企业家的行为举止，对于企业员工的行为取向影响是最直接的。

原文：叔向御坐，平公请事，公腓痛足痹转筋而不敢坏坐。晋国闻之，皆曰："叔向贤者，平公礼之，转筋而不敢坏坐。"晋国之辞仕托慕叔向者，国之锤矣。

字面翻译：叔向正襟危坐，晋平公向他请教政事，平公腿痛脚麻抽筋也不敢坐得不端正。晋国人听说后，都说："叔向有贤德，平公敬重他，就是抽筋也不敢坐得不端正。"晋国的那些辞去官职托请追随在叔向门下的人，一时间占了全国的三分之一。

商人商语：企业家的喜好，潜移默化之下也会变成企业员工们的喜好。

原文：郑县人有屈公者，闻敌，恐，因死；恐已，因生。

字面翻译：郑县有个叫屈公的人，听说到敌人，很害怕，就势昏死过去；

害怕的情绪过去后，又活了过来。

商人商语：单纯地从自己心思的角度来考虑问题，往往是杞人忧天。企业家要多看书、多交流，了解时事，才不会被一时的市场动荡所影响。

原文：赵主父使李疵视中山可攻不也。还报曰："中山可伐也。君不亟伐，将后齐、燕。"主父曰："何故可攻？"李疵对曰："其君见好岩穴之士，所倾盖与车以见穷间隘巷之士以十数，优礼下布衣之士以百数矣。"君曰："以子言论，是贤君也，安可攻？"疵曰："不然。夫好显岩穴之士而朝之，则战士怠于行阵；上尊学者，下士居朝，则农夫惰于田。战士怠于行阵者，则兵弱也；农夫惰于田者，则国贫也。兵弱于敌，国贫于内，而不亡者，未之有也。伐之不亦可乎？"主父曰："善。"举兵而伐中山，遂灭也。

字面翻译：赵武灵王派李疵察看中山国是否可以攻打。李疵回来报告说："中山国是可以攻打的。君主您若不尽快攻打，就要落后于齐国和燕国。"武灵王说："什么理由可以攻打？"李疵回答说："中山国君主喜欢接见隐居山野的人，亲自驾车拜访并且和他们同车交谈的居住在小街巷子里的读书人，数以十计；以平等的礼节来礼遇没有官职的读书人，数以百计。"赵武灵王说："按你的话来判断，中山国君主是个贤德的君主，哪里有理由可以攻打呢？"李疵说："不是这样的。喜欢宣扬隐士并让他们参加朝会，战士们打仗时就会懈怠；君主尊重有学问的人，礼节下士招揽到朝廷，农夫种田时就会懒惰。战士打仗时懈怠的话，兵力就削弱了；农夫种田时懒惰的话，国家就贫穷了。兵力比敌人弱，国内又贫穷，这样还不衰亡的，从未有过。攻打中山不是可以的吗？"赵武灵王说："很好。"起兵攻打中山，于是灭亡了它。

商人商语：企业家对于企业人力资源的建设，既要务虚在企业文化的教化上，更要务实在规章制度的管理上。这样，企业人力资源的建设，才能转化成为企业的经营实力。

原文：经五：《诗》曰："不躬不亲，庶民不信。"傅说之以"无衣紫"，缓之以郑简、宋襄，责之以尊厚耕战。夫不明分，不责诚，而以躬亲位下，且为"下走""睡卧"，与夫"掩弊""微服"。孔丘不知，故称犹盂；邹君不知，故先自僇。明主之道，如叔向赋猎与昭侯之奚听也。

字面翻译：经五：《诗经·小雅·节南山》上说："君主不以身作则，普通民众就不会相信。"齐国太傅用"君主不穿紫衣服"来影响民众说明这个道理，但也可以援引郑简公放手委任子产处理政事而终身没有祸患、宋襄公亲自参战而兵败身死的事例，用崇尚耕战的观点来批评这个道理。如果不明确君臣之间的名分，不考察臣下做事的真实业绩，反而要亲自去做臣下该做的事情，那将会像"齐景公下车奔跑""魏昭王读简学法困睡"，和那种"掩弊""微服"的举止是一样的愚蠢。孔子不懂其中的道理，所以会说出"君主如盂"的比喻；邹国国君不懂其中的道理，所以会先行"割断自己的长缨"。明君治国的原则，要像叔向分配猎物和韩昭侯听取意见那样。

商人商语：企业家以身作则，并不意味着在所有的事情上都要做出好的榜样。则，是法则的意思，企业家最需要在理念和风俗的原则性问题上制定法则。

原文：说五：齐桓公好服紫，一国尽服紫。当是时也，五素不得一紫。桓公患之，谓管仲曰："寡人好服紫，紫贵甚，一国百姓好服紫不已，寡人奈何？"管仲曰："君欲止之，何不试勿衣紫也？谓左右曰：'吾甚恶紫之臭。'于是左右适有衣紫而进者，公必曰：'少却，吾恶紫臭。'"公曰："诺。"于是日，郎中莫衣紫；其明日，国中莫衣紫；三日，境内莫衣紫也。

一曰：齐王好衣紫，齐人皆好也。齐国五素不得一紫。齐王患紫贵，傅说王曰："《诗》云：'不躬不亲，庶民不信。'今王欲民无衣紫者，王请自解紫衣而朝。群臣有紫衣进者，曰：'益远！寡人恶臭。'"是日也，郎中莫衣紫；是月也，国中莫衣紫；是岁也，境内莫衣紫。

字面翻译：说五：齐桓公喜好穿紫衣服，全国的人就都穿紫衣服。那个时候，五匹没有染色的素布抵不上一匹紫布。桓公为此事担忧，对管仲说："我喜欢穿紫衣服，紫衣服很贵了，而整个国家的百姓喜好穿紫衣服却不能休止，我该怎么办呢？"管仲说："君王您想要制止这种状况，为何不尝试着自己不去穿紫衣服呢？您可以对近侍说：'我特别厌恶紫衣服的气味。'如果这时恰巧有穿紫衣服近前的近侍，您一定要说：'退后一点，我厌恶紫衣服的气味。'"桓公说："好的。"在这一天，君主的侍从官们没有一个穿紫衣服；第二天，国都中没有一个人穿紫衣服；第三天，齐国境内没有一个人穿紫衣服。

另一种说法：齐王喜欢穿紫衣服，齐国人都喜欢穿紫衣服。齐国五匹没有染色的素布抵不上一匹紫布。齐王忧虑紫布昂贵。太傅劝说齐王："《诗经·小雅·节南山》上说：'君主不以身作则，普通民众就不会相信。'现在大王想要民众不穿紫衣服，就请自己先不再穿紫衣服去上朝。群臣中有穿紫衣服近前的，就说：'离我远一些，我厌恶那种气味。'"在这一天，侍从官再没有一个穿紫衣服的；在这个月，国都中没有一个穿紫衣服的；在这一年，国境内再没有一个穿紫衣服的。

商人商语：企业家的言行举止，对企业文化的呈现有最直接的影响力。

原文：郑简公谓子产曰："国小，迫于荆、晋之间。今城郭不完，兵甲不备，不可以待不虞。"子产曰："臣闭其外也已远矣，而守其内也已固矣，虽国小，犹不危之也。君其勿忧。"是以没简公身无患。

一曰：子产相郑，简公谓子产曰："饮酒不乐也。俎豆不大，钟鼓竽瑟不鸣，寡人之事不一，国家不定，百姓不治，耕战不辑睦，亦子之罪。子有职，寡人亦有职，各守其职。"子产退而为政五年，国无盗贼，道不拾遗，桃枣之荫于街者莫援也，锥刀遗道三日可反。三年不变，民无饥也。

字面翻译：郑简公对子产说："郑国国小，夹在楚国和晋国之间。现在内外城防不完整，兵器铠甲不齐备，不能用来应付意外的事变。"子产说："我封锁外围边境的建设已经很久了，国内防卫的经营也已经足够坚固了，虽然国家小，依然不会危险的。君主您不必为此忧愁。"因此直到郑简公去世时国家都没有祸患。

另一种说法：子产担任郑相，郑简公对子产说："喝酒也不能快乐啊。现在，放置祭品的器具不够大，钟鼓竽瑟的乐器不演奏，我处理的政事繁多，国家不能安定，百姓不能治理，耕战之事不能有效结合，这些要算作你的过失了。你有你的职事，我也有我的职事，咱们各自管好自己的职事吧。"子产退下后掌管朝政五年，国内没有盗贼，路人不捡遗物，桃树枣树的果实遮蔽了街道也没人攀摘，锥子刀子丢失在路上三天也可以捡回。这种情形，其后很多年不曾改变，民众没有挨饿的。

商人商语：各守其职，既是各有权责各行其是互相配合，也是各有权重各自做好自己。

原文：宋襄公与楚人战于涿谷上。宋人既成列矣，楚人未及济。右司马购强趋而谏曰："楚人众而宋人寡，请使楚人半涉未成列而击之，必败。"襄公曰："寡人闻君子曰：'不重伤，不擒二毛，不推人于险，不迫人于厄，不鼓不成列。'今楚未济而击之，害义。请使楚人毕涉成阵而后鼓士进之。"右司马曰："君不爱宋民，腹心不完，特为义耳。"公曰："不反列，且行法。"右司马反列，楚人已成列撰阵矣，公乃鼓之。宋人大败，公伤股，三日而死。此乃慕自亲仁义之祸。夫必恃人主之自躬亲而后民听从，是则将令人主耕以为食，服战雁行也，民乃肯耕战，则人主不泰危乎？而人臣不泰安乎？

字面翻译：宋襄公和楚人在涿谷交战，宋军已经摆好了队列，楚人还没有来得及过河。宋军右司马购强快步上前进言道："敌众我寡，请在楚军过河了一半尚未摆好队列时进攻，一定会打败他们。"宋襄公说："我听君子说过，'不重复伤害已经受伤的人，不俘虏头发花白的人，不把人推进危险的境地，不逼迫人到困厄时，不击鼓进攻没有摆好队列的敌军。'现在楚军没有完成过河就去进攻，是损害仁义之道的。请等到楚军全部过河摆好阵势以后，再击鼓命令战士们进攻吧。"右司马说："君王您不爱惜宋国的民众，不顾及国家的根本，只是为了仁义的虚名。"襄公说："不回到队列里，将按军法处置！"右司马回到队列时，楚人已经整顿好队伍摆好阵势了，宋襄公这才命令击鼓进攻。宋军大败，宋襄公大腿受伤，三天后就死了。这就是羡慕并亲身实践仁义带来的祸害。一定要依赖君主的以身作则，然后民众才会听从，这是要君主自己种田吃饭，自己排在战阵里作战，然后民众才肯尽力耕战，处于这种情况下的君主不是太危险了吗？而臣子不是太安逸了吗？

商人商语：宋襄公的错误，在于他错误地实行了仁义，在于他的仁义用错了对象给了伤害自己的敌人，用错了时间给了敌人机会。

原文：齐景公游少海，传骑从中来谒曰："婴疾甚，且死，恐公后之。"景公遽起，传骑又至。景公曰："趋驾烦且之乘，使驺子韩枢御之。"行数百步，以驺为不疾，夺辔代之御；可数百步，以马为不进，尽释车而走。以烦且之良而驺子韩枢之巧，而以为不如下走也。

字面翻译：齐景公在渤海边游玩，驿使从国都赶来报告说："晏婴病得很重，即将死去，恐怕您赶不上见他最后一面了。"景公立刻起身，又有驿使赶到。景公说："赶快套好烦且拉的马车，派马夫韩枢来驾车。"马车跑了几百步，景公认为韩枢赶得不快，夺过缰绳代他驾车；又跑了几百步，景公认为马没有前进，就全部丢下车马，自己向前奔跑。凭着烦且这样的好马和马夫韩枢这样的驾车技巧，齐景公竟然会认为不如自己下车跑得快。

商人商语：企业家必须能耐得住性子，即使是亲自操作效果更好，也要忍住。因为企业家是谋大局者，要避免因为亲自操作而影响了操控全局的情况发生。

原文：魏昭王欲与官事，谓孟尝君曰："寡人欲与官事。"君曰："王欲与官事，则何不试习读法？"昭王读法十余简而睡卧矣。王曰："寡人不能读此法。"夫不躬亲其势柄，而欲为人臣所宜为者也，睡不亦宜乎。

字面翻译：魏昭王想参与管理国家政事，就对孟尝君说："我想参与管理国家政事。"孟尝君说："大王您既然想参与管理国家政事，那么为什么不尝试着学习阅读法律呢？"昭王读了十几根竹简上的法律就打瞌睡了。昭王说："我读不了这些法律。"做君主的不亲自掌握自己权势的权柄，却想做臣子们应当做的事情，打瞌睡不也是很自然的吗？

商人商语：企业家握紧手里的权柄，才可以拥有以小博大、以少制众的权势。所以，企业家在终端细节上的亲力亲为，反而是因小失大。

原文：孔子曰："为人君者，犹盂也；民，犹水也。盂方水方，盂圆水圆。"

字面翻译：孔子说："做君主的人好比是那盛水的盂；民众好比是那盂里的水。盂是方的，盂里面的水就成了方的；盂是圆的，盂里面的水就成了圆的。"

商人商语：企业家有多大的胸襟，为手下搭建多大的舞台，决定了企业人力资源的发展能到怎样的地步。

原文：邹君好服长缨，左右皆服长缨，缨甚贵。邹君患之，问左右，左右曰："君好服，百姓亦多服，是以贵。"君因先自断其缨而出，国中皆不服长缨。君不能下令为百姓服度以禁之，乃断缨出以示民，是先戮以莅民也。

字面翻译：邹国国君喜欢佩戴长长的帽带，近侍也都佩戴长长的帽带，帽带价格非常昂贵。邹国的国君为此担忧，问近侍，近侍说："您喜欢佩戴什么，百姓也都跟着佩戴什么，所以帽带就昂贵了起来。"邹国国君于是先把自己的帽带割断后再到外面出巡，邹国民众也全都不再佩戴长帽带了。君主为了不让民众佩戴过长的帽带，不下达法令来制定民众佩戴帽带的标准，却割断自己的帽带出巡来先行示范给民众，这是先虐待自己再来统治民众的做法。

商人商语：老板的以身作则，更多的时候应是约束和限制自己的行为。

原文：叔向赋猎，功多者受多，功少者受少。

字面翻译：叔向分配猎获物时，功劳多的分得多，功劳少的分得少。

商人商语：多劳多得，少劳少得，这才是绩效考核的基本理念。

原文：韩昭侯谓申子曰："法度甚不易行也。"申子曰："法者，见功而与赏，因能而受官。今君设法度而听左右之请，此所以难行也。"昭侯曰："吾自今以来知行法矣，寡人奚听矣。"一日，申子请仕其从兄官。昭侯曰："非所学于子也。听子之谒，败子之道乎，亡其用子之术而废子之谒？"申子辟舍请罪。

字面翻译：韩昭侯对申不害说："法规制度非常不容易推行。"申不害说：

"所谓法规，就是核查功劳而给予赏赐，依据才能而授予官职。现在君主设立了法规制度，却又听从近侍的请求，这就是法规制度难以推行的原因。"昭侯说："我从今以后知道如何施行法规了，知道如何听取请求了。"一天，申不害请求委任他的堂兄做官。昭侯说："这不是我从您那儿学来的做法嘛。是听从您的请求而破坏了您的治国原则呢，还是采用您的吏治方法而不采纳你的请求呢？"申不害诚惶诚恐地请求给予处罚。

商人商语：企业家的职责，不表现在具体的事务上，也不用非得做出表率，而应将更多的精力用在制定法规、制度和确保执行上。

原文：经六：小信成则大信立，故明主积于信。赏罚不信则禁令不行，说在文公之攻原与箕郑救饿也。是以吴起须故人而食，文侯会虞人而猎。故明主表信，如曾子杀彘也。患在厉王击警鼓与李悝谩两和也。

字面翻译：经六：在小事上能够讲究信用，在大事上就能够建立起信誉，所以明君要在遵守信用上积累信誉。赏罚不守信用，禁令就无法推行。晋文公攻打原邑遵守信用和箕郑谈论用信用救济饥荒就是这样的例子。因此吴起一定要等候老朋友来才吃饭，魏文侯宁愿冒着大风也要知会虞人罢猎的事情。所以明君表明信用，要像曾子杀猪那样说到做到。不讲信用的祸患，表现在楚厉王误敲警鼓而失信于民，以及李悝欺骗左右两军，最后被秦军击败的例子上。

商人商语：小信不守，大信难立。信，即守信、诚信，不应只是一种人与人之间交往的理念，更应该成为企业员工之间、企业员工服务市场的一种原则和一种风尚。

原文：说六：晋文公攻原，裹十日粮，遂与大夫期十日。至原十日而原不下，击金而退，罢兵而去。士有从原中出者，曰："原三日即下矣。"群臣左右谏曰："夫原之食竭力尽矣，君姑待之。"公曰："吾与士期十日，不去，是亡吾信也。得原失信，吾不为也。"遂罢兵而去。原人闻曰："有君如彼其信也，可无归乎？"乃降公。卫人闻曰："有君如彼其信也，可无从乎？"乃降公。孔子闻而记之曰："攻原得卫者，信也。"

字面翻译：说六：晋文公攻打原国，军队携带了十天的口粮，于是和大夫约定攻打的期限是十天。攻进原国十天，却没有攻下原国，文公鸣金退兵，要收兵离开原国。有个从原国城中出来的士兵说："原国三天内就可攻下的。"群臣近侍进谏说："原国的粮食已经耗尽，兵力已经衰竭，君主暂且等等再退兵吧。"文公说："我和士兵约定的期限是十天，如果现在不离开原国的话，这会失去我的信用。得到原国而失掉信用，我是不做的。"于是收兵离开原国。原国人听到后说："做君主的像他那样守信用，可能不归附吗？"于是就投降了晋文公。卫国人听到后说："做君主的像他那样守信用，可能不追随吗？"于是就投降了晋文公。孔子听说后记录下来："攻打原国得到卫国的，是因为信用的作用啊。"

商人商语：守信守的不仅仅是信言，守的更是信的功用。

原文：文公问箕郑曰："救饿奈何？"对曰："信。"公曰："安信？"曰："信名，信事，信义。信名，则群臣守职，善恶不逾，百事不怠；信事，则不失天时，百姓不逾；信义，则近亲勉勉而远者归之矣。"

字面翻译：晋文公问箕郑说："怎样解决饥荒的问题？"箕郑回答说："信用。"文公说："信用在哪里？"箕郑说："信用在名分、在农事、在道义。信用在名分上，群臣就会各司其职，善人恶人不会混杂，各种政事不会懈怠；信用在农事上，就不会违背天时节气，百姓不会想做其他的行业；信用在道义上，亲近的人就会互相勉励，远方的人也会前来归附了。"

商人商语：岗位职责上守信用，员工们就会尽职尽责，好人奸人不会混杂，各种工作都不会懈怠；制度流程上守信用，运营管理的所有细节就不会失误，出了问题大家也不会推三阻四；绩效考核上守信用，不管才能高低、关系亲疏，员工都会努力工作。

原文：吴起出，遇故人而止之食。故人曰："诺，期返而御。"吴子曰："待公而食。"故人至暮不来，起不食待之。明日早，令人求故人。故人来，方与之食。

字面翻译：吴起出门，碰到了老朋友就留他吃饭。老朋友说："好的，一会儿就回来，稍等。"吴起说："等您来了再吃。"老朋友到天黑还没来，吴起没有吃饭一直等着他。第二天早上，再次派人去请老朋友。老朋友来了，吴起才和他一起吃饭。

商人商语：守信，不是一种随意的情绪化行为，而是一种有契约性质的约束性行为。

原文：魏文侯与虞人期猎。明日，会天疾风，左右止文侯，不听，曰："不可以风疾之故而失信，吾不为也。"遂自驱车往，犯风而罢虞人。

字面翻译：魏文侯和管理山林的官员约定了打猎时间。第二天，碰上大风天气，近侍劝阻文侯不要出去了，文侯不肯听从，说："不可因为风大而失掉信用，这种事我是不会做的。"于是亲自驾车前去，冒风告知管理山林的官员打猎的事情取消了。

商人商语：要有守信的信念，以及可以实现守信的行动。

原文：曾子之妻之市，其子随之而泣。其母曰："女还，顾反为女杀彘。"妻适市来，曾子欲捕彘杀之。妻止之曰："特与婴儿戏耳。"曾子曰："婴儿非与戏也。婴儿非有知也，待父母而学者也，听父母之教。今子欺之，是教子欺也。母欺子，子而不信其母，非以成教也。"遂烹彘也。

字面翻译：曾子的妻子去集市，她的儿子跟在后面哭。孩子母亲说："你回家去，等我回来给你杀猪。"等她从集市回来，曾子便要抓一只猪来杀。妻子阻止说："我只不过是和小孩子开玩笑罢了。"曾子说："不可以和小孩子开玩笑。小孩子没有智慧，就依照父母的言行举止跟着学，听从父母的教诲。现在你欺骗儿子，这是教儿子学会欺骗。做母亲的欺骗儿子，儿子就再也不相信母亲了，欺骗不是用来教育的方法。"于是就把猪杀了煮给孩子吃。

商人商语：曾子给儿子埋下了一颗守信的"种子"，长起来后的收获比后天养成的自我约束要大。前者好比是文化，教化出行为守信的动机；后者好比是管理，用规章制度来束缚。

原文：楚厉王有警，为鼓以与百姓为戍。饮酒醉，过而击之也，民大惊。使人止之，曰："吾醉而与左右戏，过击之也。"民皆罢。居数月，有警，击鼓而民不赴。乃更令明号而民信之。

字面翻译：楚厉王遇到紧急情况，就敲鼓为号，通知民众一起防守。他喝酒喝醉了，错误地敲响了鼓，民众们马上赶来警戒。厉王派人安抚大家，说："我酒醉了和近侍玩笑，错误敲响了鼓。"民众都散去了。过了几个月，遇到紧急情况，厉王敲鼓，但是民众却不来响应。于是，厉王更改命令申明信号，民众才又相信了。

商人商语：信用的丧失是难以修补的，因为人们在被欺骗后不愿意再去相信。

原文：李悝警其两和，曰："谨警敌人，旦暮且至击汝。"如是者再三而敌不至。两和懈怠，不信李悝。居数月，秦人来袭之，至几夺其军。此不信患也。

一曰：李悝与秦人战，谓左和曰："速上！右和已上矣。"又驰而至右和曰："左和已上矣。"左右和曰："上矣。"于是皆争上。其明年，与秦人战。秦人袭之，至几夺其军。此不信之患。

字面翻译：李悝警告左右两边营垒的将士们说："小心戒备敌人，或早或晚就会来袭击你们。"像这样的警告说了好多次，但敌人却没来攻打。左右营垒的将士们松懈了下来，不再相信李悝的警告。过了几个月，秦军前来袭击，差点夺取了李悝军队的营垒。这是不讲信用的灾祸啊。

另一种说法：李悝和秦军交战，他对左边营垒的将士们说："快速出击！右边营垒的将士已经出击了。"又骑马奔驰到右边营垒说："左边营垒的将士已经出击了。"两翼营垒的将士们说："出击。"于是都争先恐后地出击。这之后第二年，和秦军交战。秦军前来偷袭，差点夺取了李悝军队的营垒。这是不讲信用的灾祸啊。

商人商语：李悝是法家的代表人物，喜欢用"诈术"。从他的这则故事中我们可以看到，从利益角度出发的"信"不如从道德角度出发的"信"能安抚人心。

消灭对手就等于杀死自己

当下的商业环境是一个鱼龙混杂的有机整体，每个企业都身处其中，竞争不可避免。但是，也正因为大家都身处一个整体之中，企业之间的关系就不只是单纯的竞争关系，还有合作关系。如果因为彼此竞争而不顾及所存身行业的生态环境建设，恶性竞争会如一身两口的"虺蛇"，最终伤害的是大家赖以生存的整体。

在日益开放的商业环境中，企业间彼此的合作关系也日趋开放，本来封闭于企业内部的经营要素也不可避免地和行业外或者行业内的其他企业产生相生或相克的关系，这就是"达，则可以兼济天下；穷，则无法独善其身"。

本章节选取了《韩非子·说林下》，用一些小故事，来说明企业身处行业的各种关系和各种关系的相处之道。

《韩非子·说林下》：你看到的固然是真的，但是未必是你所以为的真

原文：伯乐教二人相踶马，相与之简子厩观马。一人举踶马。其一人从后而循之，三抚其尻而马不踶。此自以为失相。其一人曰："子非失相也。此其为马也，踒肩而肿膝。夫踶马也者，举后而任前，肿膝不可任也，故后不举。子巧于相踶马拙于任肿膝。"夫事有所必归，而以有所肿膝而不任，智者之所独知也。惠子曰："置猿于柙中，则与豚同。"故势不便，非所以逞能也。

字面翻译：伯乐教授两个人识别踢人的烈马，两个人约好了到赵简子的马棚里观察马。一个人选中了一匹踢人的烈马。另一个人从后面仔细地观察，多次抚摸马的屁股而马却不踢人。选中的人自以为识别错了。另一个人说："你没有识错。这一匹马呀，前腿摔伤而膝部肿大。凡是踢人的马，抬起后腿就要依靠前腿支撑全身，前腿膝部肿大无法支撑全身，所以后腿抬不起来。您善于识别踢人的烈马，却不懂得马的前腿膝部肿大不能支撑全身的道理。"事情的发生都有一定的起因，然而由于前腿膝部肿大而不能支撑全身的道理，这是只有智慧的人才会知晓的。惠子说："把猿关到木笼子里，就和小猪一样。"所以形势不利，就没有办法表现出才能。

商人商语：对于企业的经营评价不能片面、单一，要结合其所处的生态环境、时间、客观条件，才会有全面的认识。

原文：卫将军文子见曾子，曾子不起而延于坐席，正身于奥。文子谓其御曰："曾子，愚人也哉！以我为君子也，君子安可毋敬也？以我为暴人也，暴人安可侮也？曾子不戮，命也。"

字面翻译：卫国的将军文子去见曾子，曾子没有起身只是请文子入座，自己端坐在西南角的尊位上。文子对他的车夫说："曾子是个愚蠢的人吧！把我当作君子吧，对君子怎么可以不尊敬呢？把我当作残暴的人吧，对残暴的人怎么可以侮辱呢？曾子不被杀，算他命好。"

商人商语：同行之间的交往要有基本的礼节，否则会无端地招惹出敌对者。

原文：鸟有翢翢者，重首而屈尾，将欲饮于河，则必颠，乃衔其羽而饮之。人之所有饮不足者，不可不索其羽也。

字面翻译：有一种叫翢翢的鸟，头部沉重而尾巴短秃，如果要到河边饮水，就一定会栽到河里，它要另一只翢翢衔着它的羽毛才能饮到水。人有了欲望又没有能力实现的话，就不能不寻求伙伴的帮助了。

商人商语：没有哪个企业的经营是完全独立的。企业之间的合作应是常态，互助也是常态。互助互利，是彼此合作的基础。

原文：鳝似蛇，蚕似蠋。人见蛇则惊骇，见蠋则毛起。渔者持鳝，妇人拾蚕，利之所在，皆为贲、诸。

字面翻译：鳝鱼像蛇，蚕像青虫。人们看见蛇就会惊恐害怕，看见青虫就会汗毛竖起。渔夫手捉鳝鱼，妇女拾蚕喂养，利益所在的地方，都是孟贲、专诸那样的勇士。

商人商语：企业经营，经营的是利益；企业竞争，竞争的也是利益。所以，打着价值观、产品理念等外衣的竞争，其本质还是利益之争。

原文：伯乐教其所憎者相千里之马，教其所爱者相驽马。以千里之马时一有，其利缓；驽马日售，其利急。此《周书》所谓"下言而上用者，惑也"。

字面翻译：伯乐教他所厌恶的人识别千里马，教他所喜爱的人识别普通的劣马。千里马很少见，识别这种马获利缓慢；普通的劣马每天都有买卖，识别这种马获利快速。这就是《周书》上说的"把形而下具体条件下说的言论当作形而上普遍指导性的原则来采用，是一种迷惑"。

商人商语：商业模式不一而足，各有其市场，各有其生存之道。但是目标消费者过于聚焦的商业模式，在实操性无法保证的情况下，容易"曲高和寡"。

原文：桓赫曰："刻削之道，鼻莫如大，目莫如小。鼻大可小，小不可大也；目小可大，大不可小也。"举事亦然。为其后可复者也，则事寡败矣。

字面翻译：桓赫说："雕刻的原则是，鼻子不如先大一些，眼睛不如先小一些。鼻子大了可以修小，小了却不能修大；眼睛小了可以修大，大了却不能修小。"办事也是这样。做那种日后还能补救的事，那么做事就很少会失败了。

商人商语：企业之间的合作关系和合同约定，切忌所有的细节都是确定不改的，要有一个缓冲商量的空间，留有逐步建设的过程。这个空间和过程就是信任。两家之间一点小事就要打官司的话，还怎么继续合作呢？

原文：崇侯、恶来知不适纣之诛也，而不见武王之灭之也。比干、子胥知其君之必亡也，而不知身之死也。故曰："崇侯、恶来知心而不知事，比干、子胥知事而不知心。"圣人其备矣。

字面翻译：崇侯、恶来知道不顺从纣王会遭到诛杀，却不能预见到武王会起兵灭亡纣王。比干、子胥知道自己的君主必然会败亡，却不知道自身会遭遇到死亡。所以说："崇侯、恶来懂得君主的心思，却不知道国事的兴废；比干、子胥知道国事的兴废，却不懂得君主的心思。"只有圣人才能兼备二者吧。

商人商语：企业要对自身有清晰的认知，才能经营好自己的企业；同理，企业也要对自身所处的商业环境有清晰的认知，才能借助这一客观环境实现突破。

原文：宋太宰贵而主断。季子将见宋君，梁子闻之曰："语必可与太宰三坐乎，不然，将不免。"季子因说以贵主而轻国。

字面翻译：宋国的太宰，地位尊贵而且主政专断。季子将要拜见宋国君主，梁子听到后说："你和君主说话，一定要像太宰也在场的三人之间的谈话一样。不然的话，就要遭殃了。"季子因此进说了一些君主要尊贵和少操劳国家政事的建议。

商人商语：企业经营，除了要考虑市场的客观现实因素，还要考虑各类非市场因素，如人心、政策等。

原文：杨朱之弟杨布衣素衣而出，天雨，解素衣，衣缁衣而反，其狗不知而吠之。杨布怒，将击之。杨朱曰："子毋击也，子亦犹是。曩者使女狗白而往，黑而来，子岂能毋怪哉？"

字面翻译：杨朱的弟弟杨布穿着白衣服出门，天下雨了，脱掉白衣服，穿着黑衣服回到家里。他家的狗不认识他而乱叫。杨布生气了，想要打它。杨朱说："你不要打它，你也会是这样的。假如刚才你的狗是白颜色出去，黑颜色回来，你难道会不奇怪吗？"

商人商语：如果企业的老板没换，无论其商业模式和市场行为如何变化，经营理念都不会有大的变化；反之，如果企业的老板换了，企业的商业模式和市场行为即使看似没有变化，经营理念也会或多或少变化的。

原文：惠子曰："羿执决持扞，操弓关机，越人争为持的。弱子扞弓，慈母入室闭户。"故曰："可必，则越人不疑羿；不可必，则慈母逃弱子。"

字面翻译：惠子说："后羿右手拇指带着拉弓的'决'、左手手臂带上皮质袖套的'扞'，拉弓搭箭牵引扳机射出时，遥远地方的越人都会争着为他举靶。小孩子拉弓射箭时，慈爱的母亲也会躲进屋里关起门来。"所以说："一定可以射中时，越人也不怀疑后羿会伤害到自己；不一定可以射中时，就连慈母也会躲避自己的小孩子。"

商人商语：企业的商业模式和目标市场只有明确下来，有实际的营销策略，才可以被认知和认可，才可以获得帮助。

原文：桓公问管仲："富有涯乎？"答曰："水之以涯，其无水者也；富之以涯，其富已足者也。人不能自止于足，而亡其富之涯乎！"

字面翻译：桓公问管仲："富裕有边际吗？"管仲回答说："水的边际，就是没有水的地方了；富裕的边际，就是富裕到已经满足的程度了。人们不能够控制自我欲望的满足，那就失去了自己富裕的边际了！"

商人商语：企业的经营内容有边界吗？企业的商业模式有边界吗？企业家的财富欲望有边界吗？如果没有欲望边界的话，那么连财富的边界也会丧失。

原文：宋之富贾有监止子者，与人争买百金之璞玉，因佯失而毁之，负其百金，而理其毁瑕，得千溢焉。事有举之而有败，而贤其毋举之者，负之时也。

字面翻译：宋国有个叫监止子的富商，和别人争买一块价值百金没有雕琢过的玉石，找机会假装失手摔坏了玉石，赔给卖主百金，然后修整了摔坏的瑕疵，在这块玉石上赚得了千金。事情有去做了而失败的，因而认为还是不去做的好，那是只看到赔钱的时候啊。

商人商语：企业的商业模式从来没有十全十美的。所以，企业对产品的营销活动，可以不只是宣传有价值的点，也可以不去有意掩饰有缺陷却能反过来利用的点。

原文：有欲以御见荆王者，众驺妒之。因曰："臣能撅鹿。"见王。王为御，不及鹿；自御，及之。王善其御也，乃言众驺妒之。

字面翻译：有个想要凭借驾车技术来求见楚王的人，好多养马的人都嫉妒他。他便说："我驾车能追打奔鹿。"于是见到了楚王。楚王自己驾车，没有追上奔鹿；他自己驾车，追上了奔鹿。楚王赞赏他驾车的技术，他才说出有许多养马的嫉妒他的事。

商人商语：竞争是无所不在、无所不及的，除非你能超越当前对手一个层次，才会少一些平庸的竞争。

原文：荆令公子将伐陈。丈人送之曰："晋强，不可不慎也。"公子曰："丈人奚忧？吾为丈人破晋。"丈人曰："可。吾方庐陈南门之外。"公子曰："是何也？"曰："我笑勾践也。为人之如是其易也，己独何为密密十年难乎？"

字面翻译：楚国命令公孙朝率军攻打陈国。有个老人家送行，说："晋国强大，你不能不谨防晋国的援兵。"公孙朝说："您老人家何必忧虑呢？看我为您攻破晋国。"老年人说："行。我就搭建一所小房子住在陈国都城的南门外。"公子说："这是为什么呢？"老年人说："我嘲笑勾践呀。人做事像这样容易的话，他自己何苦去忍受卧薪尝胆的十年艰难呢？"

商人商语：企业之间的竞争，不能心血来潮或意气用事，而是要有长期的准备和计划性针对。

原文：尧以天下让许由，许由逃之，舍于家人，家人藏其皮冠。夫弃天下而家人藏其皮冠，是不知许由者也。

字面翻译：尧把天下让给许由，许由不接受便逃了，借宿在一个普通人家，这家人把自己的皮帽藏了起来。许由连天下都放弃了，而这家人却把自己的皮帽藏起来，这是不了解许由的缘故啊。

商人商语：企业之间无论是合作还是不合作，都要认清对方的"所从来"

与"所从去"。

原文：三虱相与讼，一虱过之，曰："讼者奚说？"三虱曰："争肥饶之地。"一虱曰："若亦不患腊之至而茅之燥耳，若又奚患于是？"乃相与聚嘬其毌而食之。豕臞，人乃弗杀。

字面翻译：三只虱子互相争吵，另一只虱子从旁路过，问道："你们在争吵些什么？"三只虱子说："争占猪身上肥腴的地方。"那只路过的虱子说："你们也不担心腊祭到了，人们用茅草烤肥猪时连带也烤死你们，你们又何必在这个肥腴的地方计较呢？"这些虱子便相互聚在一起吸食那头猪身上的血。猪消瘦了，人们也就没有杀它来祭祀。

商人商语：如果把这三个虱子看成共处在同一行业的企业，那么这头肥猪可以比作什么呢？市场，消费者？不一而足，但其有一个共同点：若一同觊觎的人太多，将来必受其祸。

原文：虫有虺者，一身两口，争食相龁也。遂相杀，因自杀。人臣之争事而亡其国者，皆虺类也。

字面翻译：爬虫中有一种叫虺的毒蛇，一个身体上长着两张嘴，争食时会相互咬斗。于是这两张嘴巴的互相残杀，也就相当于是自杀。臣子们争权夺利而致使国家灭亡的，都是虺蛇一类。

商人商语：企业之间的不良竞争，会破坏企业所在行业环境的健康程度。

原文：宫有垩，器有涤，则洁矣。行身亦然，无涤垩之地则寡非矣。

字面翻译：宫室可以涂上白色，器具可以用水洗涤，之后就干净了。修身处世也要这样，到了不需要洗涤和修饰的地步时，过失就少了。

商人商语：企业成长到"尽善尽美"的时候，也是最难改变自己、实现再突破的时候。

原文：公子纠将为乱，桓公使使者视之。使者报曰："笑不乐，视不见，必为乱。"乃使鲁人杀之。

字面翻译：公子纠将要作乱，齐桓公派使者前去察看动静。使者报告说：

"公子纠笑得不快乐，看人也好像看不见，一定会作乱。"桓公就叫鲁国人杀了他。

商人商语：对于竞争对手的观察，要通过表面现象，看到背后透露出的本质内容。

原文：公孙弘断发而为越王骑，公孙喜使人绝之，曰："吾不与子为昆弟矣。"公孙弘曰："我断发，子断颈而为人用兵，我将谓子何？"周南之战，公孙喜死焉。

字面翻译：公孙弘剪断了长头发去做越王的骑士，公孙喜派人宣布和他绝交，说："我不再和你做兄弟了。"公孙弘说："我不过是剪断了长发，你却冒着割断脖子的危险去替人带兵打仗，我还能说你什么呢？"周南之战，公孙喜战死在那里。

商人商语：商业模式要随市场环境和服务对象的变化而变化，固守一种商业模式必将会被市场所淘汰。

原文：有与悍者邻，欲卖宅而避之。人曰："是其贯将满矣，子姑待之。"答曰："吾恐其以我满贯也。"遂去之。故曰："物之几者，非所靡也。"

字面翻译：有个人和蛮横的人做邻居，想卖掉住宅来避开他。有人说："这个蛮横的人就要恶贯满盈了，你姑且等待一下。"想卖住宅的人说："我害怕他害了我才会恶贯满盈啊。"于是就搬走了。所以说："事情到了危急关头，是不应该拖拉的。"

商人商语：聪慧的企业家，不会孤立看待行业问题，还会考虑行业问题和自身处境的内在关联。

原文：孔子谓弟子曰："孰能导子西之钓名也？"子贡曰："赐也能。"乃导之，不复疑也。孔子曰："宽哉，不被于利！洁哉，民性有恒！曲为曲，直为直。"孔子曰："子西不免。"白公之难，子西死焉。故曰："直于行者曲于欲。"

字面翻译：孔子对弟子们说："谁能规劝子西的沽名钓誉呢？"子贡说："我端木赐能行。"前去规劝子西之后，便不再怀疑子西的行为了。孔子说：

"心胸宽广的人，不会为利益所蒙蔽！品德纯洁的人，天生的本性不会改变！曲的始终是曲的，直的始终是直的。"孔子又说："子西将不能免于灾祸。"白公胜发难时，子西死于这场政乱。所以说："以直为行为原则的人，也会屈从于本性的欲望。"

商人商语：无须讳言，企业进行市场营销的目的之一，就是"沽名钓誉"。但是，如果为了"沽名钓誉"而改动了企业商业模式的原则性因素，那么企业经营的危险就将潜伏。

原文：晋中行文子出亡，过于县邑。从者曰："此啬夫，公之故人。公奚不休舍，且待后车？"文子曰："吾尝好音，此人遗我鸣琴；吾好佩，此人遗我玉环；是振我过者也。以求容于我者，吾恐其以我求容于人也。"乃去之。果收文子后车二乘而献之其君矣。

字面翻译：晋国中行文子出逃，路过某县城。随从说："这里主管行政的官员，是您的老相识。您为何不停下来借宿，还可以等待一下随后的车子？"文子说："我曾经喜爱音乐，这个人就送给我响亮的琴；我喜爱衣带上的玉饰，这个人就送给我玉环；这是助长我过失的人。以送礼来求得我好感的人，我恐怕他会捉拿我去送礼求得别人的好感。"于是就离开了县城。这个老相识果然截收了中行文子后面随行的两辆车子，并进献给他的主子。

商人商语：企业之间的合作，只有理念相同才能可持续发展。只为利益而交往的，哪怕有恩于对方，也很难长久和稳固。因为，道不同，就总有岔路的纷扰。

原文：周趮谓宫他曰："为我谓齐王曰：以齐资我于魏，请以魏事王。"宫他曰："不可，是示之无魏也。齐王必不资于无魏者，而以怨有魏者。公不如曰：'以王之所欲，臣请以魏听王。'齐王必以公为有魏也，必因公。是公有齐也，因以有齐、魏矣。"

字面翻译：周趮对宫他说："帮我向齐王说：用齐国的资源帮助我在魏国获得权势，我就会用魏国来侍奉齐王。"宫他说："不可以这么说，这就暴露了你在魏国没有权势。齐王必定不会帮助在魏国没有权势的人，从而和在魏国有权势的人结怨。您不如说：'依照大王您的要求，我请求让魏国听命于大王。'齐王必定认为您在魏国是有权势的人，必定会就势帮助您。这样您有了齐国的帮助，进而在齐国、魏国也都有了权势。"

商人商语：行业伙伴关系的基础是互助，而不是单向的帮助。

原文：白圭谓宋大尹曰："君长自知政，公无事矣。今君少主也而务名，不如令荆贺君之孝也，则君不夺公位，而大敬重公，则公常用宋矣。"

字面翻译：白圭对宋国大尹说："君主长大后自己掌握政事，您就没事干了。现在君主年幼而追求名声，不如叫楚国来祝贺君主的孝顺，那么君主就不会剥夺您的权位，而且会大大地敬重您，这样您就能长期在宋国执政了。"

商人商语：企业的"内奸"有意勾连外部的势力，通过内外合作谋私来彰显自己存在的价值。

原文：管仲、鲍叔相谓曰："君乱甚矣，必失国。齐国之诸公子其可辅者，非公子纠，则小白也。与子人事一人焉，先达者相收。"管仲乃从公子纠，鲍叔从小白。国人果弑君。小白先入为君，鲁人拘管仲而效之，鲍叔言而相之。故谚曰："巫咸虽善祝，不能自被也；秦医虽善除，不能自弹也。"以管仲之圣而待鲍叔之助，此鄙谚所谓"虏自卖裘而不售，士自誉辩而不信"者也。

字面翻译：管仲、鲍叔牙相互商议说："君主昏乱至极，必定会丢掉国家政权。齐国的各位公子中值得辅佐的，不是公子纠，就是公子小白。我和你每人侍奉一个公子，先成功的要收留另一个人。"管仲就追随了公子纠，鲍叔牙追随公子小白。齐国人果然杀了君主齐襄公。公子小白先回齐国做了齐国国君，鲁国人拘押了管仲并把他献给齐桓公，鲍叔牙建议齐桓公任命管仲为齐国国相。所以谚语说："商朝的巫咸虽然善于祷告，却不能拔除自己的灾祸；秦国的医师虽然善于治病，却不能用石针为自己治病。"凭管仲的圣贤，还要等待鲍叔牙的帮助，这就是谚语所说的"奴隶自己来卖皮衣而卖不掉，士人自称善于辩说而没人相信"之类的事情。

商人商语：管仲和鲍叔牙好比是分别投资两个各具代表性的成长企业。虽然后来必择其一而会有损失，但是收益也足够抵偿。

原文：荆王伐吴，吴使沮卫、蹷融犒于荆师，而将军曰："缚之，杀以衅鼓。"问之曰："汝来，卜乎？"答曰："卜。""卜吉乎？"曰："吉。"荆人曰："今荆将以汝衅鼓，其何也？"答曰："是故其所以吉也。吴使臣来也，固视将军怒。将军怒，将深沟高垒；将军不怒，将懈怠。今也将军杀臣，则吴必警守矣。且国之卜，非为一臣卜。夫杀一臣而存一国，其不言吉，何也？且死者无知，则以臣衅鼓无益也；死者有知也，臣将当战之时，臣使鼓不鸣。"荆人因不杀也。

字面翻译：楚王攻打吴国，吴王派沮卫、蹷融慰劳楚军，而楚国将军却说："把他们捆绑起来，杀了后用他们的血涂在鼓上祭鼓。"问沮卫、蹷融说："你们来时，占卜过吗？"回答说："占卜过。"问："占卜的是吉兆吗？"回答说："是吉兆。"楚国人问："现在楚军将要用你们的血来祭鼓，怎么解释呢？"回答说："这正是占卜吉兆的所在了。吴王派我们来慰劳楚君，本来就是探看将军是否发怒。将军发怒了，吴军将深沟高垒严防死守；将军不发怒呢，吴军就会松懈下来不用严加防守了。现在将军杀了我们，那么吴军就一定会警惕起来严加防守。再说国家的占卜，不是为臣子个人的占卜。杀掉一个臣子而保全一个国家，这不叫吉兆，叫什么呢？再说死去的人没有知觉的话，用我们的血来祭鼓也就没有好处；死去的人有知觉的话，在交战的时候，我们的血祭会让楚军战鼓不响。"楚国人因此没有杀他们。

商人商语：企业间的商战，是一场长期的、有战略目标的战争，不要抱有侥幸心态，更不能窃喜于一两次小战役的胜利。抱有侥幸的心态，必将最终败于对各种细节的忽视。

原文：知伯将伐仇由而道难不通，乃铸大钟遗仇由之君。仇由之君大说，除道将内之。赤章曼枝曰："不可。此小之所以事大也，而今也大以来，卒必随之，不可内也。"仇由之君不听，遂内之。赤章曼枝因断毂而驱，至于齐，七月而仇由亡矣。

字面翻译：智伯将要攻打仇由国，只是道路艰险不通，于是铸了一口大钟赠送给仇由国君。仇由国君非常高兴，修通道路要把大钟接收下来。赤章曼枝说："不可以。送钟本来是小国侍奉大国的礼节，而现在是大国送给小国，他们的军队一定会跟随在后，不可以接收大钟。"仇由的国君不听，就接收了大钟。赤章曼枝于是截短车毂以便于赶路，到了齐国。七个月后，仇由国被灭亡了。

商人商语：企业之间进行合作时，如果不注意对自己核心利益的保护，就是主动搭建了让对方可以伤害到自己的"过河桥"。

原文：越已胜吴，又索卒于荆而攻晋。左史倚相谓荆王曰："夫越破吴，豪士死，锐卒尽，大甲伤。今又索卒以攻晋，示我不病也。不如起师与分吴。"荆王曰："善。"因起师而从越。越王怒，将去之。大夫种曰："不可。吾豪士尽，大甲伤。我与战，必不克，不如赂之。"乃割露山之阴五百里以赂之。

字面翻译：越国战胜吴国后，又向楚国借兵去攻打晋国。史官倚相对楚王说："那越国攻取吴国，豪杰之士战死，精锐部队耗尽，铠甲武器破损严重。现在又来借兵去攻打晋国，只是向我国表示实力没有损伤而已。楚国不如起兵和越国共同分割吴国。"楚王说："好。"趁势起兵跟从越军的行动。越王非常气愤，准备进攻楚军。大夫文种说："不可以的。我军的豪杰之士全部战死了，铠甲武器破损严重。我们和他们打，一定不能取胜，还不如分些好处给他们。"于是越国就把露山北面五百里的地方分割给了楚国。

商人商语：企业之间的合作，怕的是实力更强企业的"将计就计"。所以，小企业要知道，实力的强弱决定了合作的主导权与竞争的方式，不要主动挑起纷争。

原文：荆伐陈，吴救之，军间三十里。雨十日，夜星。左史倚相谓子期曰："雨十日，甲辑而兵聚。吴人必至，不如备之。"乃为陈。陈未成也而吴人至，见荆陈而反。左史曰："吴反复六十里，其君子必休，小人必食。我行三十里击之，必可败也。"乃从之，遂破吴军。

字面翻译：楚国攻打陈国，吴国前去解救，楚吴两军相距三十里。雨连续下了十天后，晚上放晴了可以看见星星。史官倚相对楚国司马子期说："雨连续下了十天，盔甲收集在一起、士兵聚集在一处。吴军一定会来袭击，不如多加防备。"于是安排了阵列。阵列还没排好，吴军就到了，看到楚军有防备的陈列就返回了。倚相说："吴军一来一回六十里，他们的将官一定要休息，士兵一定要吃饭。我们行军三十里去袭击他们，一定能把他们打败。"于是随后袭击，打败了吴军。

商人商语：在和商业对手的竞争中，自己的薄弱处要时刻谨防，对方的薄弱处要咬紧进攻。

原文：韩、赵相与为难。韩子索兵于魏曰："愿借师以伐赵。"魏文侯曰："寡人与赵兄弟，不可以从。"赵又索兵以攻韩，文侯曰："寡人与韩兄弟，不敢从。"二国不得兵，怒而反。已乃知文侯以构于已，乃皆朝魏。

字面翻译：韩国、赵国相互为敌。韩国国君向魏国借兵说："希望借兵去攻打赵国。"魏文侯说："我和赵国君主是兄弟，不可以听从你的请求。"赵国国君也向魏国借兵去攻打韩国，魏文侯说："我和韩国君主是兄弟，不敢听从你的请求。"两国都没有借到兵，愤怒地回去了。事后才知道魏文侯是用这种方法使两国和解，于是都去朝见魏文侯。

商人商语：能以自身利益为砝码，制止企业间不正当的竞争，是行业领导者的风范。

原文：齐伐鲁，索谗鼎，鲁以其雁往。齐人曰："雁也。"鲁人曰："真也。"齐曰："使乐正子春来，吾将听子。"鲁君请乐正子春，乐正子春曰："胡不以其真往也？"君曰："我爱之。"答曰："臣亦爱臣之信。"

字面翻译：齐国攻打鲁国，索要谗鼎，鲁国把谗鼎的赝品送去了。齐国人说："这是赝品。"鲁国人说："是真品。"齐国人说："请乐正子春来证明，我就相信你。"鲁君请来乐正子春，乐正子春说："为什么不把真的谗鼎送去？"鲁国国君说："我爱惜谗鼎。"乐正子春回答说："我也爱惜我的信誉。"

商人商语：无论是企业还是员工，信誉都是存身的根本。牺牲个人信誉来成就企业利益，终究不是企业的发展之道。

原文：韩咎立为君，未定也。弟在周，周欲重之，而恐韩咎不立也。綦毋恢曰："不若以车百乘送之。得立，因曰为戒；不立，则曰来效贼也。"

字面翻译：韩咎被拥立为君主，尚未最后确定。韩咎的弟弟在周国，周国想要借重他，又担心韩咎最后不能被拥立为国君。綦毋恢说："不如用百辆兵车送他的弟弟回韩国。韩咎能被立为国君，就说是给他弟弟做警卫的；不能被立为国君，就对韩国的新国君说是来献贼的。"

商人商语：这个历史故事是典型的"一石二鸟"案例。以利益为基础的合作，不但充满"不确定性"，还有可能被对方顺势反叛。

原文：靖郭君将城薛，客多以谏者。靖郭君谓谒者曰："毋为客通。"齐人有请见者曰："臣请三言而已。过三言，臣请烹。"靖郭君因见之。客趋进曰："海大鱼。"因反走。靖郭君曰："请闻其说。"客曰："臣不敢以死为戏。"靖郭君曰："愿为寡人言之。"答曰："君闻大鱼乎？网不能止，缴不能缚也，荡而失水，蝼蚁得意焉。今夫齐亦君之海也。君长有齐，奚以薛为？君失齐，虽隆薛城至于天，犹无益也。"靖郭君曰："善。"乃辍，不城薛。

字面翻译：靖郭君田婴准备在封地薛筑城，门客中有很多来劝阻的。田婴对通报人员说："不要为门客们通报。"门客中有个求见的齐国人说："我只求说三个字。超过三个字，就请烹杀我。"田婴就接见了他。门客快步上前说："海大鱼。"说罢回头就走。田婴说："请解释一下您说的意思。"门客说："我不敢拿死亡当作儿戏。"田婴说："希望您能为我解释。"门客回答说："您听说过大鱼的故事吗？渔网不能捕住它，带绳的鱼枪不能牵住它，如果大鱼任性乱游而脱离了海水，蝼蛄和蚂蚁都可以在它身上为所欲为。现在呢，齐国就是您的大海。您能长期在齐国握有权势，还要在薛地建城做什么？您失去了在齐国的权势，即使把薛地的城墙筑高到天上，也没有好处啊。"田婴说："好。"就停止了准备，不再在薛地筑城了。

商人商语：商业模式的创新，即使是跨行业而组合，也不能脱离其行业的本质而发展。商业概念无论如何刷新，也不能离开商业理念的基本。

原文：荆王弟在秦，秦不出也。中射之士曰："资臣百金，臣能出之。"

因载百金之晋，见叔向，曰："荆王弟在秦，秦不出也。请以百金委叔向。"叔向受金，而以见之晋平公曰："可以城壶丘矣。"平公曰："何也？"对曰："荆王弟在秦，秦不出也，是秦恶荆也，必不敢禁我城壶丘。若禁之，我曰：'为我出荆王之弟，吾不城也。'彼如出之，可以德荆；彼不出，是卒恶也，必不敢禁我城壶丘矣。"公曰："善。"乃城壶丘。谓秦公曰："为我出荆王之弟，吾不城也。"秦因出之。荆王大说，以炼金百镒遗晋。

字面翻译：楚王的弟弟在秦国，秦国不放他回国。有个宫中侍卫说："资助给我百金，我能让他回国。"于是车载百金前往晋国，拜见叔向，说："楚王弟弟在秦国，秦国不放他回国。请允许我拿这百金来拜托叔向您办理这件事。"叔向接受了百金，然后和他前去拜见晋平公说："可以在壶丘筑城了。"平公说："为什么？"叔向回答说："楚王的弟弟在秦国，秦国不放他回国，这说明秦国在憎恨楚国，就一定不敢阻拦我们在壶丘筑城。如果阻拦，我们就说：'帮我一个忙，放楚王的弟弟回国，我们就不筑城。'秦国如果放出楚王的弟弟，可以使楚国对我们感恩戴德；如果不放，说明他们始终憎恨楚国，就一定不敢阻拦我们在壶丘筑城。"平公说："好。"于是就在壶丘筑城。对秦国君主说："帮我一个忙，放回楚王的弟弟，我就不筑城了。"秦国因此放回了楚王的弟弟。楚王非常高兴，用一百镒的纯金来酬谢晋国。

商人商语：诸侯国之间的公义，只是彼此之间拿来做自己事情的借口而已。但此事例也说明了企业之间的竞争，要有面向社会和消费者的"公义"理由。

原文：阖庐攻郢，战三胜，问子胥曰："可以退乎？"子胥对曰："溺人者一饮而止，则无逐者，以其休也。不如乘之以沉之。"

字面翻译：吴王阖庐攻打楚国的郢都，连战三胜后，问伍子胥说："可以撤兵了吗？"伍子胥回答说："想溺死一个人，让他喝一口水就住手，那是不会成功的，因为中途停手了。不如趁势把他沉入到水底。"

商人商语：企业间的相互攻击，是为了占据在消费者心中的地位，提高其对自己的认可程度。所以，商战不会是一次性的，而是从来就不会停止的。

原文：郑人有一子，将宦，谓其家曰："必筑坏墙，是不善，人将窃。"其巷人亦云。不时筑，而人果窃之。以其子为智，以巷人告者为盗。

字面翻译：郑国有个人的儿子将要做官，告诉他的家人说："一定要把坏了的墙修建起来，这个墙不修好，别人会来偷窃的。"他家的邻居也是这样说的。因为没有及时修建，果然有人偷盗了他家的东西。这个郑国人认为他的儿子有智慧，认为告诫要修墙的邻居是盗贼。

商人商语：利益所在，也是动机所在。企业如果有可被攻击的弱点，一定要及时修补和掩藏，否则一定会招来已知或者未知同行的攻击。

战战兢兢没出路，抓住机遇敢突破

企业存身于商海，一如存身于"鲨鱼群"之中，除非被消费者嫌弃推到了海岸边，否则就要面对被竞争对手攻击分食的境况。所以，不得不"战战栗栗，日慎一日，苟慎其道，天下可有"。但是，这个战战兢兢，不是四处躲藏，而是要小心谨慎地走在"商道"之上。

企业发展壮大时，所面临的问题就是企业的价值理念和行业的价值理念的冲突，你是否要勇敢解决问题，进而成长为行业领导者？即使是一方强手，也始终摆脱不了彼此打来打去的商战。而且这种商战攻防无休无止，谁也奈何不了谁。只有成为行业的领导者，才能一骑绝尘，有一段安逸的时间，按照自己的意愿来制定行业规则，来创造出一片新的市场。一统江湖只有一条路："战者，万乘之存亡也。"

本节选取的是《韩非子·初见秦》。文中韩非子对于"国际形势"的分析，对秦国若干次错失称霸机会的分析，可以在如何将实力表现为优胜，将优胜转化为称霸的势力，进而领导行业的问题上进行借鉴。

《韩非子·初见秦》：存身于行业之中，不仅要有实力，更要有智谋和勇气

原文：臣闻："不知而言，不智；知而不言，不忠。"为人臣不忠，当死；言而不当，亦当死。虽然，臣愿悉言所闻，唯大王裁其罪。

字面翻译：我听说："不了解情况的却来谏言，是没有智慧；了解情况的却不谏言，是不够忠诚。"做臣子的不够忠诚，应该处死；谏言了却不得当，也应该处死。即使这样，我还是愿意把我所知道的都说出来，希望大王来裁定我的谏言是否有罪。

商人商语：在企业中向老板说实话，也是有风险的。越是实话越容易招到老板的嫌弃，以为你是"哪壶不开提哪壶"，认为你不看好企业，看不起老板，只会说闲话。

原文：臣闻：天下阴燕阳魏，连荆固齐，收韩而成从，将西面以与秦强为难。臣窃笑之。世有三亡，而天下得之，其此之谓乎！臣闻之曰："以乱攻治者亡，以邪攻正者亡，以逆攻顺者亡。"今天下之府库不盈，困仓空虚，悉其士民，张军数十百万，其顿首戴羽为将军断死于前不至千人，皆以言死。白刃在前，斧锧在后，而却走不能死也，非其士民不能死也，上不能故也。言赏则不与，言罚则不行，赏罚不信，故士民不死也。今秦出号令而行赏罚，有功无功相事也。出其父母怀衽之中，生未尝见寇耳。闻战，顿足徒裼，犯白刃，蹈炉炭，断死于前者皆是也。夫断死与断生者不同，而民为之者，是贵奋死也。夫一人奋死可以对十，十可以对百，百可以对千，千可以对万，万可以克天下矣。今秦地折长补短，方数千里，名师数十百万。秦之号令赏罚，地形利害，天下莫若也。以此与天下，天下不足兼而有也。是故秦战未尝不克，攻未尝不取，所当未尝不破，开地数千里，此其大功也。然而兵甲顿，士民病，蓄积索，田畴荒，困仓虚，四邻诸侯不服，霸王之名不成。此无异故，其谋臣皆不尽其忠也。

字面翻译：我听说：诸侯各国以赵国为中心，联络北边的燕国和南面的魏国，联合楚国、巩固齐国，收拢韩国而结成合纵的联盟，准备与崤山西面的秦国敌对抗衡。我暗自嘲笑他们。世上有三种亡国的情形，而诸侯各国都有了，说的就是这种合纵抗秦的情况吧！我听说："以内政混乱的国家去攻打内政治理的国家，就会灭亡；以邪念治国的国家去攻打以正念治国的国家，就会灭亡；以政策倒行逆施的国家去攻打政策顺应人心的国家，就会灭亡。"如今诸侯各国的国库里财物不充足，粮仓里也空空荡荡，却动员所有的士子民众，扩充军队到数十百万，其中头盔上插戴羽毛的将军磕头宣誓决然要战死在阵前的不止千人，都说要决一死战。但是当冷冰冰的兵刃横在面前，即使是有砍斧铡刀在后面督阵，他们还是退却逃跑而不会拼死一战的，并不是他们不能拼死一战，而是他们朝廷的政策不能使他们这么做啊。说好的奖赏不给予，说定的惩罚不执行，奖赏和惩罚不讲信用，所以士子民众不肯拼死一战。现在的秦国颁布法令施行赏罚，有没有功劳要考察实际的做事。秦国的民众从父母怀抱中出来后，有生以来没有见到过敌寇。但是他们听说有战事，就会跺脚而起赤膊而上，迎着冷冰冰的兵刃，踏着烧红了的炭火，决然要死在阵前的比比皆是。那决然拼死和断然求生是完全不同的，而民众之所以决然拼死，是因为崇尚奋勇死战。一个人如能奋勇死战就可以对抗十个人，十个人可以对抗百人，百人可以对抗千人，千人可以对抗万人，一万人的奋勇死战可以征服天下了。现在秦国国土面积截长补短地计算，方圆有几千里，还有数十百万威名远扬的军队。秦国的法令分明赏罚严明，地形有利无害，是诸侯各国都不如的。凭借这些攻取各个诸侯国，诸侯各国的实力是不足以阻挡秦国的兼并的。所以秦军的交战没有不胜利的，攻城略地没有不获取的，防守城邑没有被攻破的，开疆辟土数千里，这都是很显赫的功绩。然而从另一个角度来看，披甲的士兵也疲惫了，士子民众也困乏了，国库积蓄用尽了，田野耕地荒芜了，国家的粮仓也空虚了，四周的邻国并不归服，诸侯霸主的名号也没能成就。这没有别的原因，是出谋划策的臣子们不能竭尽忠诚啊！

商人商语： 企业经营的实力会转化为企业商战的胜利。如何把企业商战的胜利转化为自己的资源，转化为企业的实力，帮助企业实现自己的战略目标，这是需要"智谋"的。

原文：臣敢言之：往者齐南破荆，东破宋，西服秦，北破燕，中使韩、魏，土地广而兵强，战克攻取，诏令天下。齐之清济浊河，足以为限；长城巨防，足以为塞。齐，五战之国也，一战不克而无齐。由此观之，夫战者，万乘之存亡也。且臣闻之曰："削株无遗根，无与祸邻，祸乃不存。"秦与荆人战，大破荆，袭郢，取洞庭、五渚、江南，荆王君臣亡走，东服于陈。当此时也，随荆以兵，则荆可举；荆可举，则其民足贪也，地足利也，东以弱齐、燕，中以凌三晋。然则是一举而霸王之名可成也，四邻诸侯可朝也，而谋臣不为，引军而退，复与荆人为和。令荆人得收亡国，聚散民，立社稷主，置宗庙，令率天下西面以与秦为难。此固以失霸王之道一矣。天下又比周而军华下，大王以诏破之，兵至梁郭下。围梁数旬，则梁可拔；拔梁，则魏可举；举魏，则荆、赵之意绝；荆、赵之意绝，则赵危；赵危而荆狐疑；东以弱齐、燕，中以凌三晋。然则是一举而霸王之名可成也，四邻诸侯可朝也，而谋臣不为，引军而退，复与魏氏为和。令魏氏反收亡国，聚散民，立社稷主，置宗庙，令率天下西面以与秦为难。此固以失霸王之道二矣。前者穰侯之治秦也，用一国之兵而欲以成两国之功，是故兵终身暴露于外，士民疲病于内，霸王之名不成。此固以失霸王之道三矣。

字面翻译：我大胆地评说一下：过去的齐国，向南攻破了楚国，向东攻破了宋国，向西打服了秦国，向北攻破了燕国，在中部能驱使韩国、魏国，土地广阔而兵力强大，战无不胜，攻无不取，对天下各国发号施令。齐国那清澈的济水和混浊的黄河，足够用来当作防线；齐国的长城和巨防，足以用来作为要塞。齐国，是五战五胜的国家，但是一次战争失败便没有了齐国。这样看来，战争啊，是万乘大国的存亡关键。而且我听说："砍树不要留根，不要靠近祸害，祸害就不会发生。"秦国与楚国争战，大败楚军，攻击到郢都，夺取了洞庭、五湖、江南一带，楚国的君臣亡命逃跑，苟安在东面的陈城。就在这个时候，带领军队继续追击着楚军，那么楚国就可以被攻取；楚国可以被攻取，楚国的民众就足够充分地役使，楚国的土地就足够充分地利用，向东削弱齐国、燕国，中部可以侵犯三晋的韩、赵、魏。像这样做了，就可以一举成就诸侯霸王的功名，四方诸侯也就可以来朝贺了。但是那些出谋划策的臣子却不这样认为，带领着军队后退，再次和楚国讲和，使得楚国人得以收复失去的国土，聚拢散逃的民众，树立社稷坛主，修筑家族宗庙，使得楚国能够伙同诸侯各国向西来与秦国为敌。这是失去本来可以称霸诸侯称王天下的第一次机会。诸侯各国又一次紧密同盟联合驻军在华阳城下，大王只是下了一个诏令就把他们打败了，秦军挺进到魏国国都大梁的外城下。如果围困大梁几十天，大梁就可以被攻下；攻下了大梁，那么魏国就可以被攻取；魏国被攻取了，那么隔着魏国的楚、赵两国联合抗秦的意图就无法实现了，那么单独面对秦军的赵国就会危险了；赵国面临危险，楚国就会犹疑不定；再向东可以削弱齐国、燕国，在中部可以侵犯三晋的韩、赵、魏。像这样做了，就可以一举而成就诸侯霸王的功名，四方诸侯也就可以来朝贺了，但是那些出谋划策的臣子却不这样认为，带领着军队后退，再次和魏国讲和。使得魏国人得以返身收复失去的国土，聚拢散逃的民众，树立社稷坛主，修筑家族宗庙，使得魏国能够伙同诸侯各国向西来与秦国为敌。这是失去本来可以称霸诸侯称王天下的第二次机会。从前穰侯魏冉治理秦国的时候，用秦国一个国家的兵力想来实现自己两个邦国的封邑，因此虽然士兵终身在国外连年征战，士子民众在国内疲惫不堪，王霸诸侯的功名也没有成就，这是失去本来可以称霸诸侯称王天下的第三次机会。

商人商语：失去了消费者的信赖，即使是显赫一时的企业，也会因为某件看似偶然的坏事发酵而迅速衰落。所以，真正强盛的企业，依靠的不只是行业名声，也不只是行业地位，还有消费者心目中信赖的厚实度。实力是硬道理，发展是硬道理，切忌敝帚自珍，切勿沽名钓誉。

原文：赵氏，中央之国也，杂民所居也，其民轻而难用也。号令不治，赏罚不信，地形不便，下不能尽其民力。彼固亡国之形也，而不忧民萌，悉其士民军于长平之下，以争韩上党。大王以诏破之，拔武安。当是时也，赵氏上下不相亲也，贵贱不相信也。然则邯郸不守。拔邯郸，管山东河间，引军而去，西攻修武，逾羊肠，降代、上党。代三十六县，上党十七县，不用一领甲，不苦一士民，此皆秦有也。代、上党不战而毕为秦矣，东阳、河外不战而毕反为齐矣，中山、呼沲以北不战而毕为燕矣。然则是赵举，赵举则韩亡，韩亡则荆、魏不能独立，荆、魏不能独立，则是一举而坏韩、蠹魏、挟荆，东以弱齐、燕，决白马之口以沃魏氏，是一举而三晋亡，从者败也。大王垂拱以须之，天下编随而服矣，霸王之名可成。而谋臣不为，引军而退，复与赵氏为和。夫以大王之明，秦兵之强，弃霸王之业，地曾不可得，乃取欺于亡国，是谋臣之拙也。且夫赵当亡而不亡，秦当霸而不霸，天下固以量秦之谋臣一矣。乃复悉士卒以攻邯郸，不能拔也，弃甲兵弩，战竦而却，天下固已量秦力二矣。军乃引而复，并于李下，大王又并军而至，与战不能克之也，又不能反，军罢而去，天下固量秦力三矣。内者量吾谋臣，外者极吾兵力。由是观之，臣以为天下之从，几不难矣。内者，吾甲兵顿，士民病，蓄积索，田畴荒，囷仓虚；外者，天下皆比意甚固。愿大王有以虑之也。

字面翻译：赵国，是地处中央的国家，是各方各行民众杂居的地方，民众性情轻浮而难以役使。赵国的法律混乱法令不能推行，奖励刑罚没有信用，地势形状不便于防守，下面的百姓不愿意为国家使出全力。这是赵国本来就要亡国的形势，君主却不忧心于民心的这些萌动，反而动员全国所有的士子民众组成军队驻扎在长平城下，来争夺韩国的上党郡。大王下令把他们打败，攻克了武安城。在这个时候，赵国君臣之间不相亲近，权贵和百姓之间互相猜疑。这种情况，赵国国都邯郸城是肯定守不住的。攻下邯郸，控制崤山东部的河间地区，然后军队继续行动，向西攻打修武郡，跨越羊肠要塞，降伏代郡、上党郡。代郡的三十六个县，上党郡的十七个县，不需要一副铠甲，不辛苦一个士兵，这些都会被秦国占有。如果代郡、上党郡不经战斗而全部归秦国所有，那么东阳、漳沱河外之地会不经战斗而全部归齐国所有，中山故国、呼沲以北地区会不经战斗而全部归燕国所有。像这样做了，赵国就被占有了；赵国被占有后，韩国就会接着被灭亡；

韩国灭亡后，楚国、魏国便不能各自独立；楚国、魏国不能各自独立，那么这个攻下邯郸的行动，就可以毁损韩国，蚕食魏国，挟持楚国，向东削弱齐国、燕国，决黄河上游白马渡口之水以淹没魏国，这个行动可以使韩、赵、魏三国灭亡，可以使南北合纵的联盟失败。大王您只要垂衣拱手安静等待，诸侯各国就会一一前来归服，称霸诸侯称王天下的功名就可以成就了。然而出谋划策的臣子却不这样认为，反而带领着军队后退，再次和赵国讲和。以大王您的英明，以秦国兵力的强盛，却放弃了王霸天下诸侯的功业，土地竟然没有得到，还被将要灭亡的赵国所欺骗，这实在是出谋划策臣子的笨拙啊。况且赵国应该灭亡而没有灭亡，秦国应该称霸而没有称霸，诸侯各国第一次估量到了秦国这些出谋划策臣子的才智。秦国竟又动员所有的兵力去攻打邯郸，结果不能攻下，丢掉了铠甲兵器弓弩等，胆战心惊地向后撤退，诸侯各国第二次估量到了秦军的实力。秦军撤退后又再次返回，集合在李下，大王又派来了援军，但是与敌人交战不能取胜，也没有撤退，等到军队疲惫不堪时才撤兵，诸侯各国第三次衡量到了秦国的实力。对内看透了秦国谋臣的职能，对外耗尽了秦国的实力。由此看来，我以为诸侯各国的合纵抗秦，并不会困难到哪里。现在秦国国内的情况是，披甲的士兵疲惫了，士子民众困乏了，国库积蓄用尽了，田野耕地荒芜了，国家的粮仓也空虚了；秦国国外的情况是，诸侯各国合纵的意愿非常坚固。希望大王对内外这些情况要有所考虑。

商人商语：分析竞争对手从运营管理到商业模式、营销策略的优劣，进而通过持续性的有针对性的营销策略，获得更多的市场份额和消费者认可。如何把这份消费者认可转化为企业的忠实资源，不仅考验着企业的商业模式和营销策略，还考验着企业的运营管理能力。

原文：且臣闻之曰："战战栗栗，日慎一日，苟慎其道，天下可有。"何以知其然也？昔者纣为天子，将率天下甲兵百万，左饮于淇溪，右饮于洹溪，淇水竭而洹水不流，以与周武王为难。武王将素甲三千，战一日，而破纣之国，禽其身，据其地而有其民，天下莫伤。知伯率三国之众以攻赵襄主于晋阳，决水而灌之三月，城且拔矣，襄主钻龟筮占兆，以视利害，何国可降。乃使其臣张孟谈。于是乃潜行而出，反知伯之约，得两国之众，以攻知伯，禽其身，以复襄主之初。今秦地折长补短，方数千里，名师数十百万。秦国之号令赏罚、地形利害，天下莫如也。以此与天下，可兼而有也。臣昧死愿望见大王，言所以破天下之从，举赵，亡韩，臣荆、魏，亲齐、燕，以成霸王之名，朝四邻诸侯之道。大王诚听其说，一举而天下之从不破，赵不举，韩不亡，荆、魏不臣，齐、燕不亲，霸王之名不成，四邻诸侯不朝，大王斩臣以徇国，以为王谋不忠者戒也。

字面翻译：而且我听说过这样的话："战战兢兢，一天比一天小心翼翼，假如能够慎重地遵循正确的原则，天下就可以拥有。"怎么能知道这句话是对的呢？从前商纣王为天子，率领天下披甲的上百万士兵，东边的士兵在淇溪喝水，西边的就得在洹溪喝水，喝得淇溪的水干了而洹溪的水也少得不流动了，用这么多的士兵来与周武王为敌。周武王率领着为周文王服丧而穿白色铠甲的三千士兵，战斗了一天，便攻破了纣王的国都，捉拿了纣王本人，占据了他的土地并拥有了他的子民，而天下没有一个人怜悯纣王。智伯率领智氏、韩氏、魏氏三国的军队在晋阳城围攻赵襄子，决开晋水河堤灌水入城达三月之久，晋阳城将要被攻克的时候，赵襄子钻凿龟壳、计数蓍草来占卜吉凶，看看敌我的利害关系，可以投降哪个国家。便派遣出他的使臣张孟谈。张孟谈趁机偷偷地出了晋阳城，使韩、魏两国背叛了与智伯缔结的盟约，获得了两国军队的帮助，合力攻打智伯，捉拿了智伯本人，恢复了赵襄子原来的势力地位。如今秦国国土截长补短进行计算，方圆面积有几千里，还有数十百万威名远扬的军队。秦国的法令分明赏罚严明，地形有利无害，是诸侯各国都不如的。凭借这些攻取各个诸侯国，诸侯各国的实力是不足以阻挡秦国的兼并的。我冒着死罪请求面见大王，陈说之所以能破除诸侯各国的合纵联盟，攻取赵国、灭亡韩国，让楚国、魏国臣服，使齐国、燕国亲附，来成就称霸诸侯称王天下的功名，使四方诸侯都来朝拜的策略。大王如果真的听信我的进言，采取了这一策略后诸侯各国的合纵联盟不被打破，赵国不被攻取，韩国不被灭亡，楚国、魏国不来臣服，齐国、燕国不来亲附，称霸称王的功名没有成就，四方的诸侯不来朝拜，大王您就杀死我来巡行示众，作为不能诚心诚意为大王出谋划策臣子的下场警戒。

商人商语：企业的商道是什么？企业的商业模式是什么？如何施用营销策略？运营管理能否支撑营销策略的表达？经营管理能否保有企业的各类资源？这些问题，看似是企业自身的经营问题，其实是企业在复杂纷扰的行业环境中如何经营自身的问题：面对处处竞争，如何存活、发展、壮大？

依附别人靠不住，攥在手里才牢固

企业之间，不可避免地会有商业合作，有的是同一行业不同商业模式企业之间的业务合作，取长补短，共图发展；有的是不同行业不同商业模式企业之间的战略合作，创新整合，锦上添花；最常见的是生态链上下游企业之间的产业合作，看似不同而各自经营，又因为彼此依靠而密不可分。

企业之间长期合作的基础，是共同的商业理念，还是彼此的作用具有不可替代性？总之，你若是无数个备选项之一，即使你有再强烈的合作意愿，选择权也在于对方的利益考量。这种合作，在相对封闭的生态环境下，算是比较稳定的，但是在开放竞争的环境中，容易受制于他人。

本节选取的是《韩非子·存韩》，从强者、弱者、强弱对话的三个角度来解读强弱企业对于合作的不同考虑，重点在于"制人"还是"制于人"。

《韩非子·存韩》：不能掌控自己的命运，想要仰人鼻息也终不可得

原文：韩事秦三十余年，出则为扞蔽，入则为席荐。秦特出锐师取地而韩随之，怨悬于天下，功归于强秦。且夫韩入贡职，与郡县无异也。今臣窃闻贵臣之计，举兵将伐韩。夫赵氏聚士卒，养从徒，欲赘天下之兵，明秦不弱则诸侯必灭宗庙，欲西面行其意，非一日之计也。今释赵之患，而攘内臣之韩，则天下明赵氏之计矣。

字面翻译：韩国侍奉秦国三十多年了，外事方面就是秦国的"射箭袖套"和"车辆帷布"，内政方面就是秦国的"席子"和"垫子"。秦国只要派出精锐之师攻取他国土地而韩国总是追随在后，因而韩国结怨于天下诸侯，功名却归属强大的秦国。而且韩国向秦国的进贡尽职，与秦国的郡县没有什么不同。如今我偷听到贵国臣子的计谋，将要发兵攻打韩国。再说，那赵国正在聚集士兵，收养主张合纵的士人，准备联合诸侯各国的军队，公开宣扬秦国不能被削弱，那么各个诸侯国必定会被灭亡，打算向西进攻秦国来实现它的意图，已经不是一朝一夕的计划了。如今放下赵国这个祸根不管，而要除掉自家臣属一般的韩国，那么诸侯各国就都会明白赵国合纵攻秦的计谋是正确的。

商人商语：小企业依附于大企业，是不是就必须如同大企业的一个直营单位，放弃自己的尊严和独立性？如果认为是的话，那么这家小企业也就失去了存在的价值。

原文：夫韩，小国也，而以应天下四击，主辱臣苦，上下相与同忧久矣。修守备，戒强敌，有蓄积，筑城池以守固。今伐韩，未可一年而灭，拔一城而退，则权轻于天下，天下摧我兵矣。韩叛，则魏应之，赵据齐以为原，如此，则以韩、魏资赵假齐以固其从，而以与争强，赵之福而秦之祸也。夫进而击赵不能取，退而攻韩弗能拔，则陷锐之卒勤于野战，负任之旅罢于内攻，则合群苦弱以敌而共二万乘，非所以亡韩之心也。均如贵臣之计，则秦必为天下兵质矣。陛下虽以金石相弊，则兼天下之日未也。

字面翻译：韩国，是个小国家，却要面对天下诸侯四面八方的攻击，君主屈辱臣子劳苦，上上下下一起忧虑已经很久了。所以，韩国修缮防御工事，警戒强敌进攻，积攒储存物资，筑城墙挖城河以便于坚守。现在如果攻打韩国，不可能一年就灭亡它，也不可能攻占一个城池就撤退，那样的话秦国的威权就会被诸侯各国轻视，诸侯各国就会想打垮秦国的军队。韩国如果背叛秦国，魏国就会响应，赵国依靠齐国就会来支援。这样的话，就是用韩国、魏国帮助赵国联手齐国来巩固它们的合纵策略，从而来与秦国争强，这是赵国的福气，却是秦国的祸害啊。进一步去攻打赵国不能取胜，退一步来攻打韩国不能攻取，那么冲锋陷阵的士兵就会疲劳于郊野的战斗，运输物资的队伍就会疲惫于内部的耗损，那就是集合了一群筋疲力尽的人来对抗赵国、齐国这两个拥有万辆兵车的大国，这不符合灭亡韩国的战略意图啊。所以一切都按照贵国臣子的计谋，那么秦国一定会成为诸侯各国的用兵目标。陛下您即使是和金石相比较的长寿，那个统一天下的日子也不会到来的。

商人商语：小企业的存身之道，是要有自己的核心资源，是要使自己变强，变到大企业做同样的业务时要付出更多的成本和费用，要让大企业感觉得不偿失。

原文：今贱臣之愚计：使人使荆，重币用事之臣，明赵之所以欺秦者；与魏质以安其心，从韩而伐赵，赵虽与齐为一，不足患也。二国事毕，则韩可以移书定也。是我一举二国有亡形，则荆、魏又必自服矣。故曰："兵者，凶器也。"不可不审用也。以秦与赵敌衡，加以齐，今又背韩，而未有以坚荆、魏之心。夫一战而不胜，则祸构矣。计者，所以定事也，不可不察也。赵、秦强弱，在今年耳。且赵与诸侯阴谋久矣。夫一动而弱于诸侯，危事也；为计而使诸侯有意我之心，至殆也。见二疏，非所以强于诸侯也。臣窃愿陛下之幸熟图之！攻伐而使从者间焉，不可悔也。

字面翻译：如今我的愚笨计策是：派人出使楚国，厚金贿赂执政大臣，讲明赵国之所以欺骗秦国的缘由；同时，给魏国送去人质来安抚他们的心思，率领韩国攻打赵国，赵国即使是和齐国联合一体，也不值得忧虑。赵国、齐国的事情解决完后，韩国的问题发一道文书就可以平定。秦国的一个行动，赵国、齐国就有了亡国的形势，而楚国、魏国也就一定会自动顺服。所以说："战争，是凶残的器具。"不可以不审时度势来使用。以秦国和赵国抗衡，加上齐国的敌对参与，现在又排斥韩国的帮助，而且没有措施来坚定楚国、魏国不参与合纵的心思。如果攻打韩国的战争有一次不能取胜，那么就会构成大祸。计谋，是用来决定事情成败的，是不可以不深察成败各个要素的。赵国、秦国此强彼弱的形势，今年就会确定的。况且赵国和各个诸侯国暗地谋划合纵好久了。假若秦国的一次行动就示弱于诸侯，是危险的事情；制定计谋反而会使各个诸侯国产生合纵攻伐秦国的心思，是危险到了极点啊。贵国臣子攻韩的计谋，暴露出了两种漏洞，这不是图强于诸侯的方法。我诚心希望陛下能够仔细考虑我的存韩计策！攻伐韩国而使主张合纵者找到了合纵攻伐秦国的空子，后悔也是来不及的。

商人商语：企业之间的合纵连横，按照输出利益的不同而有不同的合作方式：合资、合力、合并，合作时间有短期也有长期。

原文：诏以韩客之所上书，书言韩子之未可举，下臣斯。臣斯甚以为不然。秦之有韩，若人之有腹心之病也，虚处则骇然，若居湿地，著而不去，以极走，则发矣。夫韩虽臣于秦，未尝不为秦病，今若有卒报之事，韩不可信也。秦与赵为难，荆苏使齐，未知何如。以臣观之，则齐、赵之交未必以荆苏绝也；若不绝，是悉秦而应二万乘也。夫韩不服秦之义而服于强也。今专于齐、赵，则韩必为腹心之病而发矣。韩与荆有谋，诸侯应之，则秦必复见崤塞之患。

字面翻译：秦王诏令把韩国客人的上书中，韩非子进言不可攻取韩国的计策，下达给臣下李斯。李斯非常不认可韩非子的计策。韩国的存在对于秦国来说，就像是人患有心腹部位的疾病一样，平常的时候就会感觉难受，假若住在潮湿地方，病兆会显示出来却不能治愈，在快跑的情况下，疾病就会发作。那韩国虽然已经臣服于秦国，未必不是秦国的心腹疾病，现在若是有突然急报的事情，韩国的存在是不可能被信赖的。秦国与赵国为敌，荆苏出使齐国，不知道结果如何。在我看来，齐国和赵国的结盟关系不一定会因为荆苏的出使而断绝；如果齐赵两国不断绝结盟，那就是要倾动全部秦国的力量来面对两个拥有万辆兵车的大国。而韩国不是顺服于秦国的道义，而是屈服于秦国的强力。现在集中兵力对付齐国和赵国的时候，韩国就一定会作为心腹部位的疾病而发作起来。韩国与楚国有了合谋，其他诸侯国再纷纷响应，那么秦国必定会再次看到兵败崤塞的祸患。

商人商语：企业内部必须对企业外部的营销策略、营销活动提供支持，并以能顺畅配合为标准来整饬各个业务流程和各个组织单元。如果合作的方式不能顺畅地配合企业的运营，且合作的稳定性伤及企业核心利益，那么采取直营的方式是必然的。

原文：非之来也，未必不以其能存韩也为重于韩也。辩说属辞，饰非诈谋，以钓利于秦，而以韩利窥陛下。夫秦、韩之交亲，则非重矣，此自便之计也。

字面翻译：韩非的到来，未必不是想要用他能保全韩国的计策来求得韩国的重用。用能言善辩和好话连篇，来掩饰非心，冒充计谋，以便于从秦国捞取利益，又用韩国的利益来窥伺陛下的心思。秦国、韩国的交往亲密了，韩非的作用就重要了，这是方便他自己的计谋啊。

商人商语：对一个问题的处理，既涉及看待问题的角度，也涉及关联者的利益，因而都会想当然地采用对自己有利益的方案。这一点是人之常情，本无高低是非，但是企业家们应该明白，这并不是问题的最优解。

原文：臣视非之言，文其淫说靡辩，才甚。臣恐陛下淫非之辩而听其盗心，因不详察事情。今以臣愚议：秦发兵而未名所伐，则韩之用事者以事秦为计矣。臣斯请往见韩王，使来入见，大王见，因内其身而勿遣，稍召其社稷之臣，以与韩人为市，则韩可深割也。因令象武发东郡之卒，窥兵于境上而未名所之，则齐人惧而从苏之计，是我兵未出而劲韩以威擒，强齐以义从矣。闻于诸侯也，赵氏破胆，荆人狐疑，必有忠计。荆人不动，魏不足患也，则诸侯可蚕食而尽，赵氏可得与敌矣。愿陛下幸察愚臣之计，无忽。

秦遂遣斯使韩也。

字面翻译：我分析韩非的言论，用文采来掩饰他那有蛊惑力的说辞和胡说八道的辩解，的确很有才华。我担心陛下迷惑于韩非的辩解而听信了他的不轨之心，以至于不能详细考察事务的实情。现在献上我的愚笨建议：

秦国发兵但不说明讨伐的对象，那么韩国的执政者就会把服侍秦国作为眼下的策略。我请求去见韩王，让他来秦国进见，大王接见时，趁机扣留他在秦国不让他回去，随后召见韩国的执政大臣，用韩王来和韩国人做交易，那么韩国就可被深入割取了。接着命令蒙武派出东郡的士卒，在国境边上侦察但不明确出兵的对象，齐国人就会恐惧而听从荆苏的主张与赵国断交，这样的话，秦国兵马没有出动，强劲的韩国就会被秦国的威势所征服，强大的齐国就会被秦国的道义所制服。其他诸侯听到秦国这一系列的举动后，赵国人会胆战心惊，楚国人犹豫不决就会产生忠于秦国的计议。楚国人不参与合纵，魏国人就不值得忧虑，那么其他的诸侯各国就可一一逐渐解决掉，然后和赵国人一较高下。希望陛下仔细考虑我的计谋，不要忽视。

商人商语：李斯的建议，是假借联合之名行吞并小国之实。面对同级别的对手时，要采用的应是连横的外交策略。同类资源的不同组合方式会产生不同的效用。

原文：李斯往诏韩王，未得见，因上书曰："昔秦、韩戮力一意，以不相侵，天下莫敢犯，如此者数世矣。前时五诸侯尝相与共伐韩，秦发兵以救之。韩居中国，地不能满千里，而所以得与诸侯班位于天下，君臣相保者，以世世相教事秦之力也。先时五诸侯共伐秦，韩反与诸侯先为雁行以向秦军于关下矣。诸侯兵困力极，无奈何，诸侯兵罢。杜仓相秦，起兵发将以报天下之怨而先攻荆。荆令尹患之，曰：'夫韩以秦为不义，而与秦兄弟共苦天下。已又背秦，先为雁行以攻关。韩则居中国，展转不可知。'天下共割韩上地十城以谢秦，解其兵。夫韩尝一背秦而国迫地侵，兵弱至今，所以然者，听奸臣之浮说，不权事实，故虽杀戮奸臣，不能使韩复强。"

字面翻译：李斯前往韩国昭告韩王，没有得到召见，就上书说："过去秦国、韩国同心协力，约定互不侵扰，天下没有一个国家敢来进犯，像这样有好几代了。前段时间，五国诸侯曾相互联合共同讨伐韩国，秦国出兵解救了韩国。韩国地处中原，领土不满千里，之所以能够和各个诸侯国并列于天下，是君主臣子们互相保证的，要教导世世代代地服侍秦国的作用啊。

先前五国诸侯共同讨伐秦国，韩国反而作为诸侯合纵联盟的先锋，攻打秦国军队到了函谷关下。诸侯联军士兵困顿军力耗尽，没有办法，只好退兵。杜仓任秦相后，调兵谴将来向各个诸侯国报仇，先行攻打楚国。楚国令尹很是忧虑，说：'韩国认为秦国不讲道义，却与秦国结成兄弟同盟共同危害天下。然后又背叛秦国，充当合纵国的先锋去攻打秦国的函谷关。韩国地处中原核心，却是那么的反复无常不可料知。'各个诸侯国共同逼迫韩国割取上党地区十个城邑来向秦国赔罪，解除了秦国出兵的威胁。可见，韩国曾经背叛秦国一次而国家被逼迫国土被割削，兵力衰弱一直到现在，之所以会这样，是听信奸臣的浮华空话，不权衡事务的现实情况，所以即使是杀掉了奸臣，也不能使韩国重新强盛起来。"

商人商语：小企业参与大企业之间的商战，无论怎样选择站队，都是最容易被出卖、牺牲的。更让人遗憾的是，小企业经常会被迫裹挟着参与到行业竞争中。

原文："今赵欲聚兵士，卒以秦为事，使人来借道，言欲伐秦，其势必先韩而后秦。且臣闻之：'唇亡则齿寒。'夫秦、韩不得无同忧，其形可见。魏欲发兵以攻韩，秦使人将使者于韩。今秦王使臣斯来而不得见，恐左右袭囊奸臣之计，使韩复有亡地之患。臣斯不得见，请归报，秦韩之交必绝矣。斯之来使，以奉秦王之欢心，愿效便计，岂陛下所以逆贱臣者邪？臣斯愿得一见，前进道愚计，退就菹戮，愿陛下有意焉。今杀臣于韩，则大王不足以强，若不听臣之计，则祸必构矣。秦发兵不留行，而韩之社稷忧矣。臣斯暴身于韩之市，则虽欲察贱臣愚忠之计，不可得已。边鄙残，国固守，鼓铎之声于耳，而乃用臣斯之计，晚矣。且夫韩之兵于天下可知也，今又背强秦。夫弃城而败军，则反掖之寇必袭城矣。城尽则聚散，聚散则无军矣。城固守，则秦必兴兵而围王一都，道不通，则难必谋，其势不救，左右计之者不用，愿陛下熟图之。若臣斯之所言有不应事实者，愿大王幸使得毕辞于前，乃就吏诛不晚也。秦王饮食不甘，游观不乐，意专在图赵，使臣斯来言，愿得身见，因急于陛下有计也。今使臣不通，则韩之信未可知也。

夫秦必释赵之患而移兵于韩，愿陛下幸复察图之，而赐臣报决。"

字面翻译："如今的赵国要集合士兵，最终的目的是挑起与秦国的战事，派遣使者来韩国借路，说是要攻打秦国，那个架势一定是先攻取韩国然后再攻打秦国。况且我听说过：'唇亡则齿寒。'正是说明了秦国、韩国不能没有共同的忧患，这种形势是显而易见的。魏国想要发兵来攻打韩国，秦国派人把魏国的使者送到了韩国。如今秦王派遣我李斯前来韩国却得不到召见，我担心大王身边的近臣又要重演过去奸臣的计谋，使得韩国再次发生丧失国土的忧患。我李斯得不到召见，请让我回国报告，秦韩两国的邦交必将断绝。我李斯的这次出使，担负着秦王交好于韩国的使命，愿意进献便利韩国的计策，难道陛下就用这种方式来接待我吗？我李斯希望能够见上大王一面，进前陈说我愚笨的计策，退后愿意接受碎尸的惩罚，希望大王关注我的这个请求。现在把我杀死在韩国，大王也不足以显示强大，但是如果不听信我的计策，那么韩国的祸害必将构结而成。秦国兴兵不确定行踪，韩国的江山社稷却是值得忧虑啊。我李斯在韩国曝尸街市，那么大王即使是想要考虑我愚笨忠诚的计策，也不可能得到了。等到边境残破，国都死守，战场的鼓铎之声传入耳中，才想到采用我李斯的计策，就晚了。再说韩国的兵力如何是天下都知道的，现在又背叛了强大的秦国。等到放弃城防兵败而退的时候，韩国内部的叛军一定会乘虚袭取城邑。韩国的城邑都陷落了，民众就都散逃了；民众散逃了，就没有军队了。死守国都，那么秦国一定会派遣军队围困大王在这个孤城之中，道路不通，难以有一定会怎样的计谋，灭亡的形势无法挽救，左右近臣的计谋不会有实用，希望陛下好好想想吧。假如我李斯所说的有不符合事实的，希望大王能让我在您面前把话说完，再把我交给狱吏判罪处死也不迟。秦王饮食不甘，游玩不乐，一门心思都在图谋赵国，派我李斯前来进说，希望能得到亲自召见，因为我着急和陛下您商量计策啊。现在我这个使臣不能和您直接沟通，那么韩国的信用在哪里就无法了解了。秦国必将放下赵国这个祸患而移兵向韩国，希望陛下能再一次认真考虑眼下形势，并把决定告诉我。"

商人商语：韩国国君接不接见李斯，听或者不听取李斯的建议，都改变不了秦国吞并韩国的计划。这也是商场无情的表现。小企业的生存之道，要么就是迅速让自己变大，获得平等合作的机会，要么就是让自己变强，变得无法被吞噬，要么就是"别挡道"，走自己的小道路。

江湖名声最重要，多个马甲多条路

越来越开放的商业环境，越来越开放的商业理念，越来越开放的商业合作，使得现在企业的商业模式，已经很难再以一个旧有行业的概念来进行准确的定义。这是商业理念发展到一定程度的必然，是市场需求发展到一定程度的必然，更是商业环境发展到一定程度的必然。

就算是商业模式相对单一的企业，也或主动或被动地在消费者面向、社会面向、同行面向间扮演着、混搭着越来越多不同的商业角色。不同的角色有不同的存在价值。扮演好自己的本职角色，才有存活的价值基础；扮演好自己的多面角色，才有发展的平台空间。

本节选取的是《韩非子·说林上》，通过各种故事，以案例的方式解读行业关系的处理和行业角色的扮演。

《韩非子·说林上》：所有关系，都是不稳定的利益关系

原文：汤以伐桀，而恐天下言己为贪也，因乃让天下于务光。而恐务光之受之也，乃使人说务光曰："汤杀君而欲传恶声于子，故让天下于子。"务光因自投于河。

字面翻译：商汤因为征伐夏桀，而担心天下人说自己的行为是贪心，于是就要把统治天下的权力让给务光。但是又担心务光真的接受下来，就又派人劝告务光说："商汤杀了君王，却想转嫁坏名声给您，所以才推让统治天下的权力给您。"务光因此投河自尽。

商人商语：要成为行业的领导者，既要有能实现一己之私的实力，还需要不谋私利的好名声。

原文：秦武王令甘茂择所欲为于仆与行事，孟卯曰："公不如为仆。公所长者，使也。公虽为仆，王犹使之于公也。公佩仆玺而为行事，是兼官也。"

字面翻译：秦武王叫甘茂在主管车马的仆官与主管君命传达的行事官中，选择他自己想要做的官职。孟卯对甘茂说："您不如选择做仆官。您的特长是做使者。您即使做了仆官，君主仍会把使者的职事交给您。您带着仆官的印信，又做着行事官的事情，这是身兼两个官职啊！"

商人商语：挂着自己不擅长的头衔，照旧做着自己擅长的事情，只为显示自己的地位和存在感，却并不清楚这个头衔的责任和义务。这样的讽刺很有现实意义！

原文：子围见孔子于商太宰。孔子出，子围入，请问客。太宰曰："吾已见孔子，则视子犹蚤虱之细者也。吾今见之于君。"子围恐孔子贵于君也，因谓太宰曰："君已见孔子，亦将视子犹蚤虱也。"太宰因弗复见也。

字面翻译：子围引见孔子给宋国太宰。孔子走后，子围进去，询问太宰对客人孔子的看法。太宰说："我见过孔子之后，再看你就像跳蚤虱子那样的渺小了。我现在就把他引见给君主。"子围怕孔子被宋国君主看重，因而告诫太宰说："君主见过孔子后，也会把你看得如同跳蚤虱子一般了。"太宰因此不再引见孔子给宋国君主了。

商人商语：每个行业的既得利益者，就算是彼此之间有不可调和的矛盾，在遇到外来的新入场者时，也会自觉地抱成一团，维护已有的商业秩序和利益。

原文：魏惠王为臼里之盟，将复立于天子。彭喜谓郑君曰："君勿听。大国恶有天子，小国利之。若君与大不听，魏焉能与小立之？"

字面翻译：魏惠王主办了臼里的诸侯盟会，准备重新拥立周天子的天下共主的地位。彭喜告诉韩王说："君上别听他的。大国讨厌有天子，天子只对小国有好处。如果君上您和那些大国都不听从魏王的，魏王哪里还能和小国们拥立起周天子的地位呢？"

商人商语：大企业也会讨厌行业协会吗？行业协会只会对小企业有利吗？

原文：晋人伐邢，齐桓公将救之。鲍叔曰："太蚤。邢不亡，晋不敝；晋不敝，齐不重。且夫持危之功，不如存亡之德大。君不如晚救之以敝晋，齐实利；待邢亡而复存之，其名实美。"桓公乃弗救。

字面翻译：晋国攻打邢国，齐桓公准备援救邢国。鲍叔说："现在援救太早了。邢国不被灭亡，晋国就不会疲惫；晋国不疲惫，齐国的地位就不会重要起来。况且扶持濒危国家的功劳，比不上恢复灭亡国家的功劳大。您不如晚点援救邢国，来使得晋国疲惫，齐国会获得实在的利益；等待邢国被晋国灭亡后，再帮助他们复国，那样的名声才是真正的好。"齐桓公于是不去救援。

商人商语：现代商战中，同行伸手相助的时机选择，也不只是为了名声吧?!

原文：子胥出走，边候得之。子胥曰："上索我者，以我有美珠也。今我已亡之矣。我且曰：子取吞之。"候因释之。

字面翻译：伍子胥出逃，把守边境的官吏抓住了他。伍子胥说："君上之所以搜捕我，是因为我有美丽的珍珠。现在我已经丢失了。我会撒谎说：是你拿走侵吞了它！"官吏因此放走了伍子胥。

商人商语：有些商业合作的机遇，或者有些合作的需求，是人为制造出来的。

原文：庆封为乱于齐而欲走越。其族人曰："晋近，奚不之晋？"庆封曰："越远，利以避难。"族人曰："变是心也，居晋而可；不变是心也，虽远越，其可以安乎？"

字面翻译：庆封在齐国作乱后，想要出走越国。他同族的人说："晋国近，为何不去晋国？"庆封说："越国远，有利于避难。"同族的人说："改变这个作乱的心思，住在晋国就可以了；不改变这个作乱的心思，即使远走到越国，难道就能够平安吗？"

商人商语：无论是企业家还是经理人，如果不及时改变自己的错误理念，不管换到哪个行业，都会走上和从前一样的道路与结局。

原文：智伯索地于魏宣子，魏宣子弗予。任章曰："何故不予？"宣子曰："无故请地，故弗予。"任章曰："无故索地，邻国必恐。彼重欲无厌，天下必惧。君予之地，智伯必骄而轻敌，邻邦必惧而相亲。以相亲之兵待轻敌之国，则智伯之命不长矣。《周书》曰：'将欲败之，必姑辅之；将欲取之，必姑予之。'君不如予之以骄智伯。且君何释以天下图智氏，而独以吾国为智氏质乎？"君曰："善。"乃与之万户之邑。智伯大悦，因索地于赵，弗与，因围晋阳。韩、魏反之外，赵氏应之内，智氏以亡。

字面翻译：智伯向魏宣子索要土地，魏宣子不给。任章说："为什么不给？"魏宣子说："无缘无故地索要土地，所以不给。"任章说："智伯无缘无故地索要土地，邻国一定会恐慌。他需求无度贪得无厌，天下各国一定会惧怕。您给了土地，智伯一定会骄傲并且会轻敌，邻国一定会因为惧怕而相帮互助。用相帮互助的兵力来抗衡轻敌的国家，那么智伯的寿命就不会久长了。《周书》（《逸周书》）上说：'想要打败它，必须姑且辅助它；想要夺取它，必须姑且给予它。'您不如答应给土地，使得智伯骄傲轻敌。况且您为何放弃用天下的力量来对付智氏，而单独把我们魏氏作为智伯的靶子呢？"魏宣子说："好。"于是就把一个万户人家的城邑给了智伯。智伯十分高兴，接着又向赵氏索要土地。赵氏不给，智伯因而围攻赵氏的晋阳。韩氏、魏氏在城外反叛，赵氏在城内接应，智氏因此灭亡。

商人商语：有一种攻击行业老大的策略，是帮助和抬升它到"全民公敌"的位置上。这样，才可以团结更多的同行来攻击它，蚕食它的市场。

原文：秦康公筑台三年。荆人起兵，将欲以兵攻齐。任妄曰："饥召兵，疾召兵，劳召兵，乱召兵。君筑台三年，今荆人起兵将攻齐，臣恐其攻齐为声，而以袭秦为实也，不如备之。"戍东边，荆人辍行。

字面翻译：秦康公建筑游赏玩乐的台观已经有三年了。楚国调动军队，准备要去攻打齐国。任妄说："饥荒招致敌兵，灾害招致敌兵，劳民招致敌兵，政乱招致敌兵。您建筑台观三年了，现在楚国调动军队要攻打齐国，我担心他们以攻打齐国来虚张声势，而以袭击秦国为实际行动。不如多加防范。"秦康公于是派兵戍守东面边境，楚国停止了军队调动。

商人商语：商场如战场，如何定义商场上的竞争对手呢？只要可能发生利益冲突的，便是竞争对手，不得不提前预防。

原文：齐攻宋，宋使臧孙子南求救于荆。荆大说，许救之，甚劝。臧孙子忧而反。其御曰："索救而得，今子有忧色，何也？"臧孙子曰："宋小而齐大。夫救小宋而恶于大齐，此人之所以忧也，而荆王说，必以坚我也。我坚而齐敝，荆之所利也。"臧孙子乃归。齐人拔五城于宋而荆救不至。

字面翻译：齐国攻打宋国，宋国派臧孙子到南方向楚国求救。楚王非常高兴，答应出兵援救，劲头十足。臧孙子忧心忡忡地返回宋国。他的车夫说："求救的事情如愿以偿了，现在您还忧容满面，为什么？"臧孙子说："宋国弱小而齐国强大。为了援救弱小的宋国而得罪了强大的齐国，这是人人都会感到忧虑的事情，但是楚王却高兴，一定是想以此来坚定我们抵抗齐国的决心。我们坚持抵抗，齐国就会疲惫，楚国的利益就来了。"臧孙子于是回到了宋国。齐国军队攻下了宋国五座城池，可是楚国的救兵还是没有到来。

商人商语：既然在商言商，那商业的合作，就不要指望对方能雪中送炭，还是把条件提前谈好为好。

原文：魏文侯借道于赵而攻中山，赵肃侯将不许。赵刻曰："君过矣。魏攻中山而弗能取，则魏必罢。罢则魏轻，魏轻则赵重。魏拔中山，必不能越赵而有中山也。是用兵者魏也，而得地者赵也。君必许之。许之而大欢，彼将知君利之也，必将辍行。君不如借之道，示以不得已也。"

字面翻译：魏文侯向赵国借路去攻打中山国，赵肃侯打算不答应。赵刻说："君上您错了。魏国攻打中山国，若是不能攻取下来，那么魏国一定会很疲惫。国力疲惫，那么魏国的地位就会变低，魏国地位变低对比着赵国的地位就抬高了。魏国攻取了中山国后，必然不能越过赵国而占有中山国。这样，用兵出力的是魏国，而坐享其地的是赵国。君上您一定要答应借路。只是，答应时如果表现得很高兴，魏文侯就会知道您从此事中的获利，必将停止行动。您不如借路给他，并表现出这是出于不得已的态度。"

商人商语：商业利益面前，朋友也可以伸手够得到的时候，与其求朋友白帮忙，不如合伙一起做，免得事后有扯不清的恩怨。

原文：鸱夷子皮事田成子，田成子去齐，走而之燕，鸱夷子皮负传而从。至望邑，子皮曰："子独不闻涸泽之蛇乎？泽涸，蛇将徙。有小蛇谓大蛇曰：'子行而我随之，人以为蛇之行者耳，必有杀子。不如相衔负我以行，人以我为神君也。'乃相衔负以越公道。人皆避之，曰：'神君也。'今子美而我恶。以子为我上客，千乘之君也；以子为我使者，万乘之卿也。子不如为我舍人。"田成子因负传而随之。至逆旅，逆旅之君待之甚敬，因献酒肉。

字面翻译：鸱夷子皮侍奉田成子。田成子离开齐国，逃往燕国，鸱夷子皮背着出关的符牒跟随着。到了望邑，子皮说："您难道没听说过干涸湖沼里蛇的故事吗？湖沼干涸，蛇准备迁移。有条小蛇对大蛇说：'您走在前面，我跟在后面，人们会认为这是平常的蛇在过路，必然会有杀您的行为。不如我们相互连接着而您背着我走，人们会把我看作神君。'于是相互连接着大蛇背着小蛇穿越大路。人们都躲开它们，说：'这是神君啊。'现在您华美而我粗陋。如果是，把您作为我的上等宾客，人们会把我看成千乘小国的君主；把您作为我的使者，人们会把我看成万乘大国的卿相。您不如假装做我的侍从。"田成子因此背着符牒跟随在鸱夷子皮的后面。到了客店，客店的老板非常恭敬地接待他们，还敬献了酒肉来款待。

商人商语：商场上伙伴的衬托，与女子们闺蜜结伴的衬托，是完全相反的做法。以大衬小以美衬丑，方显出被衬者的神秘和价值。

原文：温人之周，周不纳客。问之曰："客耶？"对曰："主人。"问其巷人而不知也，吏因囚之。君使人问之曰："子非周人也，而自谓非客，何也？"对曰："臣少也诵《诗》曰：'普天之下，莫非王土；率土之滨，莫非王臣。'

今君，天子，则我天子之臣也。岂有为人之臣而又为之客哉？故曰：主人也。"
君使出之。

字面翻译：温邑人来到周都雒邑，当时周都不接纳外来客人。问他说：
"是外来客人么？"温邑人回答说："是主人！"问他同巷居住的人，大家都
不认识他，负责的官吏因而把他关押了起来。周国君主派人问他："你不是
周国人，却自称不是外来客人，为什么？"温邑人回答说："我小时候读的《诗
经》里有说：'普天之下，莫非王土；率土之滨，莫非王臣。'现在君上您，
是天子，那我就应该是天子的臣民。哪有做天子臣民的却又做了天子的外
来客人呢？所以我说：是主人。"周国君主派人把他放了。

商人商语：行业的新进者，不能被当作外来者对待，毕竟大家终究是
要身处同一行业的。而且，当其规模和影响力足够大时，其商业行为和营
销方式必将影响大家身处的行业环境。

原文：韩宣王谓樛留曰："吾欲两用公仲、公叔，其可乎？"对曰："不可。
晋用六卿而国分，简公两用田成、阚止而简公杀，魏两用犀首、张仪而西
河之外亡。今王两用之，其多力者树其党，寡力者借外权。群臣有内树党
以骄主，有外为交以削地，则王之国危矣。"

字面翻译：韩宣王对樛留说："我想同时重用公仲朋和公叔伯婴，这么
做可以吗？"樛留回答说："不可以。晋国重用六卿，结果是晋国被瓜分；
齐简公同时重用田成子和阚止，结果是简公被杀害；魏国同时重用犀首、
张仪，结果是西河之地丧失。如今大王同时重用他们，那个势力大的会建
立私人党羽，势力小的会借重国外势力。臣子们有的在内政上建立私党对
君主傲慢，有的在外事上结交诸侯分割国土，这样大王您的国家就危险了。"

商人商语：同行业者之间的竞争，若是良性，有商道的底线，竞争的
同时为消费者提供了更好的服务，是有益于行业发展的；若是恶性，则不
仅有劣币驱逐良币的可能，行业环境的健康程度也会遭到破坏。

原文：绍绩昧醉寐而亡其裘。宋君曰："醉足以亡裘乎？"对曰："桀以
醉亡天下，而《康诰》曰'毋彝酒'；彝酒者，常酒也。常酒者，天子失天

下，匹夫失其身。"

字面翻译：绍绩昧醉酒睡着而丢失了他的皮衣。宋君说："醉酒就会丢失皮衣吗？"绍绩昧回答说："夏桀因为醉酒丢失了天下，因此《尚书·康诰》说'不要彝酒'；彝酒，就是常常喝酒。常常喝酒的，如果是天子就会失去天下，如果是平民就会失去生命。"

商人商语：企业家可以有感性的商业直觉，但是不能有感性的血气冲动，更不能以感性来处理事务。

原文：管仲、隰朋从于桓公而伐孤竹，春往冬反，迷惑失道。管仲曰："老马之智可用也。"乃放老马而随之，遂得道。行山中无水，隰朋曰："蚁冬居山之阳，夏居山之阴。蚁壤一寸而仞有水。"乃掘地，遂得水。以管仲之圣而隰朋之智，至其所不知，不难师于老马与蚁。今人不知以其愚心而师圣人之智，不亦过乎？

字面翻译：管仲、隰朋跟随齐桓公去攻打孤竹国，春季时出征，冬季时返回，迷失了道路。管仲说："老马的智慧可以借用。"就放开老马让它自由前行，大家跟随在后，于是找到了道路。走到山里时没有水，隰朋说："蚂蚁冬天住在山的南面，夏天住在山的北面。蚂蚁洞口的土堆高一寸，其地下八尺深的地方就会有水。"于是掘地，找到了水。以管仲的圣明和隰朋的智慧，遇到他们不知道的事情，不会因向老马和蚂蚁请教而难为情。现在的人不知道用他们愚蠢的心智去学习圣人的智慧，不也是错误的吗？

商人商语：学习动物的生存本能，就是学习商道的本质，即贴近消费者的实际需求，持续服务，升华服务，全面服务。

原文：有献不死之药于荆王者，谒者操之以入。中射之士问曰："可食乎？"曰："可。"因夺而食之。王大怒，使人杀中射之士。中射之士使人说王曰："臣问谒者，曰'可食'，臣故食之，是臣无罪而罪在谒者也。且客献不死之药，臣食之而王杀臣，是死药也，是客欺王也。夫杀无罪之臣而明人之欺王也，不如释臣。"王乃不杀。

字面翻译：有个进献长生不死神药给楚王的人，通报官拿着药进宫。

侍卫武官问道："可以吃吗？"通报官说："可以。"侍卫武官趁机抢过来就吃了。楚王大怒，派人去杀侍卫武官。侍卫武官托人劝谏楚王说："我问通报官，他说'可以吃'，我因此吃了它，这件事我没有罪过，而罪责在通报官身上。况且客人进献长生不死神药，我吃了它而大王却杀了我，这是害死人的药啊，这是客人欺骗大王啊。所以，杀掉没有罪过的臣子来表明有人在欺骗大王，还不如放了我。"楚王于是没有杀他。

商人商语：孔子说的"巧言令色，鲜矣仁"，说的就是这种偷换概念的人。企业管理中，常常会出现这种在细枝末节处找理由和借口，而忘记了自己犯下的是行为动机的原则性错误的现象。企业合作也常常会出现这种理解的偏差，所以一定要注意语言表达的完整性。

原文：田驷欺邹君，邹君将使人杀之。田驷恐，告惠子。惠子见邹君曰："今有人见君，则映其一目，奚如？"君曰："我必杀之。"惠子曰："瞽，两目映，君奚为不杀？"君曰："不能勿映。"惠子曰："田驷东慢齐侯，南欺荆王。驷之于欺人，瞽也，君奚怨焉？"邹君乃不杀。

字面翻译：田驷欺骗邹国君主，邹国君主打算派人杀他。田驷害怕了，求告惠子。惠子拜见邹国君主说："如果有一个人看到您，就闭上一只眼睛，您将会怎样？"邹国君主说："我一定杀了他。"惠子说："瞎子呢，两只眼睛都闭着，您为什么不杀他？"邹国君主说："这是不能不闭上眼睛。"惠子说："田驷在东边轻慢齐侯，在南边欺骗楚王。田驷的欺骗别人，好像是瞎子习以为常地闭上眼睛，您何必怨恨他的习惯呢？"邹国君主于是决定不杀他了。

商人商语：认清一个人习惯性欺骗的本质，自己再受骗时就不会责怪那个人了。商海中有各色人等，企业家若是常听人言而被骗，也只能怨自己是"轻信"之人，不是"如法"之人。

原文：鲁穆公使众公子或宦于晋，或宦于荆。犁鉏曰："假人于越而救溺子，越人虽善游，子必不生矣。失火而取水于海，海水虽多，火必不灭矣，远水不救近火也。今晋与荆虽强，而齐近，鲁患其不救乎！"

字面翻译：鲁穆公安排自己的儿子们有的去晋国做官，有的去楚国做官。犁钼说："从遥远的越国借人来救援掉到水里的孩子，越国人虽然善于游泳，但孩子一定不能生还。失火而去海里取水，海水虽然很多，但火灾一定不能扑灭，因为远水救不了近火啊。现在晋国和楚国虽然强大，但是齐国靠近我们啊，如果鲁国的患难来自于齐国，晋国和楚国他们救助不了啊。"

商人商语：企业之间结成战略联盟，需要彼此借力，成为"同道者"。彼此可以互助互利，所谓的联盟才能发挥作用。

原文：严遂不善周君，患之。冯沮曰："严遂相，而韩傀贵于君。不如行贼于韩傀，则君必以为严氏也。"

字面翻译：严遂对西周国君主不友善,西周国君主很害怕此事。冯沮说："严遂想做韩相，但是现在的韩相韩傀更受韩国君主的器重。不如暗杀韩傀，韩国君主一定认为是严遂干的。"

商人商语：小企业也许只有在挑拨大企业之间的争斗中，才能获得喘息的空间吧。

原文：张谴相韩，病将死。公乘无正怀三十金而问其疾。居一日，君问张谴曰："若子死，将谁使代子？"答曰："无正重法而畏上。虽然，不如公子食我之得民也。"张谴死，因相公乘无正。

字面翻译：张谴任韩相，病重将要死去。公乘无正带了三十镒黄金去慰问他的病体。过了一天，韩国国君问张谴说："如果您死了，将由谁来接替您呢？"张谴回答说："公乘无正重视礼法并且敬畏君上。即使这样，他不如公子食我更得民心。"张谴死后，韩国国君便让公乘无正做了韩相。

商人商语：反话正说，却正打中了君王心中的顾忌。企业老板需要一个更得员工拥护的总经理吗？肯定是不需要的。

原文：乐羊为魏将而攻中山，其子在中山，中山之君烹其子而遗之羹。乐羊坐于幕下而啜之，尽一杯。文侯谓堵师赞曰："乐羊以我故而食其子之肉。"答曰："其子而食之，且谁不食？"乐羊罢中山，文侯赏其功而疑其心。孟孙猎得麑，使秦西巴持之归，其母随之而啼。秦西巴弗忍而与之。孟孙归，至而求麑。答曰："余弗忍而与其母。"孟孙大怒，逐之。居三月，复召以为其子傅。其御曰："曩将罪之，今召以为子傅，何也？"孟孙曰："夫不忍麑，又且忍吾子乎？"故曰："巧诈不如拙诚。"乐羊以有功见疑，秦西巴以有罪益信。

字面翻译：乐羊担任魏将去攻打中山国，他的儿子在中山国。中山国的君主把他的儿子煮了，连肉带汤送给他。乐羊坐在军帐中吃"肉羹"，并且吃完了一杯。魏文侯对堵师赞说："乐羊因为我的缘故，而吃了他儿子的肉。"堵师赞回答说："他连儿子都吃了，还有谁不能吃呢？"乐羊从中山国撤军回来，文侯奖赏了乐羊的功劳，却怀疑他的忠心。鲁国孟孙打猎得到一只小鹿，让秦西巴看管着带回，小鹿的母亲跟在后面呦呦啼叫。秦西巴不忍心就把小鹿放还给了母鹿。孟孙回来后，向秦西巴要小鹿。秦西巴回答说："我不忍心就还给了它的母亲。"孟孙非常气愤，撵走了他。过了三个月，又召回秦西巴让他做自己儿子的老师。他的车夫说："从前要加罪于他，现在又召回作为儿子的老师，为什么呢？"孟孙说："他对小鹿都不忍心，还会忍心对我的儿子不好吗？"所以说："机巧的伪诈比不上笨拙的诚实。"乐羊因为建功遭到怀疑，秦西巴因为犯罪更受信任。

商人商语：乐羊怎么做都是错的！这就叫"欲加之罪，何患无辞"。所以，从"居心叵测"入手，攻击他人很容易，防守他人却是"防不胜防"啊。乐羊为公义而牺牲了私利，被说成是"伪诈"；秦西巴为私义而牺牲了公利，被说成是"诚实"。古时的"御"，就是司机，从古至今都是这样的人掌握了话语权。

原文：曾从子，善相剑者也。卫君怨吴王。曾从子曰："吴王好剑，臣相剑者也。臣请为吴王相剑，拔而示之，因为君刺之。"卫君曰："子为之是也，非缘义也，为利也。吴强而富，卫弱而贫。子必往，吾恐子为吴王用之于我也。"乃逐之。

字面翻译：曾从子，是个擅长鉴定宝剑的人。卫出公怨恨吴王夫差。曾从子说："吴王喜欢宝剑，我是个鉴定宝剑的人。请让我去给吴王鉴定宝剑，在拔出剑来给他看的时候，趁机为您刺杀他。"卫出公说："你呀，要做这件事，不是缘于道义，而是为了利益。吴国强大而富有，卫国弱小而贫困。你一定要去，我怕你会被吴王利用来对付我的。"于是便把他赶跑了。

商人商语：卫君说的"义"，指人之常情。人之爱，没有能胜过爱自己的，曾从子冒着杀身之祸去做这件事情，图什么呢？企业家的身边想必也是充满了这种"奋不顾身"的忠者，听听可以，当真是万万不可的。

原文：纣为象箸而箕子怖，以为象箸必不盛羹于土铏，则必犀玉之杯，玉杯象箸必不盛菽藿，则必旄象豹胎，旄象豹胎必不衣短褐而舍茅茨之下，则必锦衣九重，高台广室也。称此以求，则天下不足矣。圣人见微以知萌，见端以知末，故见象箸而怖，知天下不足也。

字面翻译：商纣王用象牙筷子，箕子感到恐惧，认为他使用象牙筷子后一定不会再用陶制器皿来盛肉羹，一定会用犀牛角杯或者玉石杯子；玉石杯子、象牙筷子一定不会再用来盛和吃豆子豆叶类的粗食，一定要盛上牦牛、大象、豹子的胎儿；吃牦牛、大象、豹子的胎儿，一定不会穿着粗布短衣而居住在茅草屋顶的下面，一定会穿多层的织锦衣服，住在高台之上的宽敞屋室。按照这个方式追求下去，那么天下的东西已经不能满足他了。圣人见到微小的现象就能知道事物的发展苗头，见到事情的开端就会知道事情的结果，所以见到纣王用象牙筷后箕子就恐惧了，知道天下的东西已经不能满足他的奢靡贪欲。

商人商语：是人都有欲望，是人都有好恶，高下之分在于自控。箕子的恐惧，不在于一连串的联想，而在于知道纣王的本性是不知足、不自控。企业间合作，若其中一方欲望过盛，再细致的合同条款也保证不了利益分配问题能圆满解决。

原文：周公旦已胜殷，将攻商盖。辛公甲曰："大难攻，小易服。不如服众小以劫大。"乃攻九夷而商盖服矣。

字面翻译：周公旦战胜了殷，准备继续攻打商盖。辛公甲说："大国难以攻取，小国容易征服。不如先征服众多小国来威势胁迫大国。"于是周公旦就攻取了九夷的各个部族，然后商盖也归服了。

商人商语：先团结一切可以团结的人，积小为大，这样胜势就出现了，力量也就强大了。

原文：纣为长夜之饮，欢以失日，问其左右，尽不知也。乃使人问箕子。箕子谓其徒曰："为天下主而一国皆失日，天下其危矣。一国皆不知而我独知之，吾其危矣。"辞以醉而不知。

字面翻译：商纣王遮盖窗户点上蜡烛，不分昼夜地饮酒，狂欢得忘记了日期，问身边的近臣，都说不知道。就派人去问箕子。箕子对随从说："做天下的主人，却使得一个国都的人都忘记了日期，天下恐怕危险了。一个国都的人都不知道，却只有我一个人知道，我恐怕也危险了。"就推说因喝醉了酒而不知道日期。

商人商语：箕子是个懂得明哲保身的人，知道"木秀于林，风必摧之"的存身之道。商朝灭亡后，他保全了商后裔，在鸭绿江边建立了箕子朝鲜。

原文：鲁人身善织屦，妻善织缟，而欲徙于越。或谓之曰："子必穷矣。"鲁人曰："何也？"曰："屦为履之也，而越人跣行；缟为冠之也，而越人被发。以子之所长，游于不用之国，欲使无穷，其可得乎？"

字面翻译：鲁国有个人自己善于编麻草鞋，妻子善于织生绢，想要迁居到越国。有人对他说："你一定会穷困的。"鲁国人说："为什么呢？"这个人说："麻草鞋是穿在脚上的，但越国人是赤脚走路；生绢是用来做帽子的，但越国人披散着头发。带着你的长处，活动在没有办法发挥的国家，想要不穷困，怎么可能呢？"

商人商语：生意经是开展已有市场，还是开发未有市场呢？见仁见智的选择而已。行业同行看不到的机遇，或者大家看得见够不着的机遇，才是你的商业机遇。

原文：陈轸贵于魏王。惠子曰："必善事左右。夫杨，横树之即生，倒树之即生，折而树之又生。然使十人树之而一人拔之，则毋生杨。至以十人之众，树易生之物而不胜一人者，何也？树之难而去之易也。子虽工自树于王，而欲去子者众，子必危矣。"

字面翻译：陈轸很受魏惠王器重。惠子说："一定要好好结交君主的侍从。那个杨树，横着栽它能活，倒着栽也能活，折断了再栽还是能活。然而让十个人去栽种，一个人来拔出，就不可能使杨树成活。至于以十人之众，栽种极易成活的杨树，却经不起一个人拔出，原因在哪里呢？栽种困难而拔树容易呀。你虽然善于在君主面前树立自己，但想要赶走你的人很多，你是必然危险的。"

商人商语：可以木秀于林，可以独树一帜，但是切忌成为行业公敌，孤零零的个体是最容易被打倒的。所以，做生意要交朋友，要多交几个志同道合的同行朋友，形成可以抱团的势力。

原文：鲁季孙新弑其君，吴起仕焉。或谓起曰："夫死者，始死而血，已血而衄，已衄而灰，已灰而土。及其土也，无可为者矣。今季孙乃始血，其毋乃未可知也。"吴起因去之晋。

字面翻译：鲁国季孙刚杀掉鲁国君主时，吴起在他那儿做官。有人对吴起说："死去的人，刚死时会流血，血流尽了皮肉就会萎缩，皮肉萎缩后就开始腐败，腐败的最后就会化成泥土。等到化成泥土后，就再也没有变化了。现在季孙才开始使鲁国君主流血，往后的变化恐怕就难以预料了。"吴起因此离开鲁国到了魏国。

商人商语：当行业客观环境开始恶化的时候，企业家必须要考虑是适应这种变化，还是逆变化而行。

原文：隰斯弥见田成子，田成子与登台四望。三面皆畅，南望，隰子家之树蔽之。田成子亦不言。隰子归，使人伐之。斧离数创，隰子止之。其相室曰："何变之数也？"隰子曰："古者有谚曰：'知渊中之鱼者不祥。'夫田子将有大事，而我示之知微，我必危矣。不伐树，未有罪也；知人之所不言，其罪大矣。"乃不伐也。

字面翻译：隰斯弥拜见田成子，田成子和他一起登上高台四方观望。三面望去都没有遮蔽，南面望去，隰斯弥家的树木挡住了视野。田成子也没有说什么。隰斯弥回到家中，叫人砍倒那棵树。斧头刚砍了几个口子，隰斯弥制止了砍树。他的管家说："怎么变来变去的这么快？"隰斯弥说："古代有句谚语说：'知渊中之鱼者不祥。'那个田成子将要干大事，而我却显示出知道他的秘密，我一定会危险的。不砍树，没有罪过；知道别人说不出口的事，这个罪过就大了。"于是不再砍树。

商人商语：洞察情势后，未必要马上行动，出头的椽子先烂。藏拙，也是企业生存的法则之一。这种藏拙，不能领一时潮头，但可以跟随潮流，减少风险。

原文：杨子过于宋东之逆旅。有妾二人，其恶者贵，美者贱。杨子问其故。逆旅之父答曰："美者自美，吾不知其美也；恶者自恶，吾不知其恶也。"杨子谓弟子曰："行贤而去自贤之心，焉往而不美？"

字面翻译：杨朱路过宋国东边的旅店。店主有两个妾，其中丑陋的被宠爱，漂亮的被轻贱。杨朱询问其中的缘故。旅店的主人回答说："长得漂亮的自以为漂亮，我不觉得她漂亮；长得丑陋的自以为丑陋，我不觉得她丑陋。"杨朱对他的弟子说："做了好事要去掉自以为做过好事的心思，到哪儿能不受到赞美呢？"

商人商语：企业的发展哲学，是不以自己的商业模式为美。以自己的模式为美，经营思维就会固定在这个模式之中，想要再打破这个模式，实现再发展，从心理上就很难改变。

原文：卫人嫁其子而教之曰："必私积聚。为人妇而出，常也；其成居，幸也。"其子因私积聚，其姑以为多私而出之。其子所以反者，倍其所以嫁。其父不自罪于教子非也，而自知其益富。今人臣之处官者，皆是类也。

字面翻译：有个卫国人嫁女儿时教导她说："一定要私下积聚财物。做妻子而被休回娘家，是常有的事；那些终身相守的，是侥幸的事。"他的女儿因此私下积聚财物，她的婆婆认为她私心太多就休了她。他的女儿带回来的财物，比出嫁时所带去的财物多出一倍。她的父亲不自责自己教导女儿的错误，而自以为聪明地增加了财富。现在那些身处官位上的臣子，都是这一类人。

商人商语：从"果"来看，女儿这么做是对的；从"因"来看，她一开始的动机就不纯；从"缘"来看，也是她自己的系列行为成就了她自己的"因"。商业合作中一切的所谓"留后手"，看似为结果而留，其实在留的过程中就已经造成了结果。

原文：鲁丹三说中山之君而不受也，因散五十金事其左右。复见，未语，而君与之食。鲁丹出，而不反舍，遂去中山。其御曰："反见，乃始善我。何故去之？"鲁丹曰："夫以人言善我，必以人言罪我。"未出境，而公子恶之曰："为赵来间中山。"君因索而罪之。

字面翻译：鲁丹三次游说中山国的君主，却不被君主采纳，就分送了五十镒黄金贿赂君主的近臣。再一次见到君主，没有开口说话，君主就赐给他食物。鲁丹出来后，却不返回住所，直接就离开中山国。他的车夫说："这又一次再见君主，他才开始善待我们，为什么要离开？"鲁丹说："君主是因为他人的话善待我，也一定会因为他人的话来加罪我。"还未走出国境，公子就中伤他说："是为了赵国来刺探中山国的人。"中山国的君主因此下令搜捕并加罪于他。

商人商语：鲁丹既知"他人"的正负面作用为何，又何必再去求见君王呢？未见前就离开不就没有危险了吗？何况，公子的中伤，又何尝不是因为他的匆忙离开而有了中伤的理由呢？鲁丹的问题在于左右摇摆，不能一心而进。企业的市场经营也是如此。不能因为一时的不顺而动摇意志。

原文：田伯鼎好士而存其君，白公好士而乱荆。其好士则同，其所以为则异。公孙友自刖而尊百里，竖刁自宫而谄桓公。其自刑则同，其所以自刑之为则异。慧子曰："狂者东走，逐者亦东走。其东走则同，其所以东走之为则异。"故曰："同事之人，不可不审察也。"

字面翻译：田伯鼎喜欢养士，因此保全过他的君主；白公胜喜欢养士，却祸乱楚国。他们喜欢养士是相同的，他们养士来做的事情却是不同的。公孙友自己砍掉脚来使百里奚获得重用，竖刁自行阉割来谄媚齐桓公。他

们的自我用刑是相同的，但他们自我用刑的目的却是不同的。惠子说："发
狂的人往东边跑，追赶的人也往东边跑。他们往东边跑的行为是相同的，
但他们所以往东边跑的目的却是不同的。"所以说："同样做事的人，不可
不仔细地考察他们的目的性。"

商人商语：如何加以考察呢？如孔子所说："视其所以，观其所由，察
其所安，人焉廋哉？人焉廋哉？"观察其行为的动机、方式、目的，就会了解。

第四章

君法必须集权，权势是君主的护身符

法家认为，统治权应该是君主独有的，也应该是独自掌握的。一旦与臣下分享，失守君权，君主个人的身家性命，以至于社稷江山，都会濒临危险。所以，君主必须集权，集权就是掌握了"道生一"的"一"。否则，"二生三，三生万物"的"万物"，必不会为他自己所拥有。

在现在的市场环境下，企业家是否应该集权，不能用"应该"或者"不应该"来简单地回答。应该在问之前明确"权力"的具体定义和内容，才可以进行具体讨论。权有轻重、事有缓急，组织类型不同、组织体量不同、组织所处的发展阶段也不同，分门别类地思考下，才能明确讨论企业家在企业的什么时候，该行使什么样的权力，集什么权，分什么权，放什么权，权重、权限是什么。

本章开篇，选取了《商君书·修权》和《韩非子·诡使》。《修权》指明了权势就是君主的护身符；《诡使》则讲述了君主治理国家的三个原则：利益、威势、名分。

一

《商君书·修权》：我的企业我做主，必须独自掌握经营企业的决策权

原文：国之所以治者三：一曰法，二曰信，三曰权。法者，君臣之所共操也；信者，君臣之所共立也；权者，君之所独制也，人主失守则危。君臣释法任私必乱。故立法明分，而不以私害法，则治。权制独断于君则威。民信其赏，则事功成；信其刑，则奸无端。惟明主爱权重信，而不以私害法。故上多惠言而不克其赏，则下不用；数加严令而不致其刑，则民傲死。凡赏者，文也；刑者，武也。文武者，法之约也。故明主任法。明主不蔽之谓明，不欺之谓察。故赏厚而信，刑重而必；不失疏远，不违亲近，故臣不蔽主，而下不欺上。

字面翻译：国家得到治理有三个要素：一是法度，二是信用，三是权力。法度，是君臣共同遵守的；信用，是君臣共同树立的；权力，是君主独自掌握的，君主失去权力就会危险。君臣抛弃法度放任私行必然混乱。所以确立法度明确各自名分，并且不因为私行而损害法度，国家就会得到治理。君主独掌权力独自决断就有威严。民众相信君主的奖赏，功业就会成就；相信君主的刑罚，奸邪就无由产生。要点是明主爱惜权力看重信用，不以私行损害法度。假如朝廷颁布了很多恩惠的政策而不去兑现，那么百姓就不再效力；数次颁布严厉的法令却不执行刑罚，民众就会轻慢死刑。一般说来，奖赏是"文"，刑罚是"武"。这一文一武的赏罚，是法度的纲要。因此明主任用法度。明主不被蒙蔽叫"明"，不被欺骗叫"察"。所以赏赐厚而遵守信用，刑罚重而遵循法度，（赏厚）不错失关系疏远的人，（刑重）不回避关系亲近的人，因此臣子不敢蒙蔽君主，而百姓不敢欺骗朝廷。

商人商语：企业是企业家的企业，企业的命运与企业家的命运休戚相关。所以，企业经营的决策权，必须掌握在企业利益的直接关联者——企业家手里。那么，企业家决策什么事情呢？如商鞅所说，一是"法度"，翻译成企业语言就是企业经营之"法"（商业模式）+企业运营之"法"（规章制度）；二是"信用"，翻译成企业语言就是建立起各任其职（组织结构）+管理考核（绩效考核）的规矩。

二

《韩非子·诡使》：看破人情世故，才能三招鲜吃遍天，才能定下好规矩

原文：圣人之所以为治道者三：一曰"利"，二曰"威"，三曰"名"。夫利者，所以得民也；威者，所以行令也；名者，上下之所同道也。非此三者，虽有不急矣。今利非无有也，而民不化上；威非不存也，而下不听从；官非无法也，而治不当名。三者非不存也，而世一治一乱者，何也？夫上之所贵与其所以为治相反也。

字面翻译：圣人用来治理国家的原则有三种：第一是利益，第二是威势，第三是名分。利益，是用来获取民心的；威势，是用来推行政令的；名分，是君臣共同遵行的行为准则。除了这三种，即使还有别的措施，也不是急需的了。现在利益不是没有，只是民众不被君上感化；威势不是不在，只是百姓不肯听从；官府不是没有法律，只是治理时却名不符实。这三种原则不是不存在，但社会有时安定有时混乱，为什么呢？是因为君主尊崇的东西和他应该用来治理国家的原则相违背。

商人商语：韩非子的"治道者三"，过于具体，不能算作"大道"，可以看作是对商鞅《修权》中"治者三"的补充。"利"是对"法"的补充，使守法之人得到好处；"名"是对"信"的补充，使官员们名副其实、言行一致；"威"是对"权"的补充，使君权有威势。

原文：夫立名号，所以为尊也；今有贱名轻实者，世谓之"高"。设爵位，所以为贱贵基也；而简上不求见者，世谓之"贤"。威利，所以行令也；而无利轻威者，世谓之"重"。法令，所以为治也；而不从法令为私善者，世谓之"忠"。官爵，所以劝民也；而好名义不进仕者，世谓之"烈士"。刑罚，所以擅威也；而轻法不避刑戮死亡之罪者，世谓之"勇夫"。民之急名也，甚其求利也；如此，则士之饥饿乏绝者，焉得无岩居苦身以争名于天下哉？故世之所以不治者，非下之罪，上失其道也。常贵其所以乱，而贱其所以治，是故下之所欲，常与上之所以为治相诡也。

字面翻译：设立名位称号，本是用来表示尊次地位的，而现在鄙视名位轻视实践的人，世俗却称赞他们"高洁"。设立爵位等级，本是用来区别贵贱的，但是对君上傲慢而不求见用的人，世俗却称赞他们"贤能"。威势和利益，是用来推行政令的，而无视利益和轻视威势的人，世俗却称赞他们"自重"。法律法令，是用来治理国家的，但不遵从国家法律法令而为私门效劳的人，世俗却称赞他们"忠义"。官位爵禄，是用来勉励民众的，但追求声誉而不肯入朝做官的人，世俗却称赞他们"贞洁之士"。刑罚，是用来使威势独自专断的，但无视法律、不怕触犯死罪的人，世俗却称赞他们"勇士"。民众积极追求名声，超过了追求利益，这样，士人中那些沦落到饥饿贫困境地的，哪能不隐居深山折磨自己以便在天下争得名声呢？所以，社会不被治理的原因，不是百姓的罪过，是朝廷失去了治国的原则。君主常常尊崇那些造成祸乱的思想行为，而鄙视那些能使社会安定的措施，因此百姓所追求的，就常和朝廷治理民众的意愿相违背。

商人商语：追求声誉不做实事的风气在企业里盛行，是谁造成的呢？当然是企业家的不作为，或者是企业家的错误作为。不作为表现在有了规章制度不用威势执行到位；错误作为表现在企业家个人提出的要求与制度对员工的要求相违背。

原文：今下而听其上，上之所急也。而惇悫纯信，用心怯言，则谓之"窭"。守法固，听令审，则谓之"愚"。敬上畏罪，则谓之"怯"。言时节，行中适，则谓之"不肖"。无二心私学，听吏从教者，则谓之"陋"。

字面翻译：现在让臣子听从他们的君主，是君主的当务之急。但是忠厚老实、纯朴守信、做事认真、说话谨慎的行为，却被说成是"寒酸拘谨"。严格遵守法律，慎重听从法令，却被说成是"愚笨无知"。尊敬君主，害怕犯罪，却被说成是"胆小怕事"。言论适宜而有分寸，举止得当而恰如其分，却被说成是"没有出息"。对君主一心一意而不搞个人学问，听从官吏指派而遵循教化，却被说成是"粗鄙浅薄"。

商人商语：本分做人、安分做事的品行，在企业中应该风行。好风气没能兴起的原因有二：一是没有内在的利益驱动；二是没有让它合理存在的制度。

原文：难致，谓之"正"。难予，谓之"廉"。难禁，谓之"齐"。有令不听从，谓之"勇"。无利于上，谓之"愿"。宽惠、行德，谓之"仁"。重厚自尊，谓之"长者"。私学成群，谓之"师徒"。闲静安居，谓之"有思"。损仁逐利，谓之"疾"。险躁佻反覆，谓之"智"。先为人而后自为，类名号，言泛爱天下，谓之"圣"。言大本，称而不可用，行而乖于世者，谓之"大人"。贱爵禄，不挠上者，谓之"杰"。下渐行如此，入则乱民，出则不便也。上宜禁其欲，灭其迹，而不止也，又从而尊之，是教下乱上以为治也。

字面翻译：难以被君主召唤，被称为"中正"。不愿接受君主的赏赐，被称为"清廉"。不愿接受法律的制约，被称为"崇尚平等"。有法令不听从，被称为"勇敢"。对朝廷没有贡献，被称为"良善"。宽厚助人，奉行道德，被称为"仁爱"。自持厚重而妄自尊大，被称为"德高望重"。私立学派成群结队，被称为"师徒"。清闲平静、安心隐居，被称为"有思想"。损害别人去追逐私利，被称为"机灵"。内心阴险、性情浮躁、举止轻佻、反复无常，被称为"聪慧"。先为别人着想后为自己考虑，功名爵位、达官百姓一律平等看待，宣扬泛爱天下的理念，被称为"圣贤"。宣扬治理天下的根本原则，实践中却不能应用，举止有悖于社会常态的，却被称为是"伟大人物"。轻视爵位俸禄，不屈服于朝廷统治的，却被称为"豪杰"。社会风气被习染到如此地步，在国内就会扰乱民众，在国外就会不利于国家。朝廷本该禁止他们这样的追求，废止他们这样的活动，就是这样尚且不能制止，还要去推波助澜地尊崇他们，这是教化百姓们犯上作乱，还以为是治国之道啊。

商人商语：这十四种人看着很有才干，实际对于企业的经营毫无益处。企业家不要幻想以个人的魅力和恩惠来驯服这类人。这类人对企业的危害极大，如果非要用，也要选择能够遵守公司规章制度的人。

原文：凡上之所以治者，刑罚也；今有私行义者尊。社稷之所以立者，安静也；而躁险谗谀者任。四封之内所以听从者，信与德也；而陂知倾覆者使。令之所以行，威之所以立者，恭俭听上也；而岩居非世者显。仓廪之所以实者，耕农之本务也；而綦组、锦绣、刻画为末作者富。名之所以成，城池之所以广者，战士也；今死士之孤饥饿乞于道，而优笑酒徒之属乘车衣丝。赏禄，所以尽民力易下死也；今战胜攻取之士劳而赏不沾，而卜筮、视手理、狐蛊为顺辞于前者日赐。上握度量，所以擅生杀之柄也；今守度奉量之士欲以忠婴上而不得见，巧言利辞行奸轨以幸偷世者数御。据法直言，名刑相当，循绳墨，诛奸人，所以为上治也，而愈疏远；谄施顺意从欲以危世者近习。悉租税，专民力，所以备难充仓府也，而士卒之逃事伏匿、附托有威之门以避徭赋而上不得者万数。夫陈善田利宅，所以战士卒也，而断头裂腹、播骨乎平原野者，无宅容身，身死田夺；而女妹有色，大臣左右无功者，择宅而受，择田而食。赏利一从上出，所以善制下也；而战介之士不得职，而闲居之士尊显。上以此为教，名安得无卑，位安得无危？夫卑名危位者，必下之不从法令、有二心务私学反逆世者也；而不禁其行、不破其群以散其党，又从而尊之，用事者过矣。上之所以立廉耻者，所以厉下也；今士大夫不羞污泥丑辱而宦，女妹私义之门不待次而宦。赏赐，所以为重也；而战斗有功之士贫贱，而便辟优徒超级。名号诚信，所以通威也；而主掩障，近习女谒并行，百官主爵迁人，用事者过矣。大臣官人，与下先谋比周，虽不法行，威利在下，则主卑而大臣重矣。

字面翻译： 大致说来，朝廷若要治理民众，必然要用刑罚，现在那些私下施行仁义的，却受到了尊重。国家之所以能够存在，靠的是长治久安，但那些浮躁阴险、搬弄是非、阿谀奉承的人却被任用。四境之内的民众之所以听从朝廷，靠的是信用和恩惠，但那些狡猾奸诈、惯于诬陷倾轧的人却被使用。法令得以施行，威势得以树立，靠的是恭敬谦卑地听从朝廷；但那些隐居深山、诽谤现实的人却声名显赫。粮仓之所以能够充实，靠的是把农耕作为国家本业，但那些编织丝带、织锦刺绣、雕刻绘画之类从事末业的人反而富裕。名望得以成就，辖域得以扩大，靠的是士兵的战斗，现在阵亡战士的孤儿忍饥挨饿在街上乞讨，而那些陪侍君主的优伶酒徒们却高车大马穿锦衣绣。赏赐爵禄，是用来调动民众力量、换取民众卖命的，现在打了胜仗的战士劳苦却没有赏赐，但那些在君主跟前占卜、看手相、巧言奉承的人却天天得到赏赐。朝廷制定法律法规，是为了独自掌控生杀大权，但现在维护法律遵守法规想要忠心报效朝廷的人却得不到任用，而那些靠花言巧语、投机取巧来取悦世人的却屡次得到任用。根据法律直言不讳，敬忠职守，遵循法令铲除奸邪，这是帮助朝廷治理国家的人，却越来越被疏远，而那些逢迎取媚、顺从君主心意以至于危害社会的人却被亲近宠幸。征收租税，集中民力，是为了防备危难充实粮仓，但士卒中那些为逃避耕战而躲藏起来、依附于权贵门下逃避徭役赋税，而不能为朝廷使用的人数以万计。摆出良田美宅作为赏赐，是为了鼓励士兵奋勇作战的，可是那些尸体不全、尸骨抛撒在荒野上的战士，活着没有房子容身，死后田地还要被夺去；反而那些有姿色的少女、没有功劳的大臣和亲信们，却挑选好的房屋和田地尽情享受。奖赏一律从朝廷发出，是为了更好地控制民众；但披甲作战的士兵得不到官职，游手好闲的学者却被尊重得以显贵。朝廷用这些反常现象作为教化，名声怎能不卑下，君位怎能不危险？使朝廷名声卑下、君位危险的人，一定是下面那些不服从法令、怀有二心而专搞私家学说，反对现实社会的人；假如不禁止他们的行为，不解散他们的群党，还要顺着他们尊重他们，那就是执政者的过错了。朝廷之所以树立廉耻的观念，是用来劝勉臣下的，现在士大夫却不以肮脏卑鄙的勾当为耻而做官，有裙带关系和私人交情的人不按官阶次第而升官。赏赐，是用来使人尊贵的，但现在英勇作战的有功之士却贫贱不堪，而那些谄媚逢迎的人和优伶酒徒却得以越级提拔。名衔职责要互相符合，这个关系到权力的行使，但是君主受到蒙蔽，近臣宫女同时弄权，可以给百官审定爵位和调升官职，这就是执政者的过错了。大臣委任官员，先与部下密谋策划结党营私，尽管不合乎法律，但威势和赏罚的权力已被臣下掌握了，结果就使君主地位卑下而大臣位高权重了。

商人商语：现实中企业一般不会只有一个老板，还有很多的老板和主管。令出多门，却没有一个一锤定音的人，企业的经营一定会陷入混乱，企业的结局一定是破产。

原文：夫立法令者，以废私也。法令行而私道废矣。私者，所以乱法也。而士有二心私学、岩居窟路、托伏深虑，大者非世，细者惑下；上不禁，又从而尊之以名，化之以实，是无功而显，无劳而富也。如此，则士之有二心私学者，焉得无深虑、勉知诈与诽谤法令，以求索与世相反者也？凡乱上反世者，常士有二心私学者也。故《本言》曰："所以治者，法也；所以乱者，私也。法立，则莫得为私矣。"故曰：道私者乱，道法者治。上无其道，则智者有私词，贤者有私意。上有私惠，下有私欲，圣智成群，造言作辞，以非法措于上。上不禁塞，又从而尊之，是教下不听上、不从法也。

是以贤者显名而居，奸人赖赏而富。贤者显名而居，奸人赖赏而富，是以上不胜下也。

字面翻译：设立法律法令，是为了废止自行其是的私行。法律法令得以贯彻，私行就必被废止。私行，是扰乱法制的根源。那些怀有二心私立学派、隐居山林、依附权贵深思熟虑的士人，重则诽谤现实，轻则造谣惑众，朝廷不加以禁止，还要进一步用美名尊崇他们，用丰厚利禄来改变他们的生活，这是使无功者显贵，使无劳者富裕。这样一来，怀有二心私立学派的士人，怎能不挖空心思、努力卖弄智巧招摇撞骗和诽谤现有法律法令，来追求那些和社会现实背道而驰的东西呢？大凡是危害朝廷统治、反对现实社会的，常常就是那些怀有二心私立学派的人。所以《本言》说："国家之所以安定，是法制的作用；国家之所以混乱，是自行其是的结果。法制建立了，就没有自行其是的私行了。"所以说：治国原则建立在私行的基础上，社会必然混乱；治国原则建立在法制的基础上，社会一定大治。朝廷没有正确的治国之道，聪慧的人就会有他自己想法的言辞，贤能的人就会有他自己意向的企图。朝廷上有法外的恩惠，朝廷下就会有非法的欲望，所谓的圣人和智者成群结队，编造胡言乱语，杜撰奇谈怪论，用非法手段应对朝廷。朝廷不严加禁止，反而对这些人大加尊崇，这是在教化百姓不听从朝廷、不服从法律法令。因此，那些贤人以显赫的名声处在高位、奸人依赖赏赐而富裕起来。贤人以显赫的名声处在高位，奸人依赖赏赐而富裕起来，朝廷便不能控制百姓。

商人商语：企业家必须坚持企业管理的制度化，才能保证没有自行其是、各行其职的乱象发生。推行制度管理的手段就是赏罚，赏罚的有效性来源就是制度。

明君无为在上，臣子耕耘在下

做企业老板难，做企业家难吗？有人说难。其实，做一个有原则性的企业家是容易的，正如法家的"君道无为，臣道有""有功则君有其贤，有过则臣任其罪"所说。这和孔子倡导"万方有罪，罪在朕躬"的尧舜禹汤思想完全是两个路子。大家也可以认为法家思想更加适合现代企业家的用人思路。

韩非子认为君主应以"静退"为贵，不亲自操持事务而知道臣下办事的拙和巧，不亲自考虑事情而知道臣下谋事的福和祸。因此，君主不用多说话，臣下就能很好地谋事，君主不作规定，臣下也能很好地办事。这种看似袖手旁观，而又同在局中的感觉，可以用卞之琳的一首诗来比拟：

你站在桥上看风景／看风景的人在楼上看你／明月装饰了你的窗子／你装饰了别人的梦

本章节选取了韩非子的两篇文章《韩非子·主道》和《韩非子·人主》，讲述如何做一个有技术含量的君主，集权后如何杜绝"五壅"之害，重用"法术之士"，不用"当涂之臣"。

一

《韩非子·主道》：君主的无为，是为了了解事物成败的规则和起因

原文：道者，万物之始，是非之纪也。是以明君守始以知万物之源，治纪以知善败之端。故虚静以待，令名自命也，令事自定也。虚则知实之情，静则知动者正。有言者自为名，有事者自为形，形名参同，君乃无事焉，归之其情。故曰：君无见其所欲，君见其所欲，臣自将雕琢；君无见其意，君见其意，臣将自表异。故曰：去好去恶，臣乃见素；去旧去智，臣乃自备。故有智而不以虑，使万物知其处；有行而不以贤，观臣下之所因；有勇而不以怒，使群臣尽其武。是故去智而有明，去贤而有功，去勇而有强。君臣守职，百官有常，因能而使之，是谓习常。故曰：寂乎其无位而处，漻乎莫得其所。明君无为于上，群臣竦惧乎下。明君之道，使智者尽其虑，而君因以断事，故君不穷于智；贤者勑其材，君因而任之，故君不躬于能；有功则君有其贤，有过则臣任其罪，故君不穷于名。是故不贤而为贤者师，不智而为智者正。臣有其劳，君有其成功，此之谓贤主之经也。

字面翻译：所谓道，是万物的本原，是对错的规则。因此英明的君主把握本原来了解万物的源起，研究规则来了解成败的起因。所以放空成见而安静地等待，让"名称"自己来定义自己的使命，让"事物"自己来运行自己的规律。放空成见才能知道事实的真相，安静无为才能知道行动的正确。有建议的人自己会有主张，在做的事情自然会有效果，效果和主张验证相合，君主不用再做什么，事情自然会呈现出真相。所以说：君主不要表现出他的欲望，君主表现出了他的欲望，臣下自己就会去精心修饰；君主不要表露出他的意图,君主表露出他的意图,臣下就会去自我伪装标榜。所以说：君王不表现出爱好和厌恶，臣下就会表现出本质；君王不表露出成见和智谋，臣下就会自做准备。所以君主即使是有智慧也不用来深思熟虑，让各种事物清楚它自己的立身使命；有行动也不用来表现贤德，来察看臣下做事的动机根据；有勇力也不用来逞威风，使臣下充分发挥他们的勇武。因此君主不使用智慧才能拥有明察，不表现贤德才能拥有功绩，不逞强私勇才能拥有国家的强大。君臣各自恪守职责，百官任职都有常法，君主根据才能来安排他们的职责，这叫遵循常法。所以说：寂寞啊！君主没有职位可以来做事；空旷啊！没有办法得知君主去做了什么。明君在上面无为而治，群臣在下面诚惶诚恐地做事。明君的原则是，使智慧的人竭尽智力来思虑献计，君主据此献计来决断政事，所以君主不需要穷尽自己的智力；使贤德的人奉行诏命来发挥才干，君主据其才干来任用职务，所以君主不需要亲自实践的能力；有功劳那么其中有君主的贤名，有过失必然是臣下来承担罪责，所以君主的贤名不会穷尽。因此君主不贤却可以做贤人的老师，不智却可以是智者的君长。臣下负担劳苦，君主享受成功，这就是贤明君主的准则。

商人商语：企业家是企业经营管理规则的制定者，不是企业经营管理具体事务的参与者。做企业员工的教练员，是企业家责无旁贷的责任。秉持法家理念的企业家，会将自己的职责定位为用权力来"驾御"企业这辆马车。

原文：道在不可见，用在不可知；虚静无事，以暗见疵。见而不见，闻而不闻，知而不知。知其言以往，勿变勿更，以参合阅焉。官有一人，勿令通言，则万物皆尽。函掩其迹，匿其端，下不能原；去其智，绝其能，下不能意。保吾所以往而稽同之，谨执其柄而固握之。绝其望，破其意，毋使人欲之。不谨其闭，不固其门，虎乃将存。不慎其事，不掩其情，贼乃将生。弑其主，代其所，人莫不与，故谓之虎。处其主之侧为奸臣，闻其主之忒，故谓之贼。散其党，收其余，闭其门，夺其辅，国乃无虎。大不可量，深不可测，同合刑名，审验法式，擅为者诛，国乃无贼。是故人主有五壅：臣闭其主曰壅，臣制财利曰壅，臣擅行令曰壅，臣得行义曰壅，臣得树人曰壅。臣闭其主，则主失位；臣制财利，则主失德；臣擅行令，则主失制；臣得行义，则主失明；臣得树人，则主失党。此人主之所以独擅也，非人臣之所以得操也。

字面翻译：君主之道不可以被看到，用处不可以被了解；君主无思无虑无行无事，隐蔽观察臣下的过失。看见好像没看见，听到好像没听到，知道好像不知道。了解臣下主张的来龙去脉，不修改不变更，用验证名实相合来察看这个主张。每个官职只设一人，不要让他们通信交流，那么所做一切事务的真相就会显露出来。包藏掩盖行迹，隐藏自己的念头，臣下就无法探知君主的想法；不使用智力，不显示才能，臣下就无法揣度君主的意见。坚持君主所使用的标准来验证臣下的事务，谨慎地抓住权柄而牢固地掌握它。禁绝臣下的窥探，破除臣下的揣测，不要让人有从君王这里贪求的心思。不关紧他的门户，不加固他的门户，"老虎"就会闯进来。不慎重事情的保密，不掩盖事情的痕迹，"贼子"就会产生出来。他们杀死自己的君主，篡夺君主的权位，人们没有不参与的，所以称他们为"老虎"。在君主身边做奸臣，知晓君主的动向，所以称之为贼子。解散他们的朋党，收拢他们的余孽，封闭他们的私门，铲除他们的帮凶，国家就没有"老虎"了。君主之道，广大得不可量其宽，深入得不可测其底，用刑罚、名实来统一臣下行为的合法，用法律法规来审查臣下行为的结果，诛杀擅自行动的人，国家就不会有贼子了。因此君主有五种受蒙蔽的情况：臣下封闭君主的听察是蒙蔽，臣下控制财利的分配是蒙蔽，臣下擅自发号施令是蒙蔽，臣下得以私行仁义是蒙蔽，臣下得以扶植私人是蒙蔽。臣下封闭君主听察，君主就会失去君位；臣下控制财利分配，君主就会失去恩德；臣下擅自发号施令，君主就会失去统治权力；臣下得以私行仁义，君主就会失去圣明；臣下得以扶植私人，君主就会失去党羽。这五种被蒙蔽的权力，应该是君主所要独自据有的，不是臣下所应该把持的。

商人商语：企业中也会出现这样的"五壅"现象，那些别有用心的人打着为"老板考虑"的旗号，把"老板"架空，然后谋取自己的利益。

原文：人主之道，静退以为宝。不自操事而知拙与巧，不自计虑而知福与咎。是以不言而善应，不约而善增。言已应，则执其契；事已增，则操其符。符契之所合，赏罚之所生也。故群臣陈其言，君以其言授其事，事以责其功。功当其事，事当其言，则赏；功不当其事，事不当其言，则诛。

明君之道，臣不得陈言而不当。是故明君之行赏也，暖乎如时雨，百姓利其泽；其行罚也，畏乎如雷霆，神圣不能解也。故明君无偷赏，无赦罚。赏偷，则功臣堕其业；赦罚，则奸臣易为非。是故诚有功，则虽疏贱必赏；诚有过，则虽近爱必诛。疏贱必赏，近爱必诛，则疏贱者不怠，而近爱者不骄也。

字面翻译：君主的原则，以安静、退守为法宝。不亲自操持事务却能知道臣下办事的笨拙和机巧，不亲自筹谋划策也能知道臣下的计策是得福还是得祸。因此君主不说话而臣下却能很好地承诺，不限定而臣下还能更好地做事。臣下已经承诺，君主就以此作为契约；做事超出预期，君主就拿契约来验证。拿契约来验核是否相符合，就此产生奖赏和惩罚的依据。所以群臣陈述他们的主张，君主根据他们的主张授予他们不同的职事，依照职事标准来责求他们的功绩。功绩符合职事，职事符合他们的主张，就奖赏；功绩不符合职事，职事不符合他们的主张，就惩罚。明君的原则，要求臣下不能说过的话不算数。所以明君施行的奖赏，温润得好像那时节的雨，百姓都能享受到奖赏的恩惠；明君施行的惩罚，威严得好像那天降的雷霆，神灵圣贤也不能脱解。所以明君不随便的赏赐，没有可以赦免的惩罚。赏赐随便了，功臣就会对事业产生懈怠；惩罚可以赦免了，奸臣就会轻易地做坏事。立下功绩，即使是关系疏远、地位卑贱的人也一定赏赐；犯下罪过，即使是感情亲近、内心喜爱的人也一定惩罚。关系疏远、地位卑贱的人一定赏赐，感情亲近、内心喜爱的人一定惩罚，那么关系疏远、地位卑贱的人就不会懈怠，而感情亲近、内心喜爱的人就不会骄横了。

商人商语：企业家依照规章制度，一视同仁地管理企业员工的行为，要求员工言行按岗位职责来，并对此行为进行公正的考核，明赏明罚。这种制度化管理，对员工公平，让老板省力。

二

《韩非子·人主》：看似"被尊崇"，其实最容易被身边两种人挟制

原文：人主之所以身危国亡者，大臣太贵，左右太威也。所谓贵者，无法而擅行，操国柄而便私者也。所谓威者，擅权势而轻重者也。此二者，不可不察也。夫马之所以能任重引车致远道者，以筋力也。万乘之主、千乘之君所以制天下而征诸侯者，以其威势也。威势者，人主之筋力也。今大臣得威，左右擅势，是人主失力；人主失力而能有国者，千无一人。虎豹之所以能胜人执百兽者，以其爪牙也，当使虎豹失其爪牙，则人必制之矣。今势重者，人主之爪牙也，君人而失其爪牙，虎豹之类也。宋君失其爪牙于子罕，简公失其爪牙于田常，而不蚤夺之，故身死国亡。今无术之主皆明知宋、简之过也，而不悟其失，不察其事类者也。

字面翻译：君主之所以会落到生命危险国家灭亡的下场，是因为大臣太过尊贵，近侍太过权威的原因。所谓尊贵，无视法律而独断专行，掌控国家政权却用来谋取私利。所谓权威，就是独揽权势而为所欲为。对这两种人，不能不加以明察。马之所以能够负重拉车走很远的路，凭借的是筋骨强力量大。强大国家的君王，之所以能够征服天下，中等国家的君主，之所以敢于征伐诸侯国，凭借的就是权威和势重。权威势重，就是君主的筋骨力量。如今大臣掌有权威，亲信独揽权势，这就使得君主失去了权力；君主失去了权力而能保有国家的，一千人中也没有一个。虎豹之所以能够吃人及猎食其他各种野兽，靠的是它的尖爪利牙，假设使得虎豹失去它的尖爪利牙，那么人就一定能制服它们。现在，权势的重要性，好比是君主的"尖爪利牙"，统治民众的君主如果失去了"尖爪利牙"的权势，如同失去了尖爪利牙的虎豹一样。宋桓公失去了他的"尖爪利牙"在子罕那里，齐简公失去了他的"尖爪利牙"在田常那里，又不早点夺取回来，所以落到身死国亡的下场。现在不懂得权术的君主都清楚知道宋桓公、齐简公的过错，却不能明白自己的过失，这是不能明察他们自己和宋桓公、齐简公的类似处境。

商人商语：企业的所有权、管理权，企业家的决策权、制裁权，如同虎豹的尖爪利牙一样，不仅不能外借，还要时时保护，时时磨砺。历数企业家失败案例，大多源于对企业经营管理的失控。

原文：且法术之士与当涂之臣，不相容也。何以明之？主有术士，则大臣不得制断，近习不敢卖重；大臣、左右权势息，则人主之道明矣。今则不然，其当涂之臣得势擅事以环其私，左右近习朋党比周以制疏远，则法术之士奚时得进用，人主奚时得论裁？故有术不必用，而势不两立，法术之士焉得无危？故君人者非能退大臣之议，而背左右之讼，独合乎道言也，则法术之士安能蒙死亡之危而进说乎？此世之所以不治也。明主者，推功而爵禄，称能而官事，所举者必有贤，所用者必有能，贤能之士进，则私门之请止矣。夫有功者受重禄，有能者处大官，则私剑之士安得无离于私勇而疾距敌，游宦之士焉得无挠于私门而务于清洁矣？此所以聚贤能之士，而散私门之属也。今近习者不必智，人主之于人也或有所知而听之，入因与近习论其言，听近习而不计其智，是与愚论智也。其当涂者不必贤，人主之于人或有所贤而礼之，入因与当途者论其行，听其言而不用贤，是与不肖论贤也。故智者决策于愚人，贤士程行于不肖，则贤智之士奚时得用，而人主之明塞矣。昔关龙逢说桀而伤其四肢，王子比干谏纣而剖其心，子胥忠直夫差而诛于属镂。此三子者，为人臣非不忠，而说非不当也，然不免于死亡之患者，主不察贤智之言，而蔽于愚不肖之患也。今人主非肯用法术之士，听愚不肖之臣，则贤智之士孰敢当三子之危而进其智能者乎？此世之所以乱也。

字面翻译：况且，主张以法制治国、强调君王权术的法术之士，与主张以贤人治国、强调权贵政治的当权大臣，他们之间是互不相容的。何以证明呢？君主任用了法术之士执政，大臣们就不能专制独断，君主的近侍亲信也不敢卖弄自己的重要性；大臣和近侍的权势消除后，君主的治国原则也就清楚显示出来了。现在却不是这样。那些当权大臣掌控权势擅自行事来谋求私人利益，左右的近侍亲信结成朋党互相勾结来压制关系疏远的人，那么法术之士何时能够得到选拔任用？君主何时才能有一言而论断、一语以裁决的权威呢？所以，君主有了权术不一定使用，权术又与大臣的权势互相对立，法术之士怎能没有危险？所以，做君主的如果不能摒除大臣的私人议论，摒弃左右近侍的私下诬告，独自做出符合治国原则的主张，那么法术之士哪里还能冒着死亡的危险来向君主进说呢？这就是社会得不到治理的症结所在。英明的君主，按照功劳来奖赏爵位俸禄，衡量才能来任命官职职事，所选拔的人必定品德好，所任用的人必定能力强，品德好能力强的人得以进用，那么私下请托来获取官职的方式就停止了。有功劳的人得到优厚的俸禄，有能力的人处在重要的职位上，那么效力于权贵私门的武力之士怎么能不抛掉私斗之勇而去奋力抵抗国家的敌人，依靠游说来谋取官职的人又怎么能不离开权贵私门而务求保持自身的清白呢？这就是聚集贤能的人才，而离散私门党徒的方法啊。现在的情形是，君主的近侍不一定有智慧，而君主发现某人某句的智慧而听取了他的意见，回头又同近侍谈论某人的意见，听信近侍的话而不再考虑某人智慧的意见，这是同愚蠢的人评论有智慧的人。当权的人不一定有贤德，而君主对于某人某处的贤德加以礼遇，回头又同当权的人谈论某人的品行，听信当权者的话而不任用贤德的人，这是同无德无才的人评判有德有才的人。所以智者的计谋由愚蠢的人来裁决，贤德的品行由无德无才的人来评判。这样一来，有贤德有智慧的法术之士何时才能得到任用？而君主的明智就被蒙蔽了。过去关龙逢谏言夏桀而四肢被肢解，王子比干劝谏商纣而被剖开心脏，伍子胥忠诚强谏吴王夫差而被赐属镂剑自杀。这三个人，做臣子的操守不是不忠诚，谏言的内容不是不恰当，然而不能免于死亡祸患的原因，在于君主不能明察贤德智者的进言劝谏，而听信愚蠢和无德无才之臣的评判。现在，君主不肯任用法术之士，而听信愚蠢和无德无才的臣子，那么有贤德有智慧的法术之士，谁还敢冒着关龙逢、比干、伍子胥三个人那样下场的危险，去进献自己的智慧和才能呢？这就是社会动乱的原因啊。

商人商语：以简单的二分法来看，企业运营管理的理念就是"法治"和"人治"两种。"人治"的好处在于"找对了人，一切都对了"，弊端在于"找人"是个碰大运的活儿，不仅风险大（找不对人，一切都不对了），而且耗时很长。"法治"相对更为保险，是龙得盘着、是虎得卧着，绝对不会出现

"身危国亡"的危险。究竟如何选择，就要看企业家的企业管理思路了。

信人反而被人制，君权从来最孤独

在法家看来，人性本恶，人与人之间都是利害的关系，仁人义士都是传说里的故事。所以，企业家的祸患，在于相信别人的仁善。越是相信别人，越是会授人以柄，越是会受到别人的控制。而且，要特别谨防两种最亲密的人，家里人和身边人。越是亲密的人，越是企业家和企业的最大威胁；越是亲密的人，越容易被居心叵测的阴谋者利用；越是亲密的人，越容易被尊崇后，成为大奸之人。

企业家难道要和古代君主一样，只能做孤家寡人吗？其实不然。企业家大可以以制度管理企业，把家事和公事分开，将公司各个部门的事情分派开，使员工各司其职、各承其事、各负其责。这样，在家依然会是好丈夫、好父亲、好儿子，在企业依然是最重要的话事人。

本节选取的是《韩非子·备内》，讲述的是要防备宫廷内院起火，防止朝廷外院跟着浇油的事，以及那些防不胜防的朝廷外院偷着点火，再跟着浇油的龌龊事。

《韩非子·备内》：内乱甚于外患，而内乱又来自于由内而外、由外而内的相互勾结

原文：人主之患在于信人。信人，则制于人。人臣之于其君，非有骨肉之亲也，缚于势而不得不事也。故为人臣者，窥觇其君心也无须臾之休，而人主怠傲处其上，此世所以有劫君弑主也。为人主而大信其子，则奸臣得乘于子以成其私，故李兑傅赵王而饿主父。为人主而大信其妻，则奸臣得乘于妻以成其私，故优施傅丽姬杀申生而立奚齐。夫以妻之近与子之亲而犹不可信，则其余无可信者矣。

字面翻译：君主的祸患在于相信人。相信人就会受到人的辖制。臣下对于君主，没有骨肉的亲情，只是迫于权势而不得不去服侍。所以做臣下的，窥测君主的心思没有一刻停止过，而君主却是懈怠轻慢没有防备之心地处在上位，这就是世上会出现劫持君上杀害君主事情的原因啊。作为君主假如非常相信他的儿子，奸臣就能利用他的儿子来谋取自己的私利，所以李兑辅助赵惠文王却围困饿死了主父赵武灵王。作为君主假如非常相信他的妻子，奸臣就能利用他的妻子来谋取自己的私利，所以优施帮助骊姬杀死晋国太子申生而改立奚齐。即使是以妻子的亲近和儿子的亲情，却依然不可相信，那么其余的人就没有可以信赖的了。

商人商语：企业家不敢相信别人，并不意味着不敢让别人为自己做事。人品好坏先不予过多揣测，最关键的是，事情的发展是否都在企业家的控制之中。

原文：且万乘之主，千乘之君，后妃、夫人，适子为太子者，或有欲其君之蚤死者。何以知其然？夫妻者，非有骨肉之恩也，爱则亲，不爱则疏。语曰："其母好者其子抱。"然则其为之反也，其母恶者其子释。丈夫年五十而好色未解也，妇人年三十而美色衰矣。以衰美之妇人事好色之丈夫，则身见疏贱，而子疑不为后，此后妃、夫人之所以冀其君之死者也。唯母为后而子为主，则令无不行，禁无不止，男女之乐不减于先君，而擅万乘不疑，此鸩毒扼昧之所以用也。故《桃左春秋》曰："人主之疾死者不能处半。"人主弗知，则乱多资。故曰：利君死者众，则人主危。故王良爱马，越王勾践爱人，为战与驰。医善吮人之伤，含人之血，非骨肉之亲也，利所加也。故舆人成舆，则欲人之富贵；匠人成棺，则欲人之夭死也。非舆人仁而匠人贼也，人不贵，则舆不售；人不死，则棺不买。情非憎人也，利在人之死也。故后妃、夫人，太子之党成而欲君之死也，君不死，则势不重。情非憎君也，利在君之死也。故人主不可以不加心于利己死者。故日月晕围于外，其贼在内，备其所憎，祸在所爱。是故明王不举不参之事，不食非常之食；远听而近视以审内外之失，省同异之言以知朋党之分，偶参伍之验以责陈言之实；执后以应前，按法以治众，众端以参观；士无幸赏，无逾行；杀必当，罪不赦；则奸邪无所容其私。

字面翻译：再说那些大大小小国家的君主，他们的正妻生下嫡子做了太子的，其中就有盼望自己的夫君早早死去的。怎么知道会是这样的呢？那作为妻子的，和君主之间没有骨肉般的恩情，相爱就亲近，不相爱了就疏远。俗话说："母亲娇美的，她的孩子就宠爱在君主的怀抱。"那么与此相反的情形是，母亲丑陋的，她的孩子就会被君主疏远。男人年纪五十岁但好色之心不减，妇女年纪三十岁就开始美色衰减了。用美色衰减的妇女来侍奉好色不减的男人，身体会被轻贱见面会被疏远，就会怀疑儿子不能成为继位者，这正是大大小小国君的正妻盼望她们夫君早死的原因所在。只有当母亲做了太后而儿子做了君主，那时号令无所不行，禁令无所不止，甚至男女之间的欢乐不减弱于先君在世之时，而且独掌国家权力也无人疑问，这正是鸩酒毒杀、绞缢扼杀、刎割斩杀被使用在君主身上的原因啊。所以《桃左春秋》上说："君主因病而死的，不到半数。"君主不懂得这个道理，则后宫悖乱就有了更多的条件。所以说，认为君主死亡对自己有利的人多了，那么君主就危险了。所以王良爱马，越王勾践爱民，是因为民众可用来作战、马匹可用来奔驰。医生善于吸吮病人的伤口，口含病人的污血，不是因为有如同骨肉的亲情，而是因为利益所在。所以造车的工匠造好车子，就希望别人能够富贵；做棺材的工匠做好棺材，就希望别人能够早点死去。并不是造车匠仁慈而棺材匠狠毒，而是别人不富贵，那么车子就卖不出去；没有人死亡，那么棺材就没人购买。本意并非是憎恨别人，而是利益就在别人的死亡上。所以大小国君的正妻和她所生的太子就结成了私党要致力于君主的死亡，君主一日不死，他们的权势就不稳定。本意并非是憎恨君主，而是利益就在君主的死亡上。所以君主不能不留心那些利益在自己死亡上的人。所以虽然日月的外面有白色光芒围绕，祸害却在它的内部，防备着自己所憎恨的人，祸害却来自于自己所亲爱的人。所以明君不做没有试验过的事情，不吃不寻常的食物；远距离听察、近距离观看来审查宫内廷外的得失，省察赞同和反对的言论来了解朋党的类分，对比言行、核查事实来责求臣下陈述主张的结果；拿事后的结果来对照事前的言行，按照法律来治理民众，根据各方面的情况来检验察看；士人，没有侥幸受到赏赐的，没有违法的行为；诛杀的一定合法，有罪的不予赦免。这样一来，奸邪之人就无处施展他们的阴谋了。

商人商语： 作为君主，对自己生命威胁最大的竟然是自己的亲人。作为企业家，如果后院起火，企业面临的危险也是存在的。

原文： 徭役多则民苦，民苦则权势起，权势起则复除重，复除重则贵人富。苦民以富贵人，起势以藉人臣，非天下长利也。故曰：徭役少则民安，民安则下无重权，下无重权则权势灭，权势灭则德在上矣。今夫水之胜火亦明矣，然而釜鬵间之，水煎沸竭尽其上，而火得炽盛焚其下，水失其所以胜者矣。今夫治之禁奸又明于此，然守法之臣为釜鬵之行，则法独明于胸中，而已失其所以禁奸者矣。上古之传言，《春秋》所记，犯法为逆以成大奸者，未尝不从尊贵之臣也。然而法令之所以备，刑罚之所以诛，常于卑贱，是以其民绝望，无所告愬。大臣比周，蔽上为一，阴相善而阳相恶，以示无私，相为耳目，以候主隙，人主掩蔽，无道得闻，有主名而无实，臣专法而行之，周天子是也。偏借其权势，则上下易位矣，此言人臣之不可借权势也。

字面翻译： 徭役多，那么民众就困苦；民众困苦，那么权贵的势力就会发展起来；权贵的势力发展起来，那么免除徭役赋税的人就增多了；免除徭役赋税的人增多了，权贵就会富有起来。害苦百姓而使权贵富有，为臣下扩张势力提供条件，这不符合国家的长远利益。所以说：徭役少，那么民众就会安定；民众安定，那么臣下就没有了重要的权力；臣下没有了重要的权力，那么权贵的势力就消亡了；权贵的势力消亡了，恩惠的泽被就全部归属于君主了。现在看来，水能灭火的道理也够明白了，然而用锅把水和火隔开，水在锅上面沸腾以致烧干，而火在锅下面烧得还是非常旺盛，这是因为水失去了灭火的条件。现在治理就是要禁止奸邪的道理，也是如此的明白，但是执法的大臣起到了锅子那样的阻隔作用，那么法律只在君主的心里明白，却已经失去了它得以禁止奸邪的作用了。在上古的传说中，在《春秋》的记载里，犯法作乱而篡权夺位的人，未尝没有出自于尊荣显贵的大臣。然而现在，法律法令要防备的，刑罚要惩办的，通常是地位低贱的人，因此这种制度下的民众感到绝望，没有地方可以去申诉冤屈。大臣相互勾结，串通一气蒙骗君主，暗地里交好但表面上敌对，来表示他们之间没有私情，互相通风报信，等着钻君主的空子，君主被掩盖蒙蔽，无从了解真相，有君主之名却没有君主之实，大臣垄断国家的法度而独断专行，周天子就是这样的。君主的权势外借旁落，君上臣下就换了位置，这就是说，君主不可以把自己的权势让给臣下。

商人商语：对于高管的授权，应该只授予业务经营权，而财务、人事、绩效考核、利益分配等职权是要依据企业制度而公开施行的，不能令出私门，不能在企业中出现"独立王国"。企业的所有资源，都是企业公有公用，而非某人私有私用。

权力不能滥使用，贤德也得守法信

很多企业家都自称有宽广的心胸，希望能有"贤人"在他铺就的舞台上施展才华，与他双赢合作。但几经波澜之后，企业家发现"贤人"也有私情杂念，实在难以信任。制度无情，总可以完全信任了吧？不然。任何一种制度，都不可能做到完全的严谨缜密，都是依据当时的情况而有条件制定的，也必定会随着时事的变化而出现纰漏。

人才有很多种，有的人不适合独立做事，那就应该少站队、少说话，多守制度、多做实事，协助企业家做好企业的运营管理，而不是指手画脚，互相吹捧，拉帮结伙，干扰企业的正常运营，削弱企业的经营实力。

本节选取的是《商君书·慎法》，说的是君主要慎重地依法治国，谨防那些背着君主私下交往、互相帮助、营私舞弊的事情。

《商君书·慎法》：企业家喜爱和憎恶员工的唯一标准，就是制度

原文：凡世莫不以其所以乱者治，故小治而小乱，大治而大乱，人主莫能世治其民，世无不乱之国。奚谓以其所以乱者治？夫举贤能，世之所治也，而治之所以乱。世之所谓贤者，言正也；所以为善正也，党也。听其言也，则以为能；问其党，以为然。故贵之不待其有功，诛之不待其有罪也。此其势正使污吏有资而成其奸险，小人有资而施其巧诈。初假吏民奸诈之本，而求端悫其末，禹不能以使十人之众，庸主安能以御一国之民？

字面翻译：现在世上的国家没有不用导致乱国方法治国的，所以小小的治就会导致国家小乱，大大的治就会导致国家大乱，君主没有能够世世代代统治民众的，世上没有不乱的国家。什么叫作用乱国的方法治国呢？比如说任用贤能，是现在世上普遍采用的治国方法，也正是治国之所以混乱的方法。世上所说的贤能，是指其学说可以为政的人；之所以有善于为政的名声，出自于他们朋党的吹捧。国君听他的学说，认为他是贤能；问他的朋党，也都认为的确是这样的。因此授官予爵不等待他立下功劳，刑罚惩治不等待他犯下罪过。这种"举贤能"的情况，正是使贪官污吏有所凭借而成就他们的奸险，使小人有所凭借而施展他们的巧诈。一开始就种下了官吏民众进行欺诈的树根，而希望他们长出端正和诚实的枝叶，即使是大禹也不能支配这类人的十人之多，平庸的国君又怎么能统治一国的民众？

商人商语："言正"有客观的标准吗？应该是没有的。有的也只是道听途说。也许贤人的丰功伟绩，算是其客观能力的证明，但"淮南为橘淮北为枳"的故事每天都在上演。一旦种下了"举贤能"的树根，"结党营私"的隐患就会从此埋下。

原文：彼而党与人者，不待我而有成事者也。上举一与民，民倍主位而向私交。民倍主位而向私交，则君弱而臣强。君人者不察也，非侵于诸侯，必劫于百姓。彼言说之势，愚智同学之，士学于言说之人，则民释实事而诵虚词。民释实事而诵虚词，则力少而非多。君人者不察也，以战必损其将，以守必卖其城。

字面翻译： 那些结成朋党的人们，不是依靠自己的能力而做成事情的。君上从民众中提拔一个人，民众就背着君主的权位而迎合私下交往。民众背着君主的权位而迎合私下交往，就会君权削弱而臣下权力增强。国君认识不清这一点，不是被他国诸侯侵犯，就会被百姓威逼。那些学说受欢迎的势头，无论是愚昧还是智慧的人一齐学习，士子们也就学于学说者的门下，因而人们都放弃实际的农事，去诵读空虚的言论。人们都放弃实际的农事，去诵读空虚的言论，国家实力就会减弱而不对的事情增多。君主不能认清这一点，用这样的"乱者治"去战争，必定损兵折将；用这样的"乱者治"去守卫，必定出卖城邑。

商人商语： 在法家观点看来，贤人政治在人心不古的时代，本质上就是走了错路的。你用人不疑，也许人家就会乱花你的钱，卷走你的资源，虐待你的员工。

原文： 故有明主忠臣产于今世而散领其国者，不可以须臾忘于法。破胜党任，节去言谈，任法而治矣。使吏非法无以守，则虽巧不得为奸；使民非战无以效其能，则虽险不得为诈。夫以法相治，以数相举者，不能相益；訾言者，不能相损。民见相誉无益，相管附恶；见訾言无损，习相憎不相害也。夫爱人者不阿，憎人者不害，爱恶各以其正，治之至也。臣故曰：法任而国治矣。

字面翻译： 因此，即使是现在有明主忠臣来领导他们的国家，也不能片刻忘掉法治。打破朋党战胜奸巧，限制学说除去空谈，依照法治来进行统治。使官吏除了法治之外没有需要遵守的东西，那么即使奸巧也不能坏事；使民众除了战争没有施展他们能力的地方，那么即使再阴险也无法欺诈。用法度来统治，以性命来相互举荐的，不能互相得益；相互诋毁的，不能互相损害。百姓见相互称誉没有什么好处，就相互监督捎带着做恶人；见诋毁没有什么损害，就习惯于相互憎恶但不会互相损害了。真正喜爱某人，就不会对其阿谀奉承，真正憎恶某人，就不会去对其坑损残害，喜爱和憎恶都合乎法则，是治理的至高境界。所以我说：运用法治，国家就会得到治理。

商人商语：法家喜欢民众互相防范，彼此将对方当成"恶人"对待。这个恶，不是互相损害的"恶"，而是互相监督的"恶"。

原文：千乘能以守者，自存也；万乘能以战者，自完也；虽桀为主，不肯诎半辞以下其敌。外不能战，内不能守，虽尧为主，不能以不臣谐所谓不若之国。自此观之，国之所以重，主之所以尊者，力也。于此二者力本，而世主莫能致力者，何也？使民之所苦者无耕，危者无战。二者，孝子难以为其亲，忠臣难以为其君。今欲驱其众民，与之孝子忠臣之所难，臣以为非劫以刑而驱以赏莫可。而今夫世俗治者，莫不释法度而任辩慧，后功力而进仁义，民故不务耕战。彼民不归其力于耕，即食屈于内；不归其节于战，则兵弱于外。入而食屈于内，出而兵弱于外，虽有地万里、带甲百万，与独立平原一贯也。

字面翻译：能够用一千辆兵车守御的国家，自己可以保全国土；能够用一万辆兵车征战的国家，自己就会达成目的；即使是桀做君主，也不肯向敌人说半句软话。对外不能征战，对内不能守御，即使尧为君主，也不能不向不如自己的国家讲和称臣。由此可见，国家受到重视，国君受到尊重，是由于国家的实力强大。实力是提高国家和君主地位的根本，但是世上的君主没有能求取到实力的，为什么呢？役使百姓最劳苦的事莫过于农耕，最危险的事莫过于战争。这两件事，孝子为了他的父亲、忠臣为了他的国君，都难以做到。现在想要驱使他的民众，去做那些孝子忠臣都难以做到的事，我认为除非以刑罚来迫使他们、以奖赏来驱使他们不可。但是现在治理国家的人，没有不放弃法治而任用巧言与智慧的人，把功业力量置于后面，把道德仁义摆在前面。民众因此不致力于农耕和作战。民众不把力量集中在农耕上，国内的粮食就缺乏了，不把气节归聚在战争中，对外兵力就弱了。国内缺乏粮食，对外兵力薄弱，即使有国土万里，带甲将士百万人，也同独自一人站在平原上一样。

商人商语：商海征战，既靠老板作为企业掌舵人的聪明睿智，也靠企业全体员工一起努力的整体实力。企业经营，首先要依靠企业的运营管理。运营管理依靠奖惩手段，才能使员工的工作更有效率，才能使各个员工的单体力量聚集成为企业运营的整体力量。

原文：且先王能令其民蹈白刃，被矢石。其民之欲为之？非。如学之，所以避害。故吾教令：民之欲利者，非耕不得；避害者，非战不免。境内之民莫不先务耕战，而后得其所乐。故地少粟多，民少兵强。能行二者于境内，则霸王之道毕矣。

字面翻译：古代帝王能让他的民众脚踩刀刃，蒙受箭矢滚石。他的民众愿意这样做吗？不愿意。而是只有效法这样做，才可以避免刑罚。所以我们的教化法令是：民众想要获得利益，不做农耕就得不到；想避免刑罚，不去作战就不能免除。国内的民众没有不先致力于农耕作战，然后才能得到他们喜欢的利益的。所以即使田地少也能产粮多，民众少但是兵力强。能在国内做到这两点，那么称王称霸的强国措施就齐备了。

商人商语：企业的实力，不体现在员工数量的多少，也不体现在市场份额的大小，而是体现在企业运营管理的效率，体现在企业满足目标消费群体要求的能力。

不依强悍依权势，不信忠贞信权术

君主要利用权势制定法令，让民众知道国家鼓励什么、禁止什么。君主的权力有赏罚手段的辅助，具有压迫性，使得官吏民众不得不在法制划定的范围里行事。以法治下，不需要多设官吏，政事处理也会很有效率，繁杂的事务也能处理得井井有条。

在现代商业环境下，企业家的权力不只体现在执行层面，还体现在推动运营体系的自主执行、修正上。企业家的权力，一如君主的权力，也需要在阳光下施行，需要依法赏罚来保证执行的顺利。

本节选取的是《商君书·禁使》和《韩非子·难势》两篇。《禁使》主要讲述如何使用权势制定法律来禁止什么；《难势》从儒法两家的角度讨论了君主集权的利弊，主张集权和法制的兼用。

一

《商君书·禁使》：君主的权势就是用来定规矩的，规矩定得好，人自然也就好了

原文：人主之所以禁使者，赏罚也。赏随功，罚随罪。故论功察罪，不可不审也。夫赏高罚下，而上无必知其道也，与无道同也。

字面翻译：君主用来役使和限制臣下的，是赏赐和刑罚。依据功劳赏赐，根据罪行判刑。所以论定功劳、调查罪行不能不审慎。赏功罚罪，君主若不知道治国的原则，就同没有法度一样。

商人商语：赏罚如果不是依据企业运营管理的需要而行使，不是依照常规常设的规章制度来执行，和没有运营管理的效果是一样的。

原文：凡知道者，势、数也。故先王不恃其强，而恃其势；不恃其信，而恃其数。今夫飞蓬遇飘风而行千里，乘风之势也；探渊者知千仞之深，县绳之数也。故托其势者，虽远必至；守其数者，虽深必得。今夫幽夜，山陵之大，而离娄不见；清朝日撽，则上别飞鸟，下察秋毫。故目之见也，托日之势也。得势之至，不参官而洁，陈数而物当。今恃多官众吏，官立丞、监。夫置丞立监者，且以禁人之为利也；而丞、监亦欲为利，则何以相禁？故恃丞、监而治者，仅存之治也。通数者不然也。别其势，难其道，故曰：其势难匿者，虽跖不为非焉。故先王贵势。

字面翻译：凡是懂得治国原则的，都懂得权力的力量和用权的方法。

所以古代帝王不仗恃臣子的强悍，而仗恃他帝王的权势；不仗恃臣子的忠诚，而仗恃他帝王的权术。如今飞蓬遇旋风能飘行千里，是凭借了风的力量；测量深潭的人能够知道千仞的深度，是运用了悬绳测量的方法。所以凭借外部的力量，即使道路遥远也一定能到达；掌握了测算的方法，虽然水深也一定能量测出来。就像在黑夜中，即使是高大的山岭，离娄也看不见；清晨阳光明亮，他能够辨别天上的飞鸟，地上秋天的毫毛。所以眼睛能看清，靠的是太阳的光明。善于掌握权势的君主，不用互相牵制官吏就会廉洁，运用权术处理政事就会得当。现在治国的人，依靠官多吏众，官职中还设立有辅佐和监察。设立辅佐和监察人员，是为了禁止官吏们谋取私利；假如辅佐和监察人员也想谋取私利，又怎能互相禁止呢？因此依靠辅佐和监察人员来整顿官吏的，只是摆放的"吏治"而已。通晓权术的国君不会这样。削弱官吏的权势，使他们难于谋取私利，所以说：他的权势难以隐秘做事的时候，即使是盗跖也不敢做坏事。所以古代帝王重视权势。

商人商语：人管人，累死人，说的就是人治的弊端。而在法治之下，员工行为都受到规章制度的限制，即使不增设辅助监视的职位，员工也能高效率地工作。

原文：或曰："人主执虚、后以应，则物应稽验；稽验，则奸得。"君以为不然。夫吏专制决事于千里之外，十二月而计书以定，事以一岁别计，而主以一听，见所疑焉，不可蔽，员不足。夫物至，则目不得不见；言薄，则耳不得不闻。故物至则变，言至则论。故治国之制，民不得避罪，如目不能以所见遍心。今乱国不然，恃多官众吏。吏虽众，同体一也。夫同体一者相不可。且夫利异而害不同者，先王所以为保也。故至治，夫妻、交友不能相为弃恶盖非，而不害于亲，民人不能相为隐。上与吏也，事合而利异者也。今夫骈、虞以相监，不可，事合而利异者也。若使马、虞能言，则骈、虞无所逃其恶矣，利异也。利合而恶同者，父不能以问子，君不能以问臣。吏之与吏，利合而恶同也。夫事合而利异者，先王之所以为端也。民之蔽主，而不害于盖。贤者不能益，不肖者不能损。故遗贤去知，治之数也。

字面翻译：有人说："君主秉持'虚''后'两个原则来应对，那么政事的处理就会得到查验；查验，就能发现奸邪。"我认为不是这样。官吏自主决断政务在远离国君的千里之外，每年十二月将其决断政事的记录文件上交朝廷审定，政事以一年为单位来筹划，而君主听取一次，即使有所怀疑，也不能断定，因为物证不足。但是事务出现在眼前，眼睛不可能看不见；言语来到耳边，耳朵不可能听不见。所以事务在眼前就能分辨，言论听见了就能论定。所以治理国家的制度，民众不能隐藏他们的罪恶，就像眼睛不能把看见的躲避过心灵一般。现在混乱国家的制度不是这样，依仗的是官吏众多。官吏虽众，都是共同利益立场一致的。共同利益立场一致的不可能互相监督。所以只有利害的不同，才是古代帝王用来建立互相保证制度的依据。最好的法制治理，夫妻、朋友不能互相包庇罪恶掩盖是非，而且不伤害亲情，民众没有办法互相隐瞒。君上与官吏，政事共同而利益却不同。让养鸟兽和养鸟兽的仆从互相监督，就不行，因为他们事务共同而利益一致。假如马、鸟会说话，养鸟兽仆从的罪恶就不能隐藏了，因为彼此的利益是不同的。利益共同，罪恶相同的，父亲不能追究儿子，君上不能追究臣下。官吏与官吏就是利益共同而罪恶也相同。只有事务共同而利益不同的人，才是古代帝王建立互相保证的依据。民众虽然都想着蒙蔽君主，但是这对于彼此的互相监视并无妨碍。这个制度，贤德的人不能增加，无德无才的人不能减少。所以，不要贤人，不要智者，这才是治理的权术。

商人商语：法家的权术概念，其实类似于我们现代管理的考核概念。管理，就是管人理事，每个人的头衔、权利、责任、职责都非常清楚地确定下来，并可循名查实进行查验考核，同时还十分看重与掌权者利益不同的人和权利管理之人的意见。

二

《韩非子·难势》：权势在手，天下才能是我有。与其用贤概率低、风险大，不如用法

原文：慎子曰：飞龙乘云，腾蛇游雾，云罢雾霁，而龙蛇与蚓蚁同矣，则失其所乘也。贤人而诎于不肖者，则权轻位卑也；不肖而能服于贤者，则权重位尊也。尧为匹夫，不能治三人；而桀为天子，能乱天下：吾以此知势位之足恃而贤智之不足慕也。夫弩弱而矢高者，激于风也；身不肖而令行者，得助于众也。尧教于隶属而民不听，至于南面而王天下，令则行，禁则止。由此观之，贤智未足以服众，而势位足以屈贤者也。

字面翻译：慎到说：飞龙乘云飞行，腾蛇乘雾游动，然而一旦云消雾散，那么龙蛇就跟蚯蚓、蚂蚁一样了，因为它们失去了乘势飞行游动的凭借。贤人之所以屈服于不肖的人，是因为权力小、地位低；不肖的人之所以能被贤人制服，是因为贤人的权力大、地位高。尧要是一个普通人，他连三个人也治理不了；而桀作为天子，却能祸乱天下：我由此得知，权势地位是足可依靠的，而贤能智慧是不值得羡慕的。弓弩即使力弱而箭矢飞得很高，这是因为借助于风的推动；自身不肖而命令却能推行，那是得到了众人的帮助。尧若是处在奴隶一类的地位施行教化，民众不会听他的；等他南面称王统治天下的时候，就能有令则行，有禁则止。由此看来，贤智不足以制服民众，而势位足以使贤人屈服。

商人商语：老板带领一群人在市场中行组织之事，如果不能施用权力的威势，就不会有领导力，也就不可能将自己的思路贯彻到企业的经营实践中。施用权势，可以使贤人屈服；若不能施用权势，又没有识人之明，则会被伪贤人所制。

原文：应慎子曰：飞龙乘云，腾蛇游雾，吾不以龙蛇为不托于云雾之势也。虽然，夫释贤而专任势，足以为治乎？则吾未得见也。夫有云雾之势而能乘游者，龙蛇之材美也；今云盛而蚓弗能乘也，雾醲而蚁不能游也，夫有盛云醲雾之势而不能乘游者，蚓蚁之材薄也。今桀、纣南面而王天下，

以天子之威为之云雾，而天下不免乎大乱者，桀、纣之材薄也。

字面翻译：（儒家）反驳慎到说：飞龙乘云，腾蛇游雾，我不否认龙蛇的承游是不依托于云雾这种势的。虽说这样，但舍弃贤才而专靠权势，难道就可以治理好国家吗？那我可是从来没有见过。有了云雾的依托，就能腾云驾雾飞行，是因为龙蛇的资质高啊；现在浓云密布，蚯蚓也不能承云飞行，大雾弥漫，蚂蚁也不能驾雾游动。之所以有了厚云浓雾的依托，也不能乘云游雾，是因为蚯蚓、蚂蚁资质低劣。说起夏桀、商纣南面称王统治天下的情况，他们把天子的威势作为凭借的云雾，而天下仍然不免于大乱的缘故，正说明夏桀、商纣的资质低劣啊。

商人商语：老板与企业家施用权势的区别，在于是否善用权势来确定企业的商业模式、是否善用权势制定规章制度运营管理企业，使企业经营日渐强盛。不善用权势，企业反而会被自己搞得越来越乱、越来越散。权势的善用，是个需要智慧的技术活儿。

原文：且其人以尧之势以治天下也，其势何以异桀之势也，乱天下者也。夫势者，非能必使贤者用之，而不肖者不用之也。贤者用之则天下治，不肖者用之则天下乱。人之情性，贤者寡而不肖者众，而以威势之利济乱世之不肖人，则是以势乱天下者多矣，以势治天下者寡矣。夫势者，便治而利乱者也。故《周书》曰："毋为虎傅翼，将飞入邑，择人而食之。"夫乘不肖人于势，是为虎傅翼也。桀、纣为高台深池以尽民力，为炮烙以伤民性，桀、纣得成肆行者，南面之威为之翼也。使桀、纣为匹夫，未始行一而身在刑戮矣。势者，养虎狼之心而成暴乱之事者也，此天下之大患也。势之于治乱，本末有位也，而语专言势之足以治天下者，则其智之所至者浅矣。

字面翻译：况且这个人（慎到）所说的尧用来治理天下的权势，和桀用来祸乱天下的权势有什么不同呢？这个权势，既不能保证一定让贤人用它，也不能保证一定不让不贤的人用它。贤人用权势，天下就太平，不贤的人用权势，天下就混乱。从人的天性来看，贤的少而不贤的多，如果用威严权势的效用帮助了那些扰乱社会的不贤之人，那么用权势祸乱天下的人太多了，用权势来治理天下的人太少了。权势这东西，既便于治理天下，也利于扰乱天下。所以《周书》上说："不要给老虎添上翅膀，否则它将飞进城邑，任意吃人。"要是让不贤的人凭借权势，这好比给老虎添上了翅膀。夏桀、商纣造高台、挖深池来耗尽民力，用炮烙的酷刑来伤害民众的生命。桀、纣之所以能够肆意妄行，是南面做天子的威势成了他们的翅膀。假使桀、纣只是普通的人，还没有开始干一件坏事，早就被处死了。可见权势，是滋长虎狼之心、造成暴乱事件的因素，是天下的大祸害。权势对于治理或者混乱，本来没有什么必然的因果关系，可是慎到专讲权势足够用来治理天下，他的智力所能达到的程度是够浅薄的了。

商人商语：老板在企业里没做好事情，或者带领企业在市场中没做好事情，若老板的权势越大，对企业和市场的伤害也就越大。所以，要限制老板的权势，不要让他肆意妄为，要给他的权力设置天花板。

原文：夫良马固车，使臧获御之则为人笑，王良御之而日取千里。车马非异也，或至乎千里，或为人笑，则巧拙相去远矣。今以国位为车，以势为马，以号令为辔，以刑罚为鞭策，使尧、舜御之则天下治，桀、纣御之则天下乱，则贤不肖相去远矣。夫欲追速致远，不知任王良；欲进利除害，不知任贤能：此则不知类之患也。夫尧舜亦治民之王良也。

字面翻译：良马坚车让奴仆驾御就被人讥笑，让王良驾御却能日行千里。车马没有两样，有的达到日行千里，有的却被人讥笑，这是因为驾车技术的灵巧和笨拙相差太远了。假如把国君之位当作车，把权势当作马，把号令当作缰绳，把刑罚当作马鞭，让尧、舜来驾御，天下就大治，让桀、纣来驾御，天下就混乱，可见贤和不贤相差太远了。要想跑得快走得远，不知道任用王良，要想兴利除害，不知道任用贤能，这是不懂得分类思考的毛病。尧、舜也就是治理民众方面的王良。

商人商语：老板要努力学习成为企业家，或者让贤给"王良"这样的经理人。把君王的权势"关在笼子里"，儒家这一理念是很大胆超前的，也暗示了儒生走上职业政治家的未来之路。历史也证明了这一点，在儒家学说最盛的宋代，出现了政坛文臣最盛的现象。

原文：复应之曰：其人以势为足恃以治官；客曰"必待贤乃治"，则不然矣。夫势者，名一而变无数者也。势必于自然，则无为言于势矣。吾所为言势者，言人之所设也。夫尧、舜生而在上位，虽有十桀、纣不能乱者，则势治也；桀、纣亦生而在上位，虽有十尧、舜而亦不能治者，则势乱也。故曰："势治者则不可乱，而势乱者则不可治也。"此自然之势也，非人之所得设也。若吾所言，谓人之所得势也而已矣，贤何事焉？何以明其然也？客曰："人有鬻矛与盾者，誉其盾之坚，'物莫能陷也'，俄而又誉其矛曰：'吾矛之利，物无不陷也。'人应之曰：'以子之矛，陷子之盾，何如？'其人弗能应也。"以为不可陷之盾，与无不陷之矛，为名不可两立也。夫贤之为道不可禁，而势之为道也无不禁，以不可禁之贤与无不禁之势，此矛盾之说也。夫贤势之不相容亦明矣。

字面翻译：（法家）又有人驳斥说：慎到认为权势要足以用来处理其职责范围内的事，而那个人（儒家）却说"一定要等到贤人，才能治理好"，这是不对的。所谓权势，名称只有一个，却有无数个不同的变化。如果说权势一定是出于自然之势，那就用不着讨论它了。我所要谈的权势，是谈论人为设立的。如果尧、舜生来就处在君主的位置上，即使有十个桀、纣也不能祸乱天下，这是"势治"的自然之势；如果桀、纣同样生来就处在君主的位置上，即使有十个尧、舜也不能治好天下，这是"势乱"的自然之势。所以说："势治，就不可能扰乱；而势乱，就不可能治理好。"这都是自然之势，不是人所能设立的。像我说的，是说人能设立的权势罢了，何必用什么贤人呢？怎样证明我的话是对的呢？某人讲了一个故事，说："有个卖矛和盾的人，夸耀他的盾很坚固，就说'没有东西能刺穿它'，一会儿又夸耀他的矛说：'我的矛很锐利，没有什么东西刺不穿的。'有人驳斥他说：'用你的矛，刺你的盾，会怎么样呢？'卖货的没法回答。"因为不能刺穿的盾和没有东西刺不穿的矛，在定义上是不可能同时存在的。按照贤人治理的原则，贤人是不受约束的，按照权势治理的原则，是没有什么不能约束的，因此不受约束的贤治和没有什么不能约束的权治，就构成了矛和盾。贤治和势治的不能相容也就很清楚了。

商人商语：能否遇到贤明君主，在韩非子那个时代是听天由命的。我们中国的老话说"富不过三代"，因为财富和地位能历经百年而不失却的概率实在太低。股权分散到没有人有最终决定权的企业，才不得不实行集体推举贤人的董事会机制，才有可能避免"成败基于一人"的难题。法家虽然是主张"尚法非贤"的，但也只是非贤人，还没到非贤君的层次。

原文：且夫尧、舜、桀、纣千世而一出，是比肩随踵而生也。世之治者不绝于中，吾所以为言势者，中也。中者，上不及尧、舜，而下亦不为桀、纣。抱法处势则治，背法去势则乱。今废势背法而待尧、舜，尧、舜至乃治，是千世乱而一治也。抱法处势而待桀、纣，桀、纣至乃乱，是千世治而一乱也。且夫治千而乱一，与治一而乱千也，是犹乘骥、駬而分驰也，相去亦远矣。夫弃隐栝之法，去度量之数，使奚仲为车，不能成一轮。无庆赏之劝，刑罚之威，释势委法，尧、舜户说而人辩之，不能治三家。夫势之足用亦明矣，而曰"必待贤"，则亦不然矣。

字面翻译：再说尧、舜、桀、纣这样的人，一千世才能出现一次，这已经算是肩膀挨着肩膀、脚跟随着脚跟的密集降生了。世上的君主不断产生于中等人才之中，我之所以要讨论权势，是为了这些中等人才。中等才能的君主，与上比较，比不过尧、舜，与下比较，也不至于成为桀、纣。坚守法度、据有权势就可以使国家太平，背离法度、丢掉权势就会使国家混乱。假如废弃权势、背离法度而去等待尧、舜类的明君，尧、舜类明君出现才使国家太平，这就会是一千世混乱后，才有一世的太平。反之，坚守法度、据有权势而遇到桀、纣类的昏君，桀、纣类昏君的出现才使国家混乱，这就会是一千世的太平，然后才有一世混乱。况且说，太平一千世后有一世混乱，和混乱一千世后有一世太平相比，就像骑着千里马背道而驰，二者相差得也实在太远了。如果放弃矫正木材的工具，不用度量尺寸的方法，让善于造车的奚仲来造车，也不能造出一个轮子。没有表扬奖赏的鼓励，没有刑罚的威严，抛开了权势放弃了法治，让尧、舜挨门别户地劝说，一个人一个人地辩论，连三户人家也管理不好。权势的重要作用已经很明显了，而你却说"一定要等待贤人来治理国家"，那也就不对了。

商人商语：依据韩非子的理性分析，与儒家相比较而言，法家在治国政绩上显然更胜一筹。而且，在管理更多人、更多组织时，法制的优点会更加明显，这才是大多数老板都能学习和运用的管理学说。

原文：且夫百日不食以待粱肉，饿者不活；今待尧、舜之贤乃治当世之民，是犹待粱肉而救饿之说也。夫曰："良马固车，臧获御之则为人笑，王良御之则日取乎千里。"吾不以为然。夫待越人之善海游者以救中国之溺人，越人善游矣，而溺者不济矣。夫待古之王良以驭今之马，亦犹越人救溺之说也，不可亦明矣。夫良马固车，五十里而一置，使中手御之，追速致远，可以及也，而千里可日致也，何必待古之王良乎？且御，非使王良也，则必使臧获败之；治，非使尧、舜也，则必使桀、纣乱之。此味非饴蜜也，必苦菜、亭历也。此则积辩累辞，离理失术，两未之议也，奚可以难夫道理之言乎哉？客议未及此论也。

字面翻译：况且一百天不吃饭去等待好饭菜，挨饿的人就活不成；现在等待尧、舜类的贤人来治理当代民众，这好比是等一百天后的好饭菜来解救饥饿的说法。你说："良马坚车，让奴仆驾御就会被人讥笑，而让王良驾御却能日行千里。"我不认为是对的。如果要等待越国善于游泳的人来救中原地区落水的人，越人即使善于游泳，但落水的人也不能得救啊。等待古代王良来驾御当今的车马，也好比是等待越人来救中原落水者的说法，行不通是显而易见的。那良马坚车，每隔五十里设一个驿站，让中等车夫来驾御，想要跑得快走得远，是可以办到的，上千里的路程一天就能到达，何必要等待古代的王良呢？况且驾车的事情，如果不用王良，就一定要用奴仆们来败坏；治理国家，如果不用尧、舜，就一定要让桀、纣把国家搞乱。这就好比味道，不是饴蜜的甜蜜，就一定是苦菜、亭历的苦涩。这真的是堆积辩说堆砌言辞，违背常理丧失规范，非此即彼的极端化言论，怎么可以用来责难合乎道理的言论呢？你的议论不如势治的理论啊。

商人商语：所以，刨除最好的和最坏的情形，对普通资质的企业老板来说，老板掌控权力来管理企业的优点是明显的。合理而有执行力的企业制度可以帮助老板更好地发挥他的影响力。

国家治理三要素：法度、信用、权力

商鞅认为，"法、信、权"是治理国家的三大法宝。其中，"法度"是指强国的方法模式和君臣百姓共同遵守的法律制度；"信用"是君臣百姓共同遵守的行为规矩和价值观；"权力"是指治理国家、制定制度、施行赏罚的掌控权，必须由君主一人独自掌握。

比照而言，经营企业也有三大要素：一个表现为成熟的商业模式；一个表现为员工尽忠职守的制度文化；一个表现为企业家的领导力。企业商业模式的运营，必须依靠规章制度来运营；企业的规章制度，是全体员工包括企业家在内的共同约定；企业家的领导力，表现在商业模式、规章制度、重要人事等战略层面事宜的决定权。"法"如企业运营，"信"如企业文化，如左右手一样需要企业家来权衡使用。

本节选取了《商君书·修权》和《韩非子·功名》，来解读君臣共治的一些原则。《修权》中，商鞅强调君权并非私用，而是要"为天下治天下"；《功名》中，韩非子阐述了君主应如何善用权力，以得到臣下的支持和配合来功成名就。

一

《商君书·修权》：所有权和经营权、决策权和执行权、制定权和遵守权，还是要分清楚的

原文：国之所以治者三：一曰法，二曰信，三曰权。法者，君臣之所共操也；信者，君臣之所共立也；权者，君之所独制也，人主失守则危。君臣释法任私必乱。故立法明分，而不以私害法，则治。权制独断于君则威。民信其赏，则事功成；信其刑，则奸无端。惟明主爱权重信，而不以私害法。故上多惠言而不克其赏，则下不用；数加严令而不致其刑，则民傲死。凡赏者，文也；刑者，武也。文武者，法之约也。故明主任法。明主不蔽之谓明，不欺之谓察。故赏厚而信，刑重而必；不失疏远，不违亲近，故臣不蔽主，而下不欺上。

字面翻译：国家得到治理有三个要素：一是法度，二是信用，三是权力。法度，是君臣所共同遵守的；信用，是君臣所共同树立的；权力，是君主所独自掌握的，君主失去权力就会危险。君臣抛弃法度放任私行必然混乱。所以确立法度明确各自名分，并且不因为私行而损害法度，国家就会得到治理。君主独掌权力独自决断就有威严。民众相信君主的奖赏，功业就会成就；相信君主的刑罚，奸邪就无由产生。要点是明主爱惜权力看重信用，不以私行损害法度。假如朝廷颁布了很多恩惠的政策而不去兑现，那么百姓就不再效力；数次颁布严厉的法令却不执行刑罚，民众就会轻慢死刑。一般说来，奖赏是"文"，刑罚是"武"。这一文一武的赏罚，是法度的纲要。因此明主任用法度。明主不被蒙蔽叫"明"，不被欺骗叫"察"。所以赏赐厚而遵守信用，刑罚重而遵循法度，（赏厚）不错失关系疏远的人，（刑重）不回避关系亲近的人，因此臣子不敢蒙蔽君主，而百姓不敢欺骗朝廷。

商人商语：法，其一是法度，确定企业的商业模式，以此形成组织框架；其二是法治，确定以规章制度来运营管理企业，使员工能够各负其责，行为符合制度标准；其三是法制，以奖罚手段来保证制度的执行。信，也有三层含义：信念的统一、信约的建成、信用的实践。

原文：世之为治者，多释法而任私议，此国之所以乱也。先王县权衡，立尺寸，而至今法之，其分明也。夫释权衡而断轻重，废尺寸而意长短，虽察，商贾不用，为其不必也。故法者，国之权衡也。夫倍法度而任私议，皆不知类者也。不以法论知、能、贤、不肖者，惟尧；而世不尽为尧。是故先王知自议誉私之不可任也，故立法明分，中程者赏之，毁公者诛之。赏诛之法，不失其议，故民不争。不以爵禄便近亲，则劳臣不怨；不以刑罚隐疏远，则下亲上。故授官予爵不以其劳，则忠臣不进；行赏赋禄不称其功，则战士不用。凡人臣之事君也，多以主所好事君。君好法，则臣以法事君；君好言，则臣以言事君。君好法，则端直之士在前；君好言，则毁誉之臣在侧。

字面翻译：世上的统治者，大多放弃法度而听任私人意见，这是国家混乱的缘由。先王制定了衡量重量的秤砣和秤杆，确立了丈量长短的尺寸，到现在还在沿用，是因为那些标准分别得清楚啊。如果放弃秤砣秤杆来判断轻重，不用尺寸来估计长短，即使再有观察力，商人也不会用它，因为它不是大家必然认可的。所以法度，是治国的秤砣和秤杆。那些违背法度而听任私人意见，都是不知以权衡来类推治国事理的人。不用法度就能断定人的智慧、才能、贤明、无才无德的，只有尧了，但是世上不是人人都是尧。所以先王知道自家的意见和私下的称誉都不可信任，所以设立法度明确名分，符合法律的就奖励，危害公家利益的就惩罚。赏罚的法律，不失标准，民众就不会有争议。不把爵禄随便给予近臣亲人，劳苦的臣子就不会有怨言；不用刑罚来表示亲疏远近，百姓就会亲近朝廷。所以，授官予爵不是按照他们的功劳，忠臣就不会尽力办事；行赏赋禄不是考核他们的功绩，战士就不会出力打仗。一般说来，臣下侍奉君主，多数是投君主所好。君主喜好法度，臣下就以法度来侍奉君主；君主喜好空谈，臣下就以空谈来侍奉君主。君主喜好法度，身前就会聚集品端行正之士；君主喜好空谈，身旁就都是一些爱说长道短的臣子。

商人商语：企业家要明白，不是说你是什么人，身边就会聚集什么样的人才。企业家作为企业的"一家之长"，身边若要聚集企业需要的人才，就要以经营企业的标准来选拔、考核人才。

原文：公私之分明，则小人不疾贤，而不肖者不妒功。故尧、舜之位天下也，非私天下之利也，为天下位天下也；论贤举能而传焉，非疏父子亲越人也，明于治乱之道也。故三王以义亲，五霸以法正诸侯，皆非私天下之利也，为天下治天下。是故擅其名而有其功，天下乐其政，而莫之能伤也。今乱世之君、臣，区区然皆擅一国之利而管一官之重，以便其私，此国之所以危也。故公私之交，存亡之本也。

字面翻译：公私界限分明，身边的小人就不会忌妒有才干的人，无才无德的人也不会忌妒有功劳的人。所以尧舜治理天下，不是从天下攫取私利，而是为天下的利益而治理天下；选拔贤能把天下传给他，不是疏离父子亲情而亲近疏远的人，而是明白治理国家的道理。所以三王用仁义来爱护天下人，五霸靠法度来纠正诸侯，都不是从天下攫取私利的，而是为天下的利益而治理天下。因而才能独得名誉并且建立功业，天下人也都满意他的统治，没有谁能动摇他的统治。如今乱世的君臣，渺小得都只看重一国的利益和掌管一个职务的权力，来追求个人的私利，这也是国家危险的原因啊。所以君主的公私分明，是国家存亡的根本。

商人商语：企业利益和企业消费者的利益、企业利益和企业家个人利益、企业利益和企业员工的利益，都是可以双赢的相生关系，不是你多我就少的对立关系。所以企业家自己要首先把公事和私事分开，用规章制度来管理企业的公事。

原文：夫废法度而好私议，则奸臣鬻权以约禄，秩官之吏隐下而渔民。谚曰"蠹众而木折，隙大而墙坏"。故大臣争于私而不顾其民，则下离上。下离上者，国之"隙"也。秩官之吏隐下以渔百姓，此民之"蠹"也。故有"隙""蠹"而不亡者，天下鲜矣。是故明王任法去私，而国无"隙""蠹"矣。

字面翻译：废除法律法规而喜欢私人意见，那么奸臣就会玩弄权术谋求爵禄，拿朝廷俸禄的官吏也会隐瞒下情而鱼肉百姓。谚语说："蛀虫多，树木折；缝隙大，墙壁坏。"所以大臣争相谋取私利而不顾及百姓，那么民众就会远离朝廷。民众远离了朝廷，这是国家的"缝隙"。拿朝廷俸禄的官吏隐瞒下情，侵犯民众的利益，这是民众的"蛀虫"。国家如果有了"蛀虫""缝隙"而不灭亡的，天下少有。所以明君任用法度去除私议，国家就不会有"蛀虫""缝隙"了。

商人商语：以规章制度来运营管理企业，不仅可以断绝高管开辟"自留地"的念头，改变企业员工只知道部门"老大"，不知道企业"老大"的情况，还可以杜绝管理效率虚耗、管理成本虚高的现象，使公司资源向市场倾斜，使公司福利向一线员工倾斜。

二

《韩非子·功名》：君王的权势，要赋能给臣下，才能一起合作而建功立业

原文：明君之所以立功成名者四：一曰天时，二曰人心，三曰技能，四曰势位。非天时，虽十尧不能冬生一穗；逆人心，虽贲、育不能尽人力。故得天时，则不务而自生；得人心，则不趣而自劝；因技能，则不急而自疾；得势位，则不进而名成。若水之流，若船之浮。守自然之道，行毋穷之令，故曰明主。

字面翻译：明君功成名就的条件有四个：一是天时，二是人心，三是技能，四是势位。违背天时，即使是十个尧也不能让庄稼在冬天里结出一个穗子；违背人心，即使孟贲、夏育也不能使民众尽心竭力。所以顺应了天时，即使不用努力，穗子也会自然生长；得到了人心，就是不用督促，民众也能自觉卖力；凭借着技能，即便不用加急，事情也会很快完成；得到了势位，即使不推进，名声也会形成。好像水的流动，好像船的飘浮。把握自然的规律，推行贯彻到底的法令，所以称之为明君。

商人商语：企业家不光要掌握个人的生存技能，还要掌握企业组织的管理技能，表现在：企业政策的执行，能贯彻企业家的意志；运营的管理力，体现为企业员工的行为；文化的凝聚力，体现在员工的职责意识。

原文：夫有材而无势，虽贤不能制不肖。故立尺材于高山之上，则临千仞之溪，材非长也，位高也。桀为天子，能制天下，非贤也，势重也；尧为匹夫，不能正三家，非不肖也，位卑也。千钧得船则浮，锱铢失船则沉，非千钧轻锱铢重也，有势之与无势也。故短之临高也以位，不肖之制贤也以势。人主者，天下一力以共载之，故安；众同心以共立之，故尊。人臣守所长，尽所能，故忠。以尊主御忠臣，则长乐生而功名成。名实相持而成，形影相应而立，故臣主同欲而异使。人主之患在莫之应，故曰：一手独拍，虽疾无声。人臣之忧在不得一，故曰：右手画圆，左手画方，不能两成。故曰：至治之国，君若桴，臣若鼓，技若车，事若马。故人有余力易于应，而技有余巧便于事。立功者不足于力，亲近者不足于信，成名者不足于势，近者不亲，而远者不结，则名不称实者也。圣人德若尧、舜，行若伯夷，而位不载于世，则功不立，名不遂。故古之能致功名者，众人助之以力，近者结之以成，远者誉之以名，尊者载之以势。如此，故太山之功长立于国家，而日月之名久著于天地。此尧之所以南面而守名，舜之所以北面而效功也。

字面翻译：有才能而没有权势，即使是贤人也不能制服无德无才的人。所以树立一尺长的木头在高山之巅，就能俯临千仞下的山涧，木头本身并不长，而是位置高。夏桀当天子，能控制天下，不是因为他的贤能，而是因为他权势够重；尧若是平民，不能管理好三户人家，不是因为他无德无才，而是因为他地位低下。千钧重物依靠船就能浮起来，锱铢轻物没有船就会沉下去，不是因为千钧轻而锱铢重，而是因为有没有依靠船力这种"势"的差别。所以短的东西居高临下凭借的是位置，无德无才的人制服贤人凭借的是权势。做君主的，要天下合力来共同拥戴他，地位才会安稳；要民众齐心来共同推举他，身份才会尊贵。臣下坚持自己的特长，竭尽自己的能力，这叫忠诚。以尊贵的君主驱使忠诚的臣子，就会长治久安而且功成名就。名称、实质相互依存而成立，形象、影子相互对应而出现，所以君臣愿望相同但各自的职责不同。君主的忧虑在于没有人响应，所以说：一只手单独挥拍，即使很快也发不出声音。臣子的忧患在于不能专职，所以说：右手画圆，左手画方，不能同时成功。所以说：治理最好的国家，君主如同鼓槌，臣子如同鼓，技能如驾车，政事如同走马。所以人有余力容易应对，技能高超容易做事。假如建功的人不肯尽力，亲近的人不够忠诚，有名望的人不用势力支持，身边的人不亲近，远方的人不结交，那么君主的名称和实质就不相符了。圣人的道德如同尧舜，操行如同伯夷，但不处于世人拥戴的位置，就会功不成、名不就。所以古代能够成就功名的人，大家用力量帮助他，身边人真心结交他，远方的人用美名赞誉他，位尊的人用权势拥戴他。正因为如此，如同泰山一样的丰功伟绩就会长期建立起来，如同日月一样的光辉名声将在天地间永远流传。这就是尧所以能南面称君而保持名位，舜所以要北面称臣而建功效忠的原因啊。

商人商语：企业家要建功立业，必须获得企业员工的拥戴，才能集合众人之力、集聚众人之智。企业家和企业员工是"同欲而异使"的相互依存的双赢关系，需要双方各自做好各自的事情。企业家只学会了刘备的"纳头便拜"是不行的，还要学会用权术对员工进行管理。

以人治人失去人，彰明法度见功臣

企业家如果不能彰明规章制度来限制"山头王"的权势，就无法得到广大员工的信任。企业家如果放弃规章制度而用一个人去防备另一个人，彼此欣赏且有共同利益的人就会紧密勾结而相互吹捧，彼此憎恨且没有共同利益的人就会拉帮结伙而相互诽谤。

依照韩非子的观点，一个成功的企业家在管理企业的高管时，要坚守三个基本原则：一是明法，彰明制度使得高管不能自行其是，不敢自立山头；二是责实，循名查实使得高管不能花言巧语掩饰自己的错误；三是变古，坚决推动创新，推动安逸于因循守旧的高管们积极突破自己。

本节选取的是《韩非子·南面》和《韩非子·难一》。《南面》讲述了君主对臣下的统治之道；《难一》则讲述了对于同一个故事，不同人会有不同的看法，很是考验君主的心性智商。

一

《韩非子·南面》：企业家要算清自己的得失账、损益表，一味听信他人是吃不饱饭的

原文：人主之过，在已任臣矣，又必反与其所不任者备之，此其说必与其所任者为仇，而主反制于其所不任者。今所与备人者，且曩之所备也。人主不能明法而以制大臣之威，无道得小人之信矣。人主释法而以臣备臣，则相爱者比周而相誉，相憎者朋党而相非。非誉交争，则主惑乱矣。人臣者，非名誉请谒无以进取，非背法专制无以为威，非假于忠信无以不禁；三者，惛主坏法之资也。人主使人臣虽有智能，不得背法而专制；虽有贤行，不得逾功而先劳；虽有忠信，不得释法而不禁：此之谓明法。

字面翻译：君主的过失，在于已经任用臣子了，却又颠倒回来，和未被任用的人一起去防备他。这样一来，未被任用之人一定和已被任用之人作对，君主反而受制于他所不任用的人。现在偕同君主防备他的人，也就是君主过去所要防备的人。君主不能彰明法律来控制大臣的威势，就无从得到平民百姓的信任了。君主放弃法律而用臣子去防备臣子，彼此喜欢的人就会紧密勾结而相互吹捧，彼此憎恨的人就会拉帮结伙而相互诽谤。诽谤和吹捧交相争斗，君主就迷惑昏乱了。做臣子的，不吹捧请托就不能得到更高的官位爵禄，不违法专权就不能建立自己的威势，不假借忠信之名就不能摆脱禁令，这三项，是惑乱君主、败坏法律的伎俩。君主要使臣下即使有智慧和才能，也不得违法专权；即使有贤能的行为，也不能在立功之前得到赏赐；即使有忠信的品德，也不能放弃法纪而不加约束：这就叫彰明法度。

商人商语：这段话看似在说用人不疑，疑人不用，其实是在说在什么

情况下才应该用人不疑。在法制的条件下，不论智慧或愚笨、不论忠信或奸佞，一律依法行事，依法考核，依法赏罚。

原文：人主有诱于事者，有壅于言者，二者不可不察也。人臣易言事者，少索资，以事诬主。主诱而不察，因而多之，则是臣反以事制主也。如是者谓之诱，诱于事者困于患。共进言少，其退费多，虽有功，其进言不信。不信者有罪，事有功者不赏，则群臣莫敢饰言以惽主。主道者，使人臣前言不复于后，后言不复于前，事虽有功，必伏其罪，谓之任下。

字面翻译：君主有被事情诱惑的，有被言论蒙蔽的，这二者是不可不注意的。臣子中把事情说得很轻易的人，要求的代价少，用事情来欺骗君主。君主受到诱惑而不加考察，因而夸奖他，臣下就反过来用事情控制了君主。像这样的情况就叫作诱惑，被事情所诱惑的就会被祸患所困窘。臣下对君主说，办事需要的代价很少，下去办事时花的代价却很多，即使办成了，他讲的话仍属不诚实。不诚实的人有罪，事情即使办成了也不给赏赐，群臣就不敢用花言巧语来蒙蔽君主了。做君主的原则是，如果臣下先前讲的话和后来办的事不一致，或者后来讲的话和先前办的事不符合，事情即使办成了也一定要使他受到应得的惩罚，这就叫作使用臣下的方法。

商人商语：说大话办小事，或者说小话办大事，都属于言行不一致，都是要批评和惩罚的。那么，以后大家会不会都养成说小话办小事的习惯了呢？实际上，"事"的大小，不取决于办事者，而取决于管理者对"事"的认识。

原文：人臣为主设事而恐其非也，则先出说设言曰："议是事者，妒事者也。"人主藏是言，不更听群臣；群臣畏是言，不敢议事。二势者用，则忠臣不听而誉臣独任。如是者谓之壅于言，壅于言者制于臣矣。主道者，使人臣有必言之责，又有不言之责。言无端末辩无所验者，此言之责也；以不言避责持重位者，此不言之责也。人主使人臣言者必知其端以责其实，不言者必问其取舍以为之责，则人臣莫敢妄言矣，又不敢默然矣，言、默则皆有责也。

字面翻译：臣下为君主筹划事情而恐怕别人非议，就预先放风说：议论这件事的人，就是嫉妒这件事的人。君主信了这种话，不再听取群臣的意见；群臣害怕这种话，不敢再议论。这两种局面起了作用，君主对忠臣的话就不会听取而专门任用那些徒有虚名的臣子。像这样的情形，就叫作被言论所蒙蔽，被言论所蒙蔽了，也就受制于臣下了。做君主的原则是，应使臣下一定负起说话的责任，又要负起不说的责任。说话无头无尾、辩词无从验证的，这就是说话的责任；用不说话来逃避责任，保持重要权位的，这就是不说的责任。君主对说话的臣子，一定要显露出知道来龙去脉，从而责求他的实效；对不说话的臣子，必须问他赞成还是反对，从而明确他的责任。那么臣子就不敢乱说，又不敢不说了，说话和沉默就都有了责任。

商人商语：管理员工时，一切都应按照规章制度来评价员工的言谈举止。该说不说不对，这是在其位谋其政；不该说而说也不对，这是不在其位而谋其政；只说不做或者只做不说也不对，不能言行不一。

原文：人主欲为事，不通其端末，而以明其欲，有为之者，其为不得利，必以害反。知此者，任理去欲。举事有道，计其入多，其出少者，可为也。惑主不然，计其入，不计其出，出虽倍其入，不知其害，则是名得而实亡。如是者功小而害大矣。凡功者，其入多，其出少，乃可谓功。今大费无罪而少得为功，则人臣出大费而成小功，小功成而主亦有害。

字面翻译：君主想做某件事，没有掌握全部情况，就把自己的想法表露出来。这样做的话，不但没有好处，反而一定会受害。懂得这些，就会顺应客观事理，去掉主观欲望。明君做事有个原则，就是算来利益多、代价少的，就可以做。昏君不这样，只算得利，不算代价，代价即使成倍地超过利益，也不知它的危害。这就是名义上得到而实际上失去。像这样，就是功劳小而危害大了。大凡功劳，它的利益多，它的代价少，才可以叫作功劳；现在耗费大的无罪，而收效小的有功，臣子就会以大的耗费去取得小的收效，小的收效即使取得了，而君主仍是遭受了损害。

商人商语：领导者的发言，一定要放在最后做总结性发言。发言之前，要充分听取众人意见，众人也必须一一发言，不能只会说"都听领导的"。企业家经营企业必须算经济账，经济账必须以直接收益为主，直接收益必须在指定时间内看到效益。

原文：不知治者，必曰："无变古，毋易常。"变与不变，圣人不听，正治而已。然则古之无变，常之毋易，在常古之可与不可。伊尹毋变殷，太公毋变周，则汤、武不王矣。管仲毋易齐，郭偃毋更晋，则桓、文不霸矣。凡人难变古者，惮易民之安也。夫不变古者，袭乱之迹；适民心者，恣奸之行也。民愚而不知乱，上懦而不能更，是治之失也。人主者，明能知治，严必行之，故虽拂于民心，必立其治。说在商君之内外而铁殳，重盾而豫戒也。故郭偃之始治也，文公有官卒；管仲始治也，桓公有武车：戒民之备也。是以愚戆窳堕之民，苦小费而忘大利也，故鬻虎受阿谤。而辍小变而失长便，故邹贾非载旅。狃习于乱而容于治，故郑人不能归。

字面翻译：不懂治理国家的人，一定会说："不要变改古法，不要更改常规。"变与不变，圣人不会听从，只管正确地治理。所以说，古法变不变，常规改不改，只在于它们可行还是不可行。伊尹不改变殷法，姜太公不改变周法，商汤、武王就不能称王了。管仲不更改齐法，郭偃不改革晋法，桓公、文公就不能称霸了。凡是难以改变古法的人，是害怕改变民众的习惯。不改变古法，是重蹈乱国的覆辙；迎合民心，是放纵奸邪的行为。百姓愚蠢而不懂什么叫乱，君主懦弱而不能进行改革，这是治理国家的过失。做君主的，英明足以知道如何治国，严厉是为坚决实行，所以即使违背民心，也一定要确立治国之法。有这样说法的例子在商鞅内处或外出都用铁殳和层层盾牌预先作戒备中。所以郭偃开始治国时，晋文公配备有卫兵；管仲开始治国时，齐桓公配备有战车，这些都是防备百姓的措施啊。所以，愚蠢鲁莽而闲散懒惰的人，总是斤斤计较个人损失而忘却国家利益，所以陈国大夫庆寅、庆虎受到斥责诽谤；而且害怕小小的变法，竟然不顾及丢失长远的利益，所以邹贾非难征兵的制度；习惯于国家的混乱而不能忍受治理，所以郑国人无家可归。

商人商语：企业商业模式和运营方式的变或不变，不能通过简单的讨论就下决定。要考察当前运行的商业模式和运营方式还能不能适应需要。值得注意的是，变法一定会损害一部分人的利益，更需要勇敢面对和谨慎处理。

二

《韩非子·难一》：九个故事，也是九个道理。能够九九归一于法制的，才是君王之道

原文：晋文公将与楚人战，召舅犯问之，曰："吾将与楚人战，彼众我寡，为之奈何？"舅犯曰："臣闻之：繁礼君子，不厌忠信；战阵之间，不厌诈伪。君其诈之而已矣。"文公辞舅犯，因召雍季而问之，曰："我将与楚人战，彼众我寡，为之奈何？"雍季对曰："焚林而田，偷取多兽，后必无兽；以诈遇民，偷取一时，后必无复。"文公曰："善。"辞雍季，以舅犯之谋与楚人战以败之。归而行爵，先雍季而后舅犯。群臣曰："城濮之事，舅犯谋也。夫用其言而后其身，可乎？"文公曰："此非若所知也。夫舅犯言，一时之权也；雍季言，万世之利也。"仲尼闻之，曰："文公之霸也，宜哉！既知一时之权，又知万世之利。"

字面翻译：晋文公准备要和楚军作战，召舅父狐偃询问说："我将要和楚军交战，敌众我寡，这可怎么办？"狐偃说："我听说：讲究礼仪的君子，追求的是忠诚信用；兵戎相见的战场，讲究的是欺诈虚伪。这件事您只有使用欺诈的方法了。"文公请狐偃退下，又召三儿子公子雍问道："我将要和楚军交战，敌众我寡，这可怎么办？"公子雍回答说："焚烧树林来打猎野兽，暂时会猎取到很多的野兽，以后一定是再也不会猎取到野兽了；用欺诈的手段对待民众，暂时能够得到一时的利益，以后一定是再也不会上当了。"文公说："好。"请公子雍退下，却用狐偃的计谋和楚军作战，击败了楚军。回来后行赏封爵，先奖赏公子雍，后奖赏舅父狐偃。群臣们说："城濮的胜仗，是狐偃计谋的作用。采用了他的进言，却把他的功劳摆在后面，合适吗？"文公说："这不是你们能够理解的。狐偃进言的计谋，是当时的权宜之计；公子雍的进言，才符合国家长远发展的利益。"孔子听到后说："晋文公的称霸，是实至名归啊！他既懂得运用权宜之计，又懂得长远发展的利益所在。"

商人商语：正因为打胜了，晋文公要考虑的才不仅仅只是一场战役，他还会考虑强国强兵、称霸诸侯等更长远的战略，考虑强国称霸必须具备的人心问题。所以先赏赐为未来长远考虑的三儿子公子雍，后奖赏为这场战役做出实际贡献的舅父狐偃。孔子赞赏的评语，是政治家角度的大道。

原文：或曰：雍季之对，不当文公之问。凡对问者，有因问小大缓急而对也。所问高大，而对以卑狭，则明主弗受也。今文公问"以少遇众"，而对曰"后必无复"，此非所以应也。且文公不知一时之权，又不知万世之利。战而胜，则国安而身定，兵强而威立，虽有后复，莫大于此，万世之利奚患不至？战而不胜，则国亡兵弱，身死名息，拔拂今日之死不及，安暇待万世之利？待万世之利，在今日之胜；今日之胜，在诈于敌；诈敌，万世之利而已。故曰：雍季之对，不当文公之问。且文公又不知舅犯之言。舅犯所谓"不厌诈伪"者，不谓诈其民，谓诈其敌也。敌者，所伐之国也，后虽无复，何伤哉？文公之所以先雍季者，以其功耶？则所以胜楚破军者，舅犯之谋也；以其善言耶？则雍季乃道其"后之无复"也，此未有善言也。舅犯则以兼之矣。舅犯曰"繁礼君子，不厌忠信"者：忠，所以爱其下也；信，所以不欺其民也。夫既以爱而不欺矣，言孰善于此？然必曰"出于诈伪"者，军旅之计也。舅犯前有善言，后有战胜，故舅犯有二功而后论，雍季无一焉而先赏。"文公之霸，不亦宜乎？"仲尼不知善赏也。

字面翻译：有人说：公子雍的回答，没有针对文公的提问。凡是回答问题，要根据问题的大小缓急而作相应的回答。提的问题博大，却用狭小的事理去回答，明君是不能接受的。现在文公问的是"以少敌众"的策略，回答却是不能用"以后一定是再也不会上当"的建议，这不是针对问题做出的回答。再说了，文公不懂得什么是权宜之计，不懂得什么是长远利益？

交战如果取胜，就会国家安全、生命保全，就会兵力强盛、威势确立，即使以后会有敌人不再上当的情况，也不会比眼前这次胜利更重要的事儿了，还担心什么长远利益会不来呢？交战如果不胜，就会国家灭亡、兵力衰弱，君主身死名消，想要免除眼前的死难都来不及，哪有时间去筹划长远利益呢？筹划长远利益的前提，在于今天交战的获胜；今天交战的获胜，在于对敌人使用欺诈手段；欺诈敌人，不过是为了长远利益罢了。所以说，公子雍的回答，没有针对文公的提问。再说文公又没有理解完整狐偃的话。狐偃所说"讲究的是欺诈虚伪"的话，不是指欺诈自己的民众，而是指欺诈自己的敌人。敌人，是要攻打的国家，敌国以后即使不再上当，又有什么损害呢？文公之所以先奖赏公子雍，是因为他有功劳吗？然而用来战胜楚国打败楚军的策略，却是舅父狐偃的计谋。是因为他有正确的建议吗？然而公子雍只是说"以后再也不会上当"，这不能算是正确的意见。

狐偃则是兼有实际的功劳和正确的意见。狐偃说的"讲究礼仪的君子，追求的是忠诚信用"的含义：忠诚，是用来爱护自己的下属；信用，是用来不欺骗自己的民众。已经言及既爱护下属又不欺骗民众，还有什么比这更正确的建议呢？然而他坚决主张"战场之中要用欺诈虚伪"的策略，因为这是战争战场上的计谋啊。狐偃前有正确的建议，后有战胜的策略，所以说狐偃兼有两个功劳却论功行赏排在公子雍的后面，公子雍没有一点功劳却排在前面受赏。"晋文公的称霸，是实至名归啊！"孔子这么评价是不懂得正确的行赏。

商人商语：狐偃讲的是两军对垒时，兵不厌诈是眼下最实际的战争策略；公子雍讲的是未来要称霸诸侯，先要诚信对待自己的每一个对手。就好比是两个高管，一个在讲市场营销策略的竞争性，一个在讲企业如何获取行业的领导地位。韩非子的评论着眼于刚刚发生的这场战争的功劳奖赏，对于功过是非的判断有一定现实性。

原文：历山之农者侵畔，舜往耕焉，期年，甽亩正。河滨之渔者争坻，舜往渔焉，期年而让长。东夷之陶者器苦窳，舜往陶焉，期年而器牢。仲尼叹曰："耕、渔与陶,非舜官也,而舜往为之者,所以救败也。舜其信仁乎!乃躬藉处苦而民从之。故曰:圣人之德化乎!"

字面翻译:历山一带的农民相互侵占耕田的地界,舜到那里耕田,一年后,各自的耕田地界都恢复了原来的位置。黄河边的渔夫相互争夺水中的高地,舜到那里打鱼,一年后,大家都学会了礼让年长的人。东方夷族制作出来的陶器质量粗劣,舜到那里制陶,一年后,制作出来的陶器质量坚固。孔子赞叹说:"耕田、捕鱼和制陶,都不是舜的职责,而舜前去做这些事情,是为了纠正败坏的风气。舜的品行仁厚啊!竟然能以身作则地吃苦劳作而使民众都效仿他。所以说,圣人的道德有教化之用啊!"

商人商语:有些问题要从思想上解决。这时候要强调人们行为动机的教化,强调圣王以身作则的示范作用。但是用这样的方式,哪怕民众的道德底子打得很深厚,也不会有立竿见影的效果。所以,这种短期的"不实用",是为当时的学者所诟病的。

原文:或问儒者曰:"方此时也,尧安在?"其人曰:"尧为天子。""然则仲尼之圣尧奈何?圣人明察在上位,将使天下无奸也。今耕渔不争,陶器不窳,舜又何德而化?舜之救败也,则是尧有失也。贤舜,则去尧之明察;圣尧,则去舜之德化:不可两得也。楚人有鬻盾与矛者,誉之曰:'吾盾之坚,物莫能陷也。'又誉其矛曰:'吾矛之利,于物无不陷也。'或曰:'以子之矛陷子之盾,何如?'其人弗能应也。夫不可陷之盾与无不陷之矛,不可同世而立。今尧、舜之不可两誉,矛盾之说也。且舜救败,期年已一过,三年已三过。舜有尽,寿有尽,天下过无已者;以有尽逐无已,所止者寡矣。赏罚使天下必行之,令曰:'中程者赏,弗中程者诛。'令朝至暮变,暮至朝变,十日而海内毕矣,奚待期年?舜犹不以此说尧令从己,乃躬亲,不亦无术乎?且夫以身为苦而后化民者,尧、舜之所难也;处势而矫下者,庸主之所易也。将治天下,释庸主之所易,道尧、舜之所难,未可与为政也。"

字面翻译:有人问儒家学者说:"在舜忙碌的时候,尧在哪里?"儒家学者说:"尧在做天子。""既然这样,孔子说尧是圣人又该如何解释呢?圣人处在君位上明察一切，会使天下没有奸佞的风气。如果其治下耕田的、捕鱼的没有争执，陶器的质量也不粗劣，舜又何必去用道德来教化他们呢？舜前去纠正败坏的风气，这说明尧执政有过失。认为舜贤德，就是否定了尧的明察；认为尧圣明，就是否定了舜的道德教化：不可能二者同时都是圣贤。楚国有个卖矛和盾的人，夸赞他的盾说：'我的盾最坚固，没有什么东西能够刺穿它。'又夸赞他的矛说：'我的矛最锋利，没有什么东西是刺不穿的。'有人说：'拿你的矛来刺你的盾，会怎么样呢？'那个卖矛和盾的人就无法回答了。那个不可能被刺穿的盾和没有什么刺不穿的矛，是不可能同时存在的。现在尧和舜不可能同时被称赞，如同最锋利的矛和最坚固的盾不可能同时存在的道理。再说舜纠正败坏的风气，一年纠正一个过错，三年纠正三个过错。像舜一样的人数有限，人的寿命有限，而天下的过错却没有穷尽的，以有限的寿命对付没有休止的错误，能纠正的很少啊。赏罚措施能够迫使天下人的行为必须遵守法令，法令说：'符合条令的奖赏，不符合条令的惩罚。'法令早上下达，到了傍晚过错就改变了；法令傍晚下达，到了第二天早上过错就改变了。十天的时间全国都可以纠正完毕，哪里需要等待一年？舜却不据此说服尧下令让天下人效仿自己，却要亲自劳作，不也是没有治理办法吗？况且那种亲身劳苦实践来感化民众的做法，是尧、舜也难以做到的；据有权势而纠正臣民的做法，是庸君也容易做到的。主张治理天下，放弃庸君都容易成功的方法，遵行尧、舜也难以做到的办法，不可以和这种人讨论治国之道的。"

商人商语：韩非子说的有些过于苛刻和绝对。尧为圣王，并不代表天下所有的地方都路不拾遗。世界上没有可以细致到解决所有问题的法律。法治和教化，分别作为行为的社会标准和行为的道德标准，要如阴阳一样共同作用。

原文：管仲有病，桓公往问之，曰："仲父病，不幸卒于大命，将奚以告寡人？"管仲曰："微君言，臣故将谒之。愿君去竖刁，除易牙，远卫公子开方。易牙为君主味，君惟人肉未尝，易牙烝其子首而进之。夫人情莫不爱其子，今弗爱其子，安能爱君？君妒而好内，竖刁自宫以治内。人情莫不爱其身，身且不爱，安能爱君？开方事君十五年，齐、卫之间不容数日行，弃其母，久宦不归。其母不爱，安能爱君？臣闻之：'矜伪不长，盖虚不久。'愿君去此三子者也。"管仲卒死，桓公弗行。及桓公死，虫出户不葬。

字面翻译： 管仲患病，齐桓公前去探望，询问说："仲父您病了，万一不幸寿限死去，有什么话来告诫我的？"管仲说："君上您不说，我本来也要告诉您的。希望您赶走竖刁，除去易牙，远离卫公子开方。易牙为您主管饮食，您只有人肉没有吃过，易牙就把自己儿子的脑袋蒸熟了献给您。人之常情没有不疼爱自己儿子的，现在易牙不疼爱自己儿子，又怎么能够疼爱君上您呢？您本性好妒而且喜好收纳女色在内宫，竖刁自己阉割去势以方便管理内宫。人之常情没有不爱惜自己身体的，竖刁连自己的身体都不爱惜，又怎么能爱惜君上您呢？卫公子开方侍奉您十五年，齐国和卫国之间的距离不需要几天的行程，开方舍弃自己的母亲，在外长期做官也不回家探望。他连自己的母亲都不仁爱，又怎么能仁爱君上您呢？我听说：'装神弄鬼的不会长久，弄虚作假的不能持久。'希望您能赶走这三个人。"管仲最终死了，桓公没有按照他的话去做。等到桓公死了，尸体的蛆虫都爬出门外了也得不到收殓安葬。

商人商语： 应该埋怨齐桓公不听管仲所言自作自受呢，还是该埋怨管仲既然知道，就该早动手清君侧呢？管仲说的话，重点不在于评论人时的见微知著，而在于其对人性的认识：人如果不爱自己、不爱自己的儿女和父母，还能爱别人吗？所谓忠心耿耿并不是没来由的，或许是为了名誉和利益，或许是为了自我实现罢了。

原文： 或曰：管仲所以见告桓公者，非有度者之言也。所以去竖刁、易牙者，以不爱其身，适君之欲也。曰："不爱其身，安能爱君？"然则臣有尽死力以为其主者，管仲将弗用也。曰："不爱其死力，安能爱君？"是欲君去忠臣也。且以不爱其身度其不爱其君，是将以管仲之不能死公子纠度其不死桓公也，是管仲亦在所去之域矣。明主之道不然，设民所欲以求其功，故为爵禄以劝之；设民所恶以禁其奸，故为刑罚以威之。庆赏信而刑罚必，故君举功于臣而奸不用于上，虽有竖刁，其奈君何？且臣尽死力以与君市，君垂爵禄以与臣市。君臣之际，非父子之亲也，计数之所出也。君有道，则臣尽力而奸不生；无道，则臣上塞主明而下成私。管仲非明此度数于桓公也，使去竖刁，一竖刁又至，非绝奸之道也。且桓公所以身死虫流出户不葬者，是臣重也。臣重之实，擅主也。有擅主之臣，则君令不下究，臣情不上通。一人之力能隔君臣之间，使善败不闻，祸福不通，故有不葬之患也。明主之道：一人不兼官，一官不兼事；卑贱不待尊贵而进，大臣不因左右而见；百官修通，群臣辐凑；有赏者君见其功，有罚者君知其罪。见知不悖于前，赏罚不弊于后，安有不葬之患？管仲非明此言于桓公也，使去三子，故曰：管仲无度矣。

字面翻译：有人说：管仲用来告诫齐桓公的话，不是懂得法度之人所说的话。管仲说要除去竖刁、易牙的理由，是因为他们不爱惜自身，而去迎合君主的欲望。管仲说"不爱惜自身，又怎么能爱惜君上"，那么臣下有拼死效力来忠诚君主的人，管仲就不会任用了。管仲会说"不爱惜自身的拼死效力，怎么能爱惜君上"，这是要君主除去忠臣啊。况且用不爱惜自身来推断他不爱惜君主，这样就可以用管仲不能为公子纠而死来推断管仲不能为齐桓公而死，这样管仲也在应当除去的范围之内了。明君的治国原则不是这样，他会设置民众所希望得到的东西来要求他们的功劳，所以制定爵禄制度来鼓励他们；设置臣民所厌恶躲避的东西来禁止他们的为非作歹，所以建立刑罚制度来威慑他们。奖赏遵守信用而刑罚坚决执行，所以君主在臣子中选拔有功的人而奸人就不会被任用，即使有竖刁一类的人，又能把君主怎么样呢？况且臣下拼死效力来换得君主的爵禄，君主颁下爵禄来换取臣下的拼死效力。君臣之间，没有父子之间的血脉之亲，是从计算利害角度出发的合作。君主有正确的治国原则，臣下就会尽力做事，奸邪也不会产生；君主没有正确的治国原则，臣下就会对上蒙蔽君主，在下面谋取自己的利益。管仲对桓公没有阐明这种法度措施。他让桓公赶走竖刁，另一个竖刁又会出现，这不是杜绝奸邪的方法啊。再说齐桓公之所以会饿死后尸体蛆虫爬出门外还得不到收殓安葬，是臣下的权力过大。臣下权力过大的结果，就是挟持君主。有了挟持君主的臣子，君主的命令就无法下达，群臣的陈情也不能上达。一个人的力量能隔断君主与群臣的联系，使君主听不到好坏，不了解祸福，所以会有齐桓公那样死后不葬的祸患。明君的治国原则：一人不兼任其他职务，一个职务不兼管其他事宜；地位低下的人不必等待地位高贵的人来推荐，大臣不必依靠君主身边亲信的人来引见；百官都能逐级上报政事通达，群臣好像车辐聚集到中心一样地归附君主；给予奖赏的人君主能了解他的功劳，受到惩罚的人君主能知道他的罪过。君主事前对群臣功过的了解不混乱，事后施行的赏罚就不会受蒙蔽，怎么会有死后不葬的祸患呢？管仲不讲明这个道理给齐桓公，只是让他除掉这三个人，所以有人说：管仲不懂法度。

商人商语：齐桓公也许是"正而不诡"的天性使然，觉得吃人家的嘴软，用人家的手短。而管仲作为法家学说的代表，想处理掉那三个人，可他们既无恶迹彰显又无法律可循，实现难度就很大了。先立下法度的规矩很重要啊！

原文：襄子围于晋阳中，出围，赏有功者五人，高赫为赏首。张孟谈曰："晋阳之事，赫无大功，今为赏首，何也？"襄子曰："晋阳之事，寡人国家危，社稷殆矣。吾群臣无有不骄侮之意者，惟赫不失君臣之礼，是以先之。"仲尼闻之曰："善赏哉，襄子！赏一人而天下为人臣者莫敢失礼矣。"

字面翻译：赵襄子被包围在晋阳城中，解围后，他奖赏有功的五个人，高赫是受赏的首位。张孟谈说："晋阳的战事，高赫没有大功，现在处在受赏的首位，为什么？"赵襄子说："晋阳的战事，我个人和国家都处在危急之中，江山社稷就要被毁去。我的大臣们没有一个不流露出骄傲轻慢的意思，只有高赫谨守君臣之礼，因此把他放在受赏的首位。"孔子听到后说："多么正确的奖赏啊！赵襄子奖赏一个人，就使天下做臣子的没有一个敢于失礼了。"

商人商语：高赫之功，不在于守城，而在于维护君主的权势威仪。孔子赞叹的是，君主即使失去权势，也依然能保持礼仪的行为。

原文：或曰：仲尼不知善赏矣。夫善赏罚者，百官不敢侵职，群臣不敢失礼。上设其法，而下无奸诈之心。如此，则可谓善赏罚矣。使襄子于晋阳也，令不行，禁不止，是襄子无国，晋阳无君也，尚谁与守哉？今襄子于晋阳也，知氏灌之，臼灶生蛙，而民无反心，是君臣亲也。襄子有君臣亲之泽，操令行禁止之法，而犹有骄侮之臣，是襄子失罚也。为人臣者，乘事而有功则赏。今赫仅不骄侮，而襄子赏之，是失赏也。明主赏不加于无功，罚不加于无罪。今襄子不诛骄侮之臣，而赏无功之赫，安在襄子之善赏也？故曰：仲尼不知善赏。

字面翻译：有人说：孔子不懂得什么是正确的奖赏。那正确的赏罚，各个官员不敢渎职，群臣们不敢失礼。朝廷设置法律，臣民们没有奸诈的心思。这样的话，就可以称之为正确的赏罚了。假使赵襄子被围困在晋阳时，法令不被执行，禁令不起作用，这就等于襄子失去了国家，晋阳没有了君主，还有谁会参与守城呢？现在襄子被围困在晋阳，智伯引水灌城，居民家里的石臼、锅灶被水淹没后成了青蛙出没的场所，但是民众们没有背叛的心思，这说明君臣关系亲密。赵襄子有君主臣民关系亲密的恩德，执掌着令行禁止的法律，这样还有骄傲轻慢的臣子，这是襄子没有正确地使用惩罚。做臣子的，考核事功有功就赏。现在高赫仅仅是不骄傲轻慢，襄子就来奖赏他，这是奖赏的错误。明君的奖赏不授给没有功劳的人，惩罚不施于没有罪过的人。现在襄子不责罚骄傲轻慢的臣子，而去奖赏没有功劳的高赫，哪里看得出襄子的正确奖赏呢？所以有人说：孔子不懂得正确的奖赏。

商人商语：君权将失的危急之时，对臣下不以教化来激励，不以情谊来挽回，而单单用刑赏来管理，是否可行，是否会因此激发民变，是值得探讨的。韩非子的理论，在事理上是站得住的，在情理上却未必可行，就算是有一时之功，也难以证明其成功不是一时的。秦帝国二世而折，就是最好的证明。

原文：晋平公与群臣饮，饮酣，乃喟然叹曰："莫乐为人君，惟其言而莫之违。"师旷侍坐于前，援琴撞之。公披衽而避，琴坏于壁。公曰："太师谁撞？"师旷曰："今者有小人言于侧者，故撞之。"公曰："寡人也。"师旷曰："哑！是非君人者之言也。"左右请除之，公曰："释之，以为寡人戒。"

字面翻译：晋平公和群臣们一起喝酒。喝到畅快处，长声感叹地说："没有比做君主更快乐的了，只有君主的话是没人敢于违背的。"师旷在前面陪坐，拿起琴顺着声音撞了过去。平公披散着衣襟而躲避，琴撞坏在墙上。平公说："太师撞谁？"师旷说："刚才有个小人在旁边言论，所以撞他。"平公说："那是我呀。"师旷说："嗨！这不是做君主的人该讲的话。"近侍请求处罚师旷，平公说："免了吧，以此作为我的警戒。"

商人商语：只有这样心胸宽仁的晋平公，才会出现这样敢于直谏的师旷；也只有这样敢于直谏的师旷，才会突出这样心胸宽仁的晋平公。但是，二者这样不分尊卑、不分大小，好吗？也许，从晋平公的称呼上，可以看出师旷"太师"身份的不同，有着直言直谏的"师长"权威吧。

原文：或曰：平公失君道，师旷失臣礼。夫非其行而诛其身，君之于臣也；非其行则陈其言，善谏不听则远其身者，臣之于君也。今师旷非平公之行，不陈人臣之谏，而行人主之诛，举琴而亲其体，是逆上下之位，而失人臣之礼也。夫为人臣者，君有过则谏，谏不听则轻爵禄以待之，此人臣之礼也。今师旷非平公之过，举琴而亲其体，虽严父不加于子，而师旷行之于君，此大逆之术也。臣行大逆，平公喜而听之，是失君道也。故平公之迹不可明也，使人主过于听而不悟其失；师旷之行亦不可明也，使奸臣袭极谏而饰弑君之道。不可谓两明，此为两过。故曰：平公失君道，师旷亦失臣礼矣。

字面翻译：有人说：平公失去了做君主的原则，师旷失去了做臣子的礼节。认为对方行为不对，就给予惩罚，这是君主对臣下的应有做法；认为对方行为不对就陈述自己的意见，如果正确的谏言不被听从，就离开他，这是臣下对君主的应有态度。现在师旷不认可平公的行为，不去陈述做臣子的谏言，而用君主才用的惩罚，拿琴去撞平公的身体，这是颠倒了君上臣下的位置，而失去了臣下的应有礼节。做臣子的，君主有过失就规劝，规劝不听就看轻爵禄坚持自己的意见来等待君主的省悟，这是臣下的应有礼仪。现在师旷不认可平公的行为，拿琴去撞平公的身体，即使严厉的父亲也不会这样对待儿子，但师旷却用来对待君主，这是大逆不道的做法。臣下做了大逆不道的事，平公反而高兴而且听之任之，这是失去了做君主的原则。所以平公的言行不可加以表扬，它会使君主过于听信臣下的直谏，而不觉察作为君主的原则错误；师旷的行为也不能表扬，它会使奸臣抄袭极端谏言的美名，来掩饰杀害君主的行径。这两种做法都是不能表扬的，这是双方面的错误。所以有人说：平公失去了做君主的原则，师旷失掉了当臣子的礼节。

商人商语：在韩非子看来，臣子对待君王的言谈举止，应该有基本的礼仪，不应有超出礼仪外的举止；君王对待臣子，爱恨赏罚都要遵循基本的法律，不应出于个人利益干涉甚至破坏法律的公正性。

原文：齐桓公时，有处士曰小臣稷，桓公三往而弗得见。桓公曰："吾闻布衣之士不轻爵禄，无以易万乘之主；万乘之主不好仁义，亦无以下布衣之士。"于是五往乃得见之。

字面翻译：齐桓公时，有个没有做过官的读书人叫小臣稷，桓公前去拜访了三次也没能见到他。桓公说："我听说布衣之士不看轻爵禄，就不会有轻慢大国君主的态度；大国的君主不爱好仁义，也就没有谦卑对待布衣之士的胸怀。"于是去了五次才见到小臣稷。

商人商语：经营企业需要一大批人才。若唯才是举，企业的管理一定会出现混乱；若法不适度，就会限制人才的活力。

原文：或曰：桓公不知仁义。夫仁义者，忧天下之害，趋一国之患，不避卑辱，谓之仁义。故伊尹以中国为乱，道为宰干汤；百里奚以秦为乱，道为虏干穆公。皆忧天下之害，趋一国之患，不辞卑辱，故谓之仁义。今桓公以万乘之势，下匹夫之士，将欲忧齐国，而小臣不行，见小臣之忘民也。

忘民不可谓仁义。仁义者，不失人臣之礼，不败君臣之位者也。是故四封之内，执禽而朝名曰臣，臣吏分职受事名曰萌。今小臣在民萌之众，而逆君上之欲，故不可谓仁义。仁义不在焉，桓公又从而礼之。使小臣有智能而遁桓公，是隐也，宜刑；若无智能而虚骄矜桓公，是诬也，宜戮。小臣之行，非刑则戮。桓公不能领臣主之理而礼刑戮之人，是桓公以轻上侮君之俗教于齐国也，非所以为治也。故曰：桓公不知仁义。

字面翻译：有人说：桓公不懂得仁义的含义。所谓仁义，是为天下的灾害而忧虑，为国家的祸患而奔走，而不顾及个人的鄙视和屈辱，这才叫仁义。所以伊尹认为中原国家处于混乱，通过做厨师向成汤献策求得任用；百里奚认为秦国处于混乱，通过做俘虏向秦穆公献策求得任用。他们都忧虑天下的灾害，为国家的祸患而奔走，因而不顾及个人的鄙视和屈辱，所以称之为仁义。现在桓公以大国君主的权势，谦卑地去拜见一个身为平民的读书人，想要他忧虑齐国的政事，而小臣稷不愿出来做官，可见小臣稷的心中没有民众。心中没有民众不能称之为仁义。所谓仁义，不会失掉当臣子的礼节，不会颠倒君臣之间的尊卑。因此四周国境之内，按照等级拿着不同的鸟兽朝见君主的，叫作臣子；臣子的下属官吏按不同职务掌理事务的，叫作萌。现在小臣稷属于民萌地位的群众，又违背君主的愿望，因而不能叫作仁义。仁义不在小臣稷身上，桓公却顺从他的不见继续礼遇他。假使小臣稷真的有智慧才能而躲避桓公，这是隐士，应当对他处以刑罚；假使小臣稷是没有智慧才能而虚伪地在桓公面前骄傲矜持，这是欺骗，应当对他处以戮刑。小臣稷的行为，不是该罚就是该杀。桓公不能带领遵守君臣之间的应有关系而去礼遇该罚该杀的人，这是桓公用轻视朝廷和欺侮君主的风气来教化齐国，是不能用来治理国家的。所以有人说：桓公不懂得仁义。

商人商语：韩非子认为，只有胸怀救世济民理想的士子，才是仁义之士。他还认为，从君主的角度来看仁义就是：要么愿意为我所用，你侬我侬；要么必须为我所用，我侬你也得侬；要么这种仁义之士就不应该存在。韩非子的这个观念，可以从法家思想的鼻祖姜子牙杀掉隐士狂矞的故事里得到佐证。

原文：靡笄之役，韩献子将斩人。郤献子闻之，驾往救之。比至，则已斩之矣。郤子因曰："胡不以徇？"其仆曰："囊不将救之乎？"郤子曰："吾敢不分谤乎？"

字面翻译：晋国和齐国的靡笄战役，晋中军司马韩厥将要处决一个人。中军主帅郤克听说后，驾车前去搭救那个人。等他赶到时，那个人已经被处决了。郤克就势说："为什么不拿他的尸体巡行示众？"郤克的侍仆说："先前您不是打算救他吗？"郤克说："我怎敢不为韩厥分担别人的非议呢？"

商人商语：现实中，领导者对于有能力的手下犯的错，是不是只能将错就错？那么，这个将错就错有没有一个划定的范围呢？若是没有划定范围，是不是会因小失大呢？

原文：或曰：郤子言，不可不察也，非分谤也。韩子之所斩也，若罪人，则不可救，救罪人，法之所以败也，法败则国乱；若非罪人，则不可劝之以徇，劝之以徇，是重不辜也，重不辜，民所以起怨者也，民怨则国危。郤子之言，非危则乱，不可不察也。且韩子之所斩若罪人，郤子奚分焉？斩若非罪人，则已斩之矣，而郤子乃至，是韩子之谤已成而郤子且后至也。夫郤子曰"以徇"，不足以分斩人之谤，而又生徇之谤。是子言分谤也？昔者纣为炮烙，崇侯、恶来又曰斩涉者之胫也，奚分于纣之谤？且民之望于上也甚矣，韩子弗得，且望郤子之得之也；今郤子俱弗得，则民绝望于上矣。故曰：郤子之言非分谤也，益谤也。且郤子之往救罪也，以韩子为非也；不道其所以为非，而劝之"以徇"，是使韩子不知其过也。夫下使民绝望于上，又使韩子不知其失，吾未得郤子之所以分谤者也。

字面翻译：有人说：郤克的话，不能不仔细地分析，这并不是在分担对韩厥的非议。韩厥要处决的人，如果是有罪的，那么就不应该去搭救他，救了有罪的人，会导致法律的败坏，法律败坏了国家就会混乱。如果不是有罪的人，郤克就不可以劝韩厥拿尸体巡行示众，劝韩厥拿他的尸体巡行示众，这是加重惩处无罪的人，加重惩处无罪的人，就会引起民众的怨恨，民众有怨恨国家就危险了。郤克的言语，不是使国家危险就是使国家混乱，不能不加以仔细分析。况且韩厥要处决的如果是有罪的人，郤克要分担什么非议呢？要处决的如果不是有罪的人，那么已经处决了，而郤克才赶到，这是韩厥处决无罪之人的非议已经形成，而郤克才落后地赶到。那时郤克说要把尸体巡行示众，不但不能分担处决人的非议，反而会增加人们对尸体巡行示众的非议，这难道就是郤克所说的分担非议？过去商纣发明出炮烙之刑，崇侯、恶来又提出砍掉涉水者的小腿，哪里就分担了对纣王的非议？况且民众对朝廷的期望是很高的，韩厥没能做到的，就会希望郤克做得到；现在郤克一样都没有做到，那么民众对朝廷就绝望了。所以有人说：郤克的话不是分担了非议，而是增加了非议。再说郤克前去搭救罪人，是认为韩厥的做法是错的；但是郤克不向韩厥说明做法错误的原因，却劝他拿尸体巡行示众，这是使韩厥不知道自己的过错。使得下面的民众对朝廷绝望，又使得韩厥不知道自己的过失，我不明白郤克是怎样来分担非议的。

商人商语：那个被斩杀的人，到底该不该杀呢？在某些上层人物看来，这点已经不重要了，能够圆场瞒过去才是最重要的。但是法家的是非观很强，因为法制要求人必须要有是非观，由此制定是非标准和行为。所以，我们看到韩非子这么坚决地非要以"二元论"来评判，是真的不懂得变通吗？其实不是的，如果确定了以法治国，就只能有法律制度一个标准，才有可能将法制进行到底。

原文：桓公解管仲之束缚而相之。管仲曰："臣有宠矣，然而臣卑。"公曰："使子立高、国之上。"管仲曰："臣贵矣，然而臣贫。"公曰："使子有三归之家。"管仲曰："臣富矣，然而臣疏。"于是立以为仲父。霄略曰："管仲以贱为不可以治贵，故请高、国之上；以贫为不可以治富，故请三归；以疏为不可以治亲，故处仲父。管仲非贪。以便治也。"

字面翻译：齐桓公解开管仲的捆绑而任他为相。管仲说："我有了君上的宠信，但我地位低下。"桓公说："我提高你的地位在高、国两大贵族之上。"管仲说："我地位变得尊贵了，但是我还很贫穷。"桓公说："给你商税三成的俸禄做家业。"管仲说："我变得富有了，但是我们的关系还疏远。"于是桓公就立管仲为仲父。霄略说："管仲认为地位低下的人不能管治地位尊贵的人，所以请求提高地位在高、国两大贵族之上；认为贫穷的人不能管治富裕的人，所以请求拥有商税三成的俸禄；认为和桓公关系疏远不能管治和桓公关系亲密的人，所以成了桓公的仲父。管仲不是一个贪婪的人，他这么做是为了便于治理国家。"

商人商语：管仲不仅知道自己能做什么，而且知道需要什么条件才能做成。管仲要担负起变法图强的重任，是需要权势来推动的。而臣子的权势，不仅来自于君主的授权，还要有个人实力的加成，正如孔子所言：君子不重则不威。

原文：或曰：今使臧获奉君令诏卿相，莫敢不听，非卿相卑而臧获尊也，主令所加，莫敢不从也。今使管仲之治不缘桓公，是无君也，国无君不可以为治。若负桓公之威，下桓公之令，是臧获之所以信也，奚待高、国、仲父之尊而后行哉？当世之行事、都丞之下征令者，不辟尊贵，不就卑贱。故行之而法者，虽巷伯信乎卿相；行之而非法者，虽大吏诎乎民萌。今管仲不务尊主明法，而事增宠益爵，是非管仲贪欲富贵，必暗而不知术也。故曰：管仲有失行，霄略有过誉。

字面翻译：有人说：假设让奴仆奉君主的昭命去告知卿相，没有谁敢于不听从，这不是因为卿相地位低下而奴仆地位尊贵，而是因为君主的昭命下达，没有谁敢于不听从。现在假设管仲的整治不是出自于桓公的意见，那就是没有使用君主的权威，国家没有君主的权威就不可能变法整治。如果是凭借桓公的权威，下达桓公的法令，就算是奴仆传令也可以被人信任听从，何必要等待获得高氏、国氏、仲父那样的高贵地位，然后才能推行呢？当今世上，行事、都巫之类小官下达的那些征兵征税的法令，本应不回避尊贵的人，不欺侮卑贱的人。所以，如果是依法办事，即使是宦官的卑贱也可以使卿相信从；不依法办事的话，即使是大官也会在民众面前理屈词穷。现在管仲不致力于尊崇君主、彰明法度，而去做增强宠信增加爵禄的事情,这不是管仲贪图富贵,就一定是他糊涂得不懂得治国的方法策略。所以有人说:管仲有错误的行为,霄略有错误的赞誉。

商人商语:韩非子以法家的观念批评管仲,看似在理论上有道理,实际上是典型的学者型言论。仅以结果论而言,管仲辅佐齐桓公不但使其富国强兵,而且让他做了春秋五霸的第一个霸主。管仲变法图强的成功,与管仲要求的三个条件,能说没有必然的联系吗?凡是辅佐成大事者,都需要智谋的谋划,也需要人情世故的练达,更需要君主的信任以使得自己拥有必要的权重。

原文:韩宣王问于樛留:"吾欲两用公仲、公叔,其可乎?"樛留对曰:"昔魏两用楼、翟而亡西河,楚两用昭、景而亡鄢、郢。今君两用公仲、公叔,此必将争事而外市,则国必忧矣。"

字面翻译:韩宣王向樛留请教:"我想同时重用公仲和公叔,可以吗?"樛留回答说:"过去魏王同时重用楼鼻、翟强而丧失了黄河以西的领土,楚国同时重用昭、景两大姓而丧失了鄢、郢两地。现在您要同时重用公仲、公叔,他们必将争权夺利而和国外诸侯勾结交易,国家就一定会有忧患。"

商人商语:看问题要分类思考。如果公仲和公叔的职权有重合或者对冲的,那么樛留的回答是有道理的。如果二者的职权是互补的,或者是不相干的,那么樛留的回答就太浅薄了。中国的易经文化,本来就是教人们分类思考、理性推理的文化,后来却发展成了江湖术士"怪力乱神"的不传之秘。

原文:或曰:昔者齐桓公两用管仲、鲍叔,成汤两用伊尹、仲虺。夫两用臣者国之忧,则是桓公不霸,成汤不王也。湣王一用淖齿,而身死乎东庙;主父一用李兑,减食而死。主有术,两用不为患;无术,两用则争事而外市,一则专制而劫弑。今留无术以规上,使其主去两用一,是不有西河、鄢、郢之忧,则必有身死减食之患,是樛留未有善以知言也。

字面翻译:有人说:过去齐桓公同时重用管仲、鲍叔,商汤同时重用伊尹、仲虺。如果同时重用两个大臣是国家的忧患,那么桓公就不会称霸,商汤就不能称王。齐湣王只重用一个淖齿，结果自己被淖齿杀死在东庙；赵武灵王只重用一个李兑，结果自己被李兑围困饿死。君主有方法策略，同时重用两个人也不会构成祸患；君主没有方法策略，同时重用两个人就会导致他们争权夺利而和国外诸侯勾结交易，重用一个人就会导致大臣专权而劫持杀戮君主。现在穆留不能用治国的方法策略去劝说君主，却劝说他的君主不要同时重用两个人而只重用一个人。这种做法，如果没有丧失如同西河、鄢、郢领地的忧患，就一定会有杀身饿死的祸患，这是穆留没有正确的见解向君主合理地进言。

商人商语：法家思想是法在前，以法为主，术在后，以术为辅。所以，能否同时重用两人，取决于能否依法设置两个人的权责、赏罚。就算是君王有权术，也应把对人才的使用放在整个管理体系的监控上。

去除聪明和巧伪，立下规矩正名分

韩非子认为"君臣不同道"，就如同球场上教练和球员的职责不同一样。企业家的权势，除了体现在确定规矩、制定规则等方面，还体现在整治那些行为不法的下属上。如同不要使树木的枝叶过于茂盛一样，企业家也要有去除所谓贤人能士不受控的智慧和机巧，整治拉帮结伙的朋党团体。

企业的贤人多了、朋党的山头多了，就会堵塞公司运营管理的流程；暗通款曲的团伙腰包鼓了，企业的利润就空虚了，老板还不知道亏损的问题在哪里；内外勾结，企业的核心资源就会向所谓合作伙伴那里倾斜。企业核心资源向外转移，不仅会损害公司的利益，还会给老板的地位造成威胁。

本节选取的是《韩非子·扬权》，讲述的是君主如何善用自己的权势，管理住高管们。

《韩非子·扬权》：弘扬君权有方法，遵循事理，名正则事定

原文：天有大命，人有大命。夫香美脆味，厚酒肥肉，甘口而疾形；曼理皓齿，说情而捐精。故去甚去泰，身乃无害。权不欲见，素无为也。事在四方，要在中央。圣人执要，四方来效。虚而待之，彼自以之。四海既藏，道阴见阳。左右既立，开门而当。勿变勿易，与二俱行。行之不已，是谓履理也。

字面翻译：天道有自然法则，人身有自然规律。那香甜脆爽的美味，醇酒肥肉，吃起来可口但是损害身体；细嫩的肌肤、洁白的牙齿，美女令人情动但也损耗精气。所以去掉过分的享乐、去除过度的饮食，身体才不会受到损害。君主不要刻意地去表现权势，平时看起来应是无所作为的。政事分散在各个地方，政权集中在政府中央。圣明君主执掌着政权，四方的臣民都会来效力。君主没有成见地尊重臣下，臣下自然会做好自己的事情。天下已经在掌控之中，君主可以从静中观察天下的动态。文事武备各个官职已经设立，君主就可以广开门路招贤纳才。不变化不改动，按照事物的天道法则和人性的自然规律去做事。一直都在按照法则规律做事，就叫遵循事理。

商人商语：权势的善用，在于控制住权柄，才能以小博大，号令四方；在于权力的使用，遵循万事万物的规律，才能无为而无所不为，建立事功；还在于不胡作非为，才不会因为反作用力而受到伤害。

原文：夫物者有所宜，材者有所施，各处其宜，故上无为。使鸡司夜，令狸执鼠，皆用其能，上乃无事。上有所长，事乃不方。矜而好能，下之所欺；辩惠好生，下因其材。上下易用，国故不治。

字面翻译：器物会有它适宜的用处，才能也会有它施展的地方，臣子们各自处在适当的位置上作为，君主就可以无为而治了。让公鸡来掌管黎明的报晓，让狸猫来捕捉偷吃的老鼠，臣子都在发挥他们的能力，君主就可以无事可做了。君主显示自己某方面的特长，某方面的事情就会处理不当。君主喜好自夸逞能，就会成为臣下进行欺瞒的凭借；君主喜欢卖弄口才和恩惠，臣下就会利用君主的这种特性而伪装自己的才能。君臣的位置和作用颠倒了，国家因此就得不到治理。

商人商语：权势的力量，在于拥有决定权、制定权和裁决权，不在于赋予掌权者具体做事的能力。换句话来说，权势是让掌权者决定做正确的事情，制定正确的做事规则，裁决做事的好与坏，裁决做事好坏的赏罚。

原文：用一之道，以名为首，名正物定，名倚物徙。故圣人执一以静，使名自命，令事自定。不见其采，下故素正。因而任之，使自事之；因而予之，彼将自举之；正与处之，使皆自定之。上以名举之，不知其名，复修其形。形名参同，用其所生。二者诚信，下乃贡情。

字面翻译：按照自然规律的做事方法，首先要确定事物的名分。名分确定了，事物的内容也就得到定义了；名分偏颇了，事物的内容就游移不定了。所以圣人采用虚静的态度来遵循事物自然规律的衍化，让名分自然形成自己的使命，让事物自然定义自己的内容。事物的名分不需要人为的干扰，事物的内容也就还原了本质。据此来任用臣子，使他们自行处理政事；据此下达任务，他们将会自己努力完成；以规范的方式来管理他们，使他们都能为自己做的事承担责任。君主根据事物的名分来选用臣子，不清楚臣子名下事物的履行情况，就考核臣子名下事物的实际业绩。多方验证实际业绩和名分的一致性，根据这个结果给予赏罚。实际业绩和赏罚的确切验证，臣下就会奉献自己的忠诚。

商人商语：比起现在的职务说明书和绩效考核方案，韩非子的观点更适合说明，职务在企业运营过程中是自然形成，而不是人为硬性的安排设定。韩非子的观点还告诉我们，绩效考核中，职务、职责、业绩的互相验证考核，必须加上严格的赏罚，才能使员工努力工作。

原文：谨修所事，待命于天，毋失其要，乃为圣人。圣人之道，去智与巧，智巧不去，难以为常。民人用之，其身多殃；主上用之，其国危亡。因天之道，反形之理，督参鞠之，终则有始。虚以静后，未尝用己。凡上之患，必同其端；信而勿同，万民一从。

字面翻译：谨慎处理自己的政事，接受天道自然规律的结果，不丧失统治国家的权柄，才能成为圣明的君主。圣明君主治国的原则，要去除个人的智巧，个人的智巧不去除，治国的原则就难以成为治国的常规法则。普通民众使用智巧，自身会增加祸殃；一国之主使用智巧，他的国家就会危亡。遵循自然的规律，推及事物的具体事理，寻根究底地多方考察验证，从结果推演到开始。不带有成见地观察事物的过程到结果，也不带有主观地判断好与坏。凡是君主的祸患，一定是赞同了事物的片面意见；可以不怀疑，但是不要赞同片面的意见，全国民众就会一致地服从君主了。

　　商人商语：遵循事物的自然规律，不干涉事物的自然运行，不期望人力的智巧作用，接受事物的自然结果，这就是圣人治理国家的纲领。

　　原文：夫道者，弘大而无形；德者，核理而普至。至于群生，斟酌用之，万物皆盛，而不与其宁。道者，下周于事，因稽而命，与时生死。参名异事，通一同情。故曰：道不同于万物，德不同于阴阳，衡不同于轻重，绳不同于出入，和不同于燥湿，君不同于群臣。——凡此六者，道之出也。道无双，故曰一。是故明君贵独道之容。君臣不同道，下以名祷。君操其名，臣效其形，形名参同，上下和调也。

　　字面翻译：道啊，宽宏广大却无边无形；德啊，内含道理而普遍存在。至于天地万物的生长，都或多或少地自然汲取了道和德，天地万物依靠道和德而繁衍茂盛，却不会和道和德一样的安定。道啊，普遍存在于具体的事物之中，通过事物构成因素的聚合而给以命名，给事物以生死的时间限定。事物的名称不同，事理各异，但是用自然规律来理解，事物的本性是共同的。所以说：道和它所生成的万物不相同，德和它所内含的阴阳不相同，衡器和它所衡量的轻重物体不相同，墨线和它所矫正的或凸出或凹进的部分不相同，"和"作为定音器与影响音调的干湿环境不相同，君主和他的臣子们不相同。所有这六种情况，都是道所衍化出来的。道是独一无二的，所以说它是唯一的自然法则。因此，明君尊崇道这唯一的特性。做君主和做臣子的原则是不相同的，臣下按照自己的名分来做事求福。君主执掌着臣下的职衔名分，臣下贡献职衔名分下的事功，事功和名分互相验证是否相符，君臣上下的关系就和谐了。

商人商语：君权的道，如天地般独立周行而不殆。体现在企业的人事安排上，就是"操其名"，也就是设定员工的名衔和职责，并以此来考核和赏罚其做事的业绩。虽然员工的工作内容各不相同，但是职责和业绩必须与之相符。员工为了二者相符而去努力工作，企业家也就不会横加指责，大家的关系就和谐了。

原文：凡听之道，以其所出，反以为之入。故审名以定位，明分以辩类。听言之道，溶若甚醉。唇乎齿乎，吾不为始乎；齿乎唇乎，愈惛惛乎。彼自离之，吾因以知之；是非辐凑，上不与构。虚静无为，道之情也；参伍比物，事之形也。参之以比物，伍之以合虚。根干不革，则动泄不失矣。动之溶之，无为而攻之。喜之，则多事；恶之，则生怨。故去喜去恶，虚心以为道舍。上不与共之，民乃宠之；上不与义之，使独为之。上固闭内扃，从室视庭，咫尺已具，皆之其处。以赏者赏，以刑者刑，因其所为，各以自成。善恶必及，孰敢不信？规矩既设，三隅乃列。

字面翻译：君主听察的原则是，根据臣下发表的言论，反过来以此来考核他们的行为。所以审查事物的名分来确定官员的职位，明确职责的内容来区别政事的类别。听察言论的原则是，态度安闲得就像是大醉一样。群臣们唇枪舌剑的争辩，我就是不先开口；群臣们铁齿钢牙地争吵，我更加装成糊里糊涂的样子。让他们自己去有条有理地分析，我从而加以了解；正确的、错误的意见都会聚集过来，君主也不参与评判。虚静无为，是君主之道的自然情形；多角度多方位互相比较验证的，是事物显示的形态。用多角度验证的方式来比较事物的外在形式，用多方位验证的方式来发现事物的内在含义。树根树干不被重创的话，怎么晃动都不会失去生命。任凭群臣们的激动或者安静，君主以无为的原则来处理一切。君主表示了喜悦，那个事情就会增多；表示了厌恶，那个人就会生出怨气。所以要排除爱与憎的分别心，使内心空虚来作为道的所在。君主不和臣民分享权力，他们才会爱戴君主；君主不教导臣民做事，他们才会自己做事。君主关闭与臣下交流的门户，仿佛是从室内观察庭院，臣民们的所作所为、所言所想都近在咫尺，一个一个都了若指掌。该赏的赏，该罚的罚，根据他们的所作所为，各自受到相应的赏罚处置。善恶一定受到赏罚，谁还敢不诚实？规章制度既然已经设置，其他更多方面的事情就一一安排就位。

商人商语：这个遵循自然的法则，好比遵循"因果、因缘"之道，每个员工都要为自己的主张、行为、结果而负责。掌权者并不是虚静无为的旁观者，而是要先画下来道儿定下规则，然后如裁判般冷眼旁观运动员的场上表现，并给予不当行为的判罚。

原文：主上不神，下将有因；其事不当，下考其常。若天若地，是谓累解；若地若天，孰疏孰亲？能象天地，是谓圣人。欲治其内，置而勿亲；欲治其外，官置一人；不使自恣，安得移并？大臣之门，唯恐多人。凡治之极，下不能得。周合刑名，民乃守职；去此更求，是谓大惑。猾民愈众，奸邪满侧。故曰：毋富人而贷焉，毋贵人而逼焉，毋专信一人而失其都国焉。腓大于股，难以趣走。主失其神，虎随其后。主上不知，虎将为狗。主不蚤止，狗益无已。虎成其群，以弑其母。为主而无臣，奚国之有？主施其法，大虎将怯；主施其刑，大虎自宁。法刑苟信，虎化为人，复反其真。

字面翻译：君主不能做到神秘莫测，臣下就会有机可乘；君主行事不够恰当，臣下就会引为成例。君主如天辽阔、如地宽广般自由自在，就会解脱琐屑政事的拖累；君主如天行健、如地势坤般自得其乐，和哪个疏远，和哪个亲近？君主之道能效仿天地之道的，才能称为圣人。想治理好宫廷内的事情，要设置宦官但是不要亲信他们；想治理好朝廷外的事情，要每个官职只设置一人；不允许他们自行其是，他们怎么能够越职侵权？大臣的门下，就怕人多势众。凡是治理的最高境界，就是臣下不能得到法制不允许得到的东西。刑罚的名目和刑罚的罪过类别，一一对比验证，臣民就会安守本分；丢掉法制和刑罚，另外寻找治理之路，是最大的迷惑；刁滑的民众越来越多，奸臣就会布满在君主的身侧。所以说：不要帮助别人富裕了而自己却去借贷，不要帮助别人显贵了而自己却受压迫，不要专门宠信一个人而丧失了自己国都和国家的统治权力。小腿比大腿粗，难以疾走快跑。君主失去神秘莫测的威慑力，篡权杀君如同老虎的臣子就会跟随其后。君主不能察觉，老虎就会伪装成狗。君主不能及早制止，狗就会不断增加。等到老虎成了团伙，就会一起杀掉君主。做君主的如果没有做事的臣子，还有什么国家治理可言？君主施行他的法律，大老虎就会害怕；君主施行他的刑罚，大老虎自会顺服。法律刑罚如果坚决推行开来，老虎就会重新变成人，恢复他本来的臣下本色。

商人商语：君王的心胸如天地，不会有意偏爱或者憎恶某一个人。天地的规则虽然看不见，但是人们都能从天地规则的作用上来知道它的存在。企业员工也是从规章制度上认识到企业家运营管理企业的规则的。

原文：欲为其国，必伐其聚；不伐其聚，彼将聚众。欲为其地，必适其赐；不适其赐，乱人求益。彼求我予，假仇人斧；假之不可，彼将用之以伐我。黄帝有言曰："上下一日百战。"下匿其私，用试其上；上操度量，以割其下。故度量之立，主之宝也；党与之具，臣之宝也。臣之所不弑其君者，党与不具也。故上失扶寸，下得寻常。有国之君，不大其都；有道之臣，不贵其家。有道之君，不贵其臣；贵之富之，彼将代之。备危恐殆，急置太子，祸乃无从起。内索出圉，必身自执其度量。厚者亏之，薄者靡之。亏靡有量，毋使民比周，同欺其上。亏之若月，靡之若热。简令谨诛，必尽其罚。

字面翻译：想要治理自己的国家，必须除掉朝廷中的朋党；不除掉朝廷中的朋党，他们将会聚众成势。想要治理自己的国土，必须使封邑的赏赐适当；封邑的赏赐不当，乱臣贼子就会要求更多。他们要什么我就给什么，是借给仇人斧头；之所以不能借斧头给仇人，是他将用斧头来砍我。黄帝说过这样的话："君臣之间一天内就有上百次冲突。"臣下隐藏自己的私心，用来试探自己的君主；君主掌握着法律法规，用来制裁自己的臣下。所以法律法规的制定，是君主制臣的法宝；朋党形成势力，是臣下谋私的法宝。臣下之所以杀不掉他的君主，是朋党还未形成势力。所以君主失掉一尺的权力，臣下就会得到一丈的权势。统治国家的君主，不能让臣下的封邑扩大；懂得做臣子原则的大臣，不使自己的家业显贵。懂得治国原则的君主，不让自己的臣子显贵；如果使臣下高贵而富裕，他们就将取代君主。要防备危险而害怕出乱子，就要尽快设立太子，祸患也就无从发生了。宫廷内部捉拿坏人，宫廷外部囚禁奸臣，君主必须亲自制定法律法规。量刑过重的加以削减，处刑太轻的予以增加。削减和增加都要有标准，不要使臣民们勾结紧密，共同欺侮君主。削减刑罚，像月亮圆缺那样逐渐亏蚀；增加刑罚，像物体受热一般逐渐加热。简明法令，谨慎诛戮，一定要彻底实施刑罚。

商人商语：君王的权力是用来制定规则的，是用来防止臣下势力过大的；臣下们为了打破规则，就必须以结党的方式来壮大自己的力量。一个要用权势来防止臣下的势力做大，一个要勾连更多的人来壮大自己的势力，二者的力量从一开始就是此消彼长的。

原文：毋弛而弓，一栖两雄。一栖两雄，其斗嚄嚄。豺狼在牢，其羊不繁。一家二贵，事乃无功。夫妻持政，子无适从。

字面翻译：不要放松君王权力的弓弦，否则，一个朝堂之上会栖居有两只争权夺利的雄鸟。一个朝廷之上栖居有两只争权夺利的雄鸟，它们的争斗必然是你死我活。豺狼在羊圈里，羊的数目就不会增多。一家有两个管事的，事情就会没有成效。夫妻共同当家，儿子就不知道该听谁的。

商人商语：现实中的很多老板，喜欢豢养会争权夺利的手下，这样在裁决时会很有帝王般的主宰感。其实，这类老板忘记了一件事情：争权夺利损害的是他自己的利益。

原文：为人君者，数披其木，毋使木枝扶疏；木枝扶疏，将塞公闾，私门将实，公庭将虚，主将壅围。数披其木，无使木枝外拒；木枝外拒，将逼主处。数披其木，毋使枝大本小；枝大本小，将不胜春风；不胜春风，枝将害心。公子既众，宗室忧吟。止之之道，数披其木，毋使枝茂。木数披，党与乃离。掘其根本，木乃不神。填其汹渊，毋使水清。探其怀，夺之威。主上用之，若电若雷。

字面翻译：做君主的，要经常像劈削树木一样整治臣下，不要使得树木枝叶茂盛；权臣的势力如树木一样枝叶茂盛，他的党羽就会充塞官府，权贵的私门将会富实，国家的国库将会空虚，君主将会被裹挟圈禁。君主经常劈削臣下权力的这棵树木，不要使得臣下权力的树枝向外伸展；臣下权力的树枝向外伸展，勾结国外的势力，将会威逼君主的权位。经常劈削臣下权力的这棵树木，不要使得臣子权力的枝干粗壮，而君主的权力主干细小；枝干粗壮、主干细小，就会经不住时事动荡的春风，经受不住春风，树枝的飘摇将会损害树干这个君权。君主的儿子们人数众多，嫡长子一脉的人就会担忧而沉吟。制止这些势力扩张的办法，就是如同经常劈削树木的整治，不要使得他们的势力枝叶茂盛。权臣势力的树木经常劈削，他的朋党就会分崩离析。掘掉了树根，树木就没有生气了。填塞汹涌的深渊，不要让水奔腾咆哮。探测臣下的阴谋，剥夺臣下的威势。君主使用自己的权势，果断得好像闪电、威力大得像是雷劈。

商人商语：企业家要防止手下在外部市场经营和内部运营管理中的权势过大。手下的权势一旦过大了，就会无法遏制。唯一的可能就是主动或者被动地切割，如此一来，企业的利益就不可避会受到损害。

统筹商法和申术，不要分割成技术

权要有术，才能发挥出权势的作用，否则就好像是守着聚宝盆却不知道如何花钱；法要有术，法律才能执行得彻底而完整，否则就好像是有船帆却不知道如何借用风力。法和术的结合，其实是法治和人治的结合。只不过在法家看来，"术"是法治基础上的君主人治。

推行法制施用权术，才能使合适的人用在合适的岗位上，才能以一套考核方案来确认所谓合适的人是否真的合适，才能在考核体系之外发现考核不出来的真相。法制和权术的结合，才是真正的管人理事，好比是佛家偈子"有禅有净土，犹如戴角虎"一样，治理的威力无穷。

本节选取的《韩非子·定法》中有三段自问自答的对话，是韩非子分析商鞅的法和申不害的术，他认为二者结合起来运用，才能更完整地发挥君主的权势。

《韩非子·定法》：法是君臣共同遵守的，术是君主对臣子使用的

原文：问者曰："申不害、公孙鞅，此二家之言孰急于国？"

应之曰："是不可程也。人不食，十日则死；大寒之隆，不衣亦死。谓之衣食孰急于人，则是不可一无也，皆养生之具也。今申不害言术而公孙鞅为法。术者，因任而授官，循名而责实，操杀生之柄，课群臣之能者也。此人主之所执也。法者，宪令著于官府，刑罚必于民心，赏存乎慎法，而罚加乎奸令者也。此臣之所师也。君无术则弊于上，臣无法则乱于下，此不可一无，皆帝王之具也。"

字面翻译：有人问："申不害和商鞅，这两家的学说，对于迫切想要治理好国家的人来说，谁更实用呢？"

韩非回答："这是不能以一种标准来比较的。人不吃饭，十天就会饿死；寒冬最冷的时候，不穿衣服也会冻死。问说穿衣服和吃饭哪一种对人更为急需，那么应该说它们是缺一不可的，都是维持生命所必须具备的条件。现在申不害提倡君主运用术治而商鞅主张推行法治。所谓术治，就是依据事务而授予官职，按照职衔名分责求实际业绩，掌控臣子们或生或杀的权柄，考核群臣的实际工作能力。这个施用权术的治理，是君主所应该掌握的。所谓法治，就是由官府明文公布法律法规，赏罚制度贯彻到民众的心里，对于严格守法的人给予奖赏，而对于触犯法令的人进行惩罚。这个推行法制的治理，是臣下们所应该遵循的。君主没有权术，就会在上面受蒙蔽，臣下没有法制，就会在下面乱做事，所以术治和法治缺一不可，都是成就帝王大业必须具备的东西啊。"

商人商语：韩非子对商鞅的"法治"理解有疏漏。商鞅的法治，首先

在职责的设计上就防止了臣下乱做事；其次是在官吏的考核上，商鞅更强调全民监控、制度考核，而不是君主自己使用权术的监察。按韩非子的理解，商鞅的法是相对静态的管理，申不害的术是相对动态的管理。

原文：问者曰："徒术而无法，徒法而无术，其不可何哉？"

对曰："申不害，韩昭侯之佐也。韩者，晋之别国也。晋之故法未息，而韩之新法又生；先君之令未收，而后君之令又下。申不害不擅其法，不一其宪令，则奸多。故利在故法前令则道之，利在新法后令则道之，利在故新相反，前后悖相，则申不害虽十使昭侯用术，而奸臣犹有所谲其辞矣。故托万乘之劲韩，十七年而不至于霸王者，虽用术于上，法不勤饰于官之患也。

"公孙鞅之治秦也，设告相坐而责其实，连什伍而同其罪，赏厚而信，刑重而必。是以其民用力劳而不休，逐敌危而不却，故其国富而兵强；然而无术以知奸，则以其富强也资人臣而已矣。及孝公、商君死，惠王即位，秦法未败也，而张仪以秦殉韩、魏。惠王死，武王即位，甘茂以秦殉周。武王死，昭襄王即位，穰侯越韩、魏而东攻齐，五年而秦不益一尺之地，乃成其陶邑之封。应侯攻韩八年，成其汝南之封。自是以来，诸用秦者，皆应、穰之类也。故战胜，则大臣尊；益地，则私封立：主无术以知奸也。商君虽十饰其法，人臣反用其资。故乘强秦之资数十年而不至于帝王者，法不勤饰于官，主无术于上之患也。"

字面翻译：有人问说："只用术治而不用法治，只用法治而不用术治，这样都不行，究竟为何呢？"

韩非子回答说："申不害，是韩昭侯的辅佐大臣。韩国，是从晋国分裂出来的国家。晋国的旧法律还没有废除，而韩国的新法律又颁布了；晋君的旧政令还没有收回，而韩君的新政令又已下达。可惜，申不害不专心地统一国家的法律，不专心地统一君主的政令，奸邪的事情就增多了。所以奸臣们认为旧的法律和政令对自己有利，就依照旧的法律、政令来做事；奸臣们认为新的法律和政令对自己有利，就依照新的法律、政令来做事；

他们从新旧法律的互相矛盾、前后政令的相互违背中获取利益，那么申不害即使用十倍的努力让韩昭侯运用术治，奸臣仍然有办法进行诡辩。所以凭借着拥有万辆兵车的强大韩国，经过十七年的术治努力还没有成就霸业，就是因为君主虽然在上面施行术治，但是没有使用法治来经常对官吏进行整顿所造成的危害啊。

"商鞅治理秦国的时候，设立告发奸行、定罪连坐的制度来责求法治的实用，使十家为一什、五家为一伍的联保组织里的每一家为其中任何一家的罪责，承担同样的罪责，奖赏优厚而且遵守信用，刑罚严厉而且必定执行。因此秦国民众努力耕种劳累了也不懈怠、追击敌人再危险也不退却，所以秦国国家富裕兵力强盛；但是秦王没有用术治来识别奸臣，那么秦国的富强不过是用来帮助群臣获取私利罢了。等到秦孝公、商鞅死后，秦惠文王继位，秦国的法治没有被废除，而张仪把秦国的力量牺牲在用来逼迫韩国、魏国。秦惠文王死后，秦武王继位，甘茂把秦国的力量牺牲在用于攻打东周的系列战事上。秦武王死后，秦昭襄王继位，穰侯魏冉越过韩国、魏国两个国家，向东攻打齐国，五年的战争秦国没有增加一尺土地，而穰侯却修建了陶邑封地的城墙。应侯范雎攻打韩国长达八年，在汝水之南收获了他自己的封地。自从商鞅死了以后，许多在秦国执政的人，都是应侯、穰侯一类的人物。所以打了胜仗，大臣们就尊贵起来；扩张了疆土，随之私人的封地也建立了起来：这些都是君主没有用权术去了解奸邪的缘故。商鞅虽然用十倍努力制定法治的法律，后来的臣子们却利用了法治富国强兵的成果。所以凭借强大秦国的雄厚实力，几十年了还没有成就帝王霸业，是因为法治虽然经常对官吏进行整顿，但是君主在君位上没有使用术治所带来的祸患。"

商人商语： 在韩非子看来，法治如同运营，术治如同经营，二者结合起来才是完美。只有运营，没有经营，就如同积蓄了满满一水库的力量，却不能合理释放；只有经营，没有运营，就如水流各个奔流到海，却无法积蓄成一股可以掌控的力量。

原文：问者曰："主用申子之术，而官行商君之法，可乎？"

对曰："申子未尽于术，商君未尽于法也。申子言：'治不逾官，虽知弗言。'治不逾官，谓之守职也可；知而弗言，是不谓过也。人主以一国目视，故视莫明焉；以一国耳听，故听莫聪焉。今知而弗言，则人主尚安假借矣？商君之法曰：'斩一首者爵一级，欲为官者为五十石之官；斩二首者爵二级，欲为官者为百石之官。'官爵之迁与斩首之功相称也。今有法曰：'斩首者令为医、匠。'则屋不成而病不已。夫匠者手巧也，而医者齐药也，而以斩首之功为之，则不当其能。今治官者，智能也；今斩首者，勇力之所加也。以勇力之所加而治智能之官，是以斩首之功为医、匠也。故曰：二子之于法术，皆未尽善也。"

字面翻译：有人问："君主使用申不害的权术，而官府实行商鞅的法治，这样可以吗？"

韩非子回答说："申不害的术治学说不够完善，商鞅的法治措施也不够完善。申不害说：'官吏办事不超越自己的职权，职权之外的事情即使知道了也不说。'办事不超越自己的职权范围，可以说是坚守职责；知道了却不说，这是不告发的罪过。君主用全国民众的眼睛去观察，所以没有谁比他看得更明白；用全国民众的耳朵去聆听，所以没有谁比他听得更清楚。假如知道了却不报告，那么君主还能依靠什么来做自己听察的耳目呢？商鞅的法令规定：'斩获一个甲首的升爵一级，想做官的授予年俸五十石的官职；斩获两个甲首的升爵两级，想做官的授予年俸一百石的官职。'官职爵位的提升和斩获甲首的功劳多少是相当的。现在假设有法令规定：'让斩获甲首立功的人去做医生或工匠。'那么房屋不会盖成，疾病也不会治愈。工匠是有精巧手艺的，医生是会调配药物的，如果让斩获甲首立功的人来做这些事情，那不能发挥他们的才能。现在从事官职的人，需要的是智慧和才能；而斩获甲首的人，依靠的是勇气和力量。如果让依靠勇气和力量的人去从事需要智慧和才能的官职，那就等于是让斩获甲首立功的人去当医生、工匠。所以说：申不害的术治和商鞅的法治，都还没有达到完善的地步啊。"

商人商语：其实在商鞅的法治理念中，曾提出用专职法官来解读和教化民众法律知识，并监控官吏法律执行的想法。各级官吏职事的第一要义就是百分之百地执行法律法规，不需要个人的智慧和才能。而且商鞅还特别害怕这类有智慧有才能的人担任官职，怕其用智慧和才能扰乱法律法规。因而只有战场上下来的军人才是最合适的执行人选。当然，这是一个理想化的状态。

民须教之守法而不可纵

管理严格的企业，不会鼓励员工的自由意识、独立意志和偏离制度的创造力，而是要弱化员工对于管理的抗拒力，倡导员工坚守本职。如果每个员工都能敬业爱岗地踏实工作，企业运营管理的能力就会变强。反之，如果每个员工都不安心本职，好高骛远，或者缺少本位意识，自行其是，企业运营管理的能力就弱。

本节选取的是《商君书·弱民》。商鞅认为弱民，就是要削弱民众的智力，要求个人服从集体。在商鞅看来，民弱和国强是对立的，他主张弱民强国。

《商君书·弱民》：所有有能力的人，都要在组织的结构里发挥作用

原文：民弱国强，国强民弱。故有道之国，务在弱民。朴则强，淫则弱。弱则轨，淫则越志。弱则有用，越志则强。故曰：以强去强者，弱；以弱去强者，强。

字面翻译：民众遵守法令，国家力量就强；国家力量要强，民众必须遵守法令。所以治理得法的国家，一定要使民众遵守法令。民众愚朴（遵守国家法令），国家力量就强，民众放纵（触犯国家法令），国家力量就弱。

民众守法就听从役使，民众放纵就不受控制。民众守法就会有用处，民众不受控制强也没用处。所以说：用使之强大的政策去除敢于触犯法令的民众，国家力量就弱；用使之削弱的政策去除敢于触犯法令的民众，国家力量就强。

商人商语：在物质匮乏的古代，政治家们是将民众的生存和国家的生存紧密联系在一起的。如此，把这个"弱民"理解为"愚民"也是可以的。

原文：民，善之则亲，利之用则和；用则有任，和则匮；有任乃富于政。上舍法，任民之所善，故奸多。

字面翻译：民众，你对他好他也会对你好，有利益的驱使他们才会合作；有利益的驱使民众就听话，合作做事力量就不会匮乏（原文有遗字）；民众听话，政事施行就会富有余力。君上放弃法度，放任百姓去做他们喜欢做的事情，那奸邪就多了。

商人商语：企业和企业员工之间不也是"善之则亲"的关系吗？不也是因为利益而合作的关系吗？员工会因为利益而听话，员工听话企业运营的效率就高。

原文：民贫则力富，力富则淫，淫则有虱。故民富而不用，则使民以食出，各必有力，则农不偷。农不偷，六虱无萌。故国富而贫治，重强。

字面翻译：民众贫穷就会努力致富，努力致富后就会行为放纵，民众行为放纵社会就会产生"虱害"。因此，民众富裕了而不肯被役使，就让他们捐粮换取爵位，他们（富之前与富之后）各自一定努力，那样农民就不懒惰。农民不懒惰，"六虱"就不会产生。所以想要国家富强就要用使民众贫穷的方法来治理，国家就会强而又强。

商人商语：无论民众的欲望在哪个层次，都必须被国家利用和控制。因为在彼此攻伐、国家破灭是常态的战国时期，民心民力民智不如此集中使用，国家就无法强大，也无法保全民众。

原文：兵易弱难强。民乐生安佚，死难难正，易之则强。事有羞，多奸；寡赏，无失。多奸疑，敌失必，利。兵至强，威；事无羞，利。用兵久处利势，必王。故兵行敌之所不敢行，强；事兴敌之所羞为，利。

字面翻译：兵力，容易削弱就难以强大。若是民众爱惜生命贪图安逸，让他们为国难赴死是难以做到的，改变民众的这种想法兵力才会强大。以战事为羞耻，奸邪之人就会增多；减少赏赐，就会没有过失。奸邪之人多了政事就会犹疑，（原文有遗文），敌国失利是必然的，就会有利。兵力强大，就会产生威势；战事没有羞耻之心，就会有利。军队征伐长时间处于有利的威势，一定能称王天下。所以用兵做到敌人所不敢做的，兵力就强大；敢于做敌人认为可耻的事，就会有利。

商人商语：不改变民众好逸恶劳的本性，民众的力量就无法为国家使用。企业的人力资源管理也是如此。

原文：法有，民安其次；主变，事能得齐。国守安，主操权，利。故主贵多变，国贵少变。

字面翻译：法度有常，民众才会安分守己；君主应变，政事才能成功。国家坚持"民安"之道，君主操权灵活"主变"，就会有利。所以，君主以机变为贵，国家以稳定为贵。

商人商语：企业内部的运营管理制度需要稳定。企业外部的市场经营活动需要多变。

原文：利出一孔，则国多物；出十孔，则国少物。守一者治，守十者乱。治则强，乱则弱。强则物来，弱则物去。故国致物者强，去物者弱。

字面翻译：功名利禄，出于一个途径，国家财物就会多；出于十个途径，国家财物就会少。坚守一个途径，国家就会治理；固守十个途径，国家就会混乱。国家治理就会强大，国家混乱就会削弱。国家强大则财物聚集，国家削弱则财物流散。所以国家聚集财物就强大，流散财物就削弱。

商人商语：国家把资源集中起来，加上合理的国家发展政策，就会无往而不利。企业把资源集中起来，加上合理的企业发展政策，也会无往而不利。

原文：民，辱则贵爵，弱则尊官，贫则重赏。以刑治民，则乐用；以赏战民，则轻死。故战事兵用曰强。民有私荣，则贱列卑官；富则轻赏。治民羞辱以刑，战则战。民畏死、事乱而战，故兵农怠而国弱。

字面翻译：民众，地位屈辱就会崇尚爵位，怯弱就会尊重官吏，贫穷就会看重赏赐。朝廷用刑罚来治理民众，民众就会愿意被用，用赏赐来奖励战士，战士就会轻视死亡。因此行军作战时兵力可用，就叫作强。民众有私自以为的荣耀，就会轻视爵位、鄙视官吏；民众富裕就会看轻朝廷的赏赐。治理民众，用刑罚来羞辱他们，战斗时他们才敢出战。民众害怕死亡、政事混乱时与别国交战，士兵与农民都会怠惰，国家力量就弱。

商人商语：这段文字，是法家认为的"人之常情"，所以法家的法治理念是针对此种人性的认识而提出的。企业的运营管理，也是针对员工的人性特点制定出规章制度的。

原文：农、商、官三者，国之常食官也。农辟地，商致物，官法民。三官生虱六，曰"岁"，曰"食"；曰"美"，曰"好"；曰"志"，曰"行"。六者有朴，必削。农有余食，则薄燕于岁；商有淫利、有美好，伤器；官设而不用，志、行为卒。六虱成俗，兵必大败。

字面翻译：农民、商人、官吏，是国家常见的三种职业。农民开垦土地，商人贩卖货物，官吏管理人民。这三种职业会产生六种虱子：叫"岁"虱，叫"食"虱，叫"美"虱，叫"好"虱，叫"志"虱，叫"行"虱。这六种虱子生了根，国家必定削弱。农民有了剩余的粮食，这一年就会吃喝玩乐。商人有了不正当的利润、有了精美好玩的商品，伤害了器具的实用价值。官吏成为摆设，不肯为国家出力，营私舞弊，行为成为社会的病害。六种虱子形成风俗，出兵征战必定大败。

商人商语：这六种"跳蚤"现象，可以对应企业存在的不好的现象：农民，对应制造型企业；商人，对应贸易型企业；官吏，对应特殊渠道的企业。这六种现象也可以在一家企业中对应不同部门存在的不好的现象。

原文：法枉，治乱；任善，言多。治众，国乱；言多，兵弱。法明，治省；任力，言息。治省，国治；言息，兵强。故治大，国小；治小，国大。

字面翻译：法度邪曲，治理就会错乱；任用贤良，空谈就会盛行。治道纷繁，国家就会混乱；空谈盛行，兵力就会削弱。法度修明，治理就会省简；信赖力量，空谈就会停止。治道省简，国家就会得到治理；空谈停止，兵力就会强大。所以治道扩大，国土就缩小了；治道缩小，国土就扩大了。

商人商语：企业赏罚制度公平而公开，企业文化朴实而实用，运营管理清晰而流畅，市场营销明确而实效。做到这四点，企业的实力就增强了。

原文：政作民之所恶，民弱；政作民之所乐，民强。民弱，国强；民强，国弱。故民之所乐民强，民强而强之，兵重弱。民之所乐民强，民强而弱之，兵重强。故以强，重弱；弱，重强，王。以强政强，弱，弱存；以弱政弱，强，强去。强存则弱，强去则王。故以强政弱，削；以弱政强，王也。

字面翻译：政策制定是民众所憎恶的，民众的力量就被削弱；政策制定是民众所喜欢的，民众的力量就会增强。民众的力量被削弱，国家就会强大；民众的力量增强了，国家就会削弱。所以，民众做所喜欢的民力就会增强，民力强大了而政策又使他们更强，结果，兵力就弱而又弱了。民众做所喜欢的民力就会增强，民力强大了而政策又使他们削弱，结果，兵力就强而又强了。所以实行强民的政策，以致兵力弱而又弱；实行弱民的政策，以致兵力强而又强，就能成就王业。用强民的政策治理强民，国家就会削弱，弱国只能苟存；用弱民的政策治理弱民，国家就会强大，强国就会攻伐。强国苟存，就会削弱；强国征伐，就能成就王业。可见，用强民政策治理弱民，国家就会削弱；用弱民政策治理强民，就能成就王业。

商人商语：民众的弱和强，不只是体格，还有其独立意志；国家的弱和强，也不只是军事实力，还有国家意志。法家之所以主张"弱民"，是因为在那个争于气力的年代，国家意志和个人意志并不兼容。企业经营的意志，与员工在企业中的自主意志，应该是兼容还是不兼容，是企业家应该具体思考的问题。

原文：明主之使其臣也，用必加于功，赏必尽其劳。人主使其民信此如日月，则无敌矣。今离娄见秋毫之末，不能以明目易人；乌获举千钧之重，不能以多力易人；圣贤在体性也，不能以相易也。今当世之用事者，皆欲为上圣，举法之谓也。背法而治，此任重道远而无马、牛，济大川而无舡、楫也。今夫人众兵强，此帝王之大资也，苟非明法以守之也，与危亡为邻。故明主察法，境内之民无辟淫之心，游处之士迫于战阵，万民疾于耕战。有以知其然也。楚国之民，齐疾而均，速若飘风；宛钜铁鉆，利若蜂虿；胁蛟犀兕，坚若金石；江、汉以为池，汝、颍以为限；隐以邓林，缘以方城。秦师至，鄢、郢举，若振槁；唐蔑死于垂涉，庄蹻发于内，楚分为五。地非不大也，民非不众也，甲兵财用非不多也；战不胜，守不固，此无法之所生也，释权衡而操轻重者。

字面翻译：明君使用他的臣子，任用一定是嘉奖他的功绩，奖赏一定要体现他的功劳。国君使臣民相信这一点就像相信日月运行有规律一样，那样就无敌于天下了。现在，离娄能看见秋毫之末梢，而不能将他的明目转给别人；乌获能举起千钧的重量，却不能把他的神力转给旁人；圣贤表现在品德性情方面的，也不能和别人交换。现在世上执掌朝政的人，都想成为圣人，那就只能说说法治了。舍弃法度治理国家，好比是负重物远行而没有马牛借力，又好像是渡过大河而没有船和船桨帮助。现在一个国家人口众多兵力强盛，是成就帝王之业的大资本，但是不严明法度来管理它，就接近危亡了。所以，明君明示法度，民众没有淫邪的念头，游说和隐居的士人也必须参加战争，全体民众都努力于农耕和战争。从哪里知道这个道理呢？楚国的民众，行动敏捷而整齐，行军迅速快如旋风；手持宛地钢铁制成的矛，锋利如蜂蝎的刺；身披鲛鱼皮、犀牛皮、兕牛皮的甲，坚固好像金石；有长江、汉水作护城河，有汝河、颍水作险阻；有邓林作屏障，有方城作要塞。可是秦国士兵到来，攻下鄢、郢，如同摧枯拉朽；唐蔑在垂涉战死，庄蹻在国内造反，楚国一分为五。楚国土地不是不广阔，民众不是不众多，披甲士兵和军事物资不是不充足，交战不能取胜，防守不能牢固，这就是不修明法度的结果，如同舍弃称量的工具而想去称量轻重一样。

商人商语：规范的运营管理，既能够使每个员工的长处在其本职工作中发挥出来，又能将所有员工的力量合而为一成为企业的力量。这样的人力资源，在企业运营下就形成了企业的经营实力。否则，再多数量的员工也都只是散沙而已，无法聚沙成塔。

圣人治民不从欲，禁止奸邪未萌时

任何一种思想，都离不开对人本身的认识，并由此而形成世界观和人生观。儒家认为"人性本善"，法家认为"人性本恶"，佛家认为"无善无恶"。法家认为，既然人之本性厌恶劳作、喜欢吃喝玩乐，那么为了国家利益就得管你，说教不成就得用"鞭子"抽你。而且，法家认为，个人是集体的一部分，为了集体利益，个人就必须进行标准化、符号化的转变。

法家认为"法与时转则治，治与世宜则有功"，说明企业的规章制度，要随着时事的变化、企业商业模式的变化而变化。规章制度存在的意义，就是把员工的力量聚焦在一个方向、一条跑道上。做到这样的要点有四个：第一，做好企业文化的教化，使员工思想统一；第二，专一推行公司的制度行为，而不是个人行为；第三，奖赏那些告发他人违法乱纪行为的员工；第四，企业规章制度要深入到每一个人的心里。

本节选取的是《韩非子·心度》，讲述了治国之道的根本在于民众思想意识的教化。

《韩非子·心度》：治国的根本，在于民众的法治。法治的根本，在于坚决的刑赏能使思想统一

原文：圣人之治民，度于本，不从其欲，期于利民而已。故其与之刑，非所以恶民，爱之本也。刑胜而民静，赏繁而奸生。故治民者，刑胜，治之首也；赏繁，乱之本也。夫民之性，喜其乱而不亲其法。故明主之治国也，明赏，则民劝功；严刑，则民亲法。劝功，则公事不犯；亲法，则奸无所萌。

故治民者，禁奸于未萌；而用兵者，服战于民心。禁先其本者治，兵战其心者胜。圣人之治民也，先治者强，先战者胜。

夫国事务先而一民心，专举公而私不从，赏告而奸不生，明法而治不烦。能用四者强，不能用四者弱。夫国之所以强者，政也；主之所以尊者，权也。故明君有权有政，乱君亦有权有政，积而不同，其所以立异也。故明君操权而上重，一政而国治。故法者，王之本也；刑者，爱之自也。

字面翻译：圣人治理民众，会从治理的根本上考虑问题，不会顺从民众的欲望，希望能给民众带来利益罢了。所以圣人给民众设置刑罚，并不是因为憎恨民众，而是出于爱护民众的根本利益。刑罚严峻民众就会安宁，赏赐泛滥奸邪就会滋生。所以治理民众的措施，刑罚必须严峻，这是治理的第一要素；赏赐过于泛滥，是国家混乱的根源。民众的本性，是喜欢导致混乱的滥赏，而不喜欢严格法治的刑罚。所以圣明君主的治国原则是，彰明奖励制度，民众就会努力立功；严明刑罚制度，民众就会服从法律。民众努力立功，国家政事就不会受到侵扰；民众服从法律，奸邪之事就无从产生。所以治理民众的措施，禁止奸邪要在思想尚未萌发之时；征用士兵作战，服从战争要求的心态要深入民心。禁止奸邪，要先禁止奸邪产生的本源，就能治理好；两军交战，要使士兵的思想有战斗的欲望，就能打胜仗。圣人治理民众，先治理民众的心理，治理就会强大；先调动民众参战的欲望，作战就能获胜。国家层面的大事，一定要先做好民众心理教化的统一，专一推行国家事宜而不姑息个人利益，奖赏告发奸邪的行为来使奸邪不再发生，彰明法律法规使得治理不再烦乱。能做到这四点，国家就会强大；不能做到这四点，国家就会衰弱。国家之所以强大，靠的是政策；君主之所以尊贵，靠的是权力。因此，明君有权力有政策。昏君也有权力有政策，最终的结果不同，是因为他们运用权力、制定政策的出发点就不一样啊。圣明的君主掌握权力，所以地位尊贵；专一于法制的政策，所以国家太平。所以，依法治国，是称王天下的基础；制定刑罚，是爱护民众的开始。

商人商语：在法家看来，民众的个人利益是吃饱穿暖，民众的集体利益是国家不被侵犯。为了达成这两点，执政者就必须彰明法制，以刑赏手段强行统一民众思想、统一民众行为，使二者利益获得统一。

原文：夫民之性，恶劳而乐佚。佚则荒，荒则不治，不治则乱，而赏刑不行于天下者必塞。故欲举大功而难致其力者，大功不可几而举也；欲治其法而难变其故者，民乱不可几而治也。故治民无常，唯治为法。法与时转则治，治与世宜则有功。故民朴而禁之以名则治，世知维之以刑则从。时移而治不易者乱，能治众而禁不变者削。故圣人之治民也，法与时移而禁与能变。

字面翻译：民众的本性，厌恶劳苦而喜欢安逸。安逸不作为，在做的事情就会荒废；在做的事情荒废了，国家就不会得到治理；国家没有治理，就会陷入混乱；而且赏罚不能在全国推行，治理必然受到阻碍。所以想要做大事而难以取得民众支持的，大事是不可能预期成功的；想要整顿法制却难以改变陈规旧例的，民众的混乱是不可能指望整顿好的。所以治理民众没有一成不变的常规，只有采用法制才能治理得好。法制能够顺应时代的变化，国家就能治理好；措施能够适合社会的情况，就能见到功效。所以，民众天性质朴，用名誉来制约他们，就可以治理好；世人开化智巧，用刑罚来束缚他们，才能使人服从。时代发展了，而治理措施不改变的国家，就会混乱；社会民智开化了，而禁令规定不改变的国家，必然削弱。所以圣人治理民众，法制会随着时代的发展而变革，禁令也会随着民智的进化而改变。

商人商语：企业的员工管理，和父母教育孩子是一个道理。新员工刚进公司时如幼儿，给一个脸色就可以；稍微熟悉公司业务，并开始犯小错误时，对他严厉的批评说教也还能听得进去；熬成老员工之后，反复说教也没用了，就只有惩罚，甚至是辞退。所以，企业的规章制度，不仅要随着市场变化而变化，也要随着员工状态的变化而变化。

原文：能越力于地者富，能起力于敌者强，强不塞者王。故王道在所开，在所塞，塞其奸者必王。故王术不恃外之不乱也，恃其不可乱也。恃外不乱而治立者削，恃其不可乱而行法者兴。故贤君之治国也，适于不乱之术。贵爵，则上重，故赏功爵任而邪无所关。好力者其爵贵；爵贵，则上尊；上尊，则必王。国不事力而恃私学者其爵贱；爵贱，则上卑；上卑者必削。故立国用民之道也，能闭外塞私而上自恃者，王可致也。

字面翻译：能够发挥力量在农耕上面的国家就富裕，能够调动力量与敌作战的国家就强大，能够持续强大的国家可以称王天下。所以称王天下的途径在于开发了什么，在于堵塞了什么，能够堵塞奸邪行为的必能称王天下。所以称王天下的策略不是依靠外部环境的不混乱，而是依靠自身的不可被扰乱。指望外部环境不混乱而立国治民的国家，会被削弱；依靠自身不被扰乱而推行法制的国家，会日渐兴盛。所以贤明君主治理国家时，以不可被外在环境扰乱的策略为主。民众看重爵位，那么朝廷就会被尊重，所以赏赐有功的人、赐爵给胜任的人，邪恶的人就无机可乘。喜好耕战的国家，爵位就会显贵；爵位显贵，朝廷的权威就会受到尊敬；朝廷受到尊敬，国家就一定能称王天下。不致力实力建设而依赖私学治国的国家，它的爵位就显得轻贱；爵位轻贱，朝廷的威望就会被人看低；朝廷威望降低，国家就一定会被削弱。所以利用民众力量发展国家的原则是，能够做到屏蔽外部环境的干扰、堵塞私学传播、崇尚自强自立的，称王天下的目标就可以达到了。

商人商语：企业的强大，不是靠外力的扶持，而是靠自有力量一步步积累的。企业员工的利益，也不能在企业外获得，而必须在企业中获取。这样，企业员工的精力才会全部放在企业经营的日常中来。企业经营的日常，简单来看就只有两件事情：运营管理获得实力，市场营销获得地位。

纵容强民国体弱，六虱祸源在君主

用对待好人的标准来治理国家，就一定会发生动乱；用对待所谓坏人的标准来治理国家，就一定会治理得井然有序。继续壮大那些强悍不羁的部门和员工的力量，企业的整体实力反而会因他们的强大不受控而被削弱；反之，用使之弱小的方式，将这些力量纳入企业整体的运营管理之中，企业的整体实力就会增强。

从法家的角度来看，企业的员工大多是平常资质的员工，企业的管理大多是平常之事的管理。所以企业规章制度的制定，也应该是面向大多数人、面向日常行为的管理。制定出来的规章制度，会限制那些行为容易越界的员工。这点很像现代管理中的"木桶理论"。

本节选取的是《商君书·去强》，讲述了商鞅"以弱去强""国富而贫治"的治国理念。

《商君书·去强》：那些看着很美，却无助于企业整体利益，浪费了企业资源的，必须裁掉

原文：以强去强者，弱；以弱去强者，强。国为善，奸必多。国富而贫治，曰重富，重富者强；国贫而富治，曰重贫，重贫者弱。兵行敌所不敢行，强；事兴敌所羞为，利。主贵多变，国贵少变。国多物，削；主少物，强。千乘之国守千物者削。战事兵用曰强，战乱兵息而国削。

字面翻译：采用纵容的政策来去除不守法的强民，国家会被削弱；采用削弱的政策来去除不守法的强民，国家就会强大。国家奉行与人为善的政治，奸诈的坏人就一定会多。国家富强，却按照穷国来治理，这样会富上加富，富上加富国家就强大；国家贫穷，却当成富国来治理，这样会穷上加穷，穷上加穷国家会弱小。军队征伐能做敌人所不敢做的事，就强大；政事施行敌人认为耻辱不愿做的事，就有利。君主贵在权谋善变，国家贵在法制稳定。国家多奇淫技巧之物，就会削弱；国君少玩乐丧志之物，就会强大。有一千辆兵车的国家，只满足守住一千辆兵车的物资，国家就会削弱。行军征战，士兵用心效命，国家就强大；战阵混乱，士兵偷懒惜命，国家就会削弱。

商人商语：在生活物资匮乏的时代，国家利益和个人利益是难以双赢的。而在现在的经济环境下，企业利益和员工利益是可以做到双赢的。双赢的前提是，员工利益不能超脱于企业利益之外。

原文：农、商、官三者，国之常官也。三官者生虱官者六：曰"岁"，曰"食"，曰"美"，曰"好"，曰"志"，曰"行"。六者有朴，必削。三官之朴三人，六官之朴一人。以治法者，强；以治政者，削。常官治者迁官。治大，国小；治小，国大。强之，重削；弱之，重强。夫以强攻强者亡，以弱攻强者王。国强而不战，毒输于内，礼乐虱官生，必削；国遂战，毒输于敌，国无礼乐虱官，必强。举荣任功曰强，虱官生必削。农少、商多，贵人贫、商贫、农贫，三官贫，必削。

字面翻译：农民、商人、官吏，是国家常见的三种职业。这三种人产生了六种虱害；第一是"岁"虱，农民闲游懒惰，收成每年减少；第二是"食"虱，农民不务本业，白吃粮米；第三是"美"虱，商人贩卖华丽的东西；第四是"好"虱，即商人贩卖稀奇好玩的东西；第五是"志"虱，指官吏营私舞弊的思想；第六是"行虱"，官吏贪赃枉法的行为。这六种虱害生了根，国家必然削弱。农、商、官三种职业的根在三种人身上，而国家六种虱害的根却只在国君一个人身上。能用法律来治国，国家就强；专靠政令来治国，国家就削弱。久任一种官职的人能把政事治理得很好，就升他的官级。治道广大以德，国家就会弱小。治道精减以法，国家就会强大。民众强悍不守法，国家就会越来越削弱；民众听话而守法，国家就会越来越强大。采用纵容的政策来整治不守法的民众，就要亡国。采用削弱的政策来整治不守法的百姓，就能成就王业。国强而不对外战争，毒素流通于国内，礼乐虱害就产生了，国家必然削弱；国强就对外战争，毒素流通于国外，国内没有礼乐虱害，国家必然强盛。任用有功劳的人，国家就强；任用"志、行"的虱官，国家就弱。农民少、商人多，因而公卿穷了、商人穷了、农民穷了，这三种人都穷了，国家必被削弱。

商人商语：企业里若存在这样的"六虱"，不仅会抬高企业的管理成本，还会造成管理事务的繁杂，削弱企业运营管理的能力。封闭的运营管理一定会产生毒瘤。运营管理一定要向外开放，坚持服务于企业的经营行为、营销活动，才能不腐。

原文：国有礼、有乐、有《诗》、有《书》、有善、有修、有孝、有弟、有廉、有辩。国有十者，上无使战，必削至亡；国无十者，上有使战，必兴至王。国以善民治奸民者，必乱至削；国以奸民治善民者，必治至强。国用《诗》《书》、礼、乐、孝、弟、善、修治者，敌至，必削国；不至，必贫国。不用八者治，敌不敢至；虽至，必却；兴兵而伐，必取；取，必能有之；按兵而不攻，必富。国好力，曰以难攻；国好言，曰以易攻。国以难攻者，起一得十；国以易攻者，出十亡百。

字面翻译：国家有礼仪、音乐、《诗经》《尚书》、行善、好学、孝敬父母、尊敬兄长、廉洁、善辩——国中出现了这十种思想，君上就没法使民众去打仗，国家就一定会被削弱，以至于灭亡；国家没有这十种思想，君主就有办法让民众去打仗，国家就一定会兴旺，甚至称王天下。国家用对待好人的标准来治理，一定会混乱，以至于被削弱；国家用对待坏人的标准来治理，就一定会治理好，一直到强大。国家采用《诗经》《尚书》、礼仪、音乐、孝敬父母、尊敬兄长、行善、好学来治理，敌人来侵犯，国家一定被削弱；敌人不来侵犯，国家也一定会贫穷。不采用这八种思想来治理，敌人就不敢来入侵，来了也会被打退；发兵攻伐他国，一定能夺取土地，夺取了土地还能够占有它；按兵不去攻打别国，就一定会富足。国家注重实力，谈到攻伐就会用艰苦的农战方式；国家喜欢空谈，谈到攻伐就会用容易的智巧方式。国家用艰苦的方式去攻打别国，用一分力气得到十倍的收获；国家用容易的方式攻打别国，出十分的力气，能丧失百倍的利益。

商人商语：制度的制定是为了规范大多数人的行为。若是以规范好人的标准来制定企业的规章制度，就制定不了几条；若是以规范坏人的标准来制定规章制度，那么制度的缜密性就会比较高，能涵盖员工的大多数行为。制度完整，企业运营管理的力量就强，企业的实力也会变强。

原文：重罚轻赏，则上爱民，民死上；重赏轻罚，则上不爱民，民不死上。兴国行罚，民利且畏；行赏，民利且爱。国无力而行知巧者必亡。怯民使以刑，必勇；勇民使以赏，则死。怯民勇，勇民死，国无敌者强，强必王。贫者使以刑，则富；富者使以赏，则贫。治国能令贫者富、富者贫，则国多力，多力者王。王者刑九赏一，强国刑七赏三，削国刑五赏五。

字面翻译：加重刑罚，轻用赏赐，就是君上爱护民众，民众会为君上拼死效命；加重赏赐轻用刑罚，就是君上不爱护民众，民众不会为君上拼死效命。兴盛的国家，施行刑罚，民众以为对自己有利，而且心中畏惧；施行赏赐，民众也认为对自己有利，而且贪爱。国家没有实力，却运用智谋和欺诈，必定灭亡。对于怯懦的民众用刑罚来逼迫他们，一定会勇敢；勇敢的人用奖赏的办法，他们就肯牺牲。怯懦的人变得勇敢，勇敢的人不怕牺牲，国家就会无敌般的强大，强大就能称王天下。对于穷人，用刑罚来逼迫他们劳动，就会致富；对于富人，用官爵来鼓励他们捐献钱粮，就会变穷。治理国家能让穷人变富，富人变穷，那么国家就实力雄厚了，实力雄厚就能称王天下。成就王业的国家，刑罚有九分，赏赐有一分；强大的国家，刑法有七分，赏赐有三分；弱小的国家，刑罚有五分，赏赐有五分。

商人商语：从商鞅主张的刑赏比例来看，他更看重刑罚规范民众遵纪守法的作用，赏赐主要用于对外战争的奖励上。这和一些管理理念严谨的企业奖金不会用于常规的发放，是一个道理。

原文：国作壹一岁，十岁强；作壹十岁，百岁强；作壹百岁，千岁强。千岁强者王。威，以一取十，以声取实，故能为威者王。能生不能杀，曰自攻之国，必削；能生能杀，曰攻敌之国，必强。故攻官、攻力、攻敌，国用其二、舍其一，必强；令用三者，威，必王。

字面翻译：国家专一耕战政策一年，就能强大十年；专一耕战政策十年，就能强大一百年；专一耕战政策一百年，就能强大一千年。强大一千年的国家，就能称王天下。国家有威力能以一分实力获取十分利益，也能凭借威力的名声取得实利，所以能够善用威力的国家就能称王天下。能积蓄实力却不能发挥出实力的，叫作自己打自己的国家，结果必定是削弱；能积蓄实力也能发挥出实力的，叫攻打敌国的国家，结果必定是强大。因此，消灭虱害，发挥实力，攻打敌国这三点，国家使用其中的二项，舍弃一项，必定强大；假如三项全用，国家就会有威力，必定称王天下。

商人商语：这段话可以转化为企业经营中的三个要点：禁绝企业文化中的浮夸现象，提升运营管理对市场营销的支持，针对竞争对手保持积极的市场行为。

原文：十里断者，国弱；九里断者，国强。以日治者王，以夜治者强，以宿治者削。

字面翻译：在十里的范围内能做出政事决断的，国家就弱；在五里的范围内能做出政事决断的，国家就强。当日就能处理好当天的政务，就能称王天下；在当夜能处理好当天的政务，国家就强大；过夜后才能处理好当天政务的，国家就会被削弱。

商人商语：企业运营管理的时效性，是员工工作是否有法可依的问题。如果员工一切职责履行如法，企业的运营管理就会顺畅，市场营销能力也就会加强，企业的经营实力就会壮大。

原文：举民众口数，生者著，死者削。民不逃粟，野无荒草，则国富，国富者强。

字面翻译：记录民众的人口数字，活着的登记造册，死去的从户口册上消除。民众不逃避赋税，田野上就没有荒草，那么国家就能富足，国家富足了实力也就强大了。

商人商语：每一个员工，在自己的岗位上，都能发挥出实际的作用，是企业运营管理的应有状态。

原文：以刑去刑，国治，以刑致刑，国乱，故曰：行刑重轻，刑去事成，国强；重重而轻轻，刑至事生，国削。刑生力，力生强，强生威，威生惠，惠生于力。举力以成勇战，战以成知谋。

字面翻译：用刑罚能免除刑罚之事，国家就能治理；用刑罚招致刑罚之事，国家会混乱。所以说：加重刑罚于轻罪，刑罚还没用而事情就能办成，国家就能强大；加重刑罚于重罪，减轻刑罚于轻罪，这种刑罚的施行，反而招致了犯法事情的发生，国家就会被削弱。加重刑罚产生实力，实力产生强盛，强盛产生威力，威力产生恩惠，恩惠百姓从实力中产生。崇尚实力才能出现英勇作战，英勇作战才能施展智慧和计谋。

商人商语：法家主张轻罪重罚，这样人们就不敢轻易犯罪，从根本上消灭了犯罪现象。这和我们管理学上强调的"细节决定成败"，强调运营管理中细节问题的及时处理，是一个道理。

原文：粟生而金死，粟死而金生。本物贱，事者众，买者少，农困而奸劝，其兵弱，国必削至亡。金一两生于竟内，粟十二石死于竟外；粟十二石生于竟内，金一两死于竟外。国好生金于竟内，则金粟两死，仓府两虚，国弱；国好生粟于竟内，则金粟两生，仓府两实，国强。

字面翻译：粮食买来了，金钱花没了。粮食卖掉了，金钱产生了。粮食这种东西价格低贱，生产的人多，购买的人少，农民贫困而奸诈的商人却活跃，结果是兵力赢弱，国家实力必然削弱甚至灭亡。一两黄金输入到国境内，十二石的粮食就会运到国境外；十二石粮食输入到国境内，一两黄金就会运到国境外。国家推崇生金的商业在境内，那么黄金和粮食都会丧失，粮仓和金库都会空虚，国家就会弱小；国家注重产粮的农业在境内，那么粮食和黄金都能获得，粮仓、金库都充实，国家也就强大了。

商人商语：如果把粮食比喻为企业的产品，把金子比喻为企业的利润，那么因为吝惜利润，而不持续投资产品研发，企业市场经营的利润也终将会消失。若是持续投入产品研发，企业经营就会有源源不断的市场价值产生，企业利润也将不断提升。

原文：强国知十三数：竟内仓、口之数，壮男、壮女之数，老、弱之数，官、士之数，以言说取食者之数，利民之数，马、牛、刍藁之数。欲强国，不知国十三数，地虽利，民虽众，国愈弱至削。

字面翻译：强大国家要知道十三个数目：境内粮仓和人口的数目，壮年男子和壮年女子的数目，老人和弱童的数目，官吏和士人的数目，靠言谈游说吃饭的人的数目，商人和手工艺人的数目，马、牛和喂牲口饲料的数目。想要强大国家，不掌握国家的这十三个数目，土地即使肥沃，民众虽然多，国家也越来越弱，直到被别国侵削。

商人商语：对于企业经营的重要数据，比如人力资源数据，企业家不仅要了若指掌，还要能够通过数据分析得出正确的结论。

原文：国无怨民曰强国。兴兵而伐，则武爵武任，必胜。按兵而农，粟爵粟任，则国富。兵起而胜敌、按兵而国富者，王。

字面翻译：国内没有怨声载道的民众叫强国。兴兵攻伐别国，按照军功多少的方式授予他们爵位和官职，就一定会取胜。按兵不动，专注农耕，按照缴纳粮食多少的方式，授予爵位和官职，国家就一定富裕。兴兵攻伐就能战胜敌人，按兵不动就会国家富足，这样的国家就能称王天下。

商人商语：员工绩效考核的类目，会因部门和工作类别的不同而不同，同一部门中不同职责员工的考核类目也应有所不同。

四境之民皆在册，等级考核分清楚

可用的人力才可称为人力资源。企业的人力资源部门，做的不应该只是"人头会计"的工作，而应该是如"排兵布阵"一样善用人力人智，用尽人力人智的工作。说到管理，就不能避开那些厚厚的规章制度和工作手册。但是如果没有严明的赏罚，这些制度会得到彻底的贯彻吗？

在如何用人这一点上，法家的法治和儒家的人治理念是对立的。人治是希望于内在的动机产生行为的力量，而法治则是以外在的制度限制形成行为的力量。法家从不指望圣王的教化作用，认为这种古老的方式在人性已坏的社会环境下不会有效，只有强制性的法制、轻赏重罚的手段，才能管理出民心一向的富国强兵。法律和赏罚，要成为一个独立的行政体系，有专职专人来负责执行。

本节选取的是《商君书·境内》，主要讲的是军事组织制度、功绩考核、战斗部署等方面的严苛法令。

《商君书·境内》：军事制度，从组织到编制，从赏罚到晋升，从刑狱到战场等，事无巨细

原文：四境之内，丈夫女子皆有名于上，生者著，死者削。

字面翻译：国家四方边境之内，男人女人都要在官府登记名字，新生的人就注署上，死了的就注销掉。

商人商语：企业员工的入职、离职的登记注册、审核手续，一定要一一登记在案。

原文：其有爵者乞无爵者以为庶子，级乞一人。其无役事也，其庶子役其大夫月六日；其役事也，随而养之军。

字面翻译：有爵位的人申请无爵位的人做他的"庶子"（家臣），每高一级可以多申请一个。有爵位的人没有军事役事时，他的庶子每月为他服役六天；有军事役事时，庶子就要随军伺候。

商人商语：企业各级高管的助理、秘书，有严格的编制审核，不可轻易设置。

原文：爵自一级已下至小夫，命曰校、徒、操、出公；爵自二级已上至不更，命曰卒。其战也，五人来簿为伍，一人羽而轻其四人，能人得一首则复。夫劳爵，其县过三日有不致士大夫劳爵，能。五人一屯长，百人一将。其战，百将、屯长不得，斩首；得三十三首以上，盈论，百将、屯长赐爵一级。

字面翻译：爵位，从一级以下到"小夫"，分别命名为"校、徒、操、出公"。

爵位，从二级开始到"不更"，命名为"卒"。作战时，五人编在一个名册，为一伍。五人中若一人逃跑，就刑罚另四个人，每人能斩得敌人一颗首级，就可恢复。因功劳而授予的爵位，公布过了三天还没有给予士大夫类"劳爵"的，就撤职当事者。作战时，每五人设有一个"屯长"，一百人设有一个"将"。作战时，百人之将和屯长没有获得敌人的首级，要被杀头；如果得到敌人三十三颗首级以上，就算完成了朝廷规定的数目，百人将、屯长可以升爵一级。

商人商语：基层管理者"屯长""百将"的考核很重要，因为他们有集体任务的要求，也有个人任务的要求。放在企业里，好比是企业低级管理人员依然独自承担一份业务，要起到身先士卒的作用。

原文：五百主，短兵五十人；二五百主，将之主，短兵百。千石之令，短兵百人；八百之令，短兵八十人；七百之令，短兵七十人；六百之令，短兵六十人。国封尉，短兵千人。将，短兵四千人。战及死吏，而轻短兵，能一首则优。能攻城围邑斩首八千已上，则盈论；野战斩首二千，则盈论；吏自操及校以上大将尽赏。行间之吏也，故爵公士也，就为上造也；故爵上造，就为簪袅；就为不更；故爵为大夫。爵吏而为县尉，则赐虏六，加五千六百。爵大夫而为国治，就为大夫；故爵大夫，就为公大夫；就为公乘；就为五大夫，则税邑三百家。故爵五大夫；皆有赐邑三百家，有赐税三百家。爵五大夫，有税邑六百家者，受客。大将、御、参皆赐爵三级。故客卿相，论盈，就正卿。就为大庶长；故大庶长，就为左更；故四更也，就为大良造。

字面翻译：五百人的将领，有卫兵五十人；统率两个五百人的将领，是将官之主，有卫兵一百人。一千石俸禄的县令，有卫兵一百人；享八百石俸禄的县令，有卫兵八十人；享七百石俸禄的县令，有卫兵七十人；享六百石俸禄的县令，有卫兵六十人。国封尉，有卫兵一千人。大将，有卫兵四千人。如果将官战死，就要刑罚卫兵；如果卫兵中有人能够得到敌人一颗首级，就可免除他的刑罚。围攻敌国的城邑能够斩首敌人八千颗以上的，就能完成朝廷规定的数目；野战中能够斩敌人首级两千颗以上的，就能完成朝廷规定的数目；完成数目后，从"操"到"校"以上至大将都可得到赏赐。军队里的官吏，旧爵是"公士"的就升为"上造"；旧爵是"上造"的，就升为"簪袅"；旧爵是"簪袅"，就升为"不更"；旧爵为"不更"，就升为"大夫"。旧爵为吏的，就升为"县尉"，赏赐奴隶六人，嘉赏五千六百钱。旧爵为"大夫"，并且为国家掌握一种职务的，升为"官大夫"；旧爵为"官大夫"的，就升为"公大夫"；旧爵为"公大夫"的，就升为"公乘"；旧爵为"公乘"的，升为"五大夫"，赏赐三百户的地税。旧爵是"五大夫"[①]都赏赐三百户的封邑，另赏赐三百户的地税。爵位"五大夫"，有六百户的地税，可以养宾客了。将军、御者、骖乘都赏赐爵位三级。原来是客卿辅佐军政的，圆满完成了任务，就升为正卿。

商人商语：要弄清楚不同职位的职责和待遇，不同职位的绩效考核和奖励方案。奖励要有名誉，更要有利益。

原文：以战故，暴首三，乃校，三日，将军以不疑致士大夫劳爵。其县四尉，訾由丞尉。

字面翻译：在战争中被杀的敌人，将其首级示众三天，并加以核实。经过三天，将军认为没有问题的，战功就按功劳给予士大夫类的"劳爵"。[②]专业罢去其县四个尉官的职务，由该县丞尉负责处置。

商人商语：个人功绩要核实，核实后要及时发放。及时发放，才能起到鼓励作用。不能及时发放，要追责相应的负责人员。

原文：能得爵首一者，赏爵一级，益田一顷，益宅九亩，一除庶子一人，乃得人兵官之吏。

字面翻译：能够斩获敌军中有爵位的首级一颗，就赐给爵位一级，赏给田地一顷，赏给宅地九亩，一级爵位给予庶子名额一名，还可以担任军

① 原文遗失，按照顺序应该是"就为左庶长"；本段落的尾文，应该是在这里，尾文的次序也有问题。按原文的语意，应该是从左庶长，右庶长，一直升爵位到左更，中更，右更，少上造，大上造，大庶长，驷车庶长，大庶长，关内侯，彻侯。

② 原文有遗失，应为错简到本篇的第三段"夫劳爵，其县过三日有不致士大夫劳爵，能"。

队或行政部门的官吏。

商人商语：立下大功的特殊奖励，除了名利的赏赐外，还应当给予相当于员工职位升级的待遇。

原文：其狱法，高爵訾下爵级。高爵能，无给有爵人隶仆。爵自二级以上，有刑罪则贬。爵自一级以下，有刑罪则已。

字面翻译：刑狱之法，由爵位高的人负责处罚爵位低的人。爵位高的人被罢免后，不再给他相应爵位享用的奴仆。二级爵位以上的人，犯了刑罪就降低他的爵位；一级爵位以下的人犯了刑罪，就取消他的爵位。

商人商语：这算是降职、降薪、降级别、降待遇的处罚。

原文：小夫死，以上至大夫，其官级一等，其墓树级一树。

字面翻译："小夫"死后，以上直到"大夫"，爵位每高一级，他的坟上就多种一棵树。

商人商语：身死哀荣，将其死后的待遇恩泽于其家庭、家族。

原文：其攻城围邑也，国司空訾其城之广厚之数。国尉分地，以徒、校分积尺而攻之，为期，曰："先已者当为最启，后已者訾为最殿。再訾则废。"内通则积薪，积薪则燔柱。陷队之士，面十八人。陷队之士，知疾斗，不得，斩首；队五人，则陷队之士，人赐爵一级；死，则一人后；不能死之，千人环，规谏，黥劓于城下。国尉分地，以中卒随之。将军为木台，与国正监、与王御史参望之。其先入者，举为最启；其后入者，举为最殿。其陷队也，尽其几者；几者不足，乃以欲级益之。

字面翻译：在围攻敌国城邑的时候，"国司空"负责测量城邑四面城墙的长度和城墙的厚度。国尉划分地段，让"徒、校"分别负责攻打的区域，约定攻占的期限。公示说："最先完成的是'最启'，最后完成的评判为'最殿'，两次被评为末等的就废弃掉。"挖通了洞穴就堆积上木柴，燃烧堆积木材就烧到了城墙木桩。敢死队的士兵，每一个方向分派十八个人。敢死队的士兵，知道必须要奋勇战斗，不能奋勇战斗的，回来会被斩首；一个敢死队如能斩杀五名敌人，就赏赐这个队的每个士兵爵位一级；如果战死，由他的一个后人承继爵位；没有杀死敌人，就在千人围观之下，在城下遭受黥刑或劓刑的刑罚。国尉划定各敢死队的攻击地点，派中军的"卒"随之于后。将军搭起木台，和国家的"正监"、君王的"御使"一同观望。先攻入的，记录为"最启"；后来攻入的，记录为"最殿"。敢死队的士兵，全部是自愿报名的；自愿报名的名额不够，就用希望晋级的人补足。

商人商语：这是一段非常严厉的战场法令，也是秦兵"攻必取"的必然法则。没有比战争更加残酷的战场法令，怎么能够获得胜利？把作战比作营销活动，"国司空"就是做市场调研，"国尉"就是负责做具体的营销战术和销售计划的部署，并定下绩效考核的方案和赏罚措施的。

君主常犯的十种错误，每一种都足以致命

大企业有大企业的规模，小企业有小企业的灵活。小企业不能按照大企业的模式方式来和大企业进行竞争。所以，企业家作为企业的掌舵人，如何谨守自己的权责，如何遵循商业的规律和商战的规则，不是个人天性的问题，而是后天的商业思维问题。

企业家的性格，容易表现为企业的性格；企业家的品性，容易展示为企业的品性。这种直接或者间接的影响，若是表现为负面，那么就是企业家的不职业了，其需要修身养性，学着磨炼自己的举止言谈和行为习惯，以企业的规章制度来要求自己。

本节选取的《韩非子·十过》，讲述了因君王、大臣的十个过错而铸成"穷神""亡国""绝世"之祸的历史故事，企业家和高管读后也应以此为鉴。

《韩非子·十过》：君主不修身，导致自身和国家危亡的十大过错

原文：十过：一曰，行小忠，则大忠之贼也。二曰，顾小利，则大利之残也。三曰，行僻自用，无礼诸侯，则亡身之至也。四曰，不务听治而好五音，则穷身之事也。五曰，贪愎喜利，则灭国杀身之本也。六曰，耽于

女乐，不顾国政，则亡国之祸也。七曰，离内远游而忽于谏士，则危身之道也。八曰，过而不听于忠臣，而独行其意，则灭高名为人笑之始也。九曰，内不量力，外恃诸侯，则削国之患也。十曰，国小无礼，不用谏臣，则绝世之势也。

字面翻译： 十种过错：第一种，奉行对私人的小忠诚，这是对大忠诚的戕害。第二种，贪图小的利益，这是对大利益的残害。第三种，行为怪僻，自以为是，对待诸侯国没有礼貌，这是导致身亡的最大因素。第四种，不致力于政事的听察而沉溺于音乐，这是使自己陷入困境的事情。第五种，贪鄙固执和贪利忘义，这是导致国家灭亡生命丧失的根本原因。第六种，沉迷于女色歌舞，不管国家政事，就会有亡国的祸害。第七种，离开朝廷到远方游玩，又不理睬臣子的劝谏，这是危及自身的做法。第八种，有过错却不听从忠臣的劝告，而且一意孤行，这是丧失伟大的名声并且被人耻笑的开始。第九种，不估量自己内在的实力，依赖外在诸侯的支持，这是国家削弱的祸患。第十种，国家弱小没有礼貌，不听臣子的劝谏，这是断绝后世的势态。

商人商语： 韩非子总结君主和大臣的这十大过错，放在企业经营层面，就是说：老板是企业经营的第一决定因素，不可不慎，不可不学习，一定要让自己更职业化一些。

原文： 奚谓小忠？昔者楚共王与晋厉公战于鄢陵，楚师败，而共王伤其目。酣战之时，司马子反渴而求饮，竖谷阳操觞酒而进之。子反曰："嘻！退，酒也。"谷阳曰："非酒也。"子反受而饮之。子反之为人也，嗜酒，而甘之，弗能绝于口，而醉。战既罢，共王欲复战，令人召司马子反，司马子反辞以心疾。共王驾而自往，入其幄中，闻酒臭而还，曰："今日之战，不谷亲伤。所恃者，司马也，而司马又醉如此，是亡楚国之社稷而不恤吾众也。不谷无复战矣。"于是还师而去，斩司马子反以为大戮。故竖谷阳之进酒，不以仇子反也，其心忠爱之而适足以杀之。故曰：行小忠，则大忠之贼也。

字面翻译：什么叫小的忠诚？过去楚共王和晋厉公在鄢陵交战，楚国军队战败了，而且共王伤了他自己的眼睛。当时战斗激烈，楚军的司马子反口渴了要水喝，童仆谷阳拿了一杯酒来给他。子反说："嘿！拿下去，这是酒。"谷阳说："不是酒。"子反接过来喝了。子反这个人的习性，喜爱喝酒，觉得酒味甜美，不停嘴地喝，结果醉了。战斗结束后，楚共王想要再战，派人召见司马子反，司马子反用患有心病的理由推辞不去。共王驾车亲自前来，进入子反的营帐中，闻到酒气就回去了，说："今天的战斗，我自身受了伤。所依靠的，是司马子反，但是司马子反却醉成这样。这是忘记了楚国的江山大业而不关心我们这帮人啊。我无法再战了。"于是退兵回去，杀了司马子反并陈尸示众。所以童仆谷阳的献酒，不是因为仇恨子反，他的内心是忠诚热爱子反的，但却恰恰因此把子反给害了。所以说：奉行对私人的小忠诚，这是对大忠诚的戕害。

商人商语：企业中，难免会出现"托关系"现象，这本无可厚非。但是如果形成了山头，"小忠"开始大于公司利益，那么这个小山头、小团体也就成了公司机体的"毒瘤"了。

原文：奚谓顾小利？昔者晋献公欲假道于虞以伐虢。荀息曰："君其以垂棘之璧与屈产之乘，赂虞公，求假道焉，必假我道。"君曰："垂棘之璧，吾先君之宝也；屈产之乘，寡人之骏马也。若受吾币不假之道，将奈何？"荀息曰："彼不假我道，必不敢受我币。若受我币而假我道，则是宝犹取之内府而藏之外府也，马犹取之内厩而著之外厩也。君勿忧。"君曰："诺。"乃使荀息以垂棘之璧与屈产之乘赂虞公而求假道焉。虞公贪利其璧与马而欲许之。宫之奇谏曰："不可许。夫虞之有虢也，如车之有辅。辅依车，车亦依辅，虞、虢之势正是也。若假之道，则虢朝亡而虞夕从之矣。不可，愿勿许。"虞公弗听，遂假之道。荀息伐虢克之，还反处三年，兴兵伐虞，又克之。荀息牵马操璧而报献公，献公说曰："璧则犹是也。虽然，马齿亦益长矣。"故虞公之兵殆而地削者，何也？爱小利而不虑其害。故曰：顾小利，则大利之残也。

字面翻译：什么叫贪图小的利益？从前晋献公想要向虞国借路去攻打虢国。荀息说："君上您若是用垂棘出产的宝玉和屈产的良马，贿赂虞国的君主，向他请求借路，他一定会把路借给我们。"晋献公说："垂棘宝玉，是我祖先的珍宝；屈产的良马，是我骑乘的骏马。假如他接受我的礼物又不借给道路，怎么办？"荀息说："虞国国君若是不借给我们道路，必定不敢接受我们的礼物。假如接受我们的礼物然后借给我们道路，那么这块宝玉就像是从内府取出来又藏到外府一样，骏马就像是从宫内的马棚牵出来又拴到宫外的马棚一样。君上您别担心。"晋献公说："好吧。"就派荀息带着垂棘宝玉和屈产良马去贿赂虞国国君，请求借路。虞君贪图那宝玉和骏马就要答应借路。宫之奇劝谏说："不能答应。我们虞国边上有虢国，好比是车子两边有护木。护木依靠车子，车子也依靠护木，虞国和虢国两国的地势正是这样。假如借路给晋国，那么虢国早上灭亡后，虞国晚上就要跟着灭亡了。不能借，希望您不要答应。"虞君没有听从，于是借路给了晋国。荀息攻打虢国取得了胜利，回来后过了三年，举兵攻打虞国，又取得了胜利。荀息牵着骏马拿着宝玉来回报晋献公，献公高兴地说："宝玉还和以前一样。虽说如此，马的齿龄却长几岁了。"那么，虞君的兵力被摧毁、国土被割削的原因，是什么呢？是贪恋小的利益而不考虑它的危害。所以说，贪图小的利益，这是对大利的残害。

商人商语：在商业合作中，因为贪图小利而失败的案例比比皆是，有不衡量自家产能而被合同索赔破产的，有不衡量自家财务而疯狂扩张最后崩盘的，有不理智发展签署对赌协议而被投资者拿走公司的，还有项目合作到最后项目团队整体被挖走的。这些残酷的现实都告诉我们"害人之心不可有，防人之心不可无"啊！

原文：奚谓行僻？昔者楚灵王为申之会，宋太子后至，执而囚之；狃徐君；拘齐庆封。中射士谏曰："合诸侯，不可无礼，此存亡之机也。昔者桀为有戎之会而有缗叛之，纣为黎丘之蒐而戎、狄叛之，由无礼也。君其图之。"君不听，遂行其意。居未期年，灵王南游，群臣从而劫之。灵王饿而死乾溪之上。故曰：行僻自用，无礼诸侯，则亡身之至也。

字面翻译：什么叫行为怪僻？从前楚灵王主持在申地举行的诸侯会盟，宋太子迟到，便将他逮捕囚禁起来；楚灵王还轻慢戏弄徐国国君；拘押了齐国大夫庆封。武职侍卫官劝谏说："会合诸侯，不可以没有礼貌，这是国家存亡的重要环节。从前的夏桀在有戎举行诸侯集会而有缗背叛了他，商纣在黎丘举行围猎检阅诸侯而戎、狄背叛了他，这都是因为无礼而引起的。君王您还是好好想想吧。"楚灵王不听，还是按自己的心意去做。过了不到一年，灵王去南方巡游视察，群臣一个个跟随着劫持了他。楚灵王饿死在乾溪边上。所以说：行为怪僻，自以为是，对待诸侯国没有礼貌，这是导致身亡的最大因素。

商人商语：有的粗俗无礼，是一种亲近关系的直接方式；有的粗俗无礼，则是一种蔑视关系的间接方式。有的人能够接受，有的人不能够接受。不能接受而产生的怨气，长期积压则会生出祸端。如孔子所说"恭则不侮"，待人有礼貌就不会出现让自己后悔的事情。

原文：奚谓好音？昔者卫灵公将之晋，至濮水之上，税车而放马，设舍以宿。夜分，而闻鼓新声者而说之。使人问左右，尽报弗闻。乃召师涓而告之，曰："有鼓新声者，使人问左右，尽报弗闻。其状似鬼神，子为我听而写之。"师涓曰："诺。"因静坐抚琴而写之。师涓明日报曰："臣得之矣，而未习也，请复一宿习之。"灵公曰："诺。"因复留宿。明日而习之，遂去之晋。晋平公觞之于施夷之台。酒酣，灵公起，曰："有新声，愿请以示。"平公曰："善。"乃召师涓，令坐师旷之旁，援琴鼓之。未终，师旷抚止之，曰："此亡国之声，不可遂也。"平公曰："此道奚出？"师旷曰："此师延之所作，与纣为靡靡之乐也。及武王伐纣，师延东走，至于濮水而自投。故闻此声者，必于濮水之上。先闻此声者，其国必削，不可遂。"平公曰："寡人所好者，音也，子其使遂之。"师涓鼓究之。平公问师旷曰："此所谓何声也？"师旷曰："此所谓清商也。"公曰："清商固最悲乎？"师旷曰："不如清徵。"公曰："清徵可得而闻乎？"师旷曰："不可。古之听清徵者，皆有德义之君也。今吾君德薄，不足以听。"平公曰："寡人之所好者，音也，愿试听之。"师旷不得已，援琴而鼓。一奏之，有玄鹤二八，道南方来，集于郎门之垝。再奏之，而列。三奏之，延颈而鸣，舒翼而舞，音中宫商之声，声闻于天。平公大说，坐者皆喜。平公提觞而起为师旷寿，反坐而问曰："音莫悲于清徵乎？"师旷曰："不如清角。"平公曰："清角可得而闻乎？"师旷曰："不可。昔者黄帝合鬼神于泰山之上，驾象车而六蛟龙，毕方并辖，蚩尤居前，风伯进扫，雨师洒道，虎狼在前，鬼神在后，腾蛇伏地，凤皇覆上，大合鬼神，作为清角。今吾君德薄，不足听之。听之，将恐有败。"平公曰："寡人老矣，所好者音也，愿遂听之。"师旷不得已而鼓之。一奏之，有玄云从西北方起；再奏之，大风至，大雨随之，裂帷幕，破俎豆，隳廊瓦。坐者散走，平公恐惧，伏于廊室之间。晋国大旱，赤地三年。平公之身遂癃病。故曰：不务听治，而好五音不已，则穷身之事也。

字面翻译：什么叫沉溺音乐？从前卫灵公打算去晋国，到濮水边的时候，卸下车驾，解开马缰，布置住处准备过夜。夜半的时候。听见有人弹奏新的乐曲，很是喜欢，派人询问近侍们，都回答说没有听见。就召来师涓并告诉他说："有人在弹奏新的乐曲，派人问左右的近侍，都回答说没有听见。乐曲好像出自于鬼神，你帮我听听并把它记录下来。"师涓说："好的。"就静听而坐，抚着琴弦要把它记录下来。师涓第二天回报说："我记录下来了，但是没有对照着复习，请让我再用一个晚上复习它。"灵公说："好的。"就又留宿一晚。第二天，复习了这支乐曲，就出发去晋国。晋平公在施夷的高台上设酒宴来招待卫灵公。酒喝到畅快时，灵公站身起来，说："有新的乐曲，希望演奏给大家听听。"平公说："好啊。"就召来师涓，让他坐在师旷的旁边，抚按着琴弦开始弹奏起来。乐曲还未弹完，师旷按住琴弦制止说："这是亡国的乐曲，不可以弹奏完。"平公说："这个乐曲是从哪里来的？"师旷说："这是师延制作的，为商纣王的靡乱生活所制作的乐曲。等到武王讨伐纣王时，师延向东逃跑，到了濮水便投河自尽了。所以听到这个乐曲的地方，一定是在濮水的边上。先听见这个乐曲的君主，他的国家一定会被侵削，所以不可以弹奏完它。"平公说："我所喜好的，只有音乐，先生还是让他弹奏完整吧。"师涓继续弹奏完了整支乐曲。晋平公问师旷说："这叫什么乐曲？"师旷说："这就是人们所说的清商调。"平公说："清商调真的是最动听的吗？"师旷说："还比不上清徵调。"平公说："清徵调可以弹奏来听听吗？"师旷说："不可以。古代听清徵调的，都是有德有义的君主。现在我的君主您德行浅薄，还不能听这个乐曲。"平公说："我所喜好的，只有音乐，希望试听一下。"师旷出于不得已，抚按着琴弦开始弹奏起来。弹奏刚一开始，就有十六只黑色的仙鹤从南方飞来，停在游廊门的顶上。接着弹奏下去,仙鹤们排列成行。继续弹奏下去,仙鹤们伸长脖子鸣叫，张开翅膀起舞，它们的叫声暗合着宫调和商调，响彻天空。平公非常高兴，在座的人也都欢喜。晋平公拿起酒杯站起来向师旷致敬，回到座位上又问道："乐曲没有比清徵调更动听的吗？"师旷说："还比不上清角调。"平公说："清角调可以弹奏来听听吗？"师旷说："不可以。从前黄帝在泰山山顶上会合鬼神，驾着象牙装饰的车子用六条蛟龙来拉车，木神毕方站在车辖的两旁，蚩尤在前面开路，风神向前扫除尘埃，雨神冲洗道路，虎狼在前，鬼神在后，会飞的腾蛇贴地而行，凤凰飞翔在队伍的上空，盛大地合会鬼神，因此制作成了清角调。现在您的德行浅薄，还不能听它。若是听了，恐怕会有损坏之事。"平公说："我年老了，所喜好的只有音乐，希望满足我的愿望听到它。"师旷不得已便弹奏了起来。刚开始弹奏，有黑色的云从西北方升起；再弹奏的时候，刮起了大风，大雨也随之而来，狂风暴雨撕裂了帐幕，毁坏了食器，掀掉了廊瓦。在座的人四散逃跑，平公惊恐害怕，趴在廊屋之间。晋国大旱，一连三年寸草不生。平公也因此得了瘫痪病。所以说：不致力于政事的听察，而沉溺于音乐不能自拔，这是使自己陷入困境的事情。

商人商语：古时的礼乐，都是用来教化百姓的。就功用而言，我们可以把礼乐比拟为企业文化。企业文化要与企业的经营实际相结合。"亡国靡靡之音"会使人心沉溺娱乐，"悲乎清徵"会使人心沉浸在悲伤中，"最悲乎清角"会使人心沉迷于勇力，这些都是不良的企业文化。

原文：奚谓贪愎？昔者智伯瑶率赵、韩、魏而伐范、中行，灭之。反归，休兵数年。因令人请地于韩。韩康子欲勿与，段规谏曰："不可不与也。夫知伯之为人也，好利而鹜愎。彼来请地而弗与，则移兵于韩必矣。君其与之。与之，彼狃，又将请地他国。他国且有不听，不听，则知伯必加之兵。如是，韩可以免于患而待其事之变。"康子曰："诺。"因令使者致万家之县一于知伯。知伯说，又令人请地于魏。宣子欲勿与，赵葭谏曰："彼请地于韩，韩与之。今请地于魏，魏弗与，则是魏内自强，而外怒知伯也。如弗予，其措兵于魏必矣。不如予之。"宣子曰："诺。"因令人致万家之县一于知伯。知伯又令人之赵请蔡、皋狼之地，赵襄子弗与。知伯因阴约韩、魏将以伐赵。襄子召张孟谈而告之曰："夫知伯之为人也，阳亲而阴疏。三使韩、魏而寡人不与焉，其措兵于寡人必矣。今吾安居而可？"张孟谈曰："夫董阏于，简主之才臣也，其治晋阳，而尹铎循之，其余教犹存，君其定居晋阳而已矣。"君曰："诺。"乃召延陵生，令将车骑先至晋阳，君因从之。君至，而行其城郭及五官之藏。城郭不治，仓无积粟，府无储钱，库无甲兵，邑无守具。襄子惧，乃召张孟谈曰："寡人行城郭及五官之藏，皆不备具，吾将何以应敌？"张孟谈曰："臣闻圣人之治，藏于民，不藏于府库，务修其教不治城郭。君其出令，令民自遗三年之食，有余粟者入之仓；遗三年之用，有余钱者入之府；遗有奇人者使治城郭之缮。"君夕出令，明日，仓不容粟，府无积钱，库不受甲兵。居五日而城郭已治，守备已具。君召张孟谈而问之曰："吾城郭已治，守备已具，钱粟已足，甲兵有余。吾奈无箭何？"张孟谈曰："臣闻董子之治晋阳也，公宫之垣皆以荻蒿楛楚墙之，有楛高至于丈。君发而用之。"于是发而试之，其坚则虽菌簬之劲弗能过也。君曰："吾箭已足矣，奈无金何？"张孟谈曰："臣闻董子之治晋阳也，公宫令舍之堂，皆以炼铜为柱质。君发而用之。"于是发而用之，有余金矣。号令已定，守备已具。三国之兵果至。至则乘晋阳之城，遂战。三月弗能拔。因舒军而围之，决晋阳之水以灌之。围晋阳三年。城中巢居而处，悬釜而炊，财食将尽，士大夫羸病。襄子谓张孟谈曰："粮食匮，财力尽，士大夫羸病，吾恐不能守矣！欲以城下，何国之可下？"张孟谈曰："臣闻之，亡弗能存，危弗能安，则无为贵智矣。君释此计者。臣请试潜行而出，见韩、魏之君。"张孟谈见韩、魏之君曰："臣闻唇亡齿寒。今知伯率二君而伐赵，赵将亡矣。赵亡，则二君为之次。"二君曰："我知其然也。虽然，知伯之为人也，粗中而少亲。我谋而觉，则其祸必至矣。为之奈何？"张孟谈曰："谋出二君之口而入臣之耳，人莫之知也。"二君因与张孟谈约三军之反，与之期日。夜遣孟谈入晋阳，以报二君之反。襄子迎孟谈而再拜之，且恐且喜。二君以约遣张孟谈，因朝知伯而出，遇智过于辕门之外。智过怪其色，因入见知伯曰："二君貌将有变。"君曰："何如？"曰："其行矜而意高，非他时之节也，君不如先之。"君曰："吾与二主约谨矣，破赵而三分其地，寡人所以亲之，必不侵欺。兵之著于晋阳三年，今旦暮将拔之而向其利，何乃将有他心？必不然。子释勿忧，勿出于口。"明旦，二主又朝而出，复见智过于辕门。智过入见曰："君以臣之言告二主乎？"君曰："何以知之？"曰："今日二主朝而出，见臣而其色动，而视属臣。此必有变，君不如杀之。"君曰："子置勿复言。"智过曰："不可，必杀之。若不能杀，遂亲之。"君曰："亲之奈何？"智过曰："魏宣子之谋臣曰赵葭，韩康子之谋臣曰段规，此皆能移其君之计。君其与二君约，破赵国，因封二子者各万家之县一。如是，则二主之心可以无变矣。"知伯曰："破赵而三分其地，又封二子者各万家之县一，则吾所得者少。不可。"智过见其言之不听也，出，因更其族为辅氏。至于期日之夜，赵氏杀其守堤之吏而决其水灌知伯军。知伯军救水而乱，韩、魏翼而击之，襄子将卒犯其前，大败知伯之军而擒知伯。知伯身死军破，国分为三，为天下笑。故曰：贪愎好利，则灭国杀身之本也。

字面翻译：什么叫贪鄙固执？从前智伯瑶率领赵、韩、魏三氏去攻打范氏、中行氏，灭亡了他们。回来后，兵力休整了数年，便派人向韩氏索要土地。韩康子想要不给，家臣段规劝谏说："不可以不给。那智伯的为人，贪图利益而傲慢固执。他来索求土地却不给他，就一定会派兵来攻打韩氏的。君上您最好还是给他。给了他土地，他就会理所当然，又会向其他国家索要土地。其他国家可能会有不听从的。如果不听从，智伯就一定会对它用兵。这样，韩氏就可以避免祸患而等待事情的变化。"韩康子说："好吧。"就派遣使者把一个有万户人家的县送给智伯。智伯很高兴，又派人向魏氏索要土地。魏宣子想要不给，家臣赵葭劝谏说："那智伯向韩氏索要土地，韩氏给了他。现在向魏氏索要土地，魏氏不给，那么这是魏氏自恃实力强大，在外面敢于激怒智伯了。假如不给，智伯一定会调集兵力攻打魏国。不如给他。"魏宣子说："好吧。"就派遣使者把一个有万户人家的县送给智伯。智伯又派人到赵氏索要蔡和皋狼这两块土地，赵襄子不给。智伯就暗中约好韩氏、魏氏准备攻打赵氏。赵襄子召来张孟谈，告诉他说："智伯的为人，表面上看似亲热而暗地里疏离。他数次联络韩氏、魏氏，而我这里却没人来，他准备向我用兵是必然的了。现在我该到哪里安居呢？"张孟谈说："那董阏于，是君上父亲赵简子手下有才干的臣子，他曾经治理过晋阳，后来是尹锋依照他的政策继续治理，董阏于遗留的教化仍然存在，君上您还是定居在晋阳好了。"赵襄子说："好吧。"就召来延陵生，让他带着车马先到晋阳，襄子随后跟着去了。赵襄子一到晋阳，便巡视晋阳的内外城池，以及各种职事官的物资储藏。内外城池的城墙没有修缮，粮仓里没有积余的粮食，库房里没有储蓄的铜钱，兵库里没有储备的盔甲兵器，城防没有守护的设备。襄子害怕了，就召来张孟谈说："我巡视内外城池以及各个职事官的物资储藏，都不完备，我们将拿什么来应对敌人？"张孟谈说："我听说圣贤的治理，钱财物资等都储藏在民间，不收藏在官府仓库，致力于教化民众而不只是修缮城池。您不妨发出法令，让民众自己留足三年的口粮，有多余的粮食就收进官府的粮仓里；留足三年的花费，有多余的铜钱收进官府的库房里；发现有技能的民众让他们去从事城池的修缮。"襄子晚上下达的法令，到了第二天，粮仓里的粮食就装不下了，库房里的铜钱也堆不下了，兵库里的盔甲兵器放不下了。过了五天，内外城池便已修缮，城防设备便已齐具。赵襄子又召来张孟谈，问他说："我们的城池已经修缮，城防设备已经齐具，钱财粮食已经富足，盔甲兵器绰绰有余。可是我没箭怎么办？"张孟谈说："我听说董阏于治理晋阳时，卿大夫家的围墙都是用芦荻、秸秆、楛杆、荆条等筑成的，有的楛杆高达一丈。您可以取出用来制作箭杆。"于是取出来试了一试，它的坚硬程度即使像菌辂这样坚硬的竹子也不能相比。襄子说："我的箭杆已经足够了，但是没有做箭头的铜怎么办？"张孟谈说："我听说董阏于治理晋阳时，卿大夫、地方官住处的厅堂，都是用冶炼的铜来做柱子下面的基石。您可以挖出来使用。"于是挖出来使用，有了富余的铜了。战时的号令确定好了，防守的设备已经齐备。三国的军队果然到了。一到就开始冲击晋阳的城墙，战争开始了。攻打了三个月，没能攻克晋阳。三家军队就疏散开来包围晋阳，并掘开晋水的堤坝来淹晋阳城。围困了晋阳城三年。城中居民如鸟一样在高处居住，吊起锅来烧饭，钱财粮食将要耗尽，官员体弱而多病。赵襄子对张孟谈说："粮食缺乏，钱财人力耗尽，官员们体弱多病，我担心不能守住城了，我准备打开城门投降，可是向哪个国家投降好呢？"张孟谈说："我听说过，不能使灭亡转变为生存，不能使危险转变为安全，就不需要尊重智者了。您放下这个计谋的想法。请让我试着偷偷出城，去见韩、魏的君主。"张孟谈见到韩、魏的君主后说："我听说唇亡齿寒。现在智伯率二位君主来攻打赵氏，赵氏将要灭亡了。赵氏灭亡后，两位君主就会接下来跟着灭亡。"两位君主说："我们知道事情会是这样的发展。即使如此，那个智伯的为人，性格粗暴而缺少仁爱。我们谋划的事情一旦被察觉，那么灾祸必然会降临。怎么谋划这件事情呢？"张孟谈说："谋划的事情，出自你们的嘴巴进入我的耳朵，没有人会知道的。"两位君主于是和张孟谈约好了三家军队的反攻计划，和他约好了反攻时间。夜里安排张孟谈回到晋阳，去汇报两位君主的反攻计划。赵襄子亲自迎接张孟谈并且拜了再拜，又是担心又是高兴。韩、魏两位君主约定反攻计划并安排张孟谈返回后，就去朝见智伯，出来的时候，在军营的门外碰到了智过。智过对他们反常的脸色感到奇怪，就进见智伯，说："看两位君主的样子，将要有所变故。"智伯说："样子怎么了？"智过说："他们举止矜持而且神采飞扬，和以往的礼节不一样。您不如先动手吧。"智伯说：

"我和两位君主的盟约很严谨，攻下赵氏后三家平分赵氏的地盘，我用这个来笼络他们，一定不会暗中算计我的。军队驻扎在晋阳三年了，早晚将会攻下来分享约定的利益，怎么还会有另外的心思呢？一定不会是你想的这样。你放心，不用担忧，不要再说这件事了。"第二天早上，韩、魏二君又朝见智伯后出来，再次在军营门外碰到智过。智过进见智伯说："君上您把我昨天的话告诉两位君主了吗？"智伯说："你从哪里知道的？"智过说："今天两位君主朝见后出门，见到我后脸色就变化了，而且一直看着他们的侍从。这种情况一定会有变故，您不如杀了他们。"智伯说："你一边去，不要再说了。"智过说："不行，一定要杀掉他们。如果不能杀，就用拉拢的手段。"智伯说："拉拢的手段怎么操作呢？"智过说："魏宣子的谋臣叫赵葭，韩康子的谋臣叫段规，这两个人都有能力改变他们君主的计谋。君上您和这两位君子约定：攻下赵氏后，就封赏两位先生每人一个万户人家的县邑。这样一来，那两位君主的心思就可以不再变化了。"智伯说："攻下赵氏后三家平分他的地盘，又封赏这两位先生每人一个万户人家的县邑，那么我所得到的就很少。不行。"智过见他的劝谏不被采纳，就出走了，并更改他这一支的族姓为辅氏。到了约定反攻之日的晚上，赵氏杀掉了智伯一方驻守堤坝的官吏，而且掘开晋水的堤坝灌进智伯的军营。智伯军队淹在水中，救援一片混乱，韩氏、魏氏的军队从两侧开始进攻，赵襄子率领士卒在正面冲杀，大败智伯的军队并捉住了智伯。智伯的命没了，军队被打败了，智氏的国土被瓜分给三家，被天下人所耻笑。所以说：贪鄙固执和贪利忘义是导致国家灭亡生命丧失的根本原因。

商人商语：智伯的错误在于贪婪，更大的错误是贪婪到连朋友的利益也侵犯，最大的错误是为了利益把利益潜在冲突者当成了可以信任的朋友。

原文：奚谓耽于女乐？昔者戎王使由余聘于秦，穆公问之曰："寡人尝闻道而未得目见之也，原闻古之明主得国失国常何以？"由余对曰："臣尝得闻之矣，常以俭得之，以奢失之。"穆公曰："寡人不辱而问道于子，子以俭对寡人，何也？"由余对曰："臣闻昔者尧有天下，饭于土簋，饮于土铏。

其地南至交趾，北至幽都，东西至日月之所出入者，莫不宾服。尧禅天下，虞舜受之，作为食器，斩山木而财之，削锯修其迹，流漆墨其上，输之于宫以为食器。诸侯以为益侈，国之不服者十三。舜禅天下而传之于禹，禹作为祭器，墨染其外，而朱画其内，缦帛为茵，蒋席颇缘，觞酌有采，而樽俎有饰。此弥侈矣，而国之不服者三十三。夏后氏没，殷人受之，作为大路，而建九旒，食器雕琢，觞酌刻镂，白壁垩墀，茵席雕文。此弥侈矣，而国之不服者五十三。君子皆知文章矣，而欲服者弥少。臣故曰：俭其道也。"由余出，公乃召内史廖而告之，曰："寡人闻邻国有圣人，敌国之忧也。今由余，圣人也，寡人患之，吾将余何？"内史廖曰："臣闻戎王之居，僻陋而道远，未闻中国之声。君其遗之女乐，以乱其政，而后为由余请期，以疏其谏。彼君臣有间而后可图也。"君曰："诺。"乃使内史廖以女乐二八遗戎王，因为由余请期。戎王许诺，见其女乐而说之，设酒张饮，日以听乐，终岁不迁，牛马半死。由余归，因谏戎王，戎王弗听，由余遂去之秦。秦穆公迎而拜之上卿，问其兵势与其地形。既以得之，举兵而伐之，兼国十二，开地千里。故曰：耽于女乐，不顾国政，则亡国之祸也。

字面翻译：什么叫沉迷于女色歌舞？过去戎王派由余出使秦国，穆公问他说："我曾经听说治国要有原则，但是未能亲眼看见可以具体实施的原则，希望听到古代明君得到诸侯国拥护和失去诸侯国拥护是因为什么确定的原则吗？"由余回答说："我曾经听到过，确定的原则是因为俭朴而得到诸侯国的拥护，因为奢侈而失去诸侯国的拥护。"穆公说："我不顾及尊严而向您请教治国的原则，您用俭朴来答复我，为什么呢？"由余回答说："我听说过去尧统治天下的时候，吃饭用的是陶碗，喝水用的是陶杯。他的领土南到交趾，北到幽都，东边和西边分别到达太阳升起和月亮落下的地方，没有不臣服的诸侯。尧禅让天下，舜接受了它，给舜使用的饮食器具，是砍伐山上的树木制作的，将树木砍削锯割成形后修整成器，涂漆抹墨在上面，送到舜的宫里作为饮食器具。诸侯们认为舜越来越奢侈，不再臣服的诸侯国有十三个。舜禅让天下而传位给禹，禹所制作的祭祀器具，墨汁的黑色染在外面，朱砂的红色绘在里面，用没有彩色花纹的丝帛做车垫，用边缘饰有斜纹的蒋草做席子，酒杯酒勺上画有花纹，酒具食器上有装饰。这更加奢侈了，因而不再臣服的诸侯国有三十三个。夏王朝灭亡后，商王朝接受了天下，打造了天子乘坐的车子大辂，并竖起了悬垂着九条饰物的旗子，用精雕细琢的饮食器具和刻镂花纹的酒杯酒勺，白色的墙壁和白色垩土的台阶，车垫和席子织成花纹。这就更加奢侈了，因而不再臣服的诸侯国有五十三个。这些做君主的，都注重用文彩华丽来装饰，因而愿意臣服的诸侯越来越少。所以我说，节俭是治国的原则。"由余出去后，秦穆公就召来内史王廖并告诉他刚才的交谈情况，说："我听说邻国有圣人，是敌对国家的忧患啊。现在这个由余，就是个圣人啊，我很担心这件事。我该怎么做？"内史廖说："我听说戎王住的地方，荒僻简陋而且路途遥远，他还没听过中原地区的音乐。您不如赠送给他歌舞女子，来扰乱他的国政，然后替由余请求延长回国的时间，来疏离由余的谏言。他们君臣有了隔阂后就可以算计了。"穆公说："好吧。"就派内史王廖把十六个歌舞女子送给戎王，趁机替由余请求延长回国的时间。戎王答应了请求，看到歌舞女子便非常高兴，置办酒宴搭起帐篷来饮酒作乐，一整天一整天地听歌跳舞，整年不迁徙，牛马没有水草吃，饿死了一半。由余回国，马上劝谏戎王，戎王不听，由余就离开戎国到了秦国。秦穆公前去迎接他并拜他为上卿，向由余询问戎国的兵力情况和地理形势。了解了这些情况后，便起兵攻打戎国，兼并十二个国家，扩张了上千里的土地。所以说：沉迷于女色歌舞，不管国家政事，就会有亡国的祸害。

商人商语：由余说尧舜禹由俭而奢的故事，听听便可，不符合我们追求物质文明的商业之道，而且也未必是真的。不过，戎王贪恋女色而亡国的故事却是很真实的，在商业现实中这样的老板也比比皆是，有的因为离婚分家产而元气大伤，但更多确实是因为无心经营而使企业倒闭的。

原文：奚谓离内远游？昔者齐景公游于海而乐之。号令诸大夫曰："言归者死。"颜涿聚曰："君游海而乐之，奈臣有图国者何？君虽乐之，将安得？"齐景公曰："寡人布令曰'言归者死'，今子犯寡人之令。"援戈将击之。颜涿聚曰："昔桀杀关龙逢而纣杀王子比干，今君虽杀臣之身，以三之可也。臣言为国，非为身也。"延颈而前曰："君击之矣！"君乃释戈趣驾而归。至三日，而闻国人有谋不内齐景公者矣。齐景公所以遂有齐国者，颜涿聚之力也。故曰：离内远游，则危身之道也。

字面翻译：什么叫离开朝廷到远方游玩？从前齐景公到渤海游玩，玩得非常快乐。下令给诸位大夫说："说要回去的，处死。"颜涿聚说："君上您在海上游玩得快乐，然而臣子中有图谋篡国的人，该怎么办？您即使现在玩得快乐，将来还能继续这样吗？"齐景公说："我下令说过'说要回去的，处死'。现在你违犯了我的命令。"操起长戈来就要击打颜涿聚。颜涿聚说："过去的夏桀杀了关龙逢而商纣杀了王子比干，现在您即使杀死了我，凑成三个死谏的忠臣也是可以的。我的谏言是为了国家，不是为了自身。"便伸长脖子上前说："您杀了我吧！"齐景公便放下长戈催促驾车赶了回去。回到朝廷三天以后，就听说国都城内有人谋反，不让景公回到朝廷。齐景公之所以能始终统治齐国，靠的是颜涿聚的努力谏言。所以说：离开朝廷到远方游玩，这是危及自身的做法。

商人商语：老板在或者不在的情况下，员工的工作状态是不一样的。这种差异在现代运营管理的体制下虽然不那么明显了，但是员工工作的真实状态确实不能只看报表，只有亲身去看、去听，才能发现一些报表上看不到的端倪。

原文：奚谓过而不听于忠臣？昔者齐桓公九合诸侯，一匡天下，为五伯长，管仲佐之。管仲老，不能用事，休居于家。桓公从而问之曰："仲父家居有病，即不幸而不起，政安迁之？"管仲曰："臣老矣，不可问也。虽然，臣闻之，知臣莫若君，知子莫若父。君其试以心决之。"君曰："鲍叔牙何如？"管仲曰："不可。鲍叔牙为人，刚愎而上悍。刚则犯民以暴，愎则不得民心，悍则下不为用。其心不惧，非霸者之佐也。"公曰："然则竖刁何如？"管仲曰："不可。夫人之情莫不爱其身。公妒而好内，竖刁自獖以为治内。其身不爱，又安能爱君？"公曰："然则卫公子开方何如？"管仲曰："不可。齐、卫之间不过十日之行，开方为事君，欲适君之故，十五年不归见其父母，此非人情也。其父母之不亲也，又能亲君乎？"公曰："然则易牙何如？"管仲曰："不可。夫易牙为君主味，君之所未尝食唯人肉耳，易牙蒸其子首而进之，君所知也。人之情莫不爱其子，今蒸其子以为膳于君，其子弗爱，又安能爱君乎？"公曰："然则孰可？"管仲曰："隰朋可。其为人也，坚中而廉外，少欲而多信。夫坚中，则足以为表；廉外，则可以大任；少欲，则能临其众；多信，则能亲邻国。此霸者之佐也，君其用之。"君曰："诺。"居一年馀，管仲死，君遂不用隰朋而与竖刁。刁莅事三年，桓公南游堂阜，竖刁率易牙、卫公子开方及大臣为乱。桓公渴馁而死南门之寝，公守之室，身死三月不收，虫出于户。故桓公之兵横行天下，为五伯长，卒见弑于其臣，而灭高名，为天下笑者，何也？不用管仲之过也。故曰：过而不听于忠臣，独行其意，则灭其高名，为人笑之始也。

字面翻译：什么叫有过错却不听从忠臣的劝告？从前的齐桓公九次会合诸侯，一国之力匡正天下，成为春秋五霸中的第一位，是管仲在辅佐着他。管仲老了，不能操持国家政事了，休息在家里。桓公去问候他，并请教说："仲父您在家养病，假若不幸不能起床了，政事托付给谁？"管仲说："我老了，当不起这个问话啊。虽然这样，我听说过这段话，了解臣下的莫过于君主，了解儿子的莫过于父亲。您还是试着按自己的想法来决定人选吧。"桓公说："鲍叔牙怎么样？"管仲说："不可以。鲍叔牙为人，刚强任性而蛮横。刚强就会粗暴地侵扰民众，任性就得不到民众拥护，蛮横下属就不听他使用。他心里什么都不敬畏，不是霸主的辅佐啊。"桓公说："那么，竖刁怎么样？"管仲说："不可以。人的本性没有不爱惜自己身体的。您生性忌妒并且喜好收纳美色，竖刁阉割了自己就是为了管理内宫事务。他连自己的身体都不爱惜，又怎么能爱惜您呢？"桓公说："那么卫公子开方怎么样？"管仲说："不可以。齐国和卫国之间不过十天的行程，开方为了侍奉您，想要您满意的缘故，十五年没有回去看望他的父母，这不是人应有的感情。他连父母都不亲近，还能亲近您吗？"桓公说："那么易牙怎么样？"管仲说："不可以。易牙为您主管伙食，您不曾吃过的只有人肉了，易牙蒸了自己儿子的头进献给您，您是了解这件事的。人没有不疼爱自己孩子的，现在蒸自己的儿子作为您的饭食，他连儿子都不疼爱，又怎能疼爱您呢？"桓公说："这样的话，谁可以呢？"管仲说："隰朋可以。他的为人，心地坚贞而行为廉正，少有私欲而多能守信。心地坚贞，就足以作为臣民的表率；行为廉正，就可以负责重大的事务；少有私欲，就能驾御他的属下；多能守信，就能亲近邻近的国家。这是霸主的辅佐啊，您还是任用他吧。"桓公说："好吧。"过了一年多，管仲去世，齐桓公最终还是没有任用隰朋而是让竖刁执政。竖刁掌管政事三年，桓公巡游到南方的堂阜，竖刁带领易牙、卫公子开方及大臣们趁机作乱。桓公被困在南门寝宫守卫的房屋里饥渴而死，死后三个月没人收葬，尸体上的蛆虫爬出门外。所以，齐桓公的军队横行天下，桓公身为五霸之首，最终被他的臣下杀害，从而丧失了伟大的名声，被天下人耻笑，为什么？是不听信管仲忠告的过错啊。所以说：有过错却不听从忠臣的劝告，而且一意孤行，这是丧失伟大的名声并且被人耻笑的开始。

商人商语：后世有很多人责怪管仲，为何没有在生前解决这三个人，而任凭这三人在其死后作乱。可见，身为法家前贤的管仲，在当时只是解决了"变法图强"问题，还没有建立"尚法非贤"的体系问题。其实，管仲虽然是一人之下，但毕竟是管理国家的外臣，对于齐桓公的内幕私臣不好也无权罢黜甚至于杀掉的。企业家在管理企业时，会不会也有内外干部的区分，有越权乱政的现象呢？

原文：奚谓内不量力？昔者秦之攻宜阳，韩氏急。公仲朋谓韩君曰："与国不可恃也，岂如因张仪为和于秦哉！因赂以名都而南与伐楚，是患解于秦而害交于楚也。"公曰："善。"乃警公仲之行，将西和秦。楚王闻之，惧，召陈轸而告之曰："韩朋将西和秦，今将奈何？"陈轸曰："秦得韩之都一，驱其练甲，秦、韩为一以南向楚，此秦王之所以庙祠而求也，其为楚害必矣。

王其趣发信臣，多其车，重其币以奉韩，曰：'不毂之国虽小，卒已悉起，愿大国之信意于秦也。因愿大国令使者入境视楚之起卒也。'"韩使人之楚，楚王因发车骑陈之下路，谓韩使者曰："报韩君，言弊邑之兵今将入境矣。"使者还报韩君，韩君大悦，止公仲。公仲曰："不可。夫以实害我者，秦也；以名救我者，楚也。听楚之虚言而轻强秦之实祸，则危国之本也。"韩君弗听。公仲怒而归，十日不朝。宜阳益急，韩君令使者趣卒于楚，冠盖相望而卒无至者。宜阳果拔，为诸侯笑。故曰：内不量力，外恃诸侯者，则国削之患也。

字面翻译：什么叫不估量自己内在的实力？过去秦国攻打韩国的宜阳，韩国君臣非常焦急。公仲朋对韩国君主说："盟国是不可依靠的，还不如通过张仪去和秦国讲和呢！因此用一个著名的大城去贿赂秦国，和秦国一道向南攻打楚国，这样就从秦国那里解除了祸患，而且把这祸患转嫁给楚国了。"韩君说："好。"于是秘密筹备公仲朋的出使，将要西去与秦国讲和。楚王听说这件事后，十分害怕，召来陈轸告诉情况说："韩国的公仲朋将要西去与秦国讲和，现在该怎么办？"陈轸说："秦国得到韩国的一座名城，就会驱使它的精锐甲兵，与韩国联合成一体向南攻打楚国，这是秦王在宗庙祭祀所祈求的事，这必将成为楚国的祸害。大王您还是赶快派遣可靠的使臣，多带些车辆，载上贵重的礼物献给韩国，说：'我们楚国虽然小，士卒已经全都调动起来了，希望贵国向秦国表明不屈服的意图。为此，希望贵国派使者到我们这里察看楚国的士卒调动。'"韩国派人到楚国察看，楚王便征发车骑排列在去北方的道路上，对韩国使者说："请报告韩国君主，说敝国的军队现在就要进入韩国的境内了。"使者回去报告韩国君主，韩国君主非常高兴，中止了公仲朋的出使讲和。公仲朋说："不可停止。现在实际上危害我们的，是秦国；用名义来援救我们的，是楚国。听信楚国的空头承诺而轻视强秦的实际祸患，那是危害国家的祸根啊。"韩国君主不听。公仲朋愤怒地回到家里，十天不上朝。宜阳越来越危急，韩国君主派遣使者到楚国催促援兵，一批一批的使者在路上都可以互相看到，但是楚国的援兵却始终没有到来。结果是宜阳被秦军攻取，韩国被诸侯国耻笑。所以说：不估量自己内在的实力，依赖外在诸侯的支持，这是国家削弱的祸患。

商人商语：企业经营，首先要解决的是自身的生存危机，然后才有联合其他企业共同发展的机遇，才有商业模式整合伙伴资源的理性设计。

原文：奚谓国小无礼？昔者晋公子重耳出亡，过于曹，曹君袒裼而观之。釐负羁与叔瞻侍于前。叔瞻谓曹君曰："臣观晋公子，非常人也。君遇之无礼，彼若有时反国而起兵，即恐为曹伤，君不如杀之。"曹君弗听。釐负羁归而不乐，其妻问之曰："公从外来而有不乐之色，何也？"负羁曰："吾闻之，有福不及，祸来连我。今日吾君召晋公子，其遇之无礼。我与在前，吾是以不乐。"其妻曰："吾观晋公子，万乘之主也；其左右从者，万乘之相也。今穷而出亡过于曹，曹遇之无礼。此若反国，必诛无礼，则曹其首也。子奚不先自贰焉。"负羁曰："诺。"乃盛黄金于壶，充之以餐，加璧其上，夜令人遗公子。公子见使者，再拜，受其餐而辞其璧。公子自曹入楚，自楚入秦。入秦三年，秦穆公召群臣而谋曰："昔者晋献公与寡人交，诸侯莫弗闻。献公不幸离群臣，出入十年矣。嗣子不善，吾恐此将令其宗庙不被除而社稷不血食也。如是弗定，则非与人交之道。吾欲辅重耳而入之晋，何如？"群臣皆曰："善。"公因起卒，革车五百乘，畴骑二千，步卒五万，辅重耳入之于晋，立为晋君。重耳即位三年，举兵而伐曹矣。因令人告曹君曰："悬叔瞻而出之，我且杀而以为大戮。"又令人告釐负羁曰："军旅薄城，吾知子不违也。其表子之闾，寡人将以为令，令军勿敢犯。"曹人闻之，率其亲戚而保釐负羁之闾者七百馀家。此礼之所用也。故曹，小国也，而迫于晋、楚之间，其君之危犹累卵也，而以无礼莅之，此所以绝世也。故曰：国小无礼，不用谏臣，则绝世之势也。

字面翻译：什么叫国家弱小没有礼貌？从前晋国公子重耳出国流亡，路过曹国，曹国君主趁重耳脱去上衣时偷看他连在一起的畸形肋骨。当时曹国大夫釐负羁和叔瞻在前侍奉。叔瞻对曹国君主说："我观察晋国公子，不是个平凡的人。您对待他没有礼貌，他如果有机会回国成为君主而发兵，那恐怕会成为曹国的祸害，您不如杀了他。"曹国君主没有听从。釐负羁回到家中闷闷不乐，他的妻子问他："夫君从外面回来，却带着不高兴的脸色，为什么呢？"釐负羁说："我听说，有福报轮不上，祸患来牵连我。今天咱们国君召见晋国公子，他对待晋公子没有礼貌。当时我也在场，我是因为这个不高兴的。"他的妻子说："我观察晋国公子，是拥有万辆兵车的大国君主气派，他随从的那些人员，也是大国卿相的气度。现在困窘流亡路过曹国，曹国对待他没有礼貌。这个人如果返回晋国，一定会惩罚对他无礼的人，那么曹国就首当其冲了。您为什么不先把自己和曹国君主的所为区别开呢？"釐负羁说："听你的。"就把黄金装进壶里，再用食物把壶装满，上面用玉璧盖上，晚上派人送给晋国公子。公子接见了使者，一再拜谢，接受了装有食物的壶，谢绝了那块玉璧。晋国公子重耳从曹国流亡到楚国，从楚国到了秦国。到秦国第三年，秦穆公召集群臣商量说："过去晋献公和我交好，诸侯们没有不知道的。献公不幸去世，大概有十年了。继位的儿子晋惠公不成器，我怕他将要使得晋国的宗庙得不到打扫而且社稷得不到祭祀了。这种情况不去平定，就不是与人交朋友的做法了。我想帮助重耳让他回到晋国，怎么样？"群臣都说："好主意。"穆公因而发兵，动用了包有皮革的坚固兵车五百辆，同一规格的战马二千匹，步兵五万人，帮助重耳回到了晋国，拥立为晋国国君。重耳登上国君君位第三年，就发兵攻打曹国了。为此还派人告诉曹国君主说："把叔瞻从城上吊下来，我要杀掉他来陈尸示众。"又派人告诉釐负羁说："军队迫近城池，我知道您不会对抗我。请在您住的里巷门上做好标记，我将根据这个标记下达命令，命令军队不去侵犯。"曹国人听到后，带着他们的亲属来到釐负羁居住的里巷来求取保护的有七百多家。这就是釐负羁礼遇晋国公子的作用啊。所以，曹国是个弱小国家，而且夹在晋、楚两国之间，其君主的危险就像是垒起来的蛋，却没有礼貌地对待晋国公子，这便是他断绝后世的原因啊。所以说：国家弱小没有礼貌，不听臣子的劝谏，这是断绝后世的趋势。

商人商语：小企业的生存之道，不只是寻求产品或服务的差异化，还要找到大企业无法顾及、无力顾及的存身之地。就差异化而言，不要试图在传统的营销环境下，用传统的营销手段去冲撞大企业的商业模式。一时的小胜只是表面现象，不能代表差异化商业模式的胜利，时间会证明这一切的。

好恶从来凭心意，忠臣难进奸臣聚

人与人之间交流出现困难，不仅是因为个体思维的差异，使得一方表达的与另一方理解的不一样，还因为交流的双方，心思不在一个频道上，使得一方要表达的意思被另一方断章取义。因而即使是经验丰富的经理人，面对寡言少语的老板，如果没有按照程序走，汇报表达时也会百不中一。

为了避免这种情况，员工无论是愚笨还是智巧，都会花心思，或套路或假话，千方百计地"进言"老板，老板能够听到的直话、真话、实话，会越来越少。这是谁的责任呢？

所以，作为企业的"公器"，老板要有自知之明，自己的言行举止，要有如太阳运行一样的客观规律被众人所了解和认知。免得看似沟通之路顺畅，其实信息没有正确地实现传递。

本节选取的《韩非子·说难》，是从臣下进言之难的角度来认识君主，企业老板也要由此来认识自己。

《韩非子·说难》：进言之难，不在于表达的困难，而是不知道老板爱听什么，不爱听什么

原文：凡说之难：非吾知之有以说之之难也，又非吾辩之能明吾意之难也，又非吾敢横失而能尽之难也。凡说之难：在知所说之心，可以吾说当之。所说出于为名高者也，而说之以厚利，则见下节而遇卑贱，必弃远矣。所说出于厚利者也，而说之以名高，则见无心而远事情，必不收矣。所说阴为厚利而显为名高者也，而说之以名高，则阳收其身而实疏之；说之以厚利，则阴用其言显弃其身矣。此不可不察也。

字面翻译：大凡游说的困难，不在于我是否知道事情说出来的困难，也不在于我能否辨别事理说明清楚，更不在于我是否敢无所顾忌说清事实。大凡游说的困难，在于了解君主的心思，以便用我的说辞来迎合他。所游说的君主属于追求高尚名声的人，如果用厚利去游说他，就会被看成节操低下的人，而被给予卑贱的待遇，必然会被抛弃或疏远。所游说的君主属于看重利益的人，如果用高尚名声去谏说他，那么就会被看成没有头脑而脱离实际的人，必然不会被接纳。所游说的君主看重利益而表面上是追求高尚名声的人，如果用高尚名声去谏说他，那么他表面上接纳而实际会疏远游说他的人；如果用厚重的利益去游说他，那么他暗地里会采纳这个人的意见，但表面上会抛弃这个人。这些情况不可不明察。

商人商语：古时的君王以寡言来自守，防备臣下们窥测他的意图，但现在的老板不需要效仿。老板是否也存在个人名声与企业利益之间的矛盾呢？如果有，还是要先自我平衡一下，保持一个标准就好。

原文：夫事以密成，语以泄败。未必其身泄之也，而语及所匿之事，如此者身危。彼显有所出事，而乃以成他故，说者不徒知所出而已矣，又知其所以为，如此者身危。规异事而当，知者揣之外而得之，事泄于外，必以为己也，如此者身危。周泽未渥也，而语极知，说行而有功，则德忘；说不行而有败，则见疑，如此者身危。贵人有过端，而说者明言礼义以挑其恶，如此者身危。贵人或得计而欲自以为功，说者与知焉，如此者身危。强以其所不能为，止以其所不能已，如此者身危。故与之论大人，则以为间己矣；与之论细人，则以为卖重。论其所爱，则以为借资；论其所憎，则以为尝己也。径省其说，则以为不智而拙之；米盐博辩，则以为多而久之。略事陈意，则曰怯懦而不尽；虑事广肆，则曰草野而倨侮。此说之难，不可不知也。

字面翻译：在做的事情因保密而成功，在谈的事情因泄密而失败。未必是游说者本人泄露了机密，而有可能是谈话中涉及了君主的秘密，这样的游说者就会遭遇危险。君主表面上要做某件事，但只是借此做成其他事，游说者不只知道君主要做的某件事而已，更进一步知道他之所以做某件事的意图，这样的游说者就会遭遇危险。游说者筹划并主持一件不平常的事，有聪明的人从外部迹象上猜测出来了这件事，事情在外面泄露了，君主一定认为是游说者自己泄露的，这样的游说者就会遭遇危险。交情还不够深厚，游说者却把他的主张都说了出来，如果主张行得通并获得成功，他的功德会被君主忘记；如果主张行不通而遭到失败，他的人品会被君主怀疑，这样的游说者就会遭遇危险。尊贵的君主有了过错，游说者公开宣扬礼仪仁义来指明君主的过错，这样的游说者就会遭遇危险。尊贵的君主有时会把成功的谋划全部当成自己的功劳，游说者参与并知道这件事情，这样的游说者就会遭遇危险。勉强君主去做他没有能力做的事情，制止君主去做他不肯停止的事情，这样的游说者就会遭遇危险。

所以，游说者如果和君主议论大臣，就会被认为是离间君臣关系；和君主议论近侍小臣，就会被认为想出卖权重。谈论君主喜欢的事情，就会被认为以此来拉近关系；谈论君主憎恶的事情，就会被认为在试探自己。说话直截了当，就会被认为没有智慧而遭到粗暴对待；叙事琐碎详尽，就会被认为啰唆而冗长。简略陈述意见，就会被认为怯懦而不敢尽言；考虑事情广泛不受约束，就会被认为粗野而倨傲。这些游说的困难，是不能不知道的。

商人商语：在其位谋其政，进言者说其本职工作的职责，该说什么就说什么。而作为老板而言，是要有自己的判断标准的。这个标准不是个人的智慧和人生历练，而是企业的工作汇报制度。

原文：凡说之务，在知饰所说之所矜而灭其所耻。彼有私急也，必以公义示而强之。其意有下也，然而不能已，说者因为之饰其美而少其不为也。其心有高也，而实不能及，说者为之举其过而见其恶，而多其不行也。

有欲矜以智能，则为之举异事之同类者，多为之地，使之资说于我，而佯不知也以资其智。欲内相存之言，则必以美名明之，而微见其合于私利也。欲陈危害之事，则显其毁诽而微见其合于私患也。誉异人与同行者，规异事与同计者。有与同污者，则必以大饰其无伤也；有与同败者，则必以明饰其无失也。彼自多其力，则毋以其难概之也；自勇其断，则无以其谪怒之；自智其计，则毋以其败穷之。大意无所拂悟，辞言无所系縻，然后极骋智辩焉。此道所得，亲近不疑而得尽辞也。伊尹为宰，百里奚为虏，皆所以干其上也。此二人者，皆圣人也；然犹不能无役身以进，如此其污也！今以吾言为宰虏，而可以听用而振世，此非能仕之所耻也。夫旷日弥久，而周泽既渥，深计而不疑，引争而不罪，则明割利害以致其功，直指是非以饰其身，以此相持，此说之成也。

字面翻译：大凡游说的要领，在于懂得美化君主所高兴、自夸的事情，掩盖他认为耻辱的事情。君主有私人的急事，游说者一定要指明这合乎国家公义而鼓励他去做。君主有卑鄙的念头，然而不能克制，游说者应该为君主把它美化成美好的而抱怨他不去做。君主有过高的想法，而实际上不能做到，游说者应该为君主列举出这个想法的缺陷并揭示它的坏处，而称赞他不去做。君主想要炫耀自己的智慧才能，游说者应该为君主列举各种事情中的同类情况，多给他提供依据，使他从自己这里获得说话的材料，而自己假装不知道，帮助他展现智慧。游说者想要君主采纳与人相安的建议，就必须用美好的名义来阐明它，并暗示这件事合乎君主的私利。游说者想要陈述危害的事情，就应该明言这种陈述会遭到诋毁非议，并且暗示这种危害对君主个人也有害处。游说者应该称赞另一个与君主行为相同的人，应当规划另一件与君主考虑相同的事。有和君主污行相同的事，就必须对这个事大加粉饰，说它没有害处；有和君主败迹相同的人，就必须为这个人公开掩饰，说他没有过失。君主自夸能力强大，就不要用他难以办到的事去打击他；君主自逞勇于决断，就不要用他决断的过失去激怒他；君主自诩计谋高明时，就不要用他的败绩去让他难堪。游说的基本内容没有什么违逆，言辞没有什么碰撞，然后就可以充分施展自己的智慧和口才了。这种掌握了游说要领的效果，是君主亲近不疑，从而畅所欲言。

伊尹做厨师，百里奚当奴隶，都是求取君主重用的手段。这两个人，都是德才兼备的人，但还是不得不通过做低贱的事来求得任用，这是多么的玷污自己啊！假如把我的游说要领看成是像做厨师和奴隶一样而可以被君主听信采纳来拯救社会，就不会是努力做官的人所感到耻辱的事了。很长的时间内，君主的恩泽已经很深厚了，游说者深远的计谋就不会被怀疑，据理力争也不会被加罪了，就可以明白地分析利害得失来成就君主的功业，指明正确或错误来端正君主的言行。能够这样相互对待，才是游说的成功。

商人商语：企业中若有如此费尽周折来求取老板信任的人，老板反而会不安起来。这种信任是可以做好事也可以做坏事的。不管信任或者不信任，都不能对员工完全放手释权，要有最基本的权限和权责限制。

原文：昔者郑武公欲伐胡，故先以其女妻胡君以娱其意。因问于群臣："吾欲用兵，谁可伐者？"大夫关其思对曰："胡可伐。"武公怒而戮之，曰："胡，兄弟之国也。子言伐之，何也？"胡君闻之，以郑为亲己，遂不备郑。郑人袭胡，取之。宋有富人，天雨墙坏。其子曰："不筑，必将有盗。"其邻人之父亦云。暮而果大亡其财。其家甚智其子，而疑邻人之父。此二人说者皆当矣，厚者为戮，薄者见疑，则非知之难也，处之则难也。故绕朝之言当矣，其为圣人于晋，而为戮于秦也，此不可不察。

字面翻译：从前郑武公想要攻打胡国，故意先把自己的女儿嫁给胡国君主，使他的心思都在娱乐上。然后郑武公问群臣："我想打仗，哪个国家是可以讨伐的？"大夫关其思回答说："胡国可以讨伐。"武公非常生气并杀了他，说："胡国是兄弟国家，你建议讨伐它，是什么意思？"胡国君主听说了这件事，认为郑国君主是对自己友好的，于是不再防备郑国。郑国便趁机偷袭了胡国，并攻占了它。宋国有个富人，下雨把墙淋塌了。他儿子说："不修的话，必然将会有盗贼。"邻居家的老人也这么说。当天晚上果然有大量财物被窃。他家里的人非常赞许儿子的聪明，却怀疑邻居家的老人偷了东西。大夫关其思和这位老人的建议都是恰当的，但他们的结局，关其思被杀害，老人被怀疑，这并不是因为认知事情困难，而是因为如何处理是困难的。因此，绕朝劝阻秦康公的话是对的，但他在晋国被看成德才兼备的人，在秦国却遭到杀害，这是不可不明察的。

商人商语：君主如此对待臣下，将其当成了阴谋诡计的牺牲筹码，那么以后还会有臣下为其进言和尽力吗？在企业的商业策略中，也有其秘而不宣的一部分，也会有"暗度陈仓"的计划，只是不会拿高管来做牺牲品的。

原文：昔者弥子瑕有宠于卫君。卫国之法：窃驾君车者罪刖。弥子瑕母病，人闻，有夜告弥子，弥子矫驾君车以出。君闻而贤之，曰："孝哉！为母之故，忘其犯刖罪。"异日，与君游于果园，食桃而甘，不尽，以其半啖君。君曰："爱我哉！忘其口味以啖寡人。"及弥子色衰爱弛，得罪于君，君曰："是固尝矫驾吾车，又尝啖我以余桃。"故弥子之行未变于初也，而以前之所以见贤而后获罪者，爱憎之变也。故有爱于主，则智当而加亲；有憎于主，则智不当见罪而加疏。故谏说谈论之士，不可不察爱憎之主而后说焉。

字面翻译：从前弥子瑕受到卫国君主的宠爱。卫国法律规定：私自驾御君主车子的人，论罪要处以砍脚的刑罚。弥子瑕的母亲病了，有人听说了连夜通知弥子瑕，弥子瑕假托君主的命令驾御君主的车子出城。卫君听说后认为他贤德，说："真是孝顺啊！为了母亲的缘故，忘记了自己要被处以砍脚的刑罚。"又有一天，弥子瑕和卫君在果园游玩，吃到一只桃子觉得很甜，没有吃完，就把剩下的半只桃子给卫君吃。卫君说："真是爱我啊！忘记了他喜欢这件东西，拿来给我吃。"等到弥子瑕衰老，卫君宠爱减退时，他得罪了卫君，卫君说："这个人本来就曾假托我的命令驾御我的车子，又曾经把他吃剩的桃子给我吃。"所以，虽然弥子瑕的行为和当初并没两样，但是之前被称赞是贤德的事情反而后来招致罪名的原因，是卫君对他的爱憎有了变化。所以，被君主宠爱时，游说者的智谋就会被

· 394 ·

认为恰当，并更受信任；被君主憎恶时，游说者的智谋就会被认为不恰当而成为罪过，并且越来越被疏远。所以那些进谏陈说的人不可不明察君主的爱憎，然后再进行游说。

商人商语：人心会有喜恶，人的心情会有起伏，所以老板对待手下员工也难免会有区分。只是，如何放下自己的喜恶，放平自己的情绪？靠制度和流程。用这些来处理手下员工的工作行为，是公司正常运营的基础保证。

原文：夫龙之为虫也，柔可狎而骑也；然其喉下有逆鳞径尺，若人有婴之者，则必杀人。人主亦有逆鳞，说者能无婴人主之逆鳞，则几矣。

字面翻译：龙作为一种动物，温顺的时候，人可以戏弄它还能骑着它；但是龙的喉下有一尺来长的逆鳞，假使有人触动它的话，就一定会攻击人。君主也有逆鳞，游说者能够不触动君主的逆鳞，就差不多是懂得游说要领了。

商人商语：企业老板如果有自己的"逆鳞"，就以制度的方式规避它。那些懂得察言观色来了解老板喜好的，固然也会有尽忠职守之人，但更多的是拍马溜须只会逢迎做事的人。

安国措施有七种，乱国途径有六道

企业的安危，在于企业老板是否选择了正确的商业模式，而不在于此时企业实力的强大或者弱小；企业的存亡，在于企业老板对于企业是否有控制力，而不在于企业的高管有多少，员工数量有多少。所以，企业老板对于企业发展正确的控制力，是企业存亡的决定因素。

要做好企业的运营管理，企业老板是要不断学习，也是要严格自我要求的，不能自以为是，而是万言万行以"法"为是。运营管理是企业经营的车或者船，所制定的流程要符合规律，才会被员工信服接受；所制定的制度要符合人性的规律，员工才会表现出积极正向的反应，才能"众人划桨开大船"。

本节选取的是《韩非子·安危》，其中韩非子提出了符合事务规律的七种"安术"，又指出了任性胡为的六条"危道"。

《韩非子·安危》：老板的决策，直接关联到企业的安定与危亡

原文：安术有七，危道有六。

字面翻译：君主安定国家的措施有七种，危乱国家的途径有六种。

商人商语：企业老板经营管理企业，一定是有着若干不可违逆的原则。所谓"安七危六"，可以看作企业老板个人行为对企业的损益。

原文：安术：一曰赏罚随是非，二曰祸福随善恶，三曰死生随法度，四曰有贤不肖而无爱恶，五曰有愚智而无非誉，六曰有尺寸而无意度，七曰有信而无诈。

字面翻译：安定国家的措施：一是要根据臣民行为的正确与错误实施赏罚；二是祸福之报要根据行为结果的好与坏；三是生死判定要根据国家的法律法规；四是不根据个人的喜爱或厌恶做贤德和不肖的评判；五是愚笨和智慧的标准不依据他人的褒奖和贬低；六是衡量事物依照客观的标准，而不凭借主观的猜测；七是为人处事遵守信用，不做欺诈的事情。

商人商语：企业老板要以规章制度、绩效考核、奖励惩罚来运营管理企业。

原文：危道：一曰斫削于绳之内，二曰斫割于法之外，三曰利人之所害，四曰乐人之所祸，五曰危人于所安，六曰所爱不亲、所恶不疏。如此，则人失其所以乐生，而忘其所以重死。人不乐生，则人主不尊；不重死，则令不行也。

字面翻译：危乱国家的途径：一是刑罚如砍削木材偏到了准线以外，伤害了遵纪守法的民众；二是任意判断裁决，不按照国家的法律法规；三是把自己的利益，建立在对民众利益的伤害之上；四是将自己的快乐，建

立民众的忧虑之上；五是做危险的事情，危害到民众的生命安全；六是喜欢的人不亲近，厌恶的人不疏远。像这样的话，民众就失去了能够快乐生活的各种条件，而且也就不再看重死亡方式的价值。民众生活得不快乐，君主就不会受到尊重；不看重死亡的价值，国家的法令就不能实行。

商人商语：企业老板不能以个人的喜好和情绪来干预企业的运营管理，损害员工的利益。

原文：使天下皆极智能于仪表，尽力于权衡，以动则胜，以静则安。治世使人乐生于为是，爱身于为非，小人少而君子多。故社稷常立，国家久安。奔车之上无仲尼，覆舟之下无伯夷。故号令者，国之舟车也。安则智廉生，危则争鄙起。故安国之法，若饥而食，寒而衣，不令而自然也。先王寄理于竹帛，其道顺，故后世服。今使人饥寒去衣食，虽贲、育不能行；废自然，虽顺道而不立。强勇之所不能行，则上不能安。上以无厌责已尽，则下对"无有"；无有，则轻法。法所以为国也，而轻之，则功不立，名不成。

字面翻译：假使天下人都能在如仪表般严谨的法律法规内充分发挥智慧才能，都能在权衡轻重过的重要事情上竭尽力量，那么他们行动起来打仗就能取胜，安静下来农耕就会安定。治理得好的社会，要使得民众快乐生活，做正确的事情，爱惜自身不去做错误的事情，小人减少而君子增多，这样政权就能够长期存在，国家就能够长久安定。在如颠簸车的动荡环境中不会产生孔子那样的饱学智者，在颠覆船只的下面不会存在伯夷那样的洁身自好之人。所以号令和法制，就是国家的船只和车子。在安稳的环境中，智慧和清廉的人才能出现；在危险的时刻，争执和贪鄙的行为就会出现。所以使国家安定的法律，像饿了要吃饭、冷了要穿衣一样，是不用强令推行而就自然需要的。先王把治国的理论刻写在竹简和帛书上，理论的原则顺应了自然规律，所以会被后世所信服。现在假设不让人们饥饿时吃饭、寒冷时穿衣，即使孟贲、夏育这样的勇士也做不到；违背了自然的规律，即使是沿用先王的法则也行不通。强迫人们去做勇士也做不到的事，朝廷的统治就不能安稳。朝廷永不满足地去剥削民众，民众就会用一无所有回应；民众一无所有，就会轻视法律的惩罚。法律是治国的必然措施，若是被轻视，强国的功业就不能建立，明君的名声就不能获取。

商人商语：运营管理是企业经营的车和船，管理要依照事物和人性的自然规律，这关系到车船中人们的行为表现。错误的管理如逆水行舟一样不可行，这算是安术有七之"有尺寸而无意度"。

原文：闻古扁鹊之治其病也，以刀刺骨；圣人之救危国也，以忠拂耳。刺骨，故小痛在体而长利在身；拂耳，故小逆在心而久福在国。故甚病之人利在忍痛，猛毅之君以福拂耳。忍痛，故扁鹊尽巧；拂耳，则子胥不失：寿安之术也。病而不忍痛，则失扁鹊之巧；危而不拂耳，则失圣人之意。如此，长利不远垂，功名不久立。

字面翻译：听说古时的扁鹊治疗疾病的时候，用刀子穿刺骨头；圣人挽救危亡中的国家，会进献逆耳的忠言。穿刺骨头，在身上会有小的伤痛，身体却能得到长久的好处；谏言难听，国君心中会有小的不悦，国家却能实现长远的利益。因此，严重的病人从忍受疼痛中得到好处，暴躁的君主从听取谏言中得到利益。病人忍住疼痛，所以扁鹊能充分地施展医术；危主接受谏言，就不会失去伍子胥那样的忠臣：这是国家长治久安的策略。生病了却不能忍受疼痛，扁鹊的医术就无法施展；危险了却不听逆耳谏言，圣人的忠诚就无法进献。这样一来，长远利益不能流传后世，功业名誉就不能永久留存。

商人商语：企业老板的心胸要开阔，顺耳逆耳都是要听取的。只要说话的人，有说话的权利，说的话也是在制度的范围内，就可以听取。说的是是非非也不是凭个人喜恶，而是凭借企业的规章制度。这算是安术有七之"赏罚随是非"。

原文：人主不自刻以尧，而责人臣以子胥，是幸殷人之尽如比干；尽如比干，则上不失，下不亡。不权其力而有田成，而幸其身尽如比干，故国不得一安。废尧、舜而立桀、纣，则人不得乐所长而忧所短。失所长，则国家无功；守所短，则民不乐生。以无功御不乐生，不可行于齐民。如此，则上无以使下，下无以事上。

字面翻译：君主没有以尧为榜样来严格要求自己，却责求臣下要像伍子胥一样的忠直，这就如同幻想商朝的民众都像忠直的比干那样；民众若是都像忠直的比干，君主就不会失去君权，国家也就不会灭亡。君主不衡量自己权势的威重，才会出现田成子那样图谋篡权的臣子，却幻想他们都能像比干一样忠直，所以国家得不到一点安宁。假如废止了像尧、舜那样的圣君而拥立像桀、纣那样的暴君，那么人们就不能快乐地从事自己所擅长的事情，只会时常为做自己不擅长的事情而忧虑。擅长的不能发挥出来，人们就无法建立功业；局限在无法施展自己才能的社会里，民众就感受不到生命的乐趣。用没有办法建功立业的制度来驾御没有生命乐趣的民众，这种管理民众的方式是行不通的。像这样的话，朝廷就没有办法役使民众，民众也没有功绩来侍奉朝廷。

商人商语：老板不需要也做不到要求自己像尧一样完美，但起码可以要求自己能够依法行使职权，要求员工能够尽职工作。否则，就是危道有六的"五曰危人于所安"。

原文：安危在是非，不在于强弱。存亡在虚实，不在于众寡。故齐，万乘也，而名实不称，上空虚于国，内不充满于名实，故臣得夺主。桀，天子也，而无是非：赏于无功，使谀谀以诈伪为贵；诛于无罪，使伛以天性剖背。以诈伪为是，天性为非，小得胜大。

字面翻译：国家的安危在于治国方式的正确还是错误，而不在于国力强大或者弱小。国家的存亡在于君主徒有虚名还是握有实权，而不在于民众数量的多少。过去的齐国，是拥有万辆兵车的大国，但是名气和实力不相符，君主权力被架空，朝廷内群臣的职权也名不副实，所以臣子田成得以篡夺君位。桀，是夏朝的天子，但是不能分辨治国措施的正确还是错误：奖赏没有功劳的人，让阿谀奉承的人凭着欺诈手段得到尊贵爵位；诛杀没有罪过的人，使得天生驼背的人被强行剖背。把欺诈虚假的当成是正确的，把天生本性当成错误的，所以小小的商国得以战胜强大的夏朝。

商人商语：企业的安危，在于是否选择了正确的商业模式，而不在于实力的强大或者弱小；企业的存亡，在于企业老板对于企业是否有控制力，而不在于企业的高管有多少，员工数量有多少。企业经营的安危存亡都有其基本的规律，这就是安术有七的"死生随法度"。

原文：明主坚内，故不外失。失之近而不亡于远者无有。故周之夺殷也，拾遗于庭。使殷不遗于朝，则周不敢望秋毫于境，而况敢易位乎？

字面翻译：明智的君主会巩固国内的实力，所以对外时不会失去权力。国内的事情治理不好，而不被远方的敌国趁机灭亡的，从来不曾有过。所以周朝夺取商朝的政权，就像在庭院内捡到丢失的东西一样容易。假设商朝不是在朝廷上失去了对国家的治理能力，周人连商朝境内的一根毫毛也不敢觊觎，更何况敢于改变君主的权位呢？

商人商语：为消费者服务的商业模式设计得再好，如果企业运营管理有问题，产品服务出不来，也会被市场规律淘汰。这算是安术有七的"祸福随善恶"。

原文：明主之道忠法，其法忠心，故临之而法，去之而思。尧无胶漆之约于当世而道行，舜无置锥之地于后世而德结。能立道于往古，而垂德于万世者之谓明主。

字面翻译：明君治国的原则是依靠法治，他的法治符合民众的愿望，所以实施下去就会得到治理，没有了法治民众就会想念法治下的安定。尧和当时的民众并没有订立严密的契约，但治国的原则依然通行；舜没有一点点的土地留给后代，但是他的仁德却教化了民众。能够学习尧舜来确定治国的原则，并能把仁德教化留传给世世代代的后人，就叫作英明的君主。

商人商语：规章制度如同企业的信条，企业老板和企业员工共同遵守，那么企业的运营管理就会顺畅而自然。这算是安术有七的"有信而无诈"。

嘴漏倦政借人手，三守不完三劫生

哪怕贵为君主，也不可能想说什么就说什么，想做什么就做什么的，要小心祸从口出、祸起萧墙。君主有三个如护身符一样的原则，必须谨守；有三条如劫难一样的宗罪，必须谨防。守住了这三个原则，就能使国家安全，个人也能继续享受尊荣；守不住这三个原则，则会国家危亡，个人也会有危险，三条宗罪也会到来。这就是《韩非子·三守》的三守三劫。三守是君主的三守：心里有数就是不说、明面纳言暗里决断、决定权必须自己掌握；三劫是君主防止手下的劫难：公开的索权篡权、内勾外联的仗权、考核赏罚的擅权。

《韩非子·三守》：有些原则，不只是底线

原文：人主有三守。三守完，则国安身荣；三守不完，则国危身殆。何谓三守？人臣有议当途之失、用事之过、举臣之情，人主不心藏而漏之近习能人，使人臣之欲有言者，不敢不下适近习能人之心，而乃上以闻人主。然则端言直道之人不得见，而忠直日疏。爱人，不独利也，待誉而后利之；憎人，不独害也，待非而后害之。然则人主无威而重在左右矣。恶自治之劳悴，使群臣辐凑用事，因传柄移藉，使杀生之机、夺予之要在大臣，如是者侵。此谓三守不完。三守不完，则劫杀之征也。

字面翻译：君主有三条必须遵守的原则。能够成功遵守这三项原则，国家就会安定，君主自身也会得到荣耀；三条原则不好好遵守，就会国家危亡自身危险。三条原则是什么呢？臣子中有评价当权者的过失、执政者的错误、揭发臣子的隐情的，君主不把这些藏在心里而泄漏给左右亲信和权贵，使臣子中想向君主进言的人不得不先揣摩亲信权贵的心思，然后才把这些话向君主进言。这样的话，那些讲话正直、办事公正的人就不能见到了，忠诚耿直的人就一天天地被疏远了。君主喜爱一个人，不马上决定奖励他，等到有人赞誉他后才加以奖励；君主憎恶一个人，不独立做主处

罚他，等到有人非议他后才加以处罚。这样，君主就会逐渐失去权威，权势就会落在近臣的手里了。君主厌恶亲自处理政事殚精竭虑，就让群臣凑合着替自己做事，这样权力和势位就会发生变化，生杀予夺的权力就控制在大臣的手里，这样的情况下，君主就会受到侵害。以上所说的就叫作没有遵守三条原则。三条原则不好好遵守，就是君主被挟持甚至被杀害的征兆啊。

商人商语：老板的"三守"不完备：嘴不把门，说实话办实事的员工就没有了；手不把权，别人就成了二老板，说话有时比老板还好使；身不守位，别人就真的成了握有主宰权力的老板了，资产都被转移了。

原文：凡劫有三：有明劫，有事劫，有刑劫。人臣有大臣之尊，外操国要以资群臣，使外内之事非己不得行。虽有贤良，逆者必有祸，而顺者必有福。然则群臣直莫敢忠主忧国以争社稷之利害。人主虽贤，不能独计，而人臣有不敢忠主，则国为亡国矣。此谓国无臣。国无臣者，岂郎中虚而朝臣少哉？群臣持禄养交，行私道而不效公忠，此谓明劫。鸷宠擅权，矫外以胜内，险言祸福得失之形，以阿主之好恶。人主听之，卑身轻国以资之，事败与主分其祸，而功成则臣独专之。诸用事之人，一心同辞以语其美，则主言恶者必不信矣，此谓事劫。至于守司囹圄，禁制刑罚，人臣擅之，此谓刑劫。三守不完，则三劫者起；三守完，则三劫者止。三劫止塞，则王矣。

字面翻译：君主被挟持的情形一般有三种：有通过公开的方式来挟持的，有通过朝堂的政事来挟持的，有通过掌管的刑罚来挟持的。臣子有了显贵权位，在外面操纵国家大权作为控制群臣的资本，使朝廷内外的事情不通过自己就不能办理。即使有贤德优秀的大臣，但反对他就一定会有祸患，顺从他就一定会得到福利。这样一来，群臣之中就没有敢于忠于君主、忧虑国事，为国家利益抗争的人了。君主即使再贤德，如果不能自主做决策，臣子又不敢忠于君主，那么国家就要灭亡了。这叫作国家没有臣子。国家没有臣子，哪里真的是缺少近侍和臣子呢？是因为群臣都用国家俸禄去豢养私人党羽，营私谋利而不尽忠职守，这叫通过公开的方式来挟持君主。恃宠而骄，专权跋扈，假托外部的势力来压制内部的臣民，描绘祸福得失的情况，危言耸听，来逢迎君主的好恶。君主听信了这些人的话，就会降低自己的身份，不顾国家的利益来支持他。事情失败了，就让君主分担失败的责任；事情成功了，臣子就会独占功劳。那些参与处理此事的人，都用一样的言辞来赞誉这个臣子的美好，那么主张说他不好的人一定不会被君主相信，这叫通过朝堂的政事来挟持君主。至于职司监狱、掌管禁制刑罚，臣子独揽了这些权力，就被叫通过掌管的刑罚来挟持君主。三个原则遵守得不好，三种君主被挟持的情形就产生了；三个原则遵守得好，君主被挟持的情形就不会产生。这三种挟持被杜绝，君主就能称王天下了。

商人商语：企业里不乏有人利用自己掌管的核心部门的权力，该管的管，不该管的也管，以此要挟原本平等配合的部门，甚至破坏公司的规章制度，操纵公司的运营管理。更有甚者，利用原本就不明朗的绩效考核和奖励制度暗箱操作，最后挨骂的是老板，救火的也是老板，装好人卖弄私情的好处却是他的。

商人御法

下

法家领导智慧

曲龙◎著

浙江工商大学出版社
ZHEJIANG GONGSHANG UNIVERSITY PRESS

杭州

第 五 章

尚法非贤，则民心不邪，则兵无敌矣

"一法而不求智，固术而不慕信"是法家尚法理念的千古名言。法家认为，一个有智慧的君主治国，不在于"三顾茅庐"寻找德才贤能，而在于一心实行法治，以法度集合众多平常人的智慧力量为用；用君主的权势和权术来控制所有官吏的忠信行为，而不是欣赏重用几个花言巧语表达忠心的人。这样，国家的法制建设才不会遭到破坏，官吏们也不敢阳奉阴违而不干正事了。

法家崇尚法治，不只是法家认为人性本恶，认为只有苛法严刑才能实施有效的管理；更重要的是，法家认为儒家标榜的那种德才贤能世上难求，而国家治理又不能"等米下锅"。所以，只有实施对平常人也能起到作用的法治，才是基础管理之道，才是持久强国之道。看得见的"亮堂堂"的人才济济，看不见的"乌漆漆"的企业政治。

本章开篇选取了《商君书·错法》。文中相对系统地论述了法治的主要内容，其中重点是基于人性认识而主张的赏罚，具有单一角度和强制性的导向。

《商君书·错法》：万事万行不以私德私惠，约之以法才能集合众人之智、众人之力

原文：臣闻：古之明君错法而民无邪，举事而材自练，赏行而兵强。此三者，治之本也。夫错法而民无邪者，法明而民利之也。举事而材自练者，功分明；功分明，则民尽力；民尽力，则材自练。行赏而兵强者，爵禄之谓也。爵禄者，兵之实也。是故人君之出爵禄也，道明。道明，则国日强；道幽，则国日削。故爵禄之所道，存亡之机也。夫削国亡主非无爵禄也，其所道过也。三王五霸，其所道不过爵禄，而功相万者，其所道明也。是以明君之使其臣也，用必出于其劳，赏必加于其功。功赏明，则民竞于功。为国而能使其民尽力以竞于功，则兵必强矣。

字面翻译：我听说：古代的明君，建立法度，民众就没有邪恶的行为；发动战争，就会造就干练的人才；施行赏赐，兵力就会强大。这三项，是

治理国家的根本。建立法度而民众没有邪恶行为的原因，是法度严明而民众认为对自己有利。发动战争能造就干练的人才，是因为功劳分明；功劳分明，民众就肯尽力；民众肯尽力，就能造就干练的人才。施行赏赐，兵力就会强大的原因，是就爵位俸禄而说的。爵位俸禄是士兵参战的实际目的。因此，君主赏赐爵位俸禄，必须遵循公开、公正的原则。遵循公开公正的原则，国家就会一天天强盛；遵循的原则不公开、不公正，国家就会一天天衰弱。所以赏赐爵位俸禄的原则，是国家存亡的关键。那些亡国的君主，并不是没有赏赐爵位俸禄，而是因为他们赏赐爵禄的原则是错误的。三王五霸，他们做的也不过是授予爵位、奖赏俸禄，可是功业超越前者一万倍，原因是他们赏赐爵禄的原则公开、公正。因此，明君役使他的臣民时，任用他们必然是需要他们劳作，赏赐他们必然是勉励他们劳作的功绩。论功行赏原则明确，那么民众就会争着立功。治理国家，能让民众尽力争着立功，那兵力就强大了。

商人商语："错"通"措"，就是施行的意思。错法就是施行法治。法治的规章制度，规章制度的执行监察，以及监察管理的赏罚制度，都要公平、公正、公开，才能起到动员全体民众力量的效果。同样的赏罚，作用有大有小，其原因在于是否面向所有的员工，是否起到聚集所有人力量的作用。

原文：同列而相臣妾者，贫富之谓也；同实而相并兼者，强弱之谓也；有地而君，或强或弱者，乱治之谓也。苟有道，里地足容身，士民可致也；苟容市井，财货可聚也。有土者不可以言贫，有民者不可以言弱。地诚任，不患无财；民诚用，不畏强暴。德明教行，则能以民之有为己用矣。故明主者用非其有，使非其民。

字面翻译：本来地位相等的人，一方却成了另一方的奴婢，这是因为贫富的不同；本来土地、人口规模相同的国家，一国却被另一国兼并，这是因为实力强弱的不同；同样拥有土地的君主，其国家或强大或弱小，这是政治清明与政治昏庸的不同结果。倘若有土地足可以安身，有才能的人和民众就能吸引过来；假如置身于进行买卖交易的集市中，便可以聚集财富。有土地就不应该说贫，拥有民众就不可以说弱。土地被正确使用，就不愁没有财富；民众被正确役使，就不会惧怕强暴的敌人。君主品德圣明，推行以法为教，那么就能使民众所有的力量为自己所用。所以英明的君主能利用不是自己的东西，役使不属于自己的民众。

商人商语：成功的企业都是由小到大、由弱而强地发展起来的，其成功的关键在于企业家的"有道"。企业家的"有道"在于四个方面：君法集权、变法图强、尚法非贤、吏法术微。尚法非贤的运营管理，并不能激发所有员工自发努力的道德动机，但是可以利用制度的约束和赏罚的激励，来使员工努力工作。

原文：明王之所贵，惟爵其实，爵其实而荣显之。不荣，则民不急列位；不显，则民不事爵；爵易得也，则民不贵上爵；列爵禄赏不道其门，则民不以死争位矣。人君而有好恶，故民可治也。人君不可以不审好恶。好恶者，赏罚之本也。夫人情好爵禄而恶刑罚，人君设二者以御民之志，而立所欲焉。夫民力尽而爵随之，功立而赏随之。人君能使其民信于此如明日月，则兵无敌矣。

字面翻译：明君所重视的，是按照实际功劳授予爵位，依据实际功劳授予爵位会让被授爵的人感到荣耀显贵。假如其爵位不荣耀，那么民众就不会追求位列爵位；假如其爵位不显贵，那么民众就不会为了爵位而做事；假若爵位容易获得，那么民众就不会认为君上赏赐的爵位尊贵；假若颁发爵位俸禄和赏赐的途径不遵循"明道"，民众就不会以死效力去争取爵位了。人天生就有喜欢和讨厌的东西，所以君主能利用它治理好民众。因此君主不能不了解清楚民众的爱好和厌恶的习性。民众的喜好和厌恶是使用奖赏和刑罚的根本依据。人之常情是喜好爵位俸禄而憎恶刑罚，所以君主设置赏赐和刑罚来控制民众的志向，确立民众的欲望。民众用尽了力量，爵位就随之得到；民众立下了功劳，奖赏也能随之得到。君主如果能让他的民众相信这一点如明了太阳和月亮的运行规律一样，兵力就会天下无敌了。

商人商语：以民众的"好恶"来施行法治，制定奖惩规则，是利用人们想要得到利益的欲望，迫使人们遵守利益规则来行事。这一规则要如人们明了日月运行的轨迹一样，要可信、可见。

原文：人君有爵行而兵弱者，有禄行而国贫者，有法立而乱者。此三者，国之患也。故人君者先便请谒而后功力，则爵行而兵弱矣。民不死犯难而利禄可致也，则禄行而国贫矣。法无度数，而事日烦，则法立而治乱矣。是以明君之使其民也，使必尽力以规其功，功立而富贵随之，无私德也，故教流成。如此，则臣忠、君明，治著而兵强矣。故凡明君之治也，任其力不任其德，是以不忧不劳，而功可立也。

字面翻译：君主颁发了爵位而兵力却削弱了，发放了俸禄而国家却贫穷了，确立了法度而治理更混乱了。这三种情况是国家的灾害。如果君主先看重私下的请托，而把有功劳的放在后面，那就会颁发了爵位而兵力却削弱了。民众不需要拼死作战就能得到利禄，那就会发放了俸禄而国家却贫穷了。法度没有明确的规章制度，政事就会越来越琐碎繁杂，那就是确立了法度而治理更加混乱了。所以明君役使他的民众，让他们一定用尽全力来获得功劳，建立了功劳，富贵便会随之而来，除此之外再没有私下的恩惠，所以国家"以法为教"的习俗就能建成。这样，自然就会使臣下忠诚、君主贤明，政绩显著而兵力强大。所以明君治理国家，任用民众努力的力量，而不是他们自以为的品德。因此，不用忧愁、劳苦，功绩便能建立起来。

商人商语：企业给予员工的所有利益，都是在鼓励员工依据企业公开的规章制度来做事。员工的提拔和奖赏，除了依照制度外，没有第二个门路。企业依照规章制度来运营管理企业，需要的是员工在本职岗位上努力工作的力量，而不是他们在本职岗位之外的品德才华。这样，企业的利益和员工的利益才能双赢。

原文：度数已立，而法可修。故人君者不可不慎己也。夫离朱见秋豪百步之外，而不能以明目易人；乌获举千钧之重，而不能以多力易人。夫圣人之存体性，不可以易人，然而功可得者，法之谓也。

字面翻译：规章制度确立了，法治才可以推行。因此君主不能不慎重地看待自己的作用。离朱能在百步之外看清秋毫却不能将他的好眼力转给别人；乌获能举起千钧的重物却不能将大力气转给别人。圣人自身的才能禀性也不能转给别人，却可以集合众人之力建立功业，依靠的就是法治的力量。

商人商语：企业家再能干，也不能将他的企业家精神转给员工，让员工个个成为企业家，做更大的事业。不过，企业家可以通过"尚法非贤"的法治，集合所有员工之力，一起做更大的事业。

法外无贤士，法律必彰明，法令必推行

如何运营管理一家企业，是需要筹划的。相比较而言，更有理性的企业家，不会过于倚重价值理念来教化员工，而是首先重视规章制度的规范作用，以此来标准化员工的工作行为及企业的运营行为。制度的拟定要公平、公开，制度的执行要落实到细节，使得员工的言谈举止都能符合制度规定，个人行为由此成为组织行为。

企业想要在市场经营上有所成就，首先要在企业运营上有所成就。企业的规章制度不能挂在墙上做"静物"，也不能只是做束缚人们行为的绳索，而是要能起到教化人们行为意识"由高而低"的造势之用，让员工们能够养成自觉性的"如法"行为，而不是自以为是的"仁义"行为。这个"造势"，法家的主张是"兵用者强"，也就是以市场营销的角度来运营管理企业。

本节选取了《商君书·画策》和《韩非子·外储说左下》两篇文章，来探讨法治的所由、所以、所安。

一

《商君书·画策》：法治是怎么来的，怎么变化的，怎么制定的，又是怎么应用的

原文：昔者昊英之世，以伐木杀兽，人民少而木兽多；黄帝之世，不麛不卵，官无供备之民，死不得用椁。事不同，皆王者，时异也。神农之世，男耕而食，妇织而衣；刑政不用而治，甲兵不起而王。神农既没，以强胜弱，以众暴寡，故黄帝作为君臣上下之义、父子兄弟之礼、夫妇妃匹之合，内行刀锯，外用甲兵。故时变也。由此观之，神农非高于黄帝也，然其名尊者，以适于时也。故以战去战，虽战可也；以杀去杀，虽杀可也；以刑去刑，虽重刑可也。

字面翻译：上古昊英时代，民众伐木制作工具捕杀野兽，当时民众少而树木、野兽多；黄帝时期，不猎杀幼兽，不吃鸟卵，官吏没有役使的仆人，死了不能用椁埋葬。昊英、黄帝的政事不一样，都能称王于天下，这是因为时代不同。神农时期，男人耕种吃粮食，女人织布穿衣裳；不用刑罚施政而天下安定，不动甲兵而称王天下。神农死后，人们开始以强壮欺凌弱小，以人多欺压人少，因此黄帝制定了君主和臣子、上级和下级之间的规矩，父子、兄弟之间的礼节，夫妻婚配的和合礼仪，对内使用刑具治民，对外动用甲兵攻伐，同样是因为时代变化了。由此看来，神农并不是比黄帝崇高，他名声尊贵的原因，是他的所作所为顺应了时代变化。用战争制止战争，虽然也是战争，但它是正义的，也是可以的；用杀戮消除杀戮，即使杀了人，也是可行的；用刑罚消灭刑罚，即使加重刑罚也是可行的。

商人商语：从无法到有法，法是应时代变化而产生的；从法少到法多，法是随时事变化而演变的；从法轻到法重，法是应不同治理方式的需要而变化的。企业的运营管理，也是从无到有、从少到多、从松到严，伴随着企业发展壮大的。所以，并不是说"法少"就好，也不是说"法严"就不好，都是随时、随事、随势演变而已。

原文：昔之能制天下者，必先制其民者也；能胜强敌者，必先胜其民者

也。故胜民之本在制民，若冶于金、陶于土也。本不坚，则民如飞鸟禽兽，其孰能制之？民本，法也。故善治者塞民以法，而名地作矣。

字面翻译：过去能统治天下的人，必定是先能统治他的民众的人；能够战胜强敌的人，必定是先能战胜他的民众的人。所以，战胜民众的根本在于统治民众，就像冶炼的人对于金属的冶炼、制陶的人对泥土的陶制一样。统治民众的基础不坚固，民众就像飞鸟和禽兽，有谁能控制他们呢？统治民众的基础，是实行法治。因此善于治理的人，就是用法度来遏制民众，而名声和土地就都增加了。

商人商语：企业如果想要在商战中获胜，或者是争得一席之地，必须先运营管理好企业。而运营管理企业的基础，就是依照商业模式的需要，来推行规章制度的管理之用。这也算是"攘外必先安内"的原始语意了。

原文：名尊地广，以至王者，何故？战胜者也。名卑地削，以至于亡者，何故？战罢者也。不胜而王，不败而亡者，自古及今未尝有也。民勇者，战胜；民不勇者，战败。能壹民于战者，民勇；不能壹民于战者，民不勇。圣王见王之致于兵也，故举国而责之于兵。入其国，观其治，兵用者强。奚以知民之见用者也？民之见战也，如饿狼之见肉，则民用矣。凡战者，民之所恶也。能使民乐战者王。强国之民，父遗其子，兄遗其弟，妻遗其夫，皆曰："不得，无返！"又曰："失法离令，若死，我死。乡治之。行间无所逃，迁徙无所入。"行间之治，连以五，辨之以章，束之以令。拙无所处，罢无所生。是以三军之众，从令如流，死而不旋踵。

字面翻译：名望尊贵的人土地广阔，以至于称王天下，是什么缘故呢？名声低微的人土地减少，甚至最后灭亡，又是什么原因呢？战胜战败而已。没有打过胜仗就称王天下，没有打过败仗就亡国，这是从古至今未曾有过的事。民众勇敢，战争就能获胜；民众不勇敢，战争就会失败。能让民众专心于战争，民众就勇敢；不能使民众专心于战争，民众就不勇敢。圣王看见称王天下的功业只能在战争中获得，所以以士兵的标准来要求全国的民众。走进一个国家，观察这个国家的治理方法，军队被充分运用就会强大。凭什么知道民众肯出力呢？民众看见战争，就像饥饿的狼看见肉一样，那么民众就可被使用了。一般来说，战争是民众所讨厌的。能让民众高兴参战的就能称王天下。强大国家的民众，在父亲送别儿子、哥哥送别弟弟、妻子送别丈夫时，他们都会说："战场上得不到功爵，不要回来！"又说："违反法律，背弃命令，你死，我也得死。乡里就会治我们的罪。在军队中没有地方逃，要迁移也没有地方可去。"军队的管理办法，是将五个人编成一伍，用徽章来区分，用军令来束缚。逃走了无处可以居住，败退了没有办法存活。所以三军的众多将士，听从军令就像流水一样迅速，宁可向前战死也不肯掉转脚跟向后逃跑。

商人商语："兵用者强"，通常翻译是"士兵肯于出力国家就强"，我的翻译是"以军法治国则强"。这是一种非常实用的管理方式，也是目前很流行的"营销服务面向"的管理方式。企业运营的本质是为了企业的经营，企业经营的本质是市场面向的营销服务。所以，企业运营归根结底是服务于市场营销。

原文：国之乱也，非其法乱也，非法不用也。国皆有法，而无使法必行之法。国皆有禁奸邪、刑盗贼之法，而无使奸邪、盗贼必得之法。为奸邪、盗贼者死刑，而奸邪、盗贼不止者，不必得。必得而尚有奸邪、盗贼者，刑轻也。刑轻者，不得诛也；必得者，刑者众也。故善治者，刑不善而不赏善，故不刑而民善。不刑而民善，刑重也。刑重者，民不敢犯，故无刑也；而民莫敢为非，是一国皆善也，故不赏善而民善。赏善之不可也，犹赏不盗。故善治者，使跖可信，而况伯夷乎？不能治者，使伯夷可疑，而况跖乎？势不能为奸，虽跖可信也；势得为奸，虽伯夷可疑也。

字面翻译：国家的混乱，不是因为它的法度混乱，也不是因为法度被废弃不用。国家都有法度，但却没有让法度贯彻执行的方法。国家都有禁止奸邪、刑惩盗贼的法令，但却没有能使奸邪、盗贼之人一定被捕获的方法。判处了奸邪、盗贼之人死刑，可是奸邪、盗贼之事却不会停止，这是因为做了不一定被抓住。就是一定能抓住却仍有奸邪、盗贼之事发生，这是因为刑罚太轻。刑罚太轻，不能诛杀罪犯；罪犯都被捕获到了，受刑罚处治的人就会很多。所以善于治理国家的，只惩罚恶人，不奖赏善人，因此不用刑罚而民众都成了善人。不用刑罚而民众都成了善人，是因为刑罚较重。刑罚严重，民众就不敢触犯，因此也就没有了刑罚；民众不敢做坏事，这样全国民众都成了善人，因此不用奖赏善人而民众都变善了。所以不可以奖赏善人，就像不可以奖赏不做盗贼的人一样。因此，善于治理国家的人，能使像跖一样的人变得诚实可信，更何况伯夷这样的人？不会治理国家的人统治的国家里，即使是像伯夷一样的高洁之士也不可信，更何况跖这样的人？假如形势能使人不做坏事，即使是跖一样的人也能被信任；假如形势会让人做坏事，即使是伯夷一样高洁的人也要被怀疑。

商人商语：这个"势"，如水东流，不仅要有高低落差，还要有约束成堤。法治要在企业成"势"，企业的规章制度就不能只是手册和A4纸，而是要变成员工举止言谈自动自觉的"守法基因"。这一点自觉，如果没有"惩罚"的严格规范，是很难养成的。在法家看来，做完本职工作不值得奖励；做不好本职工作，基本工资都要被分拆来考核扣减。

原文：国或重治，或重乱。明主在上，所举必贤，则法可在贤。法可在贤，则法在下，不肖不敢为非，是谓重治。不明主在上，所举必不肖，国无明法，不肖者敢为非，是谓重乱。兵或重强，或重弱。民固欲战，又不得不战，是谓重强。民固不欲战，又得无战，是谓重弱。

字面翻译：国家，或者是治上加治，或者是乱上加乱。明君主政朝廷，所选用的人一定贤德，那么法度便掌握在贤人的手中。法度掌握在贤人的手中，那么法治就能在百姓中施行，无才无德的人不敢做坏事，这就叫治上加治。不英明的君主主政朝廷，他所选用的人一定无才无德，国家就不会有修明的法治，无才无德的人敢做坏事，这就叫乱上加乱。兵力，或者是强上加强，或者是弱上加弱。民众本来想要参战，又不能不去参战，这就叫强上加强。民众本来不想参战，又可以不去参战，这就叫弱上加弱。

商人商语：法家也承认贤德之人的作用，但是坚持认为，贤德之人的作用在法治的基础之上，才是"重治"。所以，企业的人才选聘，也是在制度管理的基础之上，才能选到"重治"的人才。

原文：明主不滥富贵其臣。所谓富者，非粟米珠玉也？所谓贵者，非爵位官职也？废法作私爵禄之，富贵之，滥也。凡人主德行非出人也，知非出人也，勇力非过人也。然民虽有圣知，弗敢我谋；勇力，弗敢我杀；虽众，不敢胜其主；虽民至亿万之数，县重赏而民不敢争，行罚而民不敢怨者，法也。国乱者，民多私义；兵弱者，民多私勇。则削国之所以取爵禄者多涂；亡国之欲，贱爵轻禄。不作而食，不战而荣，无爵而尊，无禄而富，无官而长，此之谓奸民。所谓"治主无忠臣，慈父无孝子"，欲无善言，皆以法相司也，命相正也。不能独为非，而莫与人为非。所谓富者，入多而出寡。衣服有制，饮食有节，则出寡矣。女事尽于内，男事尽于外，则入多矣。

字面翻译：明主不会无节制地赏赐使臣子们富贵。所说的富，不过是粮食珠玉吧？所说的贵，不过是爵位官职吧？背弃法度，私下赏赐爵位和俸禄，这就是"滥富贵其臣"了。一般说来，君主的品德行为不是高于所有人的，智慧也不是超出所有人的，勇气、力量也不是超出所有人的。可是，民众即使有圣贤的智慧，也不敢谋害君主；民众有勇气和力量，也不敢弑杀君主；民众人数再多，也不敢欺凌君主；民众即使达到亿万的人数，也不敢争抢朝廷的重赏，也不敢怨恨朝廷的刑罚，这是因为有了法度。国家混乱的原因，是民众中多了私人之间的情义；兵力削弱的原因，是民众中多了个人间的勇斗。那么在国力削弱的国家，获取爵禄的途径就有许多；灭亡之国的社会风气就是民众鄙视爵位，轻视俸禄。不劳作有饭吃，不参战有荣誉，没有爵位却能尊贵，没有俸禄照样富有，没有官职居然排行第一，这些就叫作奸民。所以说"善于治国的君主手下没有忠臣，慈爱的父亲身边没有孝子"，这是因为不需要用好听的话来规劝，而是要用法度来互相监督，用命令来互相纠正。不能单独做坏事，也不能同别人一块儿做坏事。平常所说的致富，是进得多而出得少。衣着有限制，饮食有节制，那么支出的就少了。妇女在家中尽力做自己该做的事，男人在外面尽力做自己该做的事，那么收入就多了。

商人商语：慷慨的企业家，不会无节制地奖励手下，而是将员工的名誉、地位和利益的获得，都控制在企业规章制度指定的行为方向和行为标准内。有智慧的企业家，不会"在草原上赛马不相马"，而是让他们有规矩地各逞其智、各尽其力、各做其事。

原文：所谓明者，无所不见，则群臣不敢为奸，百姓不敢为非。是以人主处匡床之上，听丝竹之声，而天下治。所谓明者，使众不得不为。所谓强者，天下胜。天下胜，是故合力。是以勇强不敢为暴，圣知不敢为诈而虚用；兼天下之众，莫敢不为其所好而避其所恶。所谓强者，使勇力不得不为己用。其志足，天下益之；不足，天下说之。恃天下者，天下去之；自恃者，得天下。得天下者，先自得者也；能胜强敌者，先自胜者也。

字面翻译：明君的明，是指君主无所不见，那么群臣就不敢做奸邪之事，民众就不敢做非法之事。所以，君主坐在安适的床上，听着音乐，天下便治理好了。明君的明，能使民众不能不按法度去做事。明君的强，能够制胜天下，制胜天下才能聚合天下的力量。所以强悍的人不敢暴乱，智慧的人不敢欺诈而不做实事。众人没有谁敢不做君主喜欢的事，敢不回避君主讨厌的事。明君的强，使得有勇力的人不得不为自己所用。明君志向远大，天下的人都会因此受益；明君志向没有那么远大，天下的人也会欣赏他。依仗天下的君主，天下的人就会抛弃他；依靠自己的君主，才能得到天下。得到天下的君主，首先是要得到自己的君道；能战胜强敌的人，首先要能战胜自己的私欲。

商人商语：企业家的"明"，是依靠制度管理的力量而无所不见；企业家的"强"，是依靠制度管理的力量，将全体员工的智慧和力量，甚至是消费者的智慧和力量，全都用上。所以，企业家也有企业家自己的道。修自己的企业家之道之前，要战胜自己的私欲。

原文：圣人知必然之理、必为之时势，故为必治之政，战必勇之民，行必听之令。是以兵出而无敌，令行而天下服从。黄鹄之飞，一举千里，有必飞之备也；蛩蛩巨丘，日行千里，有必走之势也；虎豹熊罴，鸷而无敌，有必胜之理也。圣人见本然之政，知必然之理，故其制民也，如以高下制水，如以燥湿制火。故曰：仁者能仁于人，而不能使人仁；义者能爱于人，而不能使人爱。是以知仁义之不足以治天下也。圣人有必信之性，又有使天下不得不信之法。所谓义者，为人臣忠，为人子孝，少长有礼，男女有别；非其义也，饿不苟食，死不苟生。此乃有法之常也。圣王者不贵义而贵法，法必明，令必行，则已矣。

字面翻译：圣人知道事物发展的必然法则和一定要顺应的时代发展趋势，因此制定了一定能把国家治理好的政策，使用勇敢的民众去打仗，推行民众一定听从的法令。所以军队出征则天下无敌，法令下达则天下服从。黄鹄一飞便是上千里，因为它具备能飞行千里的力量；古代骏马一天能跑一千里，因为它们具备一天能跑一千里的本领；虎、豹、熊、罴，凶猛无敌，因为它们有一定能战胜其他野兽的能力。圣人发现执政的基本规律，明白治理的必然方法，所以他统治民众，就像利用高低的地势控制水流，又像用物品的干湿来控制火力一样。所以，仁者能够对别人仁慈，却不能使别人仁慈；义者能够关爱别人，却不能使别人互相关爱。因此，懂得仁义之道不足以治理天下。圣人有让天下人必然信任的品德，又具有让天下人不能不信任的方法。所说的义者，是说作为臣子有忠心，做儿子有孝心，长幼之间有礼节，男女之间有分别；如果不合乎义，就是饿死也不苟且吃饭，就是死亡也不苟且偷生。这些不过是有法度的国家的平常之事。因此，圣王不重视义而重视法度，法度必须修明，法令必须实行，那就可以了。

商人商语：仁义道德做不到的事情，法治可以做到；仁义道德的教化做不好的事情，法治的教化可以做到。这就是"以法为教"。所以，法治不仅仅是对人们行为的约束，更是一种让人们的行为不得不如此的约束，最后是让人们习惯于此、自觉于此的约束。企业规章制度的制定，必须要修明；企业规章制度的执行，必须贯彻。

《韩非子·外储说左下》：以各种案例故事，来讲述"尚法非贤"的六条原则

原文：经一：以罪受诛，人不怨上，跀危坐子皋；以功受赏，臣不德君，翟璜操右契而乘轩。襄王不知，故昭卯五乘而履屝。上不过任，臣不诬能，即臣将为夫少室周。

字面翻译：经一：因为犯罪而受到惩罚，被惩罚的人不会怨恨朝廷，所以被子皋处以跀刑的人反而保全了子皋；因为立功而受到赏赐，臣下不用感恩君主，所以翟璜好像是拿着收债的债券一样理所当然地乘着尊贵的轩车。魏襄王不懂得这个道理，对建立大功的昭卯只赏赐了五乘的食封范围，所以昭卯认为这好比是给赚了很多钱的人穿草鞋。君主不错误地用人，臣下不欺瞒自己的能力，那么臣下都将成为少室周那样诚实的人。

商人商语：在法治的前提下，每个人都要为自己的行为结果负责，也都要心安理得地接受自己行为的结果。所以，按照规章制度的职责要求而工作，按照规章制度的绩效考核而考核，按照规章制度的奖励惩罚而赏罚，每个员工都会安心地工作。

原文：说一：孔子相卫，弟子子皋为狱吏，刖人足，所跀者守门。人有恶孔子于卫君者，曰："尼欲作乱。"卫君欲执孔子。孔子走，弟子皆逃。子皋从出门，跀危引之而逃之门下室中，吏追不得。夜半，子皋问跀危曰："吾不能亏主之法令而亲跀子之足，是子报仇之时也，而子何故乃肯逃我？我何以得此于子？"跀危曰："吾断足也，固吾罪当之，不可奈何。然方公之狱治臣也，公倾侧法令，先后臣以言，欲臣之免也甚，而臣知之。及狱决罪定，公愀然不悦，形于颜色，臣见又知之。非私臣而然也，夫天性仁心固然也。此臣之所以悦而德公也。"

孔子曰："善为吏者树德，不能为吏者树怨。概者，平量者也；吏者，平法者也。治国者，不可失平也。"

字面翻译：说一：孔子担任卫相，他的弟子子皋担任狱吏，依法砍掉一

个犯人的脚，被砍脚的人后来看守大门。有人在卫君面前中伤孔子说："仲尼图谋作乱。"卫君就要捉拿孔子。孔子跑了，弟子们也都逃跑了。子皋跟着跑出大门，被他砍断脚的守门人引导他逃到大门边的屋子里，官吏们没有追捕到他。半夜，子皋问断脚的守门人说："我不能破坏君主的法令而亲自砍掉了您的脚，现在是您报仇的时候，可您为什么竟然肯帮我逃走？我凭什么得到您的救助呢？"断足守门人说："我被砍掉脚，本来就是我罪有应得，没有办法的事。然而当您按刑法给我定罪时，您反复推敲法令，先后为我说话，很想让我免罪，这些我是知道的。等到案子判决、罪行确定了，您心里十分不快，脸色上都表露了出来，我看见了也是知道的。您并不是偏爱我才这样做，而是与生俱来的仁爱之心本就这样。这便是我心悦诚服并要报答您的原因。"

孔子说："善于做官的人培植恩德，不会做官的人树立怨仇。刮尺，是用来量平斗斛的；官吏，是用来公平执法的。治理国家的人，不可以没有公平的法律。"

商人商语：当奖惩制度有了公平标准的时候，企业宣称的对员工的仁爱之心反而体现得更加明显，而且这种仁爱之心也更加容易被员工认可。

原文：田子方从齐之魏，望翟黄乘轩骑驾出。方以为文侯也，移车异路而避之，则翟黄也。方问曰："子奚乘是车也？"曰："君谋欲伐中山，臣荐翟角而谋得果；伐之，臣荐乐羊而中山拔；得中山，忧欲治之，臣荐李克而中山治；是以君赐此车。"方曰："宠之称功尚薄。"

字面翻译：田子方从齐国来到魏国，望见翟黄乘着尊贵的卿大夫级别的轩车出行，以为是魏文侯，就把车子移到旁边路上避让。车到跟前，才知原来是翟黄。田子方问道："您怎么乘这样的车？"翟黄说："魏君图谋攻打中山国，我推荐了翟角，使他的图谋计划得以实施；将要攻打中山国，我推荐了乐羊，中山国被攻下；攻取中山国后，魏君忧虑如何治理，我推荐了李克，中山国得以治理。因此，魏君就把这辆车赏赐给我。"田子方说："您的恩宠和功劳相比，还是薄了一些。"

商人商语：论功在人心，有高低之分别；行赏在人心，有轻厚之区别。人心各异，人心的标准也是不一样的。所以，企业奖惩制度的制定，一定要依照公共的标准。

原文：秦、韩攻魏，昭卯西说而秦、韩罢；齐、荆攻魏，卯东说而齐、荆罢。魏襄王养之以五乘。卯曰："伯夷以将军葬于首阳山之下，而天下曰：'夫以伯夷之贤与其称仁，而以将军葬，是手足不掩也。'今臣罢四国之兵，而王乃与臣五乘，此其称功，犹羸胜而履屦。"

字面翻译：秦国、韩国联合攻打魏国，昭卯西去秦国、韩国游说，结果两国退兵了；齐国、楚国联合攻打魏国，昭卯东到齐国、楚国游说，结果两国退兵了。魏襄王用五乘食邑的待遇供养昭卯。昭卯说："伯夷按将军的礼仪葬在首阳山下，天下的人说：'凭伯夷的贤德和仁义之名，却按将军的礼仪埋葬他，这如同连手脚都没有掩好的薄葬啊。'现在我说退了四个国家的军队，但魏王竟然只给我五乘食邑，这和我的功劳比起来，好比腰缠万贯的人却穿着草鞋一样。"

商人商语：在昭卯看来，伯夷的待遇不公，自己的待遇也不公。可是待遇和功绩，有无公认的对接标准呢？昭卯认为不公，下次危机时还会尽心尽力做事吗？企业的奖励，如果没有公认的标准。那么，奖励不仅起不到激励作用，还有可能会招来秧祸。

原文：少室周者，古之贞廉洁悫者也，为赵襄主力士。与中牟徐子角力，不若也，入言之襄主以自代也。襄主曰："子之处，人之所欲也，何为言徐子以自代？"曰："臣以力事君者也。今徐子力多臣，臣不以自代也，恐他人言之而为罪也。"

一曰：少室周为襄主骖乘，至晋阳，有力士牛子耕，与角力而不胜。周言于主曰："主之所以使臣骖乘者，以臣多力也。今有多力于臣者，愿进之。"

字面翻译：少室周，是古代正直、诚实的人，担任赵襄子的车右侍卫。他和中牟的徐子比较力气，不如徐子，就进去对赵襄子说，让徐子取代自己做侍卫。赵襄子说："您的职位，是别人希望得到的，为什么要推荐徐子来取代自己呢？"少室周说："我是凭力气侍奉君主的，现在徐子的力气比我大，我不让他取代我，恐怕别人说出这件事后反而成了我的罪过。"

另一种说法：少室周担任赵襄子的陪乘卫士，到了晋阳，有个叫牛子耕的大力士与他角力，少室周失败了。少室周对赵襄子说："您之所以让我担任陪乘卫士，是因为我力气大。现在有个比我力气更大的人，我愿意推荐他。"

商人商语：少室周勇于推荐"比试后"比自己力量大的人，来取代自己，的确是个正直诚实的人。但是，他也说了，他若是不这么做，会害怕别人说出这件事情，那么他会有罪过。可见，员工的诚信品质，要加上企业诚信的环境，才能"信上加信"。

原文：经二：恃势而不恃信，故东郭牙议管仲。恃术而不恃信，故浑轩非文公。故有术之主，信赏以尽能，必罚以禁邪，虽有驳行，必得所利。简主之相阳虎，哀公问"一足"。

字面翻译：经二：君主依仗权势而不依赖臣下的忠诚，所以东郭牙建议不能把大权全部交给管仲。君主依仗权术而不依赖臣下的诚实，所以浑轩反对晋文公断定箕郑以后不会背叛。因此，懂得权术的君主，有功必赏以使人们竭尽才能，有罪必罚以禁止人们的奸邪行为，即使臣下行为不够纯良检点，也一定有着可以利用的地方。赵简子任阳虎为相室，充分发挥了他的才能；鲁哀公了解到夔只有一个特长，认为其也足可利用。

商人商语：权势，借手他人的风险，是不能承受的重。所以，权术作为管理的方法，以规章制度的方式施行，可以不需要分辨人品好坏、人才愚贤，都能使人在法制的轨道上各尽所长。

原文：说二：齐桓公将立管仲，令群臣曰："寡人将立管仲为仲父。善者入门而左，不善者入门而右。"东郭牙中门而立。公曰："寡人立管仲为仲父，令曰'善者左，不善者右'。今子何为中门而立？"牙曰："以管仲之智，为能谋天下乎？"公曰："能。""以断，为敢行大事乎？"公曰："敢。"牙曰：

"若知能谋天下，断敢行大事，君因专属之国柄焉。以管仲之能，乘公之势以治齐国，得无危乎？"公曰："善。"乃令隰朋治内、管仲治外以相参。

字面翻译：说二：齐桓公准备确立管仲的尊贵地位，命令群臣："我准备立管仲为仲父。赞成的进门后站在左边，不赞成的进门后站在右边。"东郭牙在门中间站着。桓公说："我要立管仲为仲父，下令：'善者左，不善者右。'现在你为什么在门中间站着？"东郭牙说："凭管仲的智慧，有所作为能谋取天下吗？"桓公说："能。""凭管仲的果断，有所作为敢于干一番大事吧？"桓公说："敢。"东郭牙说："如果管仲的智慧能谋取天下，又足够果断，敢于干成大事，您因而把君主专属的治国权力托付给他。以管仲的才能，利用您给他的权势来治理齐国，您难道没危险吗？"桓公说："说得对。"于是就命令隰朋治理朝廷内部的事务，管仲治理朝廷外部的事务，以便使他们相互制约。

商人商语：这是"用人要疑"的典型案例。齐桓公并非对管仲有了防范之心，而是依照君法集权的原则，不将权势之柄借给他人；也依照君主权术的原则，不将事情全部托付给一人，而要两个以上的人来分工，互相平衡，互相制约。就企业而言，内部运营和外部营销必然是要分开的。

原文：晋文公出亡，箕郑挈壶餐而从，迷而失道，与公相失，饥而道泣，寝饿而不敢食。及文公反国，举兵攻原，克而拔之。文公曰："夫轻忍饥馁之患而必全壶餐，是将不以原叛。"乃举以为原令。大夫浑轩闻而非之，曰："以不动壶餐之故，怗其不以原叛也，不亦无术乎？"故明主者，不恃其不我叛也，恃吾不可叛也；不恃其不我欺也，恃吾不可欺也。

字面翻译：晋文公出逃流亡，箕郑提着装有食物的餐壶跟随，迷失了道路，和文公走散了。他饿了而在路上哭，饿得躺倒了也不敢吃掉食物。等到文公返回晋国，发兵进攻原国，攻下后占领了它。文公说："能看轻忍饥挨饿的痛苦而坚决保全壶餐，这样的人不会叛变。"于是提拔箕郑做原地的行政长官。大夫浑轩听到后反对说："因为不动壶餐的缘故，就信任他不会凭借原地叛变，不是不讲权术吗？"所以做明君的，不倚仗别人不会背叛自己，而要倚仗自己不可以被背叛；不倚仗别人不会欺骗自己，而要倚仗自己不可以被欺骗。

商人商语：道心惟微，人心惟危。所以法家宁可信任法治和权术，也不相信人心的道德约束。企业制度化管理最重要的原则是，不要自己以为，而要制度认为。

原文：阳虎议曰："主贤明，则悉心以事之；不肖，则饰奸而试之。"逐于鲁，疑于齐，走而之赵，赵简主迎而相之。左右曰："虎善窃人国政，何故相也？"简主曰："阳虎务取之，我务守之。"遂执术而御之。阳虎不敢为非，以善事简主，兴主之强，几至于霸也。

字面翻译：阳虎发议论说："君主贤德睿智，就尽心去侍奉他；君主无德无才，就伪装起邪念去试探他。"阳虎被鲁国驱逐，被齐国怀疑，逃到了赵国，赵简子欢迎他，任他为宰相。左右侍从说："阳虎善于从别人手中窃取国家政权，为什么还要让他当宰相？"赵简子说："阳虎致力于夺取政权，我致力于维护政权。"他运用权术去驾驭阳虎。阳虎不敢做坏事，只能做好事来侍奉赵简子，使赵简子的势力强盛起来，几乎成了霸主。

商人商语：以法家的理念看来，员工品质的好与坏、动机的善与恶，并不重要，重要的是用权势压制他不敢做坏事，并用权术使他多做好事，让他带着脚镣跳舞，将才能全力发挥在管理所设定的职责轨道上。

原文：鲁哀公问于孔子曰："吾闻古者有夔一足，其果信有一足乎？"孔子对曰："不也，夔非一足也。夔者忿戾恶心，人多不说喜也。虽然，其所以得免于人害者，以其信也。人皆曰：'独此一，足矣。'夔非一足也，一而足也。"哀公曰："审而是，固足矣。"

一曰：哀公问于孔子曰："吾闻夔一足，信乎？"曰："夔，人也，何故一足？彼其无他异，而独通于声。尧曰：'夔一而足矣。'使为乐正。故君子曰：'夔有一，足。'非一足也。"

字面翻译：鲁哀公询问孔子："我听说古代有说夔仅有一只脚，它果真只有一只脚吗？"孔子回答："不是的，夔并非仅有一只脚。夔暴戾恶毒，人们大都不喜欢它，但之所以没被人们伤害，是因为它守信用。人们都说："只要有这一点，就足够了。"夔不是只有一只脚，而是有这么一个优点就足够了。"鲁哀公说："确实是这样的话，自然足够了。"

另一种说法：鲁哀公询问孔子："我听说夔仅有一只脚，可信吗？"孔子说："夔，是人，怎么会仅有一只脚呢？他没有其他的特长，唯独精通音律。尧说：'夔有这一个特长就足够了。'于是任命他为主管音乐的官。所以君子说：'夔有一个特长，就足够了。'并不是说他只有一只脚。"

商人商语：守信如守法，守的是内心为人处事的信条。以孔子的人治思想看来，一个人若是有一个可以被认知、被把握的优点，就足以为人所信任了，也就有了在企业中存身的用武之地。

原文：经三：失臣主之理，则文王自履而矜。不易朝燕之处，则季孙终身庄而遇贼。

字面翻译：经三：失去君臣之间的礼节，周文王自己系鞋带却自吹是尊敬先君之臣。不论是上朝还是在家都一样与人相处，季孙一生都如此庄重，最终还是被人杀害了。

商人商语：在法家看来，企业的运营管理、员工上下级之间、企业内部沟通和外部合作，必须要有制度规定。这个规定，不只是表面上的礼节，还有各自职责身份的定位。即便是企业的品牌理念和企业文化，也不能以仁义之名破坏了这一规定。

原文：说三：文王伐崇，至凤黄虚，袜系解，因自结。太公望曰："何为也？"王曰："上，君与处皆其师；中，皆其友；下，尽其使也。今皆先君之臣，故无可使也。"

一曰：晋文公与楚战，至黄凤之陵，履系解，因自结之。左右曰："不可以使人乎？"公曰："吾闻：上，君所与居，皆其所畏也；中，君之所与居，皆其所爱也；下，君之所与居，皆其所侮也。寡人虽不肖，先君之人皆在，是以难之也。"

字面翻译：说三：周文王攻伐崇国，到凤黄墟时，袜带散了，就自己系好。姜太公说："为什么亲自系袜带？"文王说："上等的人，君主和他们相处，都看作是自己的老师；中等的人，都看作是自己的朋友；下等的人，都看作是自己使唤的人。现在周围的都是已故父王的旧臣，所以没有可以使唤的人。"

另一种说法：晋文公和楚人交战，到了黄凤陵上时，鞋带散了，就自己系上。侍从说："不能指派别人系吗？"文公说："我听说上等的人，君主和他们相处时，都看作是自己所敬畏的人；中等的人，君主和他们相处时，都看作是自己所喜爱的人；下等的人，君主和他们相处时，都看作是自己所侮慢的人。我虽然无才无德，但在场的都是先父的旧臣，所以我使唤他们会难为情的。"

商人商语：看似没有使唤的人，是没有指定周围人的职责呢，还是指定了职责不好意思支使呢？从文中语意来看，应该是后者。周文王和晋文公，谥号都带有"文"字，都是仁义之人。不过，两个文公的不好意思，其实是君主身份的失职。而分管此项职责的侍臣，不主动作为也是失职。所以，企业老板的重要工作，就是不要让自己和自己身边的人失职。

原文：季孙好士，终身庄，居处衣服常如朝廷。而季孙适懈，有过失，而不能长为也。故客以为厌易己，相与怨之，遂杀季孙。故君子去泰去甚。

一曰：南宫敬子问颜涿聚曰："季孙养孔子之徒，所朝服与坐者以十数而遇贼，何也？"曰："昔周成王近优侏儒以逞其意，而与君子断事，是能成其欲于天下。今季孙养孔子之徒，所朝服而与坐者以十数，而与优侏儒断事，是以遇贼。故曰：不在所与居，在所与谋也。"

字面翻译：季孙喜好士人，和他们相处时很庄重，衣着打扮和在朝廷里一样。一次季孙疏忽，出了点差错，不能像之前一直做得那样庄重。所以门客们以为他是讨厌和轻视自己，大家怨恨起来，于是杀了季孙。因此，君子做事不要过分，不能趋于极端。

另一种说法：南宫敬叔问颜涿聚："季孙养着孔子的门徒，穿着朝服同他坐在一起的要以十为单位来计数，然而他终被刺杀，为什么呢？"颜涿聚说："过去周成王亲近优伶侏儒来放松他的心情，但是是和君子一同决定国家政事，因此能够实现他成就天下的理想。现在季孙养着孔子的门徒，穿着朝服和他坐在一起的要以十为单位来计数，但是却和优伶侏儒一同决定国家政事，因此被人刺杀了。所以说，不在于平时和什么人相处，而在于和什么人商量国家政事。"

商人商语：季孙的悲剧，是做人的失败还是做事的失败呢？文中之意是说他做事极端而不能长期保持一致所致。我看是没有规矩所致，是没有把在朝和在家、私事和公事分开所导致的。企业老板礼遇于人、以礼议事的"礼"，要用于企业经营之人、企业管理之事。

原文：孔子御坐于鲁哀公，哀公赐之桃与黍。哀公曰："请用。"仲尼先饭黍而后啖桃，左右皆掩口而笑。哀公曰："黍者，非饭之也，以雪桃也。"仲尼对曰："丘知之矣。夫黍者，五谷之长也，祭先王为上盛。果蓏有六，而桃为下，祭先王不得入庙。丘之闻也，君子以贱雪贵，不闻以贵雪贱。今以五谷之长雪果蓏之下，是以上雪下也。丘以为妨义，故不敢以先于宗庙之盛也。"

字面翻译：孔子在鲁哀公处侍坐，鲁哀公赏给他桃子和黍子。哀公说："请吃吧。"孔子先吃黍子，然后吃桃子，旁边的人都捂嘴偷笑。哀公说："黍子不是吃的，是用来擦拭桃子的。"孔子回答说："我是知道的。黍子啊，是五谷之首，祭祀先王时属于上等祭品。瓜果有六种，桃子是最下等的，祭祀先王时不能进入宗庙。我听说，君子用低贱的擦拭高贵的，没听说过用高贵的擦拭低贱的。现在用五谷之首的黍去擦拭瓜果中最下等的桃子，这是用上等的去擦拭下等的。我认为这样做有害于义，所以不敢先于宗庙祭品吃桃子。"

商人商语：在孔子看来，万事万物之间都有伦理，要守伦理定礼仪。法家的法治，也是非常讲究"君臣伦理"的，并且由此伦理而倡导君法集权，实施"富国强兵"的法制措施。企业员工的职责，也从来都不是单一的，也有上下左右的伦理关系的设定。

原文：简主谓左右："车席泰美。夫冠虽贱，头必戴之；屦虽贵，足必履之。今车席如此，太美，吾将何屦以履之？夫美下而耗上，妨义之本也。"

字面翻译：赵简子对身边的侍从说："车上铺的席子过分华美了。帽子虽然便宜，头上一定要戴着；鞋子虽然昂贵，脚上必须穿着。现在车上铺的席子这个样子，太华美了，我该穿什么鞋子去踩在上面呢？美化了下面，上面也要跟着耗费，这妨害了义的根本。"

商人商语：赵简子认为，万事万物之间都有"义"的存在，以匹配它们之间的关系。比方说，在企业里，企业家和企业员工，以及企业员工之间的上下级关系，就一定要有"义"的规矩，也就是组织制度。

原文：费仲说纣曰："西伯昌贤，百姓悦之，诸侯附焉，不可不诛；不诛，必为殷祸。"纣曰："子言，义主，何可诛？"费仲曰："冠虽穿弊，必戴于头；屦虽五采，必践之于地。今西伯昌，人臣也，修义而人向之，卒为天下患，其必昌乎？人臣不以其贤为其主，非可诛也。且主而诛臣，焉有过？"纣曰："夫仁义者，上所以劝下也。今昌好仁义，诛之不可。"三说不用，故亡。

字面翻译：费仲劝说商纣王："西伯侯姬昌贤德，百姓喜欢他，诸侯依附他，不能不把他杀掉；如果不杀他，他一定会成为商朝的祸患。"纣王说："你所说的姬昌，是个仁义的君主，怎么可以杀掉呢？"费仲说："帽子虽然破旧，一定是戴在头上的；鞋子虽然华丽，一定是踩在地上的。如今西伯侯姬昌是做臣子的，却因修行仁义而使人心归附，最终会成为天下的祸患，他一定会昌盛吧？臣子不用他的贤德为君主效力，是不可以不杀掉的。况且君主诛杀臣子，哪里会有过错呢？"商纣说："仁义，是君主用来勉励臣下的。现在西伯侯姬昌爱好仁义，杀掉他是不可以的。"费仲三次劝谏纣王都不听从，所以商朝最终灭亡了。

商人商语：商纣王懂得以仁义待姬昌，却不懂得以道义来待姬昌，更不懂得如何用法治来管理姬昌的"仁义"。商纣王不能以法治管理好姬昌的"贤"，最终导致国破。所以，企业家如何以法来管理企业高管的"贤"呢？

原文： 齐宣王问匡倩曰："儒者博乎？"曰："不也。"王曰："何也？"匡倩对曰："博贵枭，胜者必杀枭。杀枭者，是杀所贵也。儒者以为害义，故不博也。"又问曰："儒者弋乎？"曰："不也。弋者，从下害于上者也，是从下伤君也。儒者以为害义，故不弋。"又问："儒者鼓瑟乎："曰："不也。夫瑟以小弦为大声，以大弦为小声，是大小易序，贵贱易位。儒者以为害义，故不鼓也。"宣王曰："善。"仲尼曰："与其使民谄下也，宁使民谄上。"

字面翻译： 齐宣王问匡倩："儒家人士弈棋吗？"匡倩说："不弈棋。"宣王说："为什么？"匡倩回答："弈棋看重枭这颗子，取胜的一方一定要杀掉枭。杀枭，也就是杀掉尊贵的东西。儒家人士认为这样做有害于仁义，所以不弈棋。"宣王又问："儒家人士用带丝线的箭射鸟吗？"匡倩说："不射。射鸟，是从下面向上面射去，正像臣下伤害君主。儒家人士认为这样做有害于礼义，所以不射鸟。"宣王又问："儒家人士弹瑟吗？"匡倩说："不弹。瑟是弹小弦发出大声，弹大弦发出小声，这是大小颠倒了次序，贵贱改变了位置。儒家人士认为这样做有害于道义，所以不弹。"宣王说："说得好。"孔子说："与其使民众讨好臣子，不如使他们讨好君主。"

商人商语： 企业上下级之间的伦理关系，儒法两家是共同认可的。只是法家认为有贤德的员工，不仅会在上级的领导下尽职，还会在企业的法制下尽力。

原文： 经四：利所禁，禁所利，虽神不行；誉所罪，毁所赏，虽尧不治。夫为门而不使入，委利而不使进，乱之所以产也。齐侯不听左右，魏主不听誉者，而明察照群臣，则钜不费金钱，屠不用璧。西门豹请复治邺，足以知之。犹盗婴儿之矜裘与跀危子荣衣。子绰左右画，去蚁驱蝇。安得无桓公之忧索官与宣主之患㸐马也？

字面翻译： 经四：应当禁止的反而让其得利，应该有利的反而加以禁止，这样即便是神明也做不好事情；应该惩罚的反而加以赞誉，应该奖赏的反而加以诋毁，这样即便是尧帝也不能治理好国家。建造了门又不让人进入，积聚了财利又不让人去取，这就是祸乱产生的原因。如果齐侯不听信左右的推荐，魏王不听信左右的褒贬，而明白洞察群臣的方法，那么钜就不会花费钱财了，屏就不会花费宝玉了。西门豹请求再次治理邺地，就足以明白这个道理。好比是盗贼的孩子以他父亲的皮衣有尾巴而自夸，以及受刑断足人的孩子为他父亲冬天不耗费裤子而感到荣耀的情形。子绰说人不能左手画方右手画圆，以及拿肉去赶走蚂蚁、拿鱼去驱赶苍蝇。如果不依法治国，怎么可能不发生齐桓公为臣下要求做官而烦恼，以及韩宣王为马的消瘦而忧虑一类的事情呢？

商人商语：做事的目的、手段和程序，三者合一，才能起到应有的作用。缺少其中一种，不仅作用出不来，反而会有相反的作用。这种因果、因缘的规律性关系，也是法家理念的一部分。"法"字在法家的文章里，有"法度"、"法治"、"法制"、"法律"等不同的意思，代表了"法"这一概念的系统性。比照企业经营而言，法度约等于商业模式，法治约等于依法治理的理念，法制约等于制度化管理体系，法律约等于制度条例。

原文：说四：钜者，齐之居士；屏者，魏之居士。齐、魏之君不明，不能亲照境内而听左右之言，故二子费金璧而求入仕也。

字面翻译：说四：钜是齐国的居士，屏是魏国的居士。齐、魏两国君主不明察，不能亲自洞悉国内情况，却听信左右侍从的话，所以这两个居士只得花费金钱玉璧来求得做官。

商人商语：战国时期，以钱财贿赂近臣来求见君王，谋得官职，是很正常的事情，商鞅见秦孝公也是如此。只是，法家希望以制度的力量来明察人才，避免由人来推荐，这是在避免结党营私的可能。想一想，号称是现代企业管理制度下的人才，有多少是私人推荐不经择选就进来的？有多少是人事部门公开招聘择选进来的？

原文：西门豹为邺令，清克洁悫，秋毫之端无私利也，而甚简左右。左右因相与比周而恶之。居期年，上计，君收其玺。豹自请曰："臣昔者不知所以治邺，今臣得矣，愿请玺，复以治邺。不当，请伏斧锧之罪。"文侯不忍而复与之。豹因重敛百姓，急事左右。期年，上计，文侯迎而拜之。

豹对曰："往年臣为君治邺，而君夺臣玺；今臣为左右治邺，而君拜臣。臣不能治矣。"遂纳玺而去。文侯不受，曰："寡人曩不知子，今知矣。愿子勉为寡人治之。"遂不受。

字面翻译：西门豹做邺地的行政长官，克己奉公，清廉正直，不谋私人的利益，但是很轻慢君主的近侍。近侍因此相互勾结中伤他。过了一年，西门豹上朝汇报政绩，上缴账簿，魏文侯收回了他的官印。西门豹主动请求说："我过去不知道怎样治理邺地，现在我懂了，希望发还官印，让我再去治理邺地。如果治理不好，愿受死罪。"魏文侯不忍心拒绝，又把官印交给他。西门豹因此加重搜刮百姓钱财，极力侍奉君主近侍。过了一年，西门豹上朝上缴账簿，汇报政绩，魏文侯亲自迎接并以礼待他。西门豹回答说："往年我为君王您治理邺地，而您要收回我的官印；现在我为您的近侍治理邺地，您反而要以礼待我。我没有能力治理邺地了。"于是交还官印离去。魏文侯不接受官印，说："我过去不了解您，现在了解了。希望您尽力为我治理邺地。"魏文侯最终没有接受西门豹交还的官印。

商人商语：评价一个员工的贤愚，考核一个员工的业绩，不是依靠另一个人或者一帮子的说辞、评价，而应该是靠客观的绩效考核制度来考察，靠实实在在的业绩来评价的。

原文：齐有狗盗之子与刖危子戏而相夸。盗子曰："吾父之裘独有尾。"刖危子曰："吾父独冬不失裤。"

字面翻译：齐地有个披狗皮做盗贼之人的儿子，与受刖刑被断脚之人的儿子在一起玩耍并各自夸耀。盗贼的儿子说："唯独我父亲的皮衣上有尾巴。"断脚人的儿子说："唯独我父亲冬天不耗费裤子。"

商人商语：制度化管理的教化，没有在员工中普及开来，没有使员工们认识到是制度在衡量行为的善恶美丑。那么，惩罚的手段，也就失去了警示的意义。

原文：子绰曰："人莫能左画方而右画圆也。以肉去蚁，蚁愈多；以鱼驱蝇，蝇愈至。"

字面翻译：子绰说："没有人能够同时用左手画方，用右手画圆。用肉去驱除蚂蚁，蚂蚁会越来越多；用鱼去轰赶苍蝇，苍蝇会越聚越多。"

商人商语：做事的目的和手段发生了冲突，那么事情就会越做越错。研发产品会如此，营销促销会如此，制定制度也会如此。

原文：桓公谓管仲曰："官少而索者众，寡人忧之。"管仲曰："君无听左右之请，因能而受禄，录功而与官，则莫敢索官。君何患焉？"

字面翻译：齐桓公对管仲说："官位少而求官的人却多，我很为此烦恼。"管仲说："您不要听从身边人的请求，依据才能来授予俸禄，根据功劳而给予官职，就没人敢来求官了。您还烦恼什么？"

商人商语：这个选贤任能的"能力"和"业绩"，不是嘴巴上说说的，在企业的人事部门是要有实际考核标准的。而且，这个标准要公开公平，才没人敢说闲话，或者私下请托。

原文：韩宣子曰："吾马菽粟多矣，甚臞，何也？寡人患之。"周市对曰："使骥尽粟以食，虽无肥，不可得也。名为多与之，其实少，虽无臞，亦不可得也。主不审其情实，坐而患之，马犹不肥也。"

字面翻译：韩宣子说："我喂马的豆谷饲料很多，马却很瘦，为什么？我为此担忧。"周市回答："让养马人用充足的饲料去喂马，即使不想让它肥壮，也是不可能的。名义上说多给马吃，实际上给得很少，即使不想要它瘦，那也是不可能的。主公不去考察实际情况，却坐在那里担忧，马还是不会肥壮的。"

商人商语：从管理的角度来说，企业里发生的任何事情都有其必然的因果规律。不符合规律的就要去查明原因。掌握规律，以规律来做事，以规律来核实，这是法家的"尚法"理念。

原文：桓公问置吏于管仲，管仲曰："辩察于辞，清洁于货，习人情，夷吾不如弦商，请立以为大理。登降肃让，以明礼待宾，臣不如隰朋，请立以为大行。垦草仞邑，辟地生粟，臣不如宁戚，请以为大田。三军既成阵，使士视死如归，臣不如公子成父，请以为大司马。犯颜极谏，臣不如东郭牙，请立以为谏臣。治齐，此五子足矣；将欲霸王，夷吾在此。"

字面翻译：齐桓公向管仲询问官员的职务安排。管仲说："分辨、明察诉讼双方的言辞，清正廉洁，不贪财物，熟悉人情世故，我比不上弦商，请您任命他主管刑狱。待人接物，恭敬谦让，用明确无误的礼仪接待宾客，我比不上隰朋，请您任命他主管礼宾。开垦荒地，修建城邑，翻耕土地种植粮食，我比不上宁戚，请您任命他主管农业。三军已经摆好阵势，让士兵视死如归，我比不上公子成父，请您任命他主管军政。不顾及君王的脸色，极力劝谏，我比不上东郭牙，请您任命他主管谏议。治理齐国，这五个人就够用了；若要成就霸王之业，就还需我管夷吾在这里。"

商人商语：人才的使用，有时是依照其才智的特殊性，而任命为适合其才智的职位。但是在企业基本的人事工作中，往往是先明确了每个职位的要求，然后才是选择合适才智的人来任职。这是法家量才而用的理念。

原文：经五：臣以卑俭为行，则爵不足以观赏；宠光无节，则臣下侵逼。说在苗贲皇非献伯，孔子议晏婴。故仲尼论管仲与孙叔敖。而出入之容变，阳虎之言见其臣也。而简主之应人臣也失主术。朋党相和，臣下得欲，则人主孤；群臣公举，下不相和，则人主明。阳虎将为赵武之贤、解狐之公，而简主以为积棘，非所以教国也。

字面翻译：经五：臣下以谦恭、节俭为行为准则，那么爵位就不足以鼓励他们；臣下骄纵、虚荣，没有节制，发展下去会威胁到君主。有关的解说在苗贲皇非议献伯、孔子议论晏婴的故事里。也因此，孔子评价了管仲的奢侈和孙叔敖的节俭。阳虎说他看见在鲁国、齐国时所荐举的臣子，在位时和出逃时是完全不同的态度。赵简子答复他，应该根据人品的不同而推荐，否则就失去了君主应有的权术之道。群臣结成朋党互相应和，他们的私欲就会得逞，君主就会被孤立；群臣大公无私推举人才，不拉帮结伙，君主就能明察。阳虎举贤是想做到像赵武那样贤良，像解狐那样公正，而赵简子却认为他栽植了多刺的积棘，这实在不是教化国人的方法。

商人商语：法家的"尚法"，如儒家的"尚礼"一样，要体现出企业老板、高管、员工之间的职责伦理。但是，法家对于个人生活的道德操守并不特别在意，在意的是：法治下的企业员工的职务行为，不能逾越等级，不能培育私恩，也不能拉帮结伙。

原文：说五：孟献伯相晋，堂下生藿藜，门外长荆棘，食不二味，坐不重席，晋无衣帛之妾，居不粟马，出不从车。叔向闻之，以告苗贲皇。贲皇非之曰："是出主之爵禄以附下也。"

一曰：孟献伯拜上卿，叔向往贺，门有御，马不食禾。向曰："子无二马二舆，何也？"献伯曰："吾观国人尚有饥色，是以不秣马；班白者多以徒行，故不二舆。"向曰："吾始贺子之拜卿，今贺子之俭也。"向出，语苗贲皇曰："助吾贺献伯之俭也。"苗子曰："何贺焉？夫爵禄旗章，所以异功伐别贤不肖也。故晋国之法，上大夫二舆二乘，中大夫二舆一乘，下大夫专乘，此明等级也。且夫卿必有军事，是故修车马，比卒乘，以备戎事。有难则以备不虞，平夷则以给朝事。今乱晋国之政，乏不虞之备，以成节，以絜私名，献伯之俭也可与？又何贺？"

字面翻译：说五：孟献伯做晋国宰相，堂下长满了野菜、野草，大门外长起了荆棘，吃饭没有两样菜，坐时不垫两层席子，内室没有穿丝织品的妾，家中不用粟米喂马，外出不让副车随从。叔向听说后，把这件事告诉了苗贲皇。苗贲皇非议说："这是弃置君主的爵禄赏赐来讨好老百姓。"

另一种说法：孟献伯被任命为上卿，叔向前去祝贺，看见孟家门外驾车的马没吃谷子。叔向说："您没有副马、副车，为什么？"献伯说："我看到国人脸上还有饥色，因此不用谷子喂马；看到头发斑白的老人大多步行，所以没有配置副车。"叔向说："我开始来是祝贺您拜为上卿，现在要祝贺您的节俭了。"叔向出来后，告诉苗贲皇："帮助我去祝贺献伯的节俭。"苗贲皇说："为什么要祝贺呢？爵禄和仪仗，是用来区分功劳大小、辨别德才好坏的标志。晋国的礼法是，上大夫配置两辆车、两套马，中大夫配置两辆车、一套马，下大夫配置一套车马。这是用来标明等级的。再说，卿相是掌管军事的，因而要修整车马，操练步卒战车，以作战争准备。国家有灾难时就用来防备意外，太平时就可以供朝事使用。现在他这么做是扰乱晋国的政体，缺乏意外之事的防备，却成全了私人的节操和名声。盂献伯的这种节俭，有什么值得祝贺的？"

商人商语：在法家看来，一个臣子的生活境遇、工作待遇，要与其职务、爵位相匹配。这种待遇也是国家政治秩序在社会秩序方面体现的一部分。因此法家不赞成彰显个人的仁义，而伤害国家政治秩序的尊严。在企业里，不同等级员工待遇的分别，也是为了更好地行使工作权利。

原文：管仲相齐，曰："臣贵矣，然而臣贫。"桓公曰："使子有三归之家。"曰："臣富矣，然而臣卑。"桓公使立于高、国之上。曰："臣尊矣，然而臣疏。"乃立为仲父。孔子闻而非之曰："泰侈逼上。"

一曰：管仲父出，朱盖青衣，置鼓而归，庭有陈鼎，家有三归。孔子曰："良大夫也，其侈逼上。"

字面翻译：管仲担任齐国宰相，说："我的职位高了，但我贫困。"齐桓公说："给你相当于国家收入三成的商税做你的食邑。"管仲说："我富有了，但我地位低下。"桓公把管仲的地位提高到高氏、国氏两大贵族之上。管仲说："我尊贵了，但是咱们的关系疏远。"于是桓公立管仲为仲父。孔子听到后说："管仲的过分和奢侈，逼迫到了君主。"

另一种说法：管仲出门时，坐的车是用朱红色的车盖和青色的车衣，下朝用鼓乐引路，庭院有陈列的大鼎，家里的收入相当于国家收入三成的商税。孔子说："他是优秀的大夫，但是他的过分逼迫到了君主。"

商人商语：主持企业创新变革的人，遇到千险万难时必须要以自己的特殊权势来推动，要推动主流力量，使其来推动变革。这种推动，靠平常的地位和正常的权力是不可能完成的，必须要拥有特殊的权势。依此来看，管仲的过分，过分在哪里呢？

原文：孙叔敖相楚，栈车牝马，疬饼菜羹，枯鱼之膳，冬羔裘，夏葛衣，面有饥色，则良大夫也。其俭逼下。

字面翻译：孙叔敖担任楚国宰相，坐的是母马拉的竹木棚车，吃的是糙米饭、浓菜汤，用干鱼下饭，冬天穿羊皮的皮袄，夏天穿葛布衣服，面带饥色。（孔子说）他确实是个优秀的大夫，但他的节俭，威胁到了居于下位的人。

商人商语：孙叔敖如此节俭，其下属哪里还好意思享受由功劳获得的待遇？其下属不享受功劳获得的待遇，那么国家法制奖惩的教化之用还会有示范的效果么？所以，在企业的日常管理中，不倡导个人的仁义作用，个人仁义之事小，伤及企业管理之事大。

原文：阳虎去齐走赵，简主问曰："吾闻子善树人。"虎曰："臣居鲁，树三人，皆为令尹；及虎抵罪于鲁，皆搜索于虎也。臣居齐，荐三人，一人得近王，一人为县令，一人为候吏；及臣得罪，近王者不见臣，县令者迎臣执缚，候吏者追臣至境上，不及而止。虎不善树人。"主俯而笑曰："树橘柚者，食之则甘，嗅之则香；树枳棘者，成而刺人。故君子慎所树。"

字面翻译：阳虎离开齐国逃到赵国，赵简子问道："我听说你善于栽培人才。"阳虎说："我在鲁国，栽培过三个人，都做了县令；等我在鲁国获罪，他们都来搜捕我。我在齐国，举荐了三个人，一个人能接近国君，一个人做县令，一个人做边防官；等我获罪了，接近国君的回避我，做县令的前来捉拿捆绑我，做边防官的追捕我一直到边境，没有追上才罢休。我不善于栽培人。"赵简子俯身笑着说："种植橘柚，果实吃起来是甜的，闻起来是香的；种植枳棘，长成后反而刺人。所以君子栽培人才时要慎重。"

商人商语：如果阳虎是以个人利益而培养了这三人，那么这三人因为个人利益而背叛他是正常的；如果阳虎是以国家法制而培养了这三人，那么这三人因为法制的职责要求追捕他也是正常的。所以，赵简子说的"慎重"，是慎重行事的个人起因，法家是不以为然的。企业的人事制度中，也应当尽力避免这种提拔任用的个人起因。

原文：中牟无令，晋平公问赵武曰："中牟，吾国之股肱，邯郸之肩髀。寡人欲得其良令也，谁使而可？"武曰："邢伯子可。"公曰："非子之仇也？"曰："私仇不入公门。"公又问曰："中府之令，谁使而可？"曰："臣子可。"故曰：

"外举不避仇，内举不避子。"赵武所荐四十六人于其君，及武死，各就宾位，其无私德若此也。

字面翻译：中牟没有县令，晋平公问赵武："中牟，如同是我国的大腿和胳膊、邯郸的肩骨和髀骨一样重要的地方。我想选用一个好的县令，派谁去好呢？"赵武说："邢伯子可以。"平公说："他不是你的仇人吗？"赵武说："私人仇怨不涉及国家公事。"平公又问道："内库的主管，派谁去好呢？"赵武说："我的儿子就行。"所以说："对外举荐不避开仇人，对内举荐不避开儿子。"赵武举荐的四十六个人，等到他死后，来吊唁时都坐在客位上。他就是这样没有私心。

商人商语：法治，是没有私人恩惠和私人感情的，一切人和事都以"合法"为准则。这个观点说尽了法治的现实性。所以，企业员工的尽忠职守，不是为了某个人（包括老板）的人情，而是为了他自己的利益。

原文：平公问叔向曰："群臣孰贤？"曰："赵武。"公曰："子党于师人。"向曰："武立如不胜衣，言如不出口，然所举士也数十人，皆得其意，而公家甚赖之。及武子之生也不利于家，死不托于孤，臣敢以为贤也。"

字面翻译：晋平公问叔向："群臣中谁贤德？"叔向说："赵武。"平公说："你跟老上级结成私党了。"叔向说："赵武站立时好像连穿的衣服的重量都负担不了，讲话时讷讷得好像不能说出口，可是他举荐的几十个人，个个都合乎他推荐的本意，公家也很依赖他们。赵武活着时不为自家谋取私利，死时也不将孤儿委托给他人，因此我敢认为他贤德。"

商人商语：评价一个人，是以实在的功绩、实际的行为来具体举证的。我们在评价一个员工时，也需要用具体的绩效数字和具体的案例。

原文：解狐荐其仇于简主以为相。其仇以为且幸释己也，乃因往拜谢。狐乃引弓迎而射之，曰："夫荐汝，公也，以汝能当之也。夫仇汝，吾私怨也，不以私怨汝之故拥汝于吾君。"故私怨不入公门。

一曰：解狐举邢伯柳为上党守，柳往谢之，曰："子释罪，敢不再拜？"曰："举子，公也；怨子，私也。子往矣，怨子如初也。"

字面翻译：解狐举荐他的仇人做赵简子的宰相。他的仇人以为有机会来消除解狐对自己的仇怨了，于是就前去拜谢。解狐拉弓迎头射他，说："我举荐你，是为国家公事，是因为你能胜任。仇视你，是我的私怨。我不会因为与你有私仇而影响国家公事，所以向君主举荐你。"所以说，私人恩怨不牵扯进国家公事。

另一种说法：解狐推荐邢伯柳做上党太守，邢伯柳前往拜谢，说："你对我的过错释怀了，怎么敢不前来拜谢？"解狐说："推荐你是为公事，怨恨你是私仇。你走吧，我和原先一样怨恨你。"

商人商语：或许他们之间只是涉及个人或者家族的私怨，无关乎道德仁义和为官操守。私怨不入公门，公事不谈私情，这是法家尚法的理想境界，也是企业制度化管理的理想境界。

原文：郑县人卖豚，人问其价。曰："道远日暮，安暇语汝。"

字面翻译：郑县有个人卖小猪，别人问他价钱。他说："要赶远路，天色晚了，我哪有闲暇告诉你。"

商人商语：在不健全的企业制度下，或者说不严谨的绩效考核制度下，容易出现这种只是表面上应付做事，而不考虑做事的目的和结果的情况。

原文：经六：公室卑则忌直言，私行胜则少公功。说在文子之直言，武子之用杖；子产忠谏，子国谯怒；梁车用法而成侯收玺；管仲以公而国人谤怨。

字面翻译：经六：公室实力衰弱，就会忌讳人们说真话；谋私行为盛行，就少有人来为国家建功立业。有关的解说在"说六"中，范文子直言不讳，父亲武子用手杖打他；子产忠言进谏，父亲子国发怒责备他；梁车执法无私，赵成侯夺了他的官印；管仲秉公对待私恩，而边防官指责怨恨他。

商人商语：当企业不依照规章制度运营时，就会出现个人便利和企业管理相冲突的现象，并逐渐形成自私自利的风气。

原文：说六：范文子喜直言，武子击之以杖："夫直议者不为人所容，无所容则危身。非徒危身，又将危父。"

字面翻译：说六：范文子喜欢实话实说，他父亲武子用手杖打他："说实话的人不被人们所接纳，不被接纳就危及自身。不只是危及自身，还将危及你父亲我。"

商人商语：在企业的运营管理过程中，人们该如何沟通，才能既不伤人，又说清楚问题的由来和责任者呢？只有凭借事事落实到人的制度才行。

原文：子产者，子国之子也。子产忠于郑君，子国谯怒之曰："夫介异于人臣，而独忠于主。主贤明，能听汝；不明，将不汝听。听与不听，未可必知，而汝已离于群臣；离于群臣，则必危汝身矣。非徒危己也，又且危父也。"

字面翻译：子产，是子国的儿子。子产忠于郑国国君，子国发怒责备他："你的耿直和其他大臣不一样，仅忠于君主。君主贤明，能听从你；君主不贤明，就不会听从你。听或不听，还不能确知，你却已经脱离群臣了。脱离群臣，就一定会危及自身。不只是危及自身，还将危及你的父亲我。"

商人商语：当自私自利成为风气，那么自私自利者们也就成了利益集团。这时，真正想为企业做事的人，不仅会被孤立起来，甚至还会被迫害。这种风气的形成，是企业中某些人的问题，还是企业家本人的问题？总之，不能简单地归结为运营管理的问题吧？

原文：梁车新为邺令，其姊往看之，暮而后，门闭，因逾郭而入。车遂刖其足。赵成侯以为不慈，夺之玺而免之令。

字面翻译：梁车新任邺县县令，他姐姐前去看他，天晚了才赶到，这时城门已经关闭，于是她翻越外城城墙进去了。梁车依法砍断了她的脚。赵成侯认为梁车不仁慈，收回了他的官印，罢免了他的官职。

商人商语：法治的冷酷无情和人治的亲朋友爱，是矛盾的，也是对立的。但是，就管理而言，企业规章制度的客观独立性是必要的。

原文：管仲束缚，自鲁之齐，道而饥渴，过绮乌封人而乞食。乌封人跪而食之，甚敬。封人因窃谓仲曰："适幸，及齐不死而用齐，将何报我？"曰："如子之言，我且贤之用，能之使，劳之论。我何以报子？"封人怨之。

字面翻译：管仲被捆绑起来，从鲁国押送到齐国，路上又饥又渴。路过绮乌边防时，他向边防官讨要食物。绮乌边防官跪着给管仲喂食，非常恭敬。边防官借此机会偷偷对管仲说："如果幸免于难，到齐国不死还能被齐国重用，你将怎样报答我呢？"管仲说："果真如你所说的那样，我将任用有贤德的人，使用有能力的人，论功而行赏。我还能用什么报答您呢？"边防官因此怨恨管仲。

商人商语：是管仲忘恩负义，不懂人情世故吗？千古名相，怎么可能不人情练达?! 只是身为法家人物，依法之思想和依法之行为根深蒂固地刻在其骨髓里，变成了其意识的一部分。企业的管理者，也应该这样，以法为行为的日常。

五官分别缘法度，言不中法不听信

古时的君主，现在称之为国家首脑。设想一下，如果"首脑"（大脑）指挥不了肢体和语言，那人的行为会怎样？处在老板的位置上，说的话、发布的命令行不通，企业的经营会怎样？企业各个部门已经设置，却没有互相配合协调的"神经调度"，企业的运营会怎样？制度已经建立，却无人执行，也无措施监管，私惠风行的员工行为能算是工作行为吗？

商鞅认为，如果君主不集权，就不能做到"令行禁止"；法令不推行，就无法维系君主"至尊无二"的地位。所以，制度的本质就是为了维护某种"权势"，是要由人来执行的。规章制度要落实到人，就是要摆正人与人，特别是老板与高管、经理与员工之间的关系。法家不提倡"人对了，事情就对了"，而是主张"人不得不对，事情也就对了"。

本节选取的是《商君书·君臣》和《韩非子·难四》。前者讲述的是君主统治臣民的办法；后者是从不同的角度，来讲述、分析君臣之间的事。

一

《商君书·君臣》：君如头脑要理智不能发昏，臣如手足要听用不能擅自乱动

原文：古者未有君臣上下之时，民乱而不治。是以圣人列贵贱，制爵位，立名号，以别君臣上下之义。地广，民众，万物多，故分五官而守之。民众而奸邪生，故立法制、为度量以禁之。是故有君臣之义、五官之分、法制之禁，不可不慎也。

字面翻译：古代没有君臣、上下分别的时候，民众纷乱而没有秩序。所以圣人划分贵贱，制定爵位，设立名号，来区别君臣上下的等级关系。由于地域广阔，人民众多，物产丰富，所以分设五官来管理。人民众多就会产生奸邪，所以建立法令制度、制定法律条款来禁止奸邪产生。因此，君臣的等级关系，五官的分职，法令制度的行为限制，是不能不慎重了解的。

商人商语：制度先是区分人与人，然后是区别事与事，最后是管理人与事的行为标准。

原文：处君位而令不行，则危；五官分而无常，则乱；法制设而私善行，则民不畏刑。君尊，则令行；官修，则有常事；法制明，则民畏刑。法制不明，而求民之行令也，不可得也。民不从令，而求君之尊也，虽尧、舜之知，不能以治。

字面翻译：处在君主的地位而命令不能施行，那就危险了；朝廷的五官分职而没有法规，那就乱套了；法规制度设立而私下交好盛行，民众就不会惧怕刑罚。君主有尊严，法令才能施行；官吏有监管，政事才有常规；法律制度明确，民众才会惧怕刑罚。法律制度不彰明，而要求人民遵守法令，那是不可能的。民众不服从法令，而希望君主有尊严，即使君主有尧、舜那样的智慧，也无法治理。

商人商语：企业家即使有尧、舜、禹的智慧，如果不依靠规章制度，他的命令也无法施行，他的高管就不会知道该做什么。企业规章制度的施行，如果没有监管和赏罚，高管们未必会按照制度做事，员工们也不会按照制

度做事。那么做出来的事情还有价值吗？

原文：明王之治天下也，缘法而治，按功而赏。凡民之所疾战不避死者，以求爵禄也。明君之治国也，士有斩首、捕虏之功，必其爵足荣也，禄足食也。农不离廛者，足以养二亲，治军事。故军士死节，而农民不偷也。

字面翻译：明君治理天下，遵照法度来处理政事，按照功劳来行赏。民众肯于奋勇作战而不躲避死亡的原因，是为了追求爵禄。明君治理国家，战士有斩得敌首、捉得俘虏的功劳，一定会让他的爵位足以荣耀，俸禄足够食用。农民不离开住地的原因，是收成足够奉养双亲、研习武事。因此士兵才肯殊死战斗，农民才不偷懒。

商人商语：企业制度，是用来鼓励和奖励员工们积极从事有益于企业，也有利于自己的工作行为。

原文：今世君不然，释法而以知，背功而以誉。故军士不战，而农民流徙。臣闻：道民之门，在上所先。故民，可令农战，可令游宦，可令学问，在上所与。上以功劳与，则民战；上以《诗》《书》与，则民学问。民之于利也，若水于下也，四旁无择也。民徒可以得利而为之者，上与之也。瞋目扼腕而语勇者得，垂衣裳而谈说者得，迟日旷久积劳私门者得——尊向三者，无功而皆可以得，民去农战而为之，或谈议而索之，或事便辟而请之，或以勇争之。故农战之民日寡，而游食者愈众，则国乱而地削，兵弱而主卑。此其所以然者，释法制而任名誉也。

字面翻译：现在的君主不是这样的，他们放弃法度而信任个人的智慧，舍弃功劳而凭借个人的声誉。所以军士不肯作战，农民流动迁移。我听说：教导百姓的关键，在于朝廷的先行指引。所以可以让他们务农作战，可以使他们游学求官，可以使他们从事学问。这些都在于朝廷给予的指引。朝廷依照战功赐予官爵，民众就奋勇作战；朝廷依照学习《诗经》《尚书》的学问赐予官爵，民众就从事学问。民众追求利益，好比是水追求向下流淌，没有其他选择。民众可以做的能获得利益的事情，取决于朝廷的给予。瞪眼睛、撸胳膊来表现勇武的人获得官爵，穿着长衫而高谈阔论的人获得官爵，成年累月为私门效力的人获得官爵——尊崇以上这三种人，没有功劳却都能得到官爵，那么民众就要放弃农战而去做这三种人了。他们或者用空谈辩论去索取，或者交好君王身边亲近的人去请求，或者用逞强斗勇去争取。结果，从事农战的民众日益减少，游荡而混饭吃的人越来越多，国家混乱而国土割削，兵力衰弱而君主卑微。之所以会这样，是君主放弃法律制度，而信任沽名钓誉之人的结果。

商人商语：相信个人的智慧和声望，企业家就容易被所谓"贤能"的虚名所迷惑，被"贤能"的学问所欺骗。这样一来，"贤能"夹带着"贤能"，企业看似人才济济，软实力提升了，却不知道企业的硬实力（实际做事的人和事情）已经衰落了。

原文：故明主慎法制。言不中法者，不听也；行不中法者，不高也；事不中法者，不为也。言中法，则辩之；行中法，则高之；事中法，则为之。故国治而地广，兵强而主尊，此治之至也。人君者不可不察也。

字面翻译：所以明主谨守法律制度。言论不符合法度的，不听信；行为不合法度的，不推崇；政事不符合法度的，不推行。言论合乎法度，就称许；行为合乎法度，就推崇；政事合乎法度，就去推行。所以国家得到治理，国土就会扩展；兵力强大，君上就会尊贵。这是治理的最高境界。做国君的不能不明察。

商人商语：企业家在企业里的言谈举止都要符合企业家的身份地位，要符合企业各个经营要素的要旨，也要遵守企业的规章制度。

二

《韩非子·难四》：难的是"以人治人"，看不清人品，分不清是非，讲不清道理

原文：一：卫孙文子聘于鲁，公登亦登。叔孙穆子趋进曰："诸侯之会，寡君未尝后卫君也。今子不后寡君一等，寡君未知所过也。子其少安。"孙子无辞，亦无悛容。穆子退而告人曰："孙子必亡。亡臣而不后君，过而不悛，

亡之本也。"

字面翻译：卫国的孙文子到鲁国进行国事访问，鲁襄公登上台阶，他也同时登上台阶。鲁国卿相叔孙穆子小步快进对孙文子说："各国诸侯聚会，敝国君主从来没有列在卫国君主后面。现在您没有落后敝国君主一个台阶，敝国君主不知道过错在哪里。您稍慢一点。"孙文子没有回答，也没有悔改的神色。叔孙穆子退回来告诉别人："孙文子一定会灭亡。忘记臣子的身份而不走在君主后面，有了错误又不改悔，这是灭亡的根源。"

商人商语：企业家和企业高管、企业员工，虽然作为国家公民的地位是平等的，但是在企业的运营组织中，还是有着等级之分。这个等级之分不是贵贱的区别，而是话语权力的区别。

原文：或曰：天子失道，诸侯伐之，故有汤、武。诸侯失道，大夫伐之，故有齐、晋。臣而伐君者必亡，则是汤、武不王，晋、齐不立也。孙子君于卫，而后不臣于鲁，臣之君也。君有失也，故臣有得也。不命亡于有失之君，而命亡于有得之臣，不察。鲁不得诛卫大夫，而卫君之明不知不悛之臣。孙子虽有是二也，臣以亡？其所以亡其失，所以得君也。

字面翻译：有人说：天子失去正确的执政原则，诸侯起事讨伐他，所以才有了商汤、周武王的事迹。诸侯失去正确的执政原则，大夫起事讨伐他，所以才有了田氏代齐、三家分晋的故事。如果做臣子的去讨伐君主的下场是必定灭亡，那么商汤、武王就不能称王天下，韩、赵、魏三家分晋和田氏也不能篡齐成为诸侯了。孙文子在卫国掌握了君主的权势，后来不以使臣的身份对待鲁国君主，名义是臣子，实际上成了君主。君主在执政原则上有失误，臣子才会在权势上有所获得。（叔孙穆子）不断定灭亡的原因是有失误的君主，而断定灭亡的原因是有所得的臣子，这是不明察。鲁国不能处罚卫国的大夫，而卫君的明察又不足以知道孙文子是没有悔改之意的臣子。孙文子虽然有忘记使臣身份和不知悔改这两种过失，又怎么会灭亡呢？他正是因为忘记了自己的这种过失，所以才能取得君主的权势。

商人商语：在法家看来，臣下不知悔改的错误，是君主没有集权的失权和没有权术的失察，是先有君主无道而后有臣下无礼，是君主咎由自取。这个咎由自取，不是君主做人的问题，而是君主做事不懂得法治的问题。所以，企业家不要奢望用自己的个人魅力征服手下，而要寄希望于企业的规章制度，以其管理手下。

原文：或曰：臣主之施，分也。臣能夺君者，以得相踦也。故非其分而取者，众之所夺也；辞其分而取者，民之所予也。是以桀索岷山之女，纣求比干之心，而天下离；汤身易名，武身受詈，而海内服；赵呾走山，田成外仆，而齐、晋从。则汤、武之所以王，齐、晋之所以立，非必以其君也，彼得之而后以君处之也。今未有其所以得，而行其所以处，是倒义而逆德也。倒义，则事之所以败也；逆德，则怨之所以聚也。败亡之不察，何也？

字面翻译：有人说：臣子君主的设立，是名分制度规定的。臣子能夺得君主的位置，是因为他比君主更得民心。所以违背名分而取得君位的，是民众帮他夺取的；推辞名分而取得君位的，是民众所给予的。因此夏桀索取岷山的琬、琰二女，商纣剖取比干的心脏，结果天下人都背离了他们；商汤自身更改姓名，周武王自身受到责骂，结果四海之内的人都向他们表示臣服；赵盾进山避难，田氏外逃当仆人，结果齐、晋两国民众都听从他们。商汤、周武王之所以称王天下，田氏和三晋之所以立国，不一定是他们原来君主的缘故，而是他们自身得到了民众拥护才能当上君主的。现在孙文子还没有得到君主应有的民众拥护，却去做君主才可以做的事情，这是违反义和违背德的。违反义，是事情失败的原因；违背德，是怨恨聚集的原因。失败和灭亡的原因不能够明察，为什么呢？

商人商语：君臣之道的小伦理是君臣的相守之道，大伦理是他们面对天下百姓的执政之道。小伦理涉及个人安危，大伦理涉及国家的兴衰灭亡。小伦理若是企业的内部运营，大伦理就是企业的整体经营。

原文：二：鲁阳虎欲攻三桓，不克而奔齐，景公礼之。鲍文子谏曰："不可。阳虎有宠于季氏而欲伐于季孙，贪其富也。今君富于季孙，而齐大于鲁，阳虎所以尽诈也。景公乃囚阳虎。

字面翻译：鲁国的阳虎想要攻打季孙、叔孙、孟孙三家，失败后逃奔到齐国，齐景公很礼敬他。鲍文子劝谏说："不可以这样。阳虎得宠于季孙却想攻打季孙，是贪图季孙的财富。现在您比季孙还富有，而齐国又比鲁国大，所以阳虎才尽力施展欺诈伎俩啊。"于是景公就拘禁了阳虎。

商人商语：齐景公前后态度不一致，之前是欣赏阳虎的才能，之后是忧惧阳虎的人品。缺乏法制意识的企业老板，面对优秀人才的引进，想必也会有这样的忧惧吧？

原文：或曰：千金之家，其子不仁，人之急利甚也。桓公，五伯之上也，争国而杀其兄，其利大也。臣主之间，非兄弟之亲也。劫杀之功，制万乘而享大利，则群臣孰非阳虎也？事以微巧成，以疏拙败。群臣之未起难也，其备未具也。群臣皆有阳虎之心，而君上不知，是微而巧也。阳虎贪，知于天下，以欲攻上，是疏而拙也。不使景公加诛于齐之巧臣，而使加诛于拙虎，是鲍文子之说反也。臣之忠诈，在君所行也。君明而严，则群臣忠；君懦而暗，则群臣诈。知微之谓明，无赦之谓严。不知齐之巧臣而诛鲁之成乱，不亦妄乎？

字面翻译：有人说：千金财富的家庭，儿子们不能相亲相爱，是因为人们追求利益的心情非常急切。齐桓公是五霸之首，为了争当国君而杀掉哥哥公子纠，是因为当国君的利益大。臣下和君主之间，没有兄弟之间的亲情。劫持杀戮的成果，如果是能统治万辆兵车的大国而享有很大的利益，那么群臣中哪一个不会是阳虎呢？事情因办得隐蔽巧妙而成功，因办得疏忽笨拙而失败。群臣还没有作乱，是因为条件还不具备。群臣都怀着阳虎一样的心思，而君主不知道，可见群臣办得隐蔽而巧妙。阳虎贪心，天下的人都知道，可他还想着攻打季孙氏，可见他干得疏忽而笨拙。不叫齐景公去处罚齐国巧言令色的奸臣，却叫他去处罚笨拙的阳虎，这是鲍文子把话说反了。臣子的忠顺或欺诈，取决于君主的所作所为。君主明察而严厉，群臣就忠顺；君主懦弱而昏庸，群臣就会欺诈。能察觉隐情的叫明察，不赦免罪行的叫严厉。不知道去明察齐国隐蔽的巧臣而去处罚鲁国已经作乱的笨臣，不是很荒谬吗？

商人商语：熙熙攘攘皆为名利。企业家明察而严厉，员工们就会尽忠职守；企业家懦弱而昏庸，员工们就会欺诈作乱。那么，企业家的明察而严厉，是来自于其个人的智慧和性格吗？不是的，是来自于规章制度的监察。

原文：或曰：仁贪不同心。故公子目夷辞宋，而楚商臣弑父；郑去疾予弟，而鲁桓弑兄。五伯兼并，而以桓律人，则是皆无贞廉也。且君明而严，则群臣忠。阳虎为乱于鲁，不成而走，入齐而不诛，是承为乱也。君明则诛，知阳虎之可以济乱也，此见微之情也。语曰："诸侯以国为亲。"君严则阳虎之罪不可失，此无赦之实也，则诛阳虎，所以使群臣忠也。未知齐之巧臣而废明乱之罚，责于未然而不诛昭昭之罪，此则妄矣。今诛鲁之罪乱以威群臣之有奸心者，而可以得季、孟、叔孙之亲，鲍文之说，何以为反？

字面翻译：有人说：仁者和贪者心地不同。所以公子目夷让出宋国君位，而楚国商臣却逼死父王；郑国去疾把君位让给弟弟，而鲁桓公却杀掉兄长。五霸都是靠兼并做大的，所以以齐桓公为标准来衡量人，那就没有忠贞廉洁的人了。再说，君主明察而严厉，群臣就会忠顺。阳虎在鲁国作乱，失败后逃跑。逃到齐国，齐国却不惩处，这是容忍他继续作乱。君主明察就会惩处，知道若不惩处阳虎会助长祸乱，这是看到了隐微的情况。有句话说："诸侯把别国作为亲戚。"君主严厉就不能放过阳虎的罪行，这是不赦免罪行的实质作为，那么杀了阳虎，就可以让群臣忠顺。不去明察齐国隐蔽的巧臣而免除公开作乱者的惩罚，追究还没有发生的事情而不惩罚明明白白的罪过，这才是荒谬啊。现在惩处在鲁国作乱的罪犯阳虎，用来威慑臣子中那些怀有奸邪心思的人，又可以博得鲁国季孙、孟孙、叔孙的亲善，鲍文子的话，哪里是说反了呢？

商人商语：隐蔽而狡诈的奸臣，有何罪证处罚？韩非子的分析很经典，简单说来就是"杀鸡给猴看"。用处罚在别处有罪行的阳虎，来警示那些有罪心还没罪行或者还没暴露罪行的臣下。所以，想要收留某个违背职业道德的人才的老板要注意了，免得因小失大。

原文：三：郑伯将以高渠弥为卿，昭公恶之，固谏不听。及昭公即位，惧其杀己也，辛卯，弑昭公而立子亹也。君子曰："昭公知所恶矣。"公子围曰："高伯其为戮乎，报恶已甚矣。"

字面翻译：三：郑庄公要用高渠弥为卿，郑昭公（当时是太子）厌恶高渠弥，再三劝阻庄公而庄公没有听从。到昭公继承君位，高渠弥怕他杀害自己，就在辛卯这天，杀了昭公而立公子亹为国君。君子说："这下昭公彻底了解自己厌恶的人了。"公子围说："高渠弥该被杀吧！报复人家对他的厌恶也太过分了点。"

商人商语：昭公真悲惨啊！做太子时说话不好使，做君主了，还没等说话好使，就被臣下杀害了。所以，企业家不要以为企业的一切都操之在己，都在按照自己的计划、步骤走，也可能会途中生变哦。

原文：或曰：公子围之言也，不亦反乎？昭公之及于难者，报恶晚也。然则高伯之晚于死者，报恶甚也。明君不悬怒，悬怒，则罪臣轻举以行计，则人主危。故灵台之饮，卫侯怒而不诛，故褚师作难；食鼋之羹，郑君怒而不诛，故子公杀君。君子之举"知所恶"，非甚之也，曰：知之若是其明也，而不行诛焉，以及于死。故"知所恶"，以见其无权也。人君非独不足于见难而已，或不足于断制。今昭公见恶，稽罪而不诛，使渠弥含憎惧死以侥幸，故不免于杀，是昭公之报恶不甚也。

字面翻译：有人说：公子围的话，不是说反了吗？昭公之所以遇难，是因为他惩处恶人太晚了。高渠弥比昭公死得晚，恰恰是因为他对昭公进行了过分的报复。明君不会有怒而不发作，有愤怒而不及时处罚罪臣，罪臣就会轻率行动而行使计谋，君主就危险了。因此，在灵台饮酒时，卫出公对褚师发怒而没有处罚，结果就发生了褚师作乱的事；吃大鳖的浓汁时，郑灵公对子公发怒而没有处罚，结果子公就杀死了他。君子指出"昭公知所恶"，并非说得太过分了，意思是：昭公既已了解得这样清楚，却不把高渠弥杀掉，以致自己被杀。所以说"昭公知所恶"，意在表明昭公不懂得权衡得失。君主之难，不只是不能充分地看到祸难而已，也可能是不能及时做出决断和加以制裁。现在昭公表露了对高渠弥的厌恶，又搁置他的罪过迟迟不予惩处，结果使高渠弥怀恨在心，因害怕被杀而行其侥幸得逞的阴谋，所以昭公不能免于被杀，这是因为昭公对待恶人太软弱了。

商人商语：当断不断，反受其乱。当企业家发现企业中员工有不轨行为时，必须及时依法惩处。不要指望手下留情会有人感恩，要指望你的制度让别人无法伤害你！

原文：或曰：报恶甚者，大诛报小罪。大诛报小罪也者，狱之至也。狱之患，故非在所以诛也，以仇之众也。是以晋厉公灭三郤而栾、中行作难，郑子都杀伯咺而食鼎起祸，吴王诛子胥而越勾践成霸。则卫侯之逐，郑灵之弑，不以褚师之不死而公父之不诛也，以未可以怒而有怒之色，未可诛而有诛之心。怒其当罪，而诛不逆人心，虽悬奚害？夫未立有罪，即位之后，宿罪而诛，齐胡之所以灭也。君行之臣，犹有后患，况为臣而行之君乎？诛既不当，而以尽为心，是与天下有仇也。则虽为戮，不亦可乎！

字面翻译：有人说：过分报仇，就是用大的刑罚来报复小的罪过。用大的刑罚来报复小的罪过的方式，是最严酷的刑狱。刑狱的危害，本来并不在于已经处罚了的人，而在于刑罚不当会引起更多人的仇恨。因此晋厉公杀掉郤氏三卿，栾书、中行偃二卿就起而发难；郑子都杀掉伯咺，食鼎就发动祸乱；吴王夫差杀掉伍子胥，越王勾践就乘机灭吴称霸。那么卫出公被逐，郑灵公被杀，并不是因为卫出公没有杀掉褚师、郑灵公没有惩罚子公，而是因为不该发怒却表现出发怒的脸色，不该杀戮却产生了杀戮的想法。如果君主发怒符合臣下的罪过，如果臣子杀君不违背人心，即使蕴而未发，又有什么害处呢？君主未即位之前臣子有了罪，即位之后却把臣子的旧罪重提加以论处，这就是齐君后羿胡公靖灭亡的原因。君主对臣子这样做，还会留下后患，何况作为臣子对君主这样做呢？处罚已属不当，还要起心斩尽杀绝，这便是与天下人为仇了。那么公子围说高渠弥该杀，不也是可以的吗？

商人商语：君法集权，必须防患于还未彰显的行为；尚法非贤，一切赏罚必须依据已经现形的行为。二者看似矛盾，其实是管理的一体两面：主动和被动。企业管理者，不能只是被动执法，也应该在主动防患上多下功夫。

原文：四：卫灵公之时，弥子瑕有宠，专于卫国。侏儒有见公者曰："臣之梦浅矣。"公曰："奚梦？""梦见灶者，为见公也。"公怒曰："吾闻见人主者梦见日，奚为见寡人而梦见灶乎？"侏儒曰："夫日兼照天下，一物不能当也。人君兼照一国，一人不能壅也。故将见人主而梦日也。夫灶，一人炀焉，则后人无从见矣。或者一人炀君邪？则臣虽梦灶，不亦可乎？"公曰："善。"遂去雍锄，退弥子瑕，而用司空狗。

字面翻译：四：卫灵公时，弥子瑕受到宠信，在卫国专权。有个谒见灵公的侏儒说："我的梦应验了。"灵公问："梦见了什么？""梦见灶了，预示要见到您。"卫灵公发怒说："我听说将见君主的人会梦见太阳。为什么你要见我，会梦见灶呢？"侏儒说："太阳普照天下，一件东西也遮挡不了它；君主普照一国人，一个人也蒙蔽不了他。所以将要见君主的人会梦见太阳。那个灶，一人对着灶门烤火，后面的人就无法看见火光了。或许就是那个人挡住君主了吧？那么即使我梦见灶，不也是可以的吗？"卫灵公说："好。"于是罢掉雍锄，辞退弥子瑕，任用司空狗。

商人商语：企业家作为企业之主的权责，是无论贤德之人还是奸佞之人，都无可替代的。

原文：或曰：侏儒善假于梦以见主道矣，然灵公不知侏儒之言也。去雍锄，退弥子瑕，而用司空狗者，是去所爱而用所贤也。郑子都贤庆建而壅焉，燕子哙贤子之而壅焉。夫去所爱而用所贤，未免使一人炀己也。不肖者炀主，不足以害明；今不加知而使贤者炀己，则必危矣。

字面翻译：有人说：侏儒善于假借梦来阐明君主的治国原则，但是卫灵公不理解侏儒的话。罢掉雍锄，辞退弥子瑕，任用司空狗，这是去掉自己宠爱的人而任用自认为贤德的人。郑子都认为庆建贤明，结果受到蒙蔽；燕王哙认为子之贤明，结果受到蒙蔽。去掉自己宠爱的人而任用自认为贤德的人，并不能免除使一个人遮蔽自己的祸患。不贤的人蒙蔽君主，还不足以危害君主的明察；现在君主不加以了解，而让贤人蒙蔽自己，那就一定危险了。

商人商语：人治理念下的授权，不论人品贤德还是奸佞，企业老板都难免陷入被蒙蔽的结局。尤其是贤德之人掌权，那都是能干大事业的，很可能会被拥戴着另起炉灶。

原文：或曰：屈到嗜芰，文王嗜菖蒲菹，非正味也，而二贤尚之，所味不必美。晋灵侯说参无恤，燕哙贤子之，非正士也，而二君尊之，所贤不必贤也。非贤而贤用之，与爱而用之同。贤诚贤而举之，与用所爱异状。故楚庄举孙叔而霸，商辛用费仲而灭，此皆用所贤而事相反也。燕哙虽举所贤，而同于用所爱，卫奚距然哉？则侏儒之未可见也。君壅而不知其壅也，已见之后而知其壅也，故退壅臣，是加知之也。曰"不加知而使贤者炀己则必危"，而今以加知矣，则虽炀己，必不危矣。

字面翻译：有人说：屈到喜欢吃菱角，周文王喜欢吃菖蒲做的腌菜，这两样东西都没有什么好的味道，但这两位贤人却很喜爱，可知人们喜欢的味道并不一定美。晋灵公喜欢无恤，燕王哙认为子之贤明，无恤、子之都不是正直的人，但两个君主却尊崇他们，可见君主认为贤德的人并不一定是真正的贤人。不是贤人而作为贤人来用，和因为宠爱而使用他是一样的。君主认为贤德的人确是真正的贤人而提拔他，和君主用自己宠爱的人是不一样的。所以楚庄王提拔了孙叔敖而称霸，商纣任用了费仲而灭亡，这些都是任用自己认为是贤德的人才而事实结果却相反的例证。燕王哙虽然用了他认为是贤德的人才，其实与用他宠爱的人是一样的，卫灵公哪里是同样情形呢？这是侏儒认识不到的。君主被蒙蔽而不知道受到蒙蔽，听侏儒话后知道自己受了蒙蔽，因此辞退蒙蔽自己的臣子，证明他对此有了进一步的认识。说"不加以了解而让贤人蒙蔽自己，那就一定危险"，而现在已经有了进一步的认识，那么即使是蒙蔽自己，也一定没危险了。

商人商语：治理国家，不能靠君主以为的贤德，或者是他人举荐的贤德。因为，哪怕是明君也会看走眼，齐桓公就是这样的下场。朝堂不是好人驱逐坏人或者坏人坑害好人的游戏场所。企业家必须通晓"尚法非贤"的理念。

监察法官独立设，法令明白易懂得

当岗位职责没有确定以前，就算是尧、舜、禹汤般贤德的干部也会像奔马似的追逐，没有明确的工作目标。而职责确定后，大家都会明白自己应该做好哪些事情。如果职责的界定不够清晰，员工们就会按照自己的理解来行动和评议，评议的标准也不能称之为考核的客观标准。所以，能够各司其职、各安其事、忙而有序，是企业运营制度化的理想状态。

合理的规章制度，是企业运营管理的基础措施，会形成运营管理的"势治之道"，是员工存身于企业的"护身符"，而不是压榨员工剩余价值的"刽子手"。规章制度的制定越细致，"护身符"的能量就越强大。除此之外，还需要相对独立和客观的"法官"们，依据规章制度来评审和保护，这也是企业人力资源部门的职责所在。

本节选取了《商君书·定分》。定分，定的不是伦理之分，而是法度之分，是对法治的一个全面解读。

《商君书·定分》：法治有着相对独立的体系，是为老百姓的存身立命服务的

原文：公问于公孙鞅曰："法令以当时立之者，明旦欲使天下之吏民皆明知而用之，如一而无私，奈何？"

字面翻译：秦孝公问公孙鞅（商鞅）："今天制定的法令，明天早晨就想让全国的官吏和民众都能明确了解和奉行，遵守一致而没有奸心私行，应该怎么办呢？"

商人商语：规章制度的理解，重要的是制度的制定者、制度的执行者、制度的被管理者这三者保持一致。只有制度理解得一致，才有制度执行的一致。

原文：公孙鞅曰：为法令，置官吏，朴足以知法令之谓者，以为天下正，则奏天子。天子则各主法令之，皆降，受命，发官。各主法令之民，敢忘行主法令之所谓之名，各以其所忘之法令名罪之。主法令之吏有迁徙物故，辄使学读法令所谓，为之程式，使日数而知法令之所谓；不中程，为法令以罪之。有敢剟定法令、损益一字以上，罪死不赦。诸官吏及民有问法令之所谓也于主法令之吏，皆各以其故所欲问之法令明告之。各为尺六寸之符，明书年、月、日、时、所问法令之名，以告吏民。主法令之吏不告，及之罪，而法令之所谓也，皆以吏民之所问法令之罪，各罪主法令之吏。即以左券予吏之问法令者，主法令之吏谨藏其右券木柙；以室藏之，封以法令之长印。即后有物故，以券书从事。

字面翻译：公孙鞅说：制定法令，设置官吏，选择朴实稳重并明晓法令条文的人，作为天下各地主管法令的官长，向天子奏请。天子就命令他们去各地主管法令，（官长）都很高兴，接受诏命，出发上任。各地主管法令的人，如果胆敢忘记执行其主管法令的名目，就用他所忘记法令的名目惩罚他。主管法令的官吏，若有迁移或者死亡，就要立刻命令学习的人阅读法令的内容，为他定出规则，让他几日内便通晓法令内容；不合规则，就用法令来惩罚他。如果有人敢删改法令、增减一个字以上，就是犯了死罪，绝不赦免。众官吏和百姓若向主管法令的官吏询问法令的具体内容，主管法令的官吏必须根据他们的问题明确答复他们。而且要制一个长一尺六寸的"符"，"符"上写清年、月、日、时、所问法令的条文，告知官吏与百姓。如果主管法令的官吏不告诉，等到（询问法令的官吏、民众）犯了罪，犯的罪行正是他们所询问法令的那一条款，那就按他们所询问的那一条款的罪状，来惩罚主管法令的官吏。在回答询问时，就要把"符"的左片给询问法令的人，主管法令的官吏则小心将"符"的右片装入木匣，收藏在一个屋子中，用法令长官的印封上。即使以后主管法令的官吏死亡，也依照"符"上书写的办事。

商人商语：规章制度的独立性，要求不可随人员变化而变化；规章制度的专业性，要求有专业的统一标准来解读；规章制度的执行性，要求由具备朴实、稳重个性的人来掌管；规章制度的普及性，要求做到全员皆知。

原文：法令皆副，置一副天子之殿中，为法令为禁室，有锭钥，为禁而以封之，内藏法令一副禁室中，封以禁印。有擅发禁室印，及入禁室视禁法令，及禁剟一字以上，罪皆死不赦。一岁受法令以禁令。

字面翻译：法令都要有副本，将这个副本放在天子的殿中，给法令建筑一个禁室，有锁钥，用封条把它封起来，把法令的副本藏入其中，用禁印封上。有擅自揭开禁室的印封，和进入禁室偷看禁室里的法令，以及删改禁室法令一个字以上的，都是不可赦免的死罪。每年一次，依照禁室所藏的法令，颁发法令给官吏。

商人商语：规章制度不可更改，需要专门的制度来维护它，还需要定期组织研读、学习。

原文：天子置三法官，殿中置一法官，御史置一法官及吏，丞相置一法官。诸侯、郡、县皆各为置一法官及吏，皆此秦一法官。郡、县、诸侯一受赍来之法令，学问并所谓。吏民知法令者，皆问法官。故天下之吏民无不知法者。吏明知民知法令也，故吏不敢以非法遇民，民不敢犯法以干法官也。遇民不修法，则问法官，法官即以法之罪告之，民即以法官之言正告之吏。吏知其如此，故吏不敢以非法遇民，民又不敢犯法。如此，天下之吏民虽有贤良辩慧，不能开一言以枉法；虽有千金，不能以用一铢。故知诈贤能者皆作而为善，皆务自治奉公。民愚则易治也，此所生于法明白易知而必行。

字面翻译：天子设置三个法官，宫殿中设置一个，御史设置一个，丞相设置一个。也为诸侯和郡县各设置一个法官和法吏，全都比照秦都的法官。诸侯郡县一旦接受禁室的法令，就一同培训学习法令的内容。官吏和百姓想知晓法令的，都去询问法官，所以天下百姓、官吏没有不知晓法令的人。官吏明知百姓知道法令，所以官吏不敢以非法手段对待百姓，百姓也不敢犯法来触犯法官。遇上民众不遵守法令，就可以向法官询问，法官就将法令所规定的罪名告诉他们，百姓就用法官的话警告官吏。官吏知道事情这样，就不敢用非法手段对待民众，民众也不敢犯法。像这样，天下的官吏和百姓即使有贤良、善辩和聪明的人，也不能说一句违法的话；即使有千金的财富，也不能非法使用一铢钱。于是巧诈贤能的人都去做好事，都努力纠正自己，服从国家的法令。人民敦厚就容易统治，这是由于法令明白易懂而且一定执行的缘故。

商人商语： 法官是法令的传播者，还是官吏执行法令的监察者。这样可以避免法令只掌握在一类人手中的弊端，维护百姓和国家的利益。企业的管理部门，有无这样独立的监察职责和权力呢？

原文： 法令者，民之命也，为治之本也，所以备民也。为治而去法令，犹欲无饥而去食也，欲无寒而去衣也，欲东而西行也，其不几亦明矣。一兔走，百人逐之，非以兔为可分以为百，由名之未定也。夫卖兔者满市，而盗不敢取，由名分已定也。故名分未定，尧、舜、禹、汤且皆如鹜焉而逐之；名分已定，贪盗不取。今法令不明，其名不定，天下之人得议之。其议，人异而无定。人主为法于上，下民议之于下，是法令不定，以下为上也。此所谓名分之不定也。夫名分不定，尧、舜犹将皆折而奸之，而况众人乎？此令奸恶大起、人主夺威势、亡国灭社稷之道也。今先圣人为书而传之后世，必师受之，乃知所谓之名；不师受之，而人以其心意议之，至死不能知其名与其意。故圣人必为法令置官也。置吏也，为天下师，所以定名分也。名分定，则大诈贞信，巨盗愿悫，而各自治也。故夫名分定，势治之道也；名分不定，势乱之道也。故势治者不可乱，势乱者不可治。夫势乱而治之，愈乱；势治而治之，则治。故圣王治治不治乱。

字面翻译： 法令，是民众的生命保障，是治理的根本措施，是用来防备民众混乱的。为治理而抛弃法令，好比希望不挨饿而抛弃粮食，希望不受冻而抛弃衣服，希望到东方而向西走一样，目的和行为相去甚远是很明显的。一只兔子跑了，一百个人乱哄哄地蜂拥而上，要逮住它，并不是因为捉到兔子后每个人都能分到兔子的百分之一，而是因为兔子的所有权没有确定。而市场上有好多兔子在卖，盗贼都不敢去偷，这是因为市场上兔子的所有权是明确的。所以，当事物的名分没有确定以前，尧、舜、禹、汤也像奔马似的追逐；名分确定后，贪婪的盗贼也不敢夺取。现在法令的内容不明确，法令的名分不确定，天下百姓都会评议。百姓的评议，因人而异而且没有定论。君主在上面制定法令，百姓在下面议论纷纷，这是法令的不确定，使得下面的评议代替了上面的法令。这就是所谓的名分不确定。名分不确定，尧、舜尚且都会违法，何况普通百姓。这是使得奸恶势力大增，君主失掉权威，国家灭亡、社稷丧失的做法啊。好比古代圣人著书，流传于后世，必须由教师教授，才能知道他所说的内容；如果不由教师传授，人人都以自己的想法来评议，到死时也不能知道圣人著书的内容和书里的思想。所以，圣人一定要给法令设置法官。设置法官做天下人的老师，就是为了定名分。名分确定了，大奸之人可以变得正直、诚实，大盗之人可以变得谨慎、忠诚，而且都能自我纠正。所以确定名分是势治的做法，不确定名分是势乱的做法。势治就不会混乱；势乱就不能治理。势乱而去治理，就会更加混乱；势治而去治理，才会得到治理。圣王在势治的情况下治理国家，而不是在势乱的情况下治理国家。

商人商语：企业的规章制度，不能"令出多门"，即不能随便哪个部门都可以颁布一个制度，必须要由唯一的权威部门来制定、审核、颁布。否则就是"名不正则言不顺，言不顺则事不成"。

原文：夫微妙意志之言，上知之所难也。夫不待法令绳墨，而无不正者，千万之一也。故圣人以千万治天下，故夫知者而后能知之，不可以为法，民不尽知；贤者而后知之，不可以为法，民不尽贤。故圣人为法，必使之明白易知，名正，愚知遍能知之；为置法官，置主法之吏，以为天下师，令万民无陷于险危。故圣人立天下而无刑死者，非不刑杀也，行法令，明白易知，为置法官吏为之师，以道之知，万民皆知所避就，避祸就福，而皆以自治也。故明主因治而终治之，故天下大治也。

字面翻译：微妙深奥的言论，上等才智的人也难于理解。不需要法令作为准则，而行为没有不正确的，在千万人中只有一个。既然圣人是面对千万人来治理天下，所以只有智者才能理解的东西不能用来作为法令，因为民众不是人人都是智者；只有贤者才能理解的东西，不能用来作为法令，因为民众不是人人都是贤者。所以圣人制定法令，一定要使它明白易懂，名分确定，无论是愚人还是智者都能懂得；为民众设置法官，设置法吏，作为百姓的老师，使万民不致陷入违法的危险境地。所以圣人执政天下而天下没有受刑被杀的人，并不是他不用刑，不杀人，而是圣人推行的法令更明白易懂，又给民众设置了法官、法吏，做他们的老师，教导他们懂得法令，从而万民都知道应该要躲避什么、接近什么，知道躲避祸患、接近幸福，那么民众就都能自我纠正行为。明君在民众自治的基础上来完成国家的治理，所以天下就大治了。

　　商人商语：规章制度的拟定，要名正言顺，要简单易懂，要明白易行，让平常人行平常事，养成习惯。

八种个人好名声，实乃国家大贼害

　　韩非子认为，"大争之世"也是"多事之时"，选择秉持什么治国理念的臣子来执政，是国家"存亡治乱之机也"。这时，国家不宜再实行"手推车"式的贤人政治，立国治国必须以"耕战"来定位，以法治为原则，清理那些只会说空话不会做实事的"贤才智士"，清除那些自私自利的权臣、重臣。

　　合理的企业制度，容易学习也容易推行。这些规章制度，哪怕是愚笨的员工也容易做到。这样，不用费心费力地推行，制度就会自然、顺畅地得到执行。但是简易并不意味着简单，而是在考虑多种因素之后，造势造就的简易。与之对比，是人治的复杂，有太多的"似是而非"不好断定，太多的"口是心非"不好分别，太多的"是是非非"不好分辨。

本节选取了《韩非子·八说》，列举了八个"人治"现象，我们一一看来，一一分辨。

《韩非子·八说》：就算你是孔子，说空话不做实事，对国家又有何用

原文：为故人行私谓之"不弃"，以公财分施谓之"仁人"，轻禄重身谓之"君子"，枉法曲亲谓之"有行"，弃官宠交谓之"有侠"，离世遁上谓之"高傲"，交争逆令谓之"刚材"，行惠取众谓之"得民"。不弃者，吏有奸也；仁人者，公财损也；君子者，民难使也；有行者，法制毁也；有侠者，官职旷也；高傲者，民不事也；刚材者，令不行也；得民者，君上孤也。此八者，匹夫之私誉，人主之大败也。反此八者，匹夫之私毁，人主之公利也。人主不察社稷之利害，而用匹夫之私誉，索国之无危乱，不可得矣。

字面翻译：为老朋友徇私舞弊是"不弃"，将公家财产散发、施舍是"仁人"，轻视国家俸禄而重视自身操守"君子"，违反法律而偏袒亲属是"有行"，背弃职责而偏爱私交是"有侠"，逃避现实而回避朝廷政事是"高傲"，交往争斗而违抗禁令是"刚材"，好行恩惠而笼络民众是"得民"。没忘记朋友交情，官吏做事就会有奸行；有了仁爱的行为，国家财富就会有损失；有了道德君子的表率，民众就不听驱使了；重视亲人的情谊，国家法制就会遭到破坏；讲究私人义气，官员的职责就会出现疏漏；人人都自命清高，就没有了为国家做事的民众；刚直之风风行，国家的法令就不能推行；臣子们得到民众爱戴，君主就会遭到孤立。这八种行为，成就了个人的好名声，却是君主的大祸患。与这八种行为相反的，则会成就个人的坏名声，君主的国家利益。君主不考察国家利益的利害所在，却任凭个人获取名声的行为盛行，想要国家没有危险混乱，是不可能做到了。

商人商语：如果没有法制的标准，那么这八种看似"道德君子"的仁义行为，是无法发现也不能确定就是导致国家治理混乱和国家实力衰弱的元凶。有时候，企业经理人的名利和企业的名利是有冲突的，孰先孰后？二者如何兼容？考验的是企业老板们的政治智慧。

原文：任人以事，存亡治乱之机也，无术以任人，无所任而不败。人君之所任，非辩智则修洁也。任人者，使有势也。智士者未必信也，为多其智，因惑其信也。以智士之计，处乘势之资而为其私急，则君必欺焉。为智者之不可信也，故任修士者，使断事也。修士者未必智，为洁其身、因惑其智。以愚人之所惛，处治事之官而为其所然，则事必乱矣。故无术以用人，任智则君欺，任修则君事乱，此无术之患也。明君之道，贱德义贵，下必坐上，决诚以参，听无门户，故智者不得诈欺。计功而行赏，程能而授事，察端而观失，有过者罪，有能者得，故愚者不任事。智者不敢欺，愚者不得断，则事无失矣。

字面翻译：选用什么样的人来处理政事，是国家存亡、治理好坏的关键。君主没有权术地任用官员，没有一次任用不是失败的。君主要任用的人，不是有口才就是有智谋，或者品行端正。而且君主任用一个人，还要帮助他掌握权势。但是，有智谋的人不一定可靠，君主赞赏他的智谋，就会糊涂地认为他是可靠的。凭着智者的计谋，加上处在有权势的位置，若是忙着干其私人的事情，君主就一定会受到欺骗。因为智者的不可靠，所以君主去任用那些品行端正的人，让他们处理政事。品行端正的人不一定有智谋，君主却因为认可他的人品端正，就糊涂地认为他是有智谋的。愚笨之人糊涂，却处在治理国家政事的官位上，还自以为是地处理问题，那么政事一定会混乱。所以没有权术地选用人，若是任用有智谋的人，君主就会受欺骗；若是任用人品端正的人，君主的政事就会被搞乱。这就是君主没有权术的危害啊。明君的治国原则是，不看重人们的道德品行，而看重人们的合法行为；下属必须和有罪的上司连坐获罪；用互相验证的方法，来判断事情的真相；听取汇报建议，不带有门户的偏见，所以有智谋的人也无法来弄诈行骗。计评功劳后再实施奖赏，衡量才能后再授予职事，通过分析事情的起因来考察官吏的过失，有过错的人给予处罚，有才能的人加以奖励、提拔，所以愚笨的人不会承担政事。有智谋的人不敢欺骗君主，愚笨的人不能决断事务，那么国家的政事就没有失误了。

商人商语：看似有能力的人，失控的风险也很大；看似老实可靠的人，大多是愚拙之人。企业制度严谨了，虽然不能让愚拙的人变成能干的人，但却可以让他按照具体清晰的制度来做对事情。而且，严谨的制度，可以让能干的人在划定的范围、指定的规则里发挥他的能力。

原文：察士然后能知之，不可以为令，夫民不尽察。贤者然后能行之，不可以为法，夫民不尽贤。杨朱、墨翟，天下之所察也，干世乱而卒不决，虽察而不可以为官职之令。鲍焦、华角，天下之所贤也，鲍焦木枯，华角赴河，虽贤不可以为耕战之士。故人主之所察，智士尽其辩焉；人主之所尊，能士能尽其行焉。今世主察无用之辩，尊远功之行，索国之富强，不可得也。博习辩智如孔、墨，孔、墨不耕耨，则国何得焉？修孝寡欲如曾、史，曾、史不战攻，则国何利焉？匹夫有私便，人主有公利。不作而养足，不仕而名显，此私便也；息文学而明法度，塞私便而一功劳，此公利也。错法以道民也，而又贵文学，则民之所师法也疑；赏功以劝民也，而又尊行修，则民之产利也惰。夫贵文学以疑法，尊行修以贰功，索国之富强，不可得也。

字面翻译：只有明辨事理的人才能懂得的东西，是不可以制定为法令的，因为民众不会理解得那么彻底。只有贤德的人才能做到的事情，是不可以制定为法律的，因为民众的行为达不到贤德的高度。杨朱、墨翟是天下公认的能够明辨事理的人，但是面对千百年来的混乱局面，他们也找不到最终解决的办法，他们的学说虽然属于明辨事理的，却不能作为官方的法令。鲍焦、华角是天下公认的具有贤德品质的人，但是鲍焦抱木而死，华角投河自尽，他们两个虽然贤德，却并不能成为为国家耕作、打仗的人。所以，君主要明察的事情，智谋之士会尽力去辩说；君主要推崇的政策，才能之士会竭尽全力去执行。当今的君主听察那些没有实际用处的辩说，尊崇那些要长时间才能显示功效的举措，想要求得国家的富强，这是不可能做到的。像孔子、墨子那样博学多才、善辩而睿智的人，他们不耕地、不锄草，国家能得到什么好处呢？像曾参、史鱼那样奉行孝道而少有私欲的人，他们不参军、不作战，国家能得到什么利益呢？个人有个人的私利，君主有国家的公利。不耕作而家境富裕，不做官而声名显赫，这是个人私利；废除文章学说而彰明法律法规，堵塞私人请托而一律按功行赏，这是国家公利。君主设置了法律来教导民众，却又推崇文章学说，民众就会对所遵守的法律产生怀疑；君主奖赏功劳以鼓励民众耕战，却又崇尚清高隐居的人，民众就会对生产获利的事情懈怠。推崇文章学说而使法律受到怀疑，崇尚清高隐士而使论功行赏出现双重标准，想要求得国家的富强，这是不可能做到的。

商人商语：企业的员工，就是为企业的利益而工作的。企业里的特殊才智之士，如果不受企业制度的约束，如何确保其所作所为是为企业利益呢？也许，老板心中有杆秤。否则，企业在其身上一分一毫的花费，都是无益甚至亏损的。

原文：搢笏干戚，不适有方铁铦；登降周旋，不逮日中奏百；《狸首》射侯，不当强弩趋发；干城距冲，不若埋穴伏橐。古人亟于德，中世逐于智，当今争于力。古者寡事而备简，朴陋而不尽，故有珧铫而推车者。古者人寡而相亲，物多而轻利易让，故有揖让而传天下者。然则行揖让，高慈惠，而道仁厚，皆推政也。处多事之时，用寡事之器，非智者之备也；当大争之世，而循揖让之轨，非圣人之治也。故智者不乘推车，圣人不行推政也。

字面翻译：掌握有朝堂上的奏事笏板、享受着朝廷中的干戚舞蹈，不如拥有大刀长矛的军事力量更有势力；用上堂下堂和迎来送往的烦琐礼仪来教化，不如训练出日行百里的士卒更有效用；奏着《狸首》乐章，用比赛射靶来解决纠纷，不如拥有硬弓劲射的威慑力；城邑防守中抗拒冲车的老办法，不如现在挖地道进行水灌烟熏的进攻战术。上古的人们在道德上争先，中古的人们在智谋上角逐，现在的人在力量上较量。古时候要做的事情少，因而设备简单，器具粗陋而且不够完善，所以有蚌壳做的锄头和用手推的车子。古时候人口稀少，因而相亲相爱；物产丰富，因而轻视财利、容易谦让，所以有把天下的统治权禅让给别人的行为。然而现在看来，推行谦让，推崇慈爱施惠，称道仁义厚德，都属于手推车般原始的政治措施了。处在事情繁杂的新时代，沿用事情稀少的旧时代的简陋器具，这不是智者应该准备的措施；处在争夺激烈的新社会，照旧遵循拱手谦让的老规矩，这不是圣人治理国家的原则。所以智者不乘坐古代的手推车出行，圣人不实行手推车式的政治措施。

商人商语：市场变化了，商业模式在变化，运营管理在变化，人力资源的管理也在变化。新时期的企业运营，不能再指望个别的有能力者，而是要求有更多符合标准的工作者。

原文：法所以制事，事所以名功也。法有立而有难，权其难而事成，则立之；事成而有害，权其害而功多，则为之。无难之法，无害之功，天下无有也。是以拔千丈之都，败十万之众，死伤者军之乘，甲兵折挫，士卒死伤，而贺战胜得地者，出其小害计其大利也。夫沐者有弃发，除者伤血肉。为人见其难，因释其业，是无术之士也。先圣有言曰："规有摩而水有波，我欲更之，无奈之何！"此通权之言也。是以说有必立而旷于实者，言有辞拙而急于用者。故圣人不求无害之言，而务无易之事。人之不事衡石者，非贞廉而远利也，石不能为人多少，衡不能为人轻重，求索不能得，故人不事也。明主之国，官不敢枉法，吏不敢为私利，货赂不行，是境内之事尽如衡石也。此其臣有奸者必知，知者必诛。是以有道之主，不求清洁之吏，而务必知之术也。

字面翻译：法律是用来制约事情的，做事是用来成就功绩的。法律的设立是会遇到困难的，权衡过它的困难但是能够成就事业，就应该设立它；成就的事业中难免会有害处，权衡过其中的害处但是功绩更多，就应该实施它。不遇到困难的立法，不伴随害处的功绩，天下是没有的。因此攻克千丈见方的大城市，击败十万之众的敌军，我方伤亡的人数达到全军的三分之一，铠甲兵器破损严重，士卒伤亡惨重，但是仍然要庆贺战胜得地的原因，在于考虑到损害小而获利大。洗头时总会有脱发，清除患处时总会流血伤肉。要是看到这点难处，就放弃了洗头治病，便是不懂得权衡利弊的人。先圣说过这样的话："圆规会有磨损的误差，水面之上会有波纹。我想改变这种不完美的状况，是没有办法的！"这是通晓权衡利弊的说法。因此学说有在理论上完全成立但是远离实际的，建议有虽言辞笨拙但能立即实施的。所以圣人不强求没有害处的建议，而致力于那些无可更改的事情。人们之所以不围着衡器和量器转，不是因为他们正直廉洁，不会追求财利，而是因为量器本身不能给人增多或减少，衡器本身不能给人加重或减轻，对它们有所要求是不可能得到的，所以人们就不去花心思了。明君在位的国家，官员不敢违反法律，吏属不敢谋取私利，贿赂的行为不能施行，这是因为国内的政事都像衡器、量器一样有着公正的标准。这样，他的臣子中干坏事的就一定会被察觉，察觉到就一定会对其给予惩罚。所以依法治国的君主，不会去寻求廉洁的官吏，而是致力于掌握一定能察觉臣下奸邪行为的权术。

商人商语：规章制度制定的难度，不在于追求制度本身的完美，而在于面对危害时的权衡利弊。至于制度推行的难度，也不取决于推行过程的难度，而在于面对困难时的坚持。制度确立以后，企业的运营管理就容易多了，事和人的情况，都能通过制度反馈出来。

原文：慈母之于弱子也，爱不可为前。然而弱子有僻行，使之随师；有恶病，使之事医。不随师则陷于刑，不事医则疑于死。慈母虽爱，无益于振刑救死，则存子者非爱也。子母之性，爱也；臣主之权，策也。母不能以爱存家，君安能以爱持国？明主者通于富强，则可以得欲矣。故谨于听治，富强之法也。明其法禁，察其谋计。法明则内无变乱之患，计得则外无死虏之祸。故存国者，非仁义也。仁者，慈惠而轻财者也；暴者，心毅而易诛者也。慈惠，则不忍；轻财，则好与。心毅，则憎心见于下；易诛，则妄杀加于人。不忍，则罚多宥赦；好与，则赏多无功。憎心见，则下怨其上；妄诛，则民将背叛。故仁人在位，下肆而轻犯禁法，偷幸而望于上；暴人在位，则法令妄而臣主乖，民怨而乱心生。故曰：仁暴者，皆亡国者也。

字面翻译：慈母对于幼小的孩子，没有什么可以排在母爱的前面。但是幼小的孩子有了恶习，就得让他追随老师改正学习；幼小的孩子有了重病，就得带他去就医治疗。孩子不追随老师改正恶习就会犯法受刑，不去就医治疗就会面临死亡。孩子的母亲的天性，是慈爱；臣下的君主的权力，是鞭策。母亲尚且不能用爱来保全家庭，君主怎能用爱来管理国家呢？英明的君主通晓了富国强兵的方式方法，就可以实现自己的理想了。所以君主慎重地听察谏言、处理政事，是富国强兵的方法。君主应该明确国家的法律禁令，明察臣下的谋划计策。法律严明，国内就没有动荡叛乱的祸患；计策得当，国外就没有死亡俘虏的灾难。所以保全国家的方式，不是推行仁义之道。仁义之道，讲究仁爱德惠并轻视钱财；暴政之道，强调心地冷酷并轻易地施行刑罚。仁爱德惠，就不会狠心；轻视财利，就乐善好施。心地冷酷，厌憎心思就会在下属面前表露；轻易处罚，就会胡乱地屠戮臣民。不会狠心，就会赦免许多该受处罚的人；乐善好施，就会赏赐许多没有功劳的人。厌憎心思表露出来，那么臣下就会怨恨他们的君主；胡乱地屠戮臣民，民众就会背叛君主。所以仁爱的人处在君主之位上，臣下就会肆无忌惮而且轻易地违反禁令法律，怀有侥幸的心态希望得到君主的恩惠；残暴的人处在君主之位上，法令就会胡乱颁布，君臣之间就会离心离德，民众就会怨恨而产生叛乱的心思。所以说：仁爱的君主和残暴的君主，都是导致国家灭亡的君主。

商人商语：以仁爱之道运营企业，即使是把所有员工都教化得想做好事，也会因为思路不统一、方法不一致而杂乱无序。若是以暴虐之道来管理企业，即使大家看似都在兢兢业业地做事，也是出手不出力、出力不出心，多做多错、少做少错，若有机会必定会逃离。

原文：不能具美食而劝饿人饭，不为能活饿者也；不能辟草生粟而劝贷施赏赐，不能为富民者也。今学者之言也，不务本作而好末事，知道虚圣以说民，此劝饭之说。劝饭之说，明主不受也。

字面翻译：不能提供美味佳肴而去劝饥饿的人应该吃饭，不算是有能力救活饥饿之人的人；不能开荒种地生产粮食而去劝谏君主应该施舍赏赐，不算是有能力造福民众的人。当今学者们的学说主张，不致力于乃国家根本的耕战之事，而是追求"德惠赏赐"这些细枝末节的事情；称道虚幻的圣人之道来取悦民众，就相当于说着空话来劝饥饿的人应该吃饭的做法了。类似于说着空话来劝饥饿的人应该吃饭的治国学说，明君是不接受的。

商人商语：所以，那些只会劝老板花钱来仁义地对待员工，却不懂得用规章制度使员工努力工作以帮助老板赚钱、不懂得用规章制度使老板和员工分钱双赢的人，不是真正懂得经营管理之道的专家。

原文：书约而弟子辩，法省而民讼简，是以圣人之书必著论，明主之法必详尽事。尽思虑，揣得失，智者之所难也；无思无虑，挈前言而责后功，愚者之所易也。明主虑愚者之所易，不责智者之所难，故智虑力劳不用而国治也。

字面翻译：著述学说简约，弟子们就会争辩；法律条文省略，民众诉讼就会简单。因此圣人著述学说一定要观点鲜明，明君制定法律一定要详细说明所要包括的事情。禅思竭虑，估量得失，智慧的人也会感到困难；不用思考，不需焦虑，根据事前主张来责求事后功效，愚笨的人也容易做到。明君会考虑采用愚笨的人也容易做到的方法，不会责求采用智慧的人也感到困难的方法，所以不用费心费力就可以治理好国家了。

商人商语：规章制度是依据企业当前的经营状况制定的，是依据企业当前人力资源的现状编写的。所以，制定起来并不会费心费力，执行起来也不会烦心苦累。

原文：酸甘咸淡，不以口断而决于宰尹，则厨人轻君而重于宰尹矣。上下清浊，不以耳断而决于乐正，则瞽工轻君而重于乐正矣。治国是非，不以术断而决于宠人，则臣下轻君而重于宠人矣。人主不亲观听，而制断在下，托食于国者也。

字面翻译：菜肴的酸甜咸淡，君主如果不亲自品尝而由主管饮食的官员决断，厨师们就会轻视君主而尊重主管的官员了。音调的高低、音质的清浊，君主如果不亲自聆听而由主管乐队的官员判断，眼盲的乐师们就会轻视君主而尊重主管的官员了。治理国家之是非，君主如果不用权术考核而是由宠爱的亲信决断，臣下就会轻视君主而尊重亲信了。君主不亲自听察政事，而让臣下来管辖和决断，自己就成了在这个国家里"干吃饭"的人了。

商人商语：制度的拟定权、考察权和赏罚权必须亲自掌握在老板手里。制定实施后的效果如何，要亲自及时并定期查看、总结和修正。

原文：使人不衣不食而不饥不寒，又不恶死，则无事上之意。意欲不宰于君，则不可使也。今生杀之柄在大臣，而主令得行者，未尝有也。虎豹必不用其爪牙而与鼷鼠同威，万金之家必不用其富厚而与监门同资。有土之君，说人不能利，恶人不能害，索人欲畏重己，不可得也。

字面翻译：假使人们不吃饭、不穿衣还能不饥饿、不寒冷，又不畏惧死亡，就没有侍奉君主的意愿了。意愿和欲望的达成不被君主控制，君主就无法指派他们做事了。现在假设生杀大权掌握在大臣手里，而君主的命令仍然能贯彻执行的，那是从来没有过的。老虎、豹子如果不使用自己的脚爪利牙，就和小家鼠的威势一样；拥有万贯家财的人如果不使用自己的财富，就会和看门人一样穷。拥有国家土地的君主，喜欢某人而不给他好处，憎恶某人而不给他处罚，想要别人敬畏尊重自己，是不可能的。

商人商语：恩威并重才能使人臣服。现代企业的赏罚制度一定要出自公司的行为；赏罚之权，也一定要出自公司的制度，而不是出自某个人，包括老板。

原文：人臣肆意陈欲曰侠，人主肆意陈欲曰乱；人臣轻上曰骄，人主轻下曰暴。行理同实，下以受誉，上以得非；人臣大得，人主大亡。

字面翻译：臣子无所顾忌地表现自己的欲望被称作"侠"，君主无所顾忌地表现自己的欲望被称作"乱"；臣下轻慢君主被说成是"骄"，君主轻慢臣下被说成是"暴"。这两种行为的实质是相同的，但臣下因此受到称誉，君主因此遭到指责；臣子得到了很多好处，君主却受到重大损失。

商人商语：看来，古时候也有弱势群体的思维。在企业里，老板和高管虽然各自职位不同，但是也应该依照一个公司的体系制度，来履行各自的职务职责。

原文：明主之国，有贵臣，无重臣。贵臣者，爵尊而官大也；重臣者，言听而力多者也。明主之国，迁官袭级，官爵受功，故有贵臣。言不度行而有伪，必诛，故无重臣也。

字面翻译：明君统治的国家，有尊贵的臣子，没有重要的臣子。所谓尊贵的臣子，是指爵位尊贵而且官职很高的臣子；所谓重要的臣子，是指进言被君主听信，因而权力重、势力大的臣子。明君统治的国家，晋升官职按照爵禄等级，赐予爵位根据功劳大小，所以会有尊贵的臣子；对于那些进言和行为不统一，而且弄虚作假的人，必定加以惩处，因此才没有重要的臣子。

商人商语：在企业里，一切员工都受控于企业的规章制度，所以会有地位尊贵的干部，但没有重要的"一言九鼎"的高管。

制度合时势，风俗可教化，民众就会服从

过去的企业制度，是为了方便企业家管控企业组织而制定的。现在的企业制度，是为了方便为市场提供营销服务而制定的。暂且不论过去还是现在制度的好坏，它们的制定都有其管理的方向性。而且，越高效的规章制度，越有其方向的唯一性，并以此唯一性来聚集组织力量和员工力量的趋向性。

制度的变化，是为了使企业的运营更好地支持企业的经营。制度会依据企业的市场行为，也就是商业模式和营销策略的变化而变化。但是，这种变化容易产生对制度理解不一致的现象。所以，制度制定的客观性很重要。制度客观了，大家在主观上才能一致，才能安分踏实地做好各自的工作。

本章节选取的是《商君书·壹言》和《韩非子·问辩》。《壹言》是强调规章制度既有其导向的唯一性，也有其作用力量的唯一性；《问辩》则说明，如果没有一个判定是非标准的制度，那么管理就无从谈起。

—

《商君书·壹言》：规章制度，要引导和规导企业所有员工的聪明才智和工作行为到同一个方向上

原文：凡将立国，制度不可不察也，治法不可不慎也，国务不可不谨也，事本不可不抟也。制度时，则国俗可化，而民从制；治法明，则官无邪；国务壹，则民应用；事本抟，则民喜农而乐战。夫圣人之立法、化俗，而使民朝夕从事于农也，不可不变。夫民之从事死制也，以上之设荣名、置赏罚之明也，不用辩说私门而功立矣。故民之喜农而乐战也，见上之尊农战之士，而下辩说技艺之民，而贱游学之人也。故民壹务，其家必富，而身显于国。上开公利而塞私门，以致民力；私劳不显于国，私门不请于君。若此，而功臣劝，则上令行而荒草辟，淫民止而奸无萌。治国能抟民力而壹民务者，强；能事本而禁末者，富。

字面翻译：凡是要建立国家，对于规章制度不能不考察，政策法令不能不慎重，国家政务不能不谨严，建设国家根本事业不能不积聚力量。规章制度合于时势，国家的风俗就能教化，而民众就会遵守服从制度；政策法令清明，那么官吏就不会奸邪；国家政务统一，那么民众就会响应国家调用；建设根本事业的力量集聚，那么民众就会喜欢农耕而乐于征战。圣人创立法律、教化风俗，在于让民众早晚从事农耕，这是不能不弄清楚的。民众之所以肯遵从国家法令拼死效力，那是因为君上设立的荣誉和爵位，设置了明确的奖赏和惩罚的制度，民众不用靠巧辩空谈于私人门下就能建功立业。因此，民众喜欢从事农耕而乐于征战，是因为看见君上尊重农民和战士，轻视那些巧辩空谈和从事手工技艺的民众，更鄙视游学的人。所以，民众专心从事农、战，其家境一定富裕，自身也会在国家中显贵。君上打开为国家效力获得利益的途径，堵住了为私人效力获得利益的门路，以争取民众的力量；为私人效力不能在国家中显贵，私门利益也不能请托于君上。如果这样，为国家立功的人得到鼓励，那么君主的命令就能得到贯彻，而荒地就能得到开垦，游荡的民众就会绝迹，奸邪的事情也就不会发生。

治理国家能集聚民众的力量统一使用在一个方向上，国家就会强大；能够使民众建设根本之业（农、战），禁止末业（商业、手工业），国家就会富足。

商人商语：创建企业组织，要明白企业的规章制度只有合乎企业的经营管理，才能使员工行为与企业行为合而为一；员工的岗位职责和绩效考核只有客观清晰，才不至于出现员工工作偷奸耍滑的现象；运营管理的系统只有严谨、周密，才能使每个员工的力量都附着于集体力量之上。企业的各个经营要素，如企业文化、企业管理、企业家作用、奖励惩罚等，都必须围绕企业商业模式的经营这一件事情。

原文：夫圣人之治国也，能抟力，能杀力。制度察则民力抟，抟而不化则不行，行而无富则生乱。故治国者，其抟力也，以富国强兵也；其杀力也，以事敌劝民也。夫开而不塞，则短长；长而不攻，则有奸。塞而不开，则民浑；浑而不用，则力多；力多而不攻，则有奸虱。故抟力以壹务也，杀力以攻敌也。治国者贵民壹，民壹则朴，朴则农，农则易勤，勤则富。富者废之以爵，不淫；淫者废之以刑，而务农。故能抟力而不能用者必乱，能杀力而不能抟者必亡。故明君知齐二者，其国强；不知齐二者，其国削。

字面翻译：圣人治理国家，能集聚民众的力量，也能消耗民众的力量。制度明确，民众的力量就能集聚，集聚民众力量却不教化，那就也不能使用，民众为国出力却得不到回报，那就会发生动乱。因此，治理国家的人，他集聚民众的力量是为了使国富兵强；他消耗民众的力量，是为了鼓励民众征伐敌国。如果治国只打开为国出力受赏的途径，而不堵住为私人效力请托的门路，那么民众的智谋就会增长；民众的智谋增长了而不用来攻伐敌国，就会产生奸邪。堵住私人门路而不打开为国家出力受赏的门路，那么民众就会愚昧；民众愚昧又不被役使，民众的力量就闲置了；民众的力量闲置了而不用来攻伐敌国，就会产生虱害。所以集聚民众的力量在农战到，消耗民众的力量来攻伐敌国。治理国家，最重要的是民意的统一，民意统一了就会变得淳朴，变得淳朴了就会务农，务农就会变得勤劳，勤劳就会富裕。通过让富人花钱买爵位来消减富人的财产，他们就不会游荡；用刑罚来禁止游荡的人，他们就会去务农。所以能集聚民众力量却不能使用民众力量的国家就会混乱，能消耗民众力量而不能集聚民众力量的国家一定灭亡。因此贤明的君主知道整治这两个方面，国家就会强大；不知道整治这两个方面的君主，国家就会被削弱。

商人商语：制度有两个作用，一个是内部运营积聚力量，一个是外部经营消耗力量。积聚力量和消耗力量，都在为消费者提供服务的一条线上。制度的这两个作用，需要赏罚的硬手段，也需要教化的软手段。这样，员工的力量就会集中，如溪水入河，形成企业的力量。

原文：夫民之不治者，君道卑也；法之不明者，君长乱也。故明君不道卑、不长乱也；秉权而立，垂法而治，以得奸于上，而官无不；赏罚断，而器用有度。若此，则国制明而民力竭，上爵尊而伦徒举。今世主皆欲治民，而助之以乱；非乐以为乱也，安其故而不窥于时也。是上法古而得其塞，下修令而不时移，而不明世俗之变，不察治民之情，故多赏以致刑，轻刑以去赏。夫上设刑而民不服，赏匮而奸益多。故民之于上也，先刑而后赏。故圣人之为国也，不法古不修今，因世而为之治，度俗而为之法。故法不察民之情而立之，则不成；治宜于时而行之，则不干。故圣王之治也，慎为、察务，归心于壹而已矣。

字面翻译：民众不被治理，是由于君主的统治之道低劣；法令不彰明，是因为君主助长了混乱。所以贤明的君主不会采用低劣的统治措施，不会助长混乱的诱因；君主掌握权柄来主持朝政，颁布法令来治理国家，从上面就能发现奸邪的行为，所以官吏中没有奸邪的事情；奖赏刑罚决断有凭据，而且各种器具用物都具有一定的标准。像这样，国家的制度就会彰明而民众的力量也能被充分使用，朝廷的爵位就显得尊贵而各类人才也能被任用。现在世上的君主都想要治理好民众，却助长了产生动乱的诱因；他们并不是喜欢那些动乱的诱因，而是由于固守过去的陈规旧习而没有观察当前的形势。这样的话，向上效法古代却在今天行不通，向下拘泥于现状而不能适应时代的发展，不明白社会风俗在变化，不了解治理民众的情况，因此滥用奖赏反而招致了刑罚之事，减轻刑罚而否决奖赏的效用。君主设立了刑罚而民众不服从，用尽了赏赐而奸邪的事更多。因而民众对于朝廷，都是先接受了刑罚的威吓而后才能感受到奖赏的鼓励。因此，圣人治理国家，既不效法古代，也不拘守现状，而是根据社会发展的具体情况来确定政策，考察社会风俗来制定法令。假如法令的确立不考察民众的实际情况而设立，就不会成功；措施能适应社会形势的要求而施行，就不会相抵触。所以圣王治理国家，不过是谨慎地制定政策，认真地考察时务，政事专心在农战上而已。

商人商语：法家非常强调法治的现实性，认为法治的不推行、法令执行的混乱、奸邪行为的存在、奖罚措施没有起到应有的作用等，都是因为规章制度不符合发展现状造成的。法家特别强调奖惩作用的先后次序：员工的工作行为，要依靠惩罚的威吓作用达到标准行为之后，才是能获得奖励的优秀行为。

二

《韩非子·问辩》：之所以辩来辩去，混淆视听，就是因为没有是非的标准

原文：或问曰："辩安生乎？"

对曰："生于上之不明也。"

问者曰："上之不明因生辩也，何哉？"

对曰："明主之国，令者，言最贵者也；法者，事最适者也。言无二贵，法不两适，故言行而不轨于法令者必禁。若其无法令而可以接诈、应变、生利、揣事者，上必采其言而责其实。言当，则有大利；不当，则有重罪。是以愚者畏罪而不敢言，智者无以讼。此所以无辩之故也。乱世则不然：主有令，而民以文学非之；官府有法，而民以私行矫之。人主顾渐其法令而尊学者之智行，此世之所以多文学也。夫言行者，以功用为之的彀者也。夫砥砺杀矢而以妄发，其端未尝不中秋毫也，然而不可谓善射者，无常仪

的也。设五寸之的，引十步之远，非羿、逢蒙不能必中者，有常仪的也。故有常，则羿、逢蒙以中五寸的为巧；无常，则以妄发之中秋毫为拙。今听言观行，不以功用为之的彀，言虽至察，行虽至坚，则妄发之说也。是以乱世之听言也，以难知为察，以博文为辩；其观行也，以离群为贤，以犯上为抗。人主者说辩察之言，尊贤抗之行，故夫作法术之人，立取舍之行，别辞争之论，而莫为之正。是以儒服、带剑者众，而耕战之士寡；坚白、无厚之词章，而宪令之法息。故曰：'上不明，则辩生焉。'"

字面翻译：有人问道："辩说是怎么产生的呢？"

答曰："产生于君上的不明智。"

问话的人又问："君上不明智就产生辩说，为什么呢？"

答曰："在明君统治的国家里，法令是最尊贵的言辞；法律是政事的最高准则。除法令外，没有第二种尊贵的言辞；除法律外，没有第二种行事的准则，所以言论和行动不合乎法令的必须禁止。如果没有法令作为依据，但可以对付诡诈、应付事变、谋得利益、推断事理的，君主必须采纳其言论并进而责求其实际作为。言论和实效相符，就给重赏；言论和实效不符，就给重罚。因此愚笨的人怕受到惩罚而不敢说话，聪明的人没有什么可以争论的。这就是没有辩说存在的原因。而政治混乱的社会就不是这样了：君主有命令，而民众用古代的文献典籍来非议它；官府有法律，而民众以个人行为违反它。君主反而放弃法令而尊崇学者的智慧和行为，这就是社会上文献典籍泛滥的原因啊。言行要以实际效用作为它的衡量标准。新磨好的狩猎用的利箭，如果拿来没目标地乱射，箭头不一定就射不中细小如秋毫式的东西，但是不能称此射箭之人是善于射箭的人，因为没有固定的靶子做目标。设立直径五寸的箭靶，在十步外的距离拉弓发箭，如果不是羿和逢蒙这样的射手就不一定能射中，这是因为有固定的靶子。所以有了固定的靶子，羿和逢蒙射中五寸的靶子就算是技艺高的；没有固定的靶子，胡乱发射而射中微小的东西,仍然算是技艺差的。现在听取言论,观察行为,不把实际效用作为它的衡量标准,那么言论虽然很明察、行为虽然很坚决,也不过像无的放矢一样。因此在政治混乱的社会里，听取言论时把深奥难懂作为明察，把博学多闻作为雄辩；观察行为时把与众不同作为贤能，把冒犯君主作为刚直。君主喜欢这种雄辩、明察的言论，尊崇这种贤能、刚直的行为，所以那些制定规章制度的人，虽然确定了行为的准则，分清了争辩的评判标准，但并没有以此来整治。因此儒生、游侠多了，农耕和作战的人就少了；'坚白''无厚'的诡辩之风盛行起来，法律政令的规范作用就消亡了。所以说：'君上不明智，辩说就产生了。'"

商人商语：没有规章制度，人们的行为就失去了标准，所以会辩论；没有行为标准，人们行为的价值评判也失去了标准，所以会辩论；没有对行为标准进行奖惩和没有设立行为标准的效果是一样的，所以还是会辩论。这些辩论导致的混乱，会使国家治理成为空谈。因此，企业家宁可先制定出简单易行的制度，也不会推崇奥妙莫测的做法；宁愿信任朴实讷言的执行，也不会放任舌灿莲花的辩说。

百县统一制度，邪僻官吏不弄权

企业的规章制度，是依据企业经营管理的实际而制定的，对事不对人，有其客观的独立地位。所谓独立，就是在一定范围内，制度不会因为特殊的人、特殊的事情而改变；就是用制度的客观性，保障企业的经营活动顺畅地进行。

规章制度涉及员工的工作行为，有大有小、有主有次，有公司层面的，有部门层面的，还有具体的岗位层面的；有的制度是限制主动行为，有的制度是鼓励主动行为。但是，无论如何，各个部门和岗位的制度要与公司层面的制度保持一致，单个制度的标准要和前后衔接的制度保持一个系统性的标准。这样，就不会出现对制度有各种理解的"弄虚作假"之乱象了。

本章节选取了《商君书·垦令》，讲述了垦令的唯一目的，就是国家的根本事业：农业。

《商君书·垦令》：制度的系统性，在于指示了企业员工工作行为的唯一方向

原文：无宿治，则邪官不及为私利于民。而百官之情不相稽，则农有余日；邪官不及为私利于民，则农不败。农不败而有余日，则草必垦矣。

字面翻译：今日事今日毕，那么奸邪的官吏就没有机会在民众那里谋求私利了。假若百官之间不相互推诿公事，那么农事就会有富余的时间；奸邪的官吏没有机会在民众那里谋求私利，那么农事就不会受到损害。农事不会受到损害，民众有富余的时间，那么荒地就一定能开垦了。

商人商语：制度是企业经营活动顺畅进行的保障。所谓顺畅，是指企业的一切经营活动都在制度的监管下顺利地进行，不会因为某些个人原因而停滞。

原文：訾粟而税，则上壹而民平。上壹，则信；信，则臣不敢为邪。民平，则慎；慎，则难变。上信而官不敢为邪，民慎而难变，则下不非上，中不苦官。下不非上，中不苦官，则壮民疾农不变。壮民疾农不变，则少民学之不休。少民学之不休，则草必垦矣。

字面翻译：根据粮食的产量来计算田赋，那么朝廷的田赋制度就会统一，而农民负担的赋税就会公平。朝廷的田赋制度统一了，就会有信用；朝廷有了信用，百官就不敢营私舞弊。农民负担的赋税公平，就会认真务农；农民认真务农了，就不会轻易改变了。朝廷有信用，百官就不敢营私舞弊；农民认真务农了，就不会再轻易改变。如此，农民就不会指责朝廷，心中就不会不怨恨官吏。不指责朝廷，不怨恨官吏，那么壮年农民就会尽心尽力地务农而不改做其他职业。壮年农民积极务农而不改做其他职业，那么年少的农民就会向他们学习而不懒惰。年少的农民学习务农而不懒惰，那么荒地就一定能开垦了。

商人商语：根据营业额来限定管理成本，根据运营要求设定每个岗位职责，根据岗位职责来确定每个员工的基本工资，根据每个员工的绩效考核来计算奖惩。这样，高管们就没有机会营私舞弊，员工们也就会专心于本职工作而不用靠拉关系来获取更高的收入了。

原文：无以外权爵任与官，则民不贵学问，又不贱农。民不贵学，则愚；愚，则无外交；无外交，则国安不殆。民不贱农，则勉农而不偷。国安不殆，勉农而不偷，则草必垦矣。

字面翻译：不要因为别国的权势来给有学问的人以爵位和官职，那样民众就不会重视学问，不会轻视农事。民众不重视学问，就会愚朴；民众愚朴，就不会和别国交往；民众不和别国交往，那么国家就会安全而没有危险。民众不轻视农事，就会努力务农而不偷懒。国家安全而没有危险，农民努力务农而不偷懒，那么荒地就一定能开垦了。

商人商语：不要因为某位员工的外在资源而对其提职、加薪，使其游离于企业的运营管理之外。那样势必会形成其依仗外在资源、勾连于外，从而忽视其企业职责，进而影响企业文化与风气。

原文：禄厚而税多，食口众者，败农者也。则以其食口之数赋而重使之。则辟淫游惰之民无所于食。民无所于食，则必农；农，则草必垦矣。

字面翻译：贵族的俸禄高而收税多，跟着吃闲饭的人也多，这是有害于农事的。所以要按照他们吃闲饭的人数收税，并且加重他们的徭役。那么，这些邪僻、淫荡、闲游、懒惰的人就没处混饭吃。这些人没处混饭吃，就必然务农。都去务农了，那么荒地就一定能开垦了。

商人商语：在企业中，越是"管理"部门，看似忙忙碌碌的"闲人"越多。这个"闲"不是指工作量少，而是指工作无实际意义。其根源在于，岗位的设置不是在公司开放的流程之下，而是在部门管理之内。

原文：使商无得籴，农无得粜。农无得粜，则窳惰之农勉疾。商不得籴，则多岁不加乐；多岁不加乐，则饥岁无裕利。无裕利，则商怯；商怯，则欲农。窳惰之农勉疾，商欲农，则草必垦矣。

字面翻译：使商人不准卖粮食，使农民不准买粮食。农民不准买粮食，那么懒惰的农民也会努力耕种。商人不准贩卖粮食，到了丰收年就不能开心地买粮囤积了；丰收年不能开心地买粮囤积，那么荒年也就没有余利可图。没有余利可图，那么商人就会害怕经商；商人害怕经商，就会想去务农。懒惰的农民努力耕种，商人也想去务农，那么荒地就一定能开垦了。

商人商语：企业经营，在外应尽量减少渠道环节，在内应尽量减少沟通环节。比如，尽量减少各个部门的"文职"，不但能节省管理的人员成本，也会节约管理的效率成本，还会维稳一线员工踏实工作的心态。

原文：声服无通于百县，则民行作不顾，休居不听。休居不听，则气不淫；行作不顾，则意必壹。意壹而气不淫，则草必垦矣。

字面翻译：不准许音乐和奇装异服在各个郡县流行，那么农民在劳作时就不会顾及服装，在休息时就听不到音乐。农民在休息时听不到音乐，那么他的精神就不会涣散；在劳作时不顾及服装，那么他的心思就会集中到耕种上。心思专一且精神不涣散，那么荒地就一定会被开垦。

商人商语：企业应对员工服装的专业性和工作环境的专业性进行标准化规定。工作是为了生活，但是工作不同于生活。

原文：无得取庸，则大夫家长不建缮，爱子不惰食。惰民不窳，而庸民无所于食，是必农。大夫家长不建缮，则农事不伤。爱子、惰民不窳，则故田不荒。农事不伤，农民益农，则草必垦矣。

字面翻译：不准雇用佣工，那么大夫家家主就不能雇人建宅修院，其娇生惯养的儿女就无法不劳动而吃闲饭。懒惰的人不能偷懒，那些靠做佣工生活的人就没有地方混饭吃，这样他们就必然会去务农。大夫家家主不建宅修院，那么农事就不会受到妨害。娇生惯养的儿女和游手好闲的懒汉们不再偷懒，那么原有的农田就不会荒芜。农事不会受到妨害，农民更加专一于农事，那么荒地就一定能开垦了。

商人商语：企业里可以少一些或者杜绝一些助理类的帮闲职位，多一些职责清晰的实职职位。

原文：废逆旅，则奸伪、躁心、私交、疑农之民不行，逆旅之民无所于食，则必农。农，则草必垦矣。

字面翻译：废除旅馆，那么奸巧虚伪、不安分守己、私下交游、对从事农耕犹豫不决的民众们就不能远行，开设旅馆的人就没有客源营业谋生，那么这些人必然会去务农。这些人都去务农，那么荒地就一定能开垦了。

商人商语：在企业的运营管理中，也会有人为的"研究"环节，这增长了某些人的"权势"。所以，将 ERP 管理的时效性与他个人的绩效考核挂起钩来，可以有效地督促他的"研究"效率。

原文：壹山泽，则恶农、慢惰、倍欲之民无所于食。无所于食，则必农。农，则草必垦矣。

字面翻译：国家统一管控山林湖泽，那么厌恶农事、懈怠而懒惰、贪求更多的民众就无法靠此吃饭。没有办法靠此吃饭，那么必然会去务农，这些人都去务农，那么荒地就一定能开垦了。

商人商语：企业员工无论层级大小，都必须由人力资源部门统一管理，按照职责需求定编定岗。

原文：贵酒肉之价，重其租，令十倍其朴，然则商贾少，农不能喜酣奭，大臣不为荒饱。商贾少，则上不费粟。民不能喜酣奭，则农不慢。大臣不荒，则国事不稽，主无过举。上不费粟，民不慢农，则草必垦矣。

字面翻译：提高酒肉的价格，加重酒肉的税赋，让税赋高出它的本钱十倍，那么卖酒肉的商人就会减少，农民也就不能纵情饮酒作乐，大臣也就不会荒废政事而只顾吃喝享受。卖酒肉的商人少了，那么国家就不会浪费粮食。农民不能纵情饮酒作乐，那么就不会懒于农事。大臣不荒政淫乐，国家的政事就不会拖延，君主就不会有错误的举止。国家不浪费粮食，农民不懒于农事，那么荒地就一定能开垦了。

商人商语：既要防止企业高管因所谓的应酬而荒废工作，也要防备高管之间互相应酬而做"人情工作"。

原文：重刑而连其罪，则褊急之民不斗，很刚之民不讼，怠惰之民不游，费资之民不作，巧谀、恶心之民无变也。五民者不生于境内，则草必垦矣。

字面翻译：加重刑罚，一人有罪连坐家人，那么那些气量小、性格暴躁的人不敢争吵，凶狠强悍的人不敢打架，懒惰的人不敢到处游荡，喜欢挥霍的人不敢胡作非为，花言巧语、心怀不善的人也不敢再行骗、欺诈。这五种人在国内不存在了，那么荒地就一定能开垦了。

商人商语：绩效考核，不只是静态地只看他本职考核的数据，还要动态地看与他本职工作相关联的考核数据，以及他所在部门集体的考核数据。

原文：使民无得擅徙，则诛愚。乱农之民无所于食而必农。愚心、躁欲之民壹意，则农民必静。农静、诛愚，则草必垦矣。

字面翻译：让民众不能擅自迁移，就不会胡思乱想而变得愚朴。不安于农事的农民没有地方混饭吃，就必然会去务农。心思愚朴或者浮躁多欲的民众都只能专心于一件事，那么农民就一定会安心务农。农民安心务农又愚朴无知，那么荒地就一定能开垦了。

商人商语：要求企业员工严格履行其岗位职责，并严肃对待调岗和升迁制度。

原文：均出余子之使令，以世使之，又高其解舍，令有甫官食，概。不可以辟役，而大官未可必得也，则余子不游事人，则必农。农，则草必垦矣。

字面翻译：发布卿大夫、贵族的嫡长子以外的子弟一同服徭役的法令，按照名册役使他们，再提高解除徭役的条件，让他们从掌管徭役的官吏那里领取服役的粮食，不许超标。他们不可以逃避徭役，而想做大官也不太可能，那么这些子弟不能四处游说而投靠权贵，就一定会去务农。这些人去务农，那么荒地就一定能开垦了。

商人商语：公司的规章制度，如上下班打卡之类的工时管理，要具有普遍性的限定。

原文：国之大臣诸大夫，博闻、辩慧、游居之事，皆无得为，无得居游于百县，则农民无所闻变见方。农民无所闻变见方，则知农无从离其故事，而愚农不知，不好学问。愚农不知，不好学问，则务疾农。知农不离其故事，则草必垦矣。

字面翻译：国家大臣和诸大夫，都不准许参与那些增长见闻、辩论显慧、周游寄居的事情，不准许到各县闲居、游逛，那么农民就无从听到奇谈怪论、无从看到异能方术。农民听不到奇谈看不到方术，那么就算是聪慧的农民也无法脱离他们本行的农事，而那些愚笨的农民不求知识，也不喜欢学问。愚笨的农民不求知识，不喜欢学问，那么必然会努力务农。聪慧的农民不脱离他们本行的农事，那么荒地就一定能开垦了。

商人商语：高管出差也应该有审批制度。特别是去非其直接管辖的区域，更是要限定其工作行为及工作外的行为。

原文：令军市无有女子；而命其商，令人自给甲兵，使视军兴；又使军市无得私输粮者。则奸谋无所于伏，盗输粮者不私稽，轻惰之民不游军市。盗粮者无所售，送粮者不私，轻惰之民不游军市，则农民不淫，国粟不劳，则草必垦矣。

字面翻译：严令军市上不准有女子；再命令军市上的商人自备铠甲兵器，要求他们时刻关注军队的军事动向；还要使得军市上不能有私自运输粮食的现象。这样，奸邪阴谋不能在这里隐藏，偷运的粮食不能私藏售卖，轻浮懒惰的人不能在军市上游荡。偷运粮食的人没有办法售卖，军粮运送由公家统一派遣，轻浮懒惰的人不在军市游逛，那么农民们也就不再四处游荡，国家的粮食不再浪费，荒地就一定能开垦了。

商人商语：企业资源的选用和物料的采购，必须由专职部门统一负责，禁止自行交易的现象发生。

原文：百县之治一形，则从迁者不敢更其制，过而废者不能匿其举。过举不匿，则官无邪人。迁者不饰，代者不更，则官属少而民不劳。官无邪，则民不教；民不教，则业不败。官属少，征不烦。民不劳，则农多日。农多日，征不烦，业不败，则草必垦矣。

字面翻译：各县的治理都按统一的规章制度，那么邪僻的官吏就不敢弄权改制，离任的官吏也不能隐藏自己的错误行为。错误的行为不能隐藏，那么官吏中就不会有存心不良的人。邪僻的官吏不弄权作假，接任的官吏不弄权更制，那么官吏的下属就会减少，而农民的负担就不会过重。官吏没有邪行，农民就不用四处躲避；农民不用四处躲避，那么农业就不会受到危害。官吏的下属少了，赋税徭役就不会繁杂。农民负担不重，那么农民就有富余的时间。农民有富余的时间，赋税徭役又不繁杂，农业就不会受到损害，那么荒地就一定能开垦了。

商人商语：部门的小制度，不仅要服从、附属于公司的大制度，而且要在公司备案审批，这样就杜绝了管理层作威作福、弄权作假的现象。

原文：重关市之赋，则农恶商，商有疑惰之心。农恶商，商疑惰，则草必垦矣。

字面翻译：加重关市商品的税赋，那么农民就会讨厌经商，商人也会对经商产生怀疑和消极的心思。农民讨厌经商，商人有怀疑和消极的心思，那么荒地就一定能开垦了。

商人商语：如果有些事情不能明令禁止，那么人为设置做这些事情的难度，也会起到很好的禁止作用。

原文：以商之口数使商，令之厮、舆、徒、童者必当名，则农逸而商劳。农逸，则良田不荒；商劳，则去来赍送之礼，无通于百县。则农民不饥，行不饰。农民不饥，行不饰，则公作必疾，而私作不荒，则农事必胜。农事必胜，则草必垦矣。

字面翻译：按照商家的人口数目摊派徭役，让他们家中砍柴的、驾车的、供人役使的、做童仆的人都到官府注册登记服徭役，那么农民的徭役负担就会减轻，而商人的徭役负担就会加重。农民负担轻了，那么良田就不会荒芜；商人负担重了，那些迎来送往的馈赠礼品，就不会在各县之间广为转运流通。这样，农民不会挨饿，做事不用送礼讲排场。农民不挨饿，做事不送礼，对公家的事情就会积极努力，而且个人的私事也不耽搁，那么农事一定会做好。农事一定会做好，那么荒地也就一定能开垦了。

商人商语：员工绩效考核指数过多的危害，比只有一个指数还要可怕。

考核的指数过多，会使员工的行为没有方向感，还不如只有一个指数更有方向性。

原文：令送粮无取僦，无得反庸，车牛舆重役必当名。然则往速徕疾，则业不败农。业不败农，则草必垦矣。

字面翻译：规定给官家运送粮食不能雇别人的车，不准运粮车返回时揽佣搭载。车、牛、载重量在服役时必须和官册登记时一致。这样的话，运粮车的往来就会迅速，运粮就不会妨害农事。运粮不会妨害农事，那么荒地就一定能开垦了。

商人商语：员工长期出差或短途出差，时间、路径、事宜等都必须在出差申请中列明。出差回来后做出差总结，并与出差申请进行对照。

原文：无得为罪人请于吏而饷食之，则奸民无主。奸民无主，则为奸不勉。为奸不勉，则奸民无朴。奸民无朴，则农民不败。农民不败，则草必垦矣。

字面翻译：不准许替犯罪的人向官吏求情并给他们送饭吃，那么奸民就没有了事主。奸民没有了事主，那么他们就不会积极努力地做坏事。做坏事不积极努力，那么奸民就会失去靠山。做坏事的人没有靠山，那么农民就不会受到危害。农民不会受到危害，那么荒地就一定能开垦了。

商人商语：员工绩效考核的细目，越是在基层，越要客观，越要简单易懂，尽量减少人为因素。

巧辩聪慧乱政事，慈爱仁义是罪源

企业管理，简单归纳起来就是"管人理事"，管的是人性，理的是事情。但是，怎么认识人性？以什么理念来管？用什么来管？管的标准是什么？管的手段是什么？其实这些都可以通过一条条的规章制度体现出来。

员工善花言巧语，讲仁义道德，好逸恶劳、自以为是，凌驾于企业制度之上，那么制度还有存在的意义吗？所谓的管理还有实际的意义吗？

本节选取了《商君书·说民》，探讨采用何种治理方式才能民力可用、民心可用、民智可用。

《商君书·说民》：制定规章制度，是以设想员工的各种不良行为为基准的

原文：辩慧，乱之赞也；礼乐，淫佚之征也；慈仁，过之母也；任誉，奸之鼠也。乱有赞则行，淫佚有征则用，过有母则生，奸有鼠则不止。八者有群，民胜其政；国无八者，政胜其民。民胜其政，国弱；政胜其民，兵强。故国有八者，上无以使守战，必削至亡。国无八者，上有以使守战，必兴至王。

字面翻译：巧辩和聪慧，是违法乱纪的帮手；礼仪和音乐，是放荡享乐的引子；慈爱和仁义，是犯罪的根源；担保和赞誉，是罪恶的庇护所。坏事有了帮助才能做成，放荡有了引导才能进行，错误有了根源才能产生，罪过有了庇护的场所就无法制止。这八样结成群党，民众就不受政府法令的辖制；国内没有这八样，政府法令就能辖制住民众。民众不受法令辖制的，国家就会被削弱；法令能辖制民众的，兵力就会强大。所以，国家如果有这八样，朝廷就没有办法使民众守土和征战，国家就一定会被削弱直到灭亡。国家没有这八样，朝廷就有办法驱使民众去守土和征战，国家就一定会兴旺直到称王天下。

商人商语：企业中也是存在这八种现象的。这八种现象或打着"企业文化"的仁义旗号，或以"在商言商"的利益思维，或借"以人为本"的道德理念，或喊着"尊重不同"的口号，吹皱了企业管理这原本安静的池水，使得企业原本有序的运营变得动荡不安。

原文：用善，则民亲其亲；任奸，则民亲其制。合而复者，善也；别而规者，奸也。章善，则过匿；任奸，则罪诛。过匿，则民胜法；罪诛，则法胜民。民胜法，国乱；法胜民，兵强。故曰：以良民治，必乱至削；以奸民治，必治至强。

字面翻译：用所谓的"善"来治理民众，那么民众就只爱他们的亲人；用所谓的"奸"来治理民众，那么民众就会遵守国家的法律。民众团结起来就会互相掩盖过失，这就是所谓的"善"；使民众疏远分开而互相监督，这就是所谓的"奸"。表彰所谓的"善"，民众的罪过就会被掩盖起来；任用所谓的"奸"，民众的罪过就会受到惩罚。民众的罪过被掩盖，那么民众就会凌驾在法律之上；民众的罪过受到惩罚，那么国家的法律就能辖制民众。民众凌驾在法律之上，国家就会混乱；法律辖制住民众，国家的兵力就会强大。所以说，用所谓的良民治理国家，国家就一定会混乱直到被削弱；用所谓的奸民治理国家，就一定能治理好国家直到强大。

商人商语：企业的规章制度，若是以良善的理念，并参照良善之人的标准来制定，那就会概念宽泛且标准宽松，企业运营管理的能力就会很差。反之，若是参照奸猾的理念和奸猾之辈的标准来制定，制度条款的缜密性和标准的客观性就会很强，制度就会起到真正的约束作用，企业运营管理的能力也就越强。企业的规章制度只有规范到所有员工的行为，企业运营管理的能力才会强大。

原文：国以难攻，起一取十；国以易攻，出十亡百。国好力，曰以难攻；国好言，曰以易攻。民易为言，难为用。

国法作民之所难，兵用民之所易而以力攻者，起一得十；国法作民之所易，兵用民之所难而以言攻者，出十亡百。

字面翻译：国家用难以获取的实力去攻打其他国家，用一分力量能取得十分效果；国家用容易得到的空谈去攻打其他国家，用十分力量会损失百分的利益。国家注重实力，谈到攻伐就会用艰苦的"农战"方式；国家喜欢空谈，谈到攻伐就会用容易的智巧方式。民众喜欢做空谈之事，国家就难以役使他们去从事农耕和作战。

国家的法律督促民众先做难以做到的事，战争中利用民众已经易于做到的事去攻打别国，动用一分力量能获得十分的收获；国家的法律督促民众先做容易做的事，战争中用民众已经难以做到的事攻打别国，那么出十分的力量会损失百分的利益。

商人商语：企业经营是个长期"征战"的过程，长期存活下来靠的是企业的基础性实力。企业的基础性实力，如产品品质、营销服务、技术创新等必须在严谨的运营管理下才能产生。没有这些基础性实力，只靠市场营销，就算是赢得了一时，也不可能赢得了一世。

原文：罚重，爵尊；赏轻，刑威。爵尊，上爱民；刑威，民死上。故兴国行罚，则民利；用赏，则上重。法详，则刑繁；法繁，则刑省。民不治则乱，乱而治之，又乱。故治之于其治，则治；治之于其乱，则乱。民之情也治，其事也乱。故行刑，重其轻者，轻者不生，则重者无从至矣，此谓治之于其治者。行刑，重其重者，轻其轻者，轻者不止，则重者无从止矣，此谓治之于其乱也。故重轻，则刑去事成，国强；重重而轻轻，则刑至而事生，国削。

字面翻译：刑罚重，爵位才显得尊贵；赏赐轻，刑罚才显得威严。爵位尊贵，才彰显君上爱护民众；刑罚威严，民众才拼死为君上效命。所以强盛的国家施行刑罚，民众就能获得利益；施予奖赏，君主就会受到尊重。法律越周详，刑罚就越繁多；法律越简明，刑罚就越减少。民众治理不得法就会混乱，混乱了又不得法来治理它，就会更乱。所以治理民众在得法的法治情形下去治，才能治理好；治理民众在不得法的混乱情形下去治，就会更混乱。民众的心情是希望治理，而他们的行为却十分混乱。所以施行刑罚，对轻罪施行重罚，那么轻微的犯罪就不会发生，严重的犯罪也就不会出现了。这就叫"治民在得法的法治情形下去治"。施行刑罚，重罪的重罚，轻罪的轻罚，轻微的犯罪不能制止，那么严重的犯罪就更无法制止了。这就叫"治民在不得法的混乱情形下去治"。所以轻罪重罚，那么不用刑罚而事情也能办成，国家就会强大；重刑重罪、轻刑轻罪，那么刑罚虽然用了，犯罪的事却仍然发生，国家就会被削弱。

商人商语：规章制度，若是在"人治"理念的前提下制定的，条款越多反而越加混乱，员工手册做得再厚也是白白浪费纸张，起不到运营管理的实际作用。规章制度要"治之于其治"，须以企业利益为目的，使企业行为具有方向性，使员工行为标准化。

原文： 民勇，则赏之以其所欲；民怯，则杀之以其所恶。故怯民使之以刑，则勇；勇民使之以赏，则死。怯民勇，勇民死，国无敌者必王。

字面翻译： 民众勇敢，那么就用他们想要的东西来奖励他们的勇敢；民众怯弱，那么就用他们憎恶的东西来消除他们的怯弱。因此，对怯弱的民众用刑罚来消除怯弱，他们就会变得勇敢；对勇敢的民众用奖励来鼓励勇敢，他们就会拼命。怯弱的民众变勇敢，勇敢的民众能拼命，国家就能所向无敌，一定会称王天下。

商人商语： 规章制度是面向全体员工的，因此制度在员工基本层面（普通员工）的意义，不亚于特殊层面（出色员工）的意义，二者可以兼顾。

原文： 民贫则弱国，富则淫，淫则有虱，有虱则弱。故贫者益之以刑，则富；富者损之以赏，则贫。治国之举，贵令贫者富，富者贫。贫者富，国强；富者贫，三官无虱。国久强而无虱者必王。

字面翻译： 民众贫穷，国力就弱，民众富裕就会放荡，民众放荡就会滋生虱害，有了虱害，国力就会被削弱。所以对贫穷的民众，用刑罚迫使他们农战以增加收入，这样就会变富；对富裕的民众，用爵位来鼓励他们捐钱，这样就会变穷。治国的措施，重要的是使贫穷的变富裕，使富裕的变贫穷。贫困的变富裕，国家就会强大；富裕的变贫困，农民、官吏、商人这三种职业就不会有虱害产生。国家能长久强大，又没有虱子一样的危害，就能成就王业了。

商人商语： 就人性而言，员工不会因为高的基本工资而努力工作，他们会认为这是正常工作所得。如果是高的奖金需要超常的工作或者超常的贡献才能获得，那么员工工作的心态和状态就不一样了。所以，好的绩效考核，要能够起到激励的作用。

原文： 刑生力，力生强，强生威，威生德，德生于刑。故刑多，则赏重；赏少，则刑重。民之有欲有恶也，欲有六淫，恶有四难。从六淫，国弱；

行四难，兵强。故王者刑于九而赏出一。刑于九，则六淫止；赏出一，则四难行。六淫止，则国无奸；四难行，则兵无敌。

字面翻译：刑罚的施行能产生实力，实力能产生强大，强大能产生威力，威力能产生恩惠，恩惠从刑罚中产生。因此刑罚多了，赏赐就显得重要；奖赏少了，刑罚就显得重要。民众有喜欢的，也有憎恶的，所喜欢的有六种放荡的事情，所讨厌的有四种难做的事情。放任这六种放荡的事情，国家实力就会被削弱；推行这四种难做的事情，国家的兵力就会强大。所以能成就王业的国家，刑罚用于九个方面，赏赐却只从农战这一个方面出。刑罚用于九个方面，那么六种放荡的事情就能制止；奖赏从农战这一个方面出，那么四种难做的事就能推行。六种放荡的事情被制止，那么国家就没有奸邪；四种难做的事能推行，那么兵力就可以无敌。

商人商语：运营管理的效率，来自各个岗位员工的工作效率。而员工的工作效率，在法家看来，很少来自奖赏的鼓励，更多的是来自惩罚的威吓。法家角度的绩效考核，奖励轻而且奖励项目单一，但是惩罚重且惩罚的项目也多。

原文：民之所欲万，而利之所出一。民非一，则无以致欲，故作一。作一，则力抟；力抟则强。强而用，重强。故能生力，能杀力，曰攻敌之国，必强。塞私道以穷其志，启一门以致其欲，使民必先行其所恶，然后致其所欲，故力多。力多而不用，则志穷；志穷，则有私；有私，则有弱。故能生力，不能杀力，曰自攻之国，必削。故曰：王者，国不蓄力，家不积粟。国不蓄力，下用也；家不积粟，上藏也。

字面翻译：民众想得到的利益很多，而获得的途径只有农耕作战这一条路。民众不走这一条路，就无法获得他们想要的利益，所以民众必须专心从事农耕作战。民众专心从事农战，力量就能集中；力量集中，国家就会强大。强大的力量用在对外征伐，国家就会更加强大。所以，能够培养实力，又能发挥实力，叫作攻打敌人的国家，结果一定强大。堵塞谋求私利的道路来断绝他们的愿望，只打开专一于农战这一条路来满足民众的需要，让民众一定先做他们所憎恶的，然后才能获得他们想得到的，这样国家的实力才能雄厚。国家实力雄厚却不向外征伐使用，那么民众得到利益的愿望就会落空；民众的愿望落空了，就会产生私心杂念；民众有了私心杂念，国家的实力就会被削弱。因此，能够培养实力，不能发挥实力的国家，叫作自己攻打自己的国家，结果必定削弱。所以说：能够成就王业的国家，国家不储存实力，民众家中也不囤积粮食。国家不储存实力，是为了民众把力量发挥出去；民众的家中不存粮食，是因为国家要把粮食储藏在官仓中。

商人商语：法家的经济学其实很简单，就是一内一外的循环往复。在国内强调以粮食生产为本，所以从制度限制到奖惩措施都围绕农业开展；在国外则强调军事战争，把战争中的表现作为主要的官爵晋升依据。国内农业资源支持国外战争，国外战争占领的土地资源，再转化为国内的农业资源，形成一内一外资源的良性转换。企业的内部运营和外部营销，简单看来又何尝不是如此？

原文：国治：断家王，断官强，断君弱。重轻，刑去。常官，则治。省刑，要保，赏不可倍也。有奸必告之，则民断于心，上令而民知所以应。器成于家，而行于官，则事断于家。故王者刑赏断于民心，器用断于家。治明则同，治暗则异。同则行，异则止，行则治，止则乱。治则家断，乱则君断。治国者贵下断，故以十里断者弱，以五里断者强。家断则有余，故曰：日治者王。官断则不足，故曰：夜治者强。君断则乱，故曰：宿治者削。故有道之国，治不听君，民不从官。

字面翻译：国家的治理：在民众家中能决断的就能称王天下，由官吏来决断的会强大，由国君来决断的会弱小。轻微的犯罪重罚，刑罚就能去除。懂法的官吏常设，民众就能治理。要减少刑罚，就要在民众中建立什伍制度，使民众互相监督、互相约束，民众应得的奖赏不可失信。发现奸邪一定揭发，是由于民众心中能判断是非，朝廷的法令，民众明白，因而响应。器物在民众的家中制成，却能在官府中通行使用，那是因为器物的样式在家中就能明确。所以成就王业的赏罚制度在民众心中十分清楚，如同器物标准在民众家中明确一样。政治清明，民众就会心齐，政治黑暗，民心就会散乱。上下齐心则国家的法令就能执行，上下异心则国家的法令就不能实行。法令能执行的国家就能治理好，法令不能实行的国家就会混乱。国家能治理好是因为民众在家中就能判断对错，国家混乱是因为万事都要君主做决断。治理国家最可贵的是在基层民众中做出决断，所以十里以内做出决断的国家就弱，五里以内做出决断的国家就强。事情在民众家里能决断，官府的办事时间就会有余。因此说：当日事当日毕的，就能称王天下。事情由官吏来决断的，官府的办事时间就会不足。因此说：当日事当夜完结的，也还算是强大的国家。事情必须由君主来做决断的，政事就会拖延、忙乱。因此说：第二天才能处理好政务的，国家就会被削弱。因此，有法度的国家，官吏处理政务不必听从君主，民众处理事务也不必听从官吏。

商人商语：企业的规章制度，要具体到每一个员工、每一个岗位的职责，使其都清晰化、标准化。只有每一个工作行为都能按照职责要求和行为标准做到自主化，企业的运营体系才会流畅而富有效率。

解决问题不过夜，行治曲断五里王

制度是为企业的运营管理服务的，其内容有着明确的目的性。因此，制度的制定和制度的执行，是一件严谨和严肃的事情。这包含制度的目的性、制度的权威性、制度的稳定性、制度的普及性、制度的执行效率、制度的执行公正、制度的执行赏罚等。

制度"一即一切，一切即一"的权威性标准，便于管理的标准化，也会使企业的运营管理更富有效率。反之，如果在管理中，是是非非缺乏标准，凡有不决之事都需要其上的组织做出决断，企业虽然也会发展壮大，但是企业的活力就会被削弱。一些本应迅速解决的事情，却需要一长串的汇报流程、一段一段累计的时间才能处理，导致大事化小，小事化了。平安无事的最后，是企业的"僵化"与"老去"。

本节探讨的是规章制度的制定和执行问题，选取了《商君书·靳令》和《韩非子·饬令》。《靳令》就是严肃法令、严格执行，《饬令》就是整顿法令、贯彻法令。

一

《商君书·靳令》：规章制度的内容和目的，就是为了规范人们的行为

原文：靳令，则治不留；法平，则吏无奸。法已定矣，不以善言害法。任功，则民少言；任善，则民多言。行治曲断，以五里断者王，以十里断者强，宿治者削。以刑治，以赏战，求过不求善。故法立而不革，则显，民变诛，计变诛止。贵齐殊使，百都之尊爵厚禄以自伐。国无奸民，则都无奸市。物多末众，农弛奸胜，则国必削。民有余粮，使民以粟出官爵，官爵必以其力，则农不怠。四寸之管无当，必不满也。授官、予爵、出禄不以功，是无当也。

字面翻译：严格执行政令，那么政事就不会拖延；法治面前人人平等，那么官吏中就没有奸邪。法治已经确定，君主不要因为那些好听的空谈来破坏法治。委任有功劳的人，民众就会少些空谈；委任会说话的人，民众就会喜欢空谈。推行政事处理在基层决断，在五里之内能决断的，国家能称王天下；在十里之内能决断的，国家会变得强大；隔一夜才处理政事的，国家会被削弱。用刑罚来处理政事，用赏赐来激励作战，纠察民众行为的过错，不期望民众的善行。所以法治确立了不再更改，法令就会彰显可知，民众就会明辨法令的刑罚，民众考虑了、分辨了，刑罚之事就停止了。治理民众，以言行守法为尊贵，以实际贡献为差异，各个都邑的封爵和丰厚的俸禄来自于其自身的战功。国家没有奸邪的民众，那么国都中也就没有奸邪的市场。奢华奇巧的物品多了，从事末业（商业和手工业）的人也就多了，农耕松懈，奸邪得胜，那么国家就会被削弱。民众有了多余的粮食，让民众用粮食捐取官爵，得到官爵一定要靠自己的力量，那么农民就不会懒惰了。四寸长的竹管子没有底，一定装不满。授给官职、给予爵位、发给俸禄不靠功绩，就像没有底的竹管一样。

商人商语：强大的企业，其运营管理的能力也一定很强，会有严谨的规章制度。而有严谨规章制度的企业，运营管理的能力也会很强，企业也必将强大。规章制度的全面推行，是企业运营管理能力强大的基础保障。

原文：国贫而务战，毒生于敌，无六虱，必强。国富而不战，偷生于内，有六虱，必弱。国以功授官予爵，此谓以盛知谋，以盛勇战。以盛知谋，以盛勇战，其国必无敌。国以功授官予爵，则治省言寡，此谓以治去治、以言去言。国以六虱授官予爵，则治烦言生，此谓以治致治、以言致言。则君务于说言，官乱于治邪，邪臣有得志，有功者日退，此谓失。守十者乱，守壹者治。法已定矣，而好用六虱者亡。民毕农，则国富。六虱不用，则兵民毕竞劝而乐为主用，其竟内之民争以为荣，莫以为辱。其次，为赏劝罚沮。其下，民恶之，忧之，羞之；修容而以言，耻食以上交，以避农战；外交以备，国之危也。有饥寒死亡，不为利禄之故战，此亡国之俗也。

字面翻译：国家贫穷就要向外征战，危害的事情在敌国发生，本国没有"六虱"之毒，国家一定会强大。国家富足而不征战，投机取巧的事就会在国内发生，就会产生"六虱"，国家一定会被削弱。国家根据民众的功劳来授官予爵，这就叫用群众的智慧来谋划，用群众的勇力来作战。用群众的智慧来谋划，用群众的勇力来作战，这样的国家一定无敌于天下。国家根据民众的功劳来授官予爵，就会政务简明、空谈减少，这就叫用简明的政事去除繁杂政事，用简明的言说去除烦琐言说。国家给"六虱"类的人授官予爵，就会政事复杂，空谈产生，这就叫用繁杂的政事招来更加繁杂的政事，用烦琐的言说招致更加烦琐的言说。那么君主就会迷惑于空谈之士，官吏就会混乱于政论之邪说，奸邪的大臣便得志了，有功于国的人一天一天被排挤，这是治国的失误。君主信奉各种思想就会混乱，坚守一种思想就会治理好。法治已经确定，却喜欢任用"六虱"类的人，国家就会灭亡。民众都选择务农，国家就会富裕。"六虱"类的人不被任用，那么士兵和民众都会互相鼓励而愿意被君主任用，国境内的民众都争着以从事农耕作战为荣，不以为耻辱。次之的，民众的行为被奖赏所鼓励，被刑罚所阻止。最下的，民众讨厌去从事农战，担心去从事农战，以从事农战为耻辱；他们修饰外表以四处游说，耻于吃朝廷饭而躲避农耕作战；同外国势力结交以作为自己的存身资本，国家就危险了。有人宁肯挨饿受冻甚至死亡，也不愿意为了利禄去作战，这是亡国的风气呀。

商人商语：企业以规章制度来运营，事务的管理自然简明，是非的言论也会减少。员工的绩效考核和奖惩的依据，不应该是夸夸其谈的报告或者是其为人品质。不以已经确定的制度，不以实际工作的业绩来考核、赏罚，谁又会愿意努力工作呢？员工不努力工作，企业的经营还能持续下去吗？

原文：六虱：曰礼、乐；曰《诗》《书》；曰修善，曰孝弟；曰诚信，曰贞廉；曰仁、义；曰非兵，曰羞战。国有十二者，上无使农战，必贫至削。十二者成群，此谓君之治不胜其臣，官之治不胜其民，此谓六虱胜其政也。十二者成朴，必削。是故兴国不用十二者，故其国多力，而天下莫能犯也。兵出，必取；取，必能有之；按兵而不攻，必富。朝廷之吏，少者不毁也，多者不损也，效功而取官爵，虽有辩言，不能以相先也，此谓以数治。以力攻者，出一取十；以言攻者，出十亡百。国好力，此谓以难攻；国好言，此谓以易攻。

字面翻译：六虱：是礼制、音乐；是《诗经》《尚书》；是修贤向善，是敬老爱幼；是真诚守信，是正直、廉洁；是仁爱、道义；是反对征伐，是耻于参战。国家有这六对十二种思想，君上就没法让民众从事农耕作战，国家一定会贫穷到削弱。如果这十二种思想的信奉者成群结队，这就是君主的统治力不如他的臣下，官府的治理力不如他的民众，也就是"六虱"的影响力超过了国家的政策法令。这十二种思想扎下了根基，国家就一定会被削弱。因此，想使国家强盛的，若不用这十二种思想，国家就会实力雄厚，天下各国就没有能侵犯它的。出兵征伐，就一定能攻取城池、土地；攻取后，就一定能据有城池、土地；按兵而不征伐他国，就一定能富足。朝廷的官吏定编，应该少的不增加，应该多的不减少，人人建功立业来获得官职和爵位。虽然有善辩的言谈，也不能以此而排在"功劳"的前面，这就叫用措施来治理。凭实力攻打别的国家，出一分力会获得十倍的收获；凭空谈去攻打别的国家，出十分力会丧失百倍的本钱。国家注重实力，这叫用艰苦的农战方式去攻伐他国；国家注重空谈，这叫用容易的智巧方式去攻伐。

商人商语：商鞅说的这六对十二种是指个人的喜好和品性。如果这些习性妨碍了其在公司集体中的行为价值，那么它们就是企业经营的障碍。国家的强大靠经济和军事，企业的强大靠管理和营销。

原文：重刑少赏，上爱民，民死赏。多赏轻刑，上不爱民，民不死赏。利出一空者，其国无敌；利出二空者，其国半利；利出十空者，其国不守。重刑，明大制；不明者，六虱也。六虱成群，则民不用。是故兴国罚行则民亲，赏行则民利。行罚，重其轻者，轻者不至，重者不来，此谓以刑去刑，刑去事成；罪重刑轻，刑至事生，此谓以刑致刑，其国必削。

字面翻译：加重刑罚，减少奖赏，这是君上爱护民众，民众会拼死获取奖赏。增加奖赏，减轻刑罚，这是君上不爱护民众，民众不会拼死获取奖赏。爵位俸禄出自一个途径，国家就会无敌；爵位俸禄出自两个途径，国家只能得到一半的利益；爵位俸禄出自多个途径，国家就难自保了。加重刑罚，明确重要的法律；法律不严明，是因为有"六虱"的原因。信奉"六虱"思想的人们成群，民众就不愿意被国家役使。因此，要强盛国家就要施行刑罚，民众就会与君上亲近；施行奖赏，民众就会得到利益。推行刑罚，如果加重刑罚于轻罪，那么，轻罪的事情不敢发生，重罪的事情不会发生，这就叫用刑罚遏止刑罚之事，即使是将来刑罚去掉了，国事也能成就；后者是重罪的使用轻刑，刑罚即使是使用了，犯罪的事情也会继续发生，这就叫用刑罚招致刑罚之事，那么国家的实力就会被削弱。

商人商语：在法家看来，集体行为的标准化，比个人行为的优秀更加重要。轻罪重罚，就会导致民众不敢犯轻罪的事情，更不敢犯重罪的事情。

持续下去，民众就会养成守法的习惯，即使刑罚去掉了，民众也依然守法。现代企业制度，反而很少有这种人性的深刻认识。

原文：圣君知物之要，故其治民有至要，故执赏罚以壹辅仁者，必之续也。圣君之治人也，必得其心，故能用其力。力生强，强生威，威生德，德生于力。圣君独有之，故能述仁义于天下。

字面翻译：圣君知道事物的要领，所以他治理民众把握着最关键的要领，因此掌控奖赏和刑罚会用农战专注于从事来培育自己的仁德，这是"严肃法令"的继续。圣君统治民众，一定要得到他们的真心拥戴，才能使用他们的力量。实力产生强大，强大产生威力，威力产生恩德，可见恩德是产生于实力。这一点只有圣君才能掌握，所以能成就他的"仁义之道"于天下。

商人商语：企业家运营管理企业的要领是什么？那就是：坚持规章制度的功利性、权威性，并保证规章制度严格执行。对员工来说，"打你、骂你"的惩罚是为了你好，是为了让你拿到更多的收入。

二

《韩非子·饬令》：规章制度，需要定期学习和修正，保证制度理解上的统一

原文：饬令，则法不迁；法平，则吏无奸。法已定矣，不以善言害法。任功，则民少言；任善，则民多言。行法曲断，以五里断者王，以九里断者强，宿治者削。

字面翻译：整饬法令，法律就不会偏移；法律面前人人平等，官吏中就没有奸邪。法律已经确定，就不要因为那些好听的空谈来破坏法律。委任有功劳的人，民众就会少些空谈；委任会说话的人，民众就会喜欢空谈。政事处理在基层决断，在五里之内能决断的，国家能称王天下；在十里之内能决断的，国家会变得强大；隔一夜才处理政事的，国家会被削弱。

商人商语：企业里的规章制度，特别是绩效考核制度，需要定期整饬，

也就是定期进行案例总结和条款理解上的修正，避免出现曲解等不良现象，伤害了考核的客观与公正。

原文：以刑治，以赏战，厚禄以用术。行都之过，则都无奸市。物多末众，农弛奸胜，则国必削。民有余食，使以粟出爵，必以其力，则农不怠。三寸之管毋当，不可满也。授官爵出利禄不以功，是无当也。国以功授官与爵，此谓以成智谋，以威勇战，其国无敌。国以功授官与爵，则治者省，言有塞，此谓以治去治，以言去言，以功与爵者也。故国多力，而天下莫之能侵也。兵出必取，取必能有之；案兵不攻必富。朝廷之事，小者不毁，效功取官爵，廷虽有辟言，不得以相干也，是谓以数治。以力攻者，出一取十；以言攻者，出十丧百。国好力，此谓以难攻；国好言，此谓以易攻。

字面翻译：用刑罚来治理国家，用奖赏来鼓励作战，以丰厚利禄来行使君王权术。巡查都邑中的违法行为，都邑中就没有违法的买卖。奢华奇巧的物品多了，从事末业（商业和手工业）的人也就多起来，农耕松懈，奸邪得胜，那么国家就会被削弱。民众有了多余的粮食，让民众用粮食捐取官爵，得到官爵一定要靠自己的力量，那么农民就不会懒惰了。三寸长的竹管子没有底，一定装不满。授给官职、给予爵位、发给俸禄不靠功绩，就像没有底的竹管一样。国家根据民众的功劳来授官予爵，这就叫用群众的智慧来谋划，用群众的勇力来作战。用群众的智慧来谋划，用群众的勇力来作战，这样的国家一定无敌于天下。国家根据民众的功劳来授官予爵，就会政务简明、空谈得以杜绝，这就叫用简明的政事去除繁杂政事，用简明的言说去除烦琐言说，按功劳授予官爵。这样，国家就会实力雄厚，天下各国没有能侵犯它的。出兵征伐，就一定能攻取城池、土地；攻取后，就一定能据有城池、土地；按兵而不征伐他国，就一定能富足。朝廷的官吏定编，应该少的不增加，人人建功立业来获得官职和爵位。虽然有善辩的言谈，也不能以此来干扰"功劳"法则，这就叫用法律来治理。凭实力攻打别的国家，出一分力会获得十倍的收获；凭空谈去攻打别的国家，出十分力会丧失百倍的本钱。国家注重实力，这叫用艰苦的农战方式去攻伐他国；国家注重空谈，这叫用容易的智巧方式去攻伐他国。

商人商语：法家的一个信念是"用群众的智慧来谋划，用群众的勇力来作战，这样的国家一定无敌于天下"。这一信念的实现，不是靠道德的说教，而是靠法制奖赏的力量。但是，现在的企业，只靠制度奖赏的力量，是无法动员起员工们的全部智力和勇力的。

原文：重刑少赏，上爱民，民死赏；多赏轻刑，上不爱民，民不死赏。利出一空者，其国无敌；利出二空者，其兵半用；利出十空者，民不守。重刑明民，大制使人，则上利。行刑，重其轻者，轻者不至，重者不来，此谓以刑去刑。罪重而刑轻，刑轻则事生，此谓以刑致刑，其国必削。

字面翻译：加重刑罚，减少奖赏，这是君上爱护民众，民众会拼死获取奖赏；增加奖赏，减轻刑罚，这是君上不爱护民众，民众不会拼死获取奖赏。爵位俸禄出自一个途径，国家就会无敌；爵位俸禄出自两个途径，国家只能得到一半的利益；爵位俸禄出自多个途径，民众就不再守护国家了。加重刑罚来警示民众，扩充制度来役使百姓，朝廷才会有利益。推行刑罚，如果加重刑罚于轻罪，轻罪的事情不敢发生，重罪的事情不会发生，这就叫用刑罚遏止刑罚之事。罪行严重却使用轻刑，刑罚轻了，犯罪的事情就容易发生，这就叫用刑罚招致刑罚之事，那么国家的实力就会被削弱。

商人商语：法家苛法严刑的理念，不是残暴虐民，而是为了民众的民心一向，不去触及刑罚之事。这也是严格企业规章制度的基本目的。

明赏不费钱，明刑不杀戮，明教不改人情

　　赏罚作为法治的手段，其本质是为了用其威势来赋能做事。所以，高明的奖赏并不浪费财物，严明的刑罚也不以"杀鸡"为乐，开明的教化更不会如"乱花迷人眼"般让人手足无措。或赏，或罚，或教化，三者都有着很强的目的性。高明的奖赏不浪费财物，指奖赏不是来自于对现有利益的分割，而是来自于对未来利益的分享。

　　法家的"明赏不费，明刑不戮"，和孔子的"五美四恶"之道是类似的。再进一步说，高明的奖赏到了一定程度就可以不用财物，严明的刑罚到一定时候就可以不用刑罚，开明的教化到了一定境界就可以不用教化。可见，儒法二家终极的政治理想是一样的，只是政治手段有所区别而已。

　　本节选取的是《商君书·赏刑》，旨在说明法治作为一种管理思想，要经过"不敢""不能""不想"这三个阶段，才能最终实现法家的政治理想。

　　《商君书·赏刑》：赏刑是制度管理的必要手段，其目的是对集体中个人行为的规范

　　原文：圣人之为国也，壹赏，壹刑，壹教。壹赏则兵无敌，壹刑则令行，壹教则下听上。夫明赏不费，明刑不戮，明教不变，而民知于民务，国无异俗。

明赏之尤至于无赏也，明刑之尤至于无刑也，明教之尤至于无教也。

字面翻译：圣人治理国家的办法，统一奖赏，统一刑罚，统一教化。统一奖赏，那么兵力就会无敌于天下；统一刑罚，那么政令就会推行；统一教化，那么民众就会听从朝廷的役使。修明的赏赐不费财物，修明的刑罚不用杀戮，修明的教化不改变人情，而民众都知道自己的任务，国家也没有特殊的风俗。修明的赏赐到了一定高度就可以不用赏赐，修明的刑罚到了一定高度就可以不用刑罚，修明的教化到了一定高度就可以不用教化。

商人商语：这三者可以比作企业运营的管理手段，也就是被称为"文武之道"的"胡萝卜＋大棒"手段。"文"是企业文化，"武"是制度管理，制度管理必须配合"奖励＋惩罚"的手段，才能推行开来。

原文：所谓壹赏者，利禄官爵抟出于兵，无有异施也。夫固知愚、贵贱、勇怯、贤不肖，皆尽其胸臆之知，竭其股肱之力，出死而为上用也；天下豪杰贤良从之如流水。是故兵无敌而令行于天下。万乘之国不敢苏其兵中原；千乘之国不敢捍城。万乘之国，若有苏其兵中原者，战将覆其军；千乘之国，若有捍城者，攻将凌其城。战必覆人之军，攻必凌人之城，尽城而有之，尽宾而致之，虽厚庆赏，何费匮之有矣？昔汤封于赞茅，文王封于岐周，方百里。汤与桀战于鸣条之野，武王与纣战于牧野之中，大破九军，卒裂土封诸侯。士卒坐陈者，里有书社。车休息不乘，纵马华山之阳，纵牛于农泽，纵之老而不收。此汤、武之赏也。故曰：赞茅、岐周之粟，以赏天下之人，不人得一升；以其钱赏天下之人，不人得一钱。故曰：百里之君，而封侯其臣，大其旧；自士卒坐陈者，里有书社；赏之所加，宽于牛马者，何也？善因天下之货，以赏天下之人。故曰：明赏不费。汤、武既破桀、纣，海内无害，天下大定。筑五库，藏五兵，偃武事，行文教，倒载干戈，搢笏，作为乐，以申其德，当此时也，赏禄不行，而民整齐。故曰：明赏之尤至于无赏也。

字面翻译：所说的统一奖赏，是指财利、俸禄、官职、爵位都统一出自于战争中的功绩，没有其他奖赏的途径。因此那些聪慧或愚笨、富贵或贫贱、勇敢或胆怯、贤德或无才无德的人，都用尽自己胸中的智慧、竭尽自己手足的力量，出生入死而替君上效力；天下的英雄豪杰追随君上如东流之水。所以兵力无敌于天下，而政令通行于天下。有一万辆兵车的国家，也不敢在野外对抗他的军队；有一千辆兵车的国家，不敢守卫自己的城池。拥有一万辆兵车的国家，如果在野外对抗他的军队，一作战就会全军覆没；拥有一千辆兵车的国家，如果防守城池，一进攻就会被攻破城池。作战就一定能消灭别国的军队，进攻就一定能占领别国的城池，那么所有的城池都能被他据有，所有的诸侯都能来朝贡，即使施行丰厚的赏赐，哪里会缺乏财物呢？从前商汤受封于赞茅，周文王受封于岐周，方圆只有百里。商汤与夏桀在鸣条的原野上决战，周武王与商纣王在牧野地区决战，前者都打败了后者的强大军队，最后划分土地、分封诸侯。列阵参战的士兵，在故乡都奖励有在社里登记造册的土地。战车放在那里不再乘坐，战马放养到华山的南坡，力牛放养到农田里，放养它们到老死也不收回来。这就是商汤和周武王的奖赏啊。可以说：赞茅、岐周的粮食，如果用来奖赏天下的人，没有一个人能够得到一升；赞茅、岐周的钱，如果用来奖赏天下的人，没有一个人能够得到一文。然而说：方圆百里土地的君主，却能分封自己的大臣为诸侯，侯国比原来旧国的疆域还大；列阵参战的士兵，在故乡都奖励有在社里登记造册的土地；对士兵们奖赏所涉及的，甚至覆盖到力牛和战马身上。这是为什么呢？是因为他们善于利用天下的财物来奖赏天下的民众。所以说：修明的奖赏不费财物。商汤、周武王推翻了夏桀、商纣王后，四海之内没有天灾人害，社会繁荣安定。他们修建了五种库房，收藏起来五种兵器，停止了征战，推行文教，将兵器倒置放在车上，大臣们腰上插着笏板，创作了音乐来歌颂他们的功德。到了这个时候，不用施行赏赐和爵禄，民众自然有秩序。因此说：修明的奖赏达到一定高度，就可以不用奖赏了。

商人商语：赏罚，是为了将大家智慧、力量和行为的动机都集中在企业经营的发展方向上，使大家为了一个统一的理想而奋斗。奖赏的钱财，花费的也不是现有的资源，而是将来获得的资源。表面看像是"画大饼"的空话，其实是在分享未来。

原文：所谓壹刑者，刑无等级，自卿相、将军以至大夫、庶人，有不从王令、犯国禁、乱上制者，罪死不赦。有功于前，有败于后，不为损刑。有善于前，有过于后，不为亏法。忠臣孝子有过，必以其数断。守法守职之吏有不行王法者，罪死不赦，刑及三族。周官之人，知而讦之上者，自免于罪，无贵贱，尸袭其官长之官爵田禄。故曰：重刑，连其罪，则民不敢试。民不敢试，故无刑也。夫先王之禁，刺杀，断人之足，黥人之面，非求伤民也，以禁奸止过也。故禁奸止过，莫若重刑。刑重而必得，则民不敢试，故国无刑民。国无刑民，故曰：明刑不戮。晋文公将欲明刑以亲百姓，于是合诸卿大夫于侍千宫，颠颉后至，吏请其罪，君曰："用事焉。"吏遂断颠颉之脊以殉。晋国之士，稽焉皆惧，曰："颠颉之有宠也，断以殉，况于我乎！"举兵伐曹、五鹿，及反郑之埤，东征之亩，胜荆人于城濮。三军之士，止之如斩足，行之如流水。三军之士，无敢犯禁者。故一假道重轻于颠颉之脊，而晋国治。昔者周公旦杀管叔、流霍叔，曰："犯禁者也。"天下众皆曰："亲昆弟有过，不违，而况疏远乎！"故天下知用刀锯于周庭，而海内治。故曰：明刑之尤至于无刑也。

字面翻译：所谓统一刑罚，是指刑罚的施行没有等级分别，从卿相、将军，一直到大夫和平民百姓，有不听从君主命令的、触犯国家禁令的、破坏朝廷制度的，处以死罪，绝不赦免。从前立过战功，后来触犯刑律，也不因此而减轻刑罚。从前做过好事，后来犯过错误，也不因此而降低法令效力。忠臣孝子犯了错误，也一定根据他们错误的大小来判罚。掌管法令、执行法令的官吏，有不执行君主法令的，处以死罪，绝不赦免，刑罚株及父族、母族、妻族。官员周围的人，知道他的罪过并向朝廷揭发检举的，不仅自己免罪，而且不论其身份贵贱，都能继承那位官员的官爵、田产和俸禄。所以说：加重刑罚，株连罪罚，民众就不敢以身试法，也就等于不用刑罚了。古代帝王制定的禁令，有将犯人处死的，有砍断犯人脚的，有在犯人脸上刺字、涂墨的，这些惩罚不是想要伤害民众，而是为了禁止奸邪，阻止犯罪。因此禁止奸邪，阻止犯罪，没有什么办法能比得上加重刑罚的。刑罚重，而且一定能捕获犯人，那么民众就不敢以身试法了，所以国家就等于没有受刑的民众。国家没有受刑的民众，因此说：修明的刑罚不用杀戮。晋文公想要修明刑罚以爱护百姓，于是召集所有的卿相、大夫在侍千宫议事，颠颉来晚了，执法官吏请示晋文公定他的罪，晋文公说："对他用大刑。"执法官吏于是砍断了颠颉的脊骨来示众。晋国的士人们都很惧怕，议论这件事说："颠颉本来是被宠爱的大臣，触犯了刑律尚且被腰斩以示众，何况我们呢！"晋文公发兵征伐曹国及卫国的五鹿，回军时又推翻了郑国的矮墙，把卫国的田垄一律改为东西向，于城濮战胜楚国军队。晋国的三军将士，一旦下令停止，他们就像被砍断了脚一样不动；下令进攻，他们就像流水一样不会停滞。三军所有的将士，没有谁敢违反禁令。因此晋文公借用颠颉犯轻罪而处以重刑腰斩的办法，晋国就得到了治理。过去周公旦杀了管叔，流放了霍叔，说："他们是犯了禁令的人。"天下的人都说："亲兄弟犯了罪都不免刑，更何况我们这些疏远的人！"从此天下人都知道周公将刑罚用在了朝堂之上，海内就得到了治理。因此说：修明的刑罚到了一定高度，就等于没有刑罚。

商人商语：法治在中国这个人情社会难以彻底贯彻的原因，在于有着"法律莫不关乎人情"的习俗干扰。加重刑罚，以至于轻罪重罚，法家是想用恐吓来防止触犯法律行为的发生。所以，企业里的"苛法严刑"，也不只是制度，还有着教化员工们行为规范的作用。

原文：所谓壹教者，博闻、辩慧、信廉、礼乐、修行、群党、任誉、清浊，不可以富贵，不可以评刑，不可独立私议以陈其上。坚者被，锐者挫。虽曰圣知、巧佞、厚朴，则不能以非功罔上利。然富贵之门，要存战而已矣。彼能战者践富贵之门。强梗焉，有常刑而不赦。是父兄、昆弟、知识、婚姻、合同者，皆曰："务之所加，存战而已矣。"夫故当壮者务于战，老弱者务于守，死者不悔，生者务劝，此臣之所谓壹教也。民之欲富贵也，共阖棺而后止，而富贵之门必出于兵，是故民闻战而相贺也，起居饮食所歌谣者，战也。此臣之所谓明教之尤至于无教也。

字面翻译：所谓统一教化，是指那些见闻广博、善辩聪慧、诚信廉洁、通礼明乐、修德好义、结群成党、名声显赫、自矜清高的人，朝廷不准许他们因为这些而获得富贵，不准许他们因为这些而批评刑罚政策，不准许他们凭借这些独自创立私人学说并向君上陈述。顽固不化的人被摧垮，锋芒毕露的人被挫败。即使是所谓的圣人智者或机巧善变、忠厚朴正的人，也不能在没有功劳的前提下迷惑君上而得到利益。所以，获得富贵的门户，唯有在战场上而已。那些能够打仗的人，才能踏进富贵的大门。那些骄横跋扈的，会被依法惩处而不赦免。于是父亲、叔伯、兄弟、朋友、亲戚、同乡志同道合，都说："我们要加倍努力的地方，只有在战场上而已。"因此，那些年轻力壮的人努力出战，年老体弱的人努力防守；死在战场的人不后悔，活着的人互相鼓励，这就是我说的统一教化。民众想要得到富贵的心思，都是到死后盖上棺材盖才停止的，可以得到富贵的门户一定是面向士兵的，所以民众听说要打仗便互相庆贺，起居饮食时所唱的歌谣也都是关于打仗的。这就是我所说的修明教化到一定高度等于没有教化。

商人商语：企业文化的教化，不是为了教育员工成为社会意义的道德君子，而是教育员工敬业爱岗，完成本职工作，教育员工其工资、奖金、升职等都来自于其本职工作的表现。企业员工的个人习惯成为集体习惯、个人意识成为集体意识，就达到了"以法为教"的目的了。

原文：此臣所谓参教也。圣人非能通，知万物之要也。故其治国，举要以致万物，故寡教而多功。圣人治国也，易知而难行也。是故圣人不必加，凡主不必废；杀人不为暴，赏人不为仁者，国法明也。圣人以功授官予爵，故贤者不忧；圣人不宥过，不赦刑，故奸无起。圣人治国也，审壹而已矣。

字面翻译：这些就是我所说的奖赏、刑罚、教化三个政策。圣人不能通晓一切，而是明白万事万物的要领。因此他统治国家，抓住要领就能领导一切，只实行简单的教化就能取得很多的功绩。圣人治理国家，方法容易明白，却很难推行。所以推行这三个政策，不需要赞美圣人，不必要贬损普通的君主；杀戮人不算残暴，奖赏人不算仁爱，这是因为国家法律严明、公正。圣人凭功绩授给官职、赐予爵位，因此贤能的人不用担忧；圣人不宽恕人们的错误，不赦免应得的刑罚，因此邪恶的事情无从产生。总之，圣人治理国家，只是考虑如何统一奖赏、统一刑罚、统一教化而已。

商人商语：企业家作为企业管理的专家，不需要通晓管理细则，而是明白管人理事的纲领。在企业的运营管理方面，企业家制定好制度化管理、绩效考核、奖励惩罚这三项原则性的政策即可。如此，平凡的老板也会变成企业家，聪慧的老板也不需要在这三件事情上浪费他的聪慧。

明主之所制其臣，操持二柄赏和刑

英明的君主用来管理手下的不过是手中的两种权柄罢了。这两种权柄就是刑和德：惩罚叫作刑，奖赏叫作德。人们都害怕刑罚而贪图奖赏。君主只有亲自掌握刑赏这两种权柄，臣下才会害怕他的威势而追求他的奖赏。否则，君主反而会被臣下劫持。

如何赏罚？韩非子提出的"审合刑名"理念在现你也具有指导意义，即审查手下说的和做的是否相符，二者必须相符，大了小了都不行。同时，不允许手下"越官而有功"，不说自己而总评说别人；也不可"陈言而不当"，应该就事说事，按照规矩汇报工作，不谈其他的无关因素。

本节选取的是《韩非子·二柄》。我们来看看重视刑赏的法制思想，是否会如孔子所说的"道之以政，齐之以刑，民免而无耻"。

《韩非子·二柄》：千金在前，只有一个方向；猛虎在后，唯有死路一条

原文： 明主之所导制其臣者，二柄而已矣。二柄者，刑德也。何谓刑德？曰：杀戮之谓刑，庆赏之谓德。为人臣者畏诛罚而利庆赏，故人主自用其刑德，则群臣畏其威而归其利矣。故世之奸臣则不然，所恶，则能得之其主而罪之；所爱，则能得之其主而赏之。今人主非使赏罚之威利出于己也，听其臣而行其赏罚，则一国之人皆畏其臣而易其君，归其臣而去其君矣。此人主失刑德之患也。夫虎之所以能服狗者，爪牙也，使虎释其爪牙而使狗用之，则虎反服于狗矣。人主者，以刑德制臣者也。今君人者释其刑德使臣用之，则君反制于臣矣。故田常上请爵禄而行之群臣，下大斗斛而施于百姓，此简公失德而田常用之也，故简公见弑。子罕谓宋君曰："夫庆赏赐予者，民之所喜也，君自行之；杀戮刑罚者，民之所恶也，臣请当之。"于是宋君失刑而子罕用之。故宋君见劫。田常徒用德而简公弑，子罕徒用刑而宋君劫。故今世为人臣者兼刑德而用之，则是世主之危甚于简公、宋君也。故劫杀拥蔽之主，兼失刑德而使臣用之，而不危亡者，则未尝有也。

字面翻译： 英明的君主领导他的臣下，不过是用两种权柄罢了。这两种所谓的权柄，就是"刑"和"德"。什么叫作"刑""德"？具体说来：杀戮刑罚的权柄叫作"刑"，表扬赏赐的权柄叫作"德"。做臣子的害怕杀戮刑罚而贪图赏赐，所以君主亲自掌握这"刑"和"德"的权柄，群臣就会害怕君主刑罚的威势而追求他赏赐的好处。但是世上的奸臣却不是这样，对于所憎恶的人，他能从君主那里获取"刑"的权柄给以惩罚；对于所喜爱的人，他能从君主那里获取"德"的权柄予以奖赏。如果现在君主不使赏罚的权威和利益出于自己，而是听任臣下去施行应该由他来做的赏罚，那么全国的人民就都会畏惧他的臣下而轻视他这个君主，都会归附他的臣下而背离他这个君主了。这就是君主失去"刑"和"德"这两种权柄的祸患啊。老虎之所以能够制服狗，依靠的是脚爪和利牙，让老虎去掉它的脚爪、利牙而让狗来使用，那么老虎反而会被狗所制服。做君主的，是要靠"刑"

和"德"来制服臣下的。如果做君主的放弃"刑""德"的权柄而让臣下使用，那么君主反而会被臣下所制服了。所以田常在朝堂上向君主请求爵禄却用来赐给群臣，在民间用大斗出小斗进的办法来把粮食施舍给百姓，这就是齐简公失去"德"的权柄而由田常来掌握的例子，所以齐简公被杀掉了。子罕对宋桓侯说："表扬恩赐这种事，是民众喜欢的，君上您自己施行；杀戮刑罚这类事，是民众憎恶的，请让我来承担。"于是宋桓侯失去"刑"的权柄而由子罕使用，宋桓侯因此被劫持。田常仅仅掌握了"德"的权柄，齐简公就遭到了杀害；子罕仅仅掌握了"刑"的权柄，宋桓侯就遭到了劫持。所以现在世上做臣子的，如果兼管了"刑""德"的权柄并且在使用，那么这位君主的处境将会比齐简公、宋桓侯更危险。所以被劫持、被杀害、被隔绝、被蒙蔽的君主，是同时失去了"刑"和"德"的权柄并且交给了臣下使用。像这样还不导致自身陷入危险甚至死亡的情况，是从来就没有过的。

商人商语：赏罚之权，是君主的权势所在，也是君主的价值所在。企业中，企业家可以授权经营权，甚至分权运营权，但是赏罚之权还是要依靠公司的规章制度，紧紧地掌控在自己的手里。

原文：人主将欲禁奸，则审合刑名；刑名者，言与事也。为人臣者陈而言，君以其言授之事，专以其事责其功。功当其事，事当其言，则赏；功不当其事，事不当其言，则罚。故群臣其言大而功小者则罚，非罚小功也，罚功不当名也；群臣其言小而功大者亦罚，非不说于大功也，以为不当名也害甚于有大功，故罚。昔者韩昭侯醉而寝，典冠者见君之寒也，故加衣于君之上，觉寝而说，问左右曰："谁加衣者？"左右对曰："典冠。"君因兼罪典衣与典冠。其罪典衣，以为失其事也；其罪典冠，以为越其职也。非不恶寒也，以为侵官之害甚于寒。故明主之畜臣，臣不得越官而有功，不得陈言而不当。越官则死，不当则罪。守业其官，所言者贞也，则群臣不得朋党相为矣。

字面翻译：君主要想禁止奸邪，就要仔细审查"刑名"是否互相符合；所谓"刑名"，是指言论和事实。做臣下的发表一定的言论，君主根据他的言论授予相应的职事，专门根据他的职事来责求他的功绩。功绩符合他的职事，职事符合他的言论，就奖赏；功绩不符合他的职事，职事不符合他的言论，就惩罚。所以群臣中言论大而功绩小的要惩罚，这不是在惩罚功绩小，而是在惩罚功绩不符合言论；群臣中言论小而功绩大的也要惩罚，这不是因功绩大而不高兴，而是认为功绩不符合言论的危害超过了他所取得的大功，所以要惩罚。从前韩昭侯醉酒睡着了，掌管帽子的侍从看见昭侯受寒了，所以给君主身上加盖了衣服。韩昭侯睡醒后很高兴，问近侍说："谁给我加盖的衣服？"近侍回答说："掌管帽子的侍从。"昭侯便同时处罚了掌管衣服和掌管帽子的侍从。韩昭侯处罚掌管衣服的侍从，是认为他失职了；处罚掌管帽子的侍从，是认为他越权了。韩昭侯并不是不怕受寒，而是认为越权的危害超过了个人受寒。所以英明的君主培养臣下，臣下不能超越职权而获得功劳，不能陈说言论而不顾实际。超越职权就会被处死，言论不符合就会被治罪。在各自的职事范围内尽忠职守，所陈说的言论都很真实可信，那么群臣就不能够结党营私了。

商人商语：赏罚员工，依据规章制度而不是老板的个人喜好，根据职责绩效的表现而不是老板的喜怒哀乐。所以，按章做事的老板会得到人们的敬畏而不是恐惧。敬畏会使人心生信服，恐惧会使人心生叛逆。

原文：人主有二患：任贤，则臣将乘于贤以劫其君；妄举，则事沮不胜。故人主好贤，则群臣饰行以要君欲，则是群臣之情不效；群臣之情不效，则人主无以异其臣矣。故越王好勇而民多轻死；楚灵王好细腰而国中多饿人；齐桓公妒而好内，故竖刁自宫以治内；桓公好味，易牙蒸其子首而进之；燕子哙好贤，故子之明不受国。故君见恶，则群臣匿端；君见好，则群臣诬能。人主欲见，则群臣之情态得其资矣。故子之托于贤以夺其君者也，竖刁、易牙因君之欲以侵其君者也。其卒，子哙以乱死，桓公虫流出户而不葬。此其故何也？人君以情借臣之患也。人臣之情非必能爱其君也，为重利之故也。今人主不掩其情，不匿其端，而使人臣有缘以侵其主，则群臣为子之、田常不难矣。故曰："去好去恶，群臣见素。"群臣见素，则大君不蔽矣。

字面翻译：做君主的有两种祸患：任用贤德之人，那么臣下就会依仗贤德来劫持他的君主；胡乱提拔官员，那么政事就会败坏得不可收拾。所以君主喜好贤德之人，群臣就会粉饰行为来迎合君主的欲望，那么群臣行为的实情便不会显露；群臣行为的实情不显露，君主也就无法来识别自己臣下的忠奸愚智了。所以越王勾践喜好勇敢，越国的大多数民众就轻视死亡；楚灵王喜爱细腰，楚国之中就有许多甘愿挨饿的人；齐桓公生性妒忌而爱好收纳女色在内宫，所以竖刁自行阉割以便管理内宫；齐桓公爱好美味的食物，易牙便蒸了自己儿子的头颅进献给齐桓公；燕王子哙喜欢贤德之人，所以子之表面上不肯接受子哙让给他的君位。君主表现出厌恶的事情，群臣就会把这方面的事情隐藏起来；君主表现出喜好的事情，群臣就会假装有这方面的能力。君主的欲望表现出来，那么群臣就会借此来表现自己的情感态度。所以子之凭借燕王喜欢贤德之人的欲望来篡夺他的君主位置，竖刁、易牙凭借齐桓公的欲望来侵害他们君主的性命。事情的结果是，子哙因为由此引起的战乱而死，齐桓公尸体上的蛆虫爬出门外也得不到安葬。这其中有什么原因呢？是君主把真实情感寄托给臣下招致的祸患啊。臣下的真实情感不是一定就能爱戴他的君主，是看重利益的缘故。现在的君主不掩饰自己的真实情感，不隐藏他要做的事情，而使得他的臣下有机会来侵害自己，那么群臣成为子之、田常之类的人物就不难了。所以说："君主不表现出自己的喜好、厌恶，群臣就会显露出他们的本来面目。"群臣显露出本来面目，君主就不会受蒙蔽了。

商人商语：君王的赏罚之权在手，众多臣下因为畏惧君主的权势而隐匿本心，投其所好。所以，君主一个人对付臣下那么多人，需要法律和制度作为帮手，以规则来管理臣下。现在，依然有一些老板喜欢赏罚权独自握在手里的感觉。却不知道，这种看似威风的背后，潜藏着巨大的人事危机。

治乱之理分两边，一个标准来区隔

管理混乱时，行为的方向、行为的标准、行为的赏罚就非常重要。区分当赏还是该罚，识别"奸人"和"奸功"，是管理的当务之急。然而有的所谓"区分"，是拿了不同标准进行区分。这种区分，看似合情合理，却会引起新的混乱。因此，规章制度和赏罚措施的统一性非常重要。

这个不同的标准，最怕的就是人情导向的"情有可原"，从动机、过程、手段和结果上进行百般辩解，最后忽视了法律的唯一性理念，变成了人情社会的合情合理理念。如果认为法家的"苛法严刑"不近情理，那么我们至少可以接受的刑罚也应该是"法理无情，法外施恩"。只有"任数不认人"才能彻底地贯彻"尚法非贤"的法治精神。

本节选取的《韩非子·制分》，不是在探讨法治的分寸，而是在探讨法治的"刑赏"为何而悬，为谁而悬？最终还是要从根本上控制法治的刑赏界限。

《韩非子·制分》：制定刑赏之前，首先必须明确方向，向"左"还是向"右"

原文：夫凡国博君尊者，未尝非法重而可以至乎令行禁止于天下者也。是以君人者分爵制禄，则法必严以重之。夫国治则民安，事乱则邦危。法重者得人情，禁轻者失事实。且夫死力者，民之所有者也，情莫不出其死力以致其所欲；而好恶者，上之所制也，民者好利禄而恶刑罚。上掌好恶以御民力，事实不宜失矣，然而禁轻事失者，刑赏失也。其治民不秉法为善也，如是，则是无法也。

字面翻译：凡是那些国土广大、君主尊贵的，法制都是严格的，而且在其管辖的天下内可以做到令行禁止。因此作为君主，在划分爵位、制定俸禄时，所制定的法制必须严谨并且要严厉执行。国家治理正确，民众就会安定；政事混乱，国家就会危险。法制严厉了，符合人们的感情；禁令松弛了，就会失去政事的实效。况且拼死出力是民众本来就有的力量，他们的心情没有一个不是想拼死出力去获取他们想要得到的东西；而民众的这种喜好和厌恶的东西，君主是可以控制的。民众喜欢的是利禄，厌恶的是刑罚。君主掌控民众这种好恶的心思来使用民力，政事和实效就不会有偏差了；然而那些禁令被看轻、政事有差错的，是刑赏失去了作用。君主治理民众如果不能掌控法制驱使他们去做对国家有益的事情，就等于没有法制了。

商人商语：企业如果想要发展壮大，必须制定严格的绩效考核制度，而员工只有依照公司的标准行为要求才能获取合理的薪酬。只有这样，公司的运营管理才可以起到实际的效用。在这一过程中，惩罚和奖励的措施是行为方向和行为标准的保证。

原文：故治乱之理，宜务分刑赏为急。治国者莫不有法，然而有存有亡；亡者，其制刑赏不分也。治国者，其刑赏莫不有分：有持异以为分，不可谓分；至于察君之分，独分也。是以其民重法而畏禁，愿毋抵罪而不敢胥赏。故曰：不待刑赏而民从事矣。

字面翻译：所以治理混乱的法则，应该把致力于区分刑罚或者奖赏的界限作为迫切的任务。治理国家的措施，没有不施行法度的，然而国家的结局却是有存在、有消亡；国家之所以消亡，是因为其法度中的刑罚和奖赏没有界限的区分。治理国家的法制，其中的刑罚和奖赏没有不加以区分的；然而依照不同的标准来进行区分，不能称为有界限的区分；至于能明察的君主的刑赏区分，则是依照统一的标准进行区分。因此他统治下的民众都重视法制而且畏惧禁令，既希望不要犯罪，又不敢等待非法的奖赏。所以说：不用等到使用刑罚、奖赏时，民众就去做事了。

商人商语：企业的运营管理，不能没有规章制度；企业的规章制度，不能没有惩罚和奖励；企业制度的惩罚和奖励，必须依照统一的标准。只有这样，企业家才能整治管理的混乱，将企业的人、钱、物、客户、信息等资源统一起来管理。

原文：是故夫至治之国，善以止奸为务。是何也？其法通乎人情，关乎治理也。然则去微奸之道奈何？其务令之相规其情者也。则使相窥奈何？
曰：盖里相坐而已。禁尚有连于己者，理不得不相窥，唯恐不得免。有奸
心者不令得忘，窥者多也。如此，则慎己而窥彼，发奸之密。告过者免罪
受赏，失奸者必诛连刑。如此，则奸类发矣。奸不容细，私告任坐使然也。

字面翻译：因此，那些治理得最好的国家，善于把禁止奸邪作为首要
的关键。这是为什么呢？因为禁止奸邪的法制和人们的感情息息相通，和
治理的法则紧密相关。既然如此，除去那些不易觉察的奸邪行为该怎么办
呢？关键点在于一定要使民众互相监视彼此的隐情。那么又怎样能使民众
互相监视呢？大致说来：就是同里的人互相担保、有罪连坐受罚罢了。倘
如禁令有关系到自己的，依照法则他们不得不相互监视，唯恐别人的罪责
牵连自己。有奸邪心思的人不能得到隐匿，是因为监视他的人多。这样一
来，民众自己就会注意自己的行为，而且监督别人的行为，发现奸邪的隐秘。
告发奸邪的人会免除罪责的株连并且受到奖赏，有奸邪不告发的人会被株
连而遭到惩罚。按照这样来做，那些奸邪一类的人都被揭发了出来。禁止
奸邪，连细小的奸邪行为都不容许发生，是奖励私下告发和实行担保连坐
的法制所起的作用啊。

商人商语：连坐法看似苛刻，其实是扭转了百姓"事不关己"的心态，
让大家成为集体利益中的彼此关联者。在企业管理中，就算不因一人过错
而牵连大家，也要设置举报他人错误的机制和集体荣誉的奖惩机制。毕竟
很多隐藏的错误，只凭借企业的规章制度、信息数据是无法观察到的。

原文：夫治法之至明者，任数不任人。是以有术之国，不用誉则毋适，
境内必治，任数也。亡国使兵公行乎其地，而弗能围禁者，任人而无数也。
自攻者人也，攻人者数也。故有术之国，去言而任法。

字面翻译：那些治国法度极其高明的国家，实行的是依靠法律法规的
法治，而不是任用贤德人才的人治。因此治国有方法的国家，不任用名扬
四海的贤德就能无敌于天下，国内也必定得到治理，这都是依靠法律法规
治国的缘故。丧失主权的国家，让他国的士兵公开地在自己的国土上行动

而不能阻拦制止的原因，在于实行人治而没有法律法规。自取灭亡的，是亡在实行人治；进攻别国的，是依靠法治的力量。所以治国有办法的国家，会去除空谈而实行法治。

商人商语：人治的问题，在于贤德之士不可辨别，大多数贤德之士是"假冒伪劣产品"，会使用人不疑的企业老板大受伤害。而依靠规章制度的法治，就可靠得多，能让即使是资质平庸的老板，也能上经营规模，在行业中确立地位。

原文：凡畸功之循约者难知，过刑之于言者难见也，是以刑赏惑乎贰。所谓循约难知者，奸功也。臣过之难见者，失根也。循理不见虚功，度情诡乎奸根，则二者安得无两失也？是以虚士立名于内，而谈者为略于外，故愚、怯、勇、慧相连而以虚道属俗而容乎世。故其法不用，而刑罚不加乎儌人。如此，则刑赏安得不容其二？实故有所至，而理失其量，量之失，非法使然也，法定而任慧也。释法而任慧者，则受事者安得其务？务不与事相得，则法安得无失，而刑安得无烦？是以赏罚扰乱，邦道差误，刑赏之不分白也。

字面翻译：凡是不正常的功劳，却符合有关立功条约的，是难以识别的；凡是不合法的行为，却掩藏在谏言之中，是难以发现的。因此，刑罚还是奖赏，容易被情理不一致的情况所迷惑。所谓符合立功条约而难以识别的功劳，是奸邪之人的功劳。臣下那些难以发现的罪过，是失了法制的根本。依据通常的事理不能发现虚假的功劳。按照平常的情理也会被奸邪的表象欺骗，那么刑罚和奖赏这两者的执行怎能不双双发生差错呢？因此，有虚假功劳的人在国内获得声誉，而游说之士在国外巧取私利，所以愚妄、怯懦、暴戾、巧诈的人物互相勾结，用虚假的道德迎合世俗，获取存身社会的价值。所以国家的法制不能推行，而且刑罚不能施加于本该受罚的罪人。这样的话，刑罚和奖赏的执行，怎么会不发生不一致的情况呢？事实本来就是这样的，但是衡量它的常理却失去了正确的度量。度量发生的差错，并不是法制造成的，而是法制已经明确但又使用了个人的智慧。放弃法治依靠的法律而使用人治注重的智慧，那么接受职事的官员怎能行使自己的职务？行使职务不能和职事本身配合起来，那么法治怎能不出差错，而刑罚又怎能不繁乱？因此，赏罚扰乱了国家的法制，治国原则发生了错误，是由于刑赏的界限没有区分得明明白白。

商人商语：企业管理中赏罚的混乱，主要原因是老板依照个人的感性印象和他人请托的"人情"，破坏了赏罚制度本身的独立性、客观性。这使企业的绩效考核出现了老板和制度两个标准，使员工努力的方向出现了分叉。

循天顺人明赏罚，可为之也可避之

高明的企业家会设立员工可以得到的公开赏赐，设置员工可以避免的公正刑罚。这样一来，有能力的人会奋力立功以得到奖赏，而不用顾忌多干多错；没有能力的人按章办事，不会犯错，也不会受到平白的惩罚。所以，赏罚的是平常之事做得好或者不好。这个"平常事"，是遵循企业运营管理的岗位要求，并顺应员工行为的合理性而制定出来的职责要求。这会使人人专职、人人专心，企业的运营自然就会高效。

制度公开，就确定了大家共同遵守的信约；制度公平，就容易被大家接受；制度公正，就容易被大家执行。所以，任用干部的制度也要有这"三公"。干部是要对企业做出贡献，并能够带头遵循公司的制度，且表现出管理才干的人。干部要各司其职、各承其责，不得推诿。

本节选取的是《韩非子·用人》，讲的是法家的用人法则，必循天顺人而明赏罚。

《韩非子·用人》：赏罚制度分明，好人和坏人也就不需要费力地去分清楚了

原文：闻古之善用人者，必循天顺人而明赏罚。循天，则用力寡而功立；

顺人，则刑罚省而令行；明赏罚，则伯夷、盗跖不乱。如此，则白黑分矣。治国之臣，效功于国以履位，见能于官以受职，尽力于权衡以任事。人臣皆宜其能，胜其官，轻其任，而莫怀余力于心，莫负兼官之责于君。故内无伏怨之乱，外无马服之患。明君使事不相干，故莫讼；使士不兼官，故技长；使人不同功，故莫争。争讼止，技长立，则强弱不觳力，冰炭不合形，天下莫得相伤，治之至也。

字面翻译：听说古代善于用人的君主，一定会遵循自然的规律、顺应人性的法则，来彰明赏罚的制度。遵循自然的规律，就能够少用气力而建立功业；顺应人性的法则，就能够少用刑罚而推行法令；彰明奖赏和惩罚，那么伯夷的清廉和盗跖的贪婪就不会被混淆了。这样一来，是非的界限就黑白分明了。法治国家的臣子，是为国家立下功绩才获得官位的，是在官位表现出才能才会被授予官职的，是尽力遵守法律法规才被委任官事的。做臣子的都能发挥他们的才能，胜任他们的官职，轻快地完成他们的任务，而不需要把余力保存在心里，不需要对君主承担兼任官职的责任。所以在内没有心怀怨恨的祸乱，在外没有像赵括那样不称职的祸患。英明的君主使得臣下的职事不相干扰，所以不会发生争辩；使得臣下不兼任官职，所以各自的本领就能长进；使得人们不在同一件事情上立功，所以不会发生争斗。没有了争斗和争辩，各自的本领确立了，那么是强是弱就不需要角力了，如同冰、炭不会放在同一个器皿中，天下所有的人相互伤害不了，这是治国的最高境界。

商人商语：企业里赏罚分明，要遵循企业运营管理的制度，使员工能在各自的岗位上展现出各自的才干、能力；还要考虑员工个人能力的特点，使员工能在各自适合的岗位上展现各自的才干、能力，进而形成企业运营的合力。

原文：释法术而心治，尧不能正一国；去规矩而妄意度，奚仲不能成一轮；废尺寸而差短长，王尔不能半中。使中主守法术，拙匠守规矩尺寸，则万不失矣。君人者能去贤巧之所不能，守中拙之所万不失，则人力尽而功名立。

字面翻译：放弃法制和权术，而凭主观的想法来治理政事，尧那样的圣贤也不能治理好一个国家；不用圆规、角尺，而凭主观的想法来胡乱猜测，奚仲那样的造车专家也不能做好一个车轮；废弃度量用的尺寸而比较长短，王尔那样的巧匠也不能猜中一半。让中等才智的君主奉行法制和权术，笨拙的匠人奉行规矩和尺寸，做事就会万无一失了。做君主的能够去除连贤德、巧匠也不能成功的那种凭主观来办事的做法，而奉行连中等才智的君主、笨拙的匠人都能万无一失的那种法制尺度来做事的做法，那么臣民的力量就会充分地发挥出来，而自己的功业、名望也就能建立起来。

商人商语：规章制度是运营、管理企业最有效、最可靠的工具。不仅可以帮助老板提升管理能力，还能帮助员工提高工作能力。更重要的是，可以凭借规章制度来尽可能地杜绝工作中人为错误造成的损失。

原文：明主立可为之赏，设可避之罚。故贤者劝赏而不见子胥之祸，不肖者少罪而不见伛剖背，盲者处平而不遇深谷，愚者守静而不陷险危。如此，则上下之恩结矣。古之人曰："其心难知，喜怒难中也。"故以表示目，以鼓语耳，以法教心。君人者释三易之数而行一难知之心，如此，则怒积于上而怨积于下。以积怒而御积怨，则两危矣。明主之表易见，故约立；其教易知，故言用；其法易为，故令行。三者立而上无私心，则下得循法而治，望表而动，随绳而斫，因攒而缝。如此，则上无私威之毒，而下无愚拙之诛。故上居明而少怒，下尽忠而少罪。

字面翻译：英明的君主设立可以努力得到的奖赏，设立可以努力避免的刑罚。所以贤德的人奋力立功得赏而不会遭遇伍子胥那样的灾祸，无德无才的人减少犯罪而不会遭到驼背被剖那样的无辜刑罚，眼盲的人身处在平地就不会遇到深谷，愚笨的人过着本分的生活就不会陷入险境。这样的话，君主和臣民之间的恩情就产生了。古代的人说："人的心思难以捉摸，人的喜怒难以猜中。"所以要用标记给眼睛当坐标，用鼓声给耳朵传信息，用法制给人心做教化。如果做君主的放弃这三种容易的方法而运用一种难以捉摸的心思施政，君主的内心就会积聚起愤怒，而臣下的心中就会积聚起怨恨。用积怒的心境来驾驭心中积怨的臣下，君主和臣下两方都是危险的。英明君主的标记容易看见，所以他的信约就能确立；他的教化容易理解，所以他的言语就能起作用；他的法制容易遵守，所以他的法令就会得到执行。这三方面都做到了，君主又没有私心干扰，臣下就能够遵循法制而处理政事，如同是看着标记来行动，循着墨线来砍削，根据剪裁来缝纫。这样一来，君主就不会有滥施个人威势给臣民造成的毒害，而臣下也不会因为愚蠢、笨拙而受到处罚。所以君主处在明察的地位就会减少愤怒，臣下尽忠职守就会减少罪过。

商人商语：韩非子说的"表易见、教易知、法易为"，其实和现代法制的"公开、公平、公正"三个理念有很大的类同之处。企业的运营管理也是如此，能被员工看见、能被员工理解、能被员工执行的规章制度，才是真正有效的规章制度。

原文：闻之曰："举事无患者，尧不得也。"而世未尝无事也。君人者不轻爵禄，不易富贵，不可与救危国。故明主厉廉耻，招仁义。昔者介子推无爵禄而义随文公，不忍口腹而仁割其肌，故人主结其德，书图著其名。人主乐乎使人以公尽力，而苦乎以私夺威；人臣安乎以能受职，而苦乎以一负二。故明主除人臣之所苦，而立人主之所乐。上下之利，莫长于此。不察私门之内，轻虑重事，厚诛薄罪，久怨细过，长侮偷快，数以德追祸，是断手而续以玉也，故世有易身之患。

字面翻译：听说过这么一句话："办事不出差错的，就是尧也做不到。"而天下从来就没有平安无事的时候啊。做君主的若不能看轻些爵禄、看低些富贵，就不能动员臣民和自己一起挽救危亡的国家。所以英明的君主激励臣下的廉耻之心，提倡仁义的举止。从前，介子推没有爵禄而凭着"道义"追随晋文公出亡，不忍心让他饿肚子，于是又凭着"仁爱"割下自己身上的肉给晋文公充饥，所以君主铭记他的德行，图书上著录他的名字。君主乐于使臣下为了国家利益来竭尽力量，而苦于他们为了私人利益而夺取威权；臣子安于凭才能接受官职，苦于一个人兼任两个人的官职。所以英明的君主应该消除臣子所苦恼的事，而做作为君主会感到快乐的事。君臣之间的利益，没有比这个更长远的了。不察听大臣私下的活动，轻率地考虑重大的事情，过重地处罚轻罪的人，长期地怨恨臣下的小错，经常侮辱臣下以取得一时的快乐，频繁地用恩惠来补偿自己人为造成的灾难，这就像是砍断别人的手臂而又给他接上玉臂一样，所以天下存在着君位被篡夺的祸患。

商人商语：计划好的，不断出事情；规划外的，也不断出事情。这些情况，其实是企业经营的常态，也是企业的规章制度和赏罚措施真正起作用的地方。运营企业，希望员工有仁义，这需要企业文化的教化。但是，不能指望员工仁义，更不能指望老板仁义，而应该指望大家在制度下是否守法。

原文：人主立难为而罪不及，则私怨生；人臣失所长而奉难给，则伏怨结。劳苦不抚循，忧悲不哀怜；喜则誉小人，贤不肖俱赏；怒则毁君子，使伯夷与盗跖俱辱；故臣有叛主。

字面翻译：君主树立难以达到的行为标准，而去怪罪臣下没有达到，臣子私下就会产生怨恨；让臣下丢掉特长而去从事难以胜任的职事，臣子心头就会积下怨恨。君主对臣子的劳苦不抚慰，对臣子的忧伤不同情；高兴时连小人都称誉，对贤人和不贤的人一起赏赐；发怒时连君子也诋毁，使清廉的伯夷和贪婪的盗跖一起受辱。所以，臣子中就有背叛君主的人。

商人商语：法制，要合情合理；法外，要通人情世故。韩非子认识到单一法制的不足，又倡导"吏法术微"，来弥补单一法制的缺陷。所以，老板们不能坐在办公室里，单纯靠规章制度来做管理。

原文：使燕王内憎其民而外爱鲁人，而燕不用而鲁不附。民见憎，不能尽力而务功；鲁见说，而不能离死命而亲他主。如此，则人臣为陂穴，而人主独立。以陂穴之臣而事独立之主，此之谓危殆。

字面翻译：假使燕王对内憎恨自己国家的民众而对外喜爱鲁国人，那么燕国人就不会为他所驱使，而且鲁国人也不会依附他。燕国民众被憎恨，不可能尽力来为国立功；鲁国人被喜爱，但是不可能冒着死罪去亲近别国的君主。这样的话，臣子就成了缝隙、孔穴一样的隐患，而君主也会陷于孤立。用成了隐患的臣子去侍奉孤立的君主，这就叫危险。

商人商语：老板可以批评员工，但是不要嫌弃他，特别是不要和外面相熟公司的员工进行比较。这种不合适的比较，本意虽是想刺激员工更加积极地工作，却会让他错认为老板有离弃之心，也许会导致他开始考虑换家单位工作了。

原文：释仪的而妄发，虽中小不巧；释法制而妄怒，虽杀戮而奸人不恐。罪生甲，祸归乙，伏怨乃结。故至治之国，有赏罚而无喜怒，故圣人极；有刑法而死无螫毒，故奸人服。发矢中的，赏罚当符，故尧复生，羿复立。如此，则上无殷、夏之患，下无比干之祸，君高枕而臣乐业，道蔽天地，德极万世矣。

字面翻译：不对准靶子而胡乱地发射，即使是射中很小的东西，也不能算是箭术高超；不依照法律制度而胡乱地发怒，即使是大肆杀戮，奸邪的人也不会恐惧。甲犯下的罪过，灾祸却归于乙，怨恨就会产生。所以治理得最好的国家，有赏罚的施行，却不是凭借君王的个人喜怒，由此圣人治国可达到最高境界；有刑法杀人，却不是逞个人的威风害人，所以奸邪的人也会被慑服。射箭中靶，赏罚合法，就好像是圣明的尧复活了，神箭手羿再生了。这样的话，君主就没有殷、夏那样亡国的患乱，臣下就没有比干那样被剖心的灾祸，君主高枕无忧而臣下安居乐业，以法治国的原则普遍地施行于天下，恩德流传千秋万代。

商人商语：凭法制来赏罚，就可以达到治国的极致。这个法家的理想国，在现实中却是不可行的，毕竟还是忽视了人性中的自由因子。所以，这也是现代企业管理，更加强调企业文化的意义所在。

原文：夫人主不塞隙穴而劳力于赭垩，暴雨疾风必坏。不去眉睫之祸而慕贲、育之死，不谨萧墙之患而固金城于远境，不用近贤之谋而外结万乘之交于千里，飘风一旦起，则贲、育不及救，而外交不及至，祸莫大于此。

当今之世，为人主忠计者，必无使燕王说鲁人，无使近世慕贤于古，无思越人以救中国溺者。如此，则上下亲，内功立，外名成。

字面翻译：做君主的不去堵塞缝隙、孔穴而在粉饰外表上面花费力气，遇到暴风骤雨就一定会塌坏。君主不去消除眼前的祸患，却幻想能有孟贲、夏育之类的勇士来为自己卖命，不谨防朝堂、宫廷内部的祸患，却在远方的边境上美化城墙，不采用身边贤能之士的谋略却去结交千里之外的大国，祸患的风暴一旦发生，那么孟贲、夏育之类的勇士来不及解救，而远方结交的大国来不及赶到，再没有比这"舍近求远"的灾祸更大的了。在当今时代，为君主忠心谋划的人，一定不要使自己的君主像燕王爱鲁人那样爱别国的民众，不要使近世的君主仰慕古代帝王的贤德，不要去想身处边远的善于游泳的越国人来救援中原地区的溺水者。这样，君主和臣下就能互相亲近，国内的功业可以建立，国外的威名也能成就。

商人商语："与其临渊羡鱼，不如退而结网"，企业的人力资源建设也是如此。外面的人再优秀未必能为你服务，身边的人没那么优秀却马上就可以起用，培养起来后也会忠心耿耿。所以，企业家和企业员工，如果能够在法制环境下互相信任、互相促进，企业的发展壮大就是必然的。

第六章

明主治吏不治民，吏法术微、守法责成

吏治，是中国历代王朝衰亡的"痼疾"，除了秦朝，无一幸免。秦朝虽然二世而斩，却不是吏治失控形成的政权旁落于权贵，也不是吏治腐败造成的民间造反。那么为什么"短命"的秦朝能幸免于"长命"王朝的致命错误呢？是因为秦朝的苛法严刑吗？但是同样执政残酷，"视贪官如仇敌，杀贪官如割芥"的朱元璋，也没有解决"吏治"的腐败啊。

我不是历史学家，本书重点在研究法家思想，不在于探讨秦王朝覆灭的原因。我认为秦朝吏治尚好的根本，是其建立在"尚法非贤"的法制体系上。一切官员的行事，皆需尊重法律，而不需要个人的智巧。再辅之以"吏法术微"的独特理念，涉及选人、用人、考核、分化等措施。法家非常重视吏治，认为"闻有吏虽乱而有独善之民，不闻有乱民而有独治之吏，故明主治吏不治民"。所以，企业家管理好企业员工之前，要先管理好企业的干部。所谓的"吏法术微"，其实也就是历朝历代被神秘化了的"帝王权术"。

本章开篇选取的是《韩非子·外储说右下》，总体概述了法家吏治的五大原则性问题。

《韩非子·外储说右下》：吏治和民治如同树干和树枝的关系，吏治清明了，民治也就安顺了

原文：经一：赏罚共则禁令不行。何以明之？明之以造父、于期。子罕为出彘，田恒为圃池，故宋君、简公弑。患在王良、造父之共车，田连、成窍之共琴也。

字面翻译：经一：赏罚大权由君臣共同掌控，那么禁令就不能推行。怎么说明这个道理呢？用造父、王子于期驾马失控的事例来说明。子罕行使惩罚权的威势，就像是造父驾马时突然窜出的猪；田恒行使奖赏权的恩德，就像是王子于期驾马时田圃里的水池。宋国国君和齐简公的权势被分割，分别被子罕和田慎杀掉了。君臣共同掌控赏罚大权的祸害表现在王子于期、造父共同驾驶一辆车子而无法指挥马，田连、成窍共同弹奏一张琴而不能弹成曲调。

商人商语：企业家亲自掌权，也许会辛苦，也许会挨骂，但若是放弃了权力，就等同于放弃了责任，也就相当于放弃了自己的价值。

原文：说一：造父御四马，驰骤周旋而恣欲于马。恣欲于马者，擅辔策之制也。然马惊于出彘而造父不能禁制者，非辔策之严不足也，威分于出彘也。王子于期为驸驾，辔策不用而择欲于马，擅刍水之利也。然马过于圃池而驸驾败者，非刍水之利不足也，德分于圃池也。故王良、造父，天下之善御者也，然而使王良操左革而叱咤之，使造父操右革而鞭笞之，马不能行十里，共故也。田连、成窍，天下善鼓琴者也，然而田连鼓上、成窍摄下而不能成曲，亦共故也。夫以王良、造父之巧，共辔而御，不能使马，人主安能与其臣共权以为治？以田连、成窍之巧，共琴而不能成曲，人主又安能与其臣共势以成功乎？

一曰：造父为齐王驸驾，渴马服成，效驾圃中。渴马见圃池，去车走池，驾败。王子于期为赵简主取道争千里之表，其始发也，彘伏沟中，王子于期齐辔策而进之，彘突出于沟中，马惊驾败。

字面翻译：说一：造父驾御四匹马拉的车子，时而向前奔驰，时而绕圈打转，随心所欲地控制马。他之所以能随心所欲地控制马，是因为他擅长用马缰绳和马鞭子来控制。然而马被突然窜出来的猪所惊吓而造父不能控制的原因，并不是马缰绳和马鞭子的威力不足，而是威力被窜出来的猪给分散了。王子于期驾御副车，不用马缰绳和马鞭子，而是选择马的喜好来驯马，擅长用草料和饮水来控制马。马经过草圃水池而副车控制失败的原因，并不是草料和饮水的诱惑力不足，而是这种诱惑力被草圃水池给分散了。所以，王子于期、造父是天下有名的擅长驾御马车的人，然而让王良操控左边马的马笼头并大声呵斥马，让造父操控右边马的马笼头并用鞭子抽赶，马不能走出十里地，这是两人共同操控一辆车的缘故啊。田连、成窍是天下有名的擅长弹琴的人，然而田连在琴首弹拨、成窍在琴尾按捺，却不能弹成曲调，也是两人共同操控一张琴的缘故啊。凭王子于期、造父的技巧，二人共同掌控马缰绳来驾御，却不能驱使马，君主怎么能和他的臣子共同掌握权力来治理国家呢？凭田连、成窍的才能，二人共同操控琴弦却不能弹奏成曲调，君主怎么能和他的臣子共同利用权势来建成功业呢？

另一种说法：造父作为齐王副车的车夫，用使马干渴的方法把马驯服成功，在草圃里试车。干渴的马见到了圃中的水池，就离开车子跑向水池，试车因此失败。王子于期驾车奔驰在路上，为赵简子争夺长途赛程的锦标。他的车子刚出发时，有头猪伏在沟里，当王子于期操控好缰绳、挥动马鞭要前进时，猪突然从沟里窜出，马受到惊吓，驾车因此失败。

商人商语：在企业的实际经营中，需要一个统一的思路、声音和方向。特别是在出现问题时，更需要权力、权威的唯一性。

原文：司城子罕谓宋君曰："庆赏赐与，民之所喜也，君自行之；杀戮诛罚，民之所恶也，臣请当之。"宋君曰："诺。"于是出威令，诛大臣，君曰："问子罕也。"于是大臣畏之，细民归之。处期年，子罕杀宋君而夺政。故子罕为出彘以夺其君国。

字面翻译：司城子罕对宋国君主宋桓侯说："喜庆的奖赏、恩赐的施与，是民众们所喜欢的，请君上您自己去施行；杀戮和诛罚，是民众们所憎恶的，请让我来承担吧。"宋桓侯说："行。"从此以后，发布严厉的法令、诛罚重要的臣子，宋桓侯总说："去问子罕。"于是大臣们害怕子罕，平民们归附子罕。过了一年，子罕杀了宋桓侯，夺取了政权。所以说，子罕就像突然窜出的猪一样夺取了他的君主宋桓侯的国家。

商人商语：赏罚看似是两件事，其实归之于民众的一个心理。将奖赏或刑罚的权力分予他人，其实是将民心分给了他人。正因如此，企业里才有了"二老板"，才有了"请神容易送神难"的尴尬。

原文：简公在上位，罚重而诛严，厚赋敛而杀戮民。田成恒设慈爱，明宽厚。简公以齐民为渴马，不以恩加民，而田成恒以仁厚为圃池也。

一曰：造父为齐王骖驾，以渴服马，百日而服成。服成，请效驾齐王，王曰："效驾于圃中。"造父驱车入圃，马见圃池而走，造父不能禁。造父以渴服马久矣，今马见池，驷而走，虽造父不能治。今简公之以法禁其众久矣，而田成恒利之，是田成恒倾圄池而示渴民也。

字面翻译：齐简公做君主的时候，刑罚严重而诛戮严厉，从重征税而残害百姓。田成子总是做表现其慈爱的事，宣扬自己宽厚的名声。齐简公把齐国民众当作渴马来调教，不把恩惠施与民众，可是田成子用仁爱宽厚作为草圄的水池来争取民众。

另一种说法：造父作为齐王副车的车夫，用使马干渴的方法来驯服马，一百天后把马驯服成功了。驯服成功后，请求试车给齐王看，齐王说："到草圄中去试车。"造父赶车进入草圄，马看见圄中的水池就跑了过去，造父不能阻止。造父用使马干渴的方法来驯服马的时间已经很久了，现在马看见水池，就撒欢地跑去，即使造父也不能控制。现在齐简公用苛法严刑禁锢他的百姓很久了，而田成子却给予百姓好处，这就好比是田成子倾倒出草圄水池里的水来显示给饥渴的民众。

商人商语：企业中之所以有大大小小的"团体"，其实不在于负责人的个人魅力，而在于他掌控了赏罚的权力，或者是掌控了制定赏罚规则的权力，并利用这种权力来显示权重和恩惠。老板看不到这一点，以为自己重用了有能力的人，原来却是自己被利用了才显得其有能力的。

原文：一曰：王子于期为宋君为千里之逐。已驾，察手吻文。且发矣，驱而前之，轮中绳；引而却之，马掩迹。拊而发之。彘逸出于窦中。马退而却，策不能进前也；马骅而走，辔不能正也。

一曰：司城子罕谓宋君曰："庆赏赐予者，民之所好也，君自行之；诛罚杀戮者，民之所恶也，臣请当之。"于是戮细民而诛大臣，君曰："与子罕议之。"居期年，民知杀生之命制于子罕也，故一国归焉。故子罕劫宋君而夺其政，法不能禁也。故曰："子罕为出彘，而田成常为圄池也。"令王良、造父共车，人操一边辔而出门间，驾必败而道不至也。令田连、成窍共琴，人抚一弦而挥，则音必败、曲不遂矣。

字面翻译：还有一种说法：王子于期代表宋国君主进行一场千里的竞赛。马匹已经上架，又检查好车驾的各个细节。将要发车了，王子于期赶车前行，轮子正好对着车辙；引马后退，马的前蹄正好掩盖了后蹄的蹄印。他击打着马匹，比赛开始了。突然，有猪从洞里溜达出来。马受惊后退就停了下来，鞭打它也不能使它前进；马发狂又奔跑起来，缰绳也不能把它控制在正道上。

再有一种说法：司城子罕对宋国君主说："喜庆的奖赏、恩赐的施与，是民众们所喜欢的，请君上您自己去施行；诛罚、杀戮的事情，是民众所憎恶的，请让我来承担吧。"从此之后，凡是杀戮百姓或者诛罚大臣，宋国君主总说："去和子罕商量这件事情吧。"过了一年，百姓知道自己或生或死的命运掌控在子罕手里，所以全国的人都依附了他。也因此，子罕挟持了宋国国君，篡夺了君主的政权，法律也不能禁止。所以说："子罕是窜出来的猪，而田成子是圃池中的水。"让王子于期、造父共同驾驶一辆车，一人掌控一边的马缰绳，从里巷门中出发，驾车一定会失败，不能行驶在道路上。让田连、成窍共同弹奏一张琴，一人按抚一根琴弦来拨动，那么音调必定无法协调，乐曲也终究无法完成。

商人商语：企业管理的"恩威并重"，是掌控在老板一个人或者一个标准制度下的并重。站在一个标准制度背后的，也必须只能是老板一个人或者董事会的声音。

原文：经二：治强生于法，弱乱生于阿，君明于此，则正赏罚而非仁下也。爵禄生于功，诛罚生于罪，臣明于此，则尽死力而非忠君也。君通于不仁，臣通于不忠，则可以王矣。昭襄知主情而不发五苑，田鲔知臣情故教田章，而公仪辞鱼。

字面翻译：经二：国家的安定、强大缘于法制无情，国家的衰弱、动乱于阿谀奉承。君主明白了这个道理，就会公正地施行赏罚而不是对臣民讲仁爱。爵位和俸禄来自于功劳，诛戮和刑罚来自于罪行。臣子明白了这个道理，就会拼尽全力做事而不是向君主效力。君主明白不用仁爱的道理，臣子明白不需私忠的道理，这个国家就可以称王天下了。秦昭襄王懂得做君主的本分，所以不发放五苑的瓜果蔬菜去救济民众；田鲔懂得做臣子的本分，所以教育儿子田章一切要先从国家利益出发；而公仪休虽然爱吃鱼却不接受私人送的鱼，唯恐因此失去相位。

商人商语：企业依法运营，就是要让各个岗位的员工明白自己的职责本分，是为企业利益工作获得薪酬，而不是为讨好老板获取奖赏。各个岗位的员工都明白了自己的职责，企业的所有"零部件"也就能正常自主地运转，企业的运营自然就会稳定而强大。

原文：说二：秦昭襄王有病，百姓里买牛而家为王祷。公孙述出见之，入贺王曰："百姓乃皆里买牛为王祷。"王使人问之，果有之。王曰："訾之人二甲。夫非令而擅祷，是爱寡人也。夫爱寡人，寡人亦且改法而心与之相循者，是法不立；法不立，乱亡之道也。不如人罚二甲而复与为治。"

一曰：秦昭襄王病，百姓为之祷；病愈，杀牛塞祷。郎中阎遏、公孙衍出见之，曰："非社腊之时也，奚自杀牛而祠社？"怪而问之。百姓曰："人主病，为之祷；今病愈，杀牛塞祷。"阎遏、公孙衍说，见王，拜贺曰："过尧、舜矣。"王惊曰："何谓也？"对曰："尧、舜，其民未至为之祷也。今王病而民以牛祷，病愈，杀牛塞祷，故臣窃以王为过尧、舜也。"王因使人问之，何里为之，訾其里正与伍老屯二甲。阎遏、公孙衍愧不敢言。居数月，王饮酒酣乐，阎遏、公孙衍谓王曰："前时臣窃以王为过尧、舜，非直敢谀也。尧、舜病，且其民未至为之祷也；今王病，而民以牛祷，病愈，杀牛塞祷。今乃訾其里正与伍老屯二甲，臣窃怪之。"王曰："子何故不知于此？彼民之所以为我用者，非以吾爱之为我用者也，以吾势之为我用者也。吾释势与民相收，若是，吾适不爱而民因不为我用也，故遂绝爱道也。"

字面翻译：说二：秦昭襄王生病了，每个里的百姓都买牛祭神，家家为他祈祷。公孙述出外见到这种情形，进宫祝贺王说："竟然每个里的百姓都买牛为大王您祈祷。"王派人查问这件事，果然有这种情形。王说："罚钱，每人出两副铠甲钱。没有法令而擅自祈祷，这是爱戴我呀。他们爱戴我，我要是也改变法令去用同样的心思爱他们，这样法制就不能建立起来；法制不建立，是国家混乱、君主死亡之道啊。不如每人罚交两副铠甲，重新和他们建立依法治理的原则。"

另一种说法：秦昭襄王生病，百姓为他向神祈祷；秦昭襄王病愈后，百姓杀牛向神还愿。侍从官阎遏、公孙衍出外见到了，说："现在不是祭土地神和腊祭的时候啊，为什么要杀牛祭祀土地神？"他们感到奇怪，就去问百姓。百姓说："君主生病，我们为他向神祈祷；现在他病好了，我们杀牛向神还愿。"阎遏、公孙衍很高兴，去见王，拜贺说："您的贤德胜过尧、舜了。"王吃惊地说："怎么这么说呢？"他们回答说："尧和舜，他们的民众还没达到为他们祈祷的地步。现在大王生病，而民众用牛来祈祷；大王病愈了，民众杀牛还愿，所以我们私下认为大王的贤德胜过尧、舜了。"王便派人查问这件事，哪个里有这样做的，就惩罚这个里的里正和伍老各出两副铠甲的钱。阎遏、公孙衍惭愧得不敢言语。过了几个月，王喝酒正酣畅快乐时，阎遏、公孙衍对王说："前些时候，我们私下认为大王的贤德胜过尧和舜，并非是胆敢故意讨好。尧、舜生病了，他们的民众也还不至于为了他们向神祈祷；现在大王生病，而民众用牛来为大王祈祷，大王病愈，民众杀牛向神还愿。可大王竟然惩罚那个里的里正和伍老各出两副铠甲钱，我们私下对这个做法感到奇怪。"王说："你们怎么能不懂这个做法呢？那些民众之所以为我所用，并不是因为我仁爱他们才为我所用，而是因为我的权势才为我所用啊。我放下权势和民众相互交好，这样的话，我如果偶然没有表现出仁爱，民众就不再为我所用了，所以我最终断绝了仁爱的做法。"

商人商语：秦昭王很理智，既看到了"仁爱"的珍贵，也看到了"仁爱"的不稳定。所以他宁可舍弃这个不稳定的"仁爱"，而坚持依法治国。可见，以规章制度来管理企业并不是"绝仁弃爱"的不近人情，而是认为企业经营需要更稳定更可靠的法制。

原文：秦大饥，应侯请曰："五苑之草著、蔬菜、橡果、枣、栗，足以活民，请发之。"昭襄王曰："吾秦法，使民有功而受赏，有罪而受诛。今发五苑之蔬草者，使民有功与无功俱赏也。夫使民有功与无功俱赏者，此乱之道也。夫发五苑而乱，不如弃枣蔬而治。"一曰："令发五苑之蓏、蔬、枣、粟，足以活民，是用民有功与无功争取也。夫生而乱，不如死而治，大夫其释之。"

字面翻译：秦国发生严重饥荒，应侯请求说："五苑里地上长的草、蔬菜、栎树的果实、枣子、栗子，足以养活民众，请您分发给他们。"秦昭襄王说："我们秦国的法律，是使民众有功劳就受到奖赏，有罪过就要受到刑罚。现在发放五苑里的蔬菜、草等，是使民众中有功劳和无功劳的一起得到赏赐。那种使有功劳和无功劳一起得到赏赐的做法，是使国家混乱的做法啊。如果发放五苑里的东西而使得国家混乱，不如舍弃枣、蔬菜而使国家得到治理。"关于秦昭襄王的回答，还有一种说法是："诏令发放五苑里的瓜果、蔬菜、枣子、栗子，虽然足够用来养活民众，但这会使有功劳的和无功劳的民众发生争抢夺取的混乱。与其让他们活着而使国家混乱，不如让他们死了而使国家得到治理，大夫您还是放弃这种建议吧！"

商人商语：法家思想的残酷性，在于坚持法制的唯一性，不通情理的遇到特殊情况也不更改。也许只有这种坚持，才能真正树立起制度的权威性，才能真正教化出百姓对于制度的敬畏之心。由此反思企业的规章制度是否具有权威性，是否值得员工敬畏。

原文：田鲋教其子田章曰："欲利而身，先利而君；欲富而家，先富而国。"

一曰：田鲋教其子田章曰："主卖官爵，臣卖智力，故自恃无恃人。"

字面翻译：田鲋教育他的儿子田章说："要想自己得到利益，先要使你的君主得到利益；要想使自己的家庭富有，先要使你的国家富有。"

另一种说法：田鲋教育他的儿子田章说："君主售卖官职、爵位给臣子，臣子售卖智慧、气力给君主，所以人要依靠自我而不能依靠别人。"

商人商语：员工、高管、企业家，这三者是利益一体的关系。利益关系存在的基础，在于每一个利益体都有着自己存在的独特价值。

原文：公仪休相鲁而嗜鱼，一国尽争买鱼而献之，公仪子不受。其弟谏曰："夫子嗜鱼而不受者，何也？"对曰："夫唯嗜鱼，故不受也。夫即受鱼，必有下人之色；有下人之色，将枉于法；枉于法，则免于相。虽嗜鱼，此不必致我鱼，我又不能自给鱼。即无受鱼而不免于相，虽嗜鱼，我能长自给鱼。"此明夫恃人不如自恃也，明于人之为己者不如己之自为也。

字面翻译：公仪休担任鲁国宰相而且喜爱吃鱼，全国的人都争相买鱼来进献给他，公仪休不接受。他的弟子劝说他："先生您喜爱吃鱼却不接受那些鱼，为什么呢？"公仪休回答说："正因为我喜爱吃鱼，所以不能接受。如果接受了献来的鱼，就一定会有迁就他们的表现；有迁就他们的表现，就会违背国家的法律；违背国家的法律，就会被免去宰相的官位。这样一来，我即使喜爱吃鱼，这些人也不一定再给我献鱼，（而没有了俸禄）我又不能给自己买鱼。假使不接受他们进献的鱼，我也就不会被罢免宰相，我即使喜爱吃鱼，也能够（依靠俸禄）长期地自给自足。"这是明白依靠别人不如依靠自己的道理，明白依靠别人帮助自己不如自己帮助自己的道理。

商人商语：官吏腐败，都是从属人之常情的一些小节开始的。企业中也会出现这种个人之间交往的礼节。这种礼节，看似是企业运营管理中"正式沟通"的润滑剂，其实潜伏着"非正式沟通"达成的隐患。

原文：经三：明主者，鉴于外也，而外事不得不成，故苏代非齐王。人主鉴于上也，而居者不适不显，故潘寿言禹情。人主无所觉悟，方吾知之，故恐同衣同族，而况借于权乎！吴章知之，故说以伴，而况借于诚乎！赵王恶虎目而壅。明主之道，如周行人之却卫侯也。

字面翻译：经三：英明的君主，会借鉴国外的经验，然而对国外的政事经验借鉴不当还是不能成功，因此苏代批评齐王不信臣子，燕王以此为鉴而权落子之手里。君主借鉴上古的经验，然而对隐士的话借鉴不当还是不能显耀自己，因此潘寿借机谈论夏禹传位。燕王却以此为鉴把国位让给了子之。君主对这些权臣的"贤德"之危害还无所察觉、领悟，方吾是知道这个道理的，所以他借用古礼连"同衣同族"都忌讳的礼仪，进一步解说怎么能把君权外借给臣下呢？吴章是知道这个道理的，因此劝说君主连假的爱憎态度都不能表露出来，何况把真情流露给臣下而让臣下有所凭借呢?! 赵王厌恶老虎的眼睛，然而身边近侍说权臣的眼睛比老虎的眼睛更可怕，赵王却不觉得被蒙蔽了。英明君主的治国原则，就像是周王朝的外交官阻拦卫侯侵犯周天子的名字一样，坚决维护君主独一无二的尊严。

商人商语：君王权势的唯一性，需要君王自我保护意识的觉知，以及法律制度的维护。企业老板即使是对高管授权，也要有"5W+2H"的设定，这样才能在保证高效工作的同时，防止风险的发生。

原文：说三：子之相燕，贵而主断。苏代为齐使燕，王问之曰："齐王亦何如主也？"对曰："必不霸矣。"燕王曰："何也？"对曰："昔桓公之霸也，内事属鲍叔，外事属管仲，桓公被发而御妇人，日游于市。今齐王不信其大臣。"于是燕王因益大信子之。子之闻之，使人遗苏代金百镒，而听其所使。

一曰：苏代为齐使燕，见无益子之，则必不得事而还，贡赐又不出，于是见燕王，乃誉齐王。燕王曰："齐王何若是之贤也？则将必王乎？"苏代曰："救亡不暇，安得王哉？"燕王曰："何也？"曰："其任所爱不均。"燕王曰："其亡何也？"曰："昔者齐桓公爱管仲，置以为仲父，内事理焉，外事断焉，举国而归之，故一匡天下，九合诸侯。今齐任所爱不均，是以知其亡也。"燕王曰："今吾任子之，天下未之闻也？"于是明日张朝而听子之。

字面翻译：说三：子之担任燕国的宰相，地位尊贵并且专权独断。苏代为齐国出使燕国，燕王问他说："齐宣王是个怎样的君主呢？"苏代回答说："一定不能称霸天下了。"燕王说："为什么呢？"苏代回答说："从前齐桓公称霸，内部的政事托付给鲍叔牙，外部的政事托付给管仲，齐桓公蓬头散发地去玩弄妇女，每天在宫中的街坊内游玩。现在的齐王不信任他的大臣。"于是燕王便更加信任子之。子之听说这件事，派人赠给苏代一百镒黄金，而且让这个人听凭苏代的指使。

另一种说法：苏代为齐国出使燕国，看到不使子之获得好处，就一定不能办成事情回国，燕国给齐国的贡品和给自己的赏赐也不会拿出来，于是见到燕王，就称赞齐王。燕王说："齐王怎么会这么的贤德？那一定会称王天下了吧？"苏代说："挽救危亡都来不及，怎么还能称王呢？"燕王问：

"为什么呢？"苏代说："齐王任用大臣和他对这个大臣的宠信，是不对等的。"燕王说："齐国危亡又是为什么呢？"苏代说："从前，齐桓公宠信管仲，尊他为仲父，内部的政事由他处理，外部的政事由他决断，将整个国家的命运都交给他掌控，所以才能够独自地匡正天下，九次会盟诸侯。现在齐王对任用的大臣和所对应的宠信不对等，所以知道齐国会危亡。"燕王说："现在我任用子之，天下的人还没有听说过吗？"于是第二天大行朝会，而听凭子之主政。

商人商语：不同企业的高管之间，有着群体利益的共性。所以就有了"圈子"来暗通款曲，互助"贤才"声势。但是，管仲的贤德和才干是万中无一的。用宠信管仲的方式来宠信"贤才"，希望能做到行业领导者的丰功伟绩，不仅如"守株待兔"般愚蠢，还有可能犯下"农夫与蛇"中农夫所犯的致命错误。

原文：潘寿谓燕王曰："王不如以国让子之。人所以谓尧贤者，以其让天下于许由，许由必不受也，则是尧有让许由之名而实不失天下也。今王以国让子之，子之必不受也，则是王有让子之之名而与尧同行也。"于是燕王因举国而属之，子之大重。

一曰：潘寿，隐者。燕使人聘之。潘寿见燕王曰："臣恐子之之如益也。"王曰："何益哉？"对曰："古者禹死，将传天下于益，启之人因相与攻益而立启。今王信爱子之，将传国子之，太子之人尽怀印，为子之之人无一人在朝廷者。王不幸弃群臣，则子之亦益也。"王因收吏玺，自三百石以上皆效之子之，子之大重。夫人主之所以镜照者，诸侯之士徒也，今诸侯之士徒皆私门之党也。人主之所以自浅娟者，岩穴之士徒也，今岩穴之士徒皆私门之舍人也。是何也？夺褫之资在子之也。故吴章曰："人主不佯憎爱人。佯爱人，不得复憎也；佯憎人，不得复爱也。"

一曰：燕王欲传国于子之也，问之潘寿，对曰："禹爱益而任天下于益，已而以启人为吏。及老，而以启为不足任天下，故传天下于益，而势重尽在启也。已而启与友党攻益而夺之天下，是禹名传天下于益，而实令启自取之也。此禹之不及尧、舜明矣。今王欲传之子之，而吏无非太子之人者也，是名传之而实令太子自取之也。"燕王乃收玺，自三百石以上皆效之子之，子之遂重。

字面翻译：潘寿对燕王说："大王不如把国家禅让给子之。人们之所以说尧很贤德，是因为他要把天下禅让给许由，许由一定不肯接受，这样一来，尧有了禅让天下的名声而实际上又不会失去天下。现在大王把国家禅让给子之，子之一定不肯接受，这样，大王会有禅让国家给子之的名声而且和尧拥有同样的德行。"于是燕王就把整个国家托付给了子之，子之的地位非常尊贵。

另一种说法：潘寿，是个隐士。燕王派人招请他。潘寿拜见燕王说："我担心子之会有像伯益一样的下场。"燕王说："怎么会像伯益呢？"潘寿回答说："古时的大禹死前，本打算把天下传给伯益，大禹儿子启的人相互勾结，攻击伯益来拥立启。现在大王信任宠爱子之，打算把国家传给子之，而太子的人全都怀有官印，辅佐子之的人没有一个在朝廷做官的。大王如果不幸离开群臣，那么子之也就有像伯益一样的下场了。"燕王因此把官吏的印玺都收上来，俸禄在三百石以上的官职都交给子之处理、任命，子之权势大增。君主通过咨询意见来修正自身，借鉴的是诸侯国的那些士人们，而现在诸侯国的士人们都是权贵门下的党羽。君主自降身份去请教建议的，是隐居山林的士人们，而现在隐居山林的士人们都是权贵门下的宾客。这是为什么呢？因为剥夺利益的权力在子之手里。所以吴章说："君主不会顺着某种意见去恨人或者爱人。因为顺着宠爱某人之后，就无法再恨他；顺着憎恨某人之后，就无法再宠爱他了。"

还有一种说法：燕王想把国家传给子之，咨询潘寿，潘寿回答说："大禹宠信伯益而要把天下托付给他，过了不久又任用儿子启的人为官吏。禹年老的时候，又认为启不足以担负起天下重任，所以要把天下传给伯益，但是权势重心全部都在启的手中。过了不久，启和他的盟党攻击伯益，并夺取了天下的统治权。这是大禹名义上把天下传给伯益，而实际上是叫儿子启自己去取得天下。禹这样做，不如尧和舜圣明啊。现在大王想把国家传给子之，而官吏没有一个不是太子的人，这是名义上传给子之而实际上让太子自己去取得天下的。"燕王便收回官吏印玺，凡是俸禄在三百石以上的官职都交给子之处理任命，子之因此权势大增。

商人商语：韩非子对所谓的"道德者"和"隐居者"都是看低的，认为这些都是沽名钓誉之徒。企业家在用人方面，最大的忌讳就是"听人说"而任用。企业家虽然也会将经营权授权给经理人，但也是有权限约定的。否则，企业高管调换后很多中层干部就会不可避免地被换。

原文：方吾子曰："吾闻之古礼：行不与同服者同车，不与同族者共家，而况君人者乃借其权而外其势乎！"

字面翻译：方吾先生说："我听说的古礼是，出行不和穿同样服装的人坐同一辆车，居家不和同一家族的人合住在一起。何况做君主的竟然把君主的权力外借而把自己的权势让给别人呢！"

商人商语：企业家和企业的命运是一体的，企业家离开了企业就不是企业家了。但是，企业和企业家的命运却未必是一体的，可以换个企业家来经营。所以，企业家要谨防跟别人分享掌控企业的权力。

原文：吴章谓韩宣王曰："人主不可佯爱人，一日不可复憎；不可以佯憎人，一日不可复爱也。故佯憎佯爱之征见，则谀者因资而毁誉之。虽有明主，不能复收，而况于以诚借人也！"

字面翻译：吴章对韩宣王说："君主不可以假装宠信人，一旦哪一天不爱了，（但是所宠信之人的权势已经形成）就无法再憎恨他了；君主也不可以假装憎恨人，一旦哪一天宠信了，（但是憎恨他的态势已经形成）就无法再宠信他了。所以假装憎恨人、假装宠信人的迹象有所表现，那些阿谀奉承者就会根据这个迹象去诋毁或称赞该人。即使是明君在世，也不能把爱憎的态势收回来，更何况是把真实的权力借给他人呢！"

商人商语：爱憎虽然是人之常情，但是老板在选择用人上不能用自己的爱憎情感去加分或者减分，这样会干扰企业正常的运营管理。企业的运营管理只讲究"照章办事"和"依法考核"。

原文：赵王游于圃中，左右以兔与虎而辍，盼然环其眼。王曰："可恶哉，虎目也！"左右曰："平阳君之目可恶过此。见此未有害也，见平阳君之目如此者，则必死矣。"其明日，平阳君闻之，使人杀言者，而王不诛也。

字面翻译：赵孝成王在花园里游玩，侍从拿兔子喂老虎却又收了回来，老虎发怒地瞪圆了眼睛。赵王说："可怕啊，老虎的眼睛！"侍从说："平阳君的眼睛比老虎的眼睛还要可怕。看见老虎瞪眼没有危害，看见平阳君的眼睛这样瞪圆了，就必死无疑了。"第二天，平阳君听说了，派人杀掉了进言的侍从，而赵王却没有责罚平阳君。

商人商语：老板们该以此为鉴，杜绝他人对自己身边人的指责吗？不该。这个"杜绝"会助长身边人的权重，又成了祸害。法家的理念是，奖励或者罢黜，一切依法而行。

原文：卫君入朝于周，周行人问其号，对曰："诸侯辟疆。"周行人却之曰："诸侯不得与天子同号。"卫君乃自更曰："诸侯燬。"而后内之。仲尼闻之曰："远哉禁逼！虚名不以借人，况实事乎？"

字面翻译：卫文公去朝见周天子，周的外事官问卫文公的名号，回答说："诸侯辟疆。"周的外事官不接受他的名号，说："诸侯不能和周天子用相同的名号。"卫文公于是自己改名号说："诸侯燬。"然后，周的外事官才接纳他进宫。孔子听到这件事后说："意义深远啊，禁止冒犯君主！虚名都不可以借给别人，何况实际的权力呢？"

商人商语：如果我们把企业家之于企业的权力，分成三个层次：体、相、用，那么，企业的所有权或者决策权，算是核心的"体"；涉及资金、人事、项目等重要事项的审批权，算是看得到的"相"；日常的工作行为，就是企业家权力的"用"了。"体"是肯定不能分享的。

原文：经四：人主者，守法责成以立功者也。闻有吏虽乱而有独善之民，不闻有乱民而有独治之吏，故明主治吏不治民。说在摇木之本与引网之纲。故失火之啬夫，不可不论也。救火者，吏操壶走火，则一人之用也；操鞭使人，则役万夫。故所遇术者，如造父之遇惊马，牵马推车则不能进，代御执辔持策则马咸骛矣。是以说在椎锻平夷，榜檠矫直。不然，败在淖齿用齐戮闵王，李兑用赵饿主父也。

字面翻译：经四：做君主的，是依照法律责求臣子有成绩是，并以此来建立功业的人。听说有虽然官吏胡作非为，但是仍然有自行守法的民众，没听说过民众滋事作乱时仍然有独善其身的官吏，所以圣明的君主治理官吏而不是去治理民众。这一论点的解说在摇树要摇树木主干、拉网要拉渔网钢绳的故事里。所以失火时主管官员的责任，是不可以不讨论清楚的。救火的时候，官吏自己提着水壶去救火，就只能起到一个人的作用；拿着鞭子驱使民众，就能役使上万的人去救火。因此君主所施用的权术，就像是造父遇到惊马，别人牵着马推着车还是不能前进，造父操控缰绳拿起马鞭代为驾御时就能使几匹马一齐奔跑向前。这种权术的说法，可以用椎头、砧石来平整不平使之平、用榜檠来矫正不直使之直的道理加以解释。不这样使用权术，君王就会落得如同淖齿在齐国掌权而杀死齐闵王、李兑在赵国掌权而饿死主父的下场。

商人商语：企业干部管理的关键是什么？文武之道——尚法非贤、吏法术微。法家所谓的"吏法术微"，其实也就是历朝历代被神秘化了的"帝王术"，说起来也简单，就是操控的方法，制人而不受制于人。

原文：说四：摇木者———摄其叶，则劳而不遍；左右拊其本，而叶遍摇矣。临渊而摇木，鸟惊而高，鱼恐而下。善张网者引其纲，若———摄万目而后得，则是劳而难；引其纲，而鱼已囊矣。故吏者，民之本、纲者也，故圣人治吏不治民。

字面翻译：说四：摇树的人如果一个一个地掀动树叶，即使劳累也不能把叶子全部摇遍；如果左右拍打树干，那么树叶就全都会摇动了。在深潭边上摇动树木，鸟受惊而高飞，鱼害怕而深游。善于张网捕鱼的人会拉引渔网的钢绳，如果一个一个地拨弄网眼来捉鱼，即使是很辛苦也难以捕捉到鱼；牵引渔网的钢绳,鱼自然就被网住了。官吏是治理民众的树干和钢绳，因此圣明的君主治理官吏而不先去治理民众。

商人商语：干部管理，是员工管理的"通路"，通路必须畅通无阻；干部管理，是员工管理的"工具"，工具必须得心应手；干部管理，是员工管理的"帮凶"，帮凶必须立场一致。

原文：救火者，令吏挈壶瓮而走火，则一人之用也；操鞭棰指麾而趣使人，则制万夫。是以圣人不亲细民，明主不躬小事。

字面翻译：救火的时候，让主管官吏提着水壶、水罐跑着去救火，只能起到一个人的作用；拿着鞭子、短棍指挥、驱使人们，就能制服上万的人去救火。因此圣明的君主不亲自治理百姓，不亲自处理琐事。

商人商语：企业家不用亲自管理基层的员工，不用亲自处理业务上的琐事，但是有时候，有必要"一竿子插到底"，体现出一种领导力和明察的决心。

原文：造父方耨，时有子父乘车过者，马惊而不行，其子下车牵马，父子推车，请造父助我推车。造父因收器，辍而寄载之，援其子之乘，乃始检辔持策，未之用也，而马咸骛矣。使造父而不能御，虽尽力劳身助之推车，马犹不肯行也。今身使佚，且寄载，有德于人者，有术而御之也。故国者，君之车也；势者，君之马也。无术以御之，身虽劳，犹不免乱；有术以御之，身处佚乐之地，又致帝王之功也。

字面翻译：造父正在锄草，适逢有父子驾车路过，马受惊了不肯前行，那个儿子下车牵拉着马，父亲推动着车子，还请造父帮助他们推车。造父便收拾好农具，收拢在一起放在车上，拽住那个儿子牵拉的马，才刚刚拿起缰绳、鞭子，还没有使用上它们，那马就向前奔跑了。假如造父不会驾御，即使用尽力气累坏身体帮助他们推车，马还是不肯前行的。现在他使自身安逸，还能把农具放在车上，又有恩德施与他人，这是有技巧来驾御马车的缘故啊。所以说，国家是君主的马车；权势是君主的马。君主没有权术来驾御它，自身即使劳苦，国家还是不能免于混乱；有权术来驾御它，自己不但能处在安逸快乐的境地，还能取得帝王的丰功伟业。

商人商语：对于企业的干部管理，除了规章制度之外，企业家还要有一些权术手段。这些权术手段，韩非子总结有"六微"和"七术"，在本书的其他章节有具体介绍。

原文： 椎锻者，所以平不夷也；榜檠者，所以矫不直也。圣人之为法也，所以平不夷、矫不直也。

字面翻译： 榔头、砧石，是用来平整那些不平的工具；榜檠，是用来矫正那些不直的器具。圣人制定法律，就是用来平整不平、矫正不直的臣民。

商人商语： 用椎锻、榜檠来比喻法律，可以看出法家理念下的企业制度化管理，具有绝对的强制性和唯一的标准性。

原文： 淖齿之用齐也，擢闵王之筋；李兑之用赵也，饿杀主父。此二君者，皆不能用其椎锻榜檠，故身死为戮而为天下笑。

一曰：入齐，则独闻淖齿而不闻齐王；入赵，则独闻李兑而不闻赵王。故曰：人主者不操术，则威势轻而臣擅名。

一曰：武灵王使惠文王莅政，李兑为相，武灵王不以身躬亲杀生之柄，故劫于李兑。

字面翻译： 淖齿在齐国掌权，抽了齐闵王的筋；李兑在赵国掌权，饿死了赵武灵王。这两个君主，都不会运用他们"椎锻、榜檠"一样的权术，终于使自己被杀死了，还被天下人所耻笑。

另一种说法：到了齐国，只会听说有淖齿，而不会听说有齐王；到了赵国，只会听说有李兑，而不会听说有赵王。所以说：做君主的不掌控权术，君主的威势就会减弱而使得大臣垄断名望。

还有一种说法：赵武灵王让他儿子惠文王临政，让李兑任宰相，越武灵王不亲自掌握生杀的权力，所以被李兑劫持饿死。

商人商语： 君主在没有法制设防、没有权术压制的前提下，和权臣的关系竟然是你死我活的。那企业家和企业高管之间，是否也是如此呢？即使我们不这么看低人性，做基本的法制和权术的防范，也是应该的。免得等到被欺负了，再去哭诉人性。

原文： 一曰：田婴相齐，人有说王者曰："终岁之计，王不一以数日之间自听之，则无以知吏之奸邪得失也。"王曰："善。"田婴闻之，即遽请于王而听其计。王将听之矣，田婴令官具押券斗石参升之计。王自听计，计不胜听，罢食后，复坐，不复暮食矣。田婴复谓曰："群臣所终岁日夜不敢偷怠之事也，王以一夕听之，则群臣有为劝勉矣。"王曰："诺。"俄而王已睡矣，吏尽揄刀削其押券升石之计。王自听之，乱乃始生。

字面翻译：第三种说法：田婴担任齐国宰相，有个游说齐宣王的人说："一年的财政结算，大王如果不用几天时间逐一亲自听取报告，就无法知道官吏的营私舞弊和政事的得失。"齐宣王说："说得好。"田婴听说了这件事，就立即请求齐宣王去听自己的财政结算。齐宣王准备去听之前，田婴让官吏准备好画过押的契约及具备了石、斗、牛这三级单位的账簿。齐王亲自听取财政结算，但是听不胜听，吃完饭，又坐下来听取，累得不再吃晚饭了。田婴又对齐宣王说："群臣一年到头日日夜夜不敢马虎和懈怠的事情，大王用一个晚上听取了报告，群臣就会由此得到鼓励了。"齐宣王说："好吧。"一会儿齐宣王就睡着了，官吏抽出刀来把那画过押的契约和记录有几升几石之类的账簿全都削光了。君主亲自听取琐碎的政事，是国家混乱的开始。

商人商语：君主陷入繁杂的具体事物中，能比基层官吏和专职官员更加能干吗？不可能的，反而会被他们的专业性控制。企业家和企业高管、技术人员之间的关系也是如此，要动用自己的权术来获取自己需要的东西，而不是参与到琐碎的细节之中。

原文：经五：因事之理，则不劳而成。故兹郑之踞辕而歌以上高梁也。其患在赵简主税吏请轻重；薄疑之言"国中饱"，简主喜而府库虚，百姓饿而奸吏富也。故桓公巡民而管仲省腐财怨女。不然，则在延陵乘马不得进，造父过之而为之泣也。

字面翻译：经五：遵循事物的法则，那么不用劳苦就能成功。所以兹郑盘坐在车辕上唱歌来吸引行人帮他把车推上高桥。不遵循事物法则的祸害，表现在赵简子的税官请示收税标准，而赵简子说了没有具体标准的"空话"；因此薄疑说的"国中饱"，赵简子误认为是国家富裕而高兴，实际上却是国库空虚，百姓挨饿而奸吏富足。所以齐桓公巡查民情后，管仲建议发放国家多余财物、嫁出宫中没有临幸的宫女。不遵循事物法则，就如同延陵卓子用自相矛盾的方法驾马而使马不能前进，造父路过遇见后为骏马哭泣一样。

商人商语：事物有事物的法则，管理员工也有管理员工的法则。就以"经五"而言，管理员工法则有三个：明确方向的鼓励，不能有自相矛盾的说辞；明确绩效的标准，不能有模糊不确定的用语；明确利益的奖赏，要符合人之常情。

原文：说五：兹郑子引辇上高梁而不能支。兹郑踞辕而歌，前者止，后者趋，辇乃上。使兹郑无术以致人，则身虽绝力至死，辇犹不上也。今身不至劳苦而辇以上者，有术以致人之故也。

字面翻译：说五：兹郑拉车上高桥但是力不能支。他就坐在车辕上唱歌，前面的行人停下脚步，后面的行人赶了上来，车子在大家的推动下上了桥。假如兹郑没有办法招徕人帮忙，那么他自己即使用尽力气到死，车子还是上不了桥。现在兹郑身体不受劳苦而车却上了桥，是因为他有办法招徕人帮忙的缘故。

商人商语：聚集众人之力，要有符合"人之常情"的吸引方法。所谓吸引方法，不外乎利益。企业能给予的利益，不外乎提职和加薪，以及其他形式的物质奖励。

原文：赵简主出税者，吏请轻重。简主曰："勿轻勿重。重，则利入于上；若轻，则利归于民。吏无私利而正矣。"

薄疑谓赵简主曰："君之国中饱。"简主欣然而喜曰："何如焉？"对曰："府库空虚于上，百姓贫饿于下，然而奸吏富矣。"

字面翻译：赵简子委派官吏出去收税，官吏请示收税标准的高低。赵简子说："不要轻也不要重。税收重了，那么利益就归于朝廷；税收若是轻了，那么利益就归于民众。官吏从中捞取不到私利就正确了。"

薄疑对赵简子说："您的国家中间富足。"简子高兴地说："怎么样啊？"

薄疑回答说："上面的朝廷府库空虚、粮仓匮乏，下面的百姓贫穷、饥饿，但是处在中间的奸吏富足了。"

商人商语：在商讨具体问题的方案时，理念、思路固然重要，方案的可执行性也是非常的重要。否则，理念正确下，就会有偷换概念的执行发生，执行起来也是千差万别的。所以，现在企业探讨问题，更加强调整体性解决方案的实际性、实用性，少有只局限在理念上的。

原文：齐桓公微服以巡民家，人有年老而自养者，桓公问其故。对曰："臣有子三人，家贫无以妻之，佣未反。"桓公归，以告管仲。管仲曰："畜积有腐弃之财，则人饥饿；宫中有怨女，则民无妻。"桓公曰："善。"乃论宫中有妇人而嫁之。下令于民曰："丈夫二十而室，妇人十五而嫁。"

一曰：桓公微服而行于民间，有鹿门稷者，行年七十而无妻。桓公问管仲曰："有民老而无妻者乎？"管仲曰："有鹿门稷者，行年七十矣而无妻。"桓公曰："何以令之有妻？"管仲曰："臣闻之：上有积财，则民臣必匮乏于下；宫中有怨女，则有老而无妻者。"桓公曰："善。"令于宫中女子未尝御出嫁之。乃令男子年二十而室，女年十五而嫁。则内无怨女，外无旷夫。

字面翻译：齐桓公微服巡察民众家庭情况，见到一个年老而自己料理生活的人，便桓公问他什么缘故。老人回答说："我有三个儿子，家里贫穷无法为他们娶妻，他们出去当雇工，还没有回来。"桓公回去后，把这件事告诉管仲。管仲说："朝廷的积蓄中有腐败废弃的财物，那么民众就会忍饥挨饿；宫中有年长没有临幸过的怨女，那么民众就娶不到妻子。"桓公说："说得对。"于是排查宫中年长女子的情况让她们出宫嫁人。又向民众发布法令说："男子二十岁娶妻，女子十五岁出嫁。"

另一种说法：齐桓公微服出访民间，有一个叫鹿门稷的人，年岁已经七十了还是没有妻子。桓公问管仲说："民众中有年老而没有妻子的人吗？"管仲说："有个叫鹿门稷的人，年岁已经七十了还没有妻子。"桓公说："用什么办法可以让他有妻子？"管仲说："我听说过这样的话：朝廷有积蓄的财物，下面的民众就一定会穷困、匮乏；宫中有年长而没有临幸的怨女，就会有年老而没有妻子的人。"桓公说："说得对。"于是下令，宫中的女子，那些未曾被桓公临幸过的出宫嫁人。又发布法令，男子二十娶妻成家，女子十五出嫁。这样宫内就没有年长、独守空房的怨女，宫外也没有久不成婚的成年男子。

商人商语：古时的人口数，是国家最主要的资源。现在的忠诚消费者数字，也是企业最主要的资源。企业凭什么获取呢？要了解和满足消费者的实际需求。满足消费者的需求，需要耗费企业利润来打造便捷和周到的服务。

原文：延陵卓子乘苍龙挑文之乘，钩饰在前，错锴在后。马欲进则钩饰禁之，欲退则错锴贯之，马因旁出。造父过而为之泣涕，曰："古之治人亦然矣。夫赏所以劝之，而毁存焉；罚所以禁之，而誉加焉。民中立而不知所由，此亦圣人之所为泣也。"

一曰：延陵卓子乘苍龙与翟文之乘，前则有错饰，后则有利锴，进则引之，退则策。马前不得进，后不得退，遂避而逸，因下抽刀而刎其脚。造父见之，泣，终日不食，因仰天而叹曰："策，所以进之也，错饰在前；引，所以退之也，利锴在后。今人主以其清洁也进之，以其不适左右也退之；以其公正也誉之，以其不听从也废之。民惧，中立而不知所由，此圣人之所为泣也。"

字面翻译：延陵卓子乘坐由身高八尺、毛色鲜艳的骏马来拉的车子，马匹身上前有钩、勒的装饰物，后有交错带针的马鞭。马匹想要前进就会被钩、勒禁止，想要后退就会被带针的马鞭戳刺，因此就斜着跑。造父路过而为骏马的遭遇哭泣，说："过去治理民众也是这样。那个赏赐是用来勉励立功的，但是毁谤也夹杂在里面；刑罚是用来禁止犯罪的，可是赞美却也给予了它。人们进退不得而且不知所措。这也是圣人为这些民众哭泣的原因啊。"

另一种说法：延陵卓子乘坐由身高八尺、毛色鲜艳的骏马来拉的车子，马身上前面有交错的钩、勒饰物，后面有锋利的鞭针，马前进时就牵引到饰物，后退时就被鞭针督促。骏马前不能进，后不能退，于是就躲避着乱跑，延陵卓子因此下车抽出刀来砍断了骏马的腿脚。造父看见了骏马的这种遭遇，哭了，整天不吃饭，并且仰天叹息说："马鞭，是用来让马前进的，交错的饰物勾勒在前面阻拦；牵引，是用来让马后退的，锋利的鞭针却又在后面戳刺。现在君主因为臣子的廉洁而加以任用，却又因为他不迎合身边的亲信而辞退他；因为臣子的公正而加以称赞，却又因为他不听服从而废黜他。民众们因此而害怕，进退不得而且不知所措。这是圣人为这些民众哭泣的原因啊。"

商人商语：在企业中，一些看似完整、周全的绩效考核参数，就是因为其面面俱到的完整性，而使员工失去了努力的方向感。因为参数的复杂，那些努力工作的得分，和那些混日子投机取巧的得分，是一样的。这样的考核，怎么会起到激励的作用呢?!

内举不避亲，外举不避仇，以其能而举之

对于主张民营企业不任用自己家人的说法，我是抱有异议的。家族亲情，表面看来，既不利于企业人力资源的建设，也不利于企业制度管理的运营。但是，真正高明的企业家在选拔人才时，与是否亲属故旧没有任何关系，对内不回避自己的亲属，对外不排除和自己意见相左的人。正确的，就据以任用；错误的，就据以处罚。因此，能干实事的人会得到进用，而走歪门邪道，不干正事的人则会被斥退。

法治也是有层次的："太上禁其心，其次禁其言，其次禁其事。"企业内不管有没有家族之人，拉帮结伙的情况都必然会存在。所以，企业家用人与其分别亲疏，不如明于"择臣"，清晰地辨认人治那些迷惑不清的是是非非，达到"远仁义，去智能，服之以法"的目的。法家与儒家的不同在于，法家认为君主的个人品行事小，学会选人用人的职务行为事大。

本章节选取了《韩非子·说疑》，文中列举了六十个历史人物和若干历史事件，讲述了那些人才和疑似人才的"五奸、四拟"之行。

《韩非子·说疑》：说说"用人要疑，疑人要用"的那些事

原文：凡治之大者，非谓其赏罚之当也。赏无功之人，罚不辜之民，

非所谓明也。赏有功，罚有罪，而不失其人，方在于人者也，非能生功止过者也。是故禁奸之法，太上禁其心，其次禁其言，其次禁其事。今世皆曰"尊主安国者，必以仁义智能"，而不知卑主危国者之必以仁义智能也。故有道之主，远仁义，去智能，服之以法。是以誉广而名威，民治而国安，知用民之法也。凡术也者，主之所执也；法也者，官之所师也。然使郎中日闻道于郎门之外，以至于境内日见法，又非其难者也。

字面翻译：大致说来，最高明的治理，不是指治理的赏罚得当。奖赏没有功劳的人，惩罚没有过错的民众，不可以称作明察。奖赏有功劳的人，惩罚有罪的人，而没有弄错赏罚的对象，其作用也仅仅局限在个人身上，并不能产生新的功劳和禁止新的过错。所以禁止奸邪的办法，最上等的是禁止奸邪的思想，其次是禁止奸邪的言论，再次是禁止奸邪的行为。现在社会上都说，"使君主地位尊贵、使国家得到安宁，必须依靠仁、义、智、能"，却不知道使君主地位卑下、使国家处境危亡的也一定是仁、义、智、能。所以懂得治国原则的君主，远离仁、义，摒弃智、能，用法制来使臣民顺服。赞誉广泛并且威名显赫，臣民顺服而国家安定，这是因为懂得治理民众的方法啊。通常所说的权术，是君主所要掌握的；所说的法律，是官吏们所要效仿的。这样，派遣侍从官员每天在廊门外传达国家法律，以至于国境之内每天都能见到法律，也不是件很困难的事情。

商人商语：韩非子其实意识到"道德教化"的高明，只是在当时战况激烈的诸侯争霸中，没有哪个国家有耐心、有闲暇去"道德教化"个几十年的。在当时，法治是内治外战都有急效的最佳选择。而在现在，制度化管理同样是企业内治外战的最佳选择。

原文：昔者有扈氏有失度，讙兜氏有孤男，三苗有成驹，桀有侯侈，纣有崇侯虎，晋有优施，此六人者，亡国之臣也。言是如非，言非如是，内险以贼，其外小谨，以征其善；称道往古，使良事沮；善禅其主，以集精微，乱之以其所好：此夫郎中左右之类者也。往世之主，有得人而身安国存者，有得人而身危国亡者。得人之名一也，而利害相千万也，故人主左右不可不慎也。为人主者诚明于臣之所言，则别贤不肖如黑白矣。

字面翻译：从前，有扈氏部落有失度，讙兜氏部落有孤男，三苗部落有成驹，夏桀手下有侯侈，商纣手下有崇侯虎，晋国有优施，这六个人，都是使国家灭亡的臣子。他们把对的说得好像是错的，把错的说得好像是对的，内心阴险而恶毒，外表却谦卑、谨慎，以此表现自己的善良；他们称颂远古的事情，使美好的新生事物遭到遏止和破坏；他们善于控制君主，通过收集君主的隐微意向，以迎合君主的喜好扰乱国家的治理。这就是那些郎中、近侍之类的人。回顾历朝历代的君主，有得到人才而自身平安、国家保全的，也有得到人才而自身危险、国家消亡的。得到人才的名声是一样的，但是利益和弊害却相差千万倍，所以君主选用身边的人才不可以不谨慎啊。做君主的真能明察臣子所说的话，那么辨别贤德与无德无才的人就会像辨别黑白那样清楚了。

商人商语：企业家应该如何明察手下言论的真假？是凭意见的实用性还是业绩的真实性？除了相对静态的规章制度做标准外，还要施展相对动态的权术，通过兼听则明、旁敲侧击、多方论证等方式，从正面、侧面等多个方面来了解真相。

原文：若夫许由、续牙、晋伯阳、秦颠颉、卫侨如、狐不稽、重明、董不识、卞随、务光、伯夷、叔齐，此十二者，皆上见利不喜，下临难不恐，或与之天下而不取，有莘辱之名，则不乐食谷之利。夫见利不喜，上虽厚赏，无以劝之；临难不恐，上虽严刑，无以威之：此之谓不令之民也。此十二人者，或伏死于窟穴，或槁死于草木，或饥饿于山谷，或沉溺于水泉。有民如此，先古圣王皆不能臣，当今之世，将安用之？

字面翻译：至于许由、续牙、晋伯阳、秦颠颉、卫侨如、狐不稽、重明、董不识、卞随、务光、伯夷、叔齐，这十二个人，都是向上看，见到利禄不会高兴；向下看，见到危难不会恐惧。其中有的人，送给他天下，他都不接受，如果蒙受了耻辱的名声，就算是享受着高官厚禄也不快乐。见到利禄不高兴，是说朝廷即使有丰厚的奖赏，也无法勉励他们；见到危难不会恐惧，是说朝廷虽然有严酷刑罚，也无法威慑他们。这种人，被称为不守法令的人。这十二个人，有的死于隐居的山洞里，有的枯槁地死在草木中，有的因为饥饿死于山谷中，有的投水溺死在江河里。对于这样的民众，就是古代的圣王也不能让他们为臣，处在当今这个时代，又怎么能任用他们呢？

商人商语：这个世界，有天生就不愿意服从管理的人。企业家可以尊重他们，可以与他们为友，交流企业经营管理的理论，甚至可以延请他们做企业的顾问，但是不要勉强自己，也不要勉强对方。

原文：若夫关龙逄、王子比干、随季梁、陈泄冶、楚申胥、伍子胥，此六人者，皆疾争强谏以胜其君。言听事行，则如师徒之势；一言而不听，一事而不行，则陵其主以语，待之以其身，虽身死家破，要领不属，手足异处，不难为也。如此臣者，先古圣王皆不能忍也，当今之时，将安用之？

字面翻译：至于夏桀时的关龙逄、商纣时的王子比干、随国的季梁、陈国的泄冶、楚国的申胥、吴国的伍子胥，这六个人的作风，都是凭着激烈地争辩或强行的劝谏来压制君主。君主听信他们的主张来处理政事，君臣之间就会出现如同师徒般关系的情形；君主对他们的主张，有一句话语不听信，有一件事情不实施，他们就会用强硬的言语来压迫君主，豁出命来对待君主，即使是家破人亡，腰斩两段，手脚异处，也不畏惧。像这样的臣子，上古的圣王都不能容忍，处在当今这个时代，又怎么能任用他们呢？

商人商语：有些人才的才干是极好的，只是性格暴烈，天性"一条道儿走到黑"，和没有胸襟的老板之间的关系，有时竟然会是"一山不容二虎"。所以，如果感觉到"弃之可惜"，最好的合作方式就是通过参股，授权他独立发展。

原文：若夫齐田恒、宋子罕、鲁季孙意如、晋侨如、卫子南劲、郑太宰欣、楚白公、周单茶、燕子之，此九人者之为其臣也，皆朋党比周以事其君，隐正道而行私曲，上逼君，下乱治，援外以挠内，亲下以谋上，不难为也。如此臣者，唯圣王智主能禁之，若夫昏乱之君，能见之乎？

字面翻译：至于齐国的田常、宋国的子罕、鲁国的季孙意如、晋国的侨如、卫国的子南劲、郑国的太宰欣、楚国的白公胜、周国的单荼、燕国的子之，这九个人作为君主的臣子，都是以结党营私来服侍君主，掩盖治国正道而大搞谋取私利的歪门邪道，对上威逼君主，对下破坏治理，勾结外国势力来扰乱国内政事，拉拢民众来图谋君位，做起事来毫无顾忌。像这样的臣子，只有圣明的帝王、智慧的君主才能禁止他们，至于那些昏君乱主，能看得出来吗？

商人商语："天生反骨"的人才，笑容满面的背后都是个人利益的算盘。老板不能识别这类人怎么办？所有的人才，统统"戴上脚镣跳舞"，让他们在限定的业务范围内，按照设定好的规则，去发挥他们的才干。

原文：若夫后稷、皋陶、伊尹、周公旦、太公望、管仲、隰朋、百里奚、蹇叔、舅犯、赵衰、范蠡、大夫种、逢同、华登，此十五人者为其臣也，皆夙兴夜寐，卑身贱体，竦心白意；明刑辟、治官职以事其君，进善言、通道法而不敢矜其善，有成功立事而不敢伐其劳；不难破家以便国，杀身以安主，以其主为高天泰山之尊，而以其身为壑谷鬴洧之卑；主有明名广誉于国，而身不难受壑谷鬴洧之卑。如此臣者，虽当昏乱之主尚可致功，况于显明之主乎？此谓霸王之佐也。

字面翻译：至于后稷、皋陶、伊尹、周公旦、太公望、管仲、隰朋、百里奚、蹇叔、狐偃、赵衰、范蠡、大夫文种、逢同、华登，这十五个人作为君主的臣子，都是早起晚睡，任劳任怨，鞠躬尽瘁；彰明刑罚法律、忠于职守以服侍自己的君主，进献正确的建议、通晓治国的原则策略却不敢自我夸耀正确，有了功劳、成就也不敢自我张扬劳苦；为了国家利益，不惜家庭残破；为了君主安危，不惜献出生命；把君主看成是上天和泰山一样的尊贵，把自身看成是谷底和河床一样的卑下；君主英明的名声在全国被广泛赞誉，而自己安于接受谷底和河床一样卑下的地位。像这样的臣子，即使遇到昏君乱主仍然可以建立功业，何况遇到贤明的君主呢？这就叫作称霸称王的帮手啊。

商人商语：像是这种德才兼具、品行俱佳的人，从国学的角度来看，是儒法双修之人，是企业总经理和执行总裁的最佳人选。但是，这种人才大多是可遇而不可求的。

原文：若夫周滑之、郑王孙申、陈公孙宁、仪行父、荆芋尹申亥、随少师、越种干、吴王孙额、晋阳成泄、齐竖刁、易牙，此十二人者之为其臣也，皆思小利而忘法义，进则掩蔽贤良以阴暗其主，退则挠乱百官而为祸难；皆辅其君，共其欲，苟得一说于主，虽破国杀众，不难为也。有臣如此，虽当圣王尚恐夺之，而况昏乱之君，其能无失乎？有臣如此者，皆身死国亡，为天下笑。故周威公身杀，国分为二；郑子阳身杀，国分为三；陈灵公身死于夏征舒氏；荆灵王死于乾豀之上；随亡于荆；吴并于越；知伯灭于晋阳之下；桓公身死七日不收。故曰：谄谀之臣，唯圣王知之，而乱主近之，故至身死国亡。

字面翻译：至于西周的滑之、郑国的公孙申、陈国的公孙宁和仪行父、楚国的芋尹申亥、随国的少师、越国的种干、吴国的王孙额、晋国的阳成泄、齐国的竖刁和易牙，这十二个人（原文提到的只有十一人，或有脱误）作为君主的臣子，都是见小利而忘记法律道义，进一步的危害是埋没贤良、蒙蔽愚昧君主，退一步的危害是扰乱百官职守来制造祸乱、灾难；都辅佐着他们的君主，迎合着君主的欲望，假如能取得君主的一点欢心，即使是败坏国家、残杀民众，也毫无顾忌啊。像这样的臣子，即使是圣明的君主尚且怕被夺权，何况是昏君乱主，怎么能不失去权柄？有这些臣子的君主，都是身死国亡，被天下人耻笑。所以周威公被杀，其国家分成两半；郑国君主子阳被杀，国家一分为三；陈灵公死于夏征舒之手；楚灵王死在乾溪之上；随国被楚国灭亡；吴国被越国吞并；智伯被消灭在晋阳城下；齐桓公死后六十七天不得收殓。所以说：阿谀奉承的臣子，只有圣明的君主才能识别，而昏君乱主却去亲近他们，因而落得身死国亡的下场。

商人商语：如何识别呢？最直接的标志，就是他们习惯于阿谀奉承。这种阿谀奉承之人，做小事还是很伶俐的，而且大多是企业家身边亲近之人。

企业家也不应是不近人情的"孤家寡人"，只是在用人做事方面要知道"一切如法"就好。

原文：圣王明君则不然，内举不避亲，外举不避仇。是在焉，从而举之；非在焉，从而罚之。是以贤良遂进而奸邪并退，故一举而能服诸侯。其在记曰：尧有丹朱，而舜有商均，启有五观，商有太甲，武王有管、蔡。五王之所诛者，皆父兄子弟之亲也，而所杀亡其身残破其家者何也？以其害国伤民败法类也。观其所举，或在山林薮泽岩穴之间，或在囹圄绁绁缠索之中，或在割烹刍牧饭牛之事。然明主不羞其卑贱也，以其能，为可以明法，便国利民，从而举之，身安名尊。

字面翻译：圣王明君就不会有这样的下场，选拔家族内的人不回避自己的亲属，选拔外姓人才不排挤自己的仇敌。他做得正确，就据以任用；他做得错误，就据以处罚。因此，贤良的人就得到进用，而奸邪的人都被斥退，所以一旦举事就能使诸侯臣服。在历史典籍的记载中：尧斥退的有儿子丹朱，而舜斥退的有儿子商均，夏启斥退的有儿子太康等五人，商汤斥退的有孙子太甲，周武王斥退的有弟弟管叔、蔡叔。这五个帝王惩罚的，都与其有着父子兄弟的亲属关系，但是为什么要使他们遭受家破人亡的惩罚呢？是因为他们祸国殃民，败坏国家法律。来看圣王明君所选拔的人，有的隐居在山林、湖泽、洞穴之中，有的被囚禁在监狱和绳索捆绑之中，有的在做着宰割烹调、割草放牧、喂牛的事情。然而明君不嫌弃他们地位的卑贱，认为他们杰出的才能，可以彰明国家法制，有利于国家富强、民众富裕，据此而选拔他们，因而君主地位尊贵、声望提高。

商人商语：人才难得！既然不忌讳外姓人身份的高低，又何必忌讳自家人关系的远近呢?！当然，这种用人不论亲疏，只是对有权谋智慧，能操盘控局的企业家而言的。不能用制度和权术来镇住各路人才的老板，就不要尝试了，免得"内耗不断"。

原文：乱主则不然，不知其臣之意行，而任之以国，故小之名卑地削，大之国亡身死，不明于用臣也。无数以度其臣者，必以其众人之口断之。

众之所誉，从而悦之；众之所非，从而憎之。故为人臣者破家残瘁，内构党与、外接巷族以为誉，从阴约结以相固也，虚相与爵禄以相劝也。曰："与我者将利之，不与我者将害之。"众贪其利，劫其威："彼诚喜，则能利己；忌怒，则能害己。"众归而民留之，以誉盈于国，发闻于主。主不能理其情，因以为贤。彼又使谲诈之士，外假为诸侯之宠使，假之以舆马，信之以瑞节，镇之以辞令，资之以币帛，使诸侯淫说其主，微挟私而公议。所为使者，异国之主也；所为谈者，左右之人也。主说其言而辩其辞，以此人者天下之贤士也。内外之于左右，其讽一而语同。大者不难卑身尊位以下之，小者高爵重禄以利之。夫奸人之爵禄重而党与弥众，又有奸邪之意，则奸臣愈反而说之，曰："古之所谓圣君明王者，非长幼世及以次序也；以其构党与，聚巷族，逼上弑君而求其利也。"彼曰："何知其然也？"因曰："舜逼尧，禹逼舜，汤放桀，武王伐纣。此四王者，人臣弑其君者也，而天下誉之。察四王之情，贪得之意也；度其行，暴乱之兵也。然四王自广措也，而天下称大焉；自显名也，而天下称明焉。则威足以临天下，利足以盖世，天下从之。"又曰："以今时之所闻，田成子取齐，司城子罕取宋，太宰欣取郑，单氏取周，易牙之取卫，韩、魏、赵三子分晋，此八人者，臣之弑其君者也。"奸臣闻此，蹙然举耳以为是也。故内构党与，外摅巷族，观时发事，一举而取国家。且夫内以党与劫弑其君，外以诸侯之权矫易其国，隐正道，持私曲，上禁君，下挠治者，不可胜数也。是何也？则不明于择臣也。记曰："周宣王以来，亡国数十，其臣弑其君而取国者众矣。"然则难之从内起与从外作者相半也。能一尽其民力，破国杀身者，尚皆贤主也。若夫转身易位，全众传国，最其病也。

字面翻译：昏君乱主却不是这样，他们不了解自己臣下的思想行为，却把国家委托给臣下，所以小的危害是君主名望下降、国土削减，大的危害是国家灭亡、君主身死，这是不明智地选用臣子的缘故啊。没有措施来衡量臣子的好坏，必然根据众人的评价来判断他们的好坏。众人称赞的，就跟着喜爱；众人诽谤的，就跟着憎恶。所以做臣子的不惜破家费财，在朝廷内结成同党、在朝廷外勾结地方势力，来制造声誉，以暗中订立盟约来互相扶持，用凭空封官许愿来互相勉励。还四处宣扬："亲附我的，我将给他好处；不亲附我的，我将会迫害他。"众人贪图他的利益，又迫于他的威势，从而认为："他真的喜欢我，就会让我得到好处；对我猜忌、恼怒，就会伤害我。"于是众臣都归附他，民众也靠拢他，把赞美的声音传遍全国，上达到君主那里。君主不能分析其中的实情，因此认为他是贤德之人。所谓的"贤臣"又会派出狡诈的人，冒充是别国诸侯宠信的使者，给他车马来装扮他，让他拿着瑞玉符节使他可信，教他外交辞令使他庄重，用贵重的礼物使他更有资历，作为出使诸侯国的使者来游说本国君主，暗中夹带着私心而议论着国家大事。使者为之出使的，是别国的君主；所谈论的对象，是君主身边的人。君主欣赏使者的言语，认可使者的辩词，认为他谈论的这个人是天下的贤德之士。国家内外对于君主身边的那个人，大家的说法一致而且评价也相同。因此君主对待这个人，重则不惜放低身段、压低地位来尊崇他，轻则提高爵位、加重俸禄使他得利。那个奸人爵位高、俸禄厚，而且党羽越聚越多，又有了奸诈邪恶的野心，其臣下就更加有反叛心思并劝说他："古代所谓的圣君明王，并不是依照固定的次序，父亲传给儿子或者兄长传给兄弟；而是依靠在朝廷内结成同党，在朝廷外拉拢地方势力，威逼或杀害君主而谋求自己的利益。"那个奸人问："怎么知道是这样的？"臣下就说："舜逼迫尧，禹逼迫舜，汤放逐桀，武王讨伐纣。这四个王，都是作为臣子而杀了自己的君主，天下却都称赞他们。考察四个王的心思，是贪图天下的野心；衡量他们的行为，是暴乱的战争手段。然而这四个王自己广泛地扩充势力，天下的人却称赞他们伟大；自吹自擂地显耀名声，天下的人却称赞他们圣明。由此威势足以凌驾天下，利益足以普及社会，天下人都顺从了他们。"又说："根据现在所了解到的，田成子夺取齐国，司城子罕夺取宋国，太宰欣夺取郑国，单荼夺取周国，易牙夺取卫（齐）国，韩、赵、魏三家分晋，这八个人，都是作为臣子杀死自己君主的人。"奸人听到这些话，惊讶地竖起耳朵点头称是。所以奸人在朝廷内结成同党，在朝廷外部署地方势力，窥测时机，发动政乱，一举而夺取国家政权。再说了，凭借国内党羽的势力来挟持或杀害他的君主，利用国外诸侯的权势来颠覆国家的政权，背离治国正道，大搞个人歪门邪道，朝廷上钳制君主，朝廷下扰乱法治，这样的权奸，是不可胜数的。这是为什么呢？就因为君主不能英明地选任臣子啊。史籍记载："周宣王以来，灭亡的国家数十个，其中多半是臣子杀死君主而夺取国家政权的。"国家灭亡的危难，从国内政乱产生和从国外战争发生的各占一半。能够集合民众力量抵抗内外祸乱，即使国破身死，还都算是贤明的君主。至于转变身份，君臣易位，把整个国家和全国民众传给别人，这才是最大的错误。

商人商语：韩非子用了这么一长段内容，来告诉我们奸臣是怎样养成的。即利用原公司的资源创业，成为原公司的竞争对手。这样的商业案例屡见不鲜，可以说是那个人的人品问题，也可以说是原公司的管理出了问题，甚至还可以说是原公司的老板为人胸襟有问题，或者说这是因为商界"优胜劣汰"的法则，等等，算是见仁见智吧。

原文：为人主者，诚明于臣之所言，则虽华弋驰骋，撞钟舞女，国犹且存也；不明臣之所言，虽节俭勤劳，布衣恶食，国犹自亡也。赵之先君敬侯，不修德行，而好纵欲，适身体之所安，耳目之所乐，冬日弋，夏浮淫，为长夜，数日不废御觞，不能饮者以筒灌其口，进退不肃、应对不恭者斩于前。故居处饮食如此其不节也，制刑杀戮如此其无度也，然敬侯享国数十年，兵不顿于敌国，地不亏于四邻，内无群臣百官之乱，外无诸侯邻国之患，明于所以任臣也。燕君子哙，邵公奭之后也，地方数千里，持戟数十万，不安子女之乐，不听钟石之声，内不堙污池台榭，外不华弋田猎，又亲操耒耨以修畎亩。子哙之苦身以忧民如此其甚也，虽古之所谓圣王明君者，其勤身而忧世不甚于此矣。然而子哙身死国亡，夺于子之，而天下笑之。此其何故也？不明乎所以任臣也。

字面翻译：做君主的，真能做到明察臣子的言论，那么即使经常打猎骑马，沉溺女子乐舞，国家还是可以保全的；不能明察臣子的言论，即使节俭勤劳，穿布衣、吃粗食，国家仍然是要灭亡的。赵国的前代君主敬侯，不修道德品行，而是喜欢尽情享乐，满足身体的安适，享受耳目的快乐，冬天里射箭打猎，夏天时泛舟游玩，闭门关窗度漫漫长夜，一连几天都不放下酒杯，不会喝酒的用竹筒对着嘴巴往里灌，进退不严肃的、回答不恭敬的，就在席前杀死。所以，起居饮食像这样的没有节制，处罚杀戮像这样的没有考量，但是赵敬侯在位几十年，军队不曾被敌国挫败，土地不曾被四邻侵占，内部没有群臣百官政乱，外面没有邻国侵略的祸患，这是因为明察如何任用臣子的缘故啊。燕国国君子哙，是召公奭的后代，国土面积几千里，武装士兵几十万，不沉湎于女色，不沉溺于妙音佳乐，在宫内不兴建深池高台，在宫外不射箭打猎，还亲自拿着农具来整治农田。子哙甘受劳苦来为民众操心达到了这样的程度，即使是古代所说的圣王明君，他们不辞辛劳为天下操心也不会比子哙更辛苦吧。但是子哙却身死国亡，君位被子之篡夺，以至于被天下人耻笑。这是什么原因呢？不能明察如何任用臣子的缘故啊。

商人商语：做老板的，个人品行事小，因为这很大程度上是你的个人私事。但是职务行为事大，你在企业的职务行为，涉及决策、用人、资金等，都是决定企业生死的大问题。而且，手下人的品行问题，与你老板个人的品行仁义与否并无直接的影响关系，老板也不要幻想以仁义待人就会得到回报。

原文：故曰：人臣有五奸，而主不知也。为人臣者，有侈用财货赂以取誉者，有务庆赏赐予以移众者，有务朋党徇智尊士以擅逞者，有务解免赦罪狱以事威者，有务奉下直曲、怪言、伟服、瑰称以眩民耳目者。此五者，明君之所疑也，而圣主之所禁也。去此五者，则谲诈之人不敢北面立谈；文言多、实行寡而不当法者，不敢诬情以谈说。是以群臣居则修身，动则任力，非上之令不敢擅作疾言诬事，此圣王之所以牧臣下也。彼圣主明君，不适疑物以窥其臣也。见疑物而无反者，天下鲜矣。故曰：尊有拟适之子，配有拟妻之妾，廷有拟相之臣，臣有拟主之宠，此四者，国之所危也。故曰：内宠并后，外宠贰政，枝子配适，大臣拟主，乱之道也。故《周记》曰："无尊妾而卑妻，无孽适子而尊小枝，无尊嬖臣而匹上卿，无尊大臣以拟其主也。"四拟者破，则上无意、下无怪也；四拟不破，则殒身灭国矣。

字面翻译：所以说：臣子中有五种奸邪之人，却是君主没有意识到的。做臣子的，有滥用财物行贿来骗取个人声誉的，有努力争取庆贺赏赐来拉拢民众的，有致力于拉帮结伙结交才智之士以独断专行的，有凭借免除赋税徭役、赦免罪犯刑罚来提高威望的，有追求讨好基层民众而颠倒是非曲直、发表奇谈怪论、身着奇装异服、竖起奇伟名号来惑乱民众视听的。这五种人，是明君所怀疑的，也是圣君所禁止的。罢黜这五种人，那么诡辩和奸诈的人就不敢在朝堂上侃侃而谈了；好听的话说得多、实际的事做得少，而且行为不合法制的人，就不敢歪曲事实来夸夸其谈了。因此，群臣居家时就会修正自身，做事时就会尽忠职守，没有朝廷的法令不敢自作主张，也不敢轻率发言、捏造事实，这是圣明君主用来治理臣子的办法。那些圣主明君，并不局限于在这些可疑的事情上来监察臣子。见到可疑的事情而不反过来联系到其他可疑的事情以求弄清真相，是天下少见的做法。所以说：庶子中有和嫡子地位相当的儿子，配偶中有和正妻尊荣相等的姬妾，朝廷中有和卿相权力相同的大臣，臣子中有和君主权势相似的宠臣，这四种情况，是使国家陷于危险的因素啊。所以说：内宫的宠妃与王后并起并坐，外朝宠臣和卿相共同执掌国政，庶子和嫡子享受同等待遇，大臣和君主拥有相似权势，都是造成国家混乱的根源啊。所以《周记》上说："不要宠爱姬妾而压低正妻的地位，不要压制嫡子而抬高庶子的身份，不要使宠臣尊贵而赐予其与上卿匹敌的地位，不要尊敬大臣而给予与君主相当的权势。"这四种混淆上下尊卑关系的做法一旦被破除，那么君主就不再担心臣下，臣下也不会兴妖作乱；这四种做法要是不被破除，那么就会君主身死而国家灭亡。

商人商语：若是把企业比作一个王国，企业中类似的现象是不是常见呢？如果常见，那就很可怕了。所以要依照规章制度控制住员工的工作行为，按照规章制度考核员工的职务业绩，遵循规章制度来对员工的职务业绩进行奖励、惩罚。企业家要使企业的运营处于"法治"而不是"人治"的环境之下。

君是水土养臣木，用人要疑，疑人要用

老板好比是水土，下属好比是草木。一定是土肥水好，草木才会茂盛；一定是土壤深厚，才能深植出高大的树木；也一定是种子饱满，才能不浪费地肥，如所期盼的那样苗壮成长。这是老板在用人方面的作为，营造了下属们有所作为的环境，下属们才能专心施展力量。所谓一方水土养育一方干部。

有的老板看似平庸无为，可是手下高管们各个独当一面，犹如一片森林；有的老板看似英明有为，可是手下高管们各个唯唯诺诺，只会附和，好比是"一棵大树下面不长草"。老板再英明有为，一个人操劳的企业又能做到多大呢？老板和高管们共同努力，才能经营管理好企业，才能使企业发展壮大。

本节选取的《韩非子·难二》讲述了七个故事，从七个方面论述了君臣之间的互相作用。

《韩非子·难二》：管理之道不在于"亲冒矢石"的以身作则，而在于信赏必罚

原文：一：景公过晏子，曰："子宫小，近市，请徙子家豫章之圃。"晏子再拜而辞曰："且婴家贫，待市食，而朝暮趋之，不可以远。"景公笑曰："子家习市，识贵贱乎？"是时景公繁于刑。晏子对曰："踊贵而屦贱。"景公曰："何故？"对曰："刑多也。"景公造然变色曰："寡人其暴乎！"于是损刑五。

或曰：晏子之贵踊，非其诚也，欲便辞以止多刑也。此不察治之患也。

夫刑当无多，不当无少。无以不当闻，而以太多说，无术之患也。败军之诛以千百数，犹北不止；即治乱之刑如恐不胜，而奸尚不尽。今晏子不察其当否，而以太多为说，不亦妄乎？夫惜草茅者耗禾穗，惠盗贼者伤良民。今缓刑罚，行宽惠，是利奸邪而害善人也，此非所以为治也。

字面翻译：故事一：齐景公探访晏子，说："您的住宅狭小，又靠近集市，请把家搬迁到豫章的园林中。"晏子拜了两拜辞谢说："我家境贫穷，靠着集市吃饭，而且早晚都要去赶集，不能离得太远。"景公笑着说："您家熟悉市场行情，知道什么东西昂贵，什么东西便宜吗？"这时景公多用刑罚。晏子回答说："断脚人穿的踊鞋贵，常人穿的鞋子便宜。"景公说："什么缘故？"晏子回答说："刑罚太多。"景公惊讶得脸色大变，说："我这么暴虐了！"于是减去五种刑罚。

有人说：晏子说踊鞋昂贵，不是他的真心话，而是想要借此来劝说景公不要多用刑罚。这是不能明察治理之道的过错。刑罚制定得当无所谓多，刑罚制定不当无所谓少。晏子不把刑罚制定得不当告诉景公，而是以刑罚太多来劝说景公，这是不懂治理方法的过错。败退的军队被杀掉的数以千百计，还是继续败逃不止；治理祸乱的刑罚制定得唯恐不够细致，以至于奸邪不能除尽。现在晏子不去考察景公制定的刑罚是否得当，却用刑罚太多来劝说景公，不是很荒唐吗？爱惜茅草便会损害庄稼，施惠盗贼便会伤害良民。现在减少刑罚，实行宽容惠德的政策，这是为奸邪之人提供了方便和利益，但是是在伤害好人啊，这不是治理之道。

商人商语：企业规章制度的多与少并不重要，能够帮到企业的运营管理才重要。看待某种制度的好与坏，不能单单以涉及某些个体或者团体利益的增减来做判断，而应该以企业利益增减与否来做判定。这种判断和判定，也不是仅凭某些人的某些话，而应该有相对全面、具体的数据来支持。

原文：二：齐桓公饮酒醉，遗其冠，耻之，三日不朝。管仲曰："此有国之耻也，公胡其不雪之以政？"公曰："胡其善！"因发仓囷赐贫穷，论囹圄出薄罪。处三日而民歌之曰："公胡不复遗冠乎！"

或曰：管仲雪桓公之耻于小人，而生桓公之耻于君子矣。使桓公发仓囷而赐贫穷，论囹圄而出薄罪，非义也，不可以雪耻；使之而义也，桓公宿义，须遗冠而后行之，则是桓公行义非为遗冠也？是虽雪遗冠之耻于小人，而亦生遗义之耻于君子矣。且夫发囷仓而赐贫穷者，是赏无功也；论囹圄而出薄罪者，是不诛过也。夫赏无功，则民偷幸而望于上；不诛过，则民不惩而易为非。此乱之本也，安可以雪耻哉？

字面翻译：故事二：齐桓公喝酒喝醉了，丢失了帽子，为此感到耻辱，几天不去上朝。管仲说："这是作为国家君主的耻辱，您何不用搞好政事来洗刷它呢？"桓公说："您的意见怎么这么好啊！"于是打开粮仓谷囷救济贫穷的人，审查监狱囚犯释放罪轻的人。过了几天，民众就唱道："桓公为什么不再丢失帽子呢！"

有人说：管仲在小人的心中洗刷了桓公的耻辱，却在君子心中滋长了桓公的耻辱。建议桓公打开粮仓谷囷而救济贫穷的人，审查监狱囚犯而释放罪轻的人，这不符合治理的法则，不可能洗刷"丢失帽子"的耻辱；假使这样做是合乎治理的法则，桓公不及时去做，需要等到丢失了帽子才去做，那么桓公这么做岂不是为了丢帽子的缘故？这样说来，即使在小人的心中洗刷了丢帽的耻辱，却又在君子心中滋长了丢失治理法则的耻辱。况且打开粮仓谷囷而救济贫穷的人，这是赏赐没有功劳的人；审查监狱囚犯而释放罪轻的人，这是不惩罚有罪过的人。赏赐没有功劳的人，民众就会侥幸地希望从君主那里获得意外的赏赐；不惩罚有罪过的人，那么民众犯了罪却可不用接受惩罚就容易为非作歹。这是导致国家混乱的本源，怎么能用来洗刷耻辱呢？

商人商语：管理员工，一定要建立绩效考核制度以奖赏功劳、惩罚过错。除按此标准之外，再没有别的赏罚理由。老板千万不要把小恩小惠当成树立领导者个人魅力或者个人权威的手段。很多人不懂得感恩，一次不给马上就会心生怨恨，而不懂得这本来就是不该给的。所以，小恩小惠是"没事找事"。

原文：三：昔者文王侵盂、克莒、举酆，三举事而纣恶之。文王乃惧，请入洛西之地、赤壤之国方千里，以请解炮烙之刑。天下皆说。仲尼闻之，曰："仁哉，文王！轻千里之国而请解炮烙之刑。智哉，文王！出千里之地而得天下之心。"

或曰：仲尼以文王为智也，不亦过乎？夫智者，知祸难之地而辟之者也，是以身不及于患也。使文王所以见恶于纣者，以其不得人心耶，则虽索人心以解恶可也。纣以其大得人心而恶之，已又轻地以收人心，是重见疑也，固其所以桎梏、囚于羑里也。郑长者有言："体道，无为无见也。"此最宜于文王矣，不使人疑之也。仲尼以文王为智，未及此论也。

字面翻译：故事三：从前周文王侵占盂地、攻克莒地、夺取酆地，这三次军事行为引起了纣王的憎恶。文王便害怕了，请求进献给纣王洛水西边方圆千里的肥沃国土，用来请求废除炮烙这种酷刑。天下人都很高兴。孔子听说这件事，说："仁德啊，文王！不看重方圆千里的土地而请求废除炮烙之刑。智慧啊，文王！献出方圆千里的土地而得到天下的人心。"

有人说：孔子认为文王是有智慧的，不是大错特错吗？智慧的人，是知道祸难的所在并且能够避开的人，因此自身不会遭到祸患。假使文王被纣王憎恨的原因，是文王不得人心，那么文王即使是用求取人心的方法来解除纣王的憎恶，也是可以理解的。纣王是因为文王大得天下人心而憎恶他，而文王自己又看轻土地以收揽人心，这就更加被纣王怀疑，这就是他被戴上脚镣、手铐囚禁在羑里的原因。郑长者说过："领会和实行道的人，是无所作为也无所表现的。"这句话是最适用于文王了，他若这样做就可以使纣王不怀疑他。孔子认为的文王智慧，还是没有达到郑长者所说的"体道"的水平。

商人商语：文王不是个好部下，但一定是个好老板。从老板的角度来看，按照规章制度和赏罚措施来管理文王并不算太困难，困难的是郑长者所说的那种"体道"的部下，在不知不觉中就把老板的企业拿走了。老板遇上这种手下，只能叹息："时也！命也！"

原文：四：晋平公问叔向曰："昔者齐桓公九合诸侯，一匡天下，不识臣之力也，君之力也？"叔向对曰："管仲善制割，宾胥无善削缝，隰朋善纯缘，衣成，君举而服之。亦臣之力也，君何力之有？"师旷伏琴而笑之。公曰："太师奚笑也？"师旷对曰："臣笑叔向之对君也。凡为人臣者，犹炮宰和五味而进之君。君弗食，孰敢强之也？臣请譬之：君者，壤地也；臣者，草木也。必壤地美，然后草木硕大。亦君之力也，臣何力之有？"

或曰：叔向、师旷之对，皆偏辞也。夫一匡天下，九合诸侯，美之大者也，非专君之力也，又非专臣之力也。昔者宫之奇在虞，僖负羁在曹，二臣之智，言中事，发中功，虞、曹俱亡者，何也？此有其臣而无其君者也。且蹇叔处干而干亡，处秦而秦霸，非蹇叔愚于干而智于秦也，此有君与无君也。向曰"臣之力也"，不然矣。昔者桓公宫中二市，妇闾二百，被发而御妇人。得管仲，为五伯长；失管仲、得竖刁而身死，虫流出尸不葬。以为非臣之力也，且不以管仲为霸；以为君之力也，且不以竖刁为乱。昔者晋文公慕于齐女而亡归，咎犯极谏，故使反晋国。故桓公以管仲合，文公以舅犯霸，而师旷曰"君之力也"，又不然矣。凡五霸所以能成功名于天下者，必君臣俱有力焉。故曰：叔向、师旷之对，皆偏辞也。

字面翻译：故事四：晋平公问叔向道："从前的齐桓公九次会盟诸侯，一力匡正天下，不知道是靠臣子的力量，还是靠君主自己的力量？"叔向回答说："管仲善于裁剪，宾胥无善于削修缝纫，隰朋善于镶边，衣服做成后，君主拿起来穿上。这是臣子的力量啊，君主出了什么力呢？"师旷趴在琴上笑他。平公说："太师笑什么？"师旷回答说："我笑叔向回答君主的话。大凡做臣子的，好比是做厨师将五味调和好了送给君主吃。君主不吃，谁敢强迫他呢？请让我打个比喻：君主，好比是土壤；臣子，好比是草木。一定是土壤肥沃，然后草木才茁壮。这是君主的力量啊，臣子出了什么力呢？"

有人说：叔向、师旷的答复，都是片面的说法。那一力匡正天下，九次会盟诸侯，是丰功伟业中的佼佼者，并不是单靠君主的力量，也不是单靠臣子的力量。从前宫之奇在虞国，僖负羁在曹国，这两位臣子的智慧，说的话能预见事实，做的事能收获功劳，虞、曹两国都落得个灭亡的下场，是什么原因呢？这是因为有臣子的力量却没有君主的力量。再说骞叔在虞国时虞国灭亡，在秦国时秦国称霸，不是骞叔在虞国愚笨而到了秦国就智慧了，而是取决于有没有君主的力量。所以叔向说"依靠臣子的力量"，是不对的。从前齐桓公内宫中有两处集市，宫中妇女住所有二百处，他经常披头散发地玩弄妇女。得到管仲的辅佐，成为五霸中的第一个；失去了管仲，得到了竖刁而导致自身死亡，蛆虫都爬出门外也得不到安葬。如果认为不是臣子的力量，就说不上因为任用管仲而称霸；如果认为是君主的力量，就谈不上因为任用竖刁而产生祸乱。从前晋文公爱恋齐女而不想回国，狐偃极力劝谏，才使他返回晋国。齐桓公因为管仲而会盟诸侯，晋文公因为狐偃才称霸天下，而师旷说"依靠君主的力量"，也是不对的。五个霸主，能够在天下功成名就的原因，一定是君臣都在参与出力的。所以说：叔向和师旷的答复，都是片面的说法。

商人商语：一个巴掌拍不响，企业家只有和企业高管合力，企业才能发展壮大。明君加贤臣，二者不用过多的约定自然会各安其位，是1+1>2的效果。而才智普通的老板+才智普通的高管，只有在权术和法制的配合下，1+1才有可能大于2。

原文：五：齐桓公之时，晋客至，有司请礼。桓公曰"告仲父"者三。而优笑曰："易哉，为君！一曰仲父，二曰仲父。"桓公曰："吾闻君人者劳于索人，佚于使人。吾得仲父已难矣，得仲父之后，何为不易乎哉？"

或曰：桓公之所应优，非君人者之言也。桓公以君人为劳于索人，何索人为劳哉？伊尹自以为宰干汤，百里奚自以为虏干穆公。虏，所辱也；宰，所羞也。蒙羞辱而接君上，贤者之忧世急也。然则君人者无逆贤而已矣，索贤不为人主难。且官职，所以任贤也；爵禄，所以赏功也。设官职，陈爵禄，而士自至，君人者奚其劳哉？使人又非所佚也。人主虽使人，必以度量准之，以刑名参之；以事遇于法则行，不遇于法则止；功当其言则赏，不当则诛。以刑名收臣，以度量准下，此不可释也，君人者焉佚哉？

索人不劳，使人不佚，而桓公曰"劳于索人，佚于使人"者，不然。且桓公得管仲又不难。管仲不死其君而归桓公，鲍叔轻官让能而任之，桓公得管仲又不难，明矣。已得管仲之后，奚遽易哉？管仲非周公旦。周公旦假为天子七年，成王壮，授之以政，非为天下计也，为其职也。夫不夺子而行天下者，必不背死君而事其仇；背死君而事其仇者，必不难夺子而行天下；不难夺子而行天下者，必不难夺其君国矣。管仲，公子纠之臣也，谋杀桓公而不能，其君死而臣桓公，管仲之取舍非周公旦，可知也。若使管仲大贤也，且为汤、武。汤、武，桀、纣之臣也；桀、纣作乱，汤、武夺之。今桓公以易居其上，是以桀、纣之行居汤、武之上，桓公危矣。若使管仲不肖人也，且为田常。田常，简公之臣也，而弑其君。今桓公以易居其上，是以简公之易居田常之上也，桓公又危矣。管仲非周公旦以明矣，然为汤、武与田常，未可知也。为汤、武，有桀、纣之危；为田常，有简公之乱也。已得仲父之后，桓公奚遽易哉？若使桓公之任管仲，必知不欺己也，是知不欺主之臣也。然虽知不欺主之臣，今桓公以任管仲之专借竖刁、易牙，虫流出户而不葬，桓公不知臣欺主与不欺主已明矣，而任臣如彼其专也，故曰：桓公暗主。

字面翻译：故事五：齐桓公时期，晋国客人来访，负责接待的官吏询问接待的礼仪。桓公说了三遍"去请示仲父管仲"。优人笑着说："真是容易啊，做君主！一声唤仲父，二声喊仲父的。"桓公说："我听说君主的职责在于辛苦地寻求人才，轻松地使用人才。我得到仲父已经很难得，得到仲父的辅助之后，为什么不能容易地做君主呢？"

有人说：桓公回答优人的话，不是做君主的人应该讲的话。桓公认为君主的职责是辛苦地寻求人才，寻求人才有什么辛苦呢？伊尹自己去做厨师向商汤献策求得任用，百里奚自己去做俘虏向秦穆公献策求得任用。俘虏，是受人侮辱的；厨师，是被人耻笑的。蒙受羞耻、侮辱去接近君主，是因为贤人忧虑天下的心情非常急切啊。这样看来，君主只要是不拒绝贤人就足够了，寻求贤人并不是君主的难事。况且官职，是用来任用贤人的；爵禄，是用来奖赏功劳的。设置官职，展示爵禄，人才就会自己到来，做君主的有什么辛苦呢？使用人才也不是件轻松的事情。君主虽然使用人才，但必须用法度法规来考核他们，用职衔与职事是否相符来检验他们；职事合于法制就施行，不合于法制就禁止；功劳同主张相符就奖赏，不符合就惩罚。用职衔、职事来录用臣子，用法度法规来考核臣下，这是不可以放手的工作，做君主的哪里能轻松呢？

寻求人才不辛苦，使用人才不轻松，齐桓公所说"辛苦地寻求人才，轻松地使用人才"，是不对的。况且桓公得到管仲并不困难。管仲不为自己的主公公子纠殉身而归顺桓公，鲍叔看轻自己的官职而推举有才能的管仲得到任用，桓公得到管仲并不困难，是很明显的事情。已经得到管仲之后，哪里会马上就容易了？管仲又不是周公旦。周公旦代行天子之事七年，成王长大后，他便把政权交给了成王，周公旦不是为了天下利益着想，而是遵守他的职责。那不篡夺幼君的君位而去治理天下的人，必定不肯背叛已死的君主而去服侍先君的仇敌；背叛先君而去服侍先君仇敌的人，一定不会为难于夺取幼君的权势而治理天下；不为难于夺取幼君的权势而治理天下的人，一定不会为难于夺取他的君主的国家。管仲是公子纠的臣子，当初谋杀桓公而没有得逞，主公公了纠死后他又臣服于桓公，管仲做人做事的取舍操守远不如周公旦，是可以知道的。

假使管仲是个伟大的贤人，他将成为商汤、周武王。商汤、周武王是夏桀和商纣的臣子；夏桀和商纣胡作非为，商汤和武王就夺取了他们的天下。现在桓公认为轻松地处在管仲之上，这是有着夏桀、商纣一样的行为却处在商汤、周武王之上，桓公是很危险的。假使管仲是无德无才的人，就好比是田常。田常，是齐简公的臣子，却杀死了他的君主。现在桓公认为是轻松地处在管仲之上，这就好比是简公轻松地处在田常之上，桓公又很危险了。管仲没有周公旦的操守已经清楚了，但是他是做商汤、周武王还是做田常，不可预知。如果管仲做商汤、周武王，桓公就有如夏桀、商纣的危险；如果管仲做田常，桓公就有如齐简公所遭遇的祸乱。已经得到管仲之后，桓公哪里会马上就容易了呢？

假设桓公任用管仲时，确切知道他不会欺骗自己，证明桓公有能力识别不欺骗君主的臣子。但是如果说桓公能够识别不欺骗君主的臣子，现在他像任用管仲那样专宠、信任竖刁、易牙，以致死后蛆虫爬出门外还不能安葬。桓公不能识别臣子欺主还是不欺主，已经是很明显的事了，但他任用臣子那般专宠，所以说：桓公是昏庸、糊涂的君主。

商人商语：本段算是韩非子对管仲的"锥心"评判。其实，韩非子一不懂得"信息不对称"的理论，二不知道明主贤臣都是挑挑拣拣的性格。明君和贤臣都在黑暗中互相寻找，碰到了也不敢相认，因为没有一个公认的客观标准来认定谁是贤德。哪里像现在，内部考评的信息，也会被猎头公司一一搜集出来，为贤德做个360度的考评。

原文：六：李克治中山，苦陉令上计而入多。李克曰："语言辨，听之说，不度于义，谓之窕言。无山林泽谷之利而入多者，谓之窕货。君子不听窕言，不受窕货。子姑免矣。"

或曰：李子设辞曰："夫言语辨，听之说，不度于义者，谓之窕言。"辨，在言者；说，在听者：言非听者也。所谓不度于义，非谓听者，必谓所听也。听者，非小人，则君子也。小人无义，必不能度之义也；君子度之义，必不肯说也。夫曰"言语辨，听之说，不度于义"者，必不诚之言也。入多之为窕货也，未可远行也。李子之奸弗蚤禁，使至于计，是遂过也。无术以知而入多，入多者，穰也，虽倍入，将奈何？举事慎阴阳之和，种树节四时之适，无早晚之失、寒温之灾，则入多。不以小功妨大务，不以私欲害人事，丈夫尽于耕农，妇人力于织纴，则入多。务于畜养之理，察于土地之宜，六畜遂，五谷殖，则入多。明于权计，审于地形、舟车、机械之利，用力少，致功大，则入多。利商市关梁之行，能以所有致所无，客商归之，外货留之，俭于财用，节于衣食，宫室器械周于资用，不事玩好，则入多。入多，皆人为也。若天事，风雨时，寒温适，土地不加大，而有丰年之功，则入多。人事、天功二物者皆入多，非山林泽谷之利也。夫无山林泽谷之利入多，因谓之窕货者，无术之言也。

字面翻译：故事六：李克治理中山，苦陉县县令年终上报时称钱粮收入多。李克说："言语动听，听了使人喜欢，不符合常理，这种言语叫作不实在的'窕言'。没有山川、森林、湖泽、溪谷的富饶资源而收入多的，这种收入多叫作不合理的'窕货'。君子不听信窕言，不接受窕货。你就此免除职务吧。"

有人说：李克设定的论点是说"那言语动听，听了使人喜欢，不符合常理的，这种话叫作不实在的窕言"，而动听与否，在于说话的人；喜欢与否，在于听话的人，但说话的人不是听话的人。所谓说话不符合常理，不是指听话的人，一定是指所听到的话。听话的人，不是小人，就是君子。小人不懂得常理，一定不能用常理去度量它；君子用常理去度量它，就一定不会喜欢"窕言"。因此，所谓"言语动听，听了使人喜欢，不符合常理"的话，一定不是符合事实的话。收入多被称作窕货，不可以算作是到处通行的道理。李克所认为的奸邪行为没有被及早禁止，一直等到年终上报，他对最终的过错是有责任的。李克没有办法去了解实际情况而只知道收入多了，收入多的原因，也许是庄稼丰收啊。即使有加倍的收入，又有什么不可以呢？做事要顺应自然规律的变化，种植要迎合四季节气的时令，没有种植早晚的失误和天气寒热的灾祸，就会收入多。不用小事妨害大事、急事，不因私欲妨害农民农事，男子尽力于农耕，女子致力于纺织，就会收入多。注重饲养牲畜的法则，关注土地种植是否适宜，六畜兴旺，五谷丰登，就会收入多。善于权衡计算，周密了解地形、船只、车马和机械的便利作用，花费的力气少，得到的功效大，就会收入多。方便商市、关口、桥梁的通行，能用自己富有的东西换取没有的东西，客商云集，外来的货物存放下来，自己节俭财用，节约衣食，房屋、器具正好实用，不追求珍贵的玩物，就会收入多。收入增多，都是人为的结果。至于天时的情况，风雨适时，冷暖适宜，土地即使不增加，也会有丰年的收益，就会收入多。人的努力，天时的作用，这两方面都能使收入增多，并不单纯是依靠山川、森林、湖泽、溪谷给予的收入利益。因为没有山川、森林、湖泽、溪谷的地利而收入多，所以把它们叫作不合理的"窳货"，这是不懂做事方式、方法的言论啊。

商人商语：韩非子的这一段长文，表面上是在细致地说明造成"收入多"的多种可能性，实际上是在倡导依据事实说话的理性思维。绩效考核，不仅考核结果，还要考核过程。过程对了，结果暂时差些也没关系。过程错了，再好的结果也只是一个数字而已，不能代表持续性的未来。

原文：七：赵简子围卫之郭郭，犀盾、犀橹，立于矢石之所不及，鼓之而士不起。简子投枹曰："乌乎！吾之士数弊也。"行人烛过免胄而对曰："臣闻之：亦有君之不能耳，士无弊者。昔者吾先君献公并国十七，服国三十八，战十有二胜，是民之用也。献公没，惠公即位，淫衍暴乱，身好玉女，秦人恣侵，去绛十七里，亦是人之用也。惠公没，文公授之，围卫，取邺，城濮之战，五败荆人，取尊名于天下，亦此人之用也。亦有君不能耳，士无弊也。"简子乃去盾、橹，立矢石之所及，鼓之而士乘之，战大胜。简子曰："与吾得革车千乘，不如闻行人烛过之一言也。"

或曰：行人未有以说也，乃道惠公以此人是败，文公以此人是霸，未见所以用人也。简子未可以速去盾、橹也。严亲在围，轻犯矢石，孝子之所以爱亲也。孝子爱亲，百数之一也。今以为身处危而人尚可战，是以百族之子于上皆若孝子之爱亲也，是行人之诬也。好利恶害，夫人之所有也。赏厚而信，人轻敌矣；刑重而必，夫人不北矣。长行徇上，数百不一人；喜利畏罪，人莫不然。将众者不出乎莫不然之数，而道乎百无一人之行，行人未知用众之道也。

字面翻译：故事七：赵简子包围了卫国国都的外城，用犀牛皮做的大小盾牌做掩护，站在箭矢和滚石到达不了的地方，击鼓传令进攻，但是战士却没有动作。简子扔了鼓槌说："哎呀！我的战士这么快就疲惫了。"外事官烛过脱下头盔回答说："我听说过这句话：只有做君主的不能使用战士罢了，战士没有疲惫的。从前，我们的先君晋献公吞并了十七个国家，征服了三十八个国家，打了十二次胜仗，使用的就是这些民众。献公去世了，惠公即位，他荒淫无度又残暴昏乱，自己只管喜欢美女，秦国人肆意地入侵，攻打到距离晋国都城绛只有十七里的地方，用的也是这些民众。惠公去世了，文公继承君位，围攻卫国，攻取邺地；在城濮的战役中，五次打败楚军，在天下得到了尊贵的霸主之名，用的也还是这些民众。只有君主不能使用战士的，战士没有疲惫的。"赵简子于是撤下大小盾牌，站在箭矢和滚石能打到的地方，击鼓传令进攻而战士闻声响应，打了场大胜仗。简子说："我与其得到一千辆兵车，还不如听到外事官烛过的一番话啊。"

有人说：外事官烛过没有什么拿来进说的道理，只是说晋惠公用这些人失败了，而晋文公用这些人就得以称霸，没有指出如何用人的办法。简子不能因为这番话就撤除大小盾牌。父亲被包围了，敢于冒着箭矢和滚石的危险去解救的，是孝子爱父亲的缘故。孝子如此爱父亲的，百人之中才有一个。现在认为君主亲身处在危险之中，战士才可以打仗，这是认为成百上千家的儿子对于君主都会像孝子爱父亲一样，这是外事官的胡扯啊。爱好利益，憎恶祸害，是人人所固有的本性。赏赐优厚而且守信兑现，人们就不怕敌人了；刑罚严厉而且一定实行，人们就不敢败逃了。品行高尚，为了君主牺牲自己的，几百人中也没有一个；喜欢得到奖赏而害怕受到惩处，没有一个人不是这样的。统率众多士兵的人不采用没有谁不会这样做的手段，而依靠一百人中没有一个人能做到的行为，说明外事官不懂得使用众多战士的方法啊。

商人商语：韩非子只在理论层面上说明了外事官这么说、简子这么做的危险性和不可信性，却没说明为何实际上外事官这么说、简子这么做的结果是"大胜"。不过，这倒也说明了，人们喜欢奖励害怕惩罚是必然的人之常情。所以，就企业管理而言，与其相信不靠谱的人性，不如相信靠谱的制度。

宰相必起于州部，猛将必发于卒伍

现实中，不少企业老板喜欢外聘高学历和高资历的高管。他们认为有这么多的职业人才，有这么多理论和实践兼有的专业人才，企业应该会很快地发展壮大的。结果却大多事与愿违，各路人马不同主张的指责、吵闹一个比一个专业。是人才的问题吗？这些人才本身的经历，已经证明了他们是人才。那是老板的问题吗？老板也已经充分授权了。那问题出在哪里？

其实，会用人的企业家，不只是看名气、看资历，而是会以"举实事，去无用"的标准来选择适用的人，看人才的理念与本企业企业文化的契合性，看人才的经历与本企业经营实际的契合性。通常，运营总监一定是从基层一步一步提拔起来的，营销总监也一定是从销售前线锤炼出来的，财务总监也往往本身就是主管会计出身。

本节选取的是《韩非子·显学》，讲述了韩非子对于儒墨两家学说的看法，经营之学和运营之学可以借鉴。

《韩非子·显学》：那些名声显赫的学说，听听就算了，千万别随意拿来在自己的企业试用

原文：世之显学，儒、墨也。儒之所至，孔丘也。墨之所至，墨翟也。自孔子之死也，有子张之儒，有子思之儒，有颜氏之儒，有孟氏之儒，有漆雕氏之儒，有仲良氏之儒，有孙氏之儒，有乐正氏之儒。自墨子之死也，有相里氏之墨，有相夫氏之墨，有邓陵氏之墨。故孔、墨之后，儒分为八，墨离为三，取舍相反不同，而皆自谓真孔、墨，孔、墨不可复生，将谁使定世之学乎？孔子、墨子俱道尧、舜，而取舍不同，皆自谓真尧、舜，尧、舜不复生，将谁使定儒、墨之诚乎？殷、周七百余岁，虞、夏二千余岁，而不能定儒、墨之真；今乃欲审尧、舜之道于三千岁之前，意者其不可必乎！无参验而必之者，愚也；弗能必而据之者，诬也。故明据先王，必定尧、舜者，非愚则诬也。愚诬之学，杂反之行，明主弗受也。

字面翻译： 世上名声显赫的学派，是儒家和墨家。儒家学派的创始者，是孔丘。墨家学派的创始者，是墨翟。自从孔子死后，有子张一脉的儒学，有子思一脉的儒学，有颜氏一脉的儒学，有孟子一脉的儒学，有漆雕氏一脉的儒学，有仲良氏一脉的儒学，有荀况一脉的儒学，有乐正氏一脉的儒学。自从墨子死后，有相里氏一脉的墨学，有相夫氏一脉的墨学，有邓陵氏一脉的墨学。所以孔子、墨子死后，儒家分为八派，墨家分为三派，他们对孔子、墨子学说的取舍相互对立，各有不同，都自称是得了孔子、墨子的真传，孔子、墨子两人不能复活，将要让谁来判定世上这些学派的真假呢？

孔子、墨子都宣称得道于尧、舜，但他们的取舍又大不相同，却都自称得到了真正的尧舜之道。尧和舜不能复活，将要让谁来判定儒、墨两家的真假呢？自儒家所称道的商、周到现在有七百多年，自墨家所推崇的虞舜、夏禹时代到现在有两千多年，就已经不能判定儒家的"文王之道"、墨家所讲的"夏禹之道"是否真实了；现在还要去考察三千多年前尧和舜之道，想来更是无法确定的吧！不用事实加以检验就肯定一件事情，是愚蠢的；不能肯定的事情就作为依据，是一种欺骗。所以，公开宣称依据先王之道，武断地肯定尧、舜的一切，不是愚蠢就是欺骗。这种愚蠢欺骗的学说，杂乱矛盾的学派，明君是不能接受的。

商人商语： 韩非子批评儒墨两家的这些言论是有些偏颇的。就算是尧舜禹不能复活，但是其教化的流传性也足以证明。不过，韩非子认为儒墨两家的学说，没有经过实践的检验就自吹自擂，却是一针见血的。所以，企业老板，要谨听慎行学者们写在书里的那些理论。

原文： 墨者之葬也，冬日冬服，夏日夏服，桐棺三寸，服丧三月，世主以为俭而礼之。儒者破家而葬，服丧三年，大毁扶杖，世主以为孝而礼之。夫是墨子之俭，将非孔子之侈也；是孔子之孝，将非墨子之戾也。今孝、戾、侈、俭俱在儒、墨，而上兼礼之。漆雕之议，不色挠，不目逃，行曲则违于臧获，行直则怒于诸侯，世主以为廉而礼之。宋荣子之议，设不斗争，取不随仇，不羞囹圄，见侮不辱，世主以为宽而礼之。夫是漆雕之廉，将

570

非宋荣之恕也；是宋荣之宽，将非漆雕之暴也。今宽、廉、恕、暴俱在二子，人主兼而礼之。自愚诬之学、杂反之辞争，而人主俱听之，故海内之士，言无定术，行无常议。夫冰炭不同器而久，寒暑不兼时而至，杂反之学不两立而治。今兼听杂学缪行同异之辞，安得无乱乎？听行如此，其于治人又必然矣。

字面翻译：墨家的丧葬主张冬天去世就穿冬天的衣服，夏天去世就穿夏天的衣服，装殓用三寸厚的桐木棺材，亲人守丧只要三个月，当今的君主认为这是节俭而予以尊崇。儒家的丧葬则主张不惜倾家荡产地安葬，亲人守丧需要三年，要悲痛得身体虚弱到扶杖而行的程度，当今的君主认为这是至孝而予以尊崇。要是赞成墨子的节俭，就该反对孔子的奢侈；要是赞成孔子的至孝，就该反对墨子的薄情。现在是至孝与薄情、奢侈与节俭存在于儒、墨两家的主张之中，而君主却同时尊崇他们。漆雕氏的主张是，（被威胁时）脸上不能露出屈服、顺从的表情，眼里不能显出怯懦、逃避的神色，行为不正即使是对奴仆也要退让，行为端正即使对于诸侯也敢于抗争，当今的君主认为这是廉正而予以尊崇。宋荣子的主张是，不跟别人争斗，不向仇人报复，被关于监狱不觉得羞愧，受人欺侮不以为耻辱。当今的君主认为这是宽厚而予以尊崇。要是赞成漆雕氏的廉正，就该反对宋荣子的容忍；要是赞成宋荣子的宽厚，就该反对漆雕氏的激烈。现在是宽厚与廉正、容忍与激烈存在于这两个人的主张中，君主却同时尊崇它们。自从对于愚蠢骗人的学说、杂乱对立的言辞争辩，君主都听信不疑开始，四海之内的读书人，说话没有固定的宗旨，行为没有固定的主张。要知道，凉冰和热炭不能长久地放在同一个器皿之中，寒冷和暑热不能在同一个季节到来，杂乱对立的学说不能同时用来治理国家。现在君主同时听信那些杂乱的学说、荒谬的行为、互相矛盾的言辞，怎么能不造成混乱呢？听言论、做事情如此混乱，君主在治理民众方面也就必然是如此混乱了。

商人商语：如果将对立的学说看作根本理念的不同，的确是难以同时使用的。即使老板人格不会分裂，手下人也会被折磨得"精神分裂"了。

但是，如果有自己确定的理念，将对立学说看作管理手段的不同应用，就可以如左右手一样配合使用。

原文：今世之学士语治者，多曰："与贫穷地以实无资。"今夫与人相若也，无丰年旁入之利而独以完给者，非力则俭也。与人相若也，无饥馑、疾疚、祸罪之殃独以贫穷者，非侈则堕也。侈而堕者贫，而力而俭者富。今上征敛于富人以布施于贫家，是夺力俭而与侈堕也，而欲索民之疾作而节用，不可得也。

字面翻译：当今的学者谈起国家治理的方法，大多是说："分给贫穷的人一些土地，来充实那些没有资产的人。"现在人和人的基本情况是差不多的，没有丰收的年景也没有额外收入的利益，但是能独自做到供给充足的人，不是由于勤劳就是由于节俭的缘故。和别人的基本情况差不多，没有遭遇荒年、久病、灾难、刑罪的秧祸，却只有他陷入贫穷的境遇，不是因为奢侈就是因为懒惰的缘故。奢侈和懒惰的人会陷入贫穷，而勤劳和节俭的人能够致富。现在君主向富足的人征收财物去布施给贫穷的人，这是夺取勤劳、节约者的财物而分给奢侈、懒惰的人，却还想要督促民众努力耕作和省吃俭用，是不可能办到的。

商人商语：员工之间，因为工作业绩的不同而拉开收入差距，是企业绩效考核的必须，也是企业激励员工努力工作的必须。员工的绩效考核，不怕收入不均匀，就怕收入标准不公平。

原文：今有人于此，义不入危城，不处军旅，不以天下大利易其胫一毛，世主必从而礼之，贵其智而高其行，以为轻物重生之士也。夫上所以陈良田大宅，设爵禄，所以易民死命也。今上尊贵轻物重生之士，而索民之出死而重殉上事，不可得也。藏书策，习谈论，聚徒役，服文学而议说，世主必从而礼之，曰："敬贤士，先王之道也。"夫吏之所税，耕者也；而上之所养，学士也。耕者则重税，学士则多赏，而索民之疾作而少言谈，不可得也。立节参明，执操不侵，怨言过于耳，必随之以剑，世主必从而礼之，以为自好之士。夫斩首之劳不赏，而家斗之勇尊显，而索民之疾战距敌而无私斗，不可得也。国平则养儒侠，难至则用介士。所养者非所用，所用者非所养，此所以乱也。且夫人主于听学也，若是其言，宜布之官而用其身；若非其言，宜去其身而息其端。今以为是也，而弗布于官；以为非也，而不息其端。是而不用，非而不息，乱亡之道也。

字面翻译：现在假定有这样一个人，坚决不进入有战事危险的城邑，不处身在军旅之中，不愿拿天下的大利来换取自己小腿上的一根毫毛，当代君主一定信奉并尊崇他，看重他的智慧且仰慕他的品行，认为这是轻视财物、爱惜生命的人。而君主之所以陈列出肥沃的田地和宽大的宅院，设置不同的官爵和俸禄，为的就是换取民众的拼死效力。现在君主尊敬那些轻视财物、爱惜生命的人，再想要求民众出生入死为君主做出牺牲，是不可能的了。收藏图书典籍，学习言谈辩论，聚众人、收门徒，凭借文章学说来议论游说，当代君主一定信奉并尊崇他，说："尊敬贤德的人，是先王治国的原则。"官吏们的征税对象，是种田的人；而君主的供养对象，却是那些学者、士子。对于种田的人就从重收税，对于学者、士子却多加奖赏，再想要求民众努力耕作而减少说话空谈，是不可能的了。标榜气节而自诩高明，坚持操守而不容侵犯，听到怨恨自己的话，一定拔出剑来针锋相对，当代君主一定信奉并尊崇他，以为这是爱惜自身的人。为国杀敌的功劳不予奖赏，却使那些私下斗殴的勇士尊贵、显赫，那么，再想要求民众奋勇杀敌而不要私下斗殴，是不可能的了。国家太平时就供养儒生和侠客，战争灾难到来时却依靠穿着铠甲的战士。所供养的人不是所要使用的人，所要使用的人不是所供养的人，这是造成祸乱的原因啊。况且，君主在听取学说的时候，如果肯定这种学说，就应该公布这种学说到官府，并任用这种学说的倡导者；如果否定这种学说，就应该驱逐这种学说的倡导者，并消除这种学说的源头。现在的情况是，认为是正确的，却不公布到官府；认为是错误的，又不从源头上加以消除。正确的不采纳，否定的不消除，这是导致国家混乱灭亡的做法啊。

商人商语：企业老板，如果崇尚人治，便要尊重人才的特质，根据其特质安排适合他特长的职位。而对于崇尚法治的老板而言,无所谓特质,人才就只有一个标准,即其工作能力适合本企业岗位职责的要求。

原文: 澹台子羽,君子之容也,仲尼几而取之,与处久而行不称其貌。宰予之辞,雅而文也,仲尼几而取之,与处久而智不充其辩。故孔子曰:"以容取人乎,失之子羽;以言取人乎,失之宰予。"故以仲尼之智而有失实之声。今之新辩滥乎宰予,而世主之听眩乎仲尼,为悦其言,因任其身,则焉得无失乎?是以魏任孟卯之辩,而有华下之患;赵任马服之辩,而有长平之祸。此二者,任辩之失也。夫视锻锡而察青黄,区冶不能以必剑;水击鹄雁,陆断驹马,则臧获不疑钝利。发齿吻形容,伯乐不能以必马;授车就驾,而观其末涂,则臧获不疑驽良。观容服,听辞言,仲尼不能以必士;试之官职,课其功伐,则庸人不疑于愚智。故明主之吏,宰相必起于州部,猛将必发于卒伍。夫有功者必赏,则爵禄厚而愈劝;迁官袭级,则官职大而愈治。夫爵禄大而官职治,王之道也。

字面翻译: 澹台子羽,有着君子的仪表,孔子认为他像君子就收作学生,相处久了却发现他的品行与他的容貌不相称。宰予的言辞,雅正而有文采,孔子认为他像君子就收作学生,相处久了却发现他的智慧不及他的口才。因此孔子说:"以仪表取人吧,在子羽身上犯错;以言辞取人吧,在宰予身上犯错。"所以,凭借孔子的智慧,还会发出看错人的感叹。现在新的辩说比宰予的言辞更加雅正、更有文采,而当代君主听起来比孔子还要眩惑,因为欣赏他的言论,就去任用他本人,这怎么能不出差错呢?因此,魏国国君听信孟卯的言论,结果有了华阳之战的惨败;赵国国君听信赵括的纸上谈兵,结果有了长平之战的灾难。这两件祸事,都是任用了能说会道的人而铸成的差错。查看锻造时掺入了多少锡,观察冶炼时火色的青黄,就是善于铸剑的欧冶子也不能断定剑的利钝;可是用这把剑在水面上砍杀天鹅和大雁,在陆地上劈杀大马小马,就算是奴仆也能分清剑的利钝。掰开马嘴看牙齿,端详形体容貌,就是善于相马的伯乐也不能判定马的优劣;可是把马套上车奔跑,看马车的终点在哪里,就算是奴仆也能分辨马的优劣。观察一个人的仪表、服装，听取他的言辞、议论，智慧的孔子也不能判断其是否贤能；可是放在官职上来实践，用政事功绩来考察，就是平庸的人也能确认此人愚蠢还是智慧。所以，英明君主任用的官吏，宰相一定是从州郡的地方官中提拔上来的，猛将一定是从士兵队伍中挑选出来的。有功劳的人一定给予奖赏，那么奖赏的爵位、俸禄越是优厚，受赏的人越是受到鼓励；一步一步地升官晋级，那么官职越高，他们的治理就越有成效。爵禄丰厚但是官员职事有治理，就是称王天下的办法啊。

商人商语：并不是说那些搞理论的人就一定不适用于企业，前提是你要给他熟悉企业、熟悉业务的历练时间。更重要的是你要给他历练的机会和允许其历练失败的空间。那些拿来就能用的人才，一定是从实际工作的历练中锻炼出来的。至于从茅庐里一出来就妙计定天下的诸葛孔明，那只是个传说。

原文：磐石千里，不可谓富；象人百万，不可谓强。石非不大，数非不众也，而不可谓富强者，磐不生粟，象人不可使距敌也。今商官技艺之士亦不垦而食，是地不垦，与磐石一贯也。儒侠毋军劳，显而荣者，则民不使，与象人同事也。夫知祸磐石象人，而不知祸商官儒侠为不垦之地、不使之民，不知事类者也。

字面翻译：拥有千里见方的大石头，不能说是富有；拥有百万数量的俑人，不能说是强大。石头不是不大，俑人数目不是不多，但不能说是富有和强大的原因在于，巨石上不能生产粮食，俑人不能用来抵御敌军。现在那些花钱买官的商人和拥有技艺的士人也都是不耕种田地就能吃上饭的人，那么，拥有土地不开垦，就和不生产粮食的巨石是一样的。儒生和游侠没有军人的劳苦，却得以显贵，获得荣耀，那么，拥有民众却不能役使，就和俑人的摆设作用是一样的。现在只知道把巨石和俑人看成是祸害，却不知道那些花钱买官的商人和儒生、游侠们作为不开垦土地之人、不能役使的民众的祸害，这是不懂得事物可以类比的人啊。

商人商语：员工在企业经营中的作用是什么？很多老板都忘记了这一

点，时不时地冒出"帝王意识"，把企业当成了自己的看台，把员工当成了演员，演技好的就打赏。结果，企业成了员工表演的舞台而不是努力工作的场所。

原文：故敌国之君王虽说吾义，吾弗入贡而臣；关内之侯虽非吾行，吾必使执禽而朝。是故力多则人朝，力寡则朝于人，故明君务力。夫严家无悍虏，而慈母有败子。吾以此知威势之可以禁暴，而德厚之不足以止乱也。

字面翻译：因此敌对国家的君主虽然喜爱我的仁义，我却无法让他进贡称臣；关内侯虽然非议我的德行，我一定能让他拿着禽之类的礼物来朝拜。可见力量大就会有人来朝拜，力量小就得去朝拜别人，所以明君会努力增强国力。在管教严格的家府中不会有凶横的奴仆，而在慈母的溺爱下却会有不成材的儿子。我由此得知威严的权势是可以禁止暴行，而深厚的恩德却不足以制止祸乱。

商人商语：实力强大的企业一定强在企业的运营管理上。而运营管理强大的企业，是不允许出现"凶横"的部门和高管的，更不会出现"尸位素餐"还经常坏事的部门和高管。

原文：夫圣人之治国，不恃人之为吾善也，而用其不得为非也。恃人之为吾善也，境内不什数；用人不得为非，一国可使齐。为治者用众而舍寡，故不务德而务法。夫必恃自直之箭，百世无矢；恃自圈之木，千世无轮矣。自直之箭，自圈之木，百世无有一，然而世皆乘车射禽者何也？隐栝之道用也。虽有不恃隐栝而有自直之箭、自圈之木，良工弗贵也。何则？乘者非一人，射者非一发也。不恃赏罚而恃自善之民，明主弗贵也。何则？国法不可失，而所治非一人也。故有术之君，不随适然之善，而行必然之道。

字面翻译：圣人治理国家，不是依靠人们自觉做好事的意识，而是依靠使人们不能做坏事的法制。依靠人们自觉做好事的意识，有这种意识的人，国内找不出十个；依靠使人们不能做坏事的法制，就可以使全国的人行动一致。作为国家的治理者，需要采用多数人都得遵守的法制，而舍弃只有少数人才能做到的自觉意识，因此不能追求德治而应努力推行法治。

若一定要靠自然挺直的竹竿做箭杆，那么，一百世也没办法造出箭来；若一定要靠自然长成圆圈的树木，一千世也造不出车轮来。自然长直的箭杆、自己长成的圈木，一百世也没有一个，然而世人都能乘车子、射鸟兽的原因是什么呢？因为有矫形的方法在使用啊。即使是有不经过矫形就自然笔直的箭杆、自然圆成的圈木，手艺高超的工匠也不会看重。为什么呢？因为乘车的不是一个人，射箭的也不是只发一箭。不需要赏罚就能自我约束、独善其身的民众，英明的君主是不会看重的。为什么呢？国家的法律制度不可丧失，而所要治理的不是一个人。所以，有治国策略的君主，不依靠民众偶然的善行，而是推行民众必然可行的方法。

商人商语：企业运营管理的要点在于：要使用大多数员工都可以遵守的规章制度，而不是依赖极少数员工的个人素质。认不清这一点，企业的运营管理中，就会出现许多不实用的部门和岗位，使企业的管理成本虚高。

原文：今或谓人曰："使子必智而寿。"则世必以为狂。夫智，性也；寿，命也。性命者，非所学于人也，而以人之所不能为说人，此世之所以谓之为狂也。谓之不能然，则是谕也，夫谕性也。以仁义教人，是以智与寿说也，有度之主弗受也。故善毛嫱、西施之美，无益吾面；用脂泽粉黛，则倍其初。言先王之仁义，无益于治；明吾法度，必吾赏罚者，亦国之脂泽粉黛也。故明主急其助而缓其颂，故不道仁义。

字面翻译：现在有人对别人说："可以使您一定有智慧而且长寿。"那么，大家肯定会认为这是胡言乱语。因为智慧，是一种天性；寿限，是一种天命。天性和天命这两件事，不是能从别人那里学到的。而这人却用人力不可能做到的事情去讨好人家，这就是大家说他胡言乱语的原因。说出不可能做到的一些事情，这就是明示，明示人的天性。用仁义教化人，是用可以变得有智慧和长寿的虚妄来取悦人的，有判断能力的君主是不会接受的。所以称赞毛嫱、西施的美丽，对自己的姿色没有增益；用胭脂、发油、白粉、青黛化一下妆，就能比原来美丽一倍。谈论先王的仁义之道，对于我们的治理没有增益；彰明我们的法律法规，坚持我们的赏罚制度，这就是使国家加倍富强的胭脂、发油、白粉、青黛啊。所以明君会加紧实施那些有实际帮助的法律法规和赏罚制度，而轻视那些对于先王之道的颂扬，不讲什么仁义道德。

商人商语：努力学习，虽然不能增长智慧但可以多些经验；坚持养生，虽然不能增加寿命但可以避免中途夭折。在企业的实际经营中，企业家是不能忽视企业文化的教化作用的。规章制度的管理，只能让你的员工做到60分。但是在这60分的基础上，有了教化的作用，就有可能做到80分。

原文：今巫祝之祝人曰："使若千秋万岁。"千秋万岁之声聒耳，而一日之寿无征于人，此人所以简巫祝也。今世儒者之说人主，不善今之所以为治，而语已治之功；不审官法之事，不察奸邪之情，而皆道上古之传誉、先王之成功。儒者饰辞曰："听吾言，则可以霸王。"此说者之巫祝，有度之主不受也。故明主举实事，去无用，不道仁义者故，不听学者之言。

字面翻译：现在巫祝师的祝福话语是："愿你千秋万岁！"祝福千秋万岁的声音在耳边喋喋不休，可是使人多活一天的征兆一点也没看到，这就是人们看不起巫祝师的原因。现在世上的儒生游说君主的方法是不谈论现在如何才能治理好国家，反而讲述过去先王治国的功绩；不去考察官府运行、法制执行的事务，不去了解奸诈、邪恶的情形，却句句称道上古的流传美谈和先王的丰功伟绩。儒家吹嘘说："听取我的主张，就可以称王称霸。"这就是游说者中的巫祝师，有判断能力的君主是不会接受的。所以，英明的君主做的是能有实际效用的事情，去除的是不能应用的学说，不谈论彰显仁义道德的过去事，不听信学者们的空谈。

商人商语：站在法家的角度看儒家和站在儒家的角度看法家，二者有着明显和必然的对立。但是，企业家用一种俯瞰的角度来观察二者的对立，就会发现二者有相克也有相生。企业文化讲究的仁义道德，运营管理讲究的规章制度，都要付诸实践之中，才有实际效用，才能互相促进。

原文：今不知治者必曰："得民之心。"欲得民之心而可以为治，则是伊尹、管仲无所用也，将听民而已矣。民智之不可用，犹婴儿之心也。夫婴儿不剔首则腹痛，不揝痤则寖益。剔首、揝痤，必一人抱之，慈母治之，然犹啼呼不止，婴儿子不知犯其所小苦致其所大利也。今上急耕田垦草以厚民产也，而以上为酷；修刑重罚以为禁邪也，而以上为严；征赋钱粟以实仓库，且以救饥馑、备军旅也，而以上为贪；境内必知介而无私解，并力疾斗，所以禽虏也，而以上为暴。此四者，所以治安也，而民不知悦也。夫求圣通之士者，为民知之不足师用。昔禹决江浚河，而民聚瓦石；子产开亩树桑，郑人谤訾。禹利天下，子产存郑人，皆以受谤，夫民智之不足用亦明矣。故举士而求贤智，为政而期适民，皆乱之端，未可与为治也。

字面翻译：现在，不懂得治理国家的人肯定地说："要得民心。"认为获得民心就可以治理好国家，那么伊尹、管仲就没有用处了，只要听取民众的心意就可以了。民众的智谋不可以采用，因其就像婴儿的心智一样。婴儿不剃头就会肚子痛，不剖开疖子就会逐渐加重；要给婴儿剃头和剖开疖子，必须由一个人抱着他，由慈母给他处理，这样他还是会哭喊不止，因为婴儿不知道给让吃点小苦会带来大的好处。如今君主加紧督促开荒种田来增加民众的收入，却被认为是残酷；修订刑法、加重惩罚以禁止奸邪，却被认为是严厉；征收赋税钱粮来充实粮仓、国库，以备救济灾荒、供养军队之用，却被认为是贪婪；国内民众必须知道要披甲上阵而不能私自免除兵役，只有同心协力奋勇作战，才可以征服敌人，却被认为是暴虐。上述四项措施，是用来治国安民的，可是民众却不知道欢迎。君主之所以要寻求圣明睿智的人，就是因为民众智慧不足以信从和使用。从前大禹疏通江河，而民众却堆积起瓦片、石块；子产提倡开荒种桑，而郑国民众却恶意咒骂。大禹使天下人获得利益，子产使郑国人得以保全，但都受到人们的诽谤，可见民众智慧的不可采用已经很明显了。所以选拔人才时希望得到传说中的贤人志士，治理国家时希望能够满足没有智慧的民众，都是造成混乱的根源，是不可以作为治国措施的。

商人商语：企业的运营管理，不是为了使企业员工喜欢，而是为了保障企业和企业员工的利益，为了获得市场终端消费者的喜欢，保障他们的利益。企业的企业文化，本质上不也是如此吗?!

明君蓄臣以法备，不赦死来不宥刑

现实中，员工认为老板对自己仁义是应该的，而老板认为这是我对你特殊的好，你的表现要对得起我这份特殊的好。由此产生矛盾，由此（集体抵制之意，港澳台地区常用）杯葛出现，由此成了冤家。其实，这不是谁对谁错。通常可以理解为双方看问题的角度不同，或者说是双方的价值观不一样，或者说是都没有站在对方的角度上考虑问题。但是，这个角度、这个价值观，有统一的标准吗？

高明的企业家培养下属，会完全依照规章制度授权，明确权重、清晰权限，彰明奖励或者惩罚的标准。要求下属对其下属的团队成员也是如此，不徇私情也不允许法外施恩。因此，其下属的部门成员即使人多，也不能凭此建立自己的威势；其下属的成员收入即使很高，也都不会因此利益而成为他的私党。

本节选取的是《韩非子·爱臣》，谈谈君主对权势过大的臣下那些严防死守的事。

《韩非子·爱臣》：一味地宠信臣下，反而会危及自身的安全，甚至是生命

原文：爱臣太亲，必危其身；人臣太贵，必易主位；主妾无等，必危嫡子；兄弟不服，必危社稷。臣闻千乘之君无备，必有百乘之臣在其侧，以徙其民而倾其国；万乘之君无备，必有千乘之家在其侧，以徙其威而倾其国。是以奸臣蕃息，主道衰亡。是故诸侯之博大，天子之害也；群臣之太富，君主之败也。将相之管主而隆家，此君人者所外也。万物莫如身之至贵也，位之至尊也，主威之重，主势之隆也。此四美者，不求诸外，不请于人，议之而得之矣。故曰：人主不能用其富，则终于外也。此君人者之所识也。

字面翻译：宠信臣子过分亲近，必定会危害到君主本身；臣子地位过分尊贵，必定会改变君主地位；正妻、姬妾不分等级，必定会危害到嫡子；君主的兄弟不愿臣服，必定会危害到江山社稷。我听说千乘小国的君主没有防备，必定有百乘兵车的臣子在他的身旁窥视，准备夺取他的民众而颠覆他的国家；万乘大国的君主没有防备，必定有千乘兵车的家臣在他的身旁窥视，准备夺取他的权势而颠覆他的国家。因此奸臣的势力发展壮大了，君主的权势就会衰弱消亡。所以说，诸侯国地大物博，是天子的祸害；群臣过分富有，是君主的失败。做将相的控制了君主而使得自家门庭兴隆，这是君主应该排除的事情。一个国家的万千事物之中，没有什么比君主的身体更加高贵、比君主的地位更加尊崇、比君主的威严更加重要、比君主的权势更加盛大的。这四种珍贵的东西，不需要求助于国外势力，不需要请求于他人，依照君主的权责行事就能得到了。所以说：君主不能使用他作为君主所拥有的资源，那他最终就会被排斥在权力之外，这是做君主的要牢记的。

商人商语：现在企业家和人才的合作方式日趋多样化，甚至有的企业家只扮演投资者角色，只在若干战略问题上把关。但是，如果企业老板想要握有经营的主宰权，就不能过度分权给手下，无论这个手下是贤德之人还是奸佞之人。企业老板可以不识人，但是不可以不懂得如何维护自己的权益。

原文：昔者纣之亡，周之卑，皆从诸侯之博大也；晋之分也，齐之夺也，皆以群臣之太富也。夫燕、宋之所以弑其君者，皆此类也。故上比之殷、周，中比之燕、宋，莫不从此术也。是故明君之蓄其臣也，尽之以法，质之以备。故不赦死，不宥刑，赦死宥刑，是谓威淫。社稷将危，国家偏威。是故大臣之禄虽大，不得借威城市；党与虽众，不得臣士卒。故人臣处国无私朝，居军无私交，其府库不得私贷于家。此明君之所以禁其邪。是故不得四从，不载奇兵；非传非遽，载奇兵革，罪死不赦。此明君之所以备不虞者也。

字面翻译：从前商纣王的灭亡，周王朝的衰微，都是伴随着诸侯国的发展壮大；晋国被瓜分，齐国被篡夺，都是因为群臣的过分富有。还有燕国、宋国之所以会出现臣子杀掉国君，都属于这一类。所以在天下这一层次对照商朝、周朝，在国家这一层次对照燕国、宋国，没有一个臣子不是用的这种方法。因此英明的君主培养他的臣下，完全依照法律来任用他们，用权术使他们实际做事。所以不赦免死罪，不减轻刑罚，赦免死罪、减轻刑罚，这叫作法律威严的丧失。（国家法律威严丧失，）江山社稷就会危险，国家政权就会旁落。因此大臣的俸禄即使很多，也不能凭借其受封的城市来建立自己的势力；其党羽即使很多，也不能拥有私人武装。所以臣子处理国事时不准有私人朝会，主持军政时不准有私人外交，他们掌管的府库财物不能私自借给私家。这是英明的君主用来禁止臣子犯上作乱的办法。因此大臣出外不准有许多人马随从，不准在车上携带任何兵器；如果不是传令专车和紧急公务，车上带有兵器，就要对其判处死刑并不予赦免。这是英明的君主用来防备意外情况的办法。

商人商语：企业的所有资源，如员工、资金、产品、设备、客户、信息、渠道、技术等，企业任何级别的高管都只是拥有使用权，而不是"所有权"。这一点，不能指望高管自我约束的意识来防止，还是要设立规章制度来防范为好。

管治臣下有三术：驯化、独断、忍痛割爱

如果老板的聪明显露出来，人们就会赞美他；如果老板的蠢笨暴露出来，人们就去蒙蔽他。老板没有欲望显露出来，人们就会探测他；老板有欲望显露出来，人们就会引诱他。所以说，老板要学会申不害的"六慎"，看似无欲无为，却可以看清手下人的所欲所为，才可以照见手下人的喜恶好坏。当冷静地听取各方意见，理智地观察各方倾向后，才是老板统筹意见、下达决断的时候。老板，总是最后一个发言拍板的。

要想管理好手下，仅仅使用权术是不行的，一定要有"君王集权"般的权势和"尚法非贤"的制度做前提。三者紧密结合，才是完整的管理，才能铲除看着好看都不起作用的职员，才能"铲除"像猛狗一样喜欢占地盘、像社鼠一样喜欢偷东西的职员。

本章节选取的是《韩非子·外储说右上》，说的是"特立独行、察言观色、左膀右臂"这三种臣子和法制势不两立的情形。

《韩非子·外储说右上》：有些高管，有机会就如社鼠一样将自己和工作绑架起来

原文：君所以治臣者有三：

经一：势不足以化则除之。师旷之对，晏子之说，皆舍势之易也而道行之难，是与兽逐走也，未知除患。患之可除，在子夏之说《春秋》也："善持势者，蚤绝其奸萌。"故季孙让仲尼以遇势，而况错之于君乎？是以太公望杀狂矞，而臧获不乘骥。嗣公知之，故不驾鹿；薛公知之，故与二栾博。此皆知同异之反也。故明主之牧臣也，说在畜乌。

字面翻译：君主用来控制臣下的方法有三种：

经一：君主使用权势而不能加以驯化的臣子，就要把他除掉。师旷的回答，晏婴的议论，都是舍弃了利用权势来制服臣民的这种易行、有效的办法，而去称道那种施加恩惠来争取臣民的这种困难的办法，这就好像是和野兽比赛奔跑，不知道怎样除掉祸害。祸害可以被除掉，表现在子夏解说《春秋》的话中："善于掌控权势的君主，尽早杜绝臣下奸邪的苗头。"所以，季孙指责孔子门徒子路施行私惠来对抗他的权势，何况把这样的事情错置在君主身上呢？因此，姜太公吕望杀掉了不受权势约束的狂矞，并解释说："奴仆也不会骑乘不听使唤的骏马。"卫嗣公懂得这个道理，所以用"鹿不能用来驾车"来说明无法任用如耳为相；薛公懂得这个道理，所以招来那两个孪生子赌博并用类似"杀鸡给猴看"的方法来收服他们。这些人都懂得君臣之间利害关系的相互对应性。所以明君培养臣下的方式，在通过剪掉翅膀和尾巴上的长羽毛来驯养乌鸦的故事中体现出来。

商人商语：每个老板都想笼络人才。但是，那些不遵守企业制度也不听从老板命令的人才，老板应该如何笼络呢？再好的人才，不能被企业使用，那就不要再使用，一味强求使用，反而是各自伤害。

原文：说一：赏之誉之不劝，罚之毁之不畏，四者加焉不变，则其除之。

字面翻译：说一：奖赏他、称赞他，不能鼓励到他；惩罚他、谴责他，不能使他畏惧。如果奖赏、称赞、惩罚、谴责这四种手段加到他身上他都无动于衷，那就应当除掉他。

商人商语：这种人如果和企业没有关联，那就是"各自安好"。如果和企业有关联，看似"人畜无害"，实际上的确会带动一批人，损害企业的运营管理。

原文：齐景公之晋，从平公饮，师旷侍坐。景公问政于师旷曰："太师将奚以教寡人？"师旷曰："君必惠民而已。"中坐，酒酣，将出，又复问政于师旷曰："太师奚以教寡人？"曰："君必惠民而已矣。"景公出之舍，师旷送之，又问政于师旷。师旷曰："君必惠民而已矣。"景公归，思，未醒，而得师旷之所谓——公子尾、公子夏者，景公之二弟也，甚得齐民，家富贵而民说之，拟于公室，此危吾位者也，今谓我惠民者，使我与二弟争民耶？——于是反国，发廪粟以赋众贫，散府余财以赐孤寡，仓无陈粟，府无馀财，宫妇不御者出嫁之，七十受禄米。鬻德惠施于民也，已与二弟争。居二年，二弟出走，公子夏逃楚，公子尾走晋。

字面翻译：齐景公到晋国，陪晋平公饮酒，师旷陪坐。齐景公向师旷请教国家政事，说："太师您准备教导我些什么呢？"师旷说："君上您必须施惠于民罢了。"酒会到中间的时候，酒兴正浓，景公要出门，又回身向师旷请教如何处理政事："太师您教导我些什么？"师旷说："君上您必须施惠于民就是了。"酒会后，景公出门回住处，师旷送行，景公又向师旷请教国家政事。师旷说："君上您必须施惠于民就是了！"景公回到住处，开始思索，酒还没有醒，就明白了师旷说话的意思——公子尾、公子夏，是我的两个弟弟，在齐国很受民众爱戴，他们家产丰厚、地位尊贵，而且民众拥护他们，势力可以和朝廷相比，这是危及我君位的人啊，师旷今天和我说的施惠于民，是让我和两个弟弟争夺民众的民心吧？——于是回到齐国后，齐景公打开米仓拿出小米来给予贫困的民众，散发国库多余的钱财来赏赐给孤寡人家，直至米仓没有了陈年的小米，国库没有了多余的钱财。宫廷中没有被临幸过的宫女就把她嫁出去，七十岁以上的老人可以享受国家供给的粮食。齐景公就这样养育恩德、惠济好处给民众，开始和两个弟弟争夺民心。过了两年，两个弟弟出逃，公子夏逃到楚国，公子尾逃到晋国。

商人商语：现实中，会有许多业务主管以各种理由来索要自主分配手下员工待遇的权力，说辞是便于更好地掌控团队、提升团队的工作效率。

就企业经营的效率性而言，业务单元的划分是必要的，但是人力资源管理，以及绩效考核和赏罚权力是否也要一起划分，则莫衷一是。

原文：景公与晏子游于少海，登柏寝之台而还望其国，曰："美哉！泱泱乎，堂堂乎！后世将孰有此？"晏子对曰："其田成氏乎！"景公曰："寡人有此国也，而曰田成氏有之，何也？"晏子对曰："夫田成氏甚得齐民。其于民也，上之请爵禄行诸大臣，下之私大斗斛区釜以出贷，小斗斛区釜以收之。杀一牛，取一豆肉，余以食士。终岁，布帛取二制焉，余以衣士。故市木之价，不加贵于山；泽之鱼盐龟鳖蠃蚌，不贵于海。君重敛，而田成氏厚施。齐尝大饥，道旁饿死者不可胜数也，父子相牵而趋田成氏者不闻不生。故秦周之民相与歌之曰：'讴乎，其已乎！苞乎，其往归田成子乎！'《诗》曰：'虽无德与女，式歌且舞。'今田成氏之德而民之歌舞，民德归之矣。故曰：'其田成氏乎！'"公泫然出涕曰："不亦悲乎！寡人有国而田成氏有之。今为之奈何？"晏子对曰："君何患焉？若君欲夺之，则近贤而远不肖，治其烦乱，缓其刑罚，振贫穷而恤孤寡，行恩惠而给不足，民将归君，则虽有十田成氏，其如君何？"

字面翻译：齐景公和晏子在渤海游玩，登上柏寝的高台上，回头眺望自己的国家，说："真美啊！广阔而博大，雄伟而壮观！这以后的世界谁将会拥有呢？"晏子回答说："大概是田成子吧！"景公说："我现在拥有这个国家，你却说田成子会拥有它，为什么？"晏子回答说："那田成子很受齐国民众的爱戴。他对待民众啊，在朝廷上请求爵位、俸禄赏赐给大臣，在民间暗地加大斗、斛、区、釜的量器来出借粮食，而减小量器来回收粮食。宰杀一头牛，自己只取走一盘肉，剩下的用来供养士人。一年到头，裁制衣服的布帛，自己只取两制约七丈二尺，剩下的都留给士人穿。所以集市上木头的价格，不比山上的更贵；湖泊里的鱼、盐、龟、鳖、螺、蚌的价格，不比海里的更贵。君上您是加重赋税敛财，而田成子是加大施舍百姓的力度。齐国曾经遭遇特大荒年，路边饿死的人数也数不清，父子相互搀扶而投奔田成子的没有听说活不下去的。所以齐国国都秦周门外的民众互相唱和道：

'悲哀吗，他完蛋了啊！想吃饱吗，咱们去投奔田成子吧！'《诗经·小雅·车牵》上说：'虽然没有恩德给你们，你们唱起歌来又跳舞。'现在田成子这样布施恩德，民众这样歌舞，看来民众都感恩戴德地归服田成子了。所以说：'大概是田成子吧。'"齐景公哀伤地流出眼泪，说："难道不可悲吗？我所拥有的国家却被田成子拥有了。现在该怎么办呢？"晏子回答说："您何必担忧呢？如果您想要夺回它，就亲近贤德之人而疏远无德无才的人，整治纷杂混乱，放宽刑戮惩罚，救济贫困而抚恤孤寡，施行恩惠而资助衣食不足的人，民众就会归服于君上您，那么即使有十个田成子，又能把您怎么样呢？"

商人商语：晏子的警告后来果然应验了，齐国君主由传自姜子牙的吕家变成了田成子的田家。田成子的做法和当年的周文王有区别吗？没有，所以民众们自然就选择了他。就民众而言，其选择无关道德道义，生存利益就是最大的道义。而企业员工，他们也拥有选择的自由和权利。

原文：或曰：景公不知用势，而师旷、晏子不知除患。夫猎者，托车舆之安，用六马之足，使王良佐骖，则身不劳而易及轻兽矣。今释车舆之利，捐六马之足与王良之御，而下走逐兽，则虽楼季之足无时及兽矣。托良马固车，则臧获有余。国者，君之车也；势者，君之马也。夫不处势以禁诛擅爱之臣，而必德厚以与天下齐行以争民，是皆不乘君之车，不因马之利，舍车而下走者也。故曰：景公不知用势之主也，而师旷、晏子不知除患之臣也。

字面翻译：有人说：齐景公不懂得使用权势，师旷、晏子不懂得除去祸患。那些打猎的人，凭借着车厢的安稳，依靠六匹马的脚力，用驾车能手王良来驾御马车，那么，自身不用费力就可以轻易地追上轻快、敏捷的野兽了。现在放弃车厢的便利，舍弃六匹马的脚力和王良的驾御，而下车自己跑着追逐野兽，那么即使是楼季的"飞毛腿"也没有追上野兽的时候了。依靠良马、坚车，就是奴仆驾车追赶野兽，也会绰绰有余。国家，好比君主的马车，权势，好比君主拉车的马。做君主的，不运用权势来禁止、处罚那些擅自施行仁爱的臣子，而一定要靠恩德的厚薄，和天下臣子用一样的行为去争取民众的爱戴，这都是不乘坐君主的车子，不利用马力的便利，丢下车子而下地自己奔跑的君主啊。所以说：齐景公是不懂得运用权势的君主，而师旷、晏子是不懂得除去祸患的臣子。

商人商语：在一个成熟企业的运营管理中，包括企业老板在内的任何人都不得破坏企业的运营管理制度和员工绩效考核制度，都不得在企业制度之外施行对个人的奖励或者惩罚。那么，管理不成熟的企业呢？一切赏罚权在于老板，不允许出现第二个利益提供者。

原文：子夏曰："《春秋》之记臣杀君、子杀父者，以十数矣。皆非一日之积也，有渐而以至矣。"凡奸者，行久而成积，积成而力多，力多而能杀，故明主蚤绝之。今田常之为乱，有渐见矣，而君不诛。晏子不使其君禁侵陵之臣，而使其主行惠，故简公受其祸。故子夏曰："善持势者，蚤绝奸之萌。"

字面翻译：子夏说："《春秋》上记载的臣子杀害君主、儿子杀害父亲的事件，要以十为单位来计算。这不是一天的积累就能发生的，而是逐渐积累才发展到这个结果的。"凡是奸邪的人，活动时间长了就形成了积聚的势力；积聚的势力成形了就会力量大；力量大了就有杀伤力，所以英明的君主应该及早消灭这个势头。现在田成子的造反作乱，有苗头露了出来，但是君主没有诛杀他。晏子不教他的君主去限制这种侵犯君权的臣子，却让他的君主去施行恩惠，结果齐简公遭到了杀害。所以子夏说："善于掌控权势的君主，会尽早杜绝臣下奸邪的苗头。"

商人商语：在商业史上，这类故事也很多。只是，就商业本身而言，无论是内部争胜还是外部争强，优胜劣汰的本质就是进步。所以，与其将这类故事归结为道德，不如总结为自身实力不足。

原文：季孙相鲁，子路为郈令。鲁以五月起众为长沟，当此之为，子路以其私秩粟为浆饭，要作沟者于五父之衢而飧之。孔子闻之，使子贡往覆其饭，击毁其器，曰："鲁君有民，子奚为乃飧之？"子路怫然怒，攘肱而入，请曰："夫子疾由之为仁义乎？所学于夫子者，仁义也；仁义者，与天下共其所有而同其利者也。今以由之秩粟而餐民，不可何也？"孔子曰：
"由之野也！吾以女知之，女徒未及也。女故如是之不知礼也！女之飡之，
为爱之也。夫礼，天子爱天下，诸侯爱境内，大夫爱官职，士爱其家，过
其所爱曰侵。今鲁君有民而子擅爱之，是子侵也，不亦诬乎！"言未卒，
而季孙使者至，让曰："肥也起民而使之，先生使弟子令徒役而飡之，将夺
肥之民耶？"孔子驾而去鲁。以孔子之贤，而季孙非鲁君也，以人臣之资，
假人主之术，蚤禁于未形，而子路不得行其私惠，而害不得生，况人主乎！
以景公之势而禁田常之侵也，则必无劫弑之患矣。

字面翻译：季孙任鲁国的宰相，子路担任郈邑的长官。鲁国在五月份
发动民众开挖长沟，在工程进行期间，子路把自己的俸粮熬成粥，邀请挖
沟的民众到五父大道这个地方来吃稀饭。孔子听说后，派子贡去倒掉他的饭，
砸烂他的炊具，说："鲁国国君拥有这些民众，你是什么目的要给他们饭吃？"
子路勃然大怒，撸起袖子露出胳膊走进来，质问孔子说："先生您憎恨我做
仁义的事吗？我从先生那里学到的，就是仁义之道；所谓仁义之道，就是
与天下人共同分享自己拥有的东西并且共同分享获得的利益。现在我把自
己的俸粮分给民众吃，为什么不可以？"孔子说："子路粗野啊！我以为你
懂了，你竟然还是不懂。你原来这样不懂礼法啊！你给他们饭吃，是因为
仁爱他们。礼法规定，天子爱天下之人，诸侯爱诸侯国内之人，大夫爱官
职辖区之人，士人爱自己的家人，越过自己所爱的范围就叫侵犯。现在是
鲁国君主拥有这些民众而你却擅自去仁爱他们，你这是在侵犯鲁国国君的
权益，难道不是胆大妄为吗！"话还没说完，季孙的使者就到了，责备说：
"我季孙肥发动民众而让他们服劳役，先生派弟子给这些劳工们饭吃，是想
夺取我季孙肥的民众吗？"孔子驾车离开了鲁国。以孔子的贤明，而季孙
又不是鲁国君主，季孙凭借臣子的身份，借用君主的权术，极早地禁绝那
些积聚个人势力的行为，使子路不能施行他个人的恩惠，使危害不至于产生，
何况是君主呢？用齐景公的权势去禁止田常的侵犯君主权益的行为，那就
必定不会出现后来劫持、杀害齐国君主的祸患了。

商人商语：孔子的弟子不懂得礼法的行为，必然会给孔子带来有"山头主义"嫌疑的祸患。所以，无论是老板，还是高管，都要看清"山头"的来处与去处。有可见些"人之常情"，并不符合企业运营管理的要求。

原文：太公望东封于齐，齐东海上有居士曰狂矞、华士昆弟二人者立议曰："吾不臣天子，不友诸侯，耕作而食之，掘井而饮之，吾无求于人也。无上之名，无君之禄，不事仕而事力。"太公望至于营丘，使吏执杀之以为首诛。周公旦从鲁闻之，发急传而问之曰："夫二子，贤者也。今日飨国而杀贤者，何也？"太公望曰："是昆弟二人立议曰：'吾不臣天子，不友诸侯，耕作而食之，掘井而饮之，吾无求于人也。无上之名，无君之禄，不事仕而事力。'彼不臣天子者，是望不得而臣也；不友诸侯者，是望不得而使也；耕作而食之，掘井而饮之，无求于人者，是望不得以赏罚劝禁也。且无上名，虽知，不为望用；不仰君禄，虽贤，不为望功。不仕，则不治；不任，则不忠。且先王之所以使其臣民者，非爵禄则刑罚也。今四者不足以使之，则望当谁为君乎？不服兵革而显，不亲耕耨而名，又非所以教于国也。今有马于此，如骥之状者，天下之至良也。然而驱之不前，却之不止，左之不左，右之不右，则臧获虽贱，不托其足。臧获之所愿托其足于骥者，以骥之可以追利辟害也。今不为人用，臧获虽贱，不托其足焉。已自谓以为世之贤士而不为主用，行极贤而不用于君，此非明主之所臣也，亦骥之不可左右矣，是以诛之。"

一曰：太公望东封于齐。海上有贤者狂矞，太公望闻之往请焉，三却马于门而狂矞不报见也，太公望诛之。当是时也，周公旦在鲁，驰往止之，比至，已诛之矣。周公旦曰："狂矞，天下贤者也，夫子何为诛之？"太公望曰："狂矞也议不臣天子，不友诸侯，吾恐其乱法易教也，故以为首诛。今有马于此，形容似骥也，然驱之不往，引之不前，虽臧获不托足于其轸也。"

字面翻译：太公望姜子牙分封在东方的齐国，齐国东海边上有两个隐士，即狂矞、华士这兄弟二人，他们的人生宗旨是："我们不臣服天子，不交结诸侯，自己耕作以吃饭，自己挖井以喝水，我们无求于他人。不要君主给的名位，不要君主给的俸禄，不为做官忙碌，自食其力。"姜太公到了齐国国都营丘，派官吏抓捕杀害了他们，作为首先诛罚的对象。周公旦在鲁国听到这件事后，派出紧急传信的专车向姜太公询问说："这两位先生，是有贤德的人。今天您享有了封国却杀害贤人，为什么呢？"姜太公说："这兄弟两人的人生宗旨是：'我们不臣服天子，不交结诸侯，自己耕作以吃饭，自己挖井以喝水，我们无求于他人。不要君主给的名声，不要君主给的俸禄，不为做官忙碌，自食其力。'他们不臣服天子的话，那就没有办法把他们收作臣子；他们不结交诸侯的话，那就没有办法来任用他们；他们自己耕作以吃饭，自己挖井以喝水，无求于他人，就没有办法用赏罚来鼓励或制约他们。况且他们不要君主给的名位，即使有智慧，也不能为君主所用；他们不依赖君主给的俸禄，即使贤能，也不能为君主立功。他们不出来做官，就无法管教；不接受任用，就不会忠于君主。再说先王之所以能够驱使他的臣民，不是依靠爵位、俸禄就是依靠刑戮、惩罚。现在爵位、俸禄、刑戮、惩罚都不足以驱使他们，那么君主将做谁的君主呢？不参军、不打仗而显贵，不耕田、不锄草而扬名，这可不能用来教化国家的民众啊。现在有一匹马在这儿，好像良马的样子，是天下最好的马。但驱赶它，它不前行，勒止它，它不停步，让它向左，它不向左，让它向右，它不向右，那么奴仆虽然低贱，也不会依托它的脚力。奴仆之所以希望把自己的脚力依托在良马身上，是因为依托良马可以获得利益而避免危害。现在良马不能被人利用，奴仆虽然低贱，也不会把自己的脚力依托在马身上了。这样说来，这两人自认为是世上的贤士却不愿意为君主所用，自以为品行极好却不肯为君主做事，这种人不是明君可以任用的臣子，也像那匹良马不可以驱使一样，因此我杀掉了他们。"

另一种说法：姜太公被封在东方的齐国。东海边有个贤士叫狂矞，姜太公听说这个人就前去请他，三次在门前下马通报但是狂矞都不回报出见，姜太公便杀死了他。恰巧周公旦在鲁国，驾车前去制止，等赶到时，姜太公已经杀了狂矞。周公旦说："狂矞，是天下有名的贤人，先生您为什么要杀他？"姜太公说："狂矞主张不臣服天子，不交结诸侯，我怕他会扰乱法度，改变教化，所以把他作为第一个诛杀的对象。假如有一匹马在这里，看上去像是良马，但是赶它，它不走动，拉它，它不前进，即使是奴仆也不会把脚力依托在它拉的车子上。"

商人商语：企业经营不是什么风花雪月的事情，不允许出现那种"遗世而独立"的好看却不好用的人才。这种人才必须排除的原因，不仅仅在于他不能被使用，更在于他会扰乱企业的运营管理、破坏企业的企业文化。

原文：如耳说卫嗣公，卫嗣公说而太息。左右曰："公何为不相也？"公曰："夫马似鹿者而题之千金，然而有千金之马而无千金之鹿者，马为人用而鹿不为人用也。今如耳，万乘之相也，外有大国之意，其心不在卫，虽辩智，亦不为寡人用，吾是以不相也。"

字面翻译：如耳游说卫嗣公，卫嗣公高兴之余长声叹息。近侍问："您为什么不任命他为宰相呢？"卫嗣公说："一匹像鹿的马可以标价千金，然而有价值千金的马，没有价值千金的鹿，因为马能为人所用而鹿不能为人所用。现在的如耳，有着大国宰相的才干，也流露出治理大国的意愿，但他的心思不在卫国，即使有辩才智慧，也不能为我所用，因此我才不请他做宰相。"

商人商语：就人才而言，老板们不能"好高骛远"。人才和企业就好像是鞋子和脚的关系。合脚的才能一起走很远的路、登很高的山；不合脚的，想要等脚变大，或者把脚缩紧，都不是稳妥之计。

原文：薛公之相魏昭侯也，左右有栾子者曰阳胡、潘其，于王甚重，而不为薛公。薛公患之，于是乃召与之博，予之人百金，令之昆弟博；俄又益之人二百金。方博有间，谒者言客张季之子在门，公怫然怒，抚兵而授谒者曰："杀之！吾闻季之不为文也。"立有间，时季羽在侧，曰："不然。窃闻季为公甚，顾其人阴未闻耳。"乃辍不杀客，大礼之，曰："曩者闻季之不为文也，故欲杀之；今诚为文也，岂忘季哉！"告廪献千石之粟，告府献五百金，告驺私厩献良马固车二乘，因令奄将宫人之美妾二十人并遗季也。

栾子因相谓曰："为公者必利，不为公者必害，吾曹何爱不为公？"因私竞劝而遂为之。薛公以人臣之势，假人主之术也，而害不得生，况错之人主乎！

字面翻译：薛公做魏昭王的宰相时，昭王近侍中有一对孪生子，分别叫阳胡、潘其，很受昭王的器重，却不肯为薛公效劳。薛公担心这件事，于是就召请他们来赌博，给他们每人一百金，让他们兄弟二人赌博；一会儿又给每人增加二百金。刚刚赌了一会儿，传达官通报客人张季的儿子在门口。薛公勃然大怒，拿出兵器交给传达官说："杀了他！我听说张季不肯为我效劳。"站着说了一会儿话，刚好张季的党羽在旁边，说："不是这样的。我私下听说张季为您很卖力，只不过他是暗中出力，您没有听说罢了。"薛公就停下来不杀张季的儿子了，并用隆重的礼仪接待他，说："从前听说张季不为我效劳，所以想杀他；现在知道他确实在为我出力，我怎么能忘记张季呢！"于是告诉管粮仓的人送给他千石粮食，通知管财库的人送给他五百金，通知养马的人从自己的马棚里牵出好马，套上两辆坚固的车子送给他，接着还命令宦官把宫中的二十个美女一并送给张季。孪生子便互相商量说："为薛公效劳的人一定有好处，不为薛公效劳的人一定会受害，我们为什么不情愿为薛公效劳？"因而私下争相劝勉并最终为薛公效劳了。薛公以臣子的权势，假借君主的权术，使对自己有害的事情不能发生，何况把这种权术错置给君主使用呢？

商人商语：薛公的危害，在于他可以依据个人利益而行使赏罚，从而建立起个人的党羽势力。企业中是否也有类似现象，比如高管根据私人交情好坏，通过奖赏、排挤或惩罚来建立起个人的势力圈子？这种人看似能干，其实是在借用企业的资源，培植企业的"肿瘤"。

原文：夫驯乌者断其下翎焉。断其下翎，则必恃人而食，焉得不驯乎？夫明主畜臣亦然，令臣不得不利君之禄，不得无服上之名。夫利君之禄，服上之名，焉得不服？

字面翻译：驯养乌鸦的人要剪断乌鸦翅膀和尾巴下边的长羽毛。剪断翅膀和尾巴下边的长羽毛后，乌鸦就必须靠人来喂养，怎能不驯服呢？英明的君主培养臣子也是这样，要使臣子不得不贪图君主给予的俸禄，不得不被君主给予的名位所驯服。贪图君主给予的俸禄，驯服于君主给予的名位，怎么能不臣服呢？

商人商语：企业里的员工，若是必须依附于企业和企业老板才能成就其个人的人生价值，那么，企业员工怎么会不尽职尽责地努力工作呢？

原文：经二：人主者，利害之辐毂也，射者众，故人主共矣。是以好恶见则下有因，而人主惑矣；辞言通则臣难言，而主不神矣。说在申子之言"六慎"，与唐易之言弋也。患在国羊之请变，与宣王之太息也。明之以靖郭氏之献十珥也，与犀首、甘茂之道穴闻也。堂谿公知术，故问玉卮；昭侯能术，故以听独寝。明主之道，在申子之劝"独断"也。

字面翻译：经二：做君主的，是聚集各种利害关系的车毂，无数追逐利益者像车辐条一样向他聚集，所以君主成了臣民们共同对准的目标。因此君主表现出喜好憎恶就会成为臣下行为的理由，而君主却迷惑了；君主把臣下的说辞谏言泄露出去，臣下就难以向君主进言，君主耳目闭塞就不能通神明了。有关的解说在申不害所言"六慎"中，以及唐易鞠谈论射鸟要小心翼翼的道理中。君主显露出喜好憎恶的祸患表现在国羊用表示悔改来试探君主对他的态度，以及韩宣王的近侍从宣王的叹息中窥探到他的态度。阐明这个观点的有靖郭君献上十个珠玉耳饰来测试齐威王的喜爱，以及犀首的事情被甘茂派人从小洞里偷听到后造谣的故事。堂谿公懂得君主的权术，所以问及无底玉杯的用处来说明君主泄密的害处；韩昭侯能够运用权术，所以才能听取堂谿公的劝说而独自睡觉以免泄密。明君的治国原则，表现在申不害劝说君主"独断"的议论里。

商人商语：老板一言九鼎，因而要慎之又慎，不能轻易地拍板，不能把鲁莽当成果决。所以，还是要建立讲究"民主集中"的会议制度。先民主，让员工们畅所欲言地表达自己的想法，而后由老板汇集各路意见后做决断。而不是老板先发表意见，让员工们议论纷纷。

原文：说二：申子曰："上明见，人备之；其不明见，人惑之。其知见，人饰之；不知见，人匿之。其无欲见，人司之；其有欲见，人饵之。故曰：吾无从知之，惟无为可以规之。”

一曰：申子曰："慎而言也，人且知女；慎而行也，人且随女。而有知见也，人且匿女；而无知见也，人且意女。女有知也，人且臧女；女无知也，人且行女。故曰：惟无为可以规之。"

字面翻译：说二：申不害说："君主的洞察力显露了出来，人们就会防备他；君主的糊涂显露出来，人们就会迷惑他。君主的智慧显露出来，人们就会赞美他；君主的智慧没有显露出来，人们就会隐蔽自己。君主的欲望没有显露出来，人们就会窥伺他；君主有欲望显露出来，人们就会引诱他。所以说，我不知道从哪里了解臣下，只有立足于无为来看他的表现。"

另一种说法：申不害说："要谨慎于自己的言语，因为人们会因此了解你；要谨慎于自己的行为，因为人们会因此跟随你。你有智慧显露了出来，人们就会隐瞒你；你没有智慧显露出来，人们将会猜测你。你有智慧，人们将躲避你；你没有智慧，人们就会对付你。所以说，只有立足于无为来看他的表现。"

商人商语：所谓的"无为而治"，并不是真正的什么都不做，而是企业家在一定的规则内让有才干的高管自己决定，自己行事，自己承担后果。企业家作为老板，对于其行为之前、之中的所为不予置评，对其行为之后的结果则依照制度施行赏罚。

原文：田子方问唐易鞠曰："弋者何慎？"对曰："鸟以数百目视子，子以二目御之，子谨周子廪。"田子方曰："善。子加之弋，我加之国。"郑长者闻之曰："田子方知欲为廪，而未得所以为廪。夫虚无见者，廪也。"

一曰：齐宣王问弋于唐易子曰："弋者奚贵？"唐易子曰："在于谨廪。"王曰："何谓谨廪？"对曰："鸟以数十目视人，人以二目视鸟，奈何不谨廪也？故曰'在于谨廪'也。"王曰："然则为天下何以为此廪？今人主以二目视一国，一国以万目视人主，将何以自为廪乎？"对曰："郑长者有言曰：'夫虚静无为而无见也。'其可以为此廪乎！"

字面翻译：田子方问唐易鞠说："射那些偷吃谷仓粮食的鸟，要注意什么？"唐易鞠回答说："鸟用几百只眼睛看着您，您只用两只眼睛防范它们，您还是应该谨慎、周密地守护您的谷仓。"田子方说："好。你把防范的道理用在射鸟上，我把防范的道理用在治国上。"郑长者听到后说："田子方知道要守护谷仓，却不知道守护谷仓的办法。那些虚静无为，没有表现出防范意图的人，才能守护住谷仓。"

另一种说法：齐宣王向唐易鞠请教射鸟的方法，说："射鸟应该注重哪些呢？"唐易鞠说："应当谨慎地守护谷仓。"宣王说："怎么说起了谨慎地守护谷仓？"唐易鞠说："偷吃谷仓粮食的鸟儿用几十只眼睛看着人，人只用两只眼睛看着鸟，怎么能不谨慎地守护谷仓呢？所以说'在于谨慎地守护谷仓'啊。"宣王说："那么守护天下用什么方法才能像守护这个谷仓呢？现在我作为君主用两只眼睛看着全国，而全国的人用上万只眼睛看着我，我自己要用什么方法才能像守护谷仓一样地守护国家呢？"唐易鞠回答说："郑长者说过这样的话：'虚静无为且不露声色'，这样就可以守护国家这个谷仓了。"

商人商语：企业老板就算是超人，有能力、有精力像射鸟儿一样盯着每个员工，也会造就出"两面派"的员工吧？每个员工要真正成长，必须培养起自我纠错的意识。所以，与其让外在的管理越来越复杂，不如回归管理的本质，让员工自己管理自己。

原文：国羊重于郑君，闻君之恶己也，侍饮，因先谓君曰："臣适不幸而有过，愿君幸而告之。臣请变更，则臣免死罪矣。"

字面翻译：国羊被郑国君主重用，听说君主有不喜欢自己的地方，就在侍奉饮酒时，趁机先对郑国君主说："我偶然不小心地犯了过错，希望您能出于爱护而告诉我。请让我改正过错，那样我就可以免除死罪了。"

商人商语：很明显，国羊此番言行，并不是其真心想检讨错误，而是在探测君王对待自己的态度。所以，企业老板若是也遇到这种探问，反而可以就事论事，顺势来探讨工作中的优劣得失。

原文：客有说韩宣王，宣王说而太息。左右引王之说之以先告客以为德。

字面翻译：有位客人向韩宣王游说，宣王高兴得长声感叹。近侍们就把宣王的高兴神情争先告诉那位客人，以此作为自己的恩德。

商人商语：企业老板要管理好自己工作表情的喜怒哀乐，也要谨防自己的身边人泄露消息。否则，员工们都是为了讨好老板的表情而工作，工作就会浮于表面。

原文：靖郭君之相齐也，王后死，未知所置，乃献玉珥以知之。

一曰：薛公相齐，齐威王夫人死，中有十孺子皆贵于王，薛公欲知王所欲立而请置一人以为夫人。王听之，则是说行于王，而重于置夫人也；王不听，是说不行，而轻于置夫人也。欲先知王之所欲置以劝王置之，于是为十玉珥而美其一而献之。王以赋十孺子。明日坐，视美珥之所在而劝王以为夫人。

字面翻译：靖郭君田婴做齐国的宰相时，齐国的王后去世了。田婴不知道谁会被立为王后，就进献珠玉耳饰给齐王来探听情况。

另一种说法：薛公田婴担任齐国宰相时，齐威王的夫人去世了。宫中有十个姬妾都被齐王所宠爱，薛公想了解齐王打算立哪个姬妾为夫人，然后再请求立这个姬妾为夫人。齐王若听从了请求，就是建议成功，他就会在立夫人这件事上被齐王看重；齐王若没有听从请求，就是建议失败，他就会在立夫人这件事上被齐王看轻。薛公想先知道齐王想立的姬妾再去劝齐王立她为夫人，于是制作了十个珠玉耳饰，并且把其中一个制作得特别精美，一起献给齐王。齐王把十个耳饰授给十个姬妾。第二天侍坐时，薛公就观察那只精美的耳饰由哪个姬妾佩戴，然后劝齐王立那个姬妾为夫人。

商人商语：薛公给齐威王出了一道选择题，无论齐威王如何选择，薛公的目的都达到了。所以，做老板的千万不要做手下出的选择题，而是应该先发问：你的选择是？

原文：甘茂相秦惠王，惠王爱公孙衍，与之间有所言，曰："寡人将相子。"甘茂之吏道穴闻之，以告甘茂。甘茂入见王，曰："王得贤相，臣敢再拜贺。"

王曰："寡人托国于子,安更得贤相?"对曰:"将相犀首。"王曰:"子安闻之?"对曰:"犀首告臣。"王怒犀道之泄,乃逐之。

一曰:犀首,天下之善将也,梁王之臣也。秦王欲得之与治天下,犀首曰:"衍其人臣者也,不敢离主之国。"居期年,犀首抵罪于梁王,逃而入秦,秦王甚善之。樗里疾,秦之将也,恐犀首之代之将也,凿穴于王之所常隐语者。俄而王果与犀首计,曰:"吾欲攻韩,奚如?"犀首曰:"秋可矣。"王曰:"吾欲以国累子,子必勿泄也。"犀首反走再拜曰:"受命。"于是樗里疾也道穴听之矣。郎中皆曰:"兵秋起攻韩,犀首为将。"于是日也,郎中尽知之;于是月也,境内尽知。王召樗里疾曰:"是何匈匈也,何道出?"樗里疾曰:"似犀首也。"王曰:"吾无与犀首言也,其犀首何哉?"樗里疾曰:"犀首也羁旅,新抵罪,其心孤,是言自嫁于众。"王曰:"然。"使人召犀首,已逃诸侯矣。

字面翻译:甘茂担任秦惠王的宰相,惠王欣赏公孙衍(犀首),和他私下说过这样的话,说:"我准备立你为相。"甘茂手下的小官吏从墙道的洞里偷听到这番话,就去告诉了甘茂。甘茂进宫拜见惠王,说:"大王得到贤相,我冒昧前来行再拜之礼表示祝贺。"惠王说:"我把国家托付给先生,哪里会另外得到贤相?"甘茂回答说:"大王准备立犀首为相。"惠王说:"先生从哪里听说的?"甘茂回答说:"犀首告诉我的。"惠王为犀首泄露秘密而倍感生气,就赶走了他。

另一种说法:犀首,是天下有名的良将,是魏惠王的臣子。秦惠王想要请他一起治理天下,犀首说:"我公孙衍是魏王的臣子啊,不敢离开我所侍奉的君主的国家。"过了一年,犀首得罪了魏王,逃到了秦国,秦王对他很好。樗里疾,是秦国的将军,担心犀首会取代他做将军,就在秦王经常说秘密话的地方挖了一个小洞。不久秦王果真和犀首商量,说:"我想攻打韩国,怎么做?"犀首说:"秋天时可以兴兵。"秦王说:"我想劳烦先生负责国家大事,先生一定不要泄露出去。"犀首倒退几步,一拜再拜说:"接受君命。"于是樗里疾也通过小洞听到他们的谈话了。秦王的近侍都在说:

"秋天兴兵攻打韩国，犀首担任将军。"就在这一天里，秦王的侍从都知道了；就在这一个月里，国境内的民众全都知道了。秦王召见樗里疾说："怎么这样闹哄哄的，消息是从哪里传出来的？"樗里疾说："好像是从犀首那里。"秦王说："我没有和犀首说过，那个犀首想做什么呢？"樗里疾说："犀首啊，寄居在秦国，又是在魏国刚获罪过来的，心里感到孤单，想通过这样的言语来结交众人。"秦王说："这样啊。"于是派人召见犀首，可犀首已经逃往别国了。

商人商语：悲催的犀首啊，有知遇之恩的秦王竟然这么轻信他人，是"爱之深，责之切"吗？竟然被小人简单挑拨就中招了。可见，知道一个人的才华容易，而知道一个人的品行是不容易的。所以，企业老板一定要谨防递小话的人，否则就被人家"有心算无心"了。

原文：堂谿公谓昭侯曰："今有千金之玉卮，通而无当，可以盛水乎？"昭侯曰："不可。""有瓦器而不漏，可以盛酒乎？"昭侯曰："可。"对曰："夫瓦器，至贱也，不漏，可以盛酒。虽有乎千金之玉卮，至贵而无当，漏，不可盛水，则人孰注浆哉？今为人之主而漏其群臣之语，是犹无当之玉卮也，虽有圣智，莫尽其术，为其漏也。"昭侯曰："然。"昭侯闻堂谿公之言，自此之后，欲发天下之大事，未尝不独寝，恐梦言而使人知其谋也。

一曰：堂谿公见昭侯曰："今有白玉之卮而无当，有瓦卮而有当。君渴，将何以饮？"君曰："以瓦卮。"堂谿公曰："白玉之卮美而君不以饮者，以其无当耶？"君曰："然。"堂谿公曰："为人主而漏泄其群臣之语，譬犹玉卮之无当。"堂谿公每见而出，昭侯必独卧，惟恐梦言泄于妻妾。

字面翻译：堂谿公对韩昭侯说："假如有一个价值千金的玉杯，上下贯通，没有杯底，可以用来盛水吗？"昭侯说："不可以。""有一个陶制的器皿但是不漏水，可以用来盛酒吗？"昭侯说："可以。"堂谿公说："那陶器，是最不值钱的，不漏水，就可用来盛酒。虽然有一个价值千金的玉杯，最值钱但是没有杯底，漏水，不能用来盛水，那么哪个人会往里面倒酒呢？现在作为众人的君主却泄漏大臣们的言论，这就好像没有杯底的玉杯一样，臣下虽有圣人的智慧，也不会毫无保留地献出自己的谋略，因为君主会泄露啊。”昭侯说：“这样啊。”昭侯听了堂谿公的谏言，从这以后，只要有涉及天下诸侯的大事，没有不是单独睡觉的，唯恐说梦话而让别人知道自己的计谋。

另一种说法：堂谿公拜见韩昭侯说：“现在有一个白玉做的杯子却没有杯底，有一个陶制的杯子但是有杯底。君上您渴了，将要用哪个喝水？”昭侯说：“用陶制的杯子。”堂谿公说：“白玉的杯子很美，但是君上您不用它来喝水，是因为它没有杯底吧？”昭侯说：“是这样的。”堂谿公说：“做君主的泄露他手下群臣的言论，好比玉杯没有杯底。”堂谿公每次拜见昭侯出去后，昭侯必定单独睡觉，唯恐说梦话会泄密给妻子和姬妾。

商人商语：君主的权术，就是让人无由探听、无从观察、无法窥测。所以企业老板的“慎独”，不会让员工从老板身上和老板身边人找到任何借力的口风，只能自己依靠自己的本事去判断、去主张、去做事。

原文：申子曰：“独视者谓明，独听者为聪。能独断者，故可以为天下主。”

字面翻译：申不害说：“能够独自观察出问题的，叫作明眼；能够独自听察出问题的，叫作耳聪。能够独自决断的人，才可以做天下的主人。”

商人商语：智慧型企业老板的独自决断，是有之前的观察和听察两个先决条件的，而不是一意孤行地“乾纲独断”。

原文：经三：术之不行，有故。不杀其狗，则酒酸。夫国亦有狗，且左右皆社鼠也。人主无尧之再诛，与庄王之应太子，而皆有薄媪之决蔡妪也。知贵、不能，以教歌之法先揆之。吴起之出爱妻，文公之斩颠颉，皆违其情者也。故能使人弹疽者，必其忍痛者也。

字面翻译：经三：君主的权术不能施行，是有缘故的。卖酒的人不杀掉他的恶狗，酒就会因为没人来买而发酸。国家也有这类“恶狗”，况且君主的近侍都像是社坛里的老鼠。一般的君主都没有尧的魄力，一再杀掉反对自己决定的人；也不能像楚庄王答复太子那样，把坚决执法的臣子看作是最好的臣子；而是都像薄老夫人那样，自家的主张却要取决于蔡巫婆。要了解人的长处、人的不足，就用教唱歌的方法先予以测试。吴起因为爱妻的织布不符合约定而把她休掉，晋文公因为颠颉迟到，不遵从法令而把他杀掉，都是违背了自己感情的。所以能让人给自己治疗毒疮的人，一定是那些能忍痛的人。

商人商语：如果推行法制，势必会使老板身边感情亲近的人不高兴，因为他们即将失去存身的资本。但是为了企业的长远发展，一定要推行规范的管理制度来运营企业，必须做到"信赏必罚""不避亲贵"，铲除"猛狗"和"社鼠"。法制的无情与人之间的亲情，只能择其一。

原文：说三：宋人有酤酒者，升概甚平，遇客甚谨，为酒甚美，县帜甚高著，然不售，酒酸。怪其故，问其所知。问长者杨倩，倩曰："汝狗猛耶？"曰："狗猛则酒何故而不售？"曰："人畏焉。或令孺子怀钱挈壶瓮而往酤，而狗迓而龁之，此酒所以酸而不售也。"夫国亦有狗，有道之士怀其术而欲以明万乘之主，大臣为猛狗迎而龁人，此人主之所以蔽胁，而有道之士所以不用也。故桓公问管仲："治国最奚患？"对曰："最患社鼠矣。"公曰："何患社鼠哉？"对曰："君亦见夫为社者乎？树木而涂之，鼠穿其间，掘穴托其中。熏之，则恐焚木；灌之，则恐涂阤：此社鼠之所以不得也。今人君之左右，出则为势重而收利于民，入则比周而蔽恶于君。内间主之情以告外，外内为重，诸臣百吏以为富。吏不诛则乱法，诛之则君不安，据而有之，此亦国之社鼠也。"故人臣执柄而擅禁，明为己者必利，而不为己者必害，此亦猛狗也。夫大臣为猛狗而龁有道之士矣，左右又为社鼠而间主之情，人主不觉。如此，主焉得无壅，国焉得无亡乎？

一曰：宋之酤酒者有庄氏者，其酒常美。或使仆往酤庄氏之酒，其狗龁人，使者不敢往，乃酤佗家之酒。问曰："何为不酤庄氏之酒？"对曰："今日庄氏之酒酸。"故曰：不杀其狗则酒酸。桓公问管仲曰："治国何患？"对曰："最苦社鼠。夫社，木而涂之，鼠因自托也。熏之则木焚，灌之则涂阤，此所以苦于社鼠也。今人君左右，出则为势重以收利于民，入则比周谩侮蔽恶以欺于君，不诛则乱法，诛之则人主危，据而有之，此亦社鼠也。"故人臣执柄擅禁，明为己者必利，不为己者必害，亦猛狗也。故左右为社鼠，用事者为猛狗，则术不行矣。

　　字面翻译：说三：宋国有一个卖酒的人，量酒非常公平，待客非常恭敬，酿的酒也非常醇美，酒旗挂得又高又显眼，但是却卖不出去酒，酒都变酸了。他对此感到诧异，就向他熟悉的人询问。问到德高望重的老人杨倩，杨倩说："你的狗凶吗？"他说："狗凶。可是酒因为什么原因卖不出去呢？"杨倩说："人们害怕你的狗呀。有人让小孩子揣着钱，拿着壶瓮去买酒，你的狗却迎上来咬他。这就是酒所以变酸、卖不出去的原因。"国家朝政中也有"猛狗"，有道之士怀揣着他的治国策略而想让大国君主明确治国的法度、明扬治国的法制、明察君王的权术，大臣却像猛狗一样迎上去乱咬，这就是君主之所以被蒙蔽、被挟持，而有道之士之所以不被任用的原因所在。

　　所以齐桓公问管仲："治理国家最忧虑什么？"管仲回答说："最忧虑土地神像里的社鼠呀。"桓公说："土地神像里的社鼠，有什么可以忧虑的呢？"管仲回答说："君上您也看见过怎么塑造土地神的神像吧？竖起木头来涂上泥巴，老鼠钻进其中的缝隙里，挖个洞藏身在里面。用火熏它吧，就怕烧毁了木制的神像；用水灌它吧，又怕涂上的泥巴剥落下来：这就是捉不到土地神像里的老鼠而忧虑的原因。现在君主身边的近侍，在朝廷外就卖弄其权势从民众那里搜刮钱财，在朝廷内就紧密勾结起来在君主面前掩盖恶行。在宫内刺探君主的情况告诉宫外的同党，内外勾结，培植权势，群臣百官因为他们获得富贵。执法的官吏不诛杀他们吧，国家法律就会受到扰乱；诛杀他们吧，君主就不会得到安宁。他们依靠并占有着君主，这也就是国家朝政里的社鼠啊。"所以臣子掌握权势而操控禁令，向人表明：为他出力的人一定有好处，不为他出力的人一定有祸患，这种臣子也算是国家朝政里的"猛狗"啊。朝廷里的大臣像猛狗一样迫害有道之士，君主的近侍又像社鼠一样刺探君主的情况，君主不能察觉到这些祸患。像是这样的情况，君主怎么能不受蒙骗，国家怎么能不衰亡呢？

　　另一种说法：宋国卖酒的人当中有个叫庄氏的，他的酒一直很好喝。有人派仆人前去买庄氏的酒，庄氏的狗咬人，仆人不敢前去，就买了别家的酒。那人问道："为什么不买庄氏的酒？"仆人回答说："今天庄氏的酒酸。"所以说：不杀掉庄氏的狗，酒就会被说成是酸的。齐桓公问管仲说："治理国家忧虑什么？"管仲回答说："最苦恼的是土地神像里的社鼠。那土地神的神像，是竖立的木头涂上了泥巴，老鼠趁着缝隙就藏身在里面。用烟火熏它，木头就会被烧毁，用水灌它，木头上涂的泥巴就会剥落，这就是苦恼于社鼠的原因。现在君主的近侍，在朝廷外就卖弄权势来从民众那里搜刮钱财，在朝廷内就紧密勾结，欺诈侮弄、掩盖罪恶，以此来蒙骗君主，不诛杀他们就会扰乱了国法，诛杀他们君主就会感到不安，他们依靠并占有着君主，这些近侍就是国家朝政里的社鼠啊。"臣子掌握权势，操控禁令，向人表明：为他出力的人一定有好处，不为他出力的人一定有祸患，这是国家朝政里的"猛狗"啊。所以君主的近侍就像社鼠，执政的大臣好似猛狗，治国的策略就无法施行了。

商人商语：君主难道真的就是"孤家寡人"吗？身边信赖的近侍成了"社鼠"，手下信任的权臣成了"猛犬"，那还能任用谁呢？信赖遵纪守法的人？可谁知道他会不会也变成了"社鼠"或者"猛犬"？所以，在法家的人事观念里，没有员工是可以凭白相信的，只有规章制度下的员工行为才是可靠的，是唯一可以信赖的。

原文：尧欲传天下于舜，鲧谏曰："不祥哉！孰以天下而传之于匹夫乎？"尧不听，举兵而诛杀鲧于羽山之郊。共工又谏曰："孰以天下而传之于匹夫乎？"尧不听，又举兵而诛共工于幽州之都。于是天下莫敢言无传天下于舜。仲尼闻之曰："尧之知舜之贤，非其难者也。夫至乎诛谏者必传之舜，乃其难也。"一曰："不以其所疑败其所察则难也。"

字面翻译：尧想把天下传给舜。鲧劝谏道："不吉利啊！谁会把天下传给一个平民呢？"尧没有听从，起兵征伐并且诛杀鲧在羽山的郊外。共工又劝谏道："谁会把天下传给一个平民呢？"尧不听，再次起兵征伐并且诛杀共工在幽州的都城。因此，天下没有人敢谈论不要把天下传让给舜。孔子听说了这个故事后说："尧知道舜的贤德，不是件困难的事儿。坚决诛杀劝谏的人而一定要传位给舜，才是真正的困难。"另一种说法是，孔子说："不因为别人的疑问而破坏自己明察的事情，才是困难的啊。"

商人商语：只是因为劝谏就诛杀，肯定不是尧的贤德作风。应该是尧明察到这两个人内心不服，将来必定会作乱，便提前消灭了祸乱的萌芽。所以，企业家的权术，不只是明察自己的坚持，不只是解决眼前的问题，还要明察和解决未来的可能问题。

原文：荆庄王有茅门之法曰："群臣大夫诸公子入朝，马蹄践霤者，廷理斩其辀，戮其御。"于是太子入朝，马蹄践霤，廷理斩其辀，戮其御。太子怒，入为王泣曰："为我诛戮廷理。"王曰："法者，所以敬宗庙，尊社稷。故能立法从令尊敬社稷者，社稷之臣也，焉可诛也？夫犯法废令不尊敬社稷者，是臣乘君而下尚校也。臣乘君，则主失威；下尚校，则上位危。威失位危，社稷不守，吾将何以遗子孙？"于是太子乃还走，避舍露宿三日，北面再拜请死罪。

一曰：楚王急召太子。楚国之法，车不得至于茆门。天雨，廷中有潦，太子遂驱车至于茆门。廷理曰："车不得至茆门。至茆门，非法也。"太子曰："王召急，不得须无潦。"遂驱之。廷理举殳而击其马，败其驾。太子入为王泣曰："廷中多潦，驱车至茆门，廷理曰'非法也'，举殳击臣马，败臣驾。王必诛之。"王曰："前有老主而不逾，后有储主而不属，矜矣！是真吾守法之臣也。"乃益爵二级，而开后门出太子。"勿复过。"

字面翻译：楚庄王制定进入雉门的法律，说："群臣、大夫、诸公子进入朝廷时，乘车的马蹄踩到屋檐下面滴水处的，执法官就要砍断他的车辕，杀掉他的车夫。"太子进入朝廷时，马蹄踩到了屋檐下面的滴水处，执法官就砍断了他的车辕，杀了他的车夫。太子很是气愤，进宫向庄王哭诉说："帮我杀掉那个执法官。"庄王说："法律，是用来礼敬祖宗的神庙，维护国家社稷的尊严。所以能够制定法律、遵守法令来维护国家社稷尊严的人，是辅佐国家的臣子，怎么可以杀掉呢？那些违反法律、无视法令、不尊敬国家社稷的人，是臣下凌驾于君主之上而且是以下犯上的人。臣下凌驾于君主之上，君主就会失去威势；臣下以下犯上，君主的地位就会危险。君主的威势失去、地位危险，国家的社稷也不能守住，我将拿什么来传给子孙后代？"于是太子便恭敬地小步退下，离开寝宫而露宿了三天，面朝庄王所在的北面一拜再拜请求给予死罪。

　　另一种说法：楚王紧急召见太子。楚国的法律规定，马车不准到达雉门。那天下雨，宫中有积水，太子就驾车到了雉门。执法官说："车子不准到达雉门。您驾车到雉门，是不合法的。"太子说："楚王召见紧急，我不能等到没有积水的时候。"于是就驾车向前。执法官举起长枪刺向太子的马，摧毁太子的车。太子进宫后对楚王哭诉道："宫中积水很多，我驾车到雉门。执法官说'不合法'，举长枪刺我的马，摧毁我的车。父王一定要杀了他。"楚王说："前面有年老的君主，他不肯逾越规矩；后面有继位的太子，他不去归顺、依附，有操守啊！这实在是我的守法之臣啊。"于是就给执法官升了两级爵位，并开后门让太子出去。（楚王告诫太子说）"不要再犯这类错误。"

　　商人商语：有操守的臣子，有着自己为人处世的规矩，在公家做事就坚持公家的法律法规。企业中的专业人才，是在各自的本职工作中，坚守岗位职责，坚持职务原则，坚持公司制度的人才。八面玲珑的人才，可以去做公关。

　　原文：卫嗣君谓薄疑曰："子小寡人之国以为不足仕，则寡人力能仕子，请进爵以子为上卿。"乃进田万顷。薄子曰："疑之母亲疑，以疑为能相万乘所不窕也。然疑家巫有蔡妪者，疑母甚爱信之，属之家事焉。疑智足以信言家事，疑母尽以听疑也，然已与疑言者，亦必复决之于蔡妪也。故论疑之智能，以疑为能相万乘而不窕也；论其亲，则子母之间也；然犹不免议之于蔡妪也。今疑之于人主也，非子母之亲也，而人主皆有蔡妪。人主之蔡妪，必其重人也。重人者，能行私者也。夫行私者，绳之外也；而疑之所言，法之内也。绳之外与法之内，仇也，不相受也。"

　　一曰：卫君之晋，谓薄疑曰："吾欲与子皆行。"薄疑曰："媪也在中，请归与媪计之。"卫君自请薄媪。薄媪曰:"疑,君之臣也,君有意从之,甚善。"卫君曰:"吾以请之媪,媪许我矣。"薄疑归,言之媪也,曰:"卫君之爱疑奚与媪?"媪曰:"不如吾爱子也。""卫君之贤疑奚与媪也?"曰:"不如吾贤子也。"媪与疑计家事,已决矣,乃请决之于卜者蔡姬。今卫君从疑而行,虽与疑决计,必与他蔡姬败之。如是,则疑不得长为臣矣。"

字面翻译:卫嗣君对薄疑说:"先生觉得我的国家小,认为不值得出仕为官,那么我就全力请您出仕做官,请让我给您晋升爵位,拜先生做上卿。"便赐给薄疑耕田一万顷。薄疑说:"我的母亲爱我,认为我有能力做大国的宰相且还有余力。但我家有个姓蔡的年老巫婆,我母亲非常信赖她,家里事情的决定都依附于她。我的智慧足以吩咐好家里的事情,我的母亲也会完全听信于我。然而已经和我商量过的事,母亲还要再次和蔡婆商量决定。所以说起我的智慧才能,母亲认为我能做大国的宰相且还有余力;说起亲密的程度,则是母子的关系。然而母亲还是不免要和蔡婆商量。现在我和君主之间,没有母子之间的亲密关系,但是君主身边都有着类似蔡婆的人物。君主身边的蔡婆,一定是握有权势的人。握有权势的人,是能够谋取私利的人。那谋取私利的人,是把自己放在法律准绳之外的人;而我所主张的,则是一切人、一切事都在法律准绳之内。法律准绳的内和外,是敌对的,是不相容的啊。"

另一种说法:卫君出访晋国,对薄疑说:"我想要和你一起出行。"薄疑说:"老母亲在家中,请让我回去和她老人家商量一下。"卫君要亲自去请示薄疑的母亲。薄疑的母亲说:"薄疑,是君上您的臣子,您有意让他随从,很好。"卫君对薄疑说:"我已经请示过你的母亲,她答应我了。"薄疑回家,和母亲谈起这件事,说:"卫君对我的爱和您的爱比起来,怎么样呢?"老母亲说:"不如我爱你。""卫君认可我的贤德和您的认可比起来,怎么样呢?"老母亲说:"不如我认可你的贤德。""您和我商量家里的事情,已经决定了的,还要和占卜的蔡婆商量后才决定。现在卫君想让我跟他一起出行,虽然是和我决定计策,一定会和其他像蔡婆一样的人商量而破坏这个计策。

这样一来，我就不能长久做臣子了。"

商人商语：用人就不能怀疑吗？卫君找其他人复议有错吗？如果是从人治的角度来看，是没错的，兼听则明偏听则暗嘛！但是薄疑的主张是法家的法治，认为政策已经确定了，还要咨询其他人的意见来决断政策的确定，就又是走上了人治危险的老路。这也是企业老板最常犯的错误，喜欢听外行人的话来决定内行的事情。

原文：夫教歌者，使先呼而诎之，其声反清徵者乃教之。

一曰：教歌者，先揆以法，疾呼中宫，徐呼中徵。疾不中宫，徐不中徵，不可谓教。

字面翻译：教授唱歌的人，先叫学唱的人放声高呼然后转变音调，那些转变音调之后能回复到清越徵音的，才会教授其唱歌。

另一种说法：教授唱歌的人，先用一种方法来测试，要求学唱的人急呼合于宫调，慢呼合于徵调。急呼不合宫调，慢呼不合徵调，就不能算是可以教授的人。

商人商语：企业家的权术，就是制定规则，让人才在规则内展示自己，并按照规则录取、任用。

原文：吴起，卫左氏中人也，使其妻织组而幅狭于度。吴子使更之，其妻曰："诺。"及成，复度之，果不中度，吴子大怒。其妻对曰："吾始经之而不可更也。"吴子出之。其妻请其兄而索入。其兄曰："吴子，为法者也。其为法也，且欲以与万乘致功，必先践之妻妾然后行之，子毋几索入矣。"其妻之弟又重于卫君，乃因以卫君之重请吴子。吴子不听，遂去卫而入荆也。

一曰：吴起示其妻以组曰："子为我织组，令之如是。"组已就而效之，其组异善。起曰："使子为组，令之如是，而今也异善，何也？"其妻曰："用财若一也，加务善之。"吴起曰："非语也。"使之衣归。其父往请之，吴起曰："起家无虚言。"

字面翻译：吴起，是卫国左氏城城中的人，他让他的妻子织丝带，但其妻织出来的丝带的幅宽比要求的尺度狭窄。吴起让她更改一下。他妻子说：

"是。"等到织成了，又测量了幅宽，结果还是不符合要求的尺度，吴起非常生气。他妻子回答说："我一开始织丝带的时候就把经线确定好了，所以不可以更改的。"吴起休掉了妻子。吴起的妻子求助于她的哥哥要求回去。她的哥哥说："吴起，是信奉法家思想的人。他信奉法家思想，是想用来治理拥有万辆兵车的大国以建立功业，他一定要先在自己的妻妾身上实践法家思想然后才能推行法家思想，你不要指望能求助回去。"吴起妻子的弟弟被卫君重用，他就凭着被卫君重用的身份去请求吴起。吴起不听从，便离开卫国而到了楚国。

另一种说法：吴起给他的妻子看一条丝带说："你为我织条丝带，使它就像这样。"丝带织成后一经比较，新织的那条异常精美。吴起说："让你织条丝带，要求像样品一样，现在织得异常精美，为什么？"他妻子说："用的材料是一样的，只是特别花费了工夫才使它精美的。"吴起说："这不是我交代的。"让她穿戴好衣服回到娘家。她的父亲前去请求让她回来，吴起说："我吴起治家从无虚言。"

商人商语：看来，吴起也奉行儒家思想"修身，齐家，治国，平天下"一以贯之的次第性。法家思想的严谨性，表现在标准的唯一性、执行的唯一性、考核的唯一性，禁绝任何个人人为的改变。所以，法家理念下制定的企业规章制度，往往被认为是不近人情的，也正因为如此才能杜绝人情的作用。

原文：晋文公问于狐偃曰："寡人甘肥周于堂，卮酒豆肉集于宫，壶酒不清，生肉不布，杀一牛遍于国中，一岁之功尽以衣士卒，其足以战民乎？"狐子曰："不足。"文公曰："吾弛关市之征而缓刑罚，其足以战民乎？"狐子曰："不足。"文公曰："吾民之有丧资者，寡人亲使郎中视事，有罪者赦之，贫穷不足者与之，其足以战民乎？"狐子对曰："不足。此皆所以慎产也；而战之者，杀之也。民之从公也，为慎产也，公因而迎杀之，失所以为从公矣。"曰："然则何如足以战民乎？"狐子对曰："令无得不战。"公曰："无得不战奈何？"狐子对曰："信赏必罚，其足以战。"公曰："刑罚之极安至？"

对曰："不辟亲贵，法行所爱。"文公曰："善。"明日令田于圃陆，期以日中为期，后期者行军法焉。于是公有所爱者曰颠颉后期，吏请其罪，文公陨涕而忧。吏曰："请用事焉。"遂斩颠颉之脊，以徇百姓，以明法之信也。而后百姓皆惧曰："君于颠颉之贵重如彼甚也，而君犹行法焉，况于我则何有矣。"文公见民之可战也，于是遂兴兵伐原，克之。伐卫，东其亩，取五鹿。攻阳。胜虢。伐曹。南围郑，反之陴。罢宋围。还与荆人战城濮，大败荆人，返为践土之盟，遂成衡雍之义。一举而八有功。所以然者，无他故异物，从狐偃之谋，假颠颉之脊也。

字面翻译：晋文公向狐偃请问道："我把肥美甘甜的美食普遍地赐给朝堂的臣子，只有少量的酒肉放在宫内。酒酿成后尚未澄清就给大家饮，鲜肉不经存放就煮给大家吃，杀一头牛也要普遍分给国人，一年织成的布都给士兵做衣服穿，这足够用来使民众为我打仗了吧？"狐偃说："不够。"文公说："我放松关口、集市的税收并放宽刑罚，这足够用来使民众为我打仗了吧？"狐偃说："不够。"文公说："我的民众中有丧失财产的，我亲自派遣郎中去查看处理；对有罪的人给以赦免，对贫穷和无力工作的人给以救济，这足够用来使民众为我打仗了吧？"狐偃回答说："不够。这些都只是谨慎守护民众生活的办法。而要民众为你打仗，这是生死攸关的事情。民众之所以追随您，是因为您能谨慎守护他们的生活，您却因此要他们面对杀人或者被杀，这就失去了民众跟从您的理由了。"文公说："既然这样，要怎样做才足够使民众为我打仗呢？"狐偃说："使民众不得不去打仗。"文公说："怎么才能让他们不得不去打仗呢？"狐偃回答说："有功必赏，有罪必罚，就足够使他们打仗了。"文公说："怎样才能达到刑罚的最佳效果？"狐偃回答说："刑罚不避开亲近的人和显贵的人，法制实施到所宠爱的人身上。"文公说："好。"

第二天，文公下令在圃陆围猎，约定以日中正午为期限，迟到的人按军法处置。这次围猎，文公有个宠爱的名叫颠颉的臣子迟到了，官吏请文公定他的罪责，文公掉下眼泪很是忧伤。官吏说："请让我对他用刑。"于是腰斩了颠颉，并将他示众，用来表明有法必依的信用。此事之后，百姓都害怕了，说："国君对颠颉的宠爱、器重那么深切，尚且对他按法治罪，何况对于我们，有什么值得留情的呢。"文公看到民众可以用来打仗了，于是就起兵攻打原国，并攻克了原国。攻打卫国，将卫国的田埂改为东西方向，夺取了五鹿地区。攻取下阳樊。战胜了虢国。讨伐了曹国。挥兵向南围攻郑国，推倒了郑国都城的城垛。解除楚军对宋国的包围。回兵和楚军在城濮交战，大败楚军，班师北回在践土举行盟会大会诸侯，接着又在衡雍和郑国结盟。晋文公一下子就建立了八项功业。之所以能够这样，没有其他原因和特别的因素，只是听从了狐偃的主张，借着砍断宠臣颠颉的脊梁而使得刑罚的信用得到彰明啊。

商人商语：在韩非子的描述中，春秋五霸的成功，要么是辅佐君主的人具有法家思想，要么是君主本身就具有法家思想，因此五霸的成功是法治的成功。现实中，企业一时的发展壮大并不是那么的困难，困难的是企业要突破一个个成长瓶颈，持续发展壮大。要想持续发展壮大，企业规范、严谨的运营管理至关重要。

原文：夫痤疽之痛也，非刺骨髓，则烦心不可支也；非如是，不能使人以半寸砥石弹之。今人主之于治亦然：非不知有苦则安；欲治其国，非如是不能听圣知而诛乱臣。乱臣者，必重人；重人者，必人主所甚亲爱也。人主所甚亲爱也者，是同坚白也。夫以布衣之资，欲以离人主之坚白、所爱，是以解左髀说右髀者，是身必死而说不行者也。

字面翻译：那痈疽的痛苦，不是如针刺入骨髓那般无法忍受，就是搅得心里烦乱而无法支撑；如果不是这样的痛苦，也就不肯让人用半寸长的石针刺破它。现在君主治理国家也是这样，不是不知道经历苦痛才能平安；要想治理好自己的国家，不这样就不能听信圣人的智慧而诛杀作乱的奸臣。作乱的奸臣，一定是握有权势的人；握有权势的人，一定是君主非常亲近、宠信的人。君主和他非常亲近、宠信的人，像是一块石头坚和白的属性不能分开存在一样。以普通人的身份，想要把君主和他所亲近、宠信的权臣分开，等于是劝说右腿同意割掉左腿一样不可能办到，这是自身一定死亡而主张仍然不会被采纳的下场啊。

商人商语：所以说，有情未必是君子，无情才能成大丈夫。老板想要成为企业家，就不得不走上这条"自我革命"的修行路。只有这样，企业才能持续地发展壮大，避开人治的"瓶颈"。

依据人情治天下，智力敌而群物胜

一个老板凡事如果都要靠自己思考、自己动手的话，即使正确，也会殚精竭虑、筋疲力尽；一旦错了，也要自己来承担全部责任，被说成是"单打独斗的莽夫"。但是，一个会经营组织的企业家则全然不同，他不仅会使用集体的力量，还会使用集体的智慧。所以说，小老板竭尽自己的才能，企业老板竭尽众人的力量，只有企业家才会竭尽众人的智慧。

从韩非子的角度来看，企业家运营企业组织的时候要用"阳谋"，制法、执法像天运行一样遵循着客观的规律，不会因讲究个人的"慈仁"而破坏了企业的法制，更不允许因私人的"行义"而破坏企业家的"主威"。在管理企业高管的时候，企业家还会来点"阴谋"权术，依据高管品性的不同而采取相应的手段，神妙莫测而不被人知，以彰显其"圣聪"。

本节选取的是《韩非子·八经》，论述了君主管理臣下的八项基本原则：因情、主道、起乱、立道、类柄、参言、听法、主威。

《韩非子·八经》：经营企业之道，是经营企业组织之道，又何尝不是经营"人情世故"之道

原文：一、因情。凡治天下，必因人情。人情者，有好恶，故赏罚可用；赏罚可用，则禁令可立而治道具矣。君执柄以处势，故令行禁止。柄者，杀生之制也；势者，胜众之资也。废置无度则权渎，赏罚下共则威分。

是以明主不怀爱而听，不留说而计。故听言不参，则权分乎奸；智力不用，则君穷乎臣。故明主之行制也天，其用人也鬼。天则不非，鬼则不困。势行教严，逆而不违，毁誉一行而不议。故赏贤罚暴，举善之至者也；赏暴罚贤，举恶之至者也：是谓赏同罚异。赏莫如厚，使民利之；誉莫如美，使民荣之；诛莫如重，使民畏之；毁莫如恶，使民耻之。然后一行其法，禁诛于私家，不害功罪。赏罚必知之，知之，道尽矣。

字面翻译：一、依据人之常情。大凡是治理天下，必须依据人之常情。因为人之常情，因为人有喜好和厌恶两种天性，故而奖赏和刑罚的措施了可以使用。奖赏和刑罚的措施可以使用，那么法制的禁令就可以施行，而国家治理的原则也就完备了。君主掌握着权柄来建立自己的权势，所以能够令行禁止。所谓的权柄，是指拥有或死或生的决定力量；所谓的权势，是指压制众人的力量资本。君主决定废除什么或者建立什么时，没有遵循应有的法则，那么君权就会被臣下轻慢；将奖赏和刑罚的权力与臣下共同分享，君权的威势就会被分散。因此，明君不怀着喜爱之心去听取建议，不抱着成见去计谋事情。所以听取臣下的进言不加以验证的话，权力就会分散到奸臣手里；对待臣下的言行不用智慧和力量，君主就会因臣下而困窘得无计可施。因此明君推行法制时要像天道一样遵循客观规律，任用臣子时像鬼魂一样不可捉摸。做事如天道一样遵循规律，就不会遭到反对；用人像鬼魂一样的不可捉摸，就不会陷入困境。君主运用权势施行严厉法制的教化，臣民即使有抵触情绪也不敢违背；诋毁和赞誉的考核标准始终如一，就不会有各种非议。所以奖赏贤人、惩罚暴行，是鼓励做好事的最佳措施；奖赏暴行、惩罚贤人，是鼓励干坏事的最好手段：这就是奖赏和自己思想相同的，惩罚和自己思想不同的。奖赏最好是优厚一些，使民众认为有利益；赞扬最好是美化一些，使民众感觉到荣耀；惩罚最好是加重一些，使民众感受到恐惧；贬斥最好是丑化一些，使民众感觉到耻辱。然后专心致志地推行法制，禁止臣子私下行使刑罚，不允许臣子破坏赏功罚罪的标准。赏罚制度必须让全国民众知道，民众知道了，国家治理的原则就完备了。

商人商语：管理，管的是人，理的是事。事离不开人，人离不开事，这就是企业运营管理的"人之常情"。发现消费者需求，提供服务满足消费者需求，也是企业经营管理的"人之常情"。这些"人之常情"，必须要通过管理才能有所用。管理制度要和管理思想相一致。

原文：二、主道。力不敌众，智不尽物。与其用一人，不如用一国，故智力敌而群物胜。揣中则私劳，不中则任过。下君尽己之能，中君尽人之力，上君尽人之智。是以事至而结智，一听而公会。听不一则后悖于前，后悖于前则愚智不分；不公会则犹豫而不断，不断则事留。自取一，则毋堕壑之累。故使之讽，讽定而怒。是以言陈之日，必有策籍。结智者事发而验，结能者功见而谋成败。成败有征，赏罚随之。事成则君收其功，规败则臣任其罪。君人者合符犹不亲，而况于力乎？事智犹不亲，而况于愚乎？故其用人也不取同，同则君怒。使人相用则君神，君神则下尽。下尽，则臣上不因君，而主道毕矣。

字面翻译：二、奉行君主之道。一个人的力量不能胜过众人的力量，一个人的智慧不能尽知世间的万物。与其使用自己一个人的力量和智慧，不如使用一国人的力量和智慧，这样君主的智慧和力量就能抗衡众人而且能够尽知万物。君主遇事只靠自己猜度的话，即使猜对了，自己也会劳累；猜错了，更要自己承担过错。下等的君主竭尽自己的才能，中等的君主竭尽众人的力量，上等的君主竭尽众人的智慧。因此遇到事情时就要集中众人的智慧，一一听取大家的意见，然后把大家的意见汇总起来比较。如果不是一一听取大家的意见，后来发表意见的臣下就会悖于他起初的看法，这样君主就无法分清臣下的愚蠢和智慧；如果不把大家的意见汇总起来比较，君主的决断就会犹豫不决，犹豫不决的话，事情就得不到及时处理。君主独自决断，采用一种意见，就不会有掉入臣下所设的陷阱里的危险。所以，要让臣下提出自己的建议，然后威严地责令他完成自己的建议。因此群臣的主张在他们陈述的时候，一定要记录在簿册上。集合了众人智慧的意见，等事情发生后就可以加以检验；集合了众人能力的事情，等功效表现出来后就能对成败进行分析。造成成败的因素有了证据，就可以根据这个证据进行奖赏或惩罚。事情成功了，君主就收获了事业的功绩；谋划失败了，则由臣下来承担事情的罪责。做君主的，对符合、验证这样容易做的事还不亲力亲为，何况是那些耗费力气的事情呢？明显的事例都不动用自己的智力去分析，何况是那些要凭空推测的事情呢？所以君主的用人策略是不取用同意他人意见的人；同意他人的意见，君主就会威严地责令他要有自己的意见。使臣下相互对立、相互制约又同时为君主所用，那么君主就能神妙莫测；君主神妙莫测，臣子就会竭尽自己的智慧和力量在下面做事；臣子在下面竭尽智慧和力量地做事，就不会有邪心向上来利用君主，那么君主驾驭臣下的方略也就完备了。

商人商语：企业家的智慧，首先在智，通过市场分析择选出企业的商业模式；其次在慧，以理念和能力来汇集企业众人之心、众人之智、众人之力，形成企业组织的合力。这个汇集，仅仅靠指方向、立规矩、喊口号是不够的，如何检验组织里各人的言谈是否忠实，各人行为的利弊，各人的言谈举止要怎样各自负责，等等，都要有标准去考核。

原文：三、起乱。知臣主之异利者王，以为同者劫，与共事者杀。故明主审公私之分，审利害之地，奸乃无所乘。乱之所生六也：主母，后姬，子姓，弟兄，大臣，显贤。任吏责臣，主母不放；礼施异等，后姬不疑；分势不贰，庶适不争；权籍不失，兄弟不侵；下不一门，大臣不拥；禁赏必行，显贤不乱。臣有二因，谓外内也。外曰畏，内曰爱。所畏之求得，所爱之言听，此乱臣之所因也。外国之置诸吏者，结诛亲暱重帑，则外不籍矣；爵禄循功，请者俱罪，则内不因矣。外不籍，内不因，则奸宄塞矣。官袭节而进，以至大任，智也。其位至而任大者，以三节持之：曰质，曰镇，曰固。亲戚妻子，质也；爵禄厚而必，镇也；参伍责怒，固也。贤者止于质，贪饕化于镇，奸邪穷于固。忍不制则下上，小不除则大诛，而名实当则径之。生害事，死伤名，则行饮食；不然，而与其仇：此谓除阴奸也。瑿曰诡，诡曰易。见功而赏，见罪而罚，而诡乃止。是非不泄，说谏不通，而易乃不用。

· 614 ·

父兄贤良播出曰游祸，其患邻敌多资。僇辱之人近习曰狎贼，其患发忿疑辱之心生。藏怒持罪而不发曰增乱，其患僻幸妄举之人起。大臣两重提衡而不踦曰卷祸，其患家隆劫杀之难作。脱易不自神曰弹威，其患贼夫酖毒之乱起。此五患者，人主之不知，则有劫杀之事。废置之事，生于内则治，生于外则乱。是以明主以功论之内，而以利资之外，故其国治而敌乱。即乱之道：臣憎，则起外若眩；臣爱，则起内若药。

字面翻译：三、杜绝祸乱产生。懂得君主和臣下之间的利益是不同的，才能称王天下；认为君主和臣下的利益是相同的，就会被臣下所挟制；与臣下共掌君主权力、共享君主权势，就会被臣下所杀害。所以明君审查公私利益的分别、审查公私利害的所在，奸臣就无机可乘了。国家的祸乱产生于六种人：君主的母后、君主的妻妾、君主的子孙、君主的兄弟、朝堂的权臣、有名的贤士。

根据法制来任用官吏，施用权术来督责臣下，君主的母亲就不敢放肆；依照礼制来设置不同的等级待遇，君主妻妾的地位就不会混淆；属于太子的名分、权势不出现两个，庶子就不会与嫡子争夺；权力的基础不丧失，君主的兄弟就不敢侵犯；民众们不允许被个人施惠和控制，权臣就不会拥有势力；禁令和赏赐坚决依法施行，有名的贤士就不能胡乱行事。臣子有两种依仗，即外国的诸侯和宫内的近侍。国外的诸侯是君主所畏惧的，宫内的近侍是君主所宠爱的。对所畏惧的诸侯的要求给予满足，对所宠爱的近侍的进言言听计从，这就是臣子作乱所要依仗的。外国暗插的那些官吏被发现，君主就要追查、惩办与之关系密切并接受贿赂的人，臣子就不敢再借助于外国诸侯的势力了；君主按照功劳来赏赐爵位、俸禄，对于无功而请求爵禄的人连同帮助他请求的人一起办罪，那么宫内的近侍就不敢成为臣子的依仗了。外国的势力无从借助，宫中的近侍无从利用，那么内奸和外奸勾结作乱的途径就都被堵塞了。官吏的职务逐级提拔，一直到担任重大的职位，这才是明智的用人方法。对于官位极高并且职责重大的臣子，要用三种措施来操控他们：一个叫"质"，一个叫"镇"，一个叫"固"。看管他们的父母、亲属、妻子、孩子，叫作"质押"；给予丰厚的爵位、俸禄而且一定兑现，叫作"镇抚"；考核是否言行一致，督查其职务职责，叫作"固定"。贤德的人因为"质押"而停止活动，贪婪的人因为"镇抚"而消除野心，奸邪的人因为"固定"而无计可施。一味宽容而不予制裁，臣下就会侵犯君主；小的奸邪苗头不除掉，就会出现大的奸邪行为；因而，罪名和罪行相符时就该依法直接处置。让他活着会做坏事，杀掉又会败坏名声，就通过饮食来毒死他；不这样做的话，就交给他的仇敌杀掉他；这就叫作除掉"阴奸"。臣下蒙蔽君主是要欺诈，欺诈的手段变化万端。君主能够见到功劳才奖赏，见到罪行才刑罚，奸臣就不敢欺诈。政事的是是非非，君主不事先表态，臣子的主张和谏言，君主不事后泄露，奸臣变化万端的手段也就不能使用。君主的父兄和国内的贤德才俊逃亡在国外叫作"游祸"，其祸患在于给相邻的敌国增加了资助。君主与受过刑罚的人亲近、戏弄叫作"狎贼"，其祸患在于这种人凝结在心底的愤恨、猜疑、耻辱会萌发和发作出来。君主隐藏自己的愤怒而不发作，掌握了臣下的罪行而不揭发惩处，叫作"增乱"，它的祸患在于怀着侥幸心理而轻举妄动的人会起来作乱。两个大臣同时得到重用，二者互相抗衡、权势相当，叫作"卷祸"，其祸患在于使得私家势力强大，因而劫杀君主的灾难就会发生。君主轻率、简单而不使自己显得神秘莫测，叫作"弹威"，其祸患在于后宫中用毒酒害死夫君的乱子会出现。这五种祸患，做君主的如果不了解，就会有被劫持、杀害的乱事发生。官吏任免的事情，由国内的朝廷来决定，就会得治；由国外的势力来控制，就会混乱。因此，英明的君主在国内按照功劳来任用官吏，而在国外则提供资源来资助敌国的奸臣，所以本国安定而敌国混乱。导致危乱的途径是：臣下被君主憎恶，就会借助外国的势力来营造自己的形象，使得君主像得了头晕病一样不能分辨他的愚贤；臣下被君主宠爱，就会借助君主的宠爱来营造自己的权势，使得君主像吃了毒药一样被劫杀。

商人商语：如果把企业家比作一国之君，那么他的家族（父系亲戚、兄妹、子女），外戚（母系、妻系亲戚），宦官（服务职能的人员），老臣

（一起打江山的干部），贤人（外姓的经理人）之间一定是矛盾重重的。所以，掌握笔杆子，有话语权的经理人们就开始宣传"不家族得永生"的理念，迫使企业家的家人、亲属们离开企业。然后，他们自己又和"宦官""老臣"争斗起来。

原文：四、立道。参伍之道：行参以谋多，揆伍以责失。行参必折，揆伍必怒。不折则渎上，不怒则相和。折之征足以知多寡，怒之前不及其众。观听之势，其征在比周而赏异也，诛毋谒而罪同。言会众端，必揆之以地，谋之以天，验之以物，参之以人。四征者符，乃可以观矣。参言以知其诚，易视以改其泽，执见以得非常。一用以务近习，重言以惧远使。举往以悉其前，即迩以知其内，疏置以知其外。握明以问所暗，诡使以绝黩泄。倒言以尝所疑，论反以得阴奸。设谏以纲独为，举错以观奸动。明说以诱避过，卑适以观直谄。宣闻以通未见，作斗以散朋党。深一以警众心，泄异以易其虑。似类则合其参，陈过则明其固。知罪辟罪以止威，阴使时循以省衰。渐更以离通比。下约以侵其上：相室，约其廷臣；廷臣，约其官属；军吏，约其兵士；遣使，约其行介；县令，约其辟吏；郎中，约其左右；后姬，约其宫媛。此之谓条达之道。言通事泄，则术不行。

字面翻译：四、建立考核验证的方法。考核验证的方法是：对于臣下的言行要多方面考核以商议事功的多少，对于臣下的事功要多角度地衡量以追究其中的过失。多方面考核，必须对臣下的言行进行一一解析，多角度衡量，必须对臣下的过错加以严厉的惩罚。不一一解析来发现问题，臣子就会轻慢君主；不严厉惩罚行为的过错，臣下就会朋党为奸。一一解析言行的证据足以看出臣下事功的多少，严厉惩罚奸臣之前不暴露意图给他的手下人。君主观察臣下行为和听取臣下意见的情况是：臣下有互相勾结的迹象，君主就奖赏那些和他们意见不一样的人；臣下知道他人罪行不主动告发，君主就将其同罪论处。对于臣下的主张，要汇集听取各方面的情况，一定要根据实际情况加以衡量，要考虑当时的社会环境和国际形势，要检验具体实施的可能性，要考核个人因素在其中的作用。四个方面的情况都确认了，臣下主张的对错就可以观察到了。考核臣下的主张来了解他的忠诚；换个角度来观察臣下，会改变对他的看法；事先抱着明确的看法会发现不一样的情况。专人专职可以使亲近、宠幸的臣子努力做事；反复强调会让出使远方的使者感到畏惧。列举往事来洞悉臣下的过去，将臣下留在身边以了解其内情，将臣下派到远方以观察其表现。掌握着已经了解的情况来探问不了解的情况，用诡诈的差遣来杜绝臣下轻慢、不敬的行为。用正话反说的方式来试探自己怀疑的事情，分析反面的情况来发现隐蔽的奸臣。设置谏官来约束大臣的独断专行，赞扬错误来观察奸臣的动静。公开解读法制来引导臣下避免过错，谦恭对待臣下来观察其品行正直还是谄媚。宣布已经听闻的消息，传达信号给还未被发现的奸臣，促使奸党内部争斗来瓦解他们的组织。深入探究一件事情的真相以使众人有所戒惧，故意泄露不同意见来使奸臣改变思路。遇到类似的情况就要放在一起分析，陈列过错是要指明臣子的基本职责。知道臣下的罪过就要惩罚他以禁止他的私威，暗中派遣使者时时巡察各地以省察官吏的忠诚。逐步更换官吏以便于拆散串通一气、紧密勾结的奸党。

君主和下属约定，要监视告发他们的上级：对于宰相，就和朝廷大臣约定；对于朝廷大臣，就和他属下官吏约定；对于军官，就和他手下的兵士约定；对于派遣的使者，就和他的随从人员约定；对于县令，就和他的直属小吏约定；对于郎中，就和他身边的侍从约定；对于后宫的妻妾，就和宫女约定。这就叫作用条陈而使信息通达的办法。假如告密的言语和告密的事情泄露了出去，那么君主的权术也就无法施行了。

商人商语：韩非子列举的这些做法，不能单单理解为用人要疑的"帝王术"。韩非子认为，在君主的地盘上，自上而下必须只有君主一个人的声音；不允许手下的团队，自下而上也发出一个声音。企业的信息搜集也是这样，必须要有单靠明面上的信息系统发现不了的情况，通过另一个信息系统反馈出来。这样才能做到"兼听则明"。

原文：五、类柄。明主，其务在周密。是以喜见则德偿，怒见则威分。

· 618 ·

故明主之言隔塞而不通，周密而不见。故以一得十者，下道也；以十得一者，上道也。明主兼行上下，故奸无所失。伍、闾、连、县而邻，谒过赏，失过诛。上之于下，下之于上，亦然。是故上下贵贱相畏以法，相诲以利。民之性，有生之实，有生之名。为君者有贤知之名，有赏罚之实。名实俱至，故福善必闻矣。

字面翻译：五、以类分来行权柄。英明的君主，要注重严守秘密。因此，君主的喜爱表现出来，臣下就会利用这一喜爱而奖赏，从而窃取君主的恩德；君主的愤怒表现出来，臣下就会利用这一愤怒而行罚，从而分掉君主的威势。所以明君的言论会阻隔、堵塞而不泄漏，想法会紧锁、密闭而不外泄。所以说，用一人来发现十人的阴谋活动，是以上御下的方法；用十人来发现一人的阴谋活动，是以下制上的方法。英明的君主是上下两种方法兼用，所以奸人的行为不会有所遗漏。伍、闾、连、县各层组织的人像邻居一样处于互相监督之中，所以实行告发坏人就奖赏，放走坏人就惩罚的措施。上级对下级，下级对上级，也采用这样的告发和连坐制度。所以上级和下级、高贵的和贫贱的在这个连坐受刑罚的法制面前都互相畏惧，在这个告发有利益的法制面前都互相劝勉。民众的天性，既要有活着的实惠，又要有活着的名声。做君主的，既可以使人拥有贤德、智慧的名声，又握有奖赏、惩罚的实权。民众的名声和实利都能得到，所以君主的"福善"之名一定会名扬于天下、后世。

商人商语：法家的"尚法非贤"之法，是制度严谨、管理严密、赏罚严格之法，也是阳光下公开、公平、公正之法。同时，法家还有"吏法术微"之法，是不能暴露于阳光下的。二者一明一暗，就企业管理而言，还是要以前者为主、后者为辅。因为后者的举报，有些是难以查验的小报告，如果是居心叵测的污蔑小报告，不是适得其反吗？

原文：六、参言。听不参，则无以责下；言不督乎用，则邪说当上。言之为物也以多信，不然之物，十人云疑，百人然乎，千人不可解也。呐者言之疑，辩者言之信。奸之食上也，取资乎众，籍信乎辩，而以类饰其私。

人主不屡忿而待合参，其势资下也。有道之主听言，督其用，课其功，功课而赏罚生焉，故无用之辩不留朝。任事者知不足以治职，则官收。说大而夸则穷端，故奸得而怒。无故而不当为诬，诬而罪臣。言必有报，说必责用也，故朋党之言不上闻。凡听之道，人臣忠论以闻奸，博论以内一，人主不智则奸得资。明主之道，己喜，则求其所纳；己怒，则察其所构；论于已变之后，以得毁誉公私之征。众谏以效智故，使君自取一以避罪，故众之谏也败。君之取也，无副言于上以设将然，令符言于后以知谩诚语。明主之道，臣不得两谏，必任其一语；不得擅行，必合其参，故奸无道进矣。

字面翻译：六、验证臣下的进言。君主听取臣下的进言不进行验证，就无法责求臣下；不核实进言是否有用，臣下就会用邪说来蒙蔽君主。言语说出来的事物，说得多了人们就相信了。不存在的事物，十个人说会有怀疑，一百个人说会迷惑，一千个人说就会确信不疑了。口才笨拙的人说出的话使人怀疑，能说会道的人说出的话使人信服。奸臣之所以能获得君主赏赐的食邑，是借助于说他好话的人多，依靠他的口才获得君主的信任，用类似的事例来掩饰他的自私自利。君主不能控制自己的愤怒来等待对于臣子言行的验证，这种情形势必会助长臣下的奸行。懂得权术的君主在听取臣下的进言时，会审查它的用处，考核它的功效，功效考核了，赏罚的依据也就产生了，所以没有实际用处的辩说者不会留在朝廷之内。负责官事的人如果智慧不足以胜任他的职责，就收回他的官印。说话大而不当、做事浮而不实的人，要追根究底，这样就能发现奸行并严加斥责。没有任何原因，臣子所做事情的功效和他所进言的主张不相符，就是欺骗；臣子有了欺骗行为，就要给予惩治。臣下的进言一定要有报备，不能说说就算了；臣下的主张一定要求实用，不能用空话来忽悠。所以朋党之间互相吹捧的言语就不敢让君主听见。君主让臣下忠于事实地进言，从中来了解奸情；君主让臣下广泛地讨论，从中采纳一种意见。君主听取进言如果没有智慧，奸臣就会有机可乘了。英明君主听取臣下进言的原则是，使自己高兴的，就要求提供能够采纳的具体方案；使自己恼怒的，就需要考察话语构成的是是非非；等到自己的情绪稳定下来后再行讨论，以便发现臣下是诽谤还是赞扬、是为公还是为私的证据。臣子用几种说法来进言以显示自己的智巧，让君主自己从中采取一种意见来逃避罪责，所以同时进献几种说法是行不通的。君主听取进言，不允许臣下在一种意见之外又补充另一种意见以假设"将来""或许"的另外可能，而要求意见要跟以后的事实相符合，据此来了解进言是欺人之谈还是诚实之语。英明君主听取臣下进言的原则是，臣下不允许做模棱两可的进说，而一定要有一种明确的意见；不允许任意乱说，说的话必须符合它的检验结果，这样奸臣就没有办法靠花言巧语来钻空子了。

商人商语：广开言路，真理越辩越明。但是，应该要求每一个发言者为自己的言论负责，要如议论文一样观点明确、论据充分、方法有实用性和建设性。不能随便说说，还辩说言者无罪。要察其言、究其行。由此可见法家思想对于言行考核的严肃性和实用性。这一点，也在被现代的会议制度和工作汇报制度所肯定和使用。

原文：七、听法。官之重也，毋法也；法之息也，上暗也。上暗无度，则官擅为；官擅为，故奉重无前；奉重无前，则征多；征多故富。官之富重也，乱功之所生也。明主之道取于任，贤于官，赏于功。言程，主喜，俱必利；不当，主怒，俱必害；则人不私父兄而进其仇雠。势足以行法，奉足以给事，而私无所生，故民劳苦而轻官。任事者毋重，使其宠必在爵；处官者毋私，使其利必在禄；故民尊爵而重禄。爵禄，所以赏也；民重所以赏也，则国治。刑之烦也，名之缪也，赏誉不当则民疑，民之重名与其重赏也均。赏者有诽焉，不足以劝；罚者有誉焉，不足以禁。明主之道，赏必出乎公利，名必在乎为上。赏誉同轨，非诛俱行。然则民无荣于赏之内。有重罚者必有恶名，故民畏。罚，所以禁也；民畏所以禁，则国治矣。

字面翻译：七、依法治理官吏。官吏的权势大，是由于国家没有法制；法制不起作用，是因为君主昏庸无术。君主昏庸，国家没有法制，官吏就会独断专行；官吏独断专行，其俸禄就会没有限制地增加；其俸禄没有限制地增加，那么征收的赋税就多；赋税征收得多了，官吏就越发富有。官吏既富有又有权势，胡乱赏功的事情也就发生了。英明君主的治国原则是选择能胜任官职的人，赞扬忠于职守的人，奖赏有功劳的人。进言推荐的人选合乎标准，君主就喜欢，推荐者和被推荐者一定都会得到赏赐；被推荐的人选不合乎标准，君主就恼怒，推荐者和被推荐者一定都会受到处罚。这样，推荐的人就不敢偏袒自己的父兄而愿意推荐有才能的仇人了。君主给臣下的权势足以使他们推行法制，给的俸禄足以使他们办好政事，因而私利无从产生。所以民众虽然劳苦，但并不感到官府的赋税重。不要让负责政事的人权势太重，而要使对他们的宠信只表现在爵位上；不要让担任官职的人谋取私利，而要使他们的利益只表现在俸禄上。所以臣民才会尊重爵位而看重俸禄。爵禄，是君主用来奖赏的。民众重视君主用来奖赏的爵禄，国家就能治理好。刑罚繁杂、混乱，名实荒谬、错误，奖赏和赞扬与实际功劳不符合，臣民就会疑虑，因为民众对赞扬和奖赏同样重视。对受到奖赏的人有所非议，赏赐就不能鼓励立功；对受到刑罚的人有所赞扬，刑罚就不能禁止奸邪。英明君主的治国原则，奖赏某人一定是因为他对国家有功劳，赞扬某人一定是因为他为朝廷效力。奖赏和赞扬一致，贬斥和刑罚并行。既然如此，民众虽然受到赏赐也不感到荣耀（有遗文，语意不准确）。受到重罚的人一定会留下丑恶的名声，所以民众会恐惧。刑罚，是用来禁止奸邪的。民众害怕用来禁止奸邪的刑罚，那么国家就会得到治理。

商人商语：管理的效率和管理的成本没有直接关联。关键是管理的事对了，管理的制度对了，管理的人对了，管理的成本和效率就对了。管理中的权重与权限、效率与成本、奖励与惩罚，看似矛盾对立，其实是一条藤上的两个瓜，需要制定合理的制度来使之平衡。一旦失衡，问题就来了。

原文：八、主威。行义示则主威分，慈仁听则法制毁。民以制畏上，而上以势卑下，故下肆很触而荣于轻君之俗，则主威分。民以法难犯上，而上以法挠慈仁，故下明爱施而务赇纳之政，是以法令隳。尊私行以贰主威，行赇纳以疑法，听之则乱治，不听则谤主，故君轻乎位而法乱乎官，此之谓无常之国。明主之道，臣不得以行义成荣，不得以家利为功，功名所生，必出于官法。法之所外，虽有难行，不以显焉，故民无以私名。设法度以齐民，信赏罚以尽民能，明诽誉以劝沮。名号、赏罚、法令三隅。故大臣有行则尊君，百姓有功则利上，此之谓有道之国也。

字面翻译：八、维护君主的威势。仁义的行为受到表彰，就会分散君主的威势；慈爱的说教受到传播，就会败坏法律制度。民众因为有法律的制约而畏惧君主，君主却压低自己的权势谦卑地对待臣下，所以臣下敢于放肆地触犯法律，而且把轻视君主的习惯作为荣耀。这样一来，君主的威势就分散了。民众因为有法律而难于侵犯君主，君主却听信慈爱的说教去扰乱法律的推行，那么臣下就会公开宣扬仁爱的施与，追求私相赠受的"贤德"政治，这样一来法律禁令就被破坏了。尊崇个人的德行来分割君主的威势，允许私相赠受而动摇国家的法制，君主听之任之就扰乱了国家的治理，而加以制止，名声就会受到诽谤，因而君主的地位被人看轻，而国家的法律被官吏们败坏。这就是所说的没有法度的国家。英明君主的治国原则是，臣子不允许用个人的仁义行为来营造名誉，不允许因为私家的利益来求取功劳，功劳和名誉的取得，必须依据于国家的法律。在法律制度之外，即使有着别人难以具备的品行，也不能因此得到表彰，所以民众没有因为私人德行而获得名誉的。设立法律制度来整治民众，使赏罚有信用从而发挥民众的才能，用公开的赞誉和贬斥来鼓励好事和禁止坏事。名号、赏罚、法令是法制的三个方面。所以大臣有所作为就在于尊重君主，百姓有所功劳就在于利于君主，这就叫作有法度的国家。

商人商语：所谓管理的三要素，即企业员工的一切言谈举止符合岗位职责，一切言谈举止遵守规章制度，对员工的一切言谈举止进行考核和奖惩也要遵照企业的规章制度。总之，要依法保证员工在企业的工作行为符合公司的利益。

使人不得不爱我，不恃人之以爱我

和平年代，公民身份的平等性容易使老板忽视了自己企业中竟然也会有古代故事里的"奸臣弑主"桥段。其实在企业中，以忠心之名，随意评点他人是非，以彰显自己的价值；以智者自处，说些模棱两可的话，来证明自己的远见；以检讨放低自己，但是最终却将错误推脱给他人；暗中培植自己的势力，以便于有一天和老板叫板；等等。这些表现，都是居心叵测的"奸臣"行为。

还有一种下属，自认为是老板的私交密友，老板也以知己视之，却不知"猛狗酒酸"的故事由此而生。他会让老板认为，举世滔滔，只有他一个人可以信任，只有他一个人在做事，他帮助老板成为"孤家寡人"。还有一种是人品端正的下属，不懂得市场法则和企业经营的规律性，却以对某种经营管理学说"纸上谈兵"来绑架老板，把企业引向"国亡身死"的境地。

本节选取的是《韩非子·奸劫弑臣》，说的是奸邪之臣、劫主之臣、弑君之臣的那些事。

《韩非子·奸劫弑臣》：对法制而言，阿谀奉承的小人和道貌岸然的大人，都是一样的"负面因子"

原文：凡奸臣皆欲顺人主之心以取亲幸之势者也。是以主有所善，臣从而誉之；主有所憎，臣因而毁之。凡人之大体，取舍同者则相是也，取舍异者则相非也。今人臣之所誉者，人主之所是也，此之谓同取；人臣之所毁者，人主之所非也，此之谓同舍。夫取舍合而相与逆者，未尝闻也。此人臣之所以取信幸之道也。夫奸臣得乘信幸之势以毁誉进退群臣者，人主非有术数以御之也，非参验以审之也，必将以曩之合己信今之言，此幸臣之所以得欺主成私者也。故主必欺于上而臣必重于下矣，此之谓擅主之臣。

字面翻译：所有的奸臣都是想要依顺君主的心意，来取得被亲近、宠爱的地位。因此，君主所喜欢的，奸臣就跟着赞美；君主所憎恨的，奸臣就跟着诋毁。人的通常情理是，观点相同的就相互肯定，观点相异的就互相反对。现在臣子所赞美的正是君主所肯定的，这叫作"同取"；臣子所诋毁的正是君主所憎恨的，这叫作"同舍"。那种取舍的观点一致而互相对立的人，还不曾听说有过。这是臣子用来取得君主信任和宠爱的途径啊。奸臣是能够凭借君主信任和宠爱的地位来诋毁或赞美、提升或罢免群臣的人，君主如果没有手段和措施来驾驭他，不用验证言行和形名的办法来审查他，必会因为他过去和自己观点相同而轻信他现在的进言，这是宠臣之所以能够欺骗君主以营私舞弊的原因啊。之所以君主必然在上受蒙蔽，是因为奸臣一定在下掌握了重要的权力，这就叫作控制君主的臣子。

商人商语：真正的人才，都是有着独立思想和价值观的人，不会阿谀奉承老板，更不会诋毁、污蔑他人。所以，老板们一定要警惕那些表现出"志同道合"，甚至是"情投意合"的部下。这种部下，要么有着极深的心计来阳奉阴违，要么是只会随声附和的"弄臣"而已。

原文：国有擅主之臣，则群下不得尽其智力以陈其忠，百官之吏不得奉法以致其功矣。何以明之？夫安利者就之，危害者去之，此人之情也。今为臣尽力以致功，竭智以陈忠者，其身困而家贫，父子罹其害；为奸利以弊人主，行财货以事贵重之臣者，身尊家富，父子被其泽；人焉能去安利之道而就危害之处哉？治国若此其过也，而上欲下之无奸，吏之奉法，其不可得亦明矣。故左右知贞信之不可以得安利也，必曰："我以忠信事上，积功劳而求安，是犹盲而欲知黑白之情，必不几矣；若以道化行正理，不趋富贵，事上而求安，是犹聋而欲审清浊之声也，愈不几矣。二者不可以得安，我安能无相比周、蔽主上、为奸私以适重人哉？"此必不顾人主之义矣。其百官之吏亦知方正之不可以得安也，必曰："我以清廉事上而求安，若无规矩而欲为方圆也，必不几矣；若以守法不朋党治官而求安，是犹以足搔顶也，愈不几也。二者不可以得安，能无废法行私以适重人哉？"此必不顾君上之法矣。故以私为重人者众，而以法事君者少矣。是以主孤于上而臣成党于下，此田成之所以弑简公者也。

字面翻译：国家有了控制君主的奸臣，那么群臣们就不能充分发挥智慧和力量来效忠君主，各级官吏也不能奉行法制来建立自己的功绩。用什么来证明这个观点？见到安全有利的就去追求，看到危险有害的就要避开，这是人之常情。现在做臣子的，那些竭尽全力地建立功业，殚精竭虑地效忠君主的人，结果是自己处境困窘而家庭十分贫穷，父母子女都受到他的拖累；那些为邪恶的私利而蒙蔽君主，使用钱财宝物来侍奉权贵之臣的人，结果是地位尊贵而家庭富裕，父母子女都得到他的好处。人们怎么能离开安全有利的道路而走向危险有害的地方呢？治理国家到了这么错误的地步，君主竟然希望下面没有奸邪，官吏们能够奉公守法，这不可能做到是很明显的了。所以近臣们知道正直诚实地做事不可能得到平安和利益，一定会说："我用忠诚和诚实来侍奉君主，累积功劳以求得平安，这相当于是瞎子想要知道黑白的颜色，一定没有可能了；如果按照原则、要求行使正当的职责，不去趋炎附势，专心侍奉君主以求得平安，这相当于是聋子想要分辨声音的清浊，一定没有可能了。这两种做法都不可能得到平安，我怎么能不和别人互相勾结、蒙蔽君主，做奸事、行私义来迎合权臣呢？"这些近侍一定不会顾及侍奉君主的道义了。各级官吏也知道坚持原则、行为端正不可能得到平安，一定会说："我用清廉侍奉君主来求得平安，就像没有圆规角尺而想画出方形和圆形一样，一定没有可能了；想凭借遵守法制、不拉帮结伙、履行职责来求得平安，这就像用脚来搔头顶一样，一定没有可能了。两种做法都不可能得到平安，能不背弃国家法律、钻营私人门路来迎合权臣吗？"这些官吏一定不会顾及君主的法制了。所以为了个人利益去帮助权臣的人多了，而按照法制侍奉君主的人少了。因此君主孤立地处在上位而臣子们在下结成私党，这就是田成子所以能杀掉齐简公的原因。

商人商语：如果失去了法制这副"缰绳"，那么马能不能拉上车，马车能不能跑，怎么跑，跑到哪儿，就不得而知了。同时，人治的拉帮结伙的企业文化自然就会形成，原本忠贞的员工也不忠贞了，也许老板名义上依旧是老板，但是"企业家"的梦想也就只能说说而已了。

原文：夫有术者之为人臣也，得效度数之言，上明主法，下困奸臣，以尊主安国者也。是以度数之言得效于前，则赏罚必用于后矣。人主诚明于圣人之术，而不苟于世俗之言，循名实而定是非，因参验而审言辞。是以左右近习之臣，知伪诈之不可以得安也，必曰："我不去奸私之行，尽力竭智以事主，而乃以相与比周妄毁誉以求安，是犹负千钧之重陷于不测之渊而求生也，必不几矣。"百官之吏亦知为奸利之不可以得安也，必曰："我不以清廉方正奉法，乃以贪污之心枉法以取私利，是犹上高陵之颠堕峻溪之下而求生，必不几矣。"安危之道若此其明也，左右安能以虚言惑主，而百官安敢以贪渔下？是以臣得陈其忠而不弊，下得守其职而不怨。此管仲之所以治齐，而商君之所以强秦也。

字面翻译：懂得治国办法的人做臣子，能够献出以法律法规治国的主张，在朝廷上彰明君主的法令，在朝廷下困住臣子的奸邪行为，以此来尊崇君主、安定国家。因此，用法律法规治国的主张被采纳在前，赏罚制度就会实行在后。君主果真能够明白圣人的权术，就不会迁就世俗的议论，会按照名实是否相符来判定臣子做事的对与错，验证言行是否一致来审查臣子言辞的真和假。因此，近侍和宠臣，知道作假欺诈不可能得到平安，一定会说："我如果不去掉奸邪的、自私自利的行为，来尽心尽力地侍奉君主，而竟然想要通过相互勾结，凭空褒贬他人来求得平安，这相当于背负着千钧重量掉进了万丈深渊还想要求得生命，一定不可能了。"各级官吏也知道作奸犯科、营私舞弊不可能得到平安，一定会说："我不用清廉的操守、正直的品行来奉行国家法制，竟然有贪污的心思，违反法律以谋取私利，这相当于从高山的顶上坠落到险峻的山涧下还想要生还，一定不可能了。"平安或者危险的途径是这样清楚，近侍怎么能用假话来迷惑君主，而百官又怎么敢用贪腐来鱼肉百姓？因此，臣子能够效忠君主而不会蒙蔽君主，官吏们能够忠于职守而没有怨言。这就是管仲之所以能治理齐国，而商鞅之所以能使秦国强大的原因。

商人商语：真正赚钱的企业，不只是那些有投资的股东、员工赚到了钱，而是一大群尽忠职守的员工也都赚到了钱；真正强大的企业，不会是因为一两个赫赫有名的职业经理而成功，而是因为一大群奉公守法、踏实工作的"职业"经理而成功。企业的富裕和强大，需要的是集体力量的强大。

原文：从是观之，则圣人之治国也，固有使人不得不爱我之道，而不恃人之以爱为我也。恃人之以爱为我者危矣，恃吾不可不为者安矣。夫君臣非有骨肉之亲，正直之道可以得利，则臣尽力以事主；正直之道不可以得安，则臣行私以干上。明主知之，故设利害之道以示天下而已矣。夫是以人主虽不口教百官，不目索奸邪，而国已治矣。人主者，非目若离娄乃为明也，非耳若师旷乃为聪也。目必不任其数，而待目以为明，所见者少矣，非不弊之术也。耳必不因其势，而待耳以为聪，所闻者寡矣，非不欺之道也。明主者，使天下不得不为己视，天下不得不为己听。故身在深宫之中而明照四海之内，而天下弗能蔽弗能欺者，何也？暗乱之道废而聪明之势兴也。故善任势者国安，不知因其势者国危。古秦之俗，君臣废法而服私，是以国乱兵弱而主卑。商君说秦孝公以变法易俗而明公道，赏告奸、困末作而利本事。当此之时，秦民习故俗之有罪可以得免，无功可以得尊显也，故轻犯新法。于是犯之者其诛重而必，告之者其赏厚而信，故奸莫不得而被刑者众，民疾怨而众过日闻。孝公不听，遂行商君之法。民后知有罪之必诛，而告私奸者众也，故民莫犯，其刑无所加。是以国治而兵强，地广而主尊。此其所以然者，匿罪之罚重而告奸之赏厚也。此亦使天下必为己视听之道也。至治之法术已明矣，而世学者弗知也。

字面翻译：由此看来，圣人治理国家，本来就有使臣民们不得不敬爱自己的办法，而不是依靠别人出于仁爱的动机来为自己效力。依靠别人出于仁爱的动机来为自己效力是危险的，依靠使人不得不为自己效力才是平安的。君臣之间没有骨肉的亲情，如果凭正当、直接的做事方式就可以得到利益，那么臣子就会尽力来侍奉君主；凭正当、直接的做事方式不可以得到平安，那么臣下就会图谋私利来侵害君主。明君懂得这个道理，所以只是设立了可以使人得利或者受害的赏罚政策并公告天下就可以了。正因为如此，君主即使不亲口教化百官，不亲眼搜索奸邪，国家却已经治理好了。做君主的，并非眼睛拥有像离娄一样的视力才算是明察，并非耳朵拥有像师旷那样的听力才算是听察。假设眼睛一定不依靠某种明察的方法，而是要等到亲眼看见才以为是明察，所能看见的就少了，这不是不受蒙蔽的方法。假定耳朵一定不依靠某种听察的办法，而是要等到亲耳听到才以为是听察，所能听到的就少了，这不是不受欺骗的方法。英明君主的做法是，使天下臣民不得不为我而去观察，天下臣民不得不为我而去打听。所以身处在深宫之中却能清楚看到四海之内的大事小情，而且天下的臣民不能加以蒙蔽和欺骗。为什么呢？因为愚昧、混乱的做法废除了，而使君王耳聪目明的权势形成了。所以善于使用权势的君主，国家就会安定；不懂得使用自己权势的君主，国家就会危险。古代秦国的风俗是，君臣废弃法制而推行个人的道德才智来治国，因此国家混乱、兵力衰弱而且君主地位卑微。商鞅劝说秦孝公要改变法度、革新风俗以倡明国家富强道路，奖赏告发奸邪之举，抑制商业、手工业而鼓励发展作为国家经济根本的农业。变法之初，秦国的民众习惯于犯罪可以得到赦免、无功可以显贵的旧风俗，所以轻易地触犯新颁布的法律。商鞅于是对违反新法的人处以刑罚严厉而坚决，对告发奸邪的人赏赐优厚而守信，所以奸邪的行为没有不被发现的，因而遭受刑罚的人很多，民众，痛恨埋怨之声和众臣的责问声每天都能听到。秦孝公不加理睬，彻底推行商鞅的变法。民众后来知道了有了罪过一定会受到处罚，而且告发私下奸邪行为的人很多，所以民众没有敢于犯罪的，刑罚也就没有施加的对象了。因此，国家安定且兵力强盛，土地广大而君主尊贵。秦国之所以会发展成这样，是因为对包庇罪犯的人惩罚严厉，对告发奸邪的人赏赐优厚。这也是使天下臣民一定会成为自己的监察耳目的方法。治国最好用法制和权术这一点早已经明确了，可是当代的学者却一点也不知道。

商人商语：企业家不是单靠自己的"眼耳鼻舌身意"来观察企业的运营管理，而是靠企业全体员工的"眼耳鼻舌身意"来汇集企业经营的信息，靠制度来执行企业的绩效考核制度和赏罚制度，靠制度来形成遵章守纪的企业文化。

原文: 且夫世之愚学，皆不知治乱之情，谮读多诵先古之书，以乱当世之治；智虑不足以避阱井之陷，又妄非有术之士。听其言者危，用其计者乱，此亦愚之至大而患之至甚者也。俱与有术之士有谈说之名，而实相去千万也，此夫名同而实有异者也。夫世愚学之人比有术之士也，犹蚁垤之比大陵也，其相去远矣。而圣人者，审于是非之实，察于治乱之情也。故其治国也，正明法，陈严刑，将以救群生之乱，去天下之祸，使强不凌弱，众不暴寡，耆老得遂，幼孤得长，边境不侵，君臣相亲，父子相保，而无死亡系虏之患，此亦功之至厚者也！愚人不知，顾以为暴。愚者固欲治而恶其所以治，皆恶危而喜其所以危者。何以知之？夫严刑重罚者，民之所恶也，而国之所以治也；哀怜百姓轻刑罚者，民之所喜，而国之所以危也。圣人为法国者，必逆于世而顺于道德。知之者，同于义而异于俗；弗知之者，异于义而同于俗。天下知之者少，则义非矣。

字面翻译: 再说当今那些愚蠢的学者，都不了解治理混乱的实际情况，只会喋喋不休地大量引用古书里的仁义道德，来扰乱当今的治理；他们的智谋不足以避开陷阱和水井的危险，却又胡乱指责懂得治国法术的人。听信了他们的主张，国家就会危险，采用了他们的计谋，国家就会混乱。他们不仅是最愚蠢的人，还是对国家危害最大的人。他们和懂得治国权术的人一样都有着善于谈论、辩说的名声，而实际的治国才能却相差千万倍。这就是名声相同而实质差异很大的例子。当今愚蠢的学者和懂得治国术的人，就如同蚂蚁洞口的小土堆和大山陵，二者相差实在太远了。而被称作圣人的，能够明辨是与非的实际本质，明察治和乱的真实情形。所以他治理国家的措施是，公正制法、公开执法，明示刑罚、严格刑罚，用来解除民众遭受的祸乱，消除天下的灾难，使得强者不能欺负弱者，人多的不残害人少的，年老的人们得享天年，幼子、孤儿得以成长，边境不受侵犯，君臣亲密相处，父子互相照顾，没有战死逃亡和被囚禁做俘虏的忧患，这可是仁德最为厚重的功绩啊！愚蠢的人不懂这些，反而以为这些措施是残暴的。愚蠢的人本来是希望国家得到治理，却憎恶能治理好国家的措施；都厌恶国家濒临危险，却喜欢造成危险的方式。怎么知道这些？那些严刑重罚，是民众们所厌恶的，却是国家之所以得到治理的措施；怜惜百姓，减轻刑罚，是民众们所喜欢的，却是国家之所以陷入危险的方式。圣人以法制来治理国家，必定违反世俗习好，却是顺应了治国的道义和惠民的仁德。懂得这个道理的人，就会赞同治国之道义而和世俗的意见不一致；不懂这个道理的人，就会赞同世俗的意见而不同意治国的应有道义。天下懂得这个道理的人少，所以治国应有的道义总是被非议的。

商人商语： 法家所说的制定法律要遵循人之常情，指的是民众趋利避害的人之常情，而不是民众好逸恶劳的人之常情。在企业的实际经营中，有些谈论市场经营理论头头是道的人，虽然是站在市场和消费者的角度来考虑企业的商业模式和营销活动，但是因为不懂企业实际的经营，所以其对企业经营管理的危害和"奸佞之人"是一样的。

原文： 处非道之位，被众口之谮，溺于当世之言，而欲当严天子而求安，几不亦难哉！此夫智士所以至死而不显于世者也。楚庄王之弟春申君有爱妾曰余，春申君之正妻子曰甲。余欲君之弃其妻也，因自伤其身以视君而泣，曰："得为君之妾，甚幸。虽然，适夫人非所以事君也，适君非所以事夫人也。身故不肖，力不足以适二主，其势不俱适，与其死夫人所者，不若赐死君前。妾以赐死，若复幸于左右，愿君必察之，无为人笑。"君因信妾余之诈，为弃正妻。余又欲杀甲而以其子为后，因自裂其亲身衣之里，以示君而泣，曰："余之得幸君之日久矣，甲非弗知也，今乃欲强戏余。余与争之，至裂余之衣，而此子之不孝，莫大于此矣！"君怒，而杀甲也。故妻以妾余之诈弃，而子以之死。从是观之，父之爱子也，犹可以毁而害也。君臣之相与也，非有父子之亲也，而群臣之毁言，非特一妾之口也，何怪夫贤圣之戮死哉！此商君之所以车裂于秦，而吴起之所以枝解于楚者也。凡人臣者，有罪固不欲诛，无功者皆欲尊显。而圣人之治国也，赏不加于无功，而诛必行于有罪者也。然则有术数者之为人也，固左右奸臣之所害，非明主弗能听也。

字面翻译：处在不被人称道的位置上，遭受着众人的诬陷，被淹没在世俗的舆论中，却想在严厉的君主面前求得平安，不也是非常困难的吗?!这就是有智慧的人到死也没有在社会上扬名的原因。楚庄王的弟弟春申君有个爱妾叫余，春申君正妻的儿子叫甲。余想让春申君废掉他的正妻，便自己毁伤自己的身体给春申君看，并哭泣着说："能成为您的侍妾，是很幸运的。即使是这样，顺从夫人就不能侍奉好您，顺从您又无法侍奉好夫人。我实在是无德无才，没有足够的能力来使你们二位主人都称心，这样下去势必不能同时侍奉好你们两个，与其死在夫人那里，还不如死在您的面前。我死之后，假如您再有宠幸的身边人，希望您一定要明察这种两头为难的情形，不要被人笑话。"春申君因此相信了余的谎言，为她废弃了正妻。余又想杀掉甲而让自己的儿子做继承人，就自己撕破自己贴身内衣的里子，让春申君看到并哭泣着说："我受宠于您的时间很长了，甲不是不知道，现在竟然想要强行调戏我。我和他抗争，以至于撕破了我的衣服。这个儿子这样不孝顺，没有比这更大的罪过了。"春申君大怒，就杀掉了甲。所以春申君的正妻因为妾余的谎言而被废弃，儿子也因为妾余的谎言被杀死。由此看来，父亲对儿子，还会因为别人的诽谤而去加以杀害。君臣之间的交往相处，没有父子之间的亲情，而且群臣的毁谤言论，不是一个宠妾一张嘴所能比拟的，所以那些贤德圣明的人被诛戮而死又有什么奇怪的呢！这就是商鞅之所以在秦国被车裂，而吴起之所以在楚国被肢解的原因。大凡做臣子的，有了罪过本来就不想受到惩罚，没有功劳却人人都想要地位尊贵、名声显扬。可是圣人治理国家，赏赐不会给予没有功劳的人，刑罚却必须施加给犯罪的人。虽然说是这样，那么懂得治国权术之士在为人处世方面，本来就会遭到君主近侍和奸臣的陷害，不是英明的君主是不可能听信其申辩的。

商人商语：现实中,有权势的人都不太愿被束缚在规章制度之内。因此,在企业中彻底推行 ERP 之类制度管理的人,是不受待见的,因为制度管理会降低人的价值作用。而没有规章制度,人们的信口雌黄就无法验证,更不必为自己的言行负责，那么企业家受到蒙蔽也就是自然而然的事情了。

原文：世之学者说人主，不曰"乘威严之势以困奸邪之臣"，而皆曰"仁义惠爱而已矣"。世主美仁义之名而不察其实，是以大者国亡身死，小者地削主卑。何以明之？夫施与贫困者，此世之所谓仁义；哀怜百姓不忍诛罚者，此世之所谓惠爱也。夫有施与贫困，则无功者得赏；不忍诛罚，则暴乱者不止。国有无功得赏者，则民不外务当故斩首，内不急力田疾作，皆欲行货财事富贵，为私善立名誉，以取尊官厚俸。故奸私之臣愈众，而暴乱之徒愈胜，不亡何待？夫严刑者，民之所畏也；重罚者，民之所恶也。故圣人陈其所畏以禁其邪，设其所恶以防其奸，是以国安而暴乱不起。吾以是明仁义爱惠之不足用，而严刑重罚之可以治国也。无棰策之威，衔橛之备，虽造父不能以服马；无规矩之法，绳墨之端，虽王尔不能以成方圆；无威严之势，赏罚之法，虽尧舜不能以为治。今世主皆轻释重罚严诛，行爱惠，而欲霸王之功，亦不可几也。故善为主者，明赏设利以劝之，使民以功赏而不以仁义赐；严刑重罚以禁之，使民以罪诛而不以爱惠免。是以无功者不望，而有罪者不幸矣。托于犀车良马之上，则可以陆犯阪阻之患；乘舟之安，持楫之利，则可以水绝江河之难；操法术之数，行重罚严诛，则可以致霸王之功。治国之有法术赏罚，犹若陆行之有犀车良马也，水行之有轻舟便楫也，乘之者遂得其成。伊尹得之，汤以王；管仲得之，齐以霸；商君得之，秦以强。此三人者，皆明于霸王之术，察于治强之数，而不以牵于世俗之言；适当世明主之意，则有直任布衣之士，立为卿相之处；处位治国，则有尊主广地之实：此之谓足贵之臣。汤得伊尹，以百里之地立为天子；桓公得管仲，立为五霸主，九合诸侯，一匡天下；孝公得商君，地以广，兵以强。故有忠臣者，外无敌国之患，内无乱臣之忧，长安于天下，而名垂后世，所谓忠臣也。若夫豫让为智伯臣也，上不能说人主使之明法术度数之理以避祸难之患，下不能领御其众以安其国。及襄子之杀智伯也，豫让乃自黔劓，败其形容，以为智伯报襄子之仇。是虽有残刑杀身以为人主之名，而实无益于智伯若秋毫之末。此吾之所下也，而世主以为忠而高之。

古有伯夷、叔齐者，武王让以天下而弗受，二人饿死首阳之陵。若此臣，不畏重诛，不利重赏，不可以罚禁也，不可以赏使也，此之谓无益之臣也。吾所少而去也，而世主之所多而求也。

字面翻译：当今的学者游说君主，不是说"凭借君主威严的权势去抑制奸邪的臣子"，而是都在说"君主只要做好仁义惠爱就够了"。君主倾慕仁义的名声而不去考察其实质，因此后果严重的会导致国家灭亡、君主身死，后果稍轻的会导致国土削减、君位卑下。用什么来说明这些呢？施舍钱粮给贫困的人，这是世人所说的仁义之举；哀悯百姓而不忍心惩罚，这是世人所说的惠爱之心。施舍了钱粮给贫困的人，就使得没有功劳的人得到奖赏；不忍心惩罚百姓，那么暴虐作乱的人就不能被禁止。国家出现了无功得赏的现象，那么民众对外就不追求交手作战，斩杀敌首，对内就不努力耕田劳作，都一心想着用行贿来巴结权贵，用私人的善行来树立名誉，以便获取高官厚禄。所以作奸犯科、自私自利的臣子越来越多，暴乱作乱的党徒越来越猖狂，这样的国家不灭亡还能期待什么呢？严厉的刑戮，是民众所畏惧的；加重的刑罚，是民众所厌恶的。所以圣人设置了民众所畏惧的严刑来禁止他们的邪恶，设置了民众所厌恶的重罚来防止他们的奸诈，因此国家安定而民众不会发生暴乱。我据此明白君主仁义惠爱的行为不足以采用，而严刑重罚的措施可以用来治国。没有马鞭的威吓、马嚼子的配置，即使是善于驾车的造父也不能驯服马匹；没有圆规角尺的规矩、墨线的校正，即使是巧匠王尔也不能画好方和圆；没有威严的权势、赏罚的法令，即使是尧、舜也不能治理好天下。当今的君主都轻率地放弃了重罚严刑，奉行仁爱慈惠，却想要在诸侯中建立称王称霸的功业，也是没有什么可能的。所以会做君主的人，公开奖赏措施、设置利禄制度来鼓励民众，使民众凭借功劳而获得奖赏，而不是依靠君主的仁义获得赏赐；推行严刑重罚以禁止奸行，使民众因为罪过而遭受刑戮，且不会因为君主的仁爱慈惠而获得赦免。因此，没有功劳的人不会奢望得赏，而有罪过的人不敢侥幸脱罚。坐着坚固的车子，驾御优良的骏马，就可以在陆地上克服陡坡、险阻的障碍；借助舟船的安稳，依仗舟楫的便利，就可以在水上克服横渡江河的阻难；掌控着治国法制和君王权术的策略，实行严刑重罚，就可以成就在诸侯中称霸称王的功业。治理国家有法律制度、有君王权术、有赏罚措施，就好比是陆地上拥有坚固的车子和优良的马匹，在水路上拥有轻快的舟船和便利的船桨，借助于它们的君王最终能够获得成功。伊尹掌握了治国的法制和权术，实行赏罚措施，商汤因此称王；管仲掌握了治国的法制和权术，实行赏罚措施，齐桓公因此称霸；商鞅掌握了法制和权术，实行赏罚措施，秦国因此强大。这三个人，都通晓称霸称王的方法，了解治国强兵的策略，而且不被世俗的言论所牵制。他们的主张合乎当时明主的心意，因此就有了他们这种被直接任用的布衣之士被任命为卿相；他们处在卿相的位置上治理国家，就有了使君主尊显、领土扩大的实际功绩；他们这种人才称得上真正尊贵的大臣。商汤得到伊尹，凭借百里之地成为天子；齐桓公得到管仲，成为五霸之首，九次会盟诸侯，一力匡正天下；秦孝公得到商鞅，领土因而扩大，兵力因而强盛。所以拥有忠臣的君王，对外没有邻国入侵的忧患，对内没有奸臣作乱的担忧，国家能长治久安，君主名声也能流芳后世，这才是所说的忠臣。至于豫让作为智伯的家臣，上不能劝说君主（智伯）使他明白治国要用法度、治吏要用权术、治民要用法律法规的道理以避免遭受灾难的祸患，下不能带领他的同僚来安定国家。等到赵襄子杀了智伯，豫让才自己涂黑皮肤，割去鼻子，毁坏面容，用这种方式去为智伯向赵襄子报仇。这么做虽然有残害自身、献出生命来效忠君主的名声，实际上却对已经死亡的智伯没有丝毫的好处。这是我所贬低的臣子，而当今的君主却认为他是忠臣而加以尊崇。古代有叫伯夷、叔齐的两个人，周武王把天下让给他们却不接受，两个人宁愿饿死在首阳山上。像豫让和伯夷、叔齐这样的臣子，不怕严厉的刑罚，不贪优厚的奖赏，不可能用刑罚来禁止他们不做什么，不可能用赏赐来支使他们去做什么，这就叫作对君主无益的臣子。这种臣子是我所鄙视并放弃的人，却是当今君主所称赞而访求的人。

商人商语：真正的人才，是懂得创新企业商业模式的人，是懂得规范企业运营的人，是懂得以规章制度和绩效考核来约束员工行为的人。与之对比的"伪人才"，是那些高喊着模式创新，却不知道模式要有实力来运营；高呼企业文化的教化，却不知道企业文化要对企业管理有辅助作用；只知道洁身自好，却不明白自己的职责担当。所以，能用、有用、好用的人才，才是企业需要的人才。

原文：谚曰："厉怜王。"此不恭之言也。虽然，古无虚谚，不可不察也。此谓劫杀死亡之主言也。人主无法术以御其臣，虽长年而美材，大臣犹将得势擅事主断，而各为其私急。而恐父兄豪杰之士，借人主之力，以禁诛于己也，故弑贤长而立幼弱，废正的而立不义。故《春秋》记之曰："楚王子围将聘于郑，未出境，闻王病而反。因入问病，以其冠缨绞王而杀之，遂自立也。齐崔杼其妻美，而庄公通之，数如崔氏之室。及公往，崔子之徒贾举率崔子之徒而攻公。公入室，请与之分国，崔子不许；公请自刃于庙，崔子又不听；公乃走，逾于北墙。贾举射公，中其股，公坠，崔子之徒以戈斫公而死之，而立其弟景公。"近之所见：李兑之用赵也，饿主父百日而死；卓齿之用齐也，擢湣王之筋，悬之庙梁，宿昔而死。故厉虽痈肿疕疡，上比于《春秋》，未至于绞颈射股也；下比于近世，未至饥死擢筋也。故劫杀死亡之君，此其心之忧惧，形之苦痛也，必甚于厉矣。由此观之，虽"厉怜王"可也。

字面翻译：谚语说："生了麻风病的人怜悯做君主的人。"这是对君主大不敬的话。话虽然不敬，但是因为古代没有虚妄的谚语，所以不可以不明察其中的所指。这句话是针对被劫持、被杀害的君主说的。君主不用法制、不用权术来驾驭他的臣子，即使执政时间长而且德高望重，大臣还是会取得君王的权势，独断国家的政事，执掌决断的权力，而各自去为他们各自的私事忙碌。大臣又担心君主的叔伯和兄弟，以及懂得治国权术的豪杰之士，会借助君主的力量来禁锢和诛戮自己，所以杀掉贤明、年长的人而拥立幼小、懦弱的人来做君主，废掉正妻的嫡子而拥立不该继位的人。所以《左传》记载："楚王的儿子围将要对郑国进行国事访问，还没出国境，听说楚王生病就返回了。借着进宫询问病情，用他的帽带勒死了楚王，自立为楚王。齐国大夫崔杼的妻子美丽，庄公和她通奸，多次进到崔氏的屋里。等到庄公又一次前往的时候，崔杼的家臣贾举就率领崔杼的手下人攻击庄公。庄公跑进屋内，请求和崔杼平分国家，崔杼不答应；庄公请求在宗庙里用刀自杀，崔杼仍然不答应；庄公便逃跑，翻越到北墙上。贾举用箭射庄公，射中了他的大腿，庄公掉下来，崔杼的手下人用戈把庄公砍斩而死，接着崔杼拥立庄公的弟弟景公做君主。"近期所见到的：李兑在赵国掌权，使得主父赵武灵王被困百天而饿死；卓齿在齐国掌权，抽了齐湣王的筋，吊在宗庙的梁上，过了一夜才死去。所以麻风病虽然痛肿疮烂，但是向上比较于《左传》里记载的故事，还不至于落得被勒脖子、射大腿而惨死的下场；向下比较于近期的故事，还不至于落得被饿死、被抽筋的结局。被劫杀而死亡的君主，那时他们内心的忧惧、肉体的痛苦，一定比麻风病患者更加厉害。由这些故事来看，说"生了麻风病的人怜悯做君主的人"，也是有道理的。

商人商语：在企业经营的实际中，能干的手下"裹挟"老板的现象，并不罕见。企业是老板的，负债也算老板的，可是企业经营的"命门"却掌握在某些高管手里。高管们花着企业的利润，挣着自己"体外循环"的私钱，等到企业的利润和资源被抽干了，高管们要么去另外一家继续做高管，要么就自己做起了老板。所以，不会做老板的人做老板会被折磨得很痛苦，比病人还痛苦。

形体不劳而事治，智虑不用而奸得

用一句话来回答三个人的不同问题，还可以解决他们的问题。那么这一句话，会是"一言万当"的智慧之言吗？也许是的。从另一个角度来看，"一言万当"的话也许是大而化之的废话，"浑水摸鱼"的坏事开始萌芽了。但是，以法家理念看来的"一言万当"不是体现在个体的理解和应用上，而是体现在实践经验总结后的"言如法令"上，只有一个意思、一个解释，对于三个人乃至于任何人都必须是一样的理解。

具体问题要具体解答，而法家为何不具体呢？法家意识到，奸猾之人的智巧只有不变的"一"才能应对。而且，这个"一"是对这三个人的三个问题了解得非常清楚的前提下的"一"，如现代法律的条款，从实践中总结而来，又能涵盖更加丰富的实践。

本节选取的是《韩非子·难三》，里面有六个故事和两段议论，说明君主"吏法术微"的"会则不难，难则不会"的六个道理。

《韩非子·难三》：手下说"真的什么事情都瞒不过您"时，你可千万不要就信以为真了

原文：一、鲁穆公问于子思曰："吾闻庞㸤氏之子不孝，其行奚如？"子思对曰："君子尊贤以崇德，举善以观民。若夫过行，是细人之所识也，臣不知也。"子思出。子服厉伯入见，问庞㸤氏子，子服厉伯对曰："其过三。"皆君之所未尝闻。自是这后，君贵子思而贱子服厉伯也。

或曰：鲁之公室，三世劫于季氏，不亦宜乎？明君求善而赏之，求奸而诛之，其得之一也。故以善闻之者，以说善同于上者也；以奸闻之者，以恶奸同于上者也：此宜赏誉之所及也。不以奸闻，是异于上而下比周于奸者也，此宜毁罚之所及也。今子思不以过闻而穆公贵之，厉伯以奸闻而穆公贱之。人情皆喜贵而恶贱，故季氏之乱成而不上闻，此鲁君之所以劫也。且此亡王之俗，取、鲁之民所以自美，而穆公独贵之，不亦倒乎？

字面翻译：一、鲁穆公向子思询问道："我听说庞㸤氏的儿子不孝顺，他的行为哪里不孝顺了？"子思回答说："君子尊重贤人以崇尚道德，提倡善事来给民众做出表率。至于有过错的行为，是那些见识浅薄的人所去识别的，我不知道。"子思出去了。子服厉伯进见，穆公问他庞㸤氏儿子的情况，子服厉伯回答说："他的过错有三条。"都是穆公不曾听说过的。从这件事情以后，鲁穆公看重子思而看轻子服厉伯。

有人说：鲁国的君权，三代都被季孙氏控制着，不也是应该的吗？英明的君主寻求善事来给予奖励，搜求奸事以给予惩罚，奖惩所要达到的目的是一致的。所以把善事报告给君主的人，也就是和君主同样喜欢善事的人；把奸事报告给君主的人，也就是和君主同样厌恶奸事的人：这些人应该是奖赏和赞誉所施加的对象。不把奸事报告给君主，这是和君主离心离德却和奸人紧密勾结的人，应该是贬斥和处罚所施加的对象。现在子思不把庞䣛氏儿子的过错报告给穆公而穆公却看重他；子服厉伯把庞䣛氏儿子的过错报告给穆公而穆公却看轻他。人们的本性都是喜欢被看重而厌恶被轻视的，所以季氏的乱政已经成势了却没人向君主报告，这就是鲁国君主被挟持的原因所在啊。况且这种使君主丧失权势的风气，是陬邑、曲阜的民众自以为是美德的东西，可是鲁穆公偏偏予以推崇，不也是把轻重给颠倒了吗？

商人商语：对于员工的褒奖和贬斥，是根据其个人的"道德品行"，还是"职务品行"？就企业而言是显而易见的。但是老板往往会忽视这一点。更加错误的是，老板忽视了这种不合法制的褒贬的潜在危害，由此形成了不务实的企业文化，进而促成了员工不务实的工作行为。

原文：二、文公出亡，献公使寺人披攻之蒲城，披斩其袪，文公奔翟。惠公即位，又使攻之惠窦，不得也。及文公反国，披求见。公曰："蒲城之役，君令一宿，而汝即至；惠窦之难，君令三宿，而汝一宿，何其速也？"披对曰："君令不二。除君之恶，惟恐不堪。蒲人、翟人，余何有焉？今公即位，其无蒲、翟乎？且桓公置射钩而相管仲。"君乃见之。

或曰：齐、晋绝祀，不亦宜乎？桓公能用管仲之功而忘射钩之怨，文公能听寺人之言而弃斩袪之罪，桓公、文公能容二子者也。后世之君，明不及二公；后世之臣，贤不如二子。不忠之臣以事不明之君，君不知，则有燕操、子罕、田常之贼；知之，则以管仲、寺人自解。君必不诛而自以为有桓、文之德，是臣仇而明不能烛，多假之资，自以为贤而不戒，则虽无后嗣，不亦可乎？且寺人之言也，直饰君令而不贰者，则是贞于君也。死君后生，臣不愧，而后为贞。今惠公朝卒而暮事文公，寺人之不贰何如？

字面翻译：二、晋文公逃亡，晋献公派宦官披追到蒲城攻打，披斩断了文公的衣袖，文公奔逃到翟。晋惠公即位，又派披到惠窦追拿文公，没有捉拿到。等到文公返回晋国，宦官披求见文公。文公说："蒲城之战，献公命令你一夜时间赶到，而你立即就赶到了；惠窦之战，惠公命令你三夜时间赶到，而你一夜就赶到了，为何这么快啊？"披回答说："君主的命令说一不二。除掉君主憎恶的人，唯恐不能胜任。是蒲人还是翟人，对于我有什么区别吗？现在您即位了，难道就没有要追到蒲、翟的那样的仇人吗？况且齐桓公把管仲射中他带钩的仇恨丢在一边而任他为宰相。"文公于是接见了披。

有人说：齐国、晋国的宗庙断绝祭祀，不也是应该的吗？齐桓公能够任用管仲来建立功业，而忘掉他射中带钩的仇恨；晋文公能听信宦官的说辞，而放下他斩断衣袖的罪责：桓公、文公是能够宽容仇人的人。后代的君主，明智比不上桓公、文公；后代的臣子，贤能比不上管仲和披。不忠诚的臣子去侍奉不明智的君主，君主没有察觉，就会出现公孙操杀掉燕惠文王、子罕杀掉宋桓侯、田常杀掉齐简公这样的危害；君主察觉了，奸臣就会用管仲、宦官披的事例来解释、开脱。君主若是不惩处他们而自以为有齐桓公、晋文公的德行，就是用仇人为臣却又不能够洞察其阴谋，还给他们提供很多活动的条件，自认为他们是贤臣而不加以戒备，那么他们的君位没有由自己的后代来继承，不也是可以预见的吗？再说照宦官披的说辞，只要听从并执行君主命令而没有二心的，就是忠贞于君主的臣子。君主死而复生后，臣子依然无愧于心，然后才能算作忠贞。现在惠公早上死去，而披傍晚就来侍奉文公，宦官披的没有二心究竟从何说呢？

商人商语：宽容的胸怀，配合明达的智慧和谨严的法制，老板才能管控一切，即使是"奸人"也不得不依照规矩做事。但是如果没有察人之明，也没有学会依法运营企业、依法赏罚员工，只是一味地学习宽容大度来任用所谓的人才，就会给自己的企业埋下随时都能引爆的"炸弹"。

原文：三、人有设桓公隐者曰："一难，二难，三难，何也？"桓公不能对，以告管仲。管仲对曰："一难也，近优而远士。二难也，去其国而数之海。三难也，君老而晚置太子。"桓公曰："善。"不择日而庙礼太子。

或曰：管仲之射隐，不得也。士之用不在近远，而俳优侏儒固人主之所与燕也，则近优而远士而以为治，非其难者也。夫处势而不能用其有，而悖不去国，是以一人之力禁一国。以一人之力禁一国者，少能胜之。明能照远奸而见隐微，必行之令，虽远于海，内必无变。然则去国之海而不劫杀，非其难者也。楚成王置商臣以为太子，又欲置公子职，商臣作难，遂弑成王。公子宰，周太子也，公子根有宠，遂以东州反，分而为两国。此皆非晚置太子之患也。夫分势不二，庶孽卑，宠无藉，虽处大臣，晚置太子可也。然则晚置太子，庶孽不乱，又非其难也。物之所谓难者，必借人成势而勿使侵害己，可谓一难也。贵妾不使二后，二难也。爱孽不使危正适，专听一臣而不敢偶君，此则可谓三难也。

字面翻译：三、有人出了个隐语让齐桓公猜，说的是："一难，二难，三难，是指什么？"桓公没能回答出来，把它告诉了管仲。管仲回答说："灾难一，是指君主亲近优人而疏远贤士；灾难二，是指君主离开了国都而屡次去海边游玩；灾难三，是指君主年迈而迟立太子。"桓公说："说得好。"于是没有择定吉日就在宗庙里举行了设立太子的仪式。

有人说：管仲猜测的隐语，并没有猜中。贤士是否被任用不在于和君主距离的远近，而且俳优、侏儒本来就是和君主一起娱乐的人，那么亲近优人而疏远贤士来治理国家，并不会造成管仲所说的灾难。君主掌握着权势而不能运用它的力量，反而糊涂到不敢离开国都，这是用一个人的力量来控制一个国家的人。用一个人的力量来控制一个国家的人，很少有能控制住的。君主的明智能够照见远处的奸邪，还能发现隐蔽的祸患，下达必须执行的禁令，即使是远游到海边，朝廷内部也一定不会发生变乱。这样的话，就算是离开国都去海边游玩也不会遭遇劫杀，因而并不会造成管仲所说的灾难。楚成王设立商臣为太子，后来又想改立公子职为太子，商臣作乱，最终杀了成王。公子宰，是周国的太子，弟弟公子根受到周君的宠爱，于是凭借东州反对公子宰，周国分成东、西两个小国。这些都不是迟立太子造成的祸患。分配给太子的权势不分散，压低姬妾所生庶子的地位，宠爱他们但是不给他们权势的资本，庶子即使是处在大臣的职位上，迟立太子也是可以的。这样一来，就算是迟立太子，庶子也不会作乱，这也不会造成管仲所说的灾难。真正称得上困难的，一定要给予别人权力来形成权势，却又不让对方侵害到自己，这可以说是第一件困难的事。宠爱姬妾，却又不使她与正妻的地位相等，这是第二件困难的事。喜爱庶子，却不想让他威胁太子；只听信一个大臣的进言，却又使他不敢与君主的权威匹敌，这可以说是第三件困难的事。

商人商语：这个"三难"，管仲解读为"三个灾难"，韩非子解读为"三个困难"。韩非子说的这三个困难的确到位，都需要处理好矛盾以达到平衡。就企业而言，唯一的解决之道，还是用制度来保证企业运营管理的常态化。这样的话，老板在不在公司，老板家里"后院起火"了，老板又宠信哪个职业经理人，公司运营的基本面都是一样的。

原文：四、叶公子高问政于仲尼，仲尼曰："政在悦近而来远。"哀公问政于仲尼，仲尼曰："政在选贤。"齐景公问政于仲尼，仲尼曰："政在节财。"三公出，子贡问曰："三公问夫子政一也，夫子对之不同，何也？"仲尼曰："叶都大而国小，民有背心，故曰'政在悦近而来远'。鲁哀公有大臣三人，外障距诸侯四邻之士，内比周而以愚其君，使宗庙不扫除，社稷不血食者，必是三臣也，故曰'政在选贤'。齐景公筑雍门，为路寝，一朝而以三百乘之家赐者三，故曰'政在节财'。"

或曰：仲尼之对，亡国之言也。叶民有背心，而说之"悦近而来远"，则是教民怀惠。惠之为政，无功者受赏，而有罪者免，此法之所以败也。法败而政乱，以乱政治败民，未见其可也。且民有背心者，君上之明有所不及也。不绍叶公之明，而使之悦近而来远，是舍吾势之所能禁而使与下行惠以争民，非能持势者也。夫尧之贤，六王之冠也。舜一徙而成邑，而尧无天下矣。有人无术以禁下，恃为舜而不失其民，不亦无术乎？明君见小奸于微，故民无大谋；行小诛于细，故民无大乱。此谓"图难于其所易也，为大者于其所细也"。今有功者必赏，赏者不得君，力之所致也；有罪者必诛，诛者不怨上，罪之所生也。民知诛赏之皆起于身也，故疾功利于业，而不受赐于君。"太上，下智有之。"此言太上之下民无说也，安取怀惠之民？上君之民无利害，说以"悦近来远"，亦可舍已。

字面翻译：四、楚国大夫叶公子高向孔子询问政事，孔子说："政事在于使近者高兴，使远者归顺。"鲁哀公向孔子询问政事，孔子说："政事在于选用贤才。"齐景公向孔子询问政事，孔子说："政事在于节约财物"。这三个人出去后，子贡问道："三个人向您请教的问题是一样的，您回答他们的言语却是各自不同，为什么？"孔子说："叶公子高的封地内，地方的城邑大而都城的面积小，民众有背叛之意，所以我说'政事在于使近者高兴，使远者归顺'。鲁哀公有孟孙、叔孙、季孙三个大臣，他们对外阻挡四邻诸侯的贤士到鲁国来，对内结党营私来愚弄君主，使鲁国的宗庙得不到洒扫、除草，社稷得不到杀牲、祭祀的，一定是这三个大臣，所以我说'政事在于选用贤才'。齐景公建造雍门，修建路寝高台，一个早上就赏赐了三个人，每个人都得到可以出三百套兵车户数的封地，所以我说'政事在于节约财力'。"

有人说：孔子的回答，是导致亡国的言论啊。叶公子高封地的民众对他有背叛之意，孔子却劝说他"使近者高兴，使远者归顺"，这是教化民众向往叶公子高的恩赐。以恩赐作为执政的手段，无功劳的人可以得到奖赏，而有罪过的人得到赦免，这是法制之所以败坏的根源。法制败坏，那么政治就会混乱，用混乱的政治来治理败坏的民众，没有见过可以成功的。再说民众有背叛之意，是由于君上的明察有不周到的地方。孔子不去提高叶公明察的能力，却让他去做使近者高兴，使远者归顺的事情，这是舍弃叶公子高自身权势的制约作用，却让他和他的臣下用一样的恩赐手段去争夺民众，不是能掌控权势的办法。那尧的贤德，列于尧、舜、禹、汤、文、武六王之首。然而他当时的臣下舜搬徙一次，所到之处就形成新的城邑，结果是尧失去了天下。现在有人不能用权术来禁止臣下的行为，却指望着学习舜来不失去他的民众，不也是没有治国的办法吗？

明君能从隐匿处发现小的奸邪可能，所以民众不会有亡国灭君的大阴谋；对细小的事情实行轻的处罚，所以民众不会有聚众造反的大祸乱。这就是《老子》说的"解决难题要从容易处着手，想干大事要从微小处着手"。现在有功劳的人一定得到奖赏，受到奖赏的人并不感激君主，因为这是他出力得来的；有罪过的人一定受到惩罚，受到惩罚的人并不怨恨君主，因为这是他的罪行造成的。民众知道受罚、受赏的原因都在于自己，所以急于在内耕外战的事业上获取功劳利益，而不指望君主的恩赐。"最高明的君主是使民众仅知道有那么一个人而已的人。"《老子》里的这句话是说，最高明的君主统治下的民众没有什么爱戴喜悦可言，那么，哪里还能找到向往恩赐的民众呢？最高明的君主统治下的民众没有法制外的利害想法，所以用"使近者高兴，使远者归顺"的话来劝说，可以作罢了！

商人商语： 韩非子的这段话看透了人性，很好地摆正了君主和臣民的利益关系，而且是在法制基础上的利益关系。所以，韩非子的这段话，何尝不是企业家和企业员工"契约式"的双赢合作呢？其实，当老板用小恩小惠笼络手下的时候，手下又何尝会感动？还不是在想：这是我应得的，你要给就得再多给点。

原文： 哀公有臣外障距内比周以愚其君，而说之以"选贤"，此非功伐之论也，选其心之所谓贤者也。使哀公知三子外障距内比周也，则三子不一日立矣。哀公不知选贤，选其心之所谓贤，故三子得任事。燕子哙贤子之而非孙卿，故身死为僇；夫差智太宰嚭而愚子胥，故灭于越。鲁君不必知贤，而说以选贤，是使哀公有夫差、燕哙之患也。明君不自举臣，臣相进也；不自贤，功自徇也。论之于任，试之于事，课之于功，故群臣公政而无私，不隐贤，不进不肖。然则人主奚劳于选贤？

字面翻译：鲁哀公有臣子对外阻挡贤士到鲁国来，对内结党营私愚弄自己的君主，而孔子用"选用贤才"来劝说哀公，这不是依据功劳来选用贤才的主张，而是要选用君主心目中所谓贤明的人才。假如使得哀公知道孟孙、季孙、叔孙这三人对外阻挡贤士、对内结党营私的事情，那么这三个人一天也不能站立在朝堂上了。哀公不知道如何选用贤才，选用的是他心目中的所谓贤才，所以这三个人得以担任职事。燕王子哙认为子之贤能而不认可苟况，结果自己被杀，遭人耻笑。吴王夫差认为太宰嚭聪明而伍子胥愚蠢，结果被越国灭掉。鲁君不一定知道如何选用贤才，孔子却用选用贤才去劝说他，这是让哀公有吴王夫差、燕王子哙那样的祸患啊。英明的君主不自己去提拔臣子，臣子们自然会争相进用；不自己认可贤才，立下功劳的人自然会随之而来。从是否胜任职务上鉴别他们，用实际所做之事来测试他们，从事功大小来考核他们，群臣做事公正而没有私心，不埋没贤才，不推荐无德无才的人。这样的话，君主哪里还需要去而为选贤操劳呢？

商人商语：老板应不以个人的喜好和评价来选择和任用干部，而是从实际工作中的表现和贡献来选用干部。表现和贡献是可以考核测量的，可以作为评价、赏罚和提拔任用的依据。这样，人才进用和业务流转，都会在有序的运营管理之中，老板哪里还需要去为选拔人才而操劳呢？

原文：景公以百乘之家赐，而说以"节财"，是使景公无术以知富之侈，而独俭于上，未免于贫也。有君以千里养其口腹，则虽桀、纣不侈焉。齐国方三千里而桓公以其半自养，是侈于桀、纣也；然而能为五霸冠者，知侈俭之地也。为君不能禁下而自禁者谓之劫，不能饰下而自饰者谓之乱，不节下而自节者谓之贫。明君使人无私，以诈而食者禁；力尽于事归利于上者必闻，闻者必赏；污秽为私者必知，知者必诛。然，故忠臣尽忠于公，民士竭力于家，百官精克于上，侈倍景公，非国之患也。然则说之以节财，非其急者也。

字面翻译： 齐景公用可出上百辆兵车户数的封地进行赏赐，而孔子却劝他"节约财物"，这会使景公不用权术去了解富家的奢侈，而是独自在上面节俭，结果仍然不免于贫穷。如果说有一个君主用千里土地的收入来供养自己的口腹，那么即使是暴君夏桀、商纣也没他那样奢侈。齐国土地方圆三千里，而桓公用土地一半的收入来供养自己，这是比夏桀、商纣还要奢侈了；然而桓公能成为春秋五霸之首，是因为他懂得哪里该奢侈，哪里该节俭。作为君主，不能禁止臣下而只能约束自己的，叫作劫持；不能整治臣下而只是检点自己的，叫作混乱；不能节制臣下而只是节制自己的，叫作贫穷。英明的君主役使民众而没有私心，禁止以诈骗为生的行为。尽力办事，把利益归于君主的人，君主一定要知道，知道了一定给予奖赏；行为鬼祟，图谋私利的人，君主一定要察觉，察觉了一定要加以惩罚。这样的话，忠臣一定能为国家尽忠职守，民众一定能为家庭竭尽全力，百官在朝廷上廉洁公正，做君主的即使是比景公再奢侈几倍，也不会成为国家的祸患。这样说来，孔子劝说景公节约财物，并非景公的当务之急。

商人商语： 企业对于员工的奖励，无论多少，都是以其为企业服务的工作业绩为依据的。给得越多，说明其为企业服务的贡献越大。至于企业老板个人奢侈或节俭，只要其个人私账与公司公账分开就好。

原文： 夫对三公一言而三公可以无患，知下之谓也。知下明，则禁于微；禁于微，则奸无积；奸无积，则无比周；无比周，则公私分；分私分，则朋党散；朋党散，则无外障距内比周之患。知下明，则见精沐；见精沐，则诛赏明；诛赏明，则国不贫。故曰：一对而三公无患，知下之谓也。

字面翻译： 用一句话来回答叶公、哀公、景公以使他们没有祸患，需要了解下情才能说出。下情了解得清楚，坏事在处于隐匿状态时就能加以禁止；坏事处于隐匿状态时被禁止，奸邪之人就无从集聚；奸邪之人无从集聚，就不会有互相勾结的现象；没有互相勾结的现象，公和私就会分明；公私分明，拉帮结伙的朋党就会离散；朋党离散，就不会有对外阻挡贤士、对内结党营私的祸患。下情了解得清楚，要观察的问题就会明白得像洗净了一样；问题像洗净了一样明明白白，赏罚就会清清楚楚；赏罚清清楚楚，国家就不会贫困。所以说：用一句回答而可以使三公没有祸患，是要了解下情才能说出的。

商人商语： 能以不变的一言应对不同情况的万法，这个"一言"一定是从实际经验中千锤百炼而来的。只是这个提炼出来的"一言"不是个人智慧的"一言"，而是规章制度的"一言"。比如，好的企业管理，只有迟到早退的简洁规定；不好的企业管理，反而有各种迟到早退的不同定义和各种迟到早退程度的不同惩罚。

原文： 五、郑子产晨出，过东匠之闾，闻妇人之哭，抚其御之手而听之。有间，遣吏执而问之，则手绞其夫者也。异日，其御问曰："夫子何以知之？"子产曰："其声惧。凡人于其亲爱也，始病而忧，临死而惧，已死而哀。今哭已死，不哀而惧，是以知其有奸也。"

或曰：子产之治，不亦多事乎？奸必待耳目之所及而后知之，则郑国之得奸者寡矣。不任典成之吏，不察参伍之政，不明度量，特尽聪明劳智虑而以知奸，不亦无术乎？且夫物众而智寡，寡不胜众，智不足以遍知物，故因物以治物。下众而上寡，寡不胜众者，言君不足以遍知臣也，故因人以知人。是以形体不劳而事治，智虑不用而奸得。故宋人语曰："一雀过羿，羿必得之，则羿诬矣。以天下为之罗，则雀不失矣。"夫知奸亦有大罗，不失其一而已矣。不修其理，而以己之胸察为之弓矢，则子产诬矣。老子曰："以智治国，国之贼也。"其子产之谓矣。

字面翻译： 五、郑国的子产早晨出门，经过东匠里时，听到妇女的哭声，子产按住车夫的手示意停车，然后仔细聆听。过了一会儿，子产派差役把那个妇女抓来审问，原来她是亲手绞死丈夫的凶手。另外一天，车夫问他说："先生凭什么知道那妇女是凶手？"子产说："她的哭声中有恐惧。普通人对于自己亲爱的人，刚开始生病时的心情是忧愁，临死时的心情是恐惧，已经死后的心情是悲哀。现在她哭已死的丈夫，不是悲哀而是恐惧，所以知道她有奸情。"

有人说：子产处理这件事情，不也是太多事了吗？若奸情一定要等到亲自听到和看到后才能了解，那么郑国能查到的奸情就太少了。不任用主管狱讼的官吏，不用考查验证的方式来检查官吏的政事，不彰明法律法规，而是依靠竭尽自己的听力、视力，劳心费神地去了解奸情，不也是缺少治理的方法吗？况且天下的事物众多而个人的智力有限，有限的智力不能胜过众多的事物，个人的智力没有能力普遍地了解事物，所以要借助事物来治理事物。臣下多而君主少，而少不胜多，这是说君主没有能力普遍地了解臣下，所以要借助人来了解人。因此懂得权术的人，不劳累身体就办好事情，不使用脑力就得知奸情。所以宋人有句话说："每一只麻雀从后羿身边飞过，后羿都一定会把它射下来，那是羿在胡说。把天下作为罗网，麻雀就都逃不脱了。"了解奸情也有大罗网，那就是万无一失的法网罢了。不整顿法网的部署规则，而用自己的智力判断作为发现奸情的"弓矢"、手段，那么子产是在胡干啊。老子说："用个人智慧治理国家，是国家的祸害。"大概就是在说子产了。

商人商语：法家不倡导个人"英雄主义"，一来英雄的存在，是个小概率事件；二来能否识别英雄，是件冒险的事情；三来英雄可能变奸雄，更是个大风险。所以，法家倡导能够集合众人之力、众人之智的"集体主义"。企业集体的体现和运用，在于规章制度，在于绩效赏罚，也在于老板调动积极性的权术。

原文：六、秦昭王问于左右曰："今时韩、魏孰与始强？"左右对曰："弱于始也。""今之如耳、魏齐孰与曩之孟常、芒卯？"对曰："不及也。"王曰："孟常、芒卯率强韩、魏，犹无奈寡人何也。"左右对曰："甚然。"中期推琴而对曰："王之料天下过矣。夫六晋之时，知氏最强，灭范、中行而从韩、魏之兵以伐赵，灌以晋水，城之未沈者三板。知伯出，魏宣子御，韩康子为骖乘。知伯曰：'始吾不知水可以灭人之国，吾乃今知之。汾水可以灌安邑，绛水可以灌平阳。'魏宣子肘韩康子，康子践宣子之足，肘足接乎车上，而知氏分于晋阳之下。今足下虽强，未若知氏；韩、魏虽弱，未至如其在晋阳之下也。

此天下方用肘足之时，愿王勿易之也。"

字面翻译：六、秦昭王向左右近侍询问道："现在的韩、魏和建国初期比较，哪个更强大？"近侍回答说："现在比建国初期衰弱。""现在的如耳、魏齐和过去的孟尝君、芒卯相比，哪个更能干？"近侍回答说："现在的不如过去的。"昭王说："孟尝君和芒卯统率强大的韩、魏联军，尚且不能把我怎么样。"近侍回答说："确实是这样。"乐师中期推开琴后说："大王估计的天下形势是错误的。晋国在六卿执政的时期，智伯最强大，他灭掉范氏、中行氏，率领韩、魏两家的军队去攻打赵襄子，掘开晋水灌淹晋阳城，城墙只剩下三板的高度就淹没了。智伯外出，魏宣子在中间驾车，韩康子在右边做陪乘卫士。智伯说：'开始我不知道水可以用来消灭别人的国家，我现在才知道这个办法。汾水可以用来灌淹魏城安邑，绛水可以用来灌淹韩城平阳。'魏宣子用肘碰一下韩康子，韩康子踩一下魏宣子的脚，肘和脚在车上这么一碰，就联合赵襄子反叛了，智伯的土地就在晋阳城下被瓜分了。现在您虽然强大，却不如当年的智伯；韩、魏虽然衰弱了，还不至于像他们在晋阳城下屈从于智伯的处境。现在正是天下诸侯碰肘踩脚、合纵抗秦的时候，希望大王不要轻视了。"

商人商语：在战略上可以藐视竞争对手，在战术上却必须重视竞争对手。企业经营永远在路上，要永远小心谨慎。而且越是体量大的企业，犯下错误的成本越大。

原文：或曰：昭王之问也有失，左右中期之对也有过。凡明主之治国也，任其势。势不可害，则虽强天下无奈何也，而况孟常、芒卯、韩、魏能奈我何？其势可害也，则不肖如如耳、魏齐及韩、魏犹能害之。然则害与不侵，在自恃而已矣，奚问乎？自恃其不可侵，则强与弱奚其择焉？失在不自恃，而问其奈何也，其不侵也幸矣。申子曰："失之数而求之信，则疑矣。"其昭王之谓也。知伯无度，从韩康、魏宣而图以水灌灭其国，此知伯之所以国亡而身死，头为饮杯之故也。今昭王乃问孰与始强，其畏有水人之患乎？虽有左右，非韩、魏之二子也，安有肘足之事？而中期曰"勿易"，此虚言也。且中期之所官，琴瑟也。弦不调，弄不明，中期之任也，此中期所以事昭王者也。中期善承其任，未慊昭王也，而为所不知，岂不妄哉？左右对之曰"弱于始"与"不及"则可矣，其曰"甚然"则谀也。申子曰："治不逾官，虽知不言。"今中期不知而尚言之。故曰：昭王之问有失，左右中期之对皆有过也。

字面翻译：有人说：秦昭王的提问是有问题的，近侍和琴师中期的回答也是有错的。大凡明君治理国家，依靠的是自己的权势。权势不可侵害，那么即使是天下最强大的国家对我也无可奈何，孟尝君、芒卯及韩、魏这四个因素加在一起能把我怎么样呢？君主的权势可以侵害的话，那么像如耳、魏齐这样的无能之辈及像韩、魏这样的弱国也能加以侵害。这样来看，那么受侵害还是不受侵害，在于自己依靠自己罢了，有什么可问的呢？依靠自己的不可侵害，那么对于敌人的强大和弱小又有什么可以挑选的呢？秦昭襄王错在不依靠自己，却问敌人能把我怎样，秦国不受侵害也只是侥幸了。申不害说："丢掉控制的措施来要求臣下的诚信，就糊涂了。"恐怕说的就是昭王这种情况了。智伯没有法则，率领韩康子、魏宣子进攻赵国却企图用水灌淹以灭掉他们的国家，这就是智伯国亡身死、头盖骨被做成饮杯的缘故。现在昭王竟然问起目前的韩、魏与当初的韩、魏哪个强大，难道是害怕有引水灌城的祸患吗？虽然有近侍在旁，可他们并不是韩康子、魏宣子，哪里会有碰肘踩脚式的勾结呢？而中期却说"不要轻视"，这是一句空话啊。况且中期的职衔，是掌管琴瑟的乐师。琴弦没有调节，曲调不够清晰，这是中期的责任，这才是中期侍奉昭王的本职工作。中期很好地担负他的职责，尚且不能使昭王满意，还去参与他不懂的政事，岂不是荒谬吗？左右近侍回答说："比初期衰弱"和"不如过去"就可以了，说"确实是这样"就是阿谀奉承了。申不害说："处理政事不要逾越职责，职责外的事情即使知道也不说。"如今中期不知道却还要议论这件事。所以说：秦昭王的提问有问题，近侍和中期的回答都是有错的。

商人商语：从姜子牙、商鞅到吴起，兵法原本一家，兵家出于法家。《孙子兵法》中"先为不可胜，以待敌之可胜。不可胜在己，可胜在敌"，就说明了战争的决定性因素，不是彼此实力的强弱，而是有没有管理好自己的实力。就企业经营而言，以"错形"的方式，也就是商业模式的差异化来参与市场竞争，也是为管理好自己的资源和实力。

原文：七、管子曰："见其可，说之有证；见其不可，恶之有形。赏罚信于所见，虽所不见，其敢为之乎？见其可，说之无证；见其不可，恶之无形。赏罚不信于所见，而求所不见之外，不可得也。"

或曰：广廷严居，众人之所肃也；宴室独处，曾、史之所僈也。观人之所肃，非行情也。且君上者，臣下之所为饰也。好恶在所见，臣下之饰奸物以愚其君，必也。明不能烛远奸，见隐微，而待之以观饰行，定赏罚，不亦弊乎？

字面翻译：七、管仲说："看到合法的事情，喜欢它就要有所证明；看到不合法的事情，厌恶它就要有所体现。赏罚确切地兑现在所看到的合法或者不合法的事情上，即使有看不到的，谁还敢做不合法的事情呢？看到合法的事情，喜欢它却没有奖赏作为证明；看到不合法的事情，厌恶它却没有惩罚作为体现。赏罚不确切地体现在所看到的事情上，却要求查出所看不到的事情是否合法，那是不可能有结果的。"

有人说：大庭广众和严肃场合之下，大家都会表现得很肃敬；在私室独居之时，即便是曾参、史鱼也会轻慢、随意。观察人们肃敬场合的表情，并不能知道他们行为的全部实情。再说作为君主，臣下在他面前的所作所为都是有所掩饰的。君主的好恶取决于自己的所见所闻，臣下掩饰奸邪的事物来愚弄君主，则是必然的。君主不能洞悉远处的坏人、洞察隐匿的坏事，却要根据看到的有所掩饰的行为来对待臣下，决定赏罚，这不也是弊病吗？

商人商语："尚法非贤"的长处，在于一切以规章制度为准绳，也依此规章制度行使赏罚。但是它的弊端在于过于被动，不能在员工的错误行为未显之前察看和预防。而"吏法术微"就会很好地弥补这一点，可以帮助企业从更多的角度来完整地观察、预防和处理。只是企业老板一定要切记二者的主次关系，更不可偏废于一门。

原文：八、管子曰："言于室，满于室；言于堂，满于堂：是谓天下王。"

或曰：管仲之所谓言室满室、言堂满堂者，非特谓游戏饮食之言也，必谓大物也。人主之大物，非法则术也。法者，编著之图籍，设之于官府，而布之于百姓者也。术者，藏之于胸中，以偶众端而潜御群臣者也。故法莫如显，而术不欲见。是以明主言法，则境内卑贱莫不闻知也，不独满于堂；用术，则亲爱近习莫之得闻也，不得满室。而管子犹曰"言于室满室，言于堂满堂"，非法术之言也。

字面翻译：八、管仲说："在屋里说话，声音响彻房屋；在朝堂上说话，声音响彻朝堂：这是可称为天下之王的君主。"

有人说：管仲所说的在屋里说话声音响彻房屋、在朝堂上说话声音响彻朝堂，一定不只是在谈游戏、饮食，而是在谈国家大事。君主所说的大事，不是法律法令就是策略方法。法律法令，是要编写在书中，陈列在官府里，而且要公布到民众中去的。策略方法，是藏在君主的心中，用对照验证各个方面的政事来暗中驾驭群臣的。所以法律法令越公开越好，而策略方法却不该表现出来。因此，明君谈论法律法令时，就是国内地位卑贱的人也没有不知道的，而不仅仅是整个朝堂的人知道；使用策略方法时，就连君主宠幸的亲信也没有谁能打听得到，更不该让满房屋的人都知道。而管仲还说"在屋里说话，声音响彻房屋；在朝堂上说话，声音响彻朝堂"，这是不懂得"吏法术微"的言论啊。

商人商语：依法治国，就是强调法治的"制法公开、法律公平、执法公正"，这是治理国家的"阳谋"。而以权术制臣，则是强调不动声色地"察看、印证、互勘"，这是管理臣子的"阴谋"。这一"阴阳并用"的方法，犹如企业家驾驭企业运营管理的缰绳之两端，一个松的信号是照着道继续跑，一个紧的信号是别跑偏了。

英明君主观察别人，不允许别人观察自己

自孔子给法家冠以"民免而无耻"的恶名，再加上法家治国典范"秦朝二世而斩"的凶名，原本源自法家的君主权术，也被说成了是道家一脉真传的"帝王心术"（也叫"帝王权术"）。原本有章可循、有理论可证、有方法可用的君主权术，也变得高深莫测，只可意会，只有圣主才能掌握。

一向理性的法家，清醒地认识到圣主只是一个传说，君主大多资质平庸；也清晰地认识到贤才只是一个神话，现实中夸夸其谈的居多。所以，法家的君主权术，是"以有余补不足，以长续短"，以此来弥补君主的智慧和才能的局限，是以法制辖制官员之外的另一种手段，是观察和验证官员职责、操守的另一套方法。此系统理论和系统措施，我们也可以称之为"老板的权术"。

本章节开篇选取的是《韩非子·观行》，旨在说明企业家要能认知自己的长短处，也要能认知他人的长短处，施行"用力寡而功名立"的领导法则。

《韩非子·观行》：只允许我看你，用放大镜看你。却不允许你看我，瞄一眼都不行

原文：古之人目短于自见，故以镜观面；智短于自知，故以道正己。故

镜无见疵之罪，道无明过之怨。目失镜，则无以正须眉；身失道，则无以知迷惑。西门豹之性急，故佩韦以缓已；董安于之心缓，故佩弦以自急。故以有余补不足、以长续短之谓明主。

字面翻译：古代的人，由于眼睛无法看见自己，所以用镜子来照看自己的脸面；才智无法自我认知，所以用权术来修整自己的行为。因此镜子本身，没有照出毛病的罪过；权术本身，也没有因暴露过失而招致怨恨。眼睛离开镜子，就不能用来修整胡子眉毛；立身离开权术，就不能用来辨别是非。西门豹的性格急躁，所以佩带柔韧的牛皮带以提醒自己从容、和缓；董安于的性情迟缓，所以佩带绷紧的弓弦来警示自己明快、敏捷。所以用有余的来补充不足的，用长处来接续短处，这就叫作英明的君主。

商人商语：老板的自知很重要，知人更重要，知道用什么人来辅佐自己，如何管理才能得心应手。在企业的规章制度之外，还有另一套方法和角度来考察手下干部们的职责操守。

原文：天下有信数三：一曰智有所不能立，二曰力有所不能举，三曰强有所不能胜。故虽有尧之智而无众人之助，大功不立；有乌获之劲而不得人助，不能自举；有贲、育之强而无法术，不得长胜。故势有不可得，事有不可成。故乌获轻千钧而重其身，非其身重于千钧也，势不便也。离朱易百步而难眉睫，非百步近而眉睫远也，道不可也。故明主不穷乌获以其不能自举，不困离朱以其不能自见。因可势，求易道，故用力寡而功名立。时有满虚，事有利害，物有生死，人主为三者发喜怒之色，则金石之士离心焉。圣贤之朴深矣。故明主观人，不使人观己。明于尧不能独成，乌获不能自举，贲之育之不能自胜，以法术则观行之道毕矣。

字面翻译：天下有三种公认的定数：一是智者也有办不成的事情；二是力士也有举不起的东西；三是勇士也有战胜不了的对手。所以拥有唐尧一样的智慧，但是没有众人的帮助，伟大的功业也不能建立；虽然拥有乌获一般的力气，但是不能得到别人的帮助，自己也不能举起自己；虽然拥有孟贲、夏育那样的勇猛，但是不用策略方法，也不能永远获胜。因此形势总有不具备的，事情总有办不成的。乌获觉得千钧是可以举起的轻，而自身是不可举起的重，不是他的身体比千钧重，而是形势不允许他举起自己的身体。离朱容易看清百步之外的毫毛，却难以看到自己的眼眉、睫毛，并非是百步之外的毫毛离得近而眼眉、睫毛离得远，而是自然规律不可能使他看见自己的眼眉、睫毛。所以明君不会因为乌获不能自举而为难他，也不会因为离朱不能自见而刁难他。顺应可以获得成功的形势，寻找容易成功的自然规律，即使用力不多，功业、名望也可以建立。天上的月亮有盈有亏，面对的事情有利有害，万千事物有生有死，君主对这三种自然规律的变化表现出喜怒的脸色，那么坚如金石的忠贞之士也会因此离心离德了。圣贤的本质是深谋远虑的。所以英明的君主观察别人，不允许别人观察自己。明白了唐尧不能独自建立功业，乌获不能自己举起自己，孟贲、夏育不能战胜自我，只要君主运用法制权术，那么观察臣下行为的办法就完备了。

商人商语：考虑不周、力量不够、活力不足，这三点是几乎任何一家企业都存在的人事问题。老板是责骂人事部门再去以高薪挖人，找来更多的人才，还是责令人事部门健全人事制度，让普通人起到能人的作用？法家的答案是"造势"，用培训、造势来发掘人的才能、培养人的才能、武装人的才能，当然也用造势来限制人才走偏。

主之所察有六微，内用参伍外观听

老板需要明察和防范下属危害企业利益，破坏企业管理的似是而非、弄假成真、争权夺利等六种隐蔽而微妙的情形，称之为"六微之术"，分别是：权借在下、利异外借、托于似类、利害有反、参疑内争、敌国废置。那些平常喜欢站在"河边"看手下钩心斗角的老板，要注意：你这样站在河边看热闹，不仅会湿鞋，更有可能会被拖下水。

虽然企业老板的办公室墙上都喜欢挂"难得糊涂"，也明白"察见渊鱼者不祥"。但事情是也要分类的，不只是分大事小事、要事琐事，还要看事情的性质，是否侵犯了企业家的权益，是否侵害了企业的利益，是否破坏了企业的运营管理。这种事情不管当事者有心无心，都会被有心者利用，再细小也可能会是导致企业运营管理决堤的"蚁穴"，必须要严查明办。

本节选取的是《韩非子·内储说下六微》，通过各种案例故事来解读这"六微"，发现企业中的"魑魅魍魉"。

《韩非子·内储说下六微》：假借"他山之石"，蒙骗你说"可以攻玉"

原文：六微：一曰权借在下，二曰利异外借，三曰托于似类，四曰利害有反，五曰参疑内争，六曰敌国废置。此六者，主之所察也。

字面翻译：危害君主权位的六种隐蔽而微妙的情况：一是君主的权势转借给了臣下，就拿不回来了；二是君臣利益不同，臣下会借用外力谋取私利；三是臣下假托类似的事情来蒙骗君主以谋取私利；四是人们的利害关系相反，便会危害他人以谋取私利；五是等级名分混乱，而导致内部的争权夺利、杀戮残害；六是敌对的国家插手本国大臣的任免，国内的政事被敌国利用。这六种现象，是君主必须要明察的。

商人商语：对照来说，企业中也会有这六种看似忠诚，实则暗藏祸心的微妙现象。这六种现象涉及了分权授权、外事合作、人事制度、组织管理等各个运营要素，作为企业家不得不谨慎啊！

原文：经一：权借。权势不可以借人。上失其一，臣以为百。故臣得借则力多，力多则内外为用，内外为用则人主壅。其说在老聃之言失鱼也。是以人主久语，而左右鬻怀刷，其患在胥僮之谏厉公，与州侯之一言，而燕人浴矢也。

字面翻译：经一：君主的权势转借给了臣下，就拿不回来了。君主的权力和威势不可以借给别人。君主失去的一分权势，臣下就会把它当作一百分去使用。臣下能够借用到君主的权势，其势力就会强大起来；臣下的势力强大起来，朝廷内外就会被他利用；朝廷内外一旦被他利用，那么君主就会受到蒙蔽。有关这一论点的解说在老聃说的"臣子如鱼，不可离开君主权势的深渊"中。因此君主同臣下长时间的谈话便会使臣下有抬高身价的资本，而近侍卖弄人主赏赐的小物件就可以抬高自己的地位。权势转借的祸患之体现：胥僮劝谏晋厉公除恶务尽而未被采用的危害，楚王的近侍异口同声为州侯解脱，而燕人受骗用狗屎浴身等事例。

商人商语：在任何一个行业内，都有一些企业自奉为"黄埔军校"，意思是太多的同行业老板，是从他的企业里培训出来的，反而成了他的竞争者。是过度信任反而被背叛，还是过度压榨反而被反抗？不得而知，也不做评判，但是老板一定要记得看问题的角度。

原文：说一：势重者，人主之渊也；臣者，势重之鱼也。鱼失于渊而不可复得也，人主失其势重于臣而不可复收也。古之人难正言，故托之于鱼。

字面翻译：说一：权势，好比是君主拥有的深渊；臣子，好比是在君主权势这一深渊里存身的鱼。鱼儿一旦离开深渊，就不可能再得到它了；君主一旦失去权势，就不可能再收回来了。古代的人难于直接讲明，所以就假托鱼和深渊的事例来作比喻。

商人商语：企业家在放权、授权的同时，也要做好权限的设计，以及随时收权的措施。否则，只有换人才能收回权力，甚至是换了人、收回了权力，却失去了权益。

原文：赏罚者，利器也，君操之以制臣，臣得之以拥主。故君先见所赏则臣鬻之以为德，君先见所罚则臣鬻之以为威。故曰："国之利器，不可以示人。"

字面翻译：奖赏和惩罚，是锐利的武器，君主掌控它用来制服臣下，臣子得到它便用来蒙蔽君主。所以君主事先显示出行赏的意图，臣子就会兜售它来作为自己的恩德；君主事先显示出行罚的意图，臣子就会卖弄它来树立自己的威势。所以《老子》说："国家的锐利武器，不可以显示给别人看到。"

商人商语：企业里通常的赏罚行为，是依据绩效考核制度而施行的，不需要老板来亲自行使。这里所说的赏罚，是指老板从"权术"角度考核员工所施行的赏罚。

原文：靖郭君相齐，与故人久语，则故人富；怀左右刷，则左右重。久语怀刷，小资也，犹以成富，况于吏势乎？

字面翻译：靖郭君田婴担任齐国宰相，和老相识长时间地说话，之后老相识就富裕了起来；赏赐小物件给哪个近侍，哪个近侍的地位就会抬高。说话时间长和赏赐小物件，都是微小的资助，尚且可以用来帮助致富，使人显贵，何况是把权势借给官吏呢？

商人商语：老板无意中的一言一行，都会被有心人无限放大。所以，老板除非是有意识地想传达什么，否则不可随意展现自己意识的趋向性。

原文：晋厉公之时，六卿贵。胥僮、长鱼矫谏曰："大臣贵重，敌主争事，外市树党，下乱国法，上以劫主，而国不危者，未尝有也。"公曰："善。"乃诛三卿。胥僮、长鱼矫又谏曰："夫同罪之人偏诛而不尽，是怀怨而借之间也。"公曰："吾一朝而夷三卿，予不忍尽也。"长鱼矫对曰："公不忍之，彼将忍公。"公不听。居三月，诸卿作难，遂杀厉公而分其地。

字面翻译：晋厉公在位的时候，六卿地位尊贵。胥僮和长鱼矫劝谏说："大臣地位尊贵、权势又重，敌国君主争相讨好他们，他们与国外势力勾结，培植私人党羽，在朝堂下扰乱国法，在朝堂上挟持君主，形成这样的局面而国家不危亡的，从来就没过。"晋厉公说"说得好"，于是就杀掉了三卿。胥僮、长鱼矫又劝谏说："共同犯罪的人中只杀了一部分而不全部杀尽，是让留下的人怀恨在心而且给了他们趁机作乱的机会啊。"晋厉公说："我一下子就杀了三卿，我不忍心杀尽啊。"长鱼矫回答说："您不忍心杀尽他们，他们将会忍心来害您。"晋厉公没有听从劝告。过了三个月，诸卿发动叛乱，杀了晋厉公并且瓜分了晋国的土地。

商人商语：面对可能是敌人的六卿，或者已经成为敌人的三卿，晋厉公是"先下手没强，反被后下手杀害"。同类情形放在企业里，企业家就是被动的，因为所谓的"奸邪"有可能没有违背国家法律和企业制度。所以，企业家还是要使用权力快刀斩乱麻，把损失降到最小，否则就是养虎为患，殃及自身。

原文：州侯相荆，贵而主断。荆王疑之，因问左右，左右对曰"无有"，如出一口也。

字面翻译：州侯担任楚国的宰相，地位尊贵并且专权独断。楚王怀疑他有野心，就询问自己的左右近侍，近侍回答说"没有"，好像是从一张嘴说出的。

商人商语：过度授权，一定会养成过分的权势。过分的权势，一定会影响到老板身边人的身上。所以，聪明的老板，会从身边人的"异口同声"中存疑，发现隐藏的巨大问题。

原文：燕人无惑，故浴狗矢。燕人，其妻有私通于士，其夫早自外而来，士适出。夫曰："何客也？"其妻曰："无客。"问左右，左右言"无有"，如出一口。其妻曰："公惑易也。"因浴之以狗矢。

一曰：燕人李季好远出，其妻私有通于士，季突至，士在内中，妻患之。其室妇曰："令公子裸而解发，直出门，吾属佯不见也。"于是公子从其计，疾走出门。季曰："是何人也？"家室皆曰："无有。"季曰："吾见鬼乎？"妇人曰："然。""为之奈何？"曰："取五牲之矢浴之。"季曰："诺。"乃浴以矢。一曰浴以兰汤。

字面翻译：燕人并未中邪，受迷惑，却被人故意用狗屎给他洗身。燕国有个人，他的妻子和读书人通奸，他早上从外地回来，正碰上这个读书人走出他的家门。丈夫说："这是什么客人？"他妻子说："没有客人。"问身边的人，身边的人都说"没有客人"，好像是从一张嘴巴发出的。他妻子说："你是中邪、疯癫了。"便用狗屎给他洗身。

另外一种说法：燕人李季喜欢出门远游，他妻子私下和读书人通奸，李季突然回家，读书人被堵在屋中，他妻子担心此事。她的女仆说："让公子（读书人）光着身子，解开头发，直接跑出门外，我们这些人都假装没看见。"于是公子听从她的计谋，快步跑出门外。李季说："这是什么人哪？"家里的人都说："没有人啊。"李季说："我看见鬼了吗？"他妻子说："是的。"李季说："应该怎么办呢？"他妻子说："拿五种牲畜的屎来洗身。"李季说："好吧。"于是就用屎来洗身。另一种说法是用兰草煮的水来洗身。

商人商语：企业家首先要明白，出现这种内外勾结现象的根本原因，在于李季自身。李季自己作为家主，竟然没有一个亲信，没有一个给他通风报信的人。其次，企业家面对这种众口一词时，更是要保持冷静的头脑、独立的判断，要坚信：全世界只有我是对的。

原文：经二：利异。君臣之利异，故人臣莫忠，故臣利立而主利灭。是以奸臣者，召敌兵以内除，举外事以眩主，苟成其私利，不顾国患。其说在卫人之妻夫祷祝也。故戴歇议子弟，而三桓攻昭公；公叔内齐军，而翟黄召韩兵；太宰嚭说大夫种，大成牛教申不害；司马喜告赵王，吕仓规秦、楚；宋石遗卫君书，白圭教暴谴。

字面翻译：经二：君臣利益不同，臣下会借用外力谋取私利。君主与臣子的利益是不同的，所以做臣子的没有一个会是忠诚的。所以臣子的利益得到了，而君主的利益就失去了。因此那些奸邪的臣子，会招引敌国军队来除掉国内私敌，会挑动涉外事务来迷惑君主，只要能够成就他的私利，就不会顾及国家的祸患。有关这一论点的解说，体现在卫国的夫妻祈祷祝愿时各自的打算不同。所以戴歇建议楚王不要派诸公子出国做官，而鲁国的臣子三桓会合力攻打鲁昭公；韩国的宰相公叔伯婴引齐国军队进入国都，而魏国的臣子翟黄招来韩国军队攻打魏国；吴国的太宰嚭劝说越国大夫文种，赵国的大成牛开导韩国的申不害；中山国的司马喜私送情报给赵王，魏国的臣子吕仓暗示秦、楚两国攻打魏国；魏国将军宋石写信给楚国将军卫君希望不要交战，魏国宰相白圭开导韩国宰相暴谴要互相支持。

商人商语：老板和企业员工之间，利益有共享、共赢性。企业发展得越好，双方获得的利益也会越来越大。但是对于某类情形而言，双方的利益有着本质的冲突。所以，聪明的老板学会了参股、控股等不同形式的合作方式，化冲突为协作，化单赢为双赢。

原文：说二：卫人有夫妻祷者，而祝曰："使我无故，得百束布。"其夫曰："何少也？"对曰："益是，子将以买妾。"

字面翻译：说二：卫国人中有夫妻二人在祈祷，妻子祝愿说："让我没有灾难，并得到一百捆布币。"她的丈夫说："为什么这么少？"妻子回答说："超过这个数目，您将会用它去买小老婆。"（汉代《诗经》大师毛氏、经学家郑玄都解释"布"为"布币"，古墓出土的布币也往往是一小捆一小捆的。不过，王充等解释为"布匹"，认为当时以物易物。）

商人商语：可以共患难，所以这一百捆布币就足够了。不可以共富贵，所以超出这些财富就产生矛盾了。究其原因，是各人欲念不同导致的利益冲突。所以，企业员工的薪酬设计，不可以过高，以免激发起本来没有的恶欲。

原文：荆王欲宦诸公子于四邻，戴歇曰："不可。""宦公子于四邻，四邻必重之。"曰："子出者重，重则必为所重之国党，则是教子于外市也，不便。"

字面翻译：楚王想让自己的几个儿子到四周邻国去做官，戴歇说："不可以。"楚王说："让我的儿子们到四周邻国去做官，四周邻国一定会器重他们。"戴歇说："您的儿子出国做官会受到器重，受到器重就必然会成为所器重国家的党羽，您这是教育儿子和外国势力勾结，这是对本国不利的。"

商人商语：站在个人利益的角度，每个人都想握有权柄，每个人都想发挥权势。或者说，每个人都想成为弈棋者，而不想成为棋子。所以，企业老板权术的要点，就是合理合法用人，不给手下谋取私人利益的机会。

原文：鲁孟孙、叔孙、季孙相戮力劫昭公，遂夺其国而擅其制。鲁三桓逼公，昭公攻季孙氏，而孟孙氏、叔孙氏相与谋曰："救之乎？"叔孙氏之御者曰："我，家臣也，安知公家？凡有季孙与无季孙于我孰利？"皆曰："无季孙必无叔孙。""然则救之。"于是撞西北隅而入。孟孙见叔孙之旗入，亦救之。三桓为一，昭公不胜。逐之，死于乾侯。

字面翻译：鲁国的三桓，孟孙、叔孙、季孙互相合作劫持了鲁昭公，最终夺取了他的国家，占据了他的权势。当初鲁国的三桓威逼鲁昭公，昭公攻打季孙，孟孙和叔孙互相商量说："去救援季孙吗？"叔孙的车夫说："我是个家臣，哪里知道公家的大事？总的说来，有季孙和无季孙，哪种情形对我们更有利？"大家都说："没有季孙，就一定没有叔孙了。"这才下定决心说："既然这样，那么就去救援他。"于是叔孙的军队就从战场的西北角冲了进去。孟孙看见叔孙的旗帜已经进入战场，也带兵前去救援。三桓合兵一处，鲁昭公失败了。三桓驱逐了鲁昭公，鲁昭公死在晋国的乾侯。

商人商语：老板的手下们虽然彼此之间也有钩心斗角，但是在个人权益和企业权益的争斗中，他们的阵线是一致的，他们的行为也会一致。所以，有权术的老板，一方面会主动挑起手下们的争斗，另一方面还会谨防手下们的联合。

原文：公叔相韩而有攻齐，公仲甚重于王，公叔恐王之相公仲也，使齐、韩约而攻魏。公叔因内齐军于郑，以劫其君，以固其位，而信两国之约。

翟璜，魏王之臣也，而善于韩。乃召韩兵令之攻魏，因请为魏王构之以自重也。

字面翻译：公叔伯婴担任韩国的宰相而又主动交好齐国，公仲朋也很受韩王的器重，公叔伯婴担心韩王会让公仲朋担任韩国宰相，就促使齐、韩两国结约，一起去攻打魏国。公叔伯婴乘机把齐国军队引入韩国国都郑，来胁迫他的君主，以巩固自己的地位，而在表面上重申两国的协约。

翟璜，是魏王的大臣，却和韩国交好。他竟然招来韩国的军队让他们攻打魏国，就势请求代表魏王去和韩国讲和，来抬高自己的地位。

商人商语：借用外部资源以抬高自己在企业中地位的例子，比比皆是。可怕的是，这种地位是用本企业的资源交换而来的，损失的也是本企业的利益。所以，老板可以相信手下的能力，但是不能盲目相信。一旦盲目相信，你的资源就会被利用了。

原文：越王攻吴王，吴王谢而告服，越王欲许之。范蠡、大夫种曰："不可。昔天以越与吴，吴不受，今天反夫差，亦天祸也。以吴予越，再拜受之，不可许也。"太宰嚭遗大夫种书曰："狡兔尽则良犬烹，敌国灭则谋臣亡。大夫何不释吴而患越乎？"大夫种受书读之，太息而叹曰："杀之，越与吴同命。"

字面翻译：越王勾践攻打吴王夫差，吴王谢罪并宣布臣服，越王准备答应他。范蠡和大夫文种说："不可以接受。过去上天把越国送给吴国，吴国没有接受，所以现在上天报复夫差，这是上天降给他的灾祸啊。上天把吴国送给越国，我们行再拜礼接受下来，不可以答应吴王的臣服请求。"吴国的太宰嚭给大夫文种的信上说："狡猾的兔子捕完了，那么优良的猎狗就会被烹煮；敌对的国家灭亡了，那么谋划的臣子就会死亡。大夫您为什么不放弃灭亡吴国，让吴国留存下来成为越国的祸患呢？"大夫文种接信读罢，长叹一声说："杀掉夫差，越国和吴国的谋臣将会遭遇同样的命运。"

商人商语：借用外部资源，来巩固自己的组织地位；借用存在的问题，来加固自己的存在价值。这都是高管们不得不为的"自保"手段。所以，老板应该明察，企业的有些问题完全是自己造成的。

原文：大成牛从赵谓申不害于韩曰："以韩重我于赵，请以赵重子于韩，是子有两韩，我有两赵。"

司马喜，中山君之臣也，而善于赵，尝以中山之谋微告赵王。

吕仓，魏王之臣也，而善于秦、荆。微讽秦、荆令之攻魏，因请行和以自重也。

宋石，魏将也；卫君，荆将也。两国构难，二子皆将。宋石遗卫君书曰："二军相当，两旗相望，唯毋一战，战必不两存。此乃两主之事也，与子无有私怨，善者相避也。"

白圭相魏，暴谴相韩。白圭谓暴谴曰："子以韩辅我于魏，我以魏待子于韩，臣长用魏，子长用韩。"

字面翻译：大成牛从赵国捎来对韩国申不害的口信说："您用韩国的力量加重我在赵国的权势，我再用赵国的力量加重您在韩国的权势，这样一来，您就像拥有两个韩国，我就像拥有两个赵国。"

司马喜，是中山国国君的臣子，但是和赵国交好，曾经把中山国的谋划密告给赵王。

吕仓，是魏王的臣子，但和秦、楚两国都交好。他暗示秦、楚两国，让两国攻打魏国，接着便去请求讲和来加重自己的权势。

宋石，是魏国的将军；卫君，是楚国的将军。两国发生战争，两人都担任了指挥的将领。宋石送信给卫君说："两军兵力相当，双方军旗相望，希望不要交战，交战起来一定不能两存。这次战争是两国君主的事，我和您没有私仇，妥善的办法是相互避开。"

白圭担任魏国宰相，暴谴担任韩国宰相。白圭对暴谴说："您用韩国的力量帮助我在魏国掌握权势，我用魏国的力量扶助您在韩国掌握权势，这样我就会长期在魏国掌权，您也会长期在韩国掌权。"

商人商语：看来，高管们商谈企业之间的业务合作，还会夹杂着他们个人之间的利益合作。而且，会为了个人的利益牺牲企业的利益。所以，老板在授权的同时，也要设定权限，比如决定大小事宜的权限。在授权之后，还要监控履行职责的过程，验证履行职责的结果。

原文：经三：似类。似类之事，人主之所以失诛，而大臣之所以成私也。是以门人捐水而夷射诛，济阳自矫而二人罪，司马喜杀爰骞而季辛诛，郑袖言恶臭而新人劓，费无忌教郄宛而令尹诛，陈需杀张寿而犀首走。故烧刍厩而中山罪，杀老儒而济阳赏也。

字面翻译：经三：臣下假托类似的事情来蒙骗君主以谋取私利。臣子假托类似的事情来做事，是使君主处罚失当的原因，也是大臣用来谋取私利的借口。因此守门人浇水在地如撒尿，而夷射被诛杀，济阳君假传王命攻打自己而使两个仇人受到处罚，司马喜杀掉季辛的仇敌爰骞而使得季辛被诛杀，郑袖说新来的美人厌恶楚王的气味，因而美人被割去了鼻子，费无忌引诱郄宛陈列兵器而又怂恿令尹杀掉了郄宛，陈需暗杀犀首的仇人张寿而迫使犀首出逃。所以君主的近侍烧掉草库、马棚，但中山国的君主却为此加罪于公子，济阳君的门客因私仇杀掉老儒，可济阳君却为此奖赏他。

商人商语：任何一件事情的产生、存在和消亡，都是多种因缘共同的结果。有的是你看得到的阳面的，有的是你看不到的阴面的。企业家要保持独立的判断力，要小心有心人的误导，更重要的是，不可因为似是而非的事情，就相信甲人的说辞，而不给乙人辩解的机会，要以权术的方法去验证。

原文：说三：齐中大夫有夷射者，御饮于王，醉甚而出，倚于郎门。门者刖跪请曰："足下无意赐之余沥乎？"夷射叱曰："去！刑余之人，何事乃敢乞饮长者！"刖跪走退。及夷射去，刖跪因捐水郎门霤下，类溺者之状。明日，王出而呵之，曰："谁溺于是？"刖跪对曰："臣不见也。虽然，昨日中大夫夷射立于此。"王因诛夷射而杀之。

字面翻译：说三：齐国有个叫夷射的中大夫，在齐王那里陪酒，喝得酩酊大醉后出来，倚靠在廊门上。受过刖刑的守门人请求说："您不想赏赐给我一点喝剩下来的酒吗？"夷射骂道："滚！受过刑的人，有什么理由竟敢向老子讨酒喝！"受过刖刑的人倒走着退下去了。等到夷射离开后，受过刖刑的人就浇水在廊门的檐沟下，好像是撒过尿的样子。第二天，齐王出来呵斥道："谁把尿撒在这里？"受过刖刑的人回答说："我没看见谁在这里撒尿。虽说这样，但昨天中大夫夷射在这儿站过。"齐王因此对夷射处以刑罚，杀掉了他。

商人商语：表面看来，这个守门人并没有说谎，说的也是事实。但是齐王再联想起守门人制造的假象，就有了直接关联的联想，有了直接的判断。所以，齐王会如何判断，不在于守门人是否说谎，而在于守门人制造了什么"似是而非"的事情。比较而言，这种"似是而非"的事情，只会出现在小报告里，不会出现在企业正规的信息系统里。

原文：魏王臣二人不善济阳君，济阳君因伪令人矫王命而谋攻己。王使人问济阳君曰："谁与恨？"对曰："无敢与恨。虽然，尝与二人不善，不足以至于此。"王问左右，左右曰："固然。"王因诛二人者。

季辛与爰骞相怨。司马喜新与季辛恶，因微令人杀爰骞，中山之君以为季辛也，因诛之。

字面翻译：魏王臣子中有两个人与济阳君不和，济阳君就作假让人假托王命来谋划攻击自己。魏王派人去问济阳君："谁和你有仇恨？"济阳君回答说："我不敢和谁结仇。虽说这样，但曾经和两个人不和，只是还不足以到这种地步吧。"魏王询问左右近侍，都说："确实是这样。"魏王因此杀掉了这两个人。

季辛和爰骞相互怨恨。司马喜刚和季辛关系恶化，就暗地派人杀掉了爰骞。中山国的君主以为是季辛做的，因此就杀掉了季辛。

商人商语：有些事情的发生，并不是凭表面上的利害关系就可以推理判断的：有着为人所熟知的动机，未必就会有行为；而有行为的，却可能有着不为人知的动机。所以若是要分析事情的起因，不仅需要陈列出所有的利害关系，还需要分析出所有的行为条件来一一验证。企业老板，若是要明察秋毫，凡事都追究出个头尾来，也不容易啊！

原文：荆王所爱妾有郑袖者。荆王新得美女，郑袖因教之曰："王甚喜人之掩口也，为近王，必掩口。"美女入见，近王，因掩口。王问其故，郑袖曰："此固言恶王之臭。"及王与郑袖、美女三人坐，袖因先诫御者曰："王适有言，必亟听从王言。"美女前近王甚，数掩口。王悖然怒曰："劓之。"御因揄刀而劓美人。

一曰：魏王遗荆王美人，荆王甚悦之。夫人郑袖知王悦爱之也，亦悦爱之，甚于王。衣服玩好，择其所欲为之。王曰："夫人知我爱新人也，其悦爱之甚于寡人，此孝子所以养亲，忠臣之所以事君也。"夫人知王之不以己为妒也，因为新人曰："王甚悦爱子，然恶子之鼻，子见王，常掩鼻，则王长幸子矣。"于是新人从之，每见王，常掩鼻。王谓夫人曰："新人见寡人常掩鼻，何也？"对曰："不知也。"王强问之，对曰："顷尝言恶闻王臭。"王怒曰："劓之。"夫人先诫御者曰："王适有言，必可从命。"御者因揄刀而劓美人。

字面翻译：楚王的宠妾中有个叫郑袖的。楚王刚刚得到一个美女，郑袖就指点她说："楚王非常喜欢别人掩着嘴，你要是想亲近大王，一定要掩着嘴。"美女进入拜见，走近楚王，便掩着嘴。楚王询问其中的原因，郑袖说："这个举止，其实是在表示厌恶大王身上的气味。"等到楚王和郑袖、美女三人一起就座，郑袖趁机事先告诫侍从说："大王如果发话，一定要立即听从大王的话！"美女上前到靠楚王很近的地方，数次掩住嘴。楚王勃然大怒说："割掉她的鼻子。"侍从便拔出刀来割掉了美人的鼻子。

另一种说法：魏王送给楚王一个美女，楚王非常喜欢她。楚王夫人郑袖知道楚王宠爱她，也跟着宠爱她，而且宠爱程度胜过了楚王。服饰、玩物、珠宝，挑选美女想要的置办给她。楚王说："夫人知道我喜爱新来的美人，对她宠爱的程度还超过了我，这是孝子奉养父母、忠臣侍奉君主的方式啊。"郑袖知道楚王已经不认为自己会嫉妒了，就对新来的美人说："大王非常宠爱你，但讨厌你的鼻子，你见到大王，经常掩住鼻子，那么大王就会长久地宠幸你了。"因此新来的美人听从了郑袖的话，每次见到楚王，总掩住鼻子。楚王对郑袖说："新来的美人见到我经常捂住鼻子，为什么？"郑袖回答说："不知道。"楚王硬是追问她，她回答说："不久前她曾说过讨厌闻到大王的气味。"楚王愤怒地说："割了她的鼻子。"郑袖预先告诫过侍从说："大王如果发话，一定要听从命令。"侍从便拔出刀来割掉了美人的鼻子。

商人商语：有些心机深沉的人，会导演出一个完整的局。局中的人，都是他的提线木偶。所以，利害相关者的一些"好心之言"或者传的话，听听就算了，不要当真，防人之心不可无。如果是那种有两面说辞的，又使两面人对不上话，那么这个阴谋的局也就做成了。

原文：费无极，荆令尹之近者也。郤宛新事令尹，令尹甚爱之。无极因谓令尹曰："君爱宛甚，何不一为酒其家？"令尹曰："善。"因令之为具于郤宛之家。无极教宛曰："令尹甚傲而好兵，子必谨敬，先亟陈兵堂下及门庭。"宛因为之。令尹往而大惊，曰："此何也？"无极曰："君殆，去之！事未可知也。"令尹大怒，举兵而诛郤宛，遂杀之。

字面翻译：费无极，是楚国令尹的亲信。郄宛刚刚投靠令尹，令尹非常喜欢他。费无极就对令尹说："您这么喜欢郄宛，为什么不到他家置办一次酒宴呢？"令尹说："好主意。"就命令费无极去郄宛家里操办酒宴。费无极开导郄宛说："令尹非常高傲而且喜欢兵器，您一定要小心恭敬，先尽快地陈列兵器在厅堂下面及门前的空地上。"郄宛便这样安排了。令尹前往时看到兵器大吃一惊，说："这是为什么？"费无极说："您有危险，快离开这里！这件事情不知会怎样。"令尹非常愤怒，发兵攻打郄宛，并且杀了他。

商人商语：有句老话，叫"人怕见面，树怕剥皮"。意思是说，彼此猜忌的事情，最好的解决方式就是见面直接沟通。可是，这种直接的方式，又恰恰是我们机巧心的中国人最不习惯的。不过，做老板的必须习惯用这些桌面上开诚布公的方式来解决问题。

原文：犀首与张寿为怨，陈需新入，不善犀首，因使人微杀张寿。魏王以为犀首也，乃诛之。

中山有贱公子，马甚瘦，车甚弊。左右有私不善者，乃为之请王曰："公子甚贫，马甚瘦，王何不益之马食？"王不许。左右因微令夜烧刍厩。王以为贱公子也，乃诛之。

魏有老儒而不善济阳君。客有与老儒私怨者，因攻老儒杀之，以德于济阳君，曰："臣为其不善君也，故为君杀之。"济阳君因不察而赏之。

一曰：济阳君有少庶子，有不见知欲入爱于君者。齐使老儒掘药于马梨之山，济阳少庶子欲以为功，入见于君曰："齐使老儒掘药于马梨之山，名掘药也，实间君之国。君不杀之，是将以济阳君抵罪于齐矣。臣请刺之。"君曰："可。"于是明日得之城阴而刺之，济阳君还益亲之。

字面翻译：犀首和张寿结下怨恨。陈需新到魏国，与犀首不和，就派人暗杀了张寿。魏王以为是犀首做的，就处罚了他。

中山国有个地位低下的君主的儿子，他的马很瘦弱，他的车很破旧。君主近侍中有个和他私下不和的人，就替他向君主请求说："您的儿子很贫困，马也很瘦弱，大王何不给他增加一些马的草料？"君主没有答应。近侍便暗中派人在夜里烧了草库马棚。君主认为是这个地位低下的儿子干的，就责罚了他。

魏国有个年老的儒生与济阳君不和。济阳君的门客中有个和这个老儒有私仇的人，便攻击老儒杀死了他，用来讨好济阳君，说："我因为他与您不和，所以替您杀了他。"济阳君便不加审察地奖赏了他。

另一种说法：济阳君的年轻侍从中，有一个未被济阳君赏识而想要得到宠信的人。齐国派一个年老的儒生到马梨山挖采草药，这个年轻侍从想要借着这件事立功，便进见济阳君说："齐国派老儒在马梨山挖采草药，但他名义上是挖采草药，实际上是刺探您的封邑邦国。您若不杀他，他就会把您抵罪的事情报告到齐国了。请让我去刺杀他。"济阳君说："可以。"于是第二天年轻侍从在城北找到了老儒并且刺杀了他，济阳君随即更加亲近这个年轻的侍从了。

商人商语：越是自以为聪明的人，越是容易坚持自己的判断，也就越是容易被假象所迷惑。所以，有智慧的管理者，虽然也会有第一印象的判断，但是他不会被自己的主观判断所误导，他会查找和比较各种可能性，他会观察和验证各种依据。

原文：经四：有反。事起而有所利，其尸主之；有所害，必反察之。是以明主之论也，国害则省其利者，臣害则察其反者。其说在楚兵至而陈需相，黍种贵而廪吏覆。是以昭奚恤执贩茅，而僖侯谯其次；文公发绕炙，而穰侯请立帝。

字面翻译：经四：人们的利害关系相反，便会危害他人以谋取私利。事情发生了，如果有利益可得，那是利益获得者主导的；如果有祸害产生，一定要从祸害的反面加以考察。因此英明的君主在做判断时，国家受害就要察看谁能从中得到好处，臣下受害就要考察与他利害相反的人。有关这一论点的解说在楚国军队到了之后，陈需趁机升任魏国的宰相和黍种价格高，因此粮仓官吏就被检查出问题的故事中。因此昭奚恤因为失火而逮捕了贩卖茅草的人，而韩昭侯发现生肝就责问厨师的副手；晋文公追查出把头发缠在烤肉上的人，而秦相穰侯请求立齐王为东帝。

商人商语：没有无缘无故的爱，也没有无缘无故的恨。所以要从利害关系的角度，来查找事情背后的主谋。在企业的经营中，也会出现事故类问题，通常主要职务者都会作为第一责任人受到惩罚。但是，并不能到此为止，必须细细排查各个因素，找出直接原因和行为关系者，避免下次意外的发生。

原文：说四：陈需，魏王之臣也，善于荆王，而令荆攻魏。荆攻魏。陈需因请为魏王行解之，因以荆势相魏。

字面翻译：陈需，是魏王的臣子，又和楚王交好，因而叫楚国攻打魏国。楚国攻打魏国，陈需就趁机请求替魏王去调解此事，于是利用楚国攻魏的形势做了魏国的宰相。

商人商语：有的人通过制造矛盾和解决矛盾，来树立自己的权威地位。以后为了维护自己的地位，还会继续制造矛盾和解决矛盾，好像企业离开了他就存在不下去似的。

原文：韩昭侯之时，黍种尝贵甚。昭侯令人覆廪，吏果窃黍种而粜之甚多。

字面翻译：韩昭侯在位之时，黍子种子的价格昂贵得厉害。昭侯派人检查粮仓，发现管粮仓的官吏果然盗窃了黍子的种子，而且卖掉了很多。

商人商语：利益所在之处，制度不严格、监管不周到，自然就会有"监守自盗"的现象发生。

原文：昭奚恤之用荆也，有烧仓廥窌者而不知其人。昭奚恤令吏执贩茅者而问之，果烧也。

昭僖侯之时，宰人上食而羹中有生肝焉，昭侯召宰人之次而诮之曰："若何为置生肝寡人羹中？"宰人顿首服死罪，曰："窃欲去尚宰人也。"

一曰：僖侯浴，汤中有砾。僖侯曰："尚浴免，则有当代者乎？"左右对曰："有。"僖侯曰："召而来。"谯之曰："何为置砾汤中？"对曰："尚浴免，则臣得代之，是以置砾汤中。"

字面翻译： 昭奚恤在楚国执政的时候，有人纵火烧了粮仓、草料库和地窖，但是不知道纵火的是谁。昭奚恤命令官吏逮捕贩卖茅草的人并加以审问，果然是他放的火。

韩昭侯在位时，厨师端上饭菜，但是肉汁中竟然有生肝。昭侯招来厨师助手，责骂他说："你为什么把生肝放到我的肉汁中？"厨师助手磕头求饶承认犯了死罪，说："我是想除掉主管膳食的官吏。"

另一种说法：韩昭侯洗澡时，发现热水中有小石子。昭侯说："主管洗澡的被免职的话，有替代他的人吗？"左右近侍回答说："有。"昭侯说："召他进来。"然后昭侯怒责他说："为什么在热水里放小石子？"他回答说："主管洗澡的被免职，那么我就能替代他，因此在热水中放了小石子。"

商人商语： 昭奚恤和僖侯的明智，在于看到了有机会做手脚的人是直接利益的关联者，也就找到了行为的动机和行为的条件。企业里发生的一些问题，有时也是人为制造出来的，也可因此动机和条件来查找行为人。

原文： 文公之时，宰臣上炙而发绕之。文公召宰人而谯之曰："女欲寡人之哽耶，奚为以发绕炙？"宰人顿首再拜请曰："臣有死罪三：援砺砥刀，利犹干将也，切肉肉断而发不断，臣之罪一也；援木而贯脔而不见发，臣之罪二也；奉炽炉，炭火尽赤红，而炙熟而发不焦，臣之罪三也。堂下得无微有疾臣者乎？"公曰："善。"乃召其堂下而谯之，果然，乃诛之。

一曰：晋平公觞客，少庶子进炙而发绕之，平公趣杀炮人，毋有反令。炮人呼天曰："嗟乎！臣有三罪，死而不自知乎！"平公曰："何谓也？"对曰："臣刀之利，风靡骨断而发不断，是臣之一死也；桑炭炙之，肉红白而发不焦，是臣之二死也；炙熟，又重睫而视之，发绕炙而目不见，是臣之三死也。意者堂下其有翳憎臣者乎？杀臣不亦蚤乎！"

字面翻译： 晋文公在位时，厨师端上烤肉，但是有头发缠在肉上。文公招来厨师而怒责他说："你想让我噎住吧，为什么用头发缠住烤肉？"厨师磕头后又行再拜礼请罪说："我有死罪三条：拿磨刀石来磨刀，刀锋利得像宝剑干将一样，切肉切断了但是头发没有断，这是我的第一条罪行；拿木棍来穿肉片却没有看见头发，这是我的第二条罪行；看管着火势炽烈的火炉，炭火全都通红，可是肉熟了，头发却没有烧焦，这是我的第三条罪行。堂下的侍从中难道没有暗中忌恨我的人吗？"文公说："说得对。"就招来那些堂下的侍从们进行责问，果然如此，于是就处罚了那个从中捣鬼的侍从。

另一种说法：晋平公请客喝酒，年轻的侍从端来烤肉，却有头发缠在肉上，平公催人快去杀掉厨师，不允许违背命令。厨师仰天高呼说："哎呀！我有三条罪，死了也不知道犯下的是哪一条啊！"平公说："这话怎么说？"厨师回答说："我的刀足够锋利，就是风把骨头吹倒在刀上也能斩断，头发竟然没有被斩断，这是我的第一条死罪；用火力最强的桑树木炭来烤肉，肉烤得红白分明但是头发没有烧焦，这是我的第二条死罪；肉烤熟了，又眯着眼睛来仔细查看，头发缠在烤肉上竟然没有看见，这是我的第三条死罪。想来堂下的侍从中有暗恨我的吧？杀我不也太早了吗？"

商人商语：只有给嫌疑人为自己辩解的机会，才有查清真正作案人的可能。所以，企业家想要查清问题，就要给问题的参与者、关联者一一解释的机会，并由此比较、验证，进而查清。

原文：穰侯相秦而齐强。穰侯欲立秦为帝而齐不听，因请立齐为东帝，而不能成也。

字面翻译：穰侯魏冉担任秦国宰相时，齐国势力强大。穰侯想立秦王为帝但是齐国不予承认，他便请求拥立齐王为东帝，但是这件事情没有成功。

商人商语：企业家之间，也会有互助互立的事情，通过彼此抬举来提升行业地位。比如，我想做某个行业协会的领导者，便会支持另一个人成为另一个关联行业协会的领导者，以换取对方的回报支持。

原文：经五：参疑。参疑之势，乱之所由生也，故明主慎之。是以晋骊姬杀太子申生，而郑夫人用毒药，卫州吁杀其君完，公子根取东周，王子职甚有宠而商臣果作乱，严遂、韩廆争而哀侯果遇贼，田常、阚止、戴欢、皇喜敌而宋君、简公杀。其说在狐突之称"二好"，与郑昭之对"未生"也。

字面翻译：经五：等级名分混乱，而导致内部的争权夺利、杀戮残害。

等级名分混乱而导致的争权夺利，是国家祸乱产生的根源，所以明君应该慎重地对待等级名分。这类故事，有晋国的骊姬唆使晋献公杀掉太子申生而立自己的儿子奚齐为太子，有郑国君主的夫人怕君主改立太子，便用毒药毒死了君主，有卫国的州吁杀掉他的哥哥卫桓公而自立为君，有周国公子根盘踞东周自立，有楚王儿子职过分受宠而楚太子商臣怕被改立而兴兵作乱，有严遂和韩庞争权而牵连韩哀侯被伤害，有齐相田常和重臣阚止、宋太宰戴欢和大臣皇喜争权夺利导致宋桓侯、齐简公被杀害。有关这一论点的解说在晋国狐突谈论君主"好内""好外"的危害，以及郑昭回答君主说"太子还未出生"的缘由中。

商人商语：企业的运营管理，应该依据服务市场的业务流程，形成部门组织和岗位职责，进而用绩效考核来要求每个员工的职责行为。如果每一个员工，不管职务高低，都能处在自我管理和他人监管之下，企业的运营管理就不会出现人为问题的混乱。

原文：说五：晋献公之时，骊姬贵，拟于后妻，而欲以其子奚齐代太子申生，因患申生于君而杀之，遂立奚齐为太子。

字面翻译：晋献公在位时，骊姬地位尊贵，和君主的正妻地位几乎相等，就想用自己的儿子奚齐来取代太子申生的地位，因此在献公面前陷害申生而迫使他自杀，于是献公立奚齐为太子。

商人商语：晋献公宠爱骊姬，给了骊姬相当于正妻的地位，才有了后来骊姬追求更高地位、更远利益的阴谋。所以说，在企业的人事制度中，职别等级和职责名分的作用，不只限于眼前秩序的维护，更能提前制止未来的祸患。

原文：郑君已立太子矣，而有所爱美女欲以其子为后，夫人恐，因用毒药贼君杀之。

字面翻译：郑悼公已经确立了太子，但是他有个宠爱的美女想让自己的儿子继位做太子。郑悼公的夫人害怕这件事，就用毒药毒死了郑悼公。

商人商语：财产继承权在任何时候都是容易发生祸患的事情。即使是在今天的商界,也时有发生。因为,这个财产继承本身就是很难公平分割的。

原文:卫州吁重于卫,拟于君,群臣百姓尽畏其势重。州吁果杀其君而夺之政。

公子朝,周太子也,弟公子根甚有宠于君。君死,遂以东周叛,分为两国。

字面翻译:州吁在卫国的权势很大,和卫国君主不相上下,群臣、百姓都害怕他的权势。州吁后来果然杀掉了他的君主并夺取了卫国的政权。

公子朝,是周国的太子,他的弟弟公子根很受君主的宠爱。周国君主死后,公子根就盘踞在东周叛乱,周国由此分裂为两个国家。

商人商语:当人的欲望不受控制地到了一定高度后,就只有自我突破了。所以,很多被老板一路提拔的CEO,最后是自己"提拔"自己去做了老板;很多企业内部的继承人之争,最后也是分家了事。

原文:楚成王以商臣为太子,既而又欲置公子职。商臣作乱,遂攻杀成王。

一曰:楚成王以商臣为太子,既欲置公子职。商臣闻之,未察也,乃为其傅潘崇曰:"奈何察之也?"潘崇曰:"飨江芈而勿敬也。"太子听之。江芈曰:"呼,役夫!宜君王之欲废女而立职也。"商臣曰:"信矣。"潘崇曰:"能事之乎?"曰:"不能。""能为之诸侯乎?"曰:"不能。""能举大事乎?"曰:"能。"于是乃起宿营之甲而攻成王。成王请食熊蹯而死,不许,遂自杀。

字面翻译:楚成王将长子商臣立为太子,不久又想改立小儿子公子职为太子。商臣发动叛乱,最终攻进宫内杀了楚成王。

另一种说法:楚成王把长子商臣立为太子,不久又想改立小儿子公子职为太子。商臣听说了这件事,没有查清楚,于是就对他师傅潘崇说:"怎么能查清这件事呢?"潘崇说:"设盛宴招待成王的妹妹江芈,但是不要表示尊敬。"太子听从了潘崇的建议。江芈说:"呸,下贱的东西!难怪君王想要废掉你而立公子职为太子。"商臣说:"这件事情证实了。"潘崇说:"你能侍奉公子职吗?"商臣说:"不能。""能做公子职分封的诸侯吗?"商臣说:"不能。""能发动大事吗?"商臣说:"能。"于是商臣就发动守卫宫殿的军队去攻打成王。成王请求吃过烤熟的熊掌再死去，商臣不答应，于是成王就自杀了。

商人商语：拥有了权力，就要拥有保护权力的资源、力量和措施。古时候的帝王，不如此会被戕害；现在股份企业的董事长，不如此也会被下课。

原文：韩傀相韩哀侯，严遂重于君，二人甚相害也。严遂乃令人刺韩傀于朝，韩傀走君而抱之，遂刺韩傀而兼哀侯。

田恒相齐，阚止重于简公，二人相憎而欲相贼也。田恒因行私惠以取其国，遂杀简公而夺之政。

戴欢为宋太宰，皇喜重于君，二人争事而相害也，皇喜遂杀宋君而夺其政。

字面翻译：韩傀担任韩哀侯的宰相，而严遂深受君主的器重，两个人争权争得很厉害。严遂就派人在朝堂上刺杀韩傀，韩傀跑向哀侯并且抱住哀侯，刺客就刺杀韩傀，并且连哀侯也一起刺死了。

田常担任齐国的宰相，阚止深受齐简公的器重，两个人互相憎恨而且都想杀掉对方。田常因为施行私人恩惠而取得齐国国民的爱戴，他最终杀掉了齐简公，夺取了齐国的政权。

戴欢担任宋国的太宰，皇喜深受宋桓侯的器重，两个人争权夺利而且互相倾轧，皇喜于是就杀了宋国君主，夺取了宋国的政权。

商人商语：有些企业家，只学会了帝王心术的"平衡"，却忘记了"养虎为患"的危险性。所以，任何时候都要以制度来约束手下的竞争，约束其竞争的方式和范围，不能让争斗影响到企业的利益。

原文：狐突曰："国君好内则太子危，好外则相室危。"

字面翻译：狐突说："君王宠爱宫内的姬妾，太子就会危险；追逐国外有贤德的名士，相国就会危险。"

商人商语：同理，如果老板喜爱社会专家或者学院里学者的建议，企业运营管理的负责者就很危险；如果老板喜欢身边朋友和家人的建议，已经选定的接班人就很危险。为什么？利害相反啊！

原文：郑君问郑昭曰："太子亦何如？"对曰："太子未生也。"君曰："太子已置而曰'未生'，何也？"对曰："太子虽置，然而君之好色不已，所爱有子，君必爱之，爱之则必欲以为后，臣故曰'太子未生'也。"

字面翻译：郑国君主问郑昭说："太子怎么样啊？"郑昭回答说："太子没有出生呢。"郑君说："太子已经确立了，您却说'没有出生'，为什么？"郑昭回答说："太子虽然确立了，然而君上您的好色之心不减，宠爱的姬妾有了儿子，您必定喜爱他，喜爱他，就一定想把他立为继位者，所以我说'太子没有出生'啊。"

商人商语：接班人问题，是最容易引起企业内部争斗和企业资源内耗的问题。过早安排，老板会被慢慢排挤出局；临老安排，老板也会被强行排挤出局；而不做安排，那便是慢性自杀，造成内耗，迟早会耗死企业。

原文：经六：废置。敌之所务，在淫察而就靡，人主不察，则敌废置矣。故文王资费仲，而秦王患楚使；黎且去仲尼，而干象沮甘茂。是以子胥宣言而子常用，内美人而虞、虢亡，佯遗书而苌弘死，用鸡豭而邻桀尽。

字面翻译：经六：敌对的国家插手本国大臣的任免，国内的政事被敌国利用。敌对的国家所力求做到的，是惑乱我国君主的听察而造成失误，君主如果不能明察这一点，敌国就会插手大臣的任免，国内的政事就会被敌国利用。所以周文王资助商纣王的宠臣费仲，秦王忧心楚国使者的贤能；齐景公的臣子黎且设计使孔子离开鲁国，楚怀王的臣子干象阻止楚王扶持甘茂做秦国的宰相。因此吴国伍子胥散布舆论而楚国子常得以被任用，收纳晋国献来的美女而虞、虢两国都灭亡了，晋国的叔向故意丢失伪造的书信而使苌弘被杀死，郑桓公用鸡和猪的鲜血来制造订立盟约的假象诱使邻国杀尽本国的豪杰。

商人商语：企业与企业之间的商战，不只是在消费市场里，还会在行业的上下游资源里，更会延伸到企业的运营体系里，比如核心信息的泄露、营销策略的暴露、骨干人才的收买或坑害等。还有一种，就是借用行业或者特殊权力的关系，来限制企业的业务发展。

原文：说六：文王资费仲而游于纣之旁，令之谏纣而乱其心。

字面翻译：说六：周文王资助费仲而让他能在商纣王的身边活动，让他劝谏纣王以扰乱纣王的心思。

商人商语：在竞争对手的内部安插"奸细"，获取市场信息，是企业竞争的常态吗？不关乎企业家的人品吗？反正，连孔子都拜服的周文王也是这么干的。

原文：荆王使人之秦，秦王甚礼之。王曰："敌国有贤者，国之忧也。今荆王之使者甚贤，寡人患之。"群臣谏曰："以王之贤圣与国之资厚，愿荆王之贤人，王何不深知之而阴有之。荆以为外用也，则必诛之。"

字面翻译：楚王派使者到秦国去，秦王非常礼敬这位使者。秦王说："敌国有贤能的人才，是我国的忧患啊。现在楚王的使者非常贤能，我有些担心。"群臣劝谏说："以大王您的贤德圣明和我国资财的雄厚，却还顾忌楚王手下的贤人，大王何不深深地结交他而且暗中笼络他。楚国以为他被外国利用，就一定会杀掉他的。"

商人商语：制造假象使对手企业的高管和老板之间起疑心，也是市场竞争策略的一部分。

原文：仲尼为政于鲁，道不拾遗，齐景公患之。黎且谓景公曰："去仲尼犹吹毛耳。君何不迎之以重禄高位，遗哀公女乐以骄荣其意。哀公新乐之，必怠于政，仲尼必谏，谏必轻绝于鲁。"景公曰："善。"乃令黎且以女乐六遗哀公，哀公乐之，果怠于政。仲尼谏，不听，去而之楚。

字面翻译：孔子在鲁国执政，路不拾遗，齐景公为此忧虑。黎且对齐景公说："不让孔子执政像吹毛一样轻松。您何不用厚禄高官来招引孔子，另外送给鲁哀公女子和歌舞乐队来助长哀公的骄傲和虚荣心。哀公为这些新奇事物而感到欢乐，就一定会懈怠国家政事，孔子一定会加以劝谏，而其劝谏一定会被轻视，那么孔子就会离开鲁国。"景公说："好主意。"于是下令让黎且把有四十八人的女子歌舞乐队送给哀公，哀公非常高兴，果真懈怠国家政事。孔子劝谏，哀公不听，孔子就离开鲁国到楚国去了。

商人商语：齐国的"废置"计策，孔子即使知道了也无力劝止，更无法回避，因为攻击的恰恰是拥有主宰权力的"猪队友"。现在的职业经理人，也常常会有这种痛苦，但是能愤而辞职的少有。

原文：楚王谓干象曰："吾欲以楚扶甘茂而相之秦，可乎？"干象对曰："不可也。"王曰："何也？"曰："甘茂少而事史举先生。史举，上蔡之监门也，大不事君，小不事家，以苛刻闻天下。茂事之，顺焉。惠王之明，张仪之辨也，茂事之，取十官而免于罪，是茂贤也。"王曰："相人敌国而相贤，其不可何也？"干象曰："前时王使邵滑之越，五年而能亡越。所以然者，越乱而楚治也。日者知用之越，今亡之秦，不亦太亟亡乎？"王曰："然则为之奈何？"干象对曰："不如相共立。"王曰："共立可相，何也？"对曰："共立少见爱幸，长为贵卿，被王衣，含杜若，握玉环，以听于朝，且利以乱秦矣。"

字面翻译：楚王对干象说："我想用楚国的力量扶持甘茂来做秦国的宰相，可以吗？"干象回答说："不可以。"楚王说："为什么？"干象说："甘茂年轻时侍奉史举先生。史举，是上蔡的看门人，从大的方面说不侍奉君主，从小的方面说不治理家庭，以苛刻闻名天下。甘茂侍奉史举，却能和他和顺相处。以秦惠王那样的明智，以张仪那样的明察，甘茂侍奉他们，任了十种官职还能免于罪过，这都说明甘茂贤能。"楚王说："使人才在敌国担任宰相，而且还是贤能的宰相，为什么不可以呢？"干象说："过去大王派邵滑去越国做官，五年后就能灭掉越国。之所以会这样，是因为邵滑使得越国混乱、衰弱而楚国国富兵强。往日大王懂得用人去使越国混乱、衰弱，现在都忘了把这个计策用到秦国去，不也是忘记得太快了吗？"楚王说："这样的话，该怎么做呢？"干象回答说："不如让秦公子共立做秦国的宰相。"楚王说："共立可以做秦国宰相的理由是什么呢？"干象回答说："共立年轻时就被秦王宠幸，年长时又被封为贵卿，身穿秦王的衣服，嘴里含着香草杜若，手里拿着玉环，这样的人在秦国朝廷上处理政事，就会有利于扰乱秦国了。"

商人商语：楚王开始时有疑惑，是因为他认为国家之间要和睦相处，就要有贤德的人来做宰相。可是，他忘记了国家之间关系的本质是竞争。放在现代企业来说，企业同行之间，既有发展壮大行业的共同利益，也有不可避免的竞争关系。

原文：吴政荆，子胥使人宣言于荆曰："子期用，将击之；子常用，将去之。"荆人闻之，因用子常而退子期也，吴人击之，遂胜之。

晋献公伐虞、虢，乃遗之屈产之乘、垂棘之璧，女乐六，以荣其意而乱其政。

字面翻译：吴国征伐楚国，伍子胥派人在楚国散布舆论："任子期为将军，吴军就会进攻楚国；任子常为将军，吴军就会离开楚国。"楚国人听到后，就用子常为将军而罢免了子期，而吴军却趁机进攻楚国，于是取得了胜利。

晋献公要攻打虞、虢两国，便先送给两国君主屈产的良马、垂棘的宝玉和歌伎六人，以迷惑两国君主的心志，扰乱两国的政事。

商人商语：企业竞争会使用各种花言巧语或者诋毁谩骂等，这是一种普遍的诈术。你若是相信，你就错了。要有自我认知的定力，要学会从利益的反面来看待利害。

原文：叔向之谗苌弘也，为书曰："苌弘谓叔向曰：'子为我谓晋君，所与君期者，时可矣，何不亟以兵来？'"因佯遗其书周君之庭而急去行。周以苌弘为卖周也，乃诛苌弘而杀之。

字面翻译：晋人叔向要诋毁周人苌弘，便伪造书信说："苌弘对叔向说：'你帮助我转告晋君，和他约定的事情，时机已经成熟了，为什么还不快点带兵过来？'"随后假装把书信失落在周君的朝堂上，就急忙离去了，周君认为苌弘出卖了周王朝，就处罚苌弘并且杀了他。

商人商语：害人者，无所不用其极；防人者，却是防不胜防。企业的管理者，有时候为了企业信息的保全和专利的保全，就只能"宁可信其有，不可信其无"了。

原文：郑桓公将欲袭郐，先问郐之豪杰、良臣、辩智果敢之士，尽与姓名，择郐之良田赂之，为官爵之名而书之。因为设坛场郭门之外而埋之，衅之以鸡猳，若盟状。邻君以为内难也而尽杀其良臣。桓公袭邻，遂取之。

字面翻译：郑桓公准备袭击邻国，便先打听清楚邻国的英雄豪杰、优秀的大臣和明智果断的人士，全部记录下他们的名字，然后选择邻国的好田写在他们名下表示贿赂了他们，写上官爵名称在他们名下表示收买了他们。再把这些名录埋在外城门外设的坛场下面，洒上鸡和猪的血来加以祭祀，像是缔结盟约似的场面。邻君由此认为会有内乱，因而杀尽了名录上的优秀大臣等人。郑桓公随之袭击邻国，最终占有了它。

商人商语：也许是被郑国压迫的恐惧感，也许是基于对臣民的不可信任，邻君做出了合乎情理却不合乎实际情况的"自毁长城"的举动。企业在快速的发展过程中，也会出现人才断层的情况，老高管们因为所谓的素质问题而被外聘人员批量地替代。当老高管都被替代完了时，企业的发展也就要停滞不前了。

原文：庙攻："参疑""废置"之事，明主绝之于内而施之于外。资其轻者，辅其弱者，此谓"庙攻"。参伍既用于内，观听又行于外，则敌伪得。其说在秦侏儒之告惠文君也。故襄疵言袭邺，而嗣公赐令席。

字面翻译：在朝堂上制定战胜敌人的策略："参疑内争""敌国废置"这类事情，英明的君主要杜绝它们在国内出现，而设法把它们作为策略运用于国外。资助那些权势轻的，扶助那些地位弱的，这叫作"在朝堂上制定战胜敌人的策略"。考查和验证的方法开始在国内使用，观察和探听的手段又在国外开始实施，那么敌人的阴谋就可以识破。关于这一论点的解说在秦国的侏儒告诉秦惠文王自己偷听到的楚国计谋的故事中。因此襄疵告诉魏王赵国想要偷袭邺县的消息，而卫嗣公赐给县令席子。

商人商语：企业之间的市场竞争，有着战略层面的规划性，因此，对于信息的收集是必不可少的。

原文：七：秦侏儒善于荆王，而阴有善荆王左右而内重于惠文君。荆适有谋，侏儒常先闻之以告惠文君。

邺令襄疵，阴善赵王左右。赵王谋袭邺，襄疵常辄闻而先言之魏王。

魏王备之，赵乃辄还。

卫嗣君之时，有人于令之左右。县令发蓐而席弊甚，嗣公还令人遗之席，曰：“吾闻汝今者发蓐而席弊甚，赐汝席。”县令大惊，以君为神也。

字面翻译：七：秦国的侏儒得到楚王的喜欢，暗中又结交了楚王的左右侍从，因此在国内被秦惠文王器重。碰上楚国有什么谋划时，侏儒常常预先知道，并把它告诉给秦惠文王。

魏国邺县的县令襄疵，暗中结交赵王的左右侍从。赵王谋划偷袭邺县，襄疵常常能立即知道，并事先告诉魏王。魏王加以防备，赵国便只有撤兵了。

卫嗣君在位时，暗中派人在某县令身边监视他。县令掀起褥子时，露出了很破旧的席子，嗣公使马上派人送他席子，说：“我听说你今天掀起褥子时，席子很破旧了，赏赐给你席子。”县令非常吃惊，认为卫嗣君有如神明。

商人商语：防火、防盗、防家贼。现在企业中的重要岗位的重要人才，不仅要签订保密协议和离职再就业的限制性协议，还要定期参加保密工作培训。企业要时刻检查可能泄密的各种相关因素，老板也要经常深入基层，定向、定点定人谈话，了解正常渠道了解不到的情况。

主之所用有七术，挟智倒言来相问

老板用来了解事实情况，掌控下属“老实做人、踏实做事”的手段有七种，分别是：众端参观、必罚明威、信赏尽能、一听责下、疑诏诡使、挟知而问、倒言反事。这七种手段，就是朝堂政治中传说已久的神秘莫测的“帝王权术”，其实早已流传到民间，在现实中使用了。

这七种权术，有的是讲述如何察言观色来了解实际情况，有的是讲述如何全面考察来了解手下的言行品性，有的是讲述如何利用赏罚手段或诱导或强制手下来效力，有的是正话反说来测试手下的忠诚度，等等。这种权术，借用孔子评价晋文公的话来说是“诡而不正”。但是，你不能说它没有实际用处。毕竟只用一套绩效标准、一种考核体系来考察员工的风险性太大。当然，若是只用这一种权术进行管理，那就是"玩人"了，也是上不得台面的。权术还是要在法制的基础上行使，才更有实际效用。

本节选取的是《韩非子·内储说上七术》，文章里用大量的历史传说和民间故事，来阐述这七种权术，好像是在做案例教学。

《韩非子·内储说上七术》：君主的威严，在于公开惩罚让所有人看得见，决不心慈手软

原文：主之所用也七术，所察也六微。七术：一曰众端参观，二曰必罚明威，三曰信赏尽能，四曰一听责下，五曰疑诏诡使，六曰挟知而问，七曰倒言反事。此七者，主之所用也。

字面翻译：君主所使用的控制臣子的方法、手段有七种，称为七术；所明察的危害君主的微妙情况有六种，称为六微。七术：一是从各个方面来考查和验证臣下的言行；二是必须惩罚犯罪者以显示君主的威严；三是兑现对立功者的奖赏以鼓励臣下竭尽才能；四是一一听取臣下的意见，督察他们的行动；五是传出可疑的诏令，分派诡诈的差事，以显示君主的圣明；六是已经了解了事实都故意去询问，以此考察臣下的忠诚；七是故意说与本意相反的话、做与实情相反的事，来刺探臣下的真伪。这七种方法，是君王控制臣下所使用的。

商人商语：法家认为就算是资质普通的君主，在坚决施行法制的基础上，用了这七种控制臣下的方法，也会成为一个合格的君主。就好像是资质普通的学生，牢记和学会使用了基本的公式，学习成绩也肯定不会太差。

原文：经一：参观。观听不参则诚不闻，听有门户则臣壅塞。其说在侏儒之梦见灶，哀公之称"莫众而迷"。故齐人见河伯，与惠子之言"亡其半"也。其患在竖牛之饿叔孙，而江乙之说荆俗也。嗣公欲治不知，故使有敌，是以明主堆积铁之类，而察一市之患。

字面翻译：经一：从各个方面来考查和验证臣下的言行。君主观察臣下

的言行和听取臣下的建议，如果不加以多方面地考查，真实的情况就不可能了解到；如果听取朝政有了固定的途径，就会受到臣下的蒙蔽。有关这一论点的证明，在侏儒说自己见卫灵公前梦见了灶，鲁哀公认为谚语"莫众而迷"的不应验中。所以有齐人请齐王见黄河神，以及惠施劝谏魏王说"失去一半人的意见"就是这个道理。被蒙蔽的祸患表现在竖牛饿死了叔孙豹，江乙评论楚国风俗隐藏的祸害。卫嗣公想要治理国家却不懂权术，所以就使朝堂上的臣子之间、内宫的姬妾之间两两相互敌对，因此英明的君主推理箭来的方向，进而堆积铁器作防备，同时也能明察一个集市里三人说有老虎的祸患。

商人商语："兼听则明，偏听则暗"。所谓兼听，不只是多听几个人的意见，而是在听的同时要做比较和验证，也就是要做参照分析。而验证，就是要用员工的言语主张和实际业绩来做验证，说空话要受罚，甚至是话说得少、事儿干得多了，也是要受罚的。

原文：说一：卫灵公之时，弥子瑕有宠，专于卫国。侏儒有见公者曰："臣之梦践矣。"公曰："何梦？""对曰："梦见灶，为见公也。"公怒曰："吾闻见人主者梦见日，奚为见寡人而梦见灶？"对曰："夫日兼烛天下，一物不能当也；人君兼烛一国人，一人不能拥也。故将见人主者梦见日。夫灶，一人炀焉，则后人无从见矣。今或者一人有炀君者乎？则臣虽梦见灶，不亦可乎！"

字面翻译：说一：卫灵公在位时，弥子瑕受到宠信，在卫国专权独断。有个拜见卫灵公的侏儒说："我的梦应验了。"灵公问："什么梦？"侏儒回答说："梦见灶，应验在见到了您。"灵公发怒说："我听说将要见到君主的人会梦见太阳，为什么你将要见我却梦见灶呢？"侏儒回答说："那太阳普照天下，任何一件东西也不能遮挡它；君主普照一个国家的人，任何人也不能蒙蔽他。所以将要见到君主的人会梦见太阳。至于那灶，一个人在灶门烤火，那么后面的人就没有办法看见火光了。现在或许有一个在烤火的人挡住了您的光芒吧？那么我即使是梦见了灶，不也是可以理解的吗！"

商人商语：不能只听到一个人的话，不能只听信一个人的话；不能只从一个渠道得到消息，也不能只从一个角度来考虑问题。这些听察信息的单一方式，都会使君主受到蒙蔽。受到蒙蔽的君主，只能在现有的条件下，做实际上已经被动了的选择。

原文：鲁哀公问于孔子曰："鄙谚曰：'莫众而迷。'今寡人举事，与群臣虑之，而国愈乱，其故何也？"孔子对曰："明主之问臣，一人知之，一人不知也；如是者，明主在上，群臣直议于下。今群臣无不一辞同轨乎季孙者，举鲁国尽化为一，君虽问境内之人，犹不免于乱也。"

一曰：晏子聘鲁，哀公问曰："语曰：'莫三人而迷。'今寡人与一国虑之，鲁不免于乱，何也？"晏子曰："古之所谓'莫三人而迷'者，一人失之，二人得之，三人足以为众矣，故曰'莫三人而迷'。今鲁国之群臣以千百数，一言于季氏之私，人数非不众，所言者一人也，安得三哉？"

字面翻译：鲁哀公向孔子请教说："民谚说：'没有众人合议就会迷惑。'现在我处理政事，和群臣一起考虑，但国家却越来越乱，原因是什么呢？"孔子回答说："明君有政事询问臣下，有人有见解，有人没有见解；像是谚语说的场景，明君在上面听政，群臣在下面直率地议论。现在群臣没有一个人不是把说辞同季孙统一口径的，全鲁国的说辞都变成一个人的说辞，您即使是问遍境内的所有人，仍然不能免于混乱。"

另一种说法：晏子出访鲁国，鲁哀公问道："俗话说：'没有经过三个人合计就会迷惑。'现在我和全国民众一起考虑事情，鲁国仍然不免于混乱，为什么呢？"晏子说："古代所说的'没有经过三个人合计就会迷惑'，是说其中一个人意见错误，有两个人意见正确，三个人足以代表众人的意见了，所以说'没有经过三个人合计就会迷惑'。现在鲁国的群臣们数以千百计，言辞统一于季氏一个人，合计的人数不是不多，但是合计的话出自一人之口，哪里有经过三个人的合计呢？"

商人商语：一定要听到众人的意见，一定要听到不同的意见，一定要听到处在不同角度、不同位置考虑同一问题的不同意见，哪怕是逼迫手下从其各自职责的角度来考虑同一问题。这样，老板才能综合大家的意见，做出最明智的决策。

原文：齐人有谓齐王曰："河伯，大神也。王何不试与之遇乎？臣请使王遇之。"乃为坛场大水之上，而与王立之焉。有间，大鱼动，因曰："此河伯。"

字面翻译：齐国有个人对齐王说："黄河的河伯，是位大神。大王何不试着和它见一面呢？请允许我安排您和它见面。"于是他就在黄河边上筑起了祭神的坛场，然后和齐王站在坛场上。过了一会儿，有大鱼游动，此人趁机说："这就是黄河的河伯。"

商人商语：老板要警惕掌握了某方面唯一话语权的手下，他所谓的要有权威性有可能就是为了蒙蔽你，证明他自己。

原文：张仪欲以秦、韩与魏之势伐齐、荆，而惠施欲以齐、荆偃兵。二人争之。群臣左右皆为张子言，而以攻齐、荆为利，而莫为惠子言。王果听张子，而以惠子言为不可。攻齐、荆事已定，惠子入见。王言曰："先生毋言矣。攻齐、荆之事果利矣，一国尽以为然。"惠子因说："不可不察也。夫齐、荆之事也诚利，一国尽以为利，是何智者之众也？攻齐、荆之事诚不可利，一国尽以为利，何愚者之众也？凡谋者，疑也。疑也者，诚疑；以为可者半，以为不可者半。今一国尽以为可，是王亡半也。劫主者固亡其半者一也。"

字面翻译：张仪想要用秦国、韩国和魏国三国连横的势力去征伐齐国和楚国，惠施想要和齐国、楚国罢兵言和。两人争执不下。朝廷群臣和魏王近侍都在帮张仪说话，都认为攻打齐国、楚国有利，而没有一个人帮惠施讲话。魏王最终听从了张仪的主张，而认为惠施的主张不可实行。攻打齐、楚的事情已经确定后，惠施进见魏王。魏王说："您不要再说了。攻打齐国、楚国的事情确实有利，全国的人都认为是这样的。"惠施趁机进言："不可以不明察啊。如果攻打齐国、楚国的事情确实有利，全国的人都认为是有利的，这是什么原因导致聪明的人有这么多呢？攻打齐国、楚国的事情确实不可能有利，全国的人都认为是有利的，为何愚蠢的人这么多呢？凡是需要谋划的事情，是因为有疑惑而难以决定。有疑惑而难以决定的事，一定是大家都真的疑惑不定；那么就会有一半人认为可行，一半人认为不可行。现在全国的人都认为可行，这是大王失去了一半人的意见啊。挟持君主的人正是使那一半反对意见消失掉的人啊！"

商人商语：现实中对于意见，有着五花八门的表现：有全盘赞同的，有部分赞同但是提出修改意见的；有全盘反对的，有部分反对并提出修改意见的；有的是有条件地赞同或者反对；有的既不赞同也不反对，甚至还有的高呼"听老板的"。总之，有各种意见的会合，才是正常的。

原文：叔孙相鲁，贵而主断。其所爱者曰竖牛，亦擅用叔孙之令。叔孙有子曰壬，竖牛妒而欲杀之，因与壬游于鲁君所。鲁君赐之玉环，壬拜受之而不敢佩，使竖牛请之叔孙。竖牛欺之曰："吾已为尔请之矣，使尔佩之。"壬因佩之。竖牛因谓叔孙："何不见壬于君乎？"叔孙曰："孺子何足见也。"竖牛曰："壬固已数见于君矣。君赐之玉环，壬已佩之矣。"叔孙召壬见之，而果佩之，叔孙怒而杀壬。壬兄曰丙，竖牛又妒而欲杀之。叔孙为丙铸钟，钟成，丙不敢击，使竖牛请之叔孙。竖牛不为请，又欺之曰："吾已为尔请之矣，使尔击之。"丙因击之。叔孙闻之曰："丙不请而擅击钟。"怒而逐之。丙出走齐。居一年，竖牛为谢叔孙，叔孙使竖牛召之，又不召而报之曰："吾已召之矣，丙怒甚，不肯来。"叔孙大怒，使人杀之。二子已死，叔孙有病，竖牛因独养之而去左右，不内人，曰："叔孙不欲闻人声。"不食而饿杀。叔孙已死，竖牛因不发丧也，徙其府库重宝空之而奔齐。夫听所信之言而子父为人僇，此不参之患也。

字面翻译：叔孙豹担任鲁国的宰相，地位尊贵而专权独断。他所宠信的人叫竖牛，也独自掌管了叔孙豹的命令传达。叔孙豹有个儿子叫仲壬，竖牛嫉妒他并想杀死他，便和仲壬一起到鲁国的君主住处游玩。鲁国君主赐给仲壬玉环，仲壬拜谢，接受了玉环，但是不敢佩戴，就让竖牛去向叔孙豹请示。竖牛欺骗他说："我已经替你请示过了，让你佩戴它。"仲壬于是就佩戴了玉环。竖牛趁机对叔孙豹说："为什么不带仲壬去见见君主呢？"

叔孙豹说："小孩子哪里有资格见君主。"竖牛说："仲壬早已多次见过君主了。君主赐给他玉环，他已佩戴上了。"叔孙豹招来仲壬一看，他果然佩戴着玉环，叔孙豹一怒之下就杀了仲壬。仲壬的哥哥叫孟丙，竖牛又嫉妒他而想杀死他。叔孙豹给孟丙铸了口钟，钟铸成后，孟丙不敢敲钟，让竖牛去向叔孙豹请示。竖牛没有替他去请示，又骗他说："我已经替你请示过了，让你敲钟。"孟丙于是就敲了钟。叔孙豹听到钟声后说："孟丙不向我请示就擅自敲钟。"一怒之下就驱逐了他。孟丙出走，到了齐国。过了一年，竖牛假装替孟丙向叔孙豹请罪，叔孙豹就让竖牛召回孟丙，竖牛又没去传召，却回报叔孙豹说："我已经传召过他了，孟丙很恼怒，不肯回来。"叔孙豹十分愤怒，派人杀了孟丙。两个儿子死后，叔孙豹患病，竖牛就独自护理他并撤去了他的近侍，不让别人进来，说："叔孙豹不想听见人声。"竖牛不给叔孙豹吃饭，把他给饿死了。叔孙豹死后，竖牛隐瞒此事不发讣告，把叔孙豹府库里的贵重珍宝搬迁一空，然后逃往齐国。听信了自己所宠信的人的话，结果父子三人都被杀了，这就是对事情不加以考察、验证的祸患。

商人商语：父子亲情，都能被屏蔽和离间，叔孙豹如此"才智"是怎么当上宰相的呢？现在的企业"王国"中，依然会有奸佞小人在挑拨离间。所以，企业老板如果固定了自己听取信息的渠道，就会被手下蒙蔽；如果对事情不加以考察验证，就会被手下祸害。

原文：江乙为魏王使荆，谓荆王曰："臣入王之境内，闻王之国俗曰：'君子不蔽人之美，不言人之恶。'诚有之乎？"王曰："有之。""然则若白公之乱，得无危乎？诚得如此，臣免死罪矣。"

字面翻译：江乙奉魏王之命出使楚国，对楚王说："我进入大王的国境内，听说大王国家的风气是：'君子不掩盖别人的美德，不谈说别人的恶行。'真有这样的风气吗？"楚王说："有这种风气。"江乙说："这样的风气，若是像白公之类的作乱无人举报，国家能不危险吗？风气果真能这样，做了坏事的臣子也可以免除死罪了。"

商人商语：做人宽容是种美德，可若是放在做事情上，宽容就是"姑息养奸"，进一步就是害人、害己、害公司。所以，做事要有做事的规矩，在企业做事就要遵守企业的规章制度。

原文：卫嗣君重如耳，爱世姬，而恐其皆因其爱重以壅己也，乃贵薄疑以敌如耳，尊魏姬以耦世姬，曰："以是相参也。"嗣君知欲无壅，而未得其术也。夫不使贱议贵，下必坐上，而必待势重之钧也，而后敢相议，则是益树壅塞之臣也。嗣君之壅乃始。

字面翻译：卫嗣君器重如耳，宠爱世姬，又怕他们都凭借自身的器重和宠爱来蒙蔽自己，于是抬高薄疑的权势来和如耳抗衡，抬举魏姬的地位来和世姬对立，说："用这种方法使他们互相对抗、攀比。"卫嗣君意识到了不能受蒙蔽，但是没有掌握使自己不受蒙蔽的方法。假如不允许地位卑贱的人议论地位尊贵的人，不规定下级不揭发就一定会因犯罪的上司而被连坐株连，却一定要等到双方权势相等，然后才敢互相议论，那就会更多地培植起蒙蔽自己的臣子了。卫嗣君的受蒙蔽也就由此开始。

商人商语：听取手下的意见，要用特定的方法来保证信息的完整性。为了保证信息的真实性，要学会听察之道，要建立信息监控和错误连坐的赏罚制度，而不是依赖"有仇"的人们之间的互相揭发。

原文：夫矢来有乡，则积铁以备一乡；矢来无乡，则为铁室以尽备之。备之则体不伤。故彼以尽备之不伤，此以尽敌之无奸也。

字面翻译：如果箭射来有一定的方向，就堆集铁器以对备这个方向进行防备；如果箭射来没有一定的方向，就建造铁屋来全面地防备它。有了防备，身体就不会受到伤害。所以防箭的人们只有全面防备才不会受到伤害，怕被蒙蔽的君主只有全面警惕臣下才不会出现奸邪。

商人商语：做老板的要想不被手下蒙蔽，首先，不相信任何手下的忠诚，所以不会信赖一个或者几个人；其次，不相信任何手下的言谈，所以要"参观"任何一个手下的言行；其三，不相信任何手下的行事，所以要"形名验证"任何一个手下的工作业绩。

原文：庞恭与太子质于邯郸，谓魏王曰："今一人言市有虎，王信之乎？"

曰："不信。""二人言市有虎，王信之乎？"曰："不信。""三人言市有虎，王信之乎？"王曰："寡人信之。"庞恭曰："夫市之无虎也明矣，然而三人言而成虎。今邯郸之去魏也远于市，议臣者过于三人，愿王察之。"庞恭从邯郸反，竟不得见。

字面翻译：庞恭和太子被派到赵国都城邯郸做人质。庞恭对魏王说："如今有一个人说集市上有老虎，大王相信吗？"魏王说："不相信。""两个人说集市上有老虎，大王相信吗？"魏王说："不相信。""三个人说集市上有老虎，大王相信吗？"魏王说："我相信了。"庞恭说："集市上没有老虎是很清楚的，但是三个人的言论就造出了一只老虎。现在邯郸离魏国比这儿离集市远得多，议论我的超过三个人，希望大王要明察实情。"庞恭从邯郸回来后，竟然没有得到魏王的召见。

商人商语：魏王没有再见庞恭，可能是非议庞恭的人多了，时间久了，就"三人成虎"了。但是现在的企业老板要懂得，再多的谎言在事实面前就是个"泡儿"。即使不能派人调查来戳破这个"泡儿"，也要给当事人一个辩解的机会。

原文：经二：必罚。爱多者则法不立，威寡者则下侵上。是以刑罚不必则禁令不行。其说在董子之行石邑，与子产之教游吉也。故仲尼说陨霜，而殷法刑弃灰；将行去乐池，而公孙鞅重轻罪。是以丽水之金不守，而积泽之火不救。成欢以太仁弱齐国，卜皮以慈惠亡魏王。管仲知之，故断死人；嗣公知之，故买胥靡。

字面翻译：经二：对犯罪者必须惩罚以显示君主的威严。君主过分仁慈的话，法制就建立不起来；威势不足的话，就会受到臣下的侵害。因此刑罚执行得不坚决，禁令就无法推行。有关这一论点的解说在董阏于巡视石邑山涧的问话和子产临终前对游吉的教导中。所以孔子解说降霜的肃杀，而商朝法律加重惩罚把灰烬倒到街上的人；领队的人因为没有赏罚的权力要辞别乐池，而商鞅则主张轻罪重罚来杜绝祸乱。刑罚执行得不坚决，丽水的金子就会守不住，而积泽的火就会没人救。成欢认为齐王过于仁爱会削弱齐国，卜皮认为魏王过于慈惠会导致灭亡。管仲懂得刑罚执行必须严格，所以要刑戮尸体来禁止厚葬；卫嗣君懂得有罪必须处罚，所以一定要买回逃犯。

商人商语：老板一味地"宽厚"，企业运营管理的制度化就无从建立起来，因为这个世界上懂得自我管理的员工还是少数。所谓"有罪必罚"，是说如果没有惩罚的威胁，就没有办法来规范员工的标准化行为，因为没有几个员工是出于兴趣爱好才认真而专业地工作的。

原文：说二：董阏于为赵上地守。行石邑山中，涧深，峭如墙，深百仞，因问其旁乡左右曰："人尝有入此者乎？"对曰："无有。"曰："婴儿、痴聋、狂悖之人尝有入此者乎？"对曰："无有。""牛马犬彘尝有入此者乎？"对曰："无有。"董阏于喟然太息曰："吾能治矣。使吾治之无赦，犹入涧之必死也，则人莫之敢犯也，何为不治？"

字面翻译：说二：董阏于做赵国上党地区的郡守。他巡视在石邑山中，看见山涧幽深，山壁像墙一样陡峭，深达百丈，就问那些在深涧附近居住的人说："有人曾经掉下去过吗？"回答说："没有。"又问："婴儿、痴聋、疯癫的人曾经有掉下去的吗？"回答说："没有。""牛、马、狗、猪曾经有掉下去的吗？"回答说："没有。"董阏于感叹地说："我能治理上党了。假如我有罪必罚、严惩不贷，就好像是掉下深涧就必死无疑一样，那么人们就没有谁敢于触犯法律了，怎么会治理不好呢？"

商人商语：用苛法严刑来治理，并不是为了残虐员工，而是为了"吓阻"他们使其不犯错，不犯错就不会受到惩罚。这样一来，企业的运营管理会更有效率，企业利益也会得到保障。

原文：子产相郑，病将死，谓游吉曰："我死后，子必用郑，必以严莅人。夫火形严，故人献灼；水形懦，人多溺。子必严子之形，无令溺子之懦。"子产死。游吉不肯严形，郑少年相率为盗，处于萑泽，将遂以为郑祸。游吉率车骑与战，一日一夜，仅能克之。游吉喟然叹曰："吾蚤行夫子之教，必不悔至于此矣。"

字面翻译：子产担任郑国宰相，身患重病，将要死去，对游吉说："我死后，您必然会在郑国执政，一定要用严格的法制来治理民众。那火的样子是严厉的，所以人们很少被烧伤；水的样子是柔和的，所以很多人被淹死。您必须使您的形象变得严厉，不要让人们因为您懦弱的形象而触犯法制。"子产死了，游吉不肯使自己的执政形严厉，郑国的青少年一个接一个地做了强盗，盘踞在崔苻之泽中，将要据此成为郑国的祸害。游吉率领车骑和他们交战，交战了一天一夜，仅仅是打败了他们。游吉长声叹息说："我早些按照子产的教导去做，一定不会后悔到这般地步的。"

商人商语：管理员工如同大禹治水，如果不严加管制，使之形成集体的力量，这种力量必将会泛滥四溢，浪费企业的资源还会酿成灾祸。

原文：鲁哀公问于仲尼曰："《春秋》之记曰：'冬十二月霣霜不杀菽。'何为记此？"仲尼对曰："此言可以杀而不杀也。夫宜杀而不杀，桃李冬实。天失道，草木犹犯干之，而况于人君乎？"

字面翻译：鲁哀公向孔子请教说："《春秋》里记载说：'冬季十二月份降霜，没有冻死豆类作物。'为什么记下这条？"孔子回答说："这是说本来可以造成伤害的，但是没有造成伤害。应该造成伤害的却没有造成伤害，桃李就会冬天结果。大自然失去道，草木尚且要侵犯它，何况是君主失去了道呢？"

商人商语：当员工违反制度的犯错行为一定会得到制度的惩罚时，他们的行为就会习惯于制度的约束，法制的教化就形成了。

原文：殷之法，刑弃灰于街者。子贡以为重，问之仲尼。仲尼曰："知治之道也。夫弃灰于街必掩人，掩人，人必怒，怒则斗，斗必三族相残也，此残三族之道也，虽刑之可也。且夫重罚者，人之所恶也；而无弃灰，人之所易也。使人行之所易，而无离所恶，此治之道也。"

一曰：殷之法，弃灰于公道者断其手。子贡曰："弃灰之罪轻，断手之罚重，古人何太毅也？"曰："无弃灰，所易也；断手，所恶也。行所易，不关所恶，古人以为易，故行之。"

字面翻译：商朝的法律规定对在街上倒灰的人处以刑罚。子贡认为这件事情量刑过重了，就向孔子请教。孔子说："这是懂得治理民众的原则啊。在街上倒灰一定会眯人眼睛，眯了人家的眼睛，人家一定会发怒，发怒就会发生争斗，两人之间的争斗一定会引起各自背后家族的相互残杀，这种在街上倒灰的行为会造成许多家族相互残杀的行为，所以即使是处以刑罚也是应该的。再说严厉的刑罚，是人们所厌恶的；而不去街上倒灰，是人们容易做到的。让人们去做容易做到的事情，而避免遭受他们所厌恶的刑罚，这就是治理民众的原则啊。"

另一种说法：商朝的法律规定，在公用街道上倒灰的人，要砍掉他的手。子贡说："倒灰的罪行很轻，断手的刑罚很重，古代的人怎么这般残酷无情啊？"孔子说："不在街上倒灰，是容易做到的事；被砍断手，是人们厌恶的事。做容易做到的事情，不去触犯所厌恶的刑罚，古代的人认为这是容易做到的，所以才推行这条法律。"

商人商语：轻罪重罚的目的，在于及时阻止可能会酿成大祸的小错。这种轻罪重罚的法律制定，需要的是孔子这样的智者的洞察力。

原文：中山之相乐池以车百乘使赵，选其客之有智能者以为将行，中道而乱。乐池曰："吾以公为有智，而使公为将行，今中道而乱，何也？"客因辞而去，曰："公不知治。有威足以服之人，而利足以劝之，故能治之。今臣，君之少客也。夫从少正长，从贱治贵，而不得操其利害之柄以制之，此所以乱也。尝试使臣：彼之善者我能以为卿相，彼不善者我得以斩其首，何故而不治！"

字面翻译：中山国的宰相乐池带着一百辆车马出使赵国，挑选门客中有智慧才能的人做领队，在半路上车马队列就散乱了。乐池说："我认为你是有智慧的，就派你做领队，现在走到半路上队列就散乱了，为什么？"门客听他责备就要辞别，说："您不懂得治理。有处罚的威势才足以制服人，有奖赏、利益才足以鼓励人，所以能够治理他们。现在的我，是您年少、位卑的门客。由年少的管理年长的，由位卑的治理位尊的，又不能掌控赏罚的权柄来制约他们，这才导致了队列的散乱。假如让我拥有权势：其中表现好的我能封他为卿相，其中表现差的我能砍了他的脑袋，怎么会治理不好这个队列呢？"

商人商语：就管理者而言，既需要智商高，也需要情商高，但是"狐假虎威"最重要。这个"虎威"，就是依法治理、行使赏罚的威势。

原文：公孙鞅之法也重轻罪。重罪者，人之所难犯也；而小过者，人之所易去也。使人去其所易，无离其所难，此治之道。夫小过不生，大罪不至，是人无罪而乱不生也。

一曰：公孙鞅曰："行刑重其轻者，轻者不至，重者不来，是谓以刑去刑也。"

字面翻译：商鞅制定法律，轻罪重罚。加重处罚的大罪过，人们就不容易去犯下；而小的罪过，则是容易去掉的。使人们去掉容易犯的小罪过，避免遭受小罪过带来的加重处罚，这合乎治理民众的原则。既然小的罪过不敢犯下，大的罪也就不会去犯了，这是使人们不犯罪而且祸乱不会产生的治理措施。

另一种说法：商鞅说："制定刑罚时，要加重处罚轻的罪过，那么轻的罪过就不敢发生了，重的罪行也就不会发生了。这就是用刑罚的威吓力来去除刑罚的使用。

商人商语：商鞅的从重量刑，使得百姓因为畏惧而不敢去犯法。这其实和一些管理严谨的企业特别重视运营细节的管理和惩罚，是一个道理。

原文：荆南之地，丽水之中生金，人多窃采金。采金之禁：得而辄辜磔于市。甚众，壅离其水也，而人窃金不止。大罪莫重辜磔于市，犹不止者，不必得也。故今有于此，曰："予汝天下而杀汝身。"庸人不为也。夫有天下，大利也，犹不为者，知必死。故不必得也，则虽辜磔，窃金不止；知必死，则有天下不为也。

字面翻译：楚国南部地域，丽水之中出产金子，有很多人去偷采金子。楚国采金的禁令规定：抓住偷采金子的人，就在集市上执行五马分尸的重刑。受刑的人很多，尸体堵塞了丽水的水流，但是人们偷采金子的行为没有停止。大罪的刑罚没有比在集市上车裂身体更重的了，还是不能制止人们偷采金子，这是因为偷采的人不一定被抓获。所以现在有人站在这里，对你说："给你天下，但是要杀掉你。"一个平常人也不会答应的。拥有天下，是巨大的利益，但却不答应的原因，是知道必然会死亡。所以不一定被抓获，那么就算是抓到后会被车裂，偷采金子的行为也不会停止；而知道必然会死亡，就是能拥有天下也不答应。

商人商语：使人们明白甲行为必然导致乙结果，而且是百分之百必然的结果，那么刑罚的公信力就建立起来了。刑罚的公信力建立了起来，法律的管制作用才能百分之百地起作用。

原文：鲁人烧积泽。天北风，火南倚，恐烧国。哀公惧，自将众趣救火。左右无人，尽逐兽而火不救，乃召问仲尼。仲尼曰："夫逐兽者乐而无罚，救火者苦而无赏，此火之所以无救也。"哀公曰："善。"仲尼曰："事急，不及以赏；救火者尽赏之，则国不足以赏于人。请徒行罚。"哀公曰："善。"于是仲尼乃下令曰："不救火者，比降北之罪；逐兽者，比入禁之罪。"令下未遍而火已救矣。

字面翻译：鲁国人焚烧大的柴荡。天刮北风，火势向南延伸而去，恐怕会烧到国都。鲁哀公害怕，亲自率领众人赶去救火。救火时身边没人，大家都去追逐柴荡里跑出来的野兽却没人来救火，于是哀公召来孔子请教。孔子说："追逐野兽的人快乐而不用受处罚，救火的人受苦却没有奖赏，这就是没人救火的原因。"哀公说："对啊。"孔子说："事情紧急，来不及论功行赏了；而且若救火的人都给予奖赏，那么国库的财宝也不够用来奖赏这些人。请允许只用刑罚。"哀公说："好吧。"于是孔子就下令说："不救火的人，相当于犯下投降败逃的罪行；追野兽的人，相当于犯下擅入禁地的罪行。"命令下达后还未传遍，火就已经扑灭了。

商人商语：韩非子难得讲了一个孔子用法的故事，说明了企业管理中惩罚的威严性，在于对错误行为的清晰定义，对错误惩罚的清晰肯定，以及对错误惩罚程度的清晰明确。

原文：成欢谓齐王曰："王太仁，太不忍人。"王曰："太仁，太不忍人，非善名邪？"对曰："此人臣之善也，非人主之所行也。夫人臣必仁而后可与谋，不忍人而后可近也；不仁则不可与谋，忍人则不可近也。"王曰："然则寡人安所太仁？安不忍人？"对曰："王太仁于薛公，而太不忍于诸田。太仁薛公，则大臣无重；太不忍诸田，则父兄犯法。大臣无重，则兵弱于外；父兄犯法，则政乱于内。兵弱于外，政乱于内，此亡国之本也。"

魏惠王谓卜皮曰："子闻寡人之声闻亦何如焉？"对曰："臣闻王之慈惠也。"王欣然喜曰："然则功且安至？"对曰："王之功至于亡。"王曰："慈惠，行善也。行之而亡，何也？"卜皮对曰："夫慈者不忍，而惠者好与也。不忍则不诛有过，好予则不待有功而赏。有过不罪，无功受赏，虽亡，不亦可乎？"

字面翻译：成欢对齐王说："大王您太仁爱，太不狠心对人了。"齐王说："太仁慈，太不狠心对人，不是好名声吗？"成欢回答说："这是臣子的优点，不应该是君主的所作所为。臣子一定要仁爱，然后才可以和他谋事，不狠心对人，然后才可以和他亲近。臣子不仁爱就不能和他谋事，狠心对人就不可和他亲近。"齐王说："那么我在什么地方太仁爱，在什么地方不狠心对人了呢？"成欢回答说："大王对薛公太仁爱，而对田氏宗族太不狠心。对薛公太仁爱，大臣们就没有自己的权势；对田氏宗族太不狠心，大王的叔伯和兄弟就会触犯法律。大臣们没有自己的权势，对外的兵力就会削弱；叔伯和兄弟触犯法律，国内的政事就会混乱。对外的兵力削弱，国内的政事混乱，这是亡国的根源所在。"

魏惠王对卜皮说："你听说我的名声怎么样啊？"卜皮回答说："我听说大王的名声是仁慈惠爱。"惠王欣喜地说："这样的名声，功绩将会怎么样呢？"卜皮回答说："大王的功绩是走向灭亡。"惠王说："慈惠，是做好事。做慈惠的事情却要灭亡，为什么？"卜皮回答说："仁慈的人不狠心，而行惠的人喜欢送人东西。不狠心就不会惩罚有过错的人，喜欢送人东西就会不等臣下立功而加赏。有了过错不加惩罚，没有立功却受到赏赐，国家即使灭亡，不也是应该的吗？"

商人商语：恩威并重的道理，人人懂得。但什么是恩，什么是威，谁来施行，如何施行，依照什么施行，如何并重，是走人治的路子，还是走法治的路子，等等，都是要思考清楚的。企业老板，不能没想清楚就做了，会把自己的企业给搞没了的。

原文：齐国好厚葬，布帛尽于衣衾，材木尽于棺椁。桓公患之，以告管仲曰："布帛尽则无以为蔽，材木尽则无以为守备，而人厚葬之不休，禁之奈何？"管仲对曰："凡人之有为也，非名之，则利之也。"于是乃下令曰："棺椁过度者戮其尸，罪夫当丧者。"夫戮死，无名；罪当丧者，无利；人何故为之也？

字面翻译：齐国人喜欢举行奢华的葬礼，布帛都用于做死人的衣服、被褥，好木材都用于棺材。桓公为此忧虑，把这事告诉管仲说："布帛用完了，就没有布帛来做遮体的衣服；好木材用完了，就没有木材来修筑防御的工事，但是人们奢华举行葬礼的习俗不会停止，应该怎样禁止？"管仲回答说："大凡人的作为，不是图名，就是图利。"于是下令说："棺材超过标准的就刑戮尸体，并处罚主持丧事的人。"尸体遭到刑戮，没有名誉可言；主持丧事被处罚，没有利益可言：人们还有什么理由举行奢华的葬礼呢？

商人商语：人的天性，是趋利避害；人的习性，是追逐名利。管理者利用这两点，就可以施用赏罚措施，来改变人们根深蒂固的习俗，来改变磨破了嘴皮子也改变不了的习俗。

原文：卫嗣君之时，有胥靡逃之魏，因为襄王之后治病。卫嗣君闻之，使人请以五十金买之，五反而魏王不予，乃以左氏易之。群臣左右谏曰："夫以一都买胥靡，可乎？"王曰："非子之所知也。夫治无小而乱无大。法不立而诛不必，虽有十左氏无益也；法立而诛必，虽失十左氏无害也。"魏王闻之曰："主欲治而不听之，不祥。"因载而往，徒献之。

字面翻译：卫嗣君的时候，有个囚犯逃到了魏国，有了机会为魏襄王的王后治病。卫嗣君听说他的下落，就派人向襄王请求用五十金赎回囚犯，使者往返了五趟，魏王都不同意，卫嗣君就决定用左氏城来交换这个囚犯。卫国的群臣近侍劝谏说："用一个大城邑去买一个囚犯，划算吗？"卫嗣君说："不是你们所能理解的。治理不忽视小事，那么就不会有大的祸乱。法制不确立而且刑罚执行不坚决，即使拥有十个左氏城也没有什么好处；法制确立而且刑罚执行坚决，即使失去十个左氏城也没有损害。"魏王听闻后说："卫国君主想要治理好国家，我却不答应他的要求，不吉利。"于是用车子装了囚犯送到卫国，无条件地交还给卫嗣君。

商人商语：企业的规章制度建立了，但是没有得到执行，绩效考核和赏罚措施也没有得到执行，那么企业规模的强大就意味着企业的强大吗？不是的。没人见过四处漏水的筐能积攒下一滴水。而老板由富翁变成"负翁"，倒是绝对有可能。

原文：经三：赏誉。赏誉薄而谩者下不用也，赏誉厚而信者下轻死。其说在文子称"若兽鹿"。故越王焚宫室，而吴起倚车辕，李悝断讼以射，宋崇门以毁死。勾践知之，故式怒蛙；昭侯知之，故藏弊裤。厚赏之使人为贲、诸也，妇人之拾蚕，渔者之握鳝，是以效之。

字面翻译：经三：兑现立功者的奖赏来鼓励臣下竭尽才能。奖赏和赞誉轻微或者欺骗、不兑现的君主，臣民就不肯被他使用；奖赏和赞誉丰厚而且守信用的君主，臣下就会为他拼死效力。有关这一论点的解说在文子评价臣下"追逐利益如兽鹿追逐草地"中。所以有越王用焚烧宫室来测试自己的信用，有吴起把车辕靠在门外而奖励搬动它的人，有李悝断疑案要依据人们的箭术，有宋国民众因为学习都城东门之人服丧悲伤过度而死亡的故事。勾践懂得赏誉的作用，所以会向怒蛙致敬；昭侯懂得信用的作用，所以会收藏旧裤子。丰厚的奖赏能使人成为孟贲、专诸那样的勇士，妇人敢于拾蚕，渔夫敢于捉鳝，就是证明。

商人商语：能兑现奖赏，会激发人们行为的动力。这种动力，虽然不如道德、信念、理想等纯粹，但是更加直接和有效率。所以司马迁感叹"天下熙熙，皆为利来；天下攘攘，皆为利往"。企业的企业文化，如果没有这种正向利益的驱使，那就只是句口号。

原文：说三：齐王问于文子曰："治国何如？"对曰："夫赏罚之为道，利器也。君固握之，不可以示人。若如臣者，犹兽鹿也，唯荐草而就。"

字面翻译：说三：齐王向文子请教道："应该怎样治理国家？"文子回答说："赏罚作为治国的法则，是锐利的兵器。君主要牢固地掌握它，不可把它拿给别人看。至于臣子们，就像是兽鹿一样，只要是肥美的草地，就会跑过去的。"

商人商语：文子的话，揭示了企业员工在企业做事的目的：追逐利益。

原文：越王问于大夫文种曰："吾欲伐吴，可乎？"对曰："可矣。吾赏厚而信，罚严而必。君欲知之，何不试焚宫室？"于是遂焚宫室，人莫救之。乃下令曰："人之救火者死，比死敌之赏；救火而不死者，比胜敌之赏；不救火者，比降北之罪。"人涂其体被濡衣而走火者，左三千人，右三千人。此知必胜之势也。

字面翻译：越王向大夫文种请教说："我想攻打吴国，可以了吗？"文种回答说："可以了。我们的奖赏优厚而守信，惩罚严厉而坚决。您想了解赏罚信用的作用，何不用焚烧宫室来做个试验？"于是就放火烧了宫室，结果没有人去救火。越王就下令说："为救火而死的，比照战场上牺牲的功绩给予奖赏；参加救火而没死的，比照战胜敌人的功劳给予奖赏；不参加救火的人，比照投降败北的事例追问罪责。"人们用烂泥涂身，披着湿衣服而奔向火场救火的，左面三千人，右面三千人。由此可以知道攻打吴国必然获胜的形势。

商人商语：制度约束成形，赏罚造之成势，此"形势"一旦为员工们所信服，必将汇集而形成巨大的集体力量。企业严格管理的目的，不就是想要获取这个力量吗？！

原文：吴起为魏武侯西河之守。秦有小亭临境，吴起欲攻之。不去，则甚害田者；去之，则不足以征甲兵。于是乃倚一车辕于北门之外而令之曰："有能徙此南门之外者，赐之上田、上宅。"人莫之徙也。及有徙之者，还赐之如令。俄又置一石赤菽东门之外而令之曰："有能徙此于西门之外者，赐之如初。"人争徙之。乃下令曰："明日且攻亭，有能先登者，仕之国大夫，赐之上田宅。"人争趋之。于是攻亭，一朝而拔之。

字面翻译：吴起在魏武侯时期担任西河郡守。秦国有个小哨亭靠近魏境，吴起想要攻克它。不除掉它吧，会危害魏国耕种田地的人；除掉它吧，又不值得为此动用重装甲士。于是吴起就在北门外斜靠了一根车辕并下令说："谁能把它搬到南门外，就赏给谁上等田地、上等住宅。"可没有人去搬它。等到有搬动它的人时，立即按照命令给予赏赐。不久吴起又在东门外放了一石赤豆，并下令说："谁能把它搬到西门外，赏赐如上一次。"人们争抢着去搬它。于是吴起下令道："明天要攻打哨亭，有能率先登上去的，任命他为国大夫，赏赐给他上等田地、住宅。"人们争抢着报名参加。于是攻打哨亭，一个早晨就攻克了。

商人商语：曾国藩说过，带兵之道在于"千金在前，猛虎在后"。意思是，当用常规方法、常规奖励无法实现目的的时候，就要加重赏罚，来实现异于常情的突破。但是，因为重奖的不合常理，所以企业先要建立重奖的信用，才能唤起员工们积极参与的信心和勇气。

原文：李悝为魏文侯上地之守，而欲人之善射也，乃下令曰："人之有狐疑之讼者，令之射的，中之者胜，不中者负。"令下而人皆疾习射，日夜不休。及与秦人战，大败之，以人之善战射也。

宋崇门之巷人服丧而毁甚瘠，上以为慈爱于亲，举以为官师。明年，人之所以毁死者岁十余人。子之服亲丧者，为爱之也，而尚可以赏劝也，况君上之于民乎？

字面翻译：李悝在魏文侯时担任上地郡守，他想要上地人善于射箭，就下令道："人和人之间有难断是非的诉讼时，就让他们射箭靶，射中的胜诉，射不中的败诉。"命令下达后，人们都急忙练习射箭，日夜不休息。等到和秦军交战时，大胜秦军，这是因为上地人善于射箭交战啊。

宋国都城东门有个普通百姓，服丧时过度悲哀而显得非常羸弱，宋君认为这是慈爱父母的表现，就提升他为官长。第二年，人们因为服丧时过度悲哀而死的，一年之中就有十几个人。儿子为父母服丧，是爱的天性，这种天性尚且可以用奖赏来加以劝勉，何况君主期望民众去做的事呢？

商人商语：绩效考核，将行为的方向性与行为利益挂起钩来时，员工们行为的积极性就会提高起来。这个利益，有直接关联的奖金升职，也有间接关联的积分荣誉等。

原文：越王虑伐吴，欲人之轻死也，出见怒蛙，乃为之式。从者曰："奚敬于此？"王曰："为其有气故也。"明年之请以头献王者岁十余人。由此观之，誉之足以杀人矣。

一曰：越王勾践见怒蛙而式之。御者曰："何为式？"王曰："蛙有气如此，可无为式乎？"士人闻之曰："蛙有气，王犹为式，况士人有勇者乎！"是岁，人有自到死以其头献者。故越王将复吴而试其教：燔台而鼓之，使民赴火者，赏在火也；临江而鼓之，使人赴水者，赏在水也；临战而使人绝头刎腹而无顾心者，赏在兵也。又况据法而进贤，其劝甚此矣。

字面翻译：越王勾践图谋攻打吴国，想要民众们能视死如归地拼命作战，外出时看见一只发怒的青蛙，就靠在车前横木上垂首向它致敬。随从说："这个怒蛙哪里值得致敬？"越王说："因为这只青蛙拥有勇气的缘故。"第二年，请求把头颅献给越王的人一年中就有十多位。由此看来，赞誉足以鼓动人们不畏惧死亡啊。

另一种说法：越王勾践看见一只怒蛙靠在车前横木上就垂首向它致敬。车夫说："因为什么而垂首致敬？"越王说："青蛙这般有勇气，怎么可以不向它垂首致敬呢？"士人们听到后说："青蛙有勇气，越王尚且向它致敬，何况是士人中的勇者呢！"这一年，士人中有自刎而死将头颅献给越王的人。所以越王准备向吴国复仇，就施行这样的赏罚教化：放火焚烧高台击鼓令人前进，使民众前进到火里的原因，是奖赏在火里；接近江边时而击鼓令人前进，使民众前进到水中的原因，是奖赏在水中；面对交战而使民众断头剖腹却没有畏惧逃跑的原因，是奖赏在战争中。何况又是根据法制而提拔任用贤能之人，这个鼓励比这些做法更有作用了。

商人商语：榜样的力量，是无穷的。无穷，是指人们由此激发的勇气没有边际，也是指由此激发勇气的人的数量没有边际。榜样的力量在哪里呢？激发人们追逐名利罢了

原文：韩昭侯使人藏弊裤，侍者曰："君亦不仁矣，弊裤不以赐左右而藏之。"昭侯曰："非子之所知也。吾闻明主之爱一嚬一笑，嚬有为嚬，而笑有为笑。今夫裤，岂特嚬笑哉！裤之与嚬笑相去远矣。吾必待有功者，故收藏之未有予也。"

字面翻译：韩昭侯让人把破旧裤子收藏起来，侍从说："君上也太不仁义了，破旧裤子不用来赏赐给近侍们，却要收藏起来。"昭侯说："这不是你能理解的。我听说明君吝惜自己的一颦一笑而不轻易展露，皱眉有皱眉的意图，微笑有微笑的目的。现在是破旧的裤子，哪里只是一颦一笑不能显露啊！裤子和的意义相差太远了。我一定要等待有功劳的人，所以要收藏起来，没有给出去。"

商人商语：赏罚之事，无论大小，企业老板都要郑重其事地，按照制度、按照事实、按照目的性来实施，以此形成制度教化的风气。

原文：鳝似蛇，蚕似蠋。人见蛇则惊骇，见蠋则毛起。然而妇人拾蚕，渔者握鳝，利之所在，则忘其所恶，皆为孟贲。

字面翻译：黄鳝像蛇，蚕像青虫。人们看见蛇就会惊恐害怕，看见青虫就会汗毛竖起。但是蚕妇用手捡拾蚕，渔夫用手捉拿黄鳝，因为利益所在的地方，就会忘记自己的害怕，都成了孟贲那样的勇士。

商人商语：喜爱和厌恶，是人们的天性。企业管理就是要改变员工的天性。因此不仅要有足够的利益奖励，还要有足够的惩罚恐吓，才能使得人们开启天性的自我调控。

原文：经四：一听。一听则愚智不纷，责下则人臣不参。其说在"索郑"与"吹竽"。其患在申子之以赵绍、韩沓为尝试。故公子汜议割河东，而应

侯谋弛上党。

字面翻译：经四：一一听取臣下的意见，督察他们的行为。一个一个地听取臣下的意见，那么愚蠢和智慧就不会混乱；督察臣下的官守职事，那么贤能和奸邪就不会混淆。有关这一论点的解说在魏王想要兼并韩国和齐湣王而让南郭先生吹竽的故事里。不这样做的祸患表现在申不害通过赵绍、韩沓去刺探韩昭侯的意图里。所以会有公子氾论说是否应该割让河东的土地，会有应侯范雎讲明是否应该放弃上党。

商人商语：所谓深思熟虑，意味着考虑问题要有足够的宽度和深度。不是一个人静静想就能想出来的，需要集思广益，要求参与者、相关责任者一一发言，听取各个方面、各个角度的不同意见。同时，严格督促每位员工行使个人职责，做好各自的本职工作。

原文：说四：魏王谓郑王曰："始郑、梁一国也，已而别，今愿复得郑而合之梁。"郑君患之，召群臣而与之谋所以对魏。公子谓郑君曰："此甚易应也。君对魏曰：'以郑为故魏而可合也，则弊邑亦愿得梁而合之郑。'"魏王乃止。

字面翻译：说四：魏王对韩王说："当初韩、魏同属于一个国家，后来才分开，现在我希望重新把韩国并入魏国。"韩王忧虑这件事，召集群臣来和他们商量如何答复魏国。公子（现任君主或者前任君主的某个儿子）对韩王说："这个很容易答复。您答复魏王说：'若认为韩国与魏国原是一国而可以合并到魏国，那么敝国也希望把魏国合并到韩国。'"魏王便不再提这件事了。

商人商语：一人计短，两人计长。不涉及机密的事情，不一定要老板和几个人在小办公室里密谋，而应该在更广阔的范围内公开讨论，听取各个相关责任人的意见。毕竟决策后，还是需要相关责任人去执行的。公开讨论的过程，也是思想意识统一的过程。

原文：齐宣王使人吹竽，必三百人。南郭处士请为王吹竽，宣王说之，廪食以数百人。宣王死，湣王立，好一一听之，处士逃。

一曰：韩昭侯曰："吹竽者众，吾无以知其善者。"田严对曰："一一而听之。"

字面翻译：齐宣王让人吹竽，一定要三百个人一起吹。南郭先生请求为宣王吹竽，宣王很高兴，伙食待遇和那几百个吹竽的人同等标准。宣王去世，湣王继位，喜欢一个一个地听他们吹竽，南郭先生就逃跑了。

另一种说法：韩昭侯说："吹竽的人太多，我无法知道其中吹得好的人。"田严回答说："那就一个一个地来听他们的吹奏。"

商人商语：汇集众人之力和众人之智，并不是不加区别地混杂在一起，而是要每个人一一就位、一一履行职责、一一考核。每个人都合格了，集体的合力才能强大。否则，不仅不会形成合力，还会有内部消耗和内部牵扯。

原文：赵令人因申子于韩请兵，将以攻魏。申子欲言之君，而恐君之疑己外市也，不则恐恶于赵，乃令赵绍、韩沓尝试君之动貌而后言之。内则知昭侯之意，外则有得赵之功。

字面翻译：赵国派人请托申不害向韩国君主昭侯请求援兵，准备用来进攻魏国。申不害想对韩君说这件事，又担心韩君怀疑自己与外国勾结，不说又怕得罪了赵国，于是他就让赵绍、韩沓先试探韩君的态度，然后再进言这件事。申不害这样做，对内则了解了韩昭侯的意图，对外则有了交好赵国的功劳。

商人商语：本来应该是韩昭侯的"一听"，结果被申不害给"一听"了。现实中有心眼的高管，也会使用这招从不同角度来测试老板的意向意见。

原文：三国兵至韩，秦王谓楼缓曰："三国之兵深矣！寡人欲割河东而讲，何如？"对曰："夫割河东，大费也；免国于患，大功也。此父兄之任也，王何不召公子汜而问焉？"王召公子汜而告之，对曰："讲亦悔，不讲亦悔。王今割河东而讲，三国归，王必曰：'三国固且去矣，吾特以三城送之。'不讲，三国也入韩，则国必大举矣，王必大悔。王曰：'不献三城也。'臣故曰：王讲亦悔，不讲亦悔。"王曰："为我悔也，宁亡三城而悔，无危乃悔。寡人断讲矣。"

字面翻译：韩、魏、齐三国军队集结到了韩国，秦昭襄王对楼缓说："三国的军队就要深入我国了！我想要割让河东之地来和他们讲和，怎么样？"楼缓回答说："割让河东之地，是巨大的损失；挽救国家于危难，是伟大的功劳。考虑这件事情，是宗族里叔伯、兄长的责任，大王何不召见公子汜来请教意见呢？"秦王召见公子汜并告知了有关情况，公子汜回答说："讲和也会后悔，不讲和也会后悔。大王现在若是割让河东之地来讲和，三国撤兵，大王一定会说：'三国之兵本来就要回去了，我白白地把三座城邑送给了他们。'若是不讲和吧，三国军队已经集结在韩国，接着三国必然是要大举进攻了，大王一定非常后悔。您会说：'这是没有献出三城讲和的过错。'所以我说：大王讲和也会后悔，不讲和也会后悔。"秦王说："怎么做我都会后悔，宁可丧失三座城邑而后悔，不能等到国家危亡了才去后悔，我决定讲和了。"

商人商语：多了一个参谋者，就多了一个考虑问题的角度。在事关存亡的重大问题上，要有与存亡利益关联的重要人物来参与讨论，给出意见。考虑问题，不仅要有各种角度，还要有一定的高度。

原文：应侯谓秦王曰："王得宛、叶、兰田、阳夏，断河内，困梁、郑，所以未王者，赵未服也。弛上党在一而已，以临东阳，则邯郸口中虱也。王拱而朝天下，后者以兵中之。然上党之安乐，其处甚剧，臣恐弛之而不听，奈何？"王曰："必弛易之矣。"

字面翻译：应侯范雎对秦昭襄王说："大王占据了宛、叶、蓝田、阳夏，切断了河内地区，困住了魏国、韩国，之所以到现在还没有称王天下，是因为赵国还没有顺服。放弃上党不过是损失一个郡罢了，集结兵力逼近东阳，那么邯郸就成了口中的虱子。这时大王拱手而立就能使天下诸侯前来朝见，后到的就用兵攻打它。但是上党是个安乐之乡，它的地位很要紧，我怕劝您放弃而您不会听从，怎么办呢？"昭襄王说："我决定放弃上党，目标改向东阳。"

商人商语：员工的意见，就好比是作战参谋部提供的各种思考角度下的各种可能性，以及各种可能性的利弊分析。但最终的决策者是老板。老板和员工各自有分工，才会形成企业运营的整体。

原文：经五：诡使。数见久待而不任，奸则鹿散。使人问他则不鬻私。是以庞敬还公大夫，而戴欢诏视辒车，周主亡玉簪，商太宰论牛矢。

字面翻译：经五：传出可疑的诏令，分派诡诈的差事，来显示君主的圣明。君主频频召见某人或者长时间留住某人，但是没有委任他，奸臣就会像疑惧的鹿一样四下逃散。先派人了解情况再询问他，那么臣下就不敢营私舞弊。所以有庞敬召回公大夫却没有交代什么，有戴欢令人监视卧车，有周君派自己人寻找丢失的玉簪，有宋国的太宰责问市场门外的牛屎。

商人商语：这是老板和手下人沟通的"诈术"，不知道的装作知道，知道一点的装作全都知道，全知道的装作不知道。当然，最好要有另外一条信息渠道，多少要知道一点。

原文：说五：庞敬，县令也。遣市者行，而召公大夫而还之。立有间，无以诏之，卒遣行。市者以为令与公大夫有言，不相信，以至无奸。

字面翻译：说五：庞敬是个县令。他派遣管理市场的人员去巡视，却召管理市场的官吏回来。官吏站了一会儿，庞敬也没有交代什么，最后让他去巡视。管理市场的人员以为县令对管理市场的官吏有所交代，对他们不信任，因此不敢再作奸犯科。

商人商语：找不同的人来谈话，有时并不是为了听到不同的意见，只是为了表达一种知道和要知道的态度。从而使有关的人有所戒惧，不敢再有营私舞弊或者不负责任的行为发生。所以，企业老板找谁私聊，意义不在于聊了什么，而在于聊了。

原文：戴欢，宋太宰，夜使人曰："吾闻数夜有乘辒车至李史门者，谨为我伺之。"使人报曰："不见辒车，见有奉笥而与李史语者，有间，李史受笥。"

字面翻译：戴欢，是宋国的太宰，夜里派遣人说："我听说这几天夜里有坐着卧车到李史家门口的人，你要认真地替我监视一下。"派去的人回报说："没有看到卧车，只看到有捧着方形竹器的人在和李史说话，过了一会儿，李史收下了方形竹器。"

商人商语：明察的前提，是信息的完整性和真实性。所以，有些时候老板要直接派人进行调查，获取另一个渠道角度的第一手资料。

原文：周主亡玉簪，令吏求之，三日不能得也。周主令人求而得之家人之屋间。周主曰："吾之吏之不事事也。求簪，三日不得之，吾令人求之，不移日而得之。"于是吏皆耸惧，以为君神明也。

字面翻译：东周君丢了玉簪，下令官吏们去寻找，找了三天也没能找到。东周君改派其他人去寻找，结果在居民的房间里找到了。东周君说："我的官吏没有在做事啊。寻找玉簪，找了三天都没有找到，我派其他人寻找，不到一天就找到了。"因此官吏都很受震动，感到恐惧，认为周君明察秋毫。

商人商语：企业家可以通过有意识地树立榜样，来警戒其他人员的懒惰和取巧，并彰显企业家敏锐的洞察力。

原文：商太宰使少庶子之市，顾反而问之曰："何见于市？"对曰："无见也。"太宰曰："虽然，何见也？"对曰："市南门之外甚众牛车，仅可以行耳。"太宰因诫使者："无敢告人吾所问于女。"因召市吏而诮之曰："市门之外何多牛屎？"市吏甚怪太宰知之疾也，乃悚惧其所也。

字面翻译：宋国的太宰派遣年轻的侍仆去市场，侍仆回来后便问他："在市场见到了什么？"侍仆回答说："没有见到什么。"太宰说："即使这样，还是说说看，看见了什么？"侍仆回答说："市场南门的外面有很多牛车，仅仅可以勉强地通行。"太宰便告诫他说："不准告诉别人我问了你什么。"于是太宰招来市场官吏并责骂说："市场门外为什么有那么多的牛屎？"市场官吏很奇怪太宰知道得这么快，于是就谨小慎微地履行自己的职责。

商人商语：通过特殊渠道得到准确信息，来指责手下负责人的具体失误，树立洞察一切的威势，从而使手下工作更加努力，汇报工作也更加真实。

原文：经六：挟智。挟智而问，则不智者至；深智一物，众隐皆变。其说在昭侯之握一爪也。故必南门而三乡得。周主索曲杖而群臣惧，卜皮使庶子，西门豹详遗辖。

字面翻译：经六：已经了解了事实而故意去询问，以此来考察臣下的忠诚。拿已经了解了的事实去问臣下，那么自己不了解的事情也会了解到的；深入地去了解一件事，许多隐秘的事情就都能分辨清楚了。有关这一论点的解说在韩昭侯把指甲藏在手里却要近侍去找指甲的故事里。所以韩昭侯知道南门外的情况后，其他三个门外的情况随之追查清楚了。有周君下令搜寻弯曲的手杖而使得群臣因此畏惧他的神明，有卜皮指派侍仆卧底侦查御史隐情，有西门豹假装丢失车辖而命令官吏寻找等故事。

商人商语：知道一点却仿佛是知道全部，用知道的这一点来追问清楚事情的全部。这种追问，必须动用老板的权势、威力，才会使得手下人因为惊惧而坦白交代。

原文：说六：韩昭侯握爪，而佯亡一爪，求之甚急，左右因割其爪而效之。昭侯以此察左右之诚不。

字面翻译：说六：韩昭侯用手包住指甲，却假装掉了一个指甲，寻找得非常着急，他的近侍就割掉自己的指甲来献给他。昭侯通过此事来考察近侍的诚实与否。

商人商语：忠诚的员工，做事未必就是诚实。特别是他以为他的不诚实，可以表现为对企业老板的忠诚。这一类员工的使用，是要慎之又慎的，坏事就坏在他自以为是的忠诚上。

原文：韩昭侯使骑于县使者报，昭侯问曰："何见也？"对曰："无所见也。"昭侯曰："虽然，何见？"曰："南门之外，有黄犊食苗道左者。"昭侯谓使者："毋敢泄吾所问于女。"乃下令曰："当苗时，禁牛马入人田中固有令，而吏不以为事，牛马甚多入人田中。亟举其数上之；不得，将重其罪。"于是三乡举而上之。昭侯曰："未尽也。"复往审之，乃得南门之外黄犊。吏以昭侯为明察，皆悚惧其所而不敢为非。

字面翻译：韩昭侯派骑马的使者到县里巡视，使者回报，昭侯问道："见到什么？"回答说："没有见到什么。"昭侯说："即使这样，还是见到了什么吧？"使者说："南门的外面，有头小黄牛在大路左边吃禾苗。"昭侯对使者说："不准泄露我问你的这些话。"便下命令说："正值禾苗生长时，本来就有法令禁止牛马进入农民的耕田中，但官吏们不把这当作要事，现在很多牛马进入农民的耕田中。立即把这些牛马数目报上来；报不上来的，将加重其罪责。"于是东门、西门、北门三个方向的数目报了上来。昭侯说："没有报全。"官吏再去仔细查看，才发现南门外的小黄牛。官吏认为昭侯能够明察秋毫，于是都谨小慎微地对待自己的职守，再也不敢为非作歹了。

商人商语：当老板展示自己明察秋毫的威势时，手下人就会心生敬畏，其心思也会完全放在工作上，不会再偷奸耍滑。

原文：周主下令索曲杖，吏求之数日不能得。周主私使人求之，不移日而得之。乃谓吏曰："吾知吏不事事也。曲杖甚易也，而吏不能得，我令人求之，不移日而得之，岂可谓忠哉！"吏乃皆悚惧其所，以君为神明。

字面翻译：东周君下令搜寻弯曲的手杖，官吏找了几天也没能找到。东周君私下派人去找，不到一天就找到了。东周君就对官吏说："我知道你们这些官吏是没有在做事的。弯曲的手杖很容易找，但你们却没能找到，我另外派人去寻找，不到一天就找到了，你们这么做事怎么能算得上忠诚啊！"官吏们从此以后都谨小慎微地对待自己的职守，认为东周君明察秋毫。

商人商语：不方便直接批评员工时，企业老板就会通过某件事情，来显示自己的明察，来表示自己的期望，来验证员工做事不够尽力。

原文：卜皮为县令，其御史污秽而有爱妾，卜皮乃使少庶子佯爱之，以知御史阴情。

字面翻译：卜皮做县令，他手下的御史行为卑鄙，而且有一个宠妾。卜皮就派遣年轻的侍仆假装爱上御史的宠妾，以此来侦察御史那些不为人知的情况。

商人商语：商业竞争也是这样，为了目的而不知不觉地就忽略了竞争的手段要有底线，要有高尚和卑下的界限。

原文：西门豹为邺令，佯亡其车辖，令吏求之不能得，使人求之而得之家人屋间。

字面翻译：西门豹做邺县令，假装丢失了车轴头上的铁销，命令官吏去寻找这不可能找到的铁销，然后再派人寻找，并且在老百姓的屋中找到了。

商人商语：老板可以借已经知道过程和并能预见到结果的事情，来测试手下的忠诚，并彰显自己的明察。

原文：经七：倒言。倒言反事以尝所疑则奸情得。故阳山谤樛竖，淖齿为秦使，齐人欲为乱，子之以白马，子产离讼者，嗣公过关市。

字面翻译：经七：故意说与本意相反的话、做与实情相反的事，以此来刺探臣下的真伪。说反话、做反事来测验自己所怀疑的事情，那么奸邪的情况就会获知。所以阳山假装诽谤樛竖来探测卫君，淖齿派人冒充秦使来探测齐王，齐人作乱前派人投奔齐王做内奸，子之用白马测试左右的诚实，子产隔离诉讼双方以了解实情，卫嗣公派人伪装成客商过关市。

商人商语：不暴露自己的真实意思，而用反面的意见或者征询的问句，或者旁敲侧击的意见，来了解手下人的真实想法。这种"倒言反事"，也只有老板才可以做，又不会被指责。同事之间这么说话肯定会被"拍砖"的，手下和老板这么说话是要被责罚的。

原文：说七：阳山君相卫，闻王之疑己也，乃伪谤樛竖以知之。

淖齿闻齐王之恶己也，乃矫为秦使以知之。

齐人有欲为乱者，恐王知之，因诈逐所爱者，令走王知之。

字面翻译：说七：阳山君担任卫国的宰相，听说卫国君主怀疑自己，就假装诽谤卫君的近侍樛竖来探测卫君对自己的态度。

淖齿听说齐王厌恶自己的某些行为，就派人假装成秦国的使臣，来探测实情。

有个想要发动叛乱的齐国人，怕齐王知道叛乱的计划，就假装驱逐自己所信赖的手下，让他投奔到齐王那里，去探明齐王的底细。

商人商语：老板用各种方式来探听属下意图的同时，也要防止属下使用各种方式来探听自己的意图。如何防止呢？最简单的一招就是，不暴露自己的意图，不让属下提问而只能老老实实地回答问题。

原文：子之相燕，坐而佯言曰："走出门者何，白马也？"左右皆言不见。有一人走追之，报曰："有。"子之以此知左右之不诚信。

字面翻译：子之担任燕国的宰相，坐在那里说："跑出去的是什么，是白马吗？"侍从都说没有看见。有一个人跑出去追着查看，回报说："有白马。"子之通过这件事情来了解侍从中哪些是不诚信的人。

商人商语：老板可以假装说些不靠谱的事情，来考验手下人的心性和品性。

原文：有相与讼者，子产离之而无使得通辞，倒其言以告而知之。

字面翻译：有相互状告的人，子产把他们隔离开来，以使他们无法互相通话，然后将他们的话反过来告诉对方，从而了解到他们各自的实情。

商人商语：老板找员工谈话，有些事儿是要大家一起来，有些事儿是要一件一件来。都是用甲的说辞来验证乙的说辞，但是方式方法是不一样的。

原文：卫嗣公使人为客过关市，关市苛难之，因事关市以金，关吏乃舍之。嗣公为关吏曰："某时有客过而所，与汝金，而汝因遣之。"关吏乃大恐，而以嗣公为明察。

字面翻译：卫嗣公派人装扮成客商经过关口上的集市。管理集市的关吏刁难他，他就用金子贿赂了关吏，关吏才放他过关。嗣公对关吏说："某个时间，有个客商经过你管辖的地方，给了你金子，所以你才放他过关的。"关吏因而非常害怕，认为嗣公是明察的君主。

商人商语：有的老板会用设计好的"桥段"向手下证明自己的明察，以此来威吓手下的不法行为，进而换来手下的忠心耿耿。当然这种权术不宜普遍使用，老板也忙不过来，还是要以法治为主。

奸诈虚伪六种人，世人誉之莫礼敬

表面上看着很好，实则无益于企业经营的有六种"奸伪无益之"，这六种人往往因为沽名钓誉而得到赞誉；也有看着默默无闻，踏实工作而有益于企业经营的六种"耕战有益之民"，这六种人往往无名无权，会受到贬斥。这六对正反的现象，韩非子称为"六反"。普通人会从私利的角度来赞美或者贬损，而企业的老板却不可以受世俗的蒙蔽。

企业老板不能根据人云亦云的口碑来选用和赏罚员工，也不能凭借"仁义道德"的理念来运营管理企业，而是要依靠人之常情的"计算之心"来制定绩效考核制度，用数字化考核的"计算之芯"来执行奖励、惩罚，建立起"以力得富，以事致贵"的实用的企业文化。

本节选取的是《韩非子·六反》，文章里论述的是六对正反对比的现象，我们可以借鉴一下，看看企业里的员工，哪些是"塑料花"，哪些是"中药材"。

《韩非子·六反》：看着好看的，未必适用。而适用且实用的，看着未必好看

原文：畏死远难，降北之民也，而世尊之曰"贵生之士"。学道立方，离法之民也，而世尊之曰"文学之士"。游居厚养，牟食之民也，而世尊之曰"有能之士"。语曲牟知，伪诈之民也，而世尊之曰"辩智之士"。行剑攻杀，暴憿之民也，而世尊之曰"磏勇之士"。活贼匿奸，当死之民也，而世尊之曰"任誉之士"。此六民者，世之所誉也。赴险殉诚，死节之民，而世少之曰"失计之民"也。寡闻从令，全法之民也，而世少之曰"朴陋之民"也。力作而食，生利之民也，而世少之曰"寡能之民"也。嘉厚纯粹，整毂之民也，而世少之曰"愚戆之民"也。重命畏事，尊上之民也，而世少之曰"怯慑之民"也。挫贼遏奸，明上之民也，而世少之曰"谄谗之民"也。此六民者，世之所毁也。奸伪无益之民六，而世誉之如彼；耕战有益之民六，而世毁之如此：此之谓"六反"。布衣循私利而誉之，世主听虚声而礼之，礼之所在，利必

加焉。百姓循私害而訾之，世主壅于俗而贱之，贱之所在，害必加焉。故名赏在乎私恶当罪之民，而毁害在乎公善宜赏之士，索国之富强，不可得也。

字面翻译：贪生怕死，逃避国家危难，是战场上投降败逃的人，但是世上的人却尊称他们是"珍惜生命的隐士"；倡导先王之道，建立学派学说，是违背国家法律法规的人，但是世上的人却尊称他们是"饱读文献典籍的学士"；四处游学、游说，被人优厚地供养，是混吃混喝的"寄生虫"，但是世上的人却尊称他们是"有道德、有才干的贤士"；歪曲、诡辩，玩弄阴谋智巧，是虚伪狡诈的人，但是世上的人却尊称他们是"雄辩善谋的智士"；舞刀弄剑，喜好个人私斗，是凶暴而冒险的人，但是世上的人却尊称他们是"刚强威武的勇士"；包庇盗贼，藏匿奸邪之人，是应该被判处死刑的人，但是世上的人却尊称他们是"享誉四方的名士"。这六种人，是世上的人们所赞誉的。为国难赴汤蹈火，为君主尽忠捐躯，是有情怀、有操守的人，但是世上的人却贬斥他们是"不为自己着想的傻瓜"；见闻很少，服从法令，是遵守国家法律法规的人，但是世上的人却贬斥他们是"没开化、见识短的笨蛋"；努力耕作，自食其力，是创造国家财富的人，但是世上的人却贬斥他们是"没有能耐的草包"；善良而厚道，单纯且朴实，是正派、诚实的人，但是世上的人却贬斥他们是"蠢笨、呆板的白痴"；重视命令执行，谨小慎微办事，是尊重君主的人，但是世上的人却贬斥他们是"胆小怕事的窝囊废"；打击乱臣贼子，制止奸人作恶，是维护君主威势的人，但是世上的人却贬斥他们是"阿谀奉承、谗言惑主的马屁精"。这六种人，是世上的人们所诋毁的。奸诈虚伪等无益于国家的有六种人，但是世人却是那样地赞誉他们；努力耕战等有益于国家的有六种人，但是世人却是这样地诋毁他们；这种正反对比就叫作"六种反常"。百姓从个人利益角度出发来赞誉前六种人，当今君主听到虚假的名声而礼敬这些人，而他们得到君主的礼敬，自然就得到了利益。百姓从个人损害角度出发诋毁后六种人，当今君主受世俗偏见蒙蔽而鄙视这些人，而他们受到君主的鄙视，自然就会受到迫害。结果名誉和赏赐归于谋私作恶、应当惩罚的人，而诋毁和迫害给了为国尽忠、应当奖赏的人，这样治理民众，还想求得国家的富强，是不可能的啊。

商人商语：这六种正反的现象，也是企业文化中常见的两类现象：一种是"空谈误国"，一种是"实干兴邦"。企业家看问题，不是从普通人的本性，而应该从企业经营的本性来看。所以，朴实无华的行为才能给企业运营加分，才是企业经营的基础力量。

原文：古者有谚曰："为政犹沐也，虽有弃发，必为之。"爱弃发之费而忘长发之利，不知权者也。夫弹痤者痛，饮药者苦，为苦惫之故不弹痤饮药，则身不活，病不已矣。今上下之接，无子父之泽，而欲以行义禁下，则交必有郄矣。且父母之于子也，产男则相贺，产女则杀之。此俱出父母之怀衽，然男子受贺，女子杀之者，虑其后便，计之长利也。故父母之于子也，犹用计算之心以相待也，而况无父子之泽乎？今学者之说人主也，皆去求利之心，出相爱之道，是求人主之过父母之亲也，此不熟于论恩，诈而诬也，故明主不受也。圣人之治也，审于法禁，法禁明著，则官治；必于赏罚，赏罚不阿，则民用。民用官治则国富，国富则兵强，而霸王之业成矣。霸王者，人主之大利也。人主挟大利以听治，故其任官者当能，其赏罚无私。使士民明焉，尽力致死，则功伐可立而爵禄可致，爵禄致而富贵之业成矣。富贵者，人臣之大利也。人臣挟大利以从事，故其行危至死，其力尽而不望。此谓君不仁，臣不忠，则可以霸王矣。

字面翻译：古代的时候有句谚语说："执政好比是洗头发，即使会有头发掉落，还是必须洗头的。"看重头发掉落的损耗而忘记促使头发生长的好处，是不懂得权衡利弊的人。用石针刺割痈疮是痛的，喝药是苦的。因为苦痛、疲惫的缘故而不刺痛、不喝药，身体就不能康复，病痛就不能痊愈。

现在君臣之间的交往，没有父子之间的恩泽，却想要以仁义去控制臣下，那么君臣之间的交往必定会出现裂痕。况且父母对于子女，生了男孩就互相祝贺，生了女孩就把她杀了。子女都出自父母的怀抱，然而是男孩就祝贺，是女孩就杀了的原因，是考虑到自己今后的利益，是从长远利益打算的。所以父母对于子女尚且用计算利弊的心思来对待，何况是没有父子之间恩泽的人呢？现在学者们游说君主，都是希望君主抛弃要求利益的打算，而采用相爱的方式，这是要求君主对待臣子的爱超过父母对于子女的亲情，这是关于恩德问题的无知之谈，是谎言和欺诈，所以英明的君主是不接受的。圣人治理国家，认真审核法律禁令，法律禁令明白清楚了，官府政事就会正常运转；坚决实行赏罚，奖赏、惩罚公平、公正了，民众就会听从役使。民众听从役使，官府政事正常运转，国家就会富裕，国家富裕就会兵力强盛，接着称王称霸的大业也就能成功了。称王称霸，是君主最大的利益。君主怀着称霸天下的目标来听事治政，所以他根据才能任用官员，他实行赏罚没有私心。让士人、民众明白，为国家尽力拼死作战，那么功劳就可建立而且爵禄也能获得，获得爵禄，那么荣华富贵就享有了。荣华富贵，是臣子最大的利益。臣子怀着获得荣华富贵的目的来做事，所以他们会临危不惧、至死不渝，殚精竭虑、无怨无悔。这叫作君主不讲仁爱，臣下不讲忠诚，就可以因此称霸天下了。

商人商语：在法家看来，君主以仁义道德的理念去教化臣子，以仁义道德的品行来要求臣子，以仁义道德的标准来相处和共事，是不谙世事的幼稚，也是不切实际的瞎想。老板应该以"双赢"的思维，以"名利"为共同的理想，以"法信"为共同的原则，一起实现各自的人生目标。

原文：夫奸必知则备，必诛则止；不知则肆，不诛则行。夫陈轻货于幽隐，虽曾、史可疑也；悬百金于市，虽大盗不取也。不知，则曾、史可疑于幽隐；必知，则大盗不取悬金于市。故明主之治国也，众其守而重其罪，使民以法禁而不以廉止。母之爱子也倍父，父令之行于子者十母；吏之于民无爱，令之行于民也万父。母积爱而令穷，吏用威严而民听从，严爱之策亦可决矣。且父母之所以求于子也，动作则欲其安利也，行身则欲其远罪也。君上之于民也，有难则用其死，安平则尽其力。亲以厚爱关子于安利而不听，君以无爱利求民之死力而令行。明主知之，故不养恩爱之心而增威严之势。故母厚爱处，子多败，推爱也；父薄爱教笞，子多善，用严也。

字面翻译：奸人做坏事，在一定会被察觉的情况下就会戒备，在一定会受惩罚的情况下就会停止；在不会被察觉的情况下就会放肆，在不会受惩罚的情况下就会横行。把廉价的东西摆放在冷僻之处，即使是曾参、史鱼这样有道德的人也可能拿走；把百金放置在闹市之中，即使是大盗也不敢取走。不会被察觉，那么曾参、史鱼也可能在暗处做坏事；一定会被察觉，那么大盗也不敢在闹市上取走放置的百金。所以明君治理国家，由众人监视每一个人的操守，而且加重惩罚罪犯，使民众因为法律禁令而不是依靠廉正的品德才停止做坏事。母亲对于儿子的爱要倍于父亲，然而父亲严令对于儿子的效果却十倍于母亲；官吏对于民众是没有爱的，然而发号施令对于民众的效果却万倍于父亲。母亲溺爱儿子，命令就没有作用；官吏使用威严，民众就听话服从。威严的措施好，还是仁爱的措施好，由此也就可以判断了。况且父母寄希望于儿子的，做事上，是想让他们安全地获得利益，做人上，是想让他们远离犯罪。君主寄希望于民众的是，危难时就要他们拼死作战，安定时就要他们尽力耕作。父母怀着厚爱，要把儿子安排在安全获利的环境中，但是儿子不听从；君主用没有爱心的利益要求民众拼命出力，命令却能贯彻执行。明君懂得这些道理，所以不培育仁爱之心而加强威严之势。被母亲溺爱的儿子，大多行为不检，这是因为过度的宠爱；父亲偏爱用鞭挞教育，儿子多数有出息，这是严厉的效果。

商人商语：企业的运营，不能指望员工在没有管理的前提下能够努力工作。对于员工的工作行为要有规章制度，要有奖惩、考核。企业家对于员工，不是出于仁义之心而发放工资、奖金，而是因为员工努力工作应该获得工资、奖金。所以，好企业的好员工是被管理出来的。

原文：今家人之治产也，相忍以饥寒，相强以劳苦，虽犯军旅之难，饥馑之患，温衣美食者，必是家也；相怜以衣食，相惠以佚乐，天饥岁荒，嫁妻卖子者，必是家也。故法之为道，前苦而长利；仁之为道，偷乐而后穷。圣人权其轻重，出其大利，故用法之相忍，而弃仁人之相怜也。学者之言皆曰"轻刑"，此乱亡之术也。凡赏罚之必者，劝禁也。赏厚，则所欲之得也疾；罚重，则所恶之禁也急。夫欲利者必恶害，害者，利之反也。反于所欲，焉得无恶？欲治者必恶乱，乱者，治之反也。是故欲治甚者，其赏必厚矣；其恶乱甚者，其罚必重矣。今取于轻刑者，其恶乱不甚也，其欲治又不甚也。此非特无术也，又乃无行。是故决贤、不肖、愚、知之策，在赏罚之轻重。且夫重刑者，非为罪人也。明主之法，揆也。治贼，非治所治也；治所治也者，是治死人也。刑盗，非治所刑也；治所刑也者，是治胥靡也。故曰：重一奸之罪而止境内之邪，此所以为治也。重罚者，盗贼也；而悼惧者，良民也。欲治者奚疑于重刑！若夫厚赏者，非独赏功也，又劝一国。受赏者甘利，未赏者慕业，是报一人之功而劝境内之众也，欲治者何疑于厚赏！今不知治者皆曰："重刑伤民，轻刑可以止奸，何必于重哉？"此不察于治者也。夫以重止者，未必以轻止也；以轻止者，必以重止矣。是以上设重刑者而奸尽止，奸尽止，则此奚伤于民也？所谓重刑者，奸之所利者细，而上之所加焉者大也。民不以小利加大罪，故奸必止者也。所谓轻刑者，奸之所利者大，上之所加焉者小也。民慕其利而傲其罪，故奸不止也。故先圣有谚曰："不蹶于山，而蹶于垤。"山者大，故人顺之；垤微小，故人易之也。今轻刑罚，民必易之。犯而不诛，是驱国而弃之也；犯而诛之，是为民设陷也。是故轻罪者，民之垤也。是以轻罪之为民道也，非乱国也，则设民陷也，此则可谓伤民矣！

字面翻译：现在普通人家治理家业，用饥寒交迫来相互勉励，用吃苦耐劳来相互督促，那么，即使是遭受战争的灾难，遭遇荒年的祸患，仍然能吃饱穿暖的，一定是这种人家；用锦衣美食来相互怜爱，用安逸享乐来相互照顾，那么，遇到灾荒年月，卖妻卖儿的，一定是这种人家。所以把法治作为治国原则，虽然在开始时艰苦，但是会获得长久的利益；把仁治作为治国原则，虽然暂时是快乐的，但是未来会困苦交迫。圣人权衡这两种治国原则的轻重，选择其中获得利益最大的一种，所以用法治的相互勉励，而抛弃仁治的相互怜爱。学者们都主张"减轻刑罚"，这是导致国家混乱消亡的方法啊。大凡赏罚的坚决执行，都是为了鼓励和禁止。奖赏优厚，那么想要获取的东西就会迅速得到；刑罚严厉，那么所厌恶的东西就

会很快禁止。想要获取利益的人必然厌恶受到祸害，祸害是和利益相反的
东西。违反了自己的欲望，哪里会不厌恶呢？想要治理国家的人必然厌恶
社会混乱，混乱是和安定相反的事情。因此迫切希望治理国家的人，他的
奖赏一定优厚；非常厌恶社会混乱的人，他的刑罚一定严厉。现在主张减
轻刑罚的人，他们不太厌恶社会混乱，他们也不太想国家得到治理。这种
人不但不懂治国策略，也缺乏实际治理的经验。因此判断一个人贤与不贤、
愚笨与智慧的策略，在于他对于施行赏罚的轻重的看法。况且施行严厉的
刑罚，目的不是为了刑罚罪人。明君制定的法律，是衡量人们行为的准则。
刑戮乱贼，不只是为了刑戮所要惩治的乱贼；只是刑戮所要惩治的乱贼，
那不过是刑戮了一个死囚而已。刑罚盗贼，不只是为了刑罚所要惩治的盗
贼；只是刑罚所要惩治的盗贼，那不过是刑罚了一个囚犯而已。所以说：严
厉惩治一个奸人的罪行，是为了制止境内的奸邪之事，这才是惩治的目的。
受到严厉刑罚的人，是盗贼；因此害怕犯罪的人，是良民。想要治理国家
的人对于重刑，还有什么可以顾忌的呢！至于优厚的奖赏，不只是奖赏那
个人的功劳，还可以勉励全国的民众。受到奖赏的人享受这个利益，没有
得到奖赏的人羡慕受赏者的功业。这是酬劳一个人的功劳而勉励了国内的
民众啊。想要治理国家的人对于厚赏，还有什么值得怀疑的呢！现在不懂
治理的人都说："重刑会伤害民众，轻罚可以用来制止奸邪，为什么一定要
用重刑呢？"这是不能明察治理之道的人。用重刑能够制止的事情，用轻
刑未必能够制止；用轻刑能够制止的事情，用重刑一定能够制止。因此君
主设重刑，奸邪就能全部得到制止，奸邪全部得到制止，那么这哪里有伤
害到民众呢？所谓重刑的意义，是奸人所得到的利益小，但是君主因此给
予的惩罚重。民众不想因为小利益而遭受大罪的惩罚，所以奸邪一定能被
制止。所谓轻刑的意义，是奸人所得到的利益大，但是君主因此给予的惩
罚轻。民众向往大利益而轻视小罪的惩罚，所以奸邪不能被制止。所以先
圣有句谚语说："人不会被高山绊倒，却会被小土堆绊倒。"山体大，所以
人们会小心地顺势而行；土堆小，所以人们会忽视它而被绊倒。现在实行

轻刑，民众一定会忽视它。犯罪了而不予刑罚，这是驱使全国的民众犯罪而放弃了治理；驱使人犯罪了而给予刑罚，这是给民众设置了陷阱。所以，轻刑正是使民众忽视而被绊倒的小土堆。因而把轻刑作为治理民众的原则，不是导致国家混乱，就是为民众设置陷阱，这么做才是伤害民众啊！

商人商语：苛法严刑固然会压抑人们自由的天性，但是不如此，企业的经营管理能够标准化、秩序化、组织化吗？况且苛法严刑的出发点，不是暴虐的心态，而是真正的仁义，会使人们因为害怕而不犯错、不被惩罚，最终获得属于自己的薪酬利益。

原文：今学者皆道书策之颂语，不察当世之实事，曰："上不爱民，赋敛常重，则用不足而下怨上，故天下大乱。"此以为足其财用以加爱焉，虽轻刑罚，可以治也。此言不然矣。凡人之取重罚，固已足之之后也；虽财用足而后厚爱之，然而轻刑，犹之乱也。夫当家之爱子，财货足用，货财足用则轻用，轻用则侈泰。亲爱之则不忍，不忍则骄恣。侈泰则家贫，骄恣则行暴。此虽财用足而爱厚，轻刑之患也。凡人之生也，财用足则隳于用力，上懦则肆于为非。财用足而力作者，神农也；上治懦而行修者，曾、史也，夫民之不及神农、曾、史亦明矣。老聃有言曰："知足不辱，知止不殆。"夫以殆辱之故而不求于足之外者，老聃也。今以为足民而可以治，是以民为皆如老聃也。故桀贵在天子而不足于尊，富有四海之内而不足于宝。君人者虽足民，不能足使为天子，而桀未必以为天子为足也，则虽足民，何可以为治也？故明主之治国也，适其时事以致财物，论其税赋以均贫富，厚其爵禄以尽贤能，重其刑罚以禁奸邪，使民以力得富，以事致贵，以过受罪，以功致赏，而不念慈惠之赐，此帝王之政也。

字面翻译：现在的学者都称道文献典籍中那些歌功颂德的话，而不考察当今社会的实际情况，说："君主不爱护民众，赋税一直沉重，民众们因为生活用度不足而怨恨君主，所以导致天下大乱。"这是认为使百姓的财富够用以表达对他们的仁爱，那么，即使是减轻刑罚，国家也可以得到治理。这种说法是不对的。凡是自己招致严格惩罚的人，本来就是在已经富足之后犯罪的。即使是财富够用之后君主厚爱他们，然而使用轻刑治理，还是会导致社会混乱的。比如当家长的疼爱儿子，钱财货物足够他们花费，钱财货物足够他们花费就会轻易花费，轻易花费就会奢侈、挥霍。溺爱儿子就不忍心管教，不忍心管教就会使其变得骄横、放纵。奢侈、挥霍就会导致家境贫困，骄横、放纵就会养成暴虐行为。这就是财富足够并加以厚爱，减轻刑罚治理的祸患啊。大凡人的本性，财富足够用度了就会懒于劳作，而君主治理软弱就更会放肆地为非作歹。财富够用了还能努力劳作的，是古代的神农；君主治理软弱但自身品行仍然美好的，是曾参和史鱼。民众的素质不如神农、曾参、史鱼是很明显的。老子有句话说："知道适度满足就不会遭受耻辱，知道适可而止就不会遭遇危险。"因为害怕遇到危险和耻辱的缘故，在适度满足之后不再追求更多的人，是老子。现在认为民众富足之后就可以治理，这是把民众都看作老子了。所以夏桀贵为天子而不满足于自己的尊贵，富有四海而不满足于自己的财宝。做君主的即使能使民众富足，但是不可能使他们富足得像天子一样，而夏桀不一定认为做天子就是满足的，那么纵然是使民众富足，凭什么就认为民众富足后可以治理呢？所以，明君治理国家，顺应时代时事来创造物质财富，评定税赋来调节民众贫富，厚赏爵禄来使人们竭尽才能，加重刑戮、惩罚来禁止人们的奸邪行为，使民众依靠自己的气力得到财富，依靠为国家的事功获得尊贵地位，因为过错受到惩罚，因为功劳获得奖赏，而不去指望君主仁慈恩惠的赏赐，这才是成就帝王大业的政治措施啊。

商人商语：孔子认为"仓廪足而知礼节"，但是法家认为想要满足人们的富足欲望是不太可能的，想要人们富足之后容易治理更是不可能的。所以，聪明的企业家，不会付给员工太高的基本工资，反而会给予高额的业绩奖金。所谓"高薪养能"，实际上，养出能人来的比例太低了，反而会养出很多懒汉。

原文：人皆寐，则盲者不知；皆嘿，则喑者不知。觉而使之视，问而使之对，则暗盲者穷矣。不听其言也，则无术者不知；不任其身也，则不肖者不知。听其言而求其当，任其身而责其功，则无术不肖者穷矣。夫欲得力士而听其自言，虽庸人与乌获不可别也；授之以鼎俎，则罢健效矣。故官职者，能士之鼎俎也，任之以事而愚智分矣。故无术者得于不用，不肖者得于不任。言不用而自文以为辩，身不任者而自饰以为高。世主眩其辩、滥其高而尊贵之，是不须视而定明也，不待对而定辩也，喑盲者不得矣。明主听其言必责其用，观其行必求其功，然则虚旧之学不谈，矜诬之行不饰矣。

字面翻译：人们都睡着了，就无法知道谁是瞎子；都不说话，就无法知道谁是哑巴。让他们睡醒后看东西，提问题让他们来回答，那么哑巴、瞎子就原形毕露了。不听察他的言论，就无法知道他是否有谋事的策略；不让他亲自做事，就无法知道他是否是无德无才的人。听察他的言论进而要求他有相应的行动，委派他做事但是要考核他做事的事功，那么没有谋略、无德无才的人就原形毕露了。想要得到大力士，却听凭他自己的介绍，即使他是平庸的人也不可能和大力士乌获区别开来；拿来大鼎巨案让他们试举，那么羸弱还是勇健就能表现出来了。所以当官任职，是测试能人贤士的"大鼎巨案"，委派他们做事，是愚蠢还是聪明就区别出来了。没有谋略的人从君主不采用他的言论中得利，德才不好的人从君主不委派他做事中得利，君主不采用他的言论他就夸耀自己辩才无双，君主不委派他做事他就粉饰自己高明无比。当今君主迷惑于他的辩才，盲目地相信他的高明，从而尊崇他，这是不需要他看东西就断定他视力好，不等待他说话就断定他口才好，那么，混在人群中的哑巴和瞎子就无从分辨了。明君听取他的言论就一定要责求其言论的实用，观察他做事就一定要责求他的事功，这样一来，虚伪陈腐的学说就无法宣扬了，自吹自擂和弄虚作假的行为就掩饰不住了。

商人商语：企业家听取手下的言论时，一定要要求其有完整的建议方案，而不能只是"说说情况"；提出的建议方案要有可实行性，不能只是"随便说说"；建议方案的实行，要有实际功效的考核和奖惩，不能只是"说完了事"。企业中，人人为自己的言语负责，人人为自己的行为负责，企业的运营管理才会健康运行。

打破朋党，战胜奸巧，限制学说，除去空谈

团队和睦不代表大家就要一团和气。大家一团和气就不会坚守职责，甚至会有私相贿受的勾连。这样"你侬我侬大家侬"，老板的权势就会被削弱，企业的制度也会变得表面化，企业的利益因而会受到损害，企业的实力也会慢慢地变弱。而企业的经营实力变弱了，那些高管的资源、实力就变强了。

真正的团队，团队里的人员都能够奉职守则，不会拉帮结伙、弄虚作假，而以能胜任自己的工作并能帮助他人工作为荣。这一章节，我们探讨的是"团队文化"中的"朋党"现象。如古人韩愈所言，自古以来"朋党"就存在，尧舜禹汤时期就有，区别在于是君子"同道"还是小人"同利"而已。只是这个"同道"，在法家看来是自我标榜，和"同利"是一路货色。

本章节，我们选取了《商君书·慎法》的两个段落，以此来解读法家眼中"朋党"现象。

《商君书·慎法》：听说得来终觉浅，绝知"朋党"之事要用法

原文：凡世莫不以其所以乱者治，故小治而小乱，大治而大乱，人主

莫能世治其民，世无不乱之国。奚谓以其所以乱者治？夫举贤能，世之所治也，而治之所以乱。世之所谓贤者，善正也；所以为善正也，党也。听其言也，则以为能；问其党，以为然。故贵之不待其有功，诛之不待其有罪也。此其势正使污吏有资而成其奸险，小人有资而施其巧诈。初假吏民奸诈之本，而求端悫其末，禹不能以使十人之众，庸主安能以御一国之民？

字面翻译：现在世上的国家没有不用导致乱国的方法治国的，所以小小的治就会导致国家小乱，大大的治就会导致国家大乱，君主不能够世世代代地统治民众，世上没有不乱的国家。什么叫作用乱国的方法治国呢？比如任用贤能，是现在世上普遍采用的治国方法，也正是治国之所以混乱的方法。世上所说的贤人，是指善于为政的人；之所以有善于为政的名声，出自于其朋党的吹捧。国君听他的学说，认为他是贤人；问他的朋党，也都认为的确是这样的。因此授官予爵而不等待他立下功劳；处罚、惩治而不等待他犯下罪过。这种"举贤能"的情况，正是使贪官污吏有所凭借而成就他们的奸险，使小人有所凭借而施展他们的巧诈。一开始就种下了官吏民众进行欺诈的根，而希望他们长出端正和诚实的枝叶，即使是大禹也不能支配这类人中的十人，平庸的国君又怎么能统治一国的民众？

商人商语：寻访人才，却每每为"人才"所误。是因为所谓的"贤能"，更多的是靠其党羽的吹捧，或者是相关利益者的推荐。任用此一类"人才"，若只是其本人的问题还算好办，可怕的是处理他一人的问题变成了一帮人的问题，企业不得不承受更大的损失。

原文：彼而党与人者，不待我而有成事者也。上举一与民，民倍主位而向私交。民倍主位而向私交，则君弱而臣强。君人者不察也，非侵于诸侯，必劫于百姓。彼言说之势，愚智同学之，士学于言说之人，则民释实事而诵虚词。民释实事而诵虚词，则力少而非多。君人者不察也，以战必损其将；以守必卖其城。

字面翻译：那些结成朋党的人，不是依靠自己的能力而做成事情的。君主从民众中提拔一个人，民众就背着君主迎合私下交往。民众背着君主而迎合私下交往，就会削弱君权而增强臣下的权力。国君认不清这一点，不是会被他国诸侯侵犯，就是会被百姓威逼。那些学说受欢迎的势头，无论是愚昧还是智慧的人一齐学习，士子们也就学于学说者的门下，因而人们都放弃实际的农事，去诵读空虚的言论。人们都放弃实际的农事去诵读空虚的言论，国家实力就会减弱，而不对的事情增多。君主不能认清这一点，用这样的人去战争，必定损兵折将；用这样的人去守卫，必定出卖城邑。

商人商语：朋党之间互相维护、互相吹捧，势必会以朋党利益为第一，势必会破坏企业的规章制度。当企业经营遇到困境之时，朋党的破坏力就会如同企业机体内发作的恶性肿瘤，其猎取企业利益、破坏企业生命的作用会变得非常巨大。

臣权太重贵族多，分化而治塞私门

"和氏璧"的故事人人皆知，和氏的遭遇令人叹息。然而在企业里有没有类似的被打压的人才呢？肯定是有的。越是能干的人才越是有些孤傲，也越是不会攀权附势。对比而言，重要员工的权势太重，依附于他的员工就会增多。持续下去，日渐成势的朋党利益就会愈加紧密，甚至会向上借势逼迫老板让步，向下压迫一线员工的实得利益。这是他们掏空企业资源、使企业经营日趋衰弱的方式、方法。

企业的经营管理，必须聘用专业的专职管理人员。但是，管理人员之间的连带利益，以及为了管理而管理造成的文职人员过多现象，都是企业组织机体的"肿瘤君"。企业老板要有意识地去平衡、去分化、去掺沙子、去使绊子等。只是，老板这样殚精竭虑，真的能解决问题吗？

本节选用《韩非子·和氏》来做解读，通过楚人和氏的遭遇，来说明企业组织里盘根错节的利益关联。

《韩非子·和氏》：企业家应突破"贤臣"设置的迷雾，看到法制的真实价值

原文：楚人和氏得玉璞楚山中，奉而献之厉王。厉王使玉人相之。玉人曰："石也。"王以和为诳，而刖其左足。及厉王薨，武王即位。和又奉其璞而献之武王。武王使玉人相之。又曰："石也。"王又以和为诳，而刖其右足。武王薨，文王即位。和乃抱其璞而哭于楚山之下，三日三夜，泪尽而继之以血。王闻之，使人问其故，曰："天下之刖者多矣，子奚哭之悲也？"和曰："吾非悲刖也，悲夫宝玉而题之以石，贞士而名之以诳，此吾所以悲也。"王乃使玉人理其璞而得宝焉，遂命曰"和氏之璧"。

字面翻译：楚国人卞和在荆山中得到一块玉璞，捧着把它进献给楚厉王。厉玉派治玉的工匠鉴定。玉匠说："是石头。"厉王认为卞和在行骗，就砍掉了他的左脚。等到厉王去世，武王接任王位。卞和又捧着那块玉璞去献给武王。武王派玉匠鉴定。玉匠又说："是石头。"武王也认为卞和是在行骗，就砍掉了他的右脚。武王去世，文王接任王位。卞和就抱着那块玉璞在荆山脚下痛哭，哭了三天三夜，眼泪流干了还继续哭，直至流出血。文王听说后，派人去询问他如此痛哭的原因，问道："天下受断足刑的人多了，你为什么哭得这么悲伤？"卞和说："我不是为脚被砍掉而悲伤，而是悲伤于把宝玉称作石头，把忠贞的人叫作骗子，这是我如此悲伤的原因。"文王就派玉匠加工这块玉璞并从中得到了宝玉，于是命名为"和氏之璧"。

商人商语：企业拥有的很多"珍宝"，如人才、技术、营销策略、管理建议等，如果只是凭借左右身边人的建议，是无法辨别其真假好坏的。刨除身边人的能力和经验外，更重要的原因是涉及身边人的利益。所以，面对这一类"珍宝"，最好的检测办法，就是大胆地去尝试一下，也许企业创新的机遇就在其中。

原文：夫珠玉，人主之所急也。和虽献璞而未美，未为主之害也，然犹两足斩而宝乃论，论宝若此其难也。今人主之于法术也，未必和璧之急也；而禁群臣士民之私邪。然则有道者之不僇也，特帝王之璞未献耳。主用术，

则大臣不得擅断，近习不敢卖重；官行法，则浮萌趋于耕农，而游士危于战陈；则法术者乃群臣士民之所祸也。人主非能倍大臣之议，越民萌之诽，独周乎道言也，则法术之士虽至死亡，道必不论矣。

字面翻译：珍珠宝玉，是君主迫切追求的东西。即使卞和进献的玉璞不够完美，也不会成为君主的祸害，这样还是在双脚被砍后，宝玉才得到认定，认定宝玉竟然如此困难。如今君主对于通晓"以法治国"和"君主权术"的人士，未必像对待和氏璧那样的迫切；而"以法治国"和"君主权术"，是用来禁止群臣士民的私利邪行。虽然这样，通晓治国原则的人士还没被杀害的原因，只是成就帝王大业的"玉璞"还没进献罢了。君主运用权术，那么大臣就不能专权独断，亲近、宠幸的近侍就不敢卖弄权势；官府施行法制，那么游手好闲的人就得去从事农耕，而游说的人就得冒着危险去参军作战；那么通晓"以法治国"和"君主权术"的人士，就会被群臣士民看成是威胁他们利益的祸害了。君主不能违背大臣的建议和摆脱黎民百姓的舆论，独自采纳这个合乎治国原则的主张，那么通晓"以法治国"和"君主权术"的人士即使到死，他们的学说也一定不会被认定。

商人商语：以法制的理念，来运营管理企业，企业中一些重要员工的作用就会被限制、权力就会被束缚、利益也会被削减甚至消失。因此，企业推行制度管理的最大障碍，并不是制度本身是否适合，而是重要员工从自身利益出发就会反对这些制度的存在和执行。

原文：昔者吴起教楚悼王以楚国之俗曰："大臣太重，封君太众。若此，则上逼主而下虐民，此贫国弱兵之道也。不如使封君之子孙三世而收爵禄，绝灭百吏之禄秩，损不急之枝官，以奉选练之士。"悼王行之期年而薨矣，吴起枝解于楚。商君教秦孝公以连什伍，设告坐之过，燔诗书而明法令，塞私门之请而遂公家之劳，禁游宦之民而显耕战之士。孝公行之，主以尊安，国以富强，八年而薨，商君车裂于秦。楚不用吴起而削乱，秦行商君法而富强，二子之言也已当矣，然而枝解吴起而车裂商君者，何也？大臣苦法而细民恶治也。当今之世，大臣贪重，细民安乱，甚于秦、楚之俗，而人主无悼王、孝公之听，则法术之士，安能蒙二子之危也而明己之法术哉！此世所以乱无霸王也。

字面翻译：从前，吴起向楚悼王指出楚国的习俗说："大臣的权势太重，封邑的贵族太多。像这样下去，他们就会向上逼迫君主而向下残害民众，这是国家贫穷、兵力衰弱的根本原因啊。不如使分封贵族的爵禄权益只能世袭到子孙第三代就收回，取消或者减少百官的职位补贴，裁减无关紧要的多余官职，用节省下来的资源供养经过选拔和训练的士兵。"楚悼王施行吴起的变法一年后，就去世了，吴起在楚国遭受了分裂肢体的酷刑。商鞅教秦孝公建立十家为一什、五家为一伍的基层联保组织，设置告密奸邪和株连处罚的基层监察制度，焚烧《诗经》和《尚书》来彰明国家的法律法令，杜绝私人私下的请托而使为国家效劳的途径畅通，限制那些奔走游说来谋取官职的人而使种田的农民、征战的士兵显贵起来。孝公实行这些变法措施，君主因此尊贵而且地位稳定，国家因此富庶强大。八年后秦孝公去世了，商鞅在秦国遭受到车裂的酷刑。楚国不用吴起变法而削弱混乱，秦国推行商鞅变法而富庶强大，二位先生的主张已经被证明是正确的，但是吴起被肢解、商鞅被车裂的原因是什么呢？大臣苦于法制而底层百姓憎恨管制。当今之世，大臣贪图个人权势，底层百姓安于动乱，这种情况比从前秦国、楚国的风气还要恶劣，但是君主没有楚悼王、秦孝公那样的听察力，那么通晓"以法治国"和"君主权术"的人士，又怎么可能冒着吴起、商鞅结局的危险而去宣扬自己的法制权术主张呢？这就是天下形势混乱而没有人一个称霸称王的原因啊。

商人商语：老板一定要承认现实中人才的重要作用，但是也不能否认现实中人才的破坏作用。企业运营最稳妥、最保险的就是依法管理。但是，在依法管理的推行过程中，一定会遇到各种人为因素的阻挠。这种阻挠会集中攻击主持依法管理的人。老板在这一过程中，必须明辨这是主观问题还是客观问题，是态度问题还是实际问题。

越四助而察其臣，只可用来不可信

被老板重用的人独揽大权，企业的外事和内政都被他掌握。如此一来，企业的合作单位不依靠他，业务就得不到照应，所以合作单位会给他唱赞歌；企业的各级经理不依靠他，权责就会受到限制，业绩就得不到显示，绩效考核的奖惩就不公平，所以各级经理会围着他鞍前马后；甚至老板身边的职员不依靠他，就不能获得老板的赏识，所以他们为他隐瞒错误、通风报信；企业外请的顾问一类的人，不依靠他，待遇就会降低，所以也纷纷为他说好话。

缺少洞察力的老板，看不透这一点，反而愈加觉得重用之人不可离开，愈加授予其更重的权力。恶性循环，有如团伙作案，企业经营表面上"花团锦簇"，实际上已经"暗伤累累"。所以，法治与人治的区别，不在于冠冕堂皇的理念分歧，而在于企业公义与个人私利的势不两立。

本节选取的是《韩非子·孤愤》，旨在说明企业里朋党营私舞弊的乱象，会使懂得制度管理的人不仅没有机会进言，甚至会连自身的职位也难以保全。

《韩非子·孤愤》：奉行以制度来运营企业的人的郁闷，在于四面树敌和孤独无助

原文：智术之士，必远见而明察，不明察，不能烛私；能法之士，必强毅而劲直，不劲直，不能矫奸。人臣循令而从事，案法而治官，非谓重人也。重人也者，无令而擅为，亏法以利私，耗国以便家，力能得其君，此所为重人也。智术之士明察，听用，且烛重人之阴情；能法之士劲直，听用，且矫重人之奸行。故智术能法之士用，则贵重之臣必在绳之外矣。是智法之士与当涂之人，不可两存之仇也。

字面翻译：有智慧、懂策略的人，一定见识高远并且明察秋毫，因为不明察秋毫，就不能洞察营私舞弊的伎俩；有才能、懂法制的人，一定坚定果断并且刚强正直，因为不刚强正直，就不能整治违法乱纪的恶行。遵照君主法令处理政事，按照国家法律履行职责的臣子，不叫重臣。无视君主的法令而独断专行，破坏国家的法律来牟取私人利益，耗费国家的资源来为获取私家利益提供便利，其势力能够控制君主，这才是重臣。有智慧、懂策略的人明察秋毫，如果被君主听信而任用，将会洞察重臣的阴谋诡计；有才能、懂法制的人刚强正直，如果被君主听信而任用，将会整治重臣的违法乱纪。因此，有智慧、懂策略的人和有才能、懂法制的人若被任用，那么地位尊贵、掌控权势的臣子一定会被法律准绳所不容。这样看来，有智慧、懂法制的贤士与当道掌权的重臣，是不可能当朝并存的政敌。

商人商语：依法守职、负责公司重要事务的高管，和违法弄权、负责公司重要事务的高管，是完全不同的两类人。一类是掌控事务的权力重，事务完成了也就交还权力了；一类是负责事务的权力重，权力就好像是他利益的命根子。二者原本没有私仇，但是掌权的理念不同致使其互相妨碍，有了私仇。

原文：当涂之人擅事要，则外内为之用矣。是以诸侯不因，则事不应，故敌国为之讼；百官不因，则业不进，故群臣为之用；郎中不因，则不得近主，故左右为之匿；学士不因，则养禄薄礼卑，故学士为之谈也。此四助者，邪臣之所以自饰也。重人不能忠主而进其仇，人主不能越四助而烛察其臣，故人主愈弊而大臣愈重。

字面翻译：当道掌权的两类人独揽国家政事的处置，国家的外交和内政就成了他利用的工具。各国诸侯不呼应他，外交事情就得不到照应，所以敌对的国家会给他歌功颂德；各级官吏不依靠他，政绩就得不到上报，所以群臣会为他效力；君主的侍从官员不依靠他，就不可能接近君主，所以君主的近侍会为他隐瞒罪行；学士们不依靠他，给养俸禄就会微薄而且待遇低下，所以学士们会为他说好话。这四种帮助他的人，是奸邪之臣用来粉饰自己力量的人。重臣不可能忠于君主而推荐自己的政敌给君主，君主又不能越过这四种帮助重臣的人来洞察重臣的真面目，所以君主越来越受蒙蔽，而重臣的权势越来越大。

商人商语：这四种帮凶和重臣的关系，就好比是火势和风力的关系，火借风势，风借火力。表面上看，二者因利益融为一体，也很难"扑灭"。其实不然。企业老板要看到这一切的表象，是由于授予了手下不当的权力，又不懂得用制度来辖制权力而造成的，所以，使用"釜底抽薪"一招，就可以轻易地解决。

原文：凡当涂者之于人主也，希不信爱也，又且习故。若夫即主心，同乎好恶，固其所自进也。官爵贵重，朋党又众，而一国为之讼。则法术之士欲干上者，非有所信爱之亲、习故之泽也，又将以法术之言矫人主阿辟之心，是与人主相反也。处势卑贱，无党孤特。夫以疏远与近爱信争，其数不胜也；以新旅与习故争，其数不胜也；以反主意与同好恶争，其数不胜也；以轻贱与贵重争，其数不胜也；以一口与一国争，其数不胜也。法术之士操五不胜之势，以岁数而又不得见；当涂之人乘五胜之资，而旦暮独说于前。故法术之士奚道得进，而人主奚时得悟乎？故资必不胜而势不两存，法术之士焉得不危？其可以罪过诬者，以公法而诛之；其不可被以罪过者，以私剑而穷之。是明法术而逆主上者，不僇于吏诛，必死于私剑矣。朋党比周以弊主，言曲以便私者，必信于重人矣。故其可以攻伐借者，以官爵贵之；其不可借以美名者，以外权重之。是以弊主上而趋于私门者，不显于官爵，必重于外权矣。今人主不合参验而行诛，不待见功而爵禄，故法术之士安能蒙死亡而进其说？奸邪之臣安肯乘利而退其身？故主上愈卑，私门益尊。

字面翻译：大凡当道掌权的重臣，很少有不被君主信任和宠爱的，况且彼此又亲昵又熟悉。至于贴近君主的心意，迎合君主的好恶，本来就是重臣得以进用的手段。重臣的官职大、爵位高，党羽众多，而且全国的民众都在为他们说好话。对比而言，通晓法制、权术的人士想要在朝廷中有所作为，和君主之间没有信任和宠爱的亲近关系，也没有亲昵和熟悉的交情，还要用法制、权术等主张来矫正君主邪僻的心意，这是与君主互相对立的。通晓法制、权术的人地位低下，没有同党，孤立无援。拿关系疏远的人和关系亲近的人相争，从常理上看不能取胜；拿新来的宾客和熟悉的老人相争，从常理上看不能取胜；拿违背君主心意的人和迎合君主好恶的人相争，从常理上看也不能取胜；拿地位轻贱的人和位尊权重的人相争，从常理上看依然不能取胜；拿一个人和一国人相争，从常理上看更不能取胜。通晓"法制、权术"的人握有这"五不胜"的形势，时间长的按年计算也不能见到君主；当道掌权的重臣凭借"五胜"的条件，从早晨到晚上都能单独向君主进言。所以，通晓法制、权术的人通过什么门路才能得以进见，而君主到什么时候才能醒悟呢？因此，凭借一定不能取胜的条件，又和重臣有着势不两立的仇恨，通晓法制、权术的人哪里会没有危险？对他可以用罪责、过错来加以诬陷的，重臣就用国家法律来杀掉；对他不能强加罪责、过错来加以诬陷的，重臣就用私门豢养的刺客来暗杀。这样看来，通晓法制、权术而且又违背君主心意的人，不是为官吏所诛杀，就是一定死在刺客剑下。拉帮结伙、串通一气来蒙蔽君主和用花言巧语歪曲事实来效力私门的人，一定会受到重臣的信任。所以重臣对于他们中有功劳的，就封官赐爵使他们显贵；对于那些没有好名声的，就赋予他们外交职权。因此，蒙蔽君主而投奔重臣私人门下的人，不是官爵显耀，就是在外交职权上握有权势。现在君主不用事实验证、核查就实行诛戮，不等待建立功劳就授予爵禄，因此通晓法制、权术的人怎能冒着死亡的危险去进言自己的主张？奸邪之臣又哪里肯处在有利的时机而罢手引退呢？所以君主的地位越来越低，重臣的权势愈加尊贵。

商人商语：通晓法制、权术的人，本身信奉的理念是"尚法非贤"，所以本人就会有些不近人情，只讲事理。这种人才，真的是只有企业家才能发现，才能重用的。

原文：夫越虽国富兵强，中国之主皆知无益于己也，曰："非吾所得制也。"今有国者虽地广人众，然而人主壅蔽，大臣专权，是国为越也。智不类越，而不智不类其国，不察其类者也。人之所以谓齐亡者，非地与城亡也，吕氏弗制而田氏用之；所以谓晋亡者，亦非地与城亡也，姬氏不制而六卿专之也。今大臣执柄独断，而上弗知收，是人主不明也。与死人同病者，不可生也；与亡国同事者，不可存也。今袭迹于齐、晋，欲国安存，不可得也。

字面翻译：越国虽然国富兵强，中原地区各国的君主都知道对自己没有什么好处，说："不是我所能控制的。"现在，拥有国家的君主即使是地大物博、人口众多，然而君主被群臣蒙蔽，大臣专权跋扈，这个国家就已经是不能控制的越国了。知道自己的国家与越国是不同的，却不知道怎样使自己的国家避免和越国一样的结果，这是因为不能明察事理的类似性。人们之所以说齐国灭亡了，并不是指土地和城市灭亡了，而是指做君主的吕氏不能控制国家而被田氏所占有了；之所以说晋国灭亡了，也不是指土地和城市灭亡了，而是指做君主的姬氏不能控制国家而被范氏、中行氏、智氏、赵氏、韩氏、魏氏六卿所把持了。现在在大臣掌握着君主的权力而独断专行，但是君主不知道收回君权，这是君主不能明察啊。和死人相同症状的，不可能生还；和灭亡的国家相同做法的，不可能存在。现在沿着齐国、晋国灭亡的老路走，想要国家安全存在下去，是不可能的。

商人商语：有些企业的没落，表面上看是在外部市场中竞争失败了，其实是企业内部的运营管理出了问题，主要表现有产品陈旧、服务冷漠、运营粗糙、营销落伍等。这些问题固然是在市场中反映出来的，但是其根源是在企业运营的内部。与其说是老板用错了人，不如说是老板用错了用人的方法才导致了这一切。

原文：凡法术之难行也，不独万乘，千乘亦然。人主之左右不必智也，人主于人有所智而听之，因与左右论其言，是与愚人论智也；人主之左右不必贤也，人主于人有所贤而礼之，因与左右论其行，是与不肖论贤也。智者决策于愚人，贤士程行于不肖，则贤智之士羞而人主之论悖矣。人臣之欲得官者，其修士且以精洁固身，其智士且以治辩进业。其修士不能以货赂事人，恃其精洁而更不能以枉法为治，则修智之士不事左右、不听请谒矣。人主之左右，行非伯夷也，求索不得，货赂不至，则精辩之功息，而毁诬之言起矣。治辩之功制于近习，精洁之行决于毁誉，则修智之吏废，则人主之明塞矣。不以功伐决智行，不以参伍审罪过，而听左右近习之言，则无能之士在廷，而愚污之吏处官矣。

字面翻译： 大致说来，法制、权术的措施难以推行，不只是在万乘之大国，在千乘之中小国家也是这样。君主身边的近侍不一定有智慧，君主认为某人有智慧而听取他的计谋，然后和近侍讨论某人的主张，这是和愚蠢的人讨论智慧。君主身边的近侍不一定有贤德，君主认为某人有贤德而礼遇他，然后和近侍讨论他的品行，这是和无德无才的人讨论贤德。智者的计谋由愚蠢的人来裁决，贤者的品行由不贤的人来评定，那么有贤德、有智慧的人就会感到耻辱，而君主听从近侍的论断也必然是荒谬的。臣子中想要得到官事的，有道德修养的人就会用精纯、廉洁来约束自己，有智慧的人就会用为政清明来显示业绩。那些有道德修养的人不可能用财物贿赂、侍奉他人，自恃精纯、廉洁便更不可能违背法律来处理政事，那么有修养的人、有智慧的人就不会去侍奉君主的近侍，不会理睬私下的说情请托了。君主身边的近侍，品行不像伯夷那么廉洁，勒索、求取的东西得不到，财物贿赂也不上门，那么精纯廉洁的操守、清清楚楚的功劳就要被抹杀，而诽谤诬陷的言论也就出现了。为政清明的功劳受制于君主近侍，精纯廉洁的品行取决于近侍的毁誉，那么有修养、有智慧的官吏就会被废黜，而君主的明察也就被阻塞了。不按照功劳来评定臣子的智慧和品行，不通过事实的比较验证来审查罪行和过错，却一味听信左右近侍的话，那么没有才能的人就会在朝廷中做官，愚蠢、腐败的小吏也会占据官员的职位了。

商人商语： 衡量一个人的才干与品行，不通过其工作的实际表现，不通过其业绩的考核，反而依赖身边人对其为人处世的评价，的确会让有才干之士郁闷，乃至于不得不主动请辞离去。现实中，这种事例，在企业老板的身边经常上演。有的老板，甚至还委任自己身边做事都做不好的人去做管理者。

原文：万乘之患，大臣太重；千乘之患，左右太信；此人主之所公患也。且人臣有大罪，人主有大失，臣主之利相与异者也。何以明之哉？曰：主利在有能而任官，臣利在无能而得事；主利在有劳而爵禄，臣利在无功而富贵；主利在豪杰使能，臣利在朋党用私。是以国地削而私家富，主上卑而大臣重。故主失势而臣得国，主更称蕃臣，而相室剖符。此人臣之所以谲主便私也。故当世之重臣，主变势而得固宠者，十无二三。是其故何也？人臣之罪大也。臣有大罪者，其行欺主也，其罪当死亡也。智士者远见而畏于死亡，必不从重人矣；贤士者修廉而羞与奸臣欺其主，必不从重臣矣。是当涂者之徒属，非愚而不知患者，必污而不避奸者也。大臣挟愚污之人，上与之欺主，下与之收利侵渔，朋党比周，相与一口，惑主败法，以乱士民，使国家危削，主上劳辱，此大罪也。臣有大罪而主弗禁，此大失也。使其主有大失于上，臣有大罪于下，索国之不亡者，不可得也。

字面翻译：万乘之大国的祸患，在于大臣权势太重；千乘之中小国家的祸患，在于近侍太受宠信；这是君主们共同的祸患啊。况且臣子有了大罪过，是君主有了大过失，因为臣子和君主的利益是相互对立的。用什么来证明呢？可以说：君主的利益在于有才能的人就任官职，臣子的利益在于没有才能也能得到任用；君主的利益在于有功劳的人才能授以爵禄，臣子的利益在于没有功劳也能得到富贵；君主的利益在于豪杰能够施展自己的能力，臣子的利益在于拉帮结伙、任用私人。因此君主的国土削减而臣子私人的家境更富裕，君主地位卑下而大臣的权势更重。所以君主失去权势而臣子拥有国家，君主改称自己是藩臣，而执政的宰相行使君权来剖符任命。这就是臣子欺骗君主、谋取私利的情形啊。所以当今的重臣，在君主变革权势后还能保持宠信的，十个中还不到两三个。这其中的原因是什么呢？这些臣子的罪过太大了。臣子犯下大的罪过，他的行为欺骗了君主，他是应当处以死刑的。有智慧的人有远见卓识而且害怕死亡，一定不会跟从重臣；有贤德的人洁身自爱而耻于和奸臣共同欺骗君主，也一定不会跟从重臣。

这样看来，当道权臣的门徒党羽，不是愚蠢到不知祸害的人，就一定是贪污腐败到不回避行奸作恶的人。大臣挟持这些愚蠢、腐败的人，对上和他们一起欺骗君主，对下和他们一起收受贿赂，搜刮财物，拉帮结伙，互相勾结，统一口径，迷惑君主，败坏法制，以此扰乱士子、民众，使国家危急、国土被割削，使君主忧劳、屈辱，这是大罪过。臣子有了大罪过而君主却不禁止，这是大过失。假如君主在上面有了大过失，臣子在下面有了大罪过，想要求得国家不灭亡的结局，是不可能的。

商人商语：老板的"懒"展现在以为"人对了，事情就对了"。可是事情究竟做得如何，不能靠人来评说，要以制度标准来衡量；人究竟对不对，也不能再靠人来评说，也要以制度标准来衡量。所以，企业的问题，与其说是高管的问题，不如说是老板的问题，因为老板既不能解决管理人的问题，也不能解决管理事的问题。

人臣成奸有八术，世主明察免壅塞

人都是活在圈子里的，老板也一样。老板的亲朋好友的圈子给了他经营企业的勇气、资源和力量，同样也带来了管理企业的阻力。是否有勇气突破？用何种方式突破？都是需要以一个企业家的视角来考虑的问题。成也亲朋好友，败也亲朋好友，如何用其"成"，避免其"败"呢？

韩非子从发生在各个诸侯国政治斗争的故事中，总结出了八种使君主受到蒙蔽、挟制，以至于失掉权势、生命的阴谋手段，称之为八术：一曰同床，二曰在旁，三曰父兄，四曰养殃，五曰民萌，六曰流行，七曰威强，八曰四方。针对这八种阴谋手段，韩非子也提出了相应的防范方法，不外乎"法度、集权、法制、权术"四项而已。但是，只是防范而不建设是不行的，所以韩非子再次说明"进贤才"和"劝有功"的必要性。

本节是全书也是本章的最后一节，选用了《韩非子·八奸》来做总结，以说明企业经营管理中"人"这一因素的复杂性。

《韩非子·八奸》：防不胜防又不得不防，就得用法网当围墙

原文： 凡人臣之所道成奸者有八术：一曰同床。何谓同床？曰：贵夫人，爱孺子，便僻好色，此人主之所惑也。托于燕处之虞，乘醉饱之时，而求其所欲，此必听之术也。为人臣者内事之以金玉，使惑其主，此之谓"同床"。

字面翻译： 大凡臣子得以实现阴谋诡计的手段有八种：第一个叫"同床"。什么叫"同床"？是说：尊贵的夫人，宠爱的姬妾，善于逢迎魅惑的美人，这些人是君主所迷恋的。趁着君主在闲居快乐之际、酒醉饭饱之时，来央求她们想要得到的东西，这是一种使君主一定会听从的手段。做臣子的暗中用金银玉饰来贿赂她们，让她们去蛊惑君主，这就叫"同床"。

商人商语： 我们现在叫作"枕头风"。这种亲密爱人之间私下里聊天聊地聊是非，本来无可厚非。但是如果只凭印象和感觉而言事情、断是非，那就不是坐在办公室里经营企业的正道了。

原文： 二曰在旁。何谓在旁？曰：优笑侏儒，左右近习，此人主未命而唯唯，未使而诺诺，先意承旨，观貌察色以先主心者也。此皆俱进俱退，皆应皆对，一辞同轨以移主心者也。为人臣者内事之以金玉玩好，外为之行不法，使之化其主，此之谓"在旁"。

字面翻译： 第二个叫"在旁"。什么叫"在旁"？是说：倡优侏儒，亲信侍从，这些人是君主没下令就说"是是是"，没支使就说"好好好"，事先能领会君主的意图，能察言观色、揣摩出君主心思的人。这些人都是同进同退、同应同答，用统一口径和一致行动来改变君主心意的人。做臣子的暗中用金银玉饰、珠宝玩物来贿赂他们，在外面替他们做非法的事情，让他们去影响君主，这就叫"在旁"。

商人商语： 老板身边之人本来发挥的是传话、传文件的服务类职能，却也能凭借着亲近、信任的关系说短道长论是非。老板只是以为他忠心耿耿，却忽视了他这么说话是逾矩了。

原文： 三曰父兄。何谓父兄？曰：侧室公子，人主之所亲爱也；大臣廷吏，人主之所与度计也。此皆尽力毕议，人主之所必听也。为人臣者事公子侧室以音声子女，收大臣延吏以辞言，处约言事，事成则进爵益禄，以劝其心，使犯其主，此之谓"父兄"。

字面翻译：第三个叫"父兄"。什么叫"父兄"？是说：君主的叔伯和兄弟是君主亲近爱护的人，大臣和朝堂官吏是和君主一起谋划急事、要事的人，这些人都是竭尽全力参与议政的人，也是君主必然听取意见的人。做臣子的用动听的音乐和美貌的少女来侍奉君主的叔伯和兄弟，又用花言巧语来收买大臣和朝堂官吏，让他们在关键时刻进言，事成之后就给他们进爵位、加俸禄，用这样的方式来怂恿他们，让他们干扰君主，这就叫"父兄"。

商人商语："上阵父子兵，打仗亲兄弟"，家族的支持往往是企业创建的基础资源。但是，在企业发展壮大进入成熟的管理期时，专业管理人员的理念往往会和家族创业人员的理念发生冲突。看似是企业利益、老板利益、家族利益的分配问题，实则是企业经营管理选择"人治"还是"法治"的问题。

原文：四曰养殃。何谓养殃？曰：人主乐美宫室台池，好饰子女狗马以娱其心，此人主之殃也。为人臣者尽民力以美宫室台池，重赋敛以饰子女狗马，以娱其主而乱其心，从其所欲，而树私利其间，此谓"养殃"。

字面翻译：第四个叫"养殃"。什么叫"养殃"？是说：君主喜欢修筑宫殿房屋、亭台楼阁和池塘园林，喜好打扮美貌的少女和狗马来寻欢作乐，这是君主的祸殃。做臣子的耗尽民力来修筑这些宫殿房屋、亭台楼阁和池塘园林，加重赋税用来打扮美貌的少女和狗马，使君主寻欢作乐而神魂颠倒，他们顺从了君主的欲望，而在其中捞取油水，这就叫"养殃"。

商人商语：老板的个人私事，以及个人私好，绝对不能有公司员工的参与。否则，这样由公而私地发展下去，员工也将会由私而公地从中建立自己的权势。

原文：五曰民萌。何谓民萌？曰：为人臣者散公财以说民人，行小惠以取百姓，使朝廷市井皆劝誉己，以塞其主而成其所欲，此之谓"民萌"。

字面翻译：第五个叫"民萌"。什么叫"民萌"？是说：做臣子的挥霍公家的财物来取悦民众，施加小恩小惠来赢得民心，让朝廷、城市、乡井都来称颂自己，从而蒙蔽君主以达成所愿，这就叫"民萌"。

商人商语：这种人希望屏蔽公司的影响力，而建立其个人对团队的控制力。也许其本意并不是为了私利，但是他削弱了公司制度的影响力，毕竟不利于公司的运营管理。

原文：六曰流行。何谓流行？曰：人主者，固壅其言谈，希于听论议，易移以辩说。为人臣者求诸侯之辩士，养国中之能说者，使之以语其私。为巧文之言，流行之辞，示之以利势，惧之以患害，施属虚辞以坏其主，此之谓"流行"。

字面翻译：第六个叫"流行"。什么叫"流行"？是说：君主的言路如果是堵塞的，很少听取别人的议论，就容易被花言巧语打动而改变主意。做臣子的就会寻求各国能言善辩的辩士，供养国内能说会道的说客，让他们来为自己的私利向君主进说。他们设计巧妙华美的言论，用流畅可信的词句，表述出有利的形势，来诱导君主，并用有害的祸患来恐吓君主，编造虚假的言辞来损害君主的权势，这就叫"流行"。

商人商语：有些商业学者，会用流行的商业理念、流行的商业现象、流行的商业话术混淆商业的本质，不顾及企业经营的实际来游说老板，以达到获取私利的目的。

原文：七曰威强。何谓威强？曰：君人者，以群臣百姓为威强者也。群臣百姓之所善，则君善之；非群臣百姓之所善，则君不善之。为人臣者，聚带剑之客，养必死之士，以彰其威，明为己者必利，不为己者必死，以恐其群臣百姓而行其私，此之谓"威强"。

字面翻译：第七个叫"威强"。什么叫"威强"？是说：统治者是靠其手下的群臣、百姓来形成强大的威势的。群臣、百姓所喜欢的，统治者就喜欢；群臣、百姓不喜欢的，统治者就不喜欢。臣子聚集带剑的侠客，供养亡命之徒，用来显示自己的威势，宣扬帮助他的一定得到利益，不帮助他的一定会被杀死，这样来恐吓他封邑的官员百姓从而谋求他的私人利益，这就叫"威强"。

商人商语：在其负责的业务区域内，拉帮结伙，建立其个人影响力至上的"独立王国"。表面上看，好像该业务单元战斗力强大，其实是割取了老板和企业的威信力。

原文：八曰四方。何谓四方？曰：君人者，国小则事大国，兵弱则畏强兵。大国之所索，小国必听；强兵之所加，弱兵必服。为人臣者，重赋敛，尽府库，虚其国以事大国，而用其威求诱其君；甚者举兵以聚边境而制敛于内，薄者数内大使以震其君，使之恐惧，此之谓"四方"。

凡此八者，人臣之所以道成奸，世主所以壅劫，失其所有也，不可不察焉。

字面翻译：第八个叫"四方"。什么叫"四方"？是说：封邑的统治者，自己的国家小就侍奉大国，兵力弱小就畏惧强大的兵力。大国索要东西，小国一定听从；强大兵力压境，弱小兵力必然服从。臣子重征赋税以敛财，耗尽府库钱粮，削弱自己的国家去侍奉大的国家，利用大国的威势来逼迫君主。严重的，招引大国军队聚集边境来挟制国内政事；轻一些的，屡屡引来大国使者震慑自己的君主，使君主害怕，这就叫"四方"。

这八种手段，是臣子实现奸谋的手段，是当今君主受到蒙蔽、挟制以至失掉权势的原因，是君主不可不明察的。

商人商语：借外部资源来加重其在企业内部权力的砝码，用企业内部的资源来换取外部势力的协助，这种人是企业经营组织里的"肿瘤君"。

原文：明君之于内也，娱其色而不行其谒，不使私请。其于左右也，使其身必责其言，不使益辞。其于父兄大臣也，听其言也必使以罚任于后，不令妄举。其于观乐玩好也，必令之有所出，不使擅进擅退，不使群臣虞其意。其于德施也，纵禁财，发坟仓，利于民者，必出于君，不使人臣私其德。其于说议也，称誉者所善，毁疵者所恶，必实其能，察其过，不使群臣相为语。其于勇力之士也，军旅之功无逾赏，邑斗之勇无赦罪，不使群臣行私财。其于诸侯之求索也，法则听之，不法则距之。所谓亡君者，非莫有其国也，而有之者皆非己有也。今臣以外为制于内，则是君人者亡也。听大国为救亡也，而亡亟于不听，故不听。群臣知不听，则不外诸侯，诸侯知不听，则不受臣之诬其君矣。

字面翻译：明君对于内宫的夫人美女，欣赏她们的美色而不允许她们禀告外事，不准许她们私下请求。明君对于左右近侍，任用他们做事的时候必定严格监督他们的言论，不让他们夸大其词。明君对于叔伯、兄弟和大臣，在听取他们的谏言时，必定使他们承担后果，不让他们轻举妄动。明君对于观赏娱乐、玩物等，必定在法令上有所规定，不让臣下擅自进献或裁减，也不让臣下猜度到自己的心意来讨自己欢心。明君对恩惠的施行，诸如发放国库财物和官仓粮食等有利于民众的事情，必定用君主的名义，不让臣下将这些恩德归于他自己。明君对于臣下的进说建议，不论是称誉的人及其赞美的事，还是诋毁的人及其憎恶的事，必定进行核实，考查他们的过失，不允许群臣相互吹捧或诽谤。明君对于有勇气、有力量的人，对他们在军队作战的功劳不破格行赏，对他们在私下决斗中的勇猛不赦免罪过，不让群臣用个人财富收买有勇力的人。明君对于其他诸侯国的要求索取，合法的就听从，不合法的就拒绝。被称为亡国之君的，并非是没有了他的国家，而是这个国全然不归君主自己所有。让臣下用外部势力控制内部政事，那这个统治者就是亡国之君了。为挽救国家的危亡而听从大国，那会比不听从还灭亡得快，所以不能听从。群臣知道君主不听从大国，就不会同国外诸侯勾结，国外诸侯知道君主不听从，也就不会接受臣子污蔑自己君主的说法了。

商人商语：老板不能失去自己对企业的控制权。而这个控制权，不是指其个人行为的影响力，而是指其在企业职务位置上的影响力，即其是否还能够运用规章制度来完整地控制企业的运营与管理。个人的影响力，也许只是手下一时的逢迎。个人运用制度的控制力，才是手下不得不执行的长久之计。

原文：明主之为官职爵禄也，所以进贤材劝有功也。故曰：贤材者处厚禄，任大官；功大者有尊爵，受重赏。官贤者量其能，赋禄者称其功。是以贤者不诬能以事其主，有功者乐进其业，故事成功立。今则不然，不课贤不肖，不论有功劳，用诸侯之重，听左右之谒，父兄大臣上请爵禄于上，而下卖之以收财利及以树私党。故财利多者买官以为贵，有左右之交者请谒以成重。功劳之臣不论，官职之迁失谬。是以吏偷官而外交，弃事而亲财。是以贤者懈怠而不劝，有功者隳而简其业，此亡国之风也。

字面翻译：明君设置官职、爵位、俸禄，是用来提拔有贤德、有才干的人，鼓励有功劳的人的。所以说：有贤德、有才干的人能得到丰厚的俸禄，担任重要官职；功劳大的人能拥有尊贵的爵位，受到隆重的奖赏。任用贤德之士做官要考量他的能力，要根据他的功劳授予俸禄。因此，有贤德的人不隐藏自己的能力来侍奉君主，有功劳的人乐于进献自己的功业，所以君主的事业就能成功，功业就能建立。

现在却不是这样，君主不去考核官吏是否有贤德，不去评定他们是否有功劳，而是任用他国诸侯重用过的人，听从左右近侍的请求；叔伯、兄弟、大臣在上面向君主请求爵位、俸禄，在下面又出卖这些来收取财利和培植私人党羽。所以财利多的人就买官成为尊贵的人，同君主近侍有交往的人就依靠近侍的请求而成为有权势的人。劳苦功高的臣子得不到应有的评定，官员职务的变动错误而混乱。因此官吏们玩忽职守而上下逢迎，放下自己的职责而贪图财利。有贤德的人懈怠而不努力做事，有功劳的人堕落而轻慢自己的事业，这是亡国的风气啊！

商人商语：类似的现象，在我们所谓的已经建立了现代企业制度的企业里，也是屡见不鲜的。为何会这样？是老板不知道法治的好处吗？现实中，法治的真正好处，有的老板未必清楚地知道；但是法治建立的难度和执行的难度，却让其望而生畏。更何况，人治的大权在握，会使老板的价值存在感更强。